HBIS GROUP 河钢唐钢 HBIS TANGSTEEL

河钢唐钢
年鉴 2021

河钢唐钢党史厂志编纂委员会　编

北　京
冶　金　工　业　出　版　社
2022

图书在版编目(CIP)数据

河钢唐钢年鉴.2021/河钢唐钢党史厂志编纂委员会编.—北京：冶金工业出版社，2022.6

ISBN 978-7-5024-9163-5

Ⅰ.①河… Ⅱ.①河… Ⅲ.①钢铁厂—唐山—2021—年鉴 Ⅳ.①F426.31-54

中国版本图书馆CIP数据核字(2022)第082221号

河钢唐钢年鉴2021

出版发行	冶金工业出版社	**电　话**	(010)64027926
地　址	北京市东城区嵩祝院北巷39号	**邮　编**	100009
网　址	www.mip1953.com	**电子信箱**	service@mip1953.com

责任编辑　张熙莹　美术编辑　彭子赫　版式设计　郑小利

责任校对　王永欣　责任印制　李玉山

北京科信印刷有限公司印刷

2022年6月第1版，2022年6月第1次印刷

787mm×1092mm　1/16；27.5印张；10彩页；694千字；415页

定价180.00元

投稿电话　(010)64027932　投稿信箱　tougao@cnmip.com.cn

营销中心电话　(010)64044283

冶金工业出版社天猫旗舰店　yjgycbs.tmall.com

(本书如有印装质量问题，本社营销中心负责退换)

河钢唐钢年鉴 2021

栏目编审

刘彦雷　杨利东　任艳琳　赵寿强　孙英杰　贾成宁
于春渊　于子庆　姜丽丽　许国新

作出贡献者

孙学君　刘　洋　王　宇　翟雪川　邢　斐　杜　进
王　磊　张　倩　王　研

▲ 2020 年 4 月 16 日，中共河北省委书记、省人大常委会主任王东峰到河钢唐钢高强汽车板公司调研。

▲ 2020 年 2 月 16 日，中共河北省委常委、河北省副省长、唐山市委书记张古江到河钢唐钢检查疫情防控工作并就企业转型发展、区位调整工作进行调研。

▲ 2020 年 5 月 21 日，河北省副省长葛海蛟到河钢唐钢高强汽车板公司调研。

▲ 2020 年 12 月 22 日，河北省副省长葛海蛟到河钢唐钢新区调研。

▲ 2020 年 12 月 5 日，中国工程院院士、世界钢铁发展研究院专家咨询委员会主任、钢铁研究总院名誉院长殷瑞钰，中国金属学会专家委员会主任王天义一行到河钢唐钢新区调研。

▲ 2020 年 9 月 15 日，中华全国总工会党组成员、经费审查委员会主任李晓钟一行到河钢唐钢调研。

▲ 2020 年 8 月 12 日，国家开发银行总行评审二局副局长杨培兴一行到河钢唐钢调研。

▲ 2020 年 9 月 11 日，由国家应对气候变化战略研究和国际合作中心、中国科学院等组成的低碳技术专家组一行到河钢唐钢调研。

▲ 2020 年 9 月 7 日，河钢唐钢新区正式投产运营。图为投产仪式现场。

◀ 河钢唐钢新区智能化料场。

▲ 河钢唐钢新区数字化生产指挥中心。

▲ 河钢唐钢新区全景。

▲ 2020 年 11 月，河钢唐钢荣获第六届“全国文明单位”称号，该奖项是全国精神文明建设领域的最高荣誉。

▲ 2020 年 12 月，河钢唐钢入选“国家技术创新示范企业”，是河北省唯一上榜钢铁企业。

▲ 2020 年 11 月 28 日，河钢集团总经理、党委副书记、副董事长，河钢唐钢党委书记、董事长王兰玉，代表集团党委来公司作党的十九届五中全会精神宣讲。

▲ 2020 年 1 月 13 日，河钢唐钢党委召开全委（扩大）会议。

▲ 2020 年 1 月 13 日，河钢唐钢召开第二十二届职工代表大会第三次会议。

▲ 2020 年 4 月 1 日，河钢唐钢党委召开党委工作暨党风廉政建设工作会议。

▲ 2020 年 6 月 28 日，河钢唐钢党委召开庆祝建党 99 周年总结表彰暨警示教育大会。

▲ 2020 年 1 月 3 日，河钢唐钢举行技能等级证书颁发暨技能人才表彰大会。

▲ 2020 年 6 月 24 日，河钢股份有限公司在河钢唐钢中厚板公司召开现场对标交流会。

▲ 2020 年 1 月 15 日，河钢唐钢召开作业长代表座谈会。

2020年，河钢唐钢产铁1403万吨，产钢1420万吨，产材1280万吨；实现营业收入688亿元；受到退城、疫情、环保等多重因素影响，实现利润5.5亿元，经营结果与上年基本持平。

▲ 河钢唐钢新区炼铁事业部1号高炉。

▲ 河钢唐钢新区热轧事业部1号转炉。

◀ 河钢唐钢新区热轧事业部2050产线。

▲ 2020 年 5 月 28 日，河钢唐钢高强汽车板有限公司首卷锌铝镁产品成功下线，参与生产的技术人员和一线职工与产品合影。

▲ 2020 年 8 月 4 日，河钢唐钢“5G+ 局域网”正式投入运行，专业技术人员正在测试 5G 网络下运行的无人天车视频回传信号。

▲ 2020 年 1 月 25 日，大年初一，河钢集团党委书记、董事长于勇深入河钢唐钢产线，亲切慰问坚守岗位的一线职工。

▲ 2020 年 1 月 18 日，河钢集团党委书记、董事长于勇看望慰问河钢唐钢退休老领导。

▲ 2020 年 1 月 17 日，河钢唐钢党委书记、董事长王兰玉慰问先模职工。

▲ 2020 年 7 月 29 日，河钢唐钢总经理田欣到炼铁厂北区慰问暑期坚守岗位的一线职工。

▲ 2020 年 10 月 4 日，河钢集团党委书记、董事长于勇到河钢唐钢调研，并现场督导安全环保工作。

▲ 2020 年 2 月 11—13 日，河钢唐钢党委书记、董事长王兰玉，总经理田欣及公司领导班子其他成员深入各单位督导检查新冠肺炎疫情防控工作。

◀▼ 2020年，河钢集团总经理、党委副书记、副董事长，河钢唐钢党委书记、董事长王兰玉，总经理、党委副书记田欣等领导，在全面打赢脱贫攻坚收官战中率先垂范，多次深入驻村帮扶一线调研指导工作，并带头走访慰问贫困户，履行国企责任担当。

◀ 2020年12月，河钢唐钢被中共河北省委、河北省政府授予“河北省脱贫攻坚奖先进集体奖”。

▲ 2020 年 3 月 9 日，河钢唐钢向唐山市红十字会捐赠防疫物资。

▲ 2020 年 12 月 17 日，河钢集团青年“五小”创新创效活动颁奖及优秀项目展示推广活动在河钢唐钢新区举行。

▲本书主要编审人员及编辑、通讯员代表合影。

编辑说明

一、《河钢唐钢年鉴》是由河钢唐钢党史厂志编纂委员会组织编纂，河钢唐钢党委办公室主管、河钢唐钢党史厂志编辑部主办，创办于2016年，全面记述河钢唐钢各方面情况的年度资料性文献，旨在为读者了解、研究河钢唐钢提供基本资料。

二、《河钢唐钢年鉴（2021）》的编纂以习近平新时代中国特色社会主义思想为指导，紧贴公司生产经营实际，突出钢铁企业的行业特色、时代特色、年度特色，凸显当年各项变革的主要举措和工作成效。文体语言、结构层次、计量单位均采用国家标准。

三、《河钢唐钢年鉴（2021）》根据年鉴体例要求，设置特载、专文、企业概况、大事记、项目建设、科技创新、市场营销、生产经营与专业管理、战略管控平台、公共服务支撑平台、生产技术支撑平台、信息设备支撑平台、主业生产经营单元、平台外非钢单元、河钢集团直属单位、党群工作、附录等17个部目，全书共计60余万字。

四、《河钢唐钢年鉴（2021）》使用的单位名称，首次出现时用全称，再次出现习惯用简称。"河钢集团""河钢""集团"均指"河钢集团"，"河钢唐钢""公司"均指"河钢集团唐钢公司"。独立法人单位称谓首次出现时以注册名称为准，简称为集团规定称谓。"全年""年内"均指2020年，"上年"指2019年。

五、《河钢唐钢年鉴（2021）》刊用的文稿及资料，由河钢唐钢各单位、各部室提供。引用的统计资料数据由专业部门提供，具有专业性、真实性、权威性；其他各部目数据由供稿单位提供，因统计范围和口径的调整，部分数据可能不具有可比性。

《河钢唐钢年鉴（2021）》编纂工作得到公司各级领导和各单位、各部室相关人员的指导和帮助，在此表示感谢。全卷编纂中难免有不足和疏漏之处，诚盼读者指正。

河钢唐钢党史厂志编辑部

2021年12月

序

同时间赛跑，同历史并进，河钢唐钢在2020的时间刻度上标注向海图强的时代印记。

从2020年走来，过去的每一天都写满了我们为梦想而奋斗的历程。世纪疫情和区位调整交织，严峻挑战和重大困难并存，在河钢唐钢历史上尚属首次。在这不寻常的年份里，我们锁定低成本、高效率、高效益目标，砥砺前行，闯关夺隘，取得疫情防控和生产经营“双战双赢”。公司改革创新步伐坚定有力，新区重点项目建设扎实推进，基础管理全面夯实，各项指标持续改善，收获利润逾5亿元，向集团交出了一份满意的答卷。

还原过去的一年，我们更清晰地看到了河钢唐钢的发展与进步。我们加快推进客户结构和产品结构再优化，在满足客户需求中不断提升产品高度和技术水平，助力产业链上下游企业恢复发展和众多国家重点工程建设。宝马钢、空心稳定杆用钢、全厚度规格极限锌层锌铝镁等高端品种相继研发成功，充分彰显企业实力。陆续通过华晨宝马、长安福特、上汽通用等多家品牌主机厂认证，与国内四分之三的结构用钢大客户实现合作，与三大光伏电站、六大光伏EPC总包方建立合作，河钢唐钢品牌正在以奔雷之势打响更多市场，并逐步敲开国门走向世界。

这一年，我们在区位调整中定格了向海图强的历史脉动。产销系统专注降成本、降库存、提效率，在本部有序关停的基础上，全力支撑新区投产达产。核心骨干、优秀作业长和技管干部等7000余人分批次奔赴新区。技术、营销、设备维检无缝对接，本部装备安全平稳有序退出历史舞台、新区高炉顺利点火投产，公司由此开启走向深蓝的历史性转折。

这一年，全体干部职工时不我待的紧迫感、奋进感尤为强烈。我们关注支撑体系建设，为提升经营绩效固本培基。科技创新、质量保障体系、智能产线、人才支撑体系，我们一直在用行动为产线创效加码。233项专利授权、2项中钢协冶金奖、19项省冶金奖；供宝马钢合格率，锌铝镁、镀铝硅合格率均大幅提升；覆盖钢铁全流程、符合智能制造标准的信息自动化体系在新区高起点建立……一份份成绩，是褒奖我们持续奋斗的动力和参照。

这一年，每个人都在奋斗中定义时间，体现着创新价值。我们积极适应新形势新任务，不断释放企业发展活力。“双百行动”综合改革成效显著；项目制管理促进生产经营目标达成；“工序模拟法人制”将市场资源配置功能和激励机制引入企业内部；“小建议、大奖励”激励机制，激发全员创新活力，2300余项创新成果是我们万千职工智慧的结晶，也是我们为企业创造的宝贵财富。

这一年，我们勠力同心，奋楫笃行，非钢产业彰显新作为、展现新形象、作出新贡献。营业收入101亿元，外部市场创收47.3亿元，这一连串写满数字的成绩单，让我们为之骄傲。唐钢建设发展公司揭牌成立，智能制造、节能、物流等领域多点发力，气体公司稳健发展，重机公司轧辊产品成功打入欧美市场，房地产公司钢城·春邑一期项目销售额及效益收到良好预期，非钢存量资产加速盘活。

我们不断刷新标准，向着未来从新出发，安全环保在同类型企业中走在前列。克服新冠肺炎疫情和区位调整的影响，我们严守红线思维，将安全管理一提再提，对事故隐患一查再查，只为保障新区建设、投产和达产期间安全生产。创建超低排放A级企业，是瞄定的目标，为此推广新技术、新方法，高标准抓环保管理，二氧化硫、化学需氧量、烟粉尘排放量指标均低于行业控制指标。

每一份收获都离不开全体干部职工付出的汗水与努力，在新旧交替的时刻，我们留下了岁月的回响：远在欧洲东南部的河钢塞钢在新冠肺炎疫情席卷全球、钢材市场起伏不定的情况下，践行“时代楷模”精神，生产经营逆势创出最优业绩；我们紧跟国家“一带一路”建设和集团国际化步伐，河钢唐钢人无时无刻不在履行国企人的担当和使命。

2020年，我们爱党爱国爱企的力量高效集结，凝聚起推动河钢唐钢发展的强大合力。广大党员和职工群众认真学习贯彻党的十九届四中、五中全会精神，坚持从严治党，扎实开展“党建质量提升年”活动，着力巩固“不忘初心、牢记使命”主题教育和省委巡视整改成果，持续推进党建管理创新，新冠肺炎疫情防控实现“零输入、零传播、零扩散”……公司首次荣获全国精神文明建设领域最高荣誉“全国文明单位”称号，公司党委分别被省国资委党委、集团党委授予“先进基层党组织”称号。

光阴的流转不舍昼夜，前进的航程击鼓催征。在时间的维度上，河钢唐钢人总有紧迫感、时代感。当“十四五”大幕初启，我们站在新的起跑线，行进在区位调整、转型升级和高质量发展的新征程，为成就更好的自己、拥抱更好的未来而不懈努力，以更加优异的成绩向中国共产党成立100周年献礼！

河钢集团总经理，河钢唐钢党委书记、董事长 

2021年3月1日

目　　录

科技创新

市场营销

生产经营与专业管理

战略管控平台

公共服务支撑平台

生产技术支撑平台

信息设备支撑平台

主业生产经营单元

平台外非钢单元

河钢集团直属单位

党群工作

附 录

HBIS GROUP 河钢唐钢 HBIS TANGSTEEL

特　载

省委书记、省人大常委会主任王东峰到公司调研

2020年4月16日，省委书记、省人大常委会主任王东峰到公司调研。省委常委、秘书长高志立，省委常委、唐山市委书记张古江，唐山市市长丁绣峰参加调研。公司党委书记、董事长王兰玉参加调研并汇报了公司当前生产经营情况。

在高强汽车板有限公司，王东峰走进展厅和生产线，详细了解企业生产经营情况，对公司坚持绿色发展、坚持科技创新，深入推进企业转型升级的做法表示肯定。

王东峰强调，河钢唐钢是河钢集团的支柱企业，去产能、调结构、提质增效任务艰巨。要深入学习贯彻习近平总书记重要指示精神和党中央决策部署，加快推进钢铁企业转型升级步伐，这是钢铁企业面向未来、实现长远发展的战略举措。要攻坚克难、凝心聚力，统筹推进疫情防控常态化和企业生产经营有机结合，不折不扣落实到位。

王东峰强调，要牢记习近平总书记嘱托，切实抓好河钢塞钢的运营管理，充分发挥河钢唐钢在工艺改进、科技研发、成本管控等方面优势，把河钢塞钢打造成“一带一路”建设样板工程，不断增强中国企业在国际社会的影响力。

王东峰强调，要积极推进河钢唐钢区位调整，切实优化城市功能布局，以此次区位调整为契机，站在更高起点，谋划企业战略布局，实现综合竞争力的新提升。要着力加强自主创新，积极研发“杀手锏”技术，不断提升产品科技含量，促进企业提质增效。

省委常委、省政府副省长、市委书记张古江到公司调研

2020年2月16日，省委常委、省政府副省长、市委书记张古江到公司检查疫情防控工作并就企业转型发展、区位调整工作进行调研。公司党委书记、董事长王兰玉陪同调研。

在听取公司新冠肺炎疫情防控工作汇报后，张古江强调，要深入学习贯彻习近平总书记重要讲话精神，坚决贯彻党中央和省委、市委关于疫情防控的各项决策部署，落实落细各项防控措施，一手抓疫情防控，一手抓经济发展，奋力实现疫情防控和经济社会发展“双胜利”。

张古江对公司疫情防控工作给予充分肯定。他指出，当前，唐山市疫情防控形势复杂严峻，任务艰巨繁重。随着各地企业陆续复产复工、学生即将返校开学等情况，发生聚集性疫情风险较大，防控难度增加。河钢唐钢要发挥国有企业表率作用，确保企业疫情防控万无一失，坚决做到疫情不输入、不输出、不扩散。同时，要进一步加强党的领导，充分发挥基层党组织战斗堡垒作用和广大党员先锋模范作用，把企业的组织优势发挥出来，使其成为企业疫情防控的坚强堡垒。要进一步提高政治站位，本着对职工负责、对社会作贡献的原则，以前所未有的决

心抓好疫情防控，以前所未有的力度抓好经济社会发展。

就公司区位调整工作，张古江强调，城市转型的关键要靠企业转型，要顺应发展规律、因势利导，按照产城融合的理念，做好河钢唐钢区位调整后的规划设计。同时，也要抓好在建项目复工和新项目开工。

在深入高强汽车板产线调研过程中，张古江详细了解了公司产品结构、客户结构、产能规模和智能化建设等方面情况，对公司产品升级、结构调整、智能化建设等工作给予肯定。

副省长葛海蛟到公司调研

2020年5月21日，副省长葛海蛟到公司调研。他强调，河钢唐钢要加大科技创新力度，努力推动高附加值产品上量，打造企业独特竞争优势，做精品、创品牌、增效益，提高核心竞争力，推动企业实现高质量发展。省政府副秘书长郝竹山，省工信厅厅长龚晓峰，唐山市委常委、常务副市长付振波陪同调研。集团总经理、党委副书记，公司党委书记、董事长王兰玉参加调研。

葛海蛟深入公司高强汽车板生产现场，详细听取了公司关于企业生产、产品研发和市场销售情况的汇报，并对公司加快科技创新、推动企业转型升级的做法给予肯定。

葛海蛟强调，河钢唐钢要立足企业实际，加大科技创新力度，在推动高附加值产品增量上多做文章，打造企业独特竞争优势，着力提升企业效益水平。要注重研究市场，通过EVI先期介入，将前沿技术与客户需求有机结合，满足客户需求同时，不断创新发展，勇做汽车用钢材料解决方案的开拓者。

葛海蛟强调，河钢唐钢要强化对标交流，注重加大与合资品牌汽车、家电企业合作，实现强强联合、优势互补，提升企业品牌影响力。要精准研判市场形势，明晰战略目标定位，围绕钢铁产业链打造整体服务配套能力，推动产业链上下游协同发展，提升企业核心竞争力。

中华全国总工会党组成员、经费审查委员会主任李晓钟一行来公司调研

2020年9月15日，中华全国总工会党组成员、经费审查委员会主任李晓钟一行，就疫情防控常态化背景下企业生产经营面临的新局面、采取的新举措，以及新时期产业工人队伍建设有关情况来公司调研。中国机械冶金建材工会主席、分党组书记陈杰平，河北省总工会副主席潘振华，唐山市人大常委会党组副书记、副主任、市总工会主席张国栋陪同调研。集团领导齐跃章，公司总经理田欣，公司党委副书记、工会主席王文德参加调研。

李晓钟对集团取得的生产经营成果以及在产业工人队伍建设方面所做的努力表示肯定。他指出，河钢在产品端已建立起独特的结构性优势，要继续坚持供给侧结构性改革不动摇，出精品、创品牌，将自身优势进一

步做大做强，提高企业核心竞争力，为我国钢铁业高质量发展作出更大贡献。近期，河钢唐钢成功实施区位调整，这是我国钢铁工业加快转型升级的重要行动体现。

李晓钟强调，要认真学习领悟习近平总书记对工会工作的重要指示精神，切实履行好工会职能，确保工会工作忠诚党的事业、竭诚服务职工。一支高素质的职工队伍是企业最宝贵的财富，是企业可持续发展的重要支撑，要高度重视先模人物在产业工人队伍建设中的引领作用，大力弘扬劳模精神，在企业内形成尊崇劳模、学习劳模的良好风气；以技能大赛等活动为抓手搞好产业工人队伍建设，调动职工提高自身素质的积极性，提高职工创造性解决问题的能力。

李晓钟强调，文化、人文因素的差异给我国企业“走出去”带来了挑战，学习企业所在国有关工会组织的法律法规和工会组织的职能，是我国企业迎接并克服这种挑战的必修课。河钢塞钢是我国钢铁企业“走出去”的成功典型，希望河钢塞钢再接再厉、持续做好经营，工会工作要为企业良性运营提供重要支撑。

齐跃章汇报了集团生产经营情况和产业工人队伍建设情况。近年来，河钢以习近平新时代中国特色社会主义思想为指引，坚定不移落实中央和河北省委、省政府决策部署，认真贯彻新发展理念，深化供给侧结构性改革，加快推进转型升级和结构调整，企业高质量发展迈出了坚实步伐，各项工作不断取得新的发展。在产业工人队伍建设方面，河钢认真贯彻中央和河北省委、省政府关于加强新时期产业工人队伍建设的决策部署，牢固树立“员工是不可复制的竞争力”的理念，按照政治上保证、制度上落实、素质上提升、权益上维护的总体思路，加快建设一支高素质的职工队伍，为河钢转型升级和高质量发展提供强力支撑。

田欣汇报了公司发展历史、近年发展情况和当前的生产经营情况。今年以来，河钢唐钢贯彻落实集团决策部署，在抓好常态化疫情防控工作基础上，以成本和产品为主线，坚持不懈抓好生产经营，各项工作稳步提升，保持了持续向好的经营局面；从融合和支撑角度出发，全面做好公司本部关停和新区投产工作，为城市钢厂转型升级创出一条可复制、可推广、可借鉴的道路。

李晓钟一行实地调研了公司高强汽车板产线，详细了解了集团产品结构、客户结构、产线智能化建设等方面情况。

中华全国总工会、省、市有关部门负责人一同参加上述活动。

副省长葛海蛟到公司新区调研

2020 年 12 月 22 日，副省长葛海蛟到公司新区调研。葛海蛟高度评价公司新区迅速实现投产达产工作，强调要充分发挥区位和装备优势，降低成本、提高效率、找准定位、打造品牌，全力加快高质量发展步伐。唐山市副市长王海，公司总经理田欣，公司新区党委书记、总经理张弛陪同调研。

火红的钢坯经过一道道轧制最后卷曲成形，无人天车有条不紊地执行吊运作业……2050 产线一派繁忙景象。葛海蛟深入生产线现场，详细了解设备、工艺、产能、品种等方面情况。当得知 2050 产线吸收采用了西门子、普锐特、西马克等世界一流企业先进技术时，葛海蛟强调，河钢唐钢要以此次区位调整为契机，努力把工艺、技术、装备优势转化为产品优势、竞争优势，降低人工成本，提高人均劳效，全面提升企业综合竞争力，为企业创造实实在在的效益。

随后，葛海蛟乘车参观了厂区整体面貌，并询问了从原料进厂到产品出厂的总体物流运输情况。公司充分发挥沿海优势，实现码头与新区原料场无缝衔接，前港后厂，车船直取，通过应用智能无人化料场和全封闭无泄漏皮带运输，极大地节约了物流运输成本，从根本上杜绝了无组织排放对环境的影响。葛海蛟对这一做法给予充分肯定。

在企业展厅，葛海蛟听取了公司新区在建项目情况汇报。他指出，河钢唐钢新区的发展建设一直是省委省政府关切的重点。今年河钢唐钢顺利完成了区位调整，拥有了优越的区位条件，实现了工艺装备的升级换代。下一步，要找准市场定位，在研发高端产品上下功夫，真正做精产品、打造品牌，实现产品价值的提升，在实现高质量发展上取得新成绩。

“目前在岗职工有多少?”“职工通勤住宿情况如何?”葛海蛟还十分关心公司新区职工工作生活情况。他强调，一定要站在服务职工的角度，细致周全地考虑职工工作、生活需求，尽最大努力为职工解决后顾之忧，让职工快速适应新的环境和工作方式，全身心地投入到企业发展建设之中。

在河钢唐钢第二十二届职代会第四次会议上的讲话

（2021年3月5日）

集团总经理，公司党委书记、董事长　王兰玉

各位代表，同志们：

刚才，田欣总经理作了《行政工作报告》，全面总结了2020年工作，部署了2021年工作任务。大会表决通过了有关议案。会后，各单位要深入领会、抓好落实。

2020年是新中国历史上极不平凡的一年，也是河钢唐钢发展史上极不平凡、极具挑战、具有里程碑意义的一年。这一年，我们经历了重重困难和挑战，圆满完成了本部关停和新区投产两个具有标志性意义的重大任务，取得了较好的生产经营业绩。

一是全力克服疫情影响，保持了正常的生产经营秩序。在集团坚强领导和公司班子带领下，公司上下顽强拼搏、开拓进取，统筹抓好疫情防控和生产经营，在确保全员“零感染”的同时，全体干部职工扎实工作、不等不靠，全力以赴保合同、保收款、保秩序，有力地维护了公司稳定有序的生产经营局面。

二是经受区位调整的空前挑战，胜利实现了本部关停和新区投产。本部关停前，我们全面强化高效生产和经济运行，产线效率、库存控制、费用支出指标等达到历史较好水平，主体单位经营绩效实现质的提升。我们克服诸多困难，周密部署、综合施策，本部炼铁、炼钢、热轧等工序的关停做到了井然有序，为本部钢铁生产的历史画上了圆满句号。同时，按照集团对新区的定位调整，本部和新区干部职工树立大局意识，加快工作融合，付出了艰辛努力，新区实现顺利投产，向集团和省委省政府、市委市政府交上了一份满意的答卷，开启了向海图强的新篇章。

三是抢抓钢材市场机遇，稳健高效组织生产，取得较好的经营成果。三季度以来，由于本部关停、新区刚刚投产不久，公司整体生产规模受到较大冲击。公司上下奋发努力、积极作为，以新区投产达产和两个冷轧高效生产为重点，综合施策，抢抓机遇，各主业单元经营绩效持续改善，实现了相对较好的效益水平：在铁钢材总量大幅减少的情况下，全年整体经营效果与2019年基本持平。

总的看，一年来，面对复杂的国内外形势和艰巨的生产经营任务，特别是面对新冠肺炎疫情的冲击和区位调整带来的前所未有的挑战，公司上下全面落实集团决策部署和股份公司要求，统筹推进疫情防控和生产经营各项工作，取得了历史性成果，企业综合竞争力跨上新台阶，在全省钢铁企业转型发展史上书写了浓墨重彩的篇章。此期间，公司全体干部职工经受了疫情考验和区位调整的洗礼，思想、站位、作风以及战斗力、执行力明显提升，为我们做好新一年的工作打下了坚实基础。

2021年是中国共产党成立100周年和“十四五”开局之年，在新的区位条件和生产经营格局下，公司发展面临新的机遇和挑

战。元月份，集团召开2021年工作会议，对新一年工作作出全面部署，提出要全面做好“十项重点工作”；二月份，集团召开二届职代会五次会议，于勇董事长对下步工作提出明确要求，强调要抓住最佳窗口期，以夜以继日、只争朝夕的精神，全力以赴做好核心工作、解决关键问题，全面完成2021年既定的各项目标任务。公司上下要全面落实集团工作部署，进一步统一思想、坚定信心、发挥优势、激发活力、挖掘潜力，坚决完成集团和股份公司下达的各项任务，助力集团取得“十四五”良好开局。

下面，围绕2021年工作，讲几点意见：

一、全力抓好重点工作落实，着力提升企业的运行效率和经营效益

2021年，公司生产经营要坚持以效率和效益为核心，以新区为重点，狠抓高效生产、结构优化、降本控费、激励引导、基础管理、风险防范等工作，确保实现全年目标。

一是狠抓高效生产。要解放思想。公司2021年整体产量指标大体较去年水平提高20%。要对标华菱涟钢等先进企业，解决勇气和信心的问题，真正转变理念，切实采取行动，不断提高生产水平。要明确目标。公司高效生产的目标，主要就是以新区3号高炉投产为牵引，尽快恢复并超越本部关停前整体产量水平。为此，新区、不锈钢、中厚板，以及两个冷轧、两个焦化要做出艰苦努力。要突出重点。聚焦稳产，狠抓基础管理，杜绝各类事故；聚焦提产，狠抓优化排产、设备状态维修、设备功能精度提升等措施，奋力实现长周期稳定高效生产。聚焦协同，树立“一盘棋”思维，加强资源调度和生产平衡，突出抓好1580、2050两条热轧线与一冷、二冷的匹配，全力争取钢材市场高价期公司整体效益最大化。

二是狠抓“两个结构”优化。要深刻理解集团和股份组建营销中心和区域公司的战略意图，全面做好整体配合和协同工作，为打响河钢品牌作贡献。要抓好新区市场和产品工作，聚焦打造产品高地，系统策划热轧、冷轧、棒材、线材、型材五大类产品，积极对接高端客户，通过高端客户需求拉动，将五类产品全部打造成行业精品。要深入落实于勇董事长要求，加快2050产线功能调试与品种开发，借鉴本部汽车板、家电板生产经验，加强一贯制质量管理和工艺技术支撑，切实将黄金产线的优势发挥出来。要坚持日定价制度和“五个维度”评价机制，加强市场研判，动态调整锁单与后结算比例，增加高价区域市场投放，确保实现售价提升目标。

三是狠抓降本控费。要严格资金刚性管控、树立红线意识，紧扣全年预算，以优化铁前结构成本为重点，通过对标找差距，全面提升成本及费用控制水平。

两个焦化项目，要全力抓好投产后的稳定运行，为新区优化焦炭结构和公司焦气整体平衡创造条件。要在抓好焦炭供应基础上，调整优化运营思路，按照独立经营原则，落实好市场化激励机制，在市场高位行情下努力把焦化工序的效益挖掘出来。炼铁系统，要充分发挥临港物流优势和原料结构调剂优势，对标先进企业，优化技术指标，降低结构成本，决不能以高成本支撑产量水平。钢轧系统，要结合效益测算，重点抓好原料结构优化和废钢利用，同时围绕金属料消耗、成材率、负差率等指标，综合发力，全面降低成本。费用控制方面，要深入落实集团工作会议精神，更多地从企业债务和经营流动性角度看问题，加强资金刚性管控，严控非生产性支出，坚决克服靠单纯花钱解决问题的惯性。特别是新区，要比照中厚板公司、比照行业最好指标，找准切入点，做好成本费用对标，将自身优势充分挖掘出来，努力把各项费用控制到最低。

四是狠抓市场化激励引导。在集团统筹下，股份公司确定在唐钢两个冷轧和美锦焦化实行市场化考核分配机制试点，鼓励大家从市场上多拿效益。三个试点单位，要充分领会集团战略意图，按照“市场化运营核算，突出关键骨干作用”原则，开动脑筋、多下功夫，通过实施强激励和硬约束，真正把广大干部职工的积极性调动起来，把企业的活力激发出来。

五是狠抓基础管理。要以新区建立长周期稳定的生产经营秩序为重点，全方位强化专业管理，使之进一步深入、规范、细化。要将作业长制作为夯实基础管理的关键抓手，保证公司管理落地，以基础管理的不断强化支撑公司主业竞争力进一步提升。

六是狠抓风险防范。公司生产经营面临的内外部环境和条件已经并将继续发生深刻变化。我们要坚持底线思维，提高风险防范能力，精准研判、妥善应对可能出现的安全、环保、资金等各种风险，抢抓最佳窗口期，保持公司健康稳定的发展大局。

特别是安全生产和环境保护工作，各级领导干部务必要提高认识，夯实基础，从严管理，逐级负责，强化执行，坚决杜绝事故，为公司生产经营创造必要的条件。

关于环境保护和绿色发展，这几年，我们经常讲企业要实现超低排放。从现在看，超低排放绝不是终点，碳达峰、碳中和已经成为摆在钢铁企业面前的又一座高峰。党的十九届五中全会提出 2035 年远景目标就包括“碳排放达峰后稳中有降”；去年年底中央经济工作会议再次部署碳达峰碳中和工作，指出“我国二氧化碳排放力争 2030 年前达到峰值，2060 年前实现碳中和”。我们知道，钢铁行业是最受关注的重点碳排放行业。为应对未来挑战，我们必须及早研究降碳问题，深入实施绿色低碳行动，追求更高水平的绿色制造，争做碳达峰、碳中和的先行者。今年 1 月，宝武集团已敲定中远期碳减排目标，集团也在抓紧研究碳排放问题。目前看碳减排有三种方式：一是降低产量，二是采用新技术，三是购买配额。产量平衡和配额购买是集团统筹研究的事；子公司需要做的，就是积极采用行业内外先进的降碳减排新技术，着力降低碳排放指标。希望我们技术部门、环保部门的同志，要多思考、快行动，在推进超低排放的同时，超前深度研究降碳行动，以低碳促进公司可持续发展——要增强全员减碳意识，牢固树立绿色低碳发展理念，充分认识构建绿色低碳生产方式，不仅是应对气候变化的需要，也事关企业的生存与发展；要以科技创新开辟低碳发展新路径；要以智慧化、精品化手段持续提升碳利用效率；要把降碳作为节能减排源头治理的“牛鼻子”，持续优化能源结构，持续加大节能环保技术投入。

上述课题，希望大家深刻领会，及早研究，立足当前，谋划长远，为公司的未来多谋战略之策。

二、以新区为重点，全面提升钢铁主业竞争力

2021 年，公司要将提升钢铁主业竞争力的重点放在新区，以 3 号高炉投产为牵引，加速推进剩余工程建设，严控投资，保工期、保质量、保安全，确保按期顺利投产。在此基础上，要按照集团部署，引领新区朝着“五个高地”的目标大步迈进。

要打造创新高地。要以“面向行业工艺技术最前沿、面向企业战略规划最急需、面向生产经营提效最突出”为原则，打造科技创新平台，年内要创建 1 个省级制造业创新中心，努力建设国家制造业创新基地。

要打造技术高地。要以科技研发项目制为抓手，积极开展“高品质产品驱动智能化洁净高效炼钢技术”攻关，实现从单项技术创新向系统协同集成创新的转变，更好地支撑新区向低成本、高品质先进制造企业

迈进。

要打造产品高地。要通过“品牌化、特色化、差异化”导向，定位汽车、机械、能源储运等高端用材，打造高品质结构钢生产基地；通过新区与高强汽车板公司优势组合，定位服务宝马、奔驰、大众、通用等世界顶级主机厂，打造“高质量汽车外板及超高强钢”河钢品牌。

要打造智能制造高地。要按照新区智能化工厂定位，重点抓好智能料场、转炉一键式炼钢、加热炉自动燃烧、轧制温度控制等模型的适应性调试优化，确保关键模型全部投用，过程控制精度命中率要达到95%以上。

要打造绿色制造高地。要将创建超低排放A级企业作为压倒一切的任务，努力传承河钢唐钢“世界最清洁钢厂”的经验，倒排时间表，逐项对照落实各项任务，力保年内实现既定目标。

三、以释放土地效能和价值为首要任务，集中精力做好唐发展有关工作

2020年，公司本部退城搬迁实现平稳过渡，但以区位调整实现轻装上阵的任务仍然十分艰巨。公司上下，尤其是唐发展和所辖存续企业，要深刻领会集团于勇董事长元旦期间来公司调研时的讲话精神，准确把握集团成立唐发展的重大意义，明确责任和使命，认清首要任务，进一步增强工作的紧迫感、使命感和责任感，确保集团决策部署不折不扣落地落实。

2021年，唐发展要将释放土地潜能作为压倒一切的任务，用足用好唐山市的支持政策，按照年内完成土地变性和土地变现的总体目标，明确时间节点，尽快敲定详细方案并推动落实，努力实现公司搬迁后资产平衡，为公司持续健康发展提供强力支撑，打造钢铁行业退城搬迁的典范，向集团交上一份满意答卷。要将退城闲置资产再利用摆在前沿位置，更多通过市场化手段，尽快释放退城闲置资产利用价值，为土地变现及下步开发做准备。要积极谋划将高端前沿产业导入本部，退城存续企业抓住机遇，积极参与到相关合作项目开发之中，推动城市物流、建筑垃圾资源化利用等项目，发展壮大城市服务业，催生新兴产业集群。要将数字产业作为关键，以达创传导、惠唐物联等为依托，快速发展壮大以超薄散热片、云计算为代表的数字及衍生产业，努力扩大规模，融入数字产业发展大潮，提高数字产业竞争力。

四、强化保障，狠抓落实，确保实现全年目标任务

2021年公司生产经营、改革发展的总体任务目标、思路举措已经明确，关键在于强化保障，狠抓落实。为此：

一要坚持党的领导、加强党的建设，强化政治保障。要坚持党的领导，坚决落实党中央、省委决策部署和集团党委要求，围绕公司中心工作，着力加强党的建设，尤其要在强化理论武装、推动党建融入中心工作、发挥党组织和党员作用、全面从严治党、调动职工积极性等方面，充分发力，进一步统一思想、坚定信心、提振精神、凝聚合力，用高质量党建引领公司转型升级和高质量发展。

二要加强领导班子和干部人才队伍建设，强化组织保障。要结合集团推行市场化改革试点，健全完善与之相适应的领导班子和干部队伍建设机制，重点完善两级班子任期制和契约化管理，深化职业经理人制度，创新推行“五型”领导班子建设和领导干部素质模型，激发领导班子和干部队伍活力。要大力推进干部队伍年轻化，结合区位调整，创新选人用人机制，优化干部队伍年龄结构和知识结构。要大力推动专业人才市场化，加大市场化选聘高端人才力度，拓宽

渠道、畅通机制，实现用人市场化、薪酬市场化、退出市场化，为公司发展提供强力支撑。

三要坚持从严管理，强化作风保障。河钢唐钢全体干部职工，要眼睛向内，从严管理，保持“干就干到最好”的工作作风，强化大局意识，树牢“一盘棋”思维，公司站在唐钢乃至集团高度，策划生产经营重大事项。特别对于公司决策部署和各项要求，要加深理解、强化执行，做到思想统一、步调一致，精诚团结、高度协同，确保各项工作顺利推进。要强化问题导向，直面困难、解决问题，在解决问题中改进作风、提高能力，促进管理规范与权责落地。要强化担当作为，尤其是各级领导干部，必须增强主动性，眼睛向内，做好自己的事；必须增强前瞻性，通过自身努力，减少市场波动、环保限制等带来的损失，努力完成公司交办的各项任务。

五、高度重视并切实抓好疫情防控工作，坚决夺取疫情防控和生产经营“双胜利”

今年前两个月，国内新冠肺炎疫情在河北石家庄、邢台等局部区域出现一定反弹，防控形势一度十分严峻，省委、省国资委党委和集团党委对此高度重视，对疫情防控工作作出一系列重要部署，成功阻断了疫情的扩散和蔓延，取得重大胜利。公司上下要深入贯彻落实上级关于疫情防控的工作部署和一系列要求，切实增强责任感和使命感，从维护职工生命安全和身体健康、维护集团品牌形象、维护企业正常生产经营秩序的高度，切实把疫情防控当作大事来抓。要以外防输入为重点，精准高效适度做好常态化疫情防控，合理细化防控举措，保持高度警觉，提高防控效率。要注重研究突发情况下的保产方案，提前做好应对准备。新区、佳华等有施工项目的重点单位，要一如既往地做好外来人员管理，确保万无一失，为全公司夺取疫情防控和生产经营“双胜利”作出应有的贡献。

同志们，当前，国际国内形势纷繁复杂，企业发展面临诸多的困难和挑战，河钢唐钢正经历一个重大的历史转折点，全体唐钢人已经站在了新的历史起跑线上。让我们深入贯彻集团各项决策部署，紧紧抓住最佳窗口期，进一步解放思想、创新突破，开拓进取、善作善成，努力创造公司生产经营和改革发展的新业绩，为公司和集团全面提升竞争力、取得“十四五”发展良好开局、实现更高质量的发展，作出新的更大的贡献！

在2020年党委工作暨党风廉政建设工作会议上的讲话

（2020年4月1日）

公司党委书记、董事长　王兰玉

同志们：

为深入贯彻落实集团党委关于2020年党委工作及党风廉政建设工作的决策部署，进一步加强领导班子和领导干部队伍建设，切实做好新一年的各项工作，今天，我们召开2020年党委工作暨党风廉政建设工作会议。

刚才，小帅书记就厂部级领导班子和领导干部2019年绩效考核情况作了讲评，强调了具体要求。立国书记作了党风廉政建设工作报告，对厂部级班子和领导干部2019年党风建设及廉洁自律情况作了简要讲评，重点部署了2020年的工作。文德书记代表公司宣读了表彰决定；大会表彰了2019年度先进集体和先进个人。三位书记宣读的报告、讲评和决定，我完全同意。会后，各单位要认真对照学习，抓好贯彻落实。

2019年，在集团党委的坚强领导下，公司党委高度重视厂部级领导班子和领导干部队伍建设，充分发挥领导班子和领导干部的作用；全体中层班子和中层干部，直面挑战，开拓创新，负重奋进，勇于担当，为公司发展建设提供了强有力的组织保证。一年里，公司党委、纪委扎实做好党风廉政建设和反腐败各项工作，坚持不懈地夯实“两个责任”，广泛深入推进廉政风险防控体系建设，在全公司营造了风清气正、干事创业的良好环境，为企业健康发展提供了坚强纪律保障。一年间，广大干部职工立足岗位、扎实工作、勤勉奉献，为公司完成生产经营任务提供了基础支撑，公司2019年的生产效率大幅提升，市场开发成果丰硕，产品结构持续优化，智能制造加速推进，全年实现营业收入819亿元，同比增长13%。

在严峻复杂的外部环境下，取得上述成绩实属来之不易！在此，我代表公司党政，对各条战线、各个方面涌现的先进集体和先进个人表示崇高的敬意和衷心的感谢！

2020年，是国家全面建成小康社会和“十三五”规划的收官之年，也是公司区位调整、转型升级和高质量发展进程中具有里程碑意义的一年。今年以来，受到新冠肺炎疫情等多种因素影响，公司生产形势异常严峻、经营任务十分艰巨，做好新一年的党委工作、党风廉政建设工作，进一步强化领导班子和领导干部作用，充分调动各方面的积极性、主动性和创造性，对确保公司生产经营稳定顺行、各项目标胜利实现，具有十分重要的意义。

下面，我讲五点意见。

一、坚持严字当头，压实“两个责任”，推进公司全面从严治党向纵深发展

在1月13日召开的十九届中央纪委四次全会上，习近平总书记发表重要讲话，对党风廉政建设提出新的要求。公司各级党组织和广大党员干部，要认真学习贯彻总书记讲话精神，坚持严字当头，把全面从严治党

工作贯穿始终，一体化推进不敢腐、不能腐、不想腐，将党中央关于全面从严治党的各项决策部署落到实处。

一是夯实“两个责任”，履行管党治党职责。近期，中央印发了《党委落实全面从严治党主体责任规定》，各单位要认真学习领会，抓好贯彻落实。要切实把党风廉政建设“两个责任”扛起来，强化守土有责、守土担责、守土尽责的政治担当，全面落实管党治党政治责任。各单位党委，作为关键主体，要不折不扣地落实全面从严治党责任；党委书记，要切实履行本单位全面从严治党第一责任人职责；班子成员，要根据分工，对职责范围内的全面从严治党工作负起领导责任；两级纪委，要认真履行全面从严治党监督责任，并通过各种方式协助党委落实全面从严治党主体责任。

二是坚持正风肃纪，推动党风持续好转。当前，四风问题呈现隐形变异、花样翻新等特点。我们必须严格落实中央八项规定精神，守住重要节点，紧盯薄弱环节，狠刹不正之风。要坚决防止老问题复燃、新问题萌发、小问题做大。要结合形式主义、官僚主义突出问题，持续深化“纠四风”和作风纪律专项整治，坚持“纠四风”与树新风并举，注重养成，化风成俗，以清晰的导向推动形成求真务实、清正廉洁的新风正气。

三是用好“四种形态”，保持反腐高压态势。要把政治纪律和政治规矩挺在前面，坚持无禁区、全覆盖、零容忍，严肃查处违反“中央八项规定精神”及“六项纪律”等问题。要综合运用监督执纪“四种形态”，防微杜渐、防患未然，推动“咬耳扯袖、红脸出汗”成为常态，从源头上化解廉洁隐患，遏制腐败问题发生。

二、强化权力监督制约，为企业生产经营和改革发展提供纪律保证

一是强化精准监督，规范权力运行。当前及今后一个时期，公司将进一步深化改革、创新发展，经营环境很可能发生重大改变，对权力的监督和制约将面临新的考验。为此，公司纪检监察系统，要把监督真正做起来、做到位，真正发挥监督职能，使监督常在、形成常态。公司两级党委、纪委，要以集团纪委今年开展的“强化监督年”活动为契机，聚焦公司区位调整、混合所有制改革，聚焦领导干部、重点人员和重要事项，聚焦线索反映集中、职工反映强烈的问题，深入推进廉政风险防控体系建设。要强化权力监督制约，围绕授权、用权、制权环节，完善及时发现问题的防范机制、精准纠正偏差的矫正机制、强化责任担当的问责机制，形成尊崇制度、遵守制度的良好氛围。

二是压实整改责任，巩固整改成果。去年，省委巡视组巡视集团党委期间，也对公司整体工作做了政治把脉，让我们看到存在的问题和不足。今年，我们要突出问题导向，深化整改落实和成果运用，认真做好巡视整改“后半篇文章”，持续夯实基础管理，提升经营水平，防范各种风险。前段，公司党委对做好省委巡视整改“回头看”作出安排部署，下发了有关文件，各级党组织要以此为指针，巩固提升巡视整改成效，延伸巡察监督触角，与净化企业政治生态相结合，与解决关键领域重点岗位突出问题相结合，与整治职工群众反映强烈的问题相结合，努力形成有序衔接、互为补充、协调一致的整改监督链条，真正将问题整改落实落细落到位，达到标本兼治，涵养形成风清气正的政治生态。

三、恪守廉洁自律准则，积极营造忠诚干净、廉洁从业的清风正气

一是加强党性锻炼，强化政治建设。广大党员干部，要始终把党的政治建设摆在首位，进一步增强“四个意识”、坚定“四个自信”、做到“两个维护”。要进一步提高

政治觉悟，增强政治定力，牢记政治责任，强化政治监督，做政治上的明白人。要持续深化“不忘初心、牢记使命”主题教育成果，坚守对党忠诚这条“生命线”，始终保持在政治上思想上行动上与党中央保持一致。

二是严守职业底线，筑牢廉洁从业之基。各级党员干部，特别是领导干部，要树立底线思维和红线意识，在各种诱惑面前防微杜渐、警钟长鸣，做到不该要的东西坚决不要，不能去的地方坚决不去，不能做的事情坚决不做。要习惯在受监督受约束的环境下工作和生活，切实增强法治意识，做遵守法纪、廉洁自律的模范。各级党组织、纪检监察组织，要全方位加强管理，加强党内监督，建立从严管理体系，管好关键人、管住关键事。

三是做到慎终如始，坚持严格自律。近年来，公司广大党员干部的廉洁自律意识有了很大提升，但也必须清醒地看到，一些党员干部仍存在认识不足和自律不严的问题。为此，各级党员干部，要倍加珍惜自己的岗位，始终严于律己，提高自身修养，时刻用党章党规党纪检视自己，从思想和灵魂深处建立起拒腐防变的思想防线。要提高抗干扰能力，带头防止和自觉抵制不良习气，始终保持清廉自守、干净做事、一尘不染的政治本色和光明磊落、坦荡无私、干事创业的清风正气。

四、奋勇担当，主动作为，充分彰显中层干部的中坚骨干和引领作用

关于2020年党委的全面工作，公司党委年初已召开全委扩大会议，下发《全年工作要点》，作了整体部署，这里不再重复，重点强调领导班子和领导干部工作。

2020年，公司面临疫情防控、生产、搬迁多线作战的艰巨任务，作为企业当中生产经营和改革发展的中坚骨干力量，全体厂部级干部承担着重大的责任和光荣的使命。在此，给厂部级班子和厂部级领导干部提三点希望。

（一）要在能力素质提升上下真功夫、下苦功夫

领导干部是我们事业成败的关键。作为一个单位、一个部门的领导，能不能不断地提升自身的能力素质，非常重要。为此，要学会自我审视和自我批评。我们看问题、做决策时，一旦陷入具体事件，有时很难理出头绪。此时此刻，就要换位思考。要善于站高一层去思考、下沉一层去思考、换个角度去思考。这样自身的局限性就会显现出来，有些问题就会迎刃而解。在做决策时，要注意照顾其他班子成员的关切，致力于发挥班子整体功能。如果自己想得不全面，要善于吸纳他人意见，敢于自我否定。希望各级干部真正学会自我批评，在自我批评中实现自我完善和自我提升。这一点尤为重要！要学会抬头看路。中国钢铁发展已经进入“千帆竞发、百舸争流”的新时代，各企业的进步可谓瞬息万变、日新月异。如果各级领导者总是困在围城里闷头前进，很可能迷失方向，为此，必须看准未来的道路，明确目标、选对方向。尤其在具体的生产经营工作中，大家不光要埋头苦干，更要“抬头看路”，通过学习、观察和思考，克服能力不足和视野不宽的问题，发现企业发展、产品开发、市场开拓和党的建设的全新路径和新的着力点，开创企业发展的全新局面。要学会协同作战。公司在未来发展中会面临各种各样的困难和挑战，需要各方面的力量合力应对。为此，各级领导必须树立协同工作的理念，努力提高协同、协调、协作能力，统筹各方力量，全力做好事业部内部的协同、上下游工序之间的协同、单位之间的协同、单位与部门之间的协同、管理层与执行层之间的协同，通过协同，群策群力，凝聚集体的智慧和力量，最终提高公司整体的运行质

量和运转效率，实现公司整体效益最大化。要学会服务职工。人是生产力中最活跃的因素。各级领导都是带队伍的，如何把队伍带好，我认为很重要的一条就是关心职工、服务职工。要更多从尊重职工、促进职工全面发展的战略高度和长远角度，去思考如何为职工服务，设身处地地为职工考虑。尤其针对青年骨干、大学生员工、老职工，要从单纯解决生活困难向给予尊重、给予机会、给予发展空间、体现职工价值的层面去转变，真正激发职工的积极性和创造力，为公司发展提供强大的群众力量。

（二）在作风建设上下真功夫、下苦功夫

能否打赢2020年生产经营和转型发展攻坚战，关键在于各级干部特别是厂部级干部能否真正转变作风、担当作为，求真务实地开展工作，真刀真枪地解决问题。为此，要坚定信心，锚定目标。要站在公司全局的高度，谋划并抓实2020年各项工作，在知行合一中履职尽责、担当作为，团结带领广大职工，在产品晋档升级、客户结构优化、降本增效、项目制管理、智能制造等重点工作上攻坚突破，奋力开创工作新局面，努力实现全年各项任务目标。要抢抓机遇，乘势而上。要坚定不移地狠抓市场和产品，坚定不移地狠抓技术和创新，坚定不移地狠抓智能制造和新兴产业发展，不断积蓄新时期公司转型发展的新动能。要力戒形式主义，勇于创新突破。企业的发展如同逆水行舟，不进则退。因此从某种意义上讲，安于现状就是抱残守缺，就是懒政怠政，就是一种形式主义。为此，公司各级干部必须奋发进取，锐意创新，从灵魂深处树立创新思维，善于从改善和创新的角度去思考问题、推动工作，久久为功、善作善成，推动各项工作提速竞进、创新发展。要履职尽责，奋勇担当。统筹做好生产经营和区位调整，对我们各级干部，特别是厂部级以上干部，是一次真正的、空前的考验。大家一定要扛起责任、经受考验，既要有责任担当之勇，又要有善作善成之智；既要有统筹兼顾之谋，又要有组织实施之能。要在企业转型升级的大考中践行初心和使命，交出合格的答卷，彰显公司领导干部的主心骨和压舱石作用。

（三）要在统筹推进疫情防控和生产经营上下真功夫、下苦功夫

新冠肺炎疫情发生以来，党中央、国务院高度重视，习近平总书记亲自部署、亲自指挥，作出一系列重要决策。目前全国疫情防控出现持续向好态势。公司上下按照集团要求，压紧压实防控责任，迄今实现了“零输入、零感染、零传播”的目标。当前，为确保疫情防控和生产经营“两手抓”“两不误”，大家必须咬紧牙关，继续统筹做好各项工作。特别要针对形势变化，及时调整策略，在科学精准抓好防控工作的同时，积极有序推进生产经营各项工作。公司各级党员干部，特别是厂部级干部，要在统筹推动疫情防控和生产经营上发挥示范带动作用。要想办法、动脑筋，做到守土有责、守土有方，努力实现防控生产两不误。既不能对疫情掉以轻心、放松警惕、麻痹大意，也不能瞻前顾后、畏手畏脚、过度反应。要统筹兼顾、合理安排、稳健应对、精准施策，最终夺取疫情防控与生产经营的双胜利，为公司完成全年生产经营目标奠定坚实的基础。

五、明确定位，提高标准，以企业区位调整推动高质量发展

关于2020年行政工作，我们在1月中旬召开的职代会年度会议上已经作了全面部署。这里我仅就企业下步发展提纲挈领地提几点要求。

2020年，我们要举全公司之力，支撑和推动乐亭沿海钢铁项目顺利建成投产。这也是集团赋予我们的重大历史使命。对于涉及退城搬迁的铁、钢、轧、动力、物流等系

统的单位来讲，全体唐钢人的梦想将交到我们手中。2020年能否成功转型，对公司未来发展至关重要。要实现成功搬迁，我们就绝不能定位为现有钢厂的简单转移，必须对企业定位、产品定位、文化定位提出更高要求，以高标准高定位完成区位调整任务。

一是在建设绿色工厂上提高标准。多年来公司绿色发展、清洁生产等工作一直位居行业前列。乐亭沿海基地置身于京津冀地区，必然面对秋冬季及特殊时期的环保限产。为此，要坚持绿色发展不动摇，在打造绿色工厂上继续展现出担当精神和大局意识，继续为引领行业绿色发展发挥示范作用。

二是在建设品牌工厂上提高标准。产品是树品牌的关键，也是企业硬实力的体现。未来沿海基地将以高端卷板为主打，辅以棒、线、型材，下步重点要在卷板、型材和棒线材领域提升产品高度，形成卷板、长材系列高端产品新格局。为此，各相关单位要在打造产品硬实力上提高定位，高标准做好新基地投产前后的调试及生产工作，让全新的高端装备尽快产出高端的产品。

三是在建设智能工厂上提高标准。种种迹象表明，未来钢铁企业竞争的重点在智能制造。为此，从现在起，公司各单位都要在智能制造上解放思想、大胆尝试，为新基地智能工厂建设奠定基础。

四是在培育文化上提高标准。对现代钢铁企业而言，决定未来的，除了绿色、品牌和智能，还在于我们拥有怎样的文化，能够塑造出一支怎样的队伍。归根到底，我们必须建立起适应现代化智能化生产要求的管理文化，打造出满足智能工厂运行的企业软实力，培养一支重创新、高素质、专业化的职工队伍。这种无形的文化软实力一旦形成，公司转型升级和高质量发展必然会增添新的希望！

同志们，时间永远属于奋进者！2020年，我们要同时间赛跑，与历史共进！让我们在集团公司的坚强领导下，振奋精神、坚定信心，锐意创新、开拓前进，全面做好党委工作、党风廉政建设，以及生产经营各项工作，奋力抒写公司区位调整、转型升级和高质量发展的新篇章，为集团建设最具竞争力钢铁企业作出更大贡献！

谢谢大家！

行 政 工 作 报 告

——在河钢唐钢第二十二届职工代表大会第四次会议上

（2021 年 3 月 5 日）

公司总经理　田　欣

各位代表，同志们：

下面，我代表公司向大会作报告，请予审议。

2020 年工作回顾

2020 年，是我国全面建成小康社会和“十三五”规划的收官之年，是集团发展史上极不平凡的一年，也是公司推进区位调整和转型升级、迎接重大挑战取得全面胜利的一年。一年来，公司深入贯彻集团决策部署，认真落实股份公司各项要求，统筹做好疫情防控、生产经营、区位调整、改革发展等各项工作，取得新的成绩。全年产铁 1403 万吨，产钢 1420 万吨，产材 1280 万吨；实现营业收入 688 亿元；在克服退城、疫情、环保等多重不利因素影响下，实现利润 5.5 亿元，经营结果与上年基本持平。

主体单位生产经营实现质的提升。不锈钢公司下半年一举实现扭亏为盈，全年环比增利 3.4 亿元。中厚板公司发挥体制机制优势，全年实现利润 5.9 亿元，盈利能力继续走在集团前列。高强汽车板公司和冷轧厂生产效率大幅跃升，经营绩效持续改善。美锦焦化全年产焦 152 万吨，实现利润 1.4 亿元，打赢生产经营翻身仗。

区位调整取得历史性成果。公司本部和唐银公司实现安全平稳有序关停、新区实现顺利投产达产，由此公司实现了走向深蓝、向海图强的历史性转变。公司生产经营实现有序衔接，职工队伍保持稳定，在集团区位调整整体布局中树立了样板，在全市乃至全省钢铁企业转型发展史上书写了浓墨重彩的一笔。

“两个结构”优化实现新突破。公司双高产品亮点纷呈，宝马钢质量大幅改善，锌铝镁品种及规格持续拓展，重点工程直销量持续提升，客户服务能力显著增强。全年品种钢、高端产品、特色战略产品比例分别完成 81.3%、69%、8.2%，同比分别提高 4.9 个百分点、5 个百分点、3.5 个百分点，创出历史最好水平。

降本控费取得新成果。抢抓本部关停前时机，着力提高内部成本管控能力，积极推动成本费用降低，全员成本意识和经济运行理念显著增强。本部关停前，公司整体库占降至 40 亿元以内。

非钢板块实现新进步。全年实现营业收入 101 亿元，实现利润 2.8 亿元；完成外部市场创收 47.3 亿元，约占非钢产业总收入的一半，创出历史最好成绩。

抵御风险能力进一步增强。积极克服新冠肺炎疫情、退城搬迁、环保限产等重大影响，主动把握生产经营节奏，细化责任、狠抓落实，有效防范了经营风险。

一年来，公司主要开展了以下工作：

一、抢抓市场机遇，狠抓生产经营，企业盈利能力进一步提升

抢抓本部关停前时机，全方位践行高效生产和经济运行理念，加大力度抓好生产经营，年内产线效率、成本降低、库存控制达到历史较好水平，绝大部分单位实现减亏、扭亏和提质增效。

深挖产线效率，实现高效生产。炼铁系统，本部炼铁系统关停前保持“零波动、零事故”良好状态，日产稳定在1.6万吨以上，冶炼强度等指标达到历史较高水平。不锈钢公司对标学习民企思路，高炉日产能力由7500吨稳定提高至8200吨以上。中厚板公司生铁日产稳定在1.65万吨以上，最高月产达49万吨。唐银公司3号高炉关停前创出连续四个月无休风纪录。新区两座高炉相继投产，并保持持续提升态势，日产均稳定在8500吨以上。炼钢系统，中厚板公司炼钢最高日产和最高月产分别达到1.85万吨、53万吨，分别刷新历史纪录；1号板坯连铸机连续生产18天，刷新国内同类铸机连续生产纪录。不锈钢公司转炉冶炼周期缩短至25分钟以内，炼钢日产具备9500吨以上能力，同比提升1500吨。新区转炉冶炼节奏持续加快，具备日产1.8万吨能力。轧钢系统，高强汽车板公司全年完成商品量163万吨，超设计产能8.6%。中厚板公司轧钢一线最高日产突破9000吨，创历史新纪录。新区2050线最高日产达1.76万吨，月产突破38.5万吨，实现快速达产达效，为公司冷轧系统满负荷生产提供了有力支撑。

强化成本管控，实现经济运行。能源方面，持续推进管理节能，全年本部和不锈钢公司外购能源费用分别降低7元/吨、24元/吨；公司吨钢能源成本总体同比降低17元。检修方面，通过加强状态维修、开展自检自修，全年外委费用较上年降低30%。备件方面，开展修旧利废，严控备件采购，全年备件采购资金同比降低16%。库存方面，结合退城搬迁，对本部所有物料库存进行清理，库占资金最低降至39亿元，比年初降低14亿元，创出近10年最好水平。结构成本方面，加大对外协调，减少烧结停产，保证自产烧结矿配比80%以上，为降低炼铁成本创造了条件。

深化对标挖潜，激发企业潜能。围绕结构成本、高效生产、激励考核、市场营销等方面，与华菱涟钢深入对标，推动主体单位生产经营发生质的变化。其中，不锈钢公司年内成功实现扭亏为盈，较上年实现每月近亿元业绩提升。高强汽车板品种开发明显提速、产品质量显著提升、高端产品实现批量化生产，经营流动性明显增加。唐银公司在停产一座高炉情况下全年实现利润1亿元。

二、坚持不懈推进“两个结构”再优化，企业市场竞争力显著提升

坚定不移落实集团战略部署，加大力度推进客户结构和产品结构再优化，在满足客户需求中不断提升产品高度和技术水平。

持续加强客户开发。精准选择开发目标，抓好重点客户培育，奋力抢占中高端客户。2020年，新开发A、B级客户16家，累计供货超8万吨。汽车板事业部围绕战略客户开发与上量做文章，通过长安福特、上汽通用、华晨宝马3家合资品牌主机厂，以及奇瑞、长安、长城等9家自主品牌主机厂认证，实现对海尔、格力、美的等高端客户稳定供货。中厚板事业部与国内前20大结构用钢用户中的15家实现合作，在稳定供货国家会议中心等重点项目基础上，新开发京冶华诚、沪宁钢机等直供终端用户。卷板事业部锌铝镁方面与国内三大光伏电站、全国六大光伏EPC总包方建立合作，展现出良好市场前景。型线事业部棒材产品重点工程直供销量占比达到13%，较上年提升7个百分点；型材产品开发两个A级客户，直

供销量逐年提高；矿材产品与山焦、同煤、龙煤等企业建立长期合作；钢板桩在稳定华南主市场基础上，新开发上海宏信等华东客户，月均销量达到2.5万吨。

扎实推进产品升级。加大新产品研发力度，在多个领域成功打造双高产品。高强、超高强汽车钢销量突破14.8万吨，成功研发空心稳定杆用钢并填补国内空白，助力汽车业打破进口依赖。面向宝马等主机厂销量达18.4万吨。锌铝镁月订单量最高达2.3万吨，年内多次实现产品“国内首发”，具备全厚度规格、极限锌层锌铝镁生产供货能力，打造出“国内汽车、家电用锌铝镁生产线”品牌。全年锌铝镁销量突破15.5万吨，同比增长145%。镀铝硅在国内率先实现0.4~3.0毫米厚度规格全覆盖，月销量6000吨以上。新区依托公司本部品种开发经验和自身装备优势，累计完成16类钢种、28个牌号的产品开发。其中，管线钢X80实现首次生产，焊瓶钢实现用户供应，IF钢开始批量试制，双相钢产品实现向高强汽车板的稳定供货。

提升客户服务能力。优化客户服务策略，将服务资源向战略客户倾斜，进一步提升了综合服务能力。2020年，公司客户集中度完成48%，比2019年提高5个百分点；A、B级客户比例达到98%；客户满意度达到97.3%，同比提升0.3个百分点。此外，通过优化客户反馈问题处理流程，建立事业部、部门、公司三级服务保障体系，2020年公司质量异议处理及时率达到100%。

规范加工中心运营管理。围绕开发新客户、提高剪切加工率等开展工作，加工产线运营效率明显提升。其中，天津华冶开工率和净利润逐月提升，全年减亏1100万元。保定板材月度加工量创出新高，年内实现减亏。长春五矿开工率达到90%，全年实现利润800多万元，同比增利500多万元。

三、统筹抓好本部关停和新区投产达产，区位调整取得历史性成果

全力抓好公司本部安全关停。反复论证并认真落实停产方案，精细抓好能源隔离、管道吹扫、验收迎检等工作，实现本部安全平稳有序关停。关停后，迅速转移工作重心，构建完备的安全防范网络体系，有力维护了公司资产安全。同时，高度重视唐银公司关停工作，以本部成功经验指导唐银公司实现平稳有序关停。

全力支撑保障新区顺利投产和快速达产。树立“一盘棋”思想，协同推进、合力攻坚，举全公司之力支撑新区工作，确保了按时投产。人力资源上，公司累计为新区配置职工7000人，并将本部核心骨干、优秀作业长和技管干部及时配置到新区产线。营销对接上，按照股份营销平台“五统一”原则，组织核对新区物料、产品等要素，逐步实现营销管理一体化。客户开发上，与26家客户签订110万吨热板产品年度协议，与21家客户签订220万吨棒线产品年度协议。技术质量上，成立专家组，协同论证开炉开机方案，及时贯通产品开发体系，为新区投产储备了充足方案。全面导入一贯制质量管理体系，为新区投产后质量稳定提升奠定了基础。设备维检上，组织本部检维修力量向新区倾斜，强化保障，为新区顺利投产提供了设备运维保障。结合公司“五体一制”管理经验，梳理新区设备管理体系，使其更加系统性、科学性、体系化。公辅配套上，从物流、气体、钢渣、固废及后勤、物业等方面，同步建成运行公辅项目，为新区提供了高效专业化服务。供需匹配上，以公司效益最大化为原则，策划实施2050与本部冷轧基料匹配方案，年内新区累计向本部供应冷轧料60万吨，为冷轧抢抓机遇、增创效益提供了支撑。新区投产后，结合新区需要，以稳定秩序和高效生产为主线，公司多方协同、综合施策，从生产、技术、质

量等各个方面，给予新区支撑、指导和服务，及时解决了制约新区达产的一系列瓶颈问题，有效地加快了达产节奏。2020年新区累计产铁115万吨，产钢112万吨，产材坯109万吨，实现现金流1.65亿元，创出了较好的经营业绩。

四、强化产线产品支撑体系建设，为提升经营绩效提供了重要保障

加大科技创新力度。充分借助集团科研平台，深入开展高炉煤气脱硫等前沿技术攻关。2020年，不锈钢高炉利用系数同比提高0.4，中厚板熔炼成本反超标杆企业，高强汽车板带出品率同比降低36%。全年公司完成专利申请275项，荣获中钢协冶金奖2项、省冶金奖19项，2项科技项目技术水平达到国内领先；公司被授予“国家技术创新示范企业”称号。

加强质量保障能力建设。结合项目制实施，以“零缺陷、零投诉、零事故”为目标，通过内审组跟踪评价，推动PDCA改善持续落实。以新区投产为契机，将新区全流程质量管理纳入公司整体质量管理体系，围绕满足一二冷需求，借助1580向2050品种转移，加强新区与本部协调联动，拉动了公司整体质量水平的提升。2020年，供宝马钢合格率从上半年不足40%提升到下半年的78%以上；锌铝镁、镀铝硅合格率均达到95%；新区供冷轧厂酸轧原料缺陷卷率降至0.5%，整体带出品比例降至6.2%。

加快推进智能产线建设。结合新区建设和投产，加快信息化技术与生产融合，形成了覆盖钢铁全流程、符合智能制造标准的信息自动化体系。工业自动化层面，自主研发的MES系统成功在高强汽车板上线使用。生产运行层面，实现生产过程全流程协同控制与优化，建立1580线层冷控制模型，有效解决了1580线卷取温度超差问题。信息化层面，自主研发的钢区智能排程系统在中厚板公司炼钢区投用，提升了炼钢系统的生产效率。技术应用层面，积极探索钢铁制造与工业互联网融合路径，年内公司5G无人天车成功投入使用。自主研发方面，强化自主创新，成功研发捞渣机器人并顺利上线使用，有效提高了生产效率和产品质量。

强化人才支撑。聚焦产品研发、市场营销等专业，加大市场化人才引进力度，全年市场化引进高素质人才10人，均发挥巨大作用。运用信息化手段，实现对作业长的量化评价，提升了作业长队伍的能力与素质。优化积分制管理，年内采集各类信息12.7万人次，为公司培养、使用、评价、激励员工提供了量化依据。聚焦关键岗位，创新培训模式，全年累计开展各类培训5万余人次，推动了全员素质能力的持续提升。

夯实设备管理基础。深入推进“三位一体”设备管理，提高作业区人员自主维修能力；深化产线工程师负责制下的设备综合状态管理，全面推进标准化作业，提升了产线控制力。结合设备劣化趋势及在线监测等手段，加强检修过程管控，充分利用躲峰、环保限产、待料停车等时机，实施状态维修，减少定修次数。2020年，公司设备故障时间同比降低10%。

五、加速综合改革和体制机制创新，企业发展活力得到进一步释放

扎实推进“双百行动”综合改革。着眼于转机制、增活力、优管理，以健全市场化机制为抓手，着力构建现代企业制度，提升了内部管控效能。年内公司推动“双百行动”涉及的16项任务基本完成；微尔自动化、惠唐物联等2家单位完成混改，新事业公司、重机公司等4家单位正积极推进。气体公司、唐龙（唐昂）公司、惠唐物联公司已试行工资总额预算及备案制管理。子分公司经理层全面实行任期制和契约化管理，其中惠唐物联公司、中厚板公司通过市场化方式选聘职业经理人6名，并在经理层薪酬方面实现市场化。

大力推行项目制管理。为增强目标导向作用，发挥引领效果，强化项目激励性，制定实施项目制管理办法，以年度预算和经营绩效方案为依据，从不同维度分解确立重点支撑项目，稳步推进实施，促进了生产经营目标的达成。其中，研发系统确立并实施51项科技项目，为公司产品开发、售价提升、降本控费提供了有力支持。营销系统立项实施6个战略客户开发项目、8个目标产品销量和售价提升项目、35个大客户团队经理项目，推动公司锌铝镁、超高强钢、镀铝硅等高创效产品销量实现明显增长。

深入实施“工序模拟法人制”。积极落实股份公司要求，通过试点推行和全面推进方式，将市场资源配置功能和激励机制引入公司内部，明确工序间定价和索赔规则，充分激发了企业独立经营活力，年内不锈钢公司、高强汽车板公司、冷轧厂等单位经营业绩实现显著改善。

持续深化全员创新。积极推行“小建议、大奖励”激励机制，营造了全员创新浓厚氛围，激发了全体职工的创新活力。2020年，公司职工申报创新成果2300余项，优秀创新成果138项；公司2个创新工作室荣获“河北省劳模和工匠人才创新工作室”称号，充分彰显了公司创新发展的强大活力。

六、盘活非钢系统存量资源资产，战略性新兴产业集群初步形成

加快培育战略性新兴产业。集聚创新资源和要素，分类培育壮大一批代表行业高度的战新产业，初步形成以信息技术为龙头，以节能环保、固废处置和现代物流为支撑的战新产业集群。其中，导热片领域，达创传导投产至今合同额达2.8亿元，项目二期建设加速推进。互联网领域，惠唐物联全年完成合同签约金额5600万元，实现收入3000余万元。智能制造领域，自动化公司无人天车、智慧物流、智能计量、5G应用等系统先后承接黄骅港等一批重点项目。节能领域，华奥公司获得工信部“工业节能诊断服务”资质，成为集团内唯一国家级工业节能诊断服务机构；唐龙（唐昂）超细矿粉打入南方重点工程。物流领域，与全球最大园区服务商普洛斯开展合作，积极推进现代绿色物流园项目建设。

推动优质非钢企业稳健发展。气体公司年内在香港成功上市，成为京津冀第二大工业气体供应商，目前股价增长比较强劲；全年主要气体产品外销23.6万吨，实现利润1.67亿元。物流分公司积极开展铁运服务输出业务，与鑫达、荣信等专用线建设企业达成合作。唐钢建设发展公司注册成立后，快速承担公司老区土地变性、土地变现、一级开发等任务，全力保证土地资产效益最大化。

加强非钢产品市场开发。顺应公司区位调整发展趋势，着力加大非钢产品集团外部市场开发力度，创效能力持续提升。唐龙（唐昂）实行差异化营销策略，积极开发华东、华南客户，全年出口矿渣粉16.7万吨，增创效益267万元。重机公司轧辊产品成功打入欧美市场，在业内树立了良好形象。房地产公司钢城春邑一期项目住宅全部售罄，项目销售额及效益达到预期。

七、全力做好安全与环保工作，为公司可持续发展提供了坚强保障

强力抓好安全生产。结合新冠肺炎疫情防控和公司区位调整实际，着力强化全员安全责任落实，持续推动安全管理重心下沉，各级人员安全履职意识明显提升。深入开展风险分级管控和隐患排查治理，全年共查改安全隐患6700余项。严格管控作业过程，公司本部和唐银公司实现安全有序关停，顺利完成佳华老旧危化设备等拆除工作，并对260余次大中修和定修项目进行全过程安全监管，实现高危作业管控全覆盖。大力抓好新区安全生产，着力增强各级领导安全管理

意识，强力整治重大事故隐患、习惯性违章等突出问题，切实保障了新区建设、投产和达产期间的安全生产。2020 年，公司荣获“河北省安全生产先进单位”称号。

持续强化环保管理。高标准抓好新区环保管理，围绕创建超低排放 A 级企业，多管齐下、综合施策，健全完善环保管理机制，制定环保管理制度和环保应急预案，加强新区生产和工程现场管理，为新区环保达标、实现超低排放和经营发展创造了条件。加强固体废弃物管理，保证危险废物合规处置。加强污染物排放总量控制，积极推广环保新技术、新方法，重视环保设备检修与维护，确保所有污染源达标排放。2020 年，公司二氧化硫、化学需氧量、烟粉尘排放量指标均低于行业控制指标。

八、抓好河钢塞钢运营管理和国际合作，为集团国际化发展提供了强劲支撑

加强塞钢运营管理。在新冠肺炎疫情席卷全球、欧洲钢材市场严重下滑的情况下，发扬“时代楷模”精神，迎难而上、负重前行，统筹抓好塞钢疫情防控、生产经营和技改项目等工作，年内塞钢生产经营保持总体稳定，重点技术经济指标逆势创出历史最好水平，展示了河钢人拼搏奋进、锐意进取的时代风采。2020 年，塞钢生产钢坯 122 万吨，实现营业收入 5.7 亿欧元。

加强国际产能合作。紧跟国家“一带一路”建设和集团国际化步伐，主动融入集团在菲律宾、俄罗斯等国家的钢铁合作项目，有条不紊推动有关工作，助力了集团国际化发展大局。

九、加强企业党的领导和党的建设，始终坚持依靠职工办企业，为公司区位调整和转型升级汇聚了强大力量

全面加强企业党的领导和党的建设。坚持以习近平新时代中国特色社会主义思想为指导，认真落实党的十九届四中、五中全会精神和集团党委 2020 年工作部署，在公司区位调整、生产经营、疫情防控、改革发展等中心工作中，着力加强党的领导，持续提升党建工作水平，高质量完成了各项任务，为公司转型升级提供了坚强的政治、思想、组织、作风和纪律保证。

加强职工队伍建设。大力弘扬劳模精神、劳动精神和工匠精神，广泛开展劳动竞赛、技术比武、岗位创新等活动，职工队伍技能素质得到全面提升。年内，公司荣获“河北省职工职业技能大赛培养高技能人才先进单位”称号，公司职工邢振环荣获“全国劳动模范”称号。高度重视区位调整期间职工队伍稳定工作，着力加强职工教育和思想引导，以新区顺利投产和打造未来工厂的美好愿景，增强职工对企业发展信心，确保了公司职工队伍的总体稳定，得到各级党委、政府和集团的充分肯定和高度评价。

深化职工民主管理。坚持全心全意依靠职工办企业方针，创新开展“3S”型职代会创建，公司各级职代会制度化、规范化、科学化建设深入推进。召开职代会代表团长会议，专题审议《区位调整期间职工安置方案》，明确安置原则，确保了职工队伍的稳定。坚持以人为本，切实为职工办实事、办好事，扎实做好关爱职工、帮扶困难职工等工作，加大维权服务力度，进一步巩固了和谐稳定的劳动关系。2020 年，公司累计帮扶患大病职工、困难职工及子女 1500 余人，发放帮扶款项逾 150 万元。

总的讲，在疫情防控、区位调整、生产经营等诸多方面带来巨大挑战面前，公司全体干部职工认真落实集团、股份公司各项决策部署，积极进取、奋发作为，推动公司在极不平凡的一年取得了极不平凡的成果，公司行业影响力和市场竞争力进一步增强。在此，我代表公司，向在各自岗位辛勤工作的全体干部职工，表示崇高的敬意和衷心的感谢！

在总结成绩的同时，我们也要清醒地认

识到，公司生产经营还存在一些问题和不足，必须引起高度重视：一是经营成效方面。由于新老区停产投产衔接、市场波动等多种因素影响，公司整体创效能力跟业内先进企业比，仍存在比较明显的差距，在深化对标挖潜、拓展盈利空间上还需进一步加强。二是市场应对方面。适应市场、快速反应、把握营销时机方面还存在不足，需认真分析市场涨跌行情，深刻吸取经验教训，着力提高市场研判能力和营销水平。三是结构优化方面。战略客户订货增量、合同组织与产线匹配还存在短板；高端产品质量稳定性、产品售价仍有较大提升空间。四是基础管理方面。主要产线各类事故、故障在一定时间一定区域内还比较频繁，需要狠抓基础管理，着力建立长周期均衡稳定的生产局面。五是降本控费方面。新区纳入对标体系后，从结构成本、能源消耗、全要素费用支出等各项指标上，急需尽快对标一流、发挥自身优势、达到行业领先水平。六是战略性新兴产业培育方面。非钢板块产业结构、体制机制等，与业内外先进企业比存在明显差距，需要从抢抓机遇、盘活资源等方面加大力度。

这些问题需要在今后工作中深入研究并着力加以解决。

2021 年的形势和任务

2021 年是中国共产党成立 100 周年和“十四五”开局之年，也是公司开创转型升级和高质量发展新局面的关键一年。去年召开的党的十九届五中全会描绘了“十四五”规划和 2035 年远景目标宏伟蓝图，必将指引我们立足新发展阶段、贯彻新发展理念、融入新发展格局，开创企业转型升级和高质量发展新局面。

从国际看，随着疫情蔓延，世界经济复苏的不稳定性、不确定性因素持续增加，中国发展面临百年未有之大变局。从国内看，随着疫情防控形势持续向好，宏观经济逐步回归正轨，带动钢铁需求逐步回升、钢铁消费持续反弹。但是也应当看到，当前我国钢铁行业需求旺盛，但行业同质化竞争日趋激烈的态势依然没有改变。在市场波动、环保限产等多重因素影响下，公司转型升级和改革发展任务依然艰巨，提升钢铁主业盈利能力和释放存量资产效能等工作，依然面临巨大压力和严峻挑战。

前不久，河钢集团召开 2021 年工作会议，总结了过去一年的工作，部署了 2021 年“十项重点工作”，强调要持续提高钢铁主业盈利能力，充分释放技术和装备效能，加快释放新区能力和活力，最大限度挖掘资源资产潜力，严守投资和现金流“两条红线”，坚定不移深化市场化改革，奋力实现“十四五”良好开局，以转型升级和高质量发展的优异成绩向建党 100 周年献礼。

公司作为集团核心骨干企业，要认真贯彻落实集团 2021 年工作部署，始终以效益为中心，大胆解放思想、开拓创新，有的放矢地狠抓重点工作落地，坚决完成集团赋予的各项任务，继续当好集团各项工作排头兵和引领者。

为此，公司确定 2021 年总体工作思路是：

以习近平新时代中国特色社会主义思想为指导，深入贯彻党的十九届五中全会精神，全面落实集团 2021 年工作部署，立足新发展阶段、贯彻新发展理念、融入新发展格局，以效益为中心，以巩固提升区位调整战略成果为重点，以市场化改革和技术创新为手段，突出抓好“两个结构”再优化、资金刚性管控、现有资产效能发挥等核心工作，奋力实现“十四五”良好开局，为集团转型升级和高质量发展作出新贡献，以优异成绩向中国共产党成立 100 周年献礼。

公司 2021 年生产经营的主要任务是：

全年计划产铁 1784 万吨，产钢 1877.89 万吨，产材坯 1809.54 万吨；目标产铁 1829

万吨，产钢2032.22万吨，产材坯1965.70万吨。

全年计划实现营业收入1026亿元，目标1084亿元；计划实现利润33亿元，目标51亿元。

双高产品比例目标为41%以上。

钢材综合售价同口径提升额目标为100元/吨。

合同兑现率目标为95%以上。

存货占用计划控制在46.34亿元以下，目标43.34亿元以下。

实现长周期安全生产。

为确保完成上述目标，要重点做好以下工作：

一、统筹抓好生产经营和项目建设，大力提升钢铁主业盈利能力

加快释放新区优势与潜力。围绕打造集团提出的技术、产品、创新、智能、绿色“五个高地”目标，引领新区统筹抓好技术研发、品种开发、绿色环保、智能制造等工作，以钢铁工业全新发展理念驾驭新区迅速迈入高质量发展轨道。以全流程效益最大化为原则，将本部高效生产经验进一步向新区复制，统筹抓好新区与本部资源协调联动，努力实现新区铁钢轧生产高效衔接。

着力改善其他主业单位经营业绩。高强汽车板公司坚持“内降成本、外提售价”两手抓，重点发力销售端，推动高创效产品提价增效、高潜能产品提质上量，确保吨材挖潜130元。冷轧厂发挥独立市场单元优势，加快经营绩效提升步伐，瞄准锌铝镁等优势产品，提质上量、优化营销、增创效益。中厚板公司进一步发挥混改优势和独立经营主体作用，争做集团内效益最好企业。不锈钢公司抓好铁前增产和钢后提效，以高效生产带动效益提升，确保吨铁成本再降145元、钢轧工序加工费吨钢再降60元、动力吨钢挖潜50元。美锦焦化抢抓市场化试点机遇，结合二期投运，系统降低成本，显著提升经营绩效。佳华焦化要尽快由基建思维向生产经营思维转变，建立稳定生产经营局面，确保投产即达产、投产即盈利，为公司提升经营绩效提供必要支撑。

稳妥推进工程项目建设。在严控投资且保持安全、规范前提下，高质量做好新唐银公司、新区、美锦二期、佳华等项目建设。其中，新区3号高炉及配套工程力保3月份投产；佳华焦化4月底前实现全面投产，年内具备240万吨优质焦炭供应能力；新唐银1号、2号高炉力争年底投产；新区、佳华、中厚板公司三个发电项目要只争朝夕、攻坚克难，千方百计压缩工期，尽最大努力减损增效。

二、推动“两个结构”再优化，全力打造差异化竞争新优势

持续优化客户结构。2021年，公司计划新开发A、B级客户25家，战略客户销量达到262万吨以上。其中，新区依托车轮钢、大梁钢、耐候钢、管线钢、焊瓶钢、工具钢等6大类产品产销研用一体化项目组，推进客户开发，力争年内与国内行业前十企业建立稳定的战略合作关系。高强汽车板公司以稳定家电、汽车现有客户为基础，持续推进汽车主机厂与外资家电厂认证。2021年汽车主机厂实现长安福特、上汽通用、一汽轿车、奇瑞汽车、比亚迪批量订货，同时启动一汽大众、一汽丰田认证。外资家电完成大金空调、上海索尼认证，实现批量订货。冷轧厂以稳定国电投等光伏客户、武汉铁锚等药芯焊丝客户为基础，拓展门业、光热行业新客户。不锈钢公司重点围绕做强马口铁基料、工业纯铁、700兆帕汽车大梁钢和薄规格花纹板等窄薄规格产品品牌开展工作，年内吨材售价要提高50元。中厚板公司重点加快开发工程机械用钢、高端模具制造、能源用钢等行业战略用户，提高优质用户占比。

持续优化产品结构。新区要瞄准“产

品高地”建设要求，系统策划热轧、冷轧、棒材、线材、型材五大类产品，全年高端产品产量力争达到298万吨。其中，2050线重点开发1200兆帕级马氏体钢、800兆帕级厢体钢、NM400XT耐磨钢和Q460qD桥梁钢等，年内打造多个红旗产品和年销量20万~30万吨以上品种，全年双高产品比例要超过50%。高强汽车板公司以新区高品质原料供应为支撑，着力在宽幅IF钢、外板、超高强钢、锌铝镁、热成型镀铝硅等高创效产品上量上发力。积极开发制桶钢、搪瓷钢、药芯焊丝钢等专用钢产品，丰富拓展产品结构；进一步提升FD高表面质量用钢、超深冲钢、超高强钢产品比例，全年双高产品比例超过78%。冷轧厂全年锌铝镁销量力争达到24万吨，继续领跑国内锌铝镁市场；440兆帕以上结构级镀锌销量达到20万吨；药芯焊丝钢销量达到18.6万吨，市场占有率提高到40%。不锈钢公司全年品种钢产量力争完成175万吨，自销品种钢比例达到87.5%；全年窄薄产品比例达到30%，工业纯铁、700兆帕大梁钢、马口铁、薄系列花纹板月均销量要分别达到8300吨、1.7万吨、7000吨、1万吨。中厚板公司要继续深耕结构用钢领域，以市场容量大、效益相对较好的低合金系列为主要市场方向，着力推进产品的专业化和规模化；要加快高端容器板、高强钢市场开发，不断提升市场占有率。

持续提升客户服务能力。深入推行大客户经理制，围绕客户需求识别与落地、客户抱怨处理等，强化客户端问题反馈和解决过程管理，对重点客户实施一对一服务，进一步提高客户满意度。以钢材加工中心建设运营作为服务客户有力抓手，一方面提升加工量，优化库存结构；另一方面助力集团供应链体系建设，为实现与客户无缝对接提供支撑。2021年，公司卷板产品合同交付率要达到95.5%，战略客户合同交付率要达到98.5%，客户抱怨控制在月均1.5起以下。

持续提升产品售价。根据市场需求、自身生产能力、成本状况，着力增量销售高创效品种。围绕规格、投放区域等价格影响因素，引导资源向高加价规格生产、向高价格区域投放。推进实现技术协议加价，将满足客户特定要求转化为实际效益，实现利益最大化。用足用好股份营销平台，重点坚持日定价制度和“五个维度”售价提升评价制度，促进各销售单元加强市场研判，适时调整锁单与后结算比例，增加高售价区域投放比例，确保实现全年售价提升目标。

三、切实抓好产线和产品支撑体系建设，积极构建形成全新生产格局

进一步扩大技术优势。贯彻落实集团科技创新大会精神，把技术进步和科技创新作为推动公司转型升级和高质量发展的主要动力，明确主攻方向，创新管理机制，打造过硬科技队伍，加快建立并不断扩大领先优势。依托集团科研平台优势，在新产品管理、科技研发管理等方面具体指导新区开展工作，将原有产品开发经验向新区移植，建立一体化科研管理体系和在线新产品研发平台，年内创建1个省级制造业创新中心，努力建设国家制造业创新基地。以项目制为抓手，结合现场需求，从炼钢—连铸—热轧全工序入手，针对共性难点问题，开展机理分析与工艺技术优化，为品种开发、试制和投产提供轧制模型和工艺支持，支撑产线技术水平全面提升。

打造智能发展新优势。紧抓5G发展机遇，利用物联网、大数据等技术，推进工业机器人、柔性制造工艺技术与互联网的融合应用。其中，新区要引入最新数字化设计理念，强化生产现场数据智能采集、实时传输和自动分析，确保实现人机信息自动交互、设备状态实时掌握。不锈钢公司和高强汽车板公司要协同应用工艺模型与信息管理系统，完善全过程质量系统、设备全生命周期

管理系统，打造“不锈钢炼钢热轧—高强汽车板冷轧深加工”智能制造示范线。中厚板公司推进炼钢系统模型化、智能化生产，积极开展自动炼钢模型攻关，努力建立智能产线。

强化质量保障体系。坚持把质量管理放到突出重要的位置，不断优化公司内部产线供料工艺路径，统筹质量管理和体系认证。充分利用精益生产管控平台，对质量报警、质量故障、质量异议等实施 PDCA 管理，实现日常质量问题闭环控制。深化高端汽车钢质量平台建设，针对突出质量问题开展攻关，推动汽车钢实物质量跻身国内领先水平，实现国内高端汽车钢稳定供货和宝马汽车钢外板供货。依托信息化系统，建立全公司质量管控平台，实时加强关键工艺控制、产品判定等环节管控，提升产品质量稳定性，年内客户满意度力争达到 95%以上。坚持以效益为中心，依据产品质量损失，实行质量绩效管理，全年带出品降低 0.5%以上。

夯实人才支撑体系。根据存续单位及新区需求，遵循“进度服从质量”原则，因地制宜推进作业长制，重点做好新区作业长资格培训和作业长素质提升培训。围绕“两个结构”优化、智能制造、战新产业等领域，加大市场化人才引进力度，为公司高质量发展提供人才保障。强化人才培养，根据新区需求，及时移植本部成熟人才培养三大序列模式，搭建完善的人才发展通道。坚持“能力为先、竞争上岗、管理从严、职责明确、责任到位”原则，指导新区做好骨干匹配，做到能者居之、德才配位。

四、强化资金红线意识，加强资金刚性管控，持续提升企业成本控制水平

全面抓好铁钢轧全流程降本控费。铁前系统强化对标手段应用，大力优化铁前配矿和高炉入炉结构，保高炉顺行，促增产降耗，通过优化料结构，改善技术指标，实现降本增效。钢轧系统深入抓好原料结构优化和废钢应用，围绕金属料消耗、合金料消耗、成材率、负差率、热装比、剪切率等指标，持续改善攻关。动力及能源系统通过对标先进企业节能方式、引进新技术、提高二次能源利用效率、推行经济运行等措施，力争 2021 年吨钢能源成本再降 12 元，自发电比例达到 60%，吨钢电耗降低 47 千瓦时。费用控制方面大力压减非生产性开支；利用集团工业品超市、铁铁智运平台等，扩大公开招采面，促进竞价创效。

全面加强资金管控和现金流管理。站在集团高度，密切关注外部融资环境和内部资金状况，坚持“以收定支”原则，严格生产经营资金管理，严格审核投资项目建设资金，切实把资金管控工作做深做实。加强生产经营现金流核算与考核，对生产经营现金流出现负数单位，给予严肃考核，有效传导压力，倒逼亏损单位扭转经营不利局面。借助集团信息化平台手段，加强现金流管控，反映真实数据，及早发现和解决问题。加强资产负债率管理，积极对接当地金融机构，发挥自身优势，寻找优质融资资源，不断优化债务和融资结构，为企业提供稳定的融资来源和资金储备。

五、持续深化体制机制改革，为公司高质量发展注入新动力

积极试行独立市场单元市场化考核机制。按照集团指导性意见和股份公司要求，在两个冷轧和美锦焦化全面落实《独立市场单元绩效考核办法》，重点做好独立市场单元负责人、关键岗位人员奖励兑现，通过市场化激励，真正把人的积极性调动起来，引导试点单位进一步激发企业经营活力，在更多从市场上增创效益的同时，提高试点单位及人员的收入水平。

积极稳妥深化国企改革。以《国企改革三年行动方案（2020—2022 年）》为纲领，进一步增强改革的紧迫感和责任感，坚

持党对国有企业改革的全面领导，以混改为重点，坚定不移深化考核、分配制度市场化，努力实现“国资管风险，民资管经营”战略格局，不断扩大混合所有制改革的成效。

加强绩效激励与责任考核。深化运用华菱涟钢“硬约束、强激励”考核机制，按照“市场化运营核算，突出关键骨干作用”原则，创新激励策略，加大责任追究，在基础绩效评价上坚持差异化原则，在责任追究上加大关键人员考核力度，认真落实兑现股份公司各项激励政策，重点实现对关键少数的“硬约束、强激励”，切实发挥绩效管理的激励与导向作用。

六、积极推进本部退城后开发建设和非钢企业存续发展，再造新的产值和效益增长点

加快土地资源开发利用。依托唐钢发展公司，充分挖掘退城土地资源价值，年内积极落实“上半年完成土地变性、下半年完成土地变现”目标任务。立足厂区绿化优势，认真研究处置模式和应用方式，谋求与国内外顶尖企业开展合作，导入外部优质产业资源和项目，规划建设集云产科创、文创商旅、优培教育、智能制造等多功能区块街区于一体的城市综合园区，实现土地价值最大化，为公司持续健康发展提供强力支撑。

创新开展闲置资产处置。按照集团部署，拓宽资产处置渠道，积极寻找受让方，统筹抓好退城闲置装备和备品备件再利用，力保按期完成资产变现目标。立足盘活公司老区资源，科学谋划实施建筑固废资源化、城市现代物流园、装备再制造等产业项目，努力实现老区存量资源价值最大化、经济效益和社会效益最大化。

构建战新产业发展新格局。抢抓国家产业结构升级和公司区位调整发展机遇期，重点发展数字化、信息化、智能化产业，以及固废资源化、节能环保技术、高端稀有气体等战略性新兴产业，加快推进超薄微结构导热片等重点项目建设运营，努力形成新兴产业生态释放效应，不断为公司转型升级培育新的战略支撑。

七、融入集团国际化布局，继续为集团打造“世界的河钢”提供强劲支撑

推动塞钢竞争实力再上台阶。在全球疫情持续蔓延、世界经济下行风险加剧的背景下，继续弘扬“时代楷模”精神，顶住压力、多措并举，着力强化塞钢技术改造、工艺优化、运营管控、风险防范等工作，带领企业在逆境中不断实现新发展，为国家“一带一路”建设作出新贡献。2021 年，塞钢计划产钢 102 万吨，实现销售收入 5.5 亿欧元。

积极稳健推进国际合作。坚持开放、包容、担当精神，聚焦集团和公司转型升级与高质量发展目标，紧跟集团国际化战略步伐，全力支撑集团抓好印尼、俄罗斯、菲律宾等钢铁项目，助力集团融入全球经济体系，打造“世界的河钢”。

八、锲而不舍地抓好安全生产和环境保护，支撑和推动企业持续健康发展

全力保持安全生产良好局面。认真贯彻习近平总书记关于安全生产重要论述，严格落实“党政同责、一岗双责、齐抓共管、失职追责”要求，树牢安全发展理念，建立健全双控机制，统一全公司安全管控体系。以新区、佳华等项目建成投产为重点，针对全面投产后安全管理薄弱环节、提产提效后出现的生产组织新风险、职工重新配备后产生的不稳定因素，突出工作重点，强化部门协作，切实抓好过程安全管理，推动工作重心下移，强力抓好全员安全素质提升、风险辨识防范、隐患排查治理等工作，着力提高基层安全管理水平，切实维护广大职工生命安全，为公司生产经营稳定顺行提供安全保障。

下大力强化环保与能源工作。环保方

面，以创建超低排放A级企业为牵引，高标准推进新区和中厚板公司创A工作，力争按计划如期跻身A级企业行列。以确保新区环保设备达标及稳定运行为重点，发挥新区多项行业先进环保工艺和技术优势，传承和移植公司绿色发展经验，从严管理和考核，高度关注环保设备运行质量、运行成本，全力控制费用，打造高效、低碳、绿色钢铁生产模式，努力将新区打造成行业一流的绿色工厂。能源方面，充分借鉴公司本部优秀管理经验，以新区为重点，推进全公司能源体系建设，提升公司整体能源管理水平。开展公司存续单位能源介质系统优化攻关，尽最大努力实现介质供需和收支平衡，持续改进能源指标。2021年公司吨钢能源成本要再降5元。

九、进一步加强党的领导和党的建设，全心全意依靠职工办企业，为公司高质量发展凝聚强大力量

着力加强企业党的领导和党的建设。全面贯彻党的十九大和十九届二中、三中、四中、五中全会精神，深入落实集团党委2021年工作部署，紧紧围绕企业中心工作，坚持党的领导，加强党的建设，积极推进党建品牌创建和网格化管理，在强化理论武装、发挥党组织和党员作用、调动职工积极性等方面充分发力，实现党建工作与企业中心工作深度融合，促进公司高质量发展，以生产经营和党建工作的优异成绩向建党100周年献礼。

着力强化职工民主管理。围绕区位调整涉及职工切身利益问题，进一步强化职代会作用发挥，以“制度化、规范化、科学化”为原则，全面加强“3S型”职代会创建，深化厂务公开与集体协商，加强董事长总经理联络员队伍建设，进一步提升公司民主管理水平。结合公司退城搬迁实际，围绕人员安置等新情况，持续规范集体协商程序，着力强化职工矛盾纠纷排查调处，保障职工合法权益，进一步巩固和谐稳定的劳动关系。

着力做好服务职工工作。结合公司区位调整实际，在坚持开展节期“送温暖”、暑期“双服务”等普惠性服务基础上，创新举措、精准施策、破解难题，最大限度减少区位调整给职工生产生活带来的不利影响，进一步增强职工的幸福感和获得感。进一步拓宽困难职工帮扶范围，加大帮扶救助力度，设身处地解决职工困难，努力让每一个职工都做到快乐工作、幸福生活。

同志们，岁月不居，时节如流，企业发展永不停息。站在新的起点上，让我们在集团坚强领导和股份公司的带领下，以一往无前的勇气、真抓实干的作风和拼搏奋进的精神，全力做好唐钢生产经营、改革发展各项工作，奋力实现“十四五”良好开局，努力开创转型升级和高质量发展新局面，为集团实现新的更大发展作出唐钢更大的贡献，以更加优异的成绩向建党100周年献礼！

中共河钢集团唐钢公司委员会
2020年工作总结及2021年工作要点

2020年工作总结

2020年，在河钢集团党委的坚强领导下，公司党委深入学习贯彻习近平新时代中国特色社会主义思想，认真学习贯彻党的十九届四中、五中全会精神，坚持党要管党、从严治党，扎实开展“党建质量提升年”活动，着力巩固主题教育和省委巡视整改成果，围绕疫情防控条件下生产经营、区位调整和改革发展等中心工作，加强党的领导，夯实党的建设，为公司转型升级和高质量发展提供了坚强保障。全年公司产钢1420万吨，在克服退城、疫情、环保等因素影响下实现营收688亿元、实现利润5.5亿元，经营结果与上年持平。年内公司本部实现顺利关停，新区实现顺利投产，公司完成向海图强历史性转变，区位调整取得历史性成果；主体单位生产经营实现质的提升，经营绩效显著改善，气体公司完成在香港上市，非钢单位发展后劲进一步提升。年内，公司首次荣获全国精神文明建设领域最高荣誉“全国文明单位”称号，公司党委被省国资委党委、集团党委授予“先进基层党组织”称号。

一、坚定不移加强党的领导，充分发挥了企业党委“把方向、管大局、保落实”的领导作用

全面夯实管党治党主体责任，努力将“把方向、管大局、保落实”的要求落到实处。一是定期召开党委常委会议，研究落实上级党组织决策部署具体措施；坚持将党委研究讨论作为董事会、经理层决策重大事项前置程序，厘清权责边界，加强对重大事项的诊脉把关。二是加强党委年度和月度工作规划，坚持召开党委全委会议和月度书记办公会议，研究谋划确定各时段中心工作。全年召开党委常委会议49次，研究重大事项166项。三是坚持召开党建工作经验交流和现场观摩会议，推动企业党的建设深入开展。

二、坚持不懈夯实基层基础，企业党建标准化规范化水平持续提升

着力夯实基层组织建设。一是深化党建品牌创建，落实集团“基层党建质量提升年”活动部署要求，以“五大提升工程”为抓手，组织开展“十大专项行动”，创新开展“旗帜领航 创转型先锋”党建品牌创建活动，以思想领航、先锋领航、产品领航为引领，推动基层党委、支部打造多层次、分系统、有重点的党建品牌体系，争做集团党建品牌建设排头兵。二是扎实做好“四同步、四对接”专项评估整改工作，有效推进各独立法人单位章程修改和“双向进入、交叉任职”领导体制，进一步规范和完善了各独立法人企业党组织的设置。三是以新区为重点，认真落实《国有企业基层组织工作条例》《党支部分类定级工作实施办法》《星级党支部管理办法》等要求，全面加速规范了新区基层党组织各项工作。

着力加强党员队伍建设。一是加强党员教育管理，通过开展“三会一课”、组织专题培训班、党员知识测试等，进一步提升了党员的政治素质，坚定了理想信念。二是坚持做好发展党员工作。严格入口把关，规范工作程序，进一步优化了党员队伍结构。2020年，公司新发展党员247名，很好地

保持了党员队伍的活力和战斗力。三是注重发挥党员先锋模范作用。聚焦疫情防控、区位调整、市场营销、降本增效等重点工作，深入扎实开展“三亮三比”党员先锋行主题实践活动。全年评选表彰明星党员300名，优秀共产党员154名，防疫先进个人113名，有力促进公司全年生产经营目标的实现。四是强化党内关爱帮扶机制。坚持在节日前夕走访慰问困难党员和老党员，及时有效地传递了企业党组织的关怀和温暖。全年共发放慰问款项47万元。

着力推进党建管理创新。一是对照《党建重点工作考核清单》，严格党建工作考核，深入开展基层党建现场核查，抓好问题反馈和整改，强化核查结果运用。二是压紧压实党建责任，推进党群系统绩效管理与考核常态化，推动党群工作相关责任落地；围绕新区投产达产和项目建设，运用公司现有成型经验，指导新区修订《党群系统绩效管理与考核实施办法》。三是落实集团党委要求，启动党群系统网格化管理体系建设；组成考察调研小组深入浙江诸暨对标学习新时代“枫桥经验”，掌握核心要义，理清工作思路。四是充分发挥党建研究会优势，加强党建课题研究，结合国企混合所有制改革、疫情防控中党组织作用发挥等新情况、新问题，着力强化课题研究过程管理，增强研究的针对性、规范性和严谨性，党建课题研究整体水平进一步提高。年内，公司共有7项党建课题在省国企党建研究中获奖，党建研究成果创出省内评比最好成绩。五是加强党务管理创新，以项目制建设管理为抓手，突出问题导向、需求导向、目标导向，不断增强党群管理和服务效能，进一步提升了公司党的建设质量。六是以信息化手段推进党建工作。重点推动应用河钢智慧党建云平台，完善平台党组织和党员信息，加强特色亮点宣传，促进了党建业务的信息化、透明化、高效化。

三、加强领导班子和干部队伍建设，打造了一支全面过硬的干部队伍

强化领导班子建设。组织两级领导班子开展党的十九届四中全会精神网络培训、2019年度民主生活会，进一步提高了班子的政治敏锐性和政治鉴别力。进一步深化“五型”（笃于政治建设型、乐于团结协作型、勇于责任担当型、善于经营管理型、严于廉洁自律型）领导班子建设，持续健全和完善厂部级班子考核机制，推动班子整体合力提升，激发了两级领导班子干事创业的积极性。

加强领导干部队伍建设。一是严格落实习近平总书记关于建设高素质干部队伍的新要求，持续推进“四个铁一般”厂部级干部队伍建设。二是严格做好干部任免调整工作。坚持党管干部原则，严格标准，规范程序。全年完成53名厂部级领导干部任免调整，以及涉及21家子分公司的42名监事、董事及高管人员任免审批工作，进一步优化了干部队伍的年龄结构和素质结构。三是按照上级党委有关“双百行动”的要求，探索推动并建立了中厚板等子公司经理层成员任期制、契约化管理机制。四是组织开展多层次、分形式、全覆盖的干部学习培训，提升了领导干部的政治思想素质和业务能力。

加大年轻干部培养力度。持续完善“三星计划”、作业长制、厂部级助理制度等多梯队干部人才选拔培养机制，推动干部队伍结构更加合理、更加充满活力。认真落实公司《中青年干部挂职锻炼培养方案》，创新搭建“五星”素质模型，加大年轻干部培养和使用力度，对优化干部队伍年龄结构起到了重要作用。截至目前，公司已有20多名青年干部在厂部级班子后备岗位进行挂职锻炼，各方面的素质和能力得到显著提升。

四、全面强化宣传思想和意识形态工作，为公司生产经营、区位调整和转型升级提供了思想保证和精神动力

持续深化政治理论武装。一是加强两级

党委中心组学习。重点组织学习习近平新时代中国特色社会主义思想和党的十九届四中、五中全会精神，《习近平谈治国理政》第三卷，以及党章党规，引导两级领导干部树牢“四个意识”，坚定“四个自信”，做到“两个维护”，以党的创新理论武装头脑、指导实践。年内，积极创新中心组学习方式，采取“视频学习+现场研讨”等形式，引导两级领导干部读原著、学原文、悟原理，学习的深度和广度得到进一步拓展。二是加强党员干部学习。认真组织党组织书记讲党课，并重点组织学习党的十九届四中、五中全会和全国“两会”精神，引导广大党员干部以上级党委精神为指导，积极投身企业区位调整、转型升级和高质量发展新实践。三是持续开展“学习强国”学习活动，着眼于“广覆盖、常应用、深学习”目标，不断规范学习强国平台使用，进一步明确学习标准和要求，切实保证了线上学习的效果。

创新开展新闻宣传。一是加强重点工作宣传。紧紧围绕疫情防控、区位调整和转型升级等重点工作，及时准确报道公司工作进展、发展成绩，为公司决策部署落实落地营造浓厚氛围，为统一职工思想、凝聚发展力量发挥积极作用。二是加强企业形象展示。年内近30篇报道登上《人民日报》、新华社、中央广播电视总台、学习强国等央媒平台，充分展现了公司高质量发展成果。三是拓展宣传领域。打通与我的钢铁、兰格钢铁、中国汽车材料网等行业网站的宣传渠道，发稿500余篇，为公司营销工作奠定品牌基础。加大微信公众号、视频抖音号、融媒体新闻等新媒体宣传力度，受到广大职工深度关注，达到了很好的宣传效果。

切实加强意识形态工作。一是持续强化意识形态工作的领导，积极落实《加强和改进意识形态工作实施方案》，切实完善意识形态管理体系，牢牢掌握意识形态工作的领导权和主动权。二是坚持理论武装，用心用情讲好新时代党的故事、国家故事和企业故事。三是密切关注舆情动态，印发实施《舆情监控及应急处置管理办法》，搭建层级负责管理架构，加强网络宣传管理和评论引导，妥善处置重大突发事件和负面舆论，有效掌握了舆情的主动权。

持续抓好形势任务教育和文化建设。一是创新采取“一通知+三附件”形式，多层次抓好形势任务宣传教育，引导广大干部职工认清形势、明确目标、扎实工作，把公司党政的决策部署落实到基层和岗位，转化为职工的自觉行动。二是加强职工思想调研。围绕职工关心关注的热点问题，组织开展多专业及关键岗位调研，解疑释惑，回应职工关切，保证了公司决策部署在基层的贯彻落实。三是扎实做好企业历史资料留存工作。对公司各个区域、各条产线进行网格化梳理，拍摄镜头6000多组，为公司留下了珍贵的历史资料。

五、压紧压实党风廉政建设“两个责任”，为公司营造了风清气正、干事创业的良好环境

加强对纪检监察工作的领导。指导纪检监察系统切实履行监督职责，突出政治监督，实现政治监督具体化，严明政治纪律和政治规矩，严肃党内政治生活，重点抓好疫情防控“六督六看六严查”监督工作和省委巡视整改工作“回头看”监督检查，确保中央和上级党委决策部署贯彻执行。紧盯“关键少数”，组织公司班子成员、科级以上干部签订廉洁从业承诺书，健全对“关键少数”的监督机制，增强各级领导干部廉洁责任和自律意识。探索巡察工作新格局，印发《巡察工作实施办法》，设置公司巡察工作机构，强化纪委协助引导推动功能，整合公司监督力量，构建“大监督”格局，使党内监督和企业监察有机统一，促进纪律监督、监察监督、巡察监督有机贯

通、相互协调，提升了纪检监察系统的监督能力。

抓好党风廉政建设“两个责任”落实。一是加强工作部署。把党风廉政建设纳入党委重要议事日程，通过年度会议等形式，对全年重点任务进行部署，为党风廉政建设扎实推进提供了保障。二是强化督导落实。坚持每月召开党委书记办公会，印发党委月度工作要点，开展“两个责任”落实情况巡察督导，召开党委常委会专题调度党风廉政建设事项，促进了党风廉政建设任务的落实。三是严肃考核问责。认真贯彻落实《党委落实全面从严治党主体责任规定》，明确两级班子党风廉政建设责任分工，修订完善落实“两个责任”实施意见和责任清单，层层签订《党风廉政建设责任书》，夯实了责任体系。四是强化述职考核。支持纪委开展纪检监察工作述职，并加强约谈提醒，层层传导了压力。

加强党风廉政教育。一是紧抓党员干部廉政教育，分级组织观看警示教育片，召开警示教育大会，落实集团党风廉政建设会议精神，通报典型案例，用身边事教育身边人。二是发挥“清风唐钢”微信群、“清廉钢城”报纸专栏平台作用，形成媒体宣传矩阵效应，打造了网上廉政教育、学习培训、动态宣传、廉政文化四位一体教育阵地。三是拓展“清廉河钢”主题活动，举办廉洁书法、绘画、摄影作品征集活动，为公司生产经营和改革发展营造了浓厚的廉洁氛围。

坚持不懈查纠“四风”。一是扎实开展纠正“四风”和作风纪律专项整治，印发实施有关《推进方案》和《工作方案》，开展“四查四纠四确保”“纪律规矩不严”“服务意识不够”专项整治，推动党员干部作风明显转变。二是加强敏感时段和重点问题监督检查，对公款吃喝、收送节礼等开展专项检查，重点加强对公务接待、办公用房、公务用车等问题的监督检查，持续整治职工群众身边的不正之风。年内开展各类明察暗访268次，避免了党员干部“四风”问题的发生。

深化精准监督和效能监察。一是深入开展廉政风险防控。印发《“六查六看”工作通知》，督导各单位排查廉政风险防控体系运行情况，督促整改落实。年内，公司整改落实廉政风险防控体系问题8项。二是强化效能监察。聚焦公司区位调整、工程项目管理等重点领域，创新立项监察方式，完善“12345”全方位流程化监察模式，提升了整体监察工作质量。三是扎实开展专项督导检查。印发有关《实施方案》，围绕履行全面从严治党政治责任、落实省委巡视反馈意见整改、落实集团和公司党政重大决策部署等6方面20余项内容，进行检查、督促和指导，营造了风清气正、团结协作、干事创业的良好环境。

持续用力抓好省委巡视整改“回头看”工作。一是慎终如始抓好问题整改。制定《“回头看”方案》，坚持巡视整改落实领导和工作机构不变，制定的整改落实工作方案不变，牵头领导、牵头部门、责任单位和责任人不变，确保了巡视整改工作一管到底、整改到位、不留死角。二是不折不扣落实整改措施。公司28个专项整改工作小组，聚焦问题、担当尽责，形成了两级联动、合力推动的工作局面。定期召开整改落实推进会，将自查自纠、整改落实、总结提高、督导检查贯穿整改全过程，确保了巡视整改工作如期落实到位。2020年，公司党委针对省委巡视制定落实整改措施121项。三是标本兼治防止问题反弹。把巡视整改“回头看”列为专项督导内容，结合党建实地核查，组织对相关单位巡视整改情况逐项检查核实，深入查摆问题，提出整改建议，确保对账销号、整改到位。同时，把建章立制、规范管理、规范权力贯穿整改“回头看”

全过程。在深挖问题根源基础上，2020年新修订或完善公司级以上制度9项。

六、站在讲政治高度全力抓好疫情防控，为生产经营和改革发展营造了良好环境

认真贯彻党中央疫情防控重要指示和上级党委要求，充分发挥基层党组织和党员的作用，全力抓好疫情防控各项工作，实现“零输入、零传播、零扩散”工作目标，取得战略性成果。一是加强组织领导。迅速成立由党政主要领导担任组长，分管领导任常务副组长的疫情防控工作领导小组。根据形势变化及上级要求，定期召开疫情防控推进会、每日调度会，以防控保职工身体健康和生命安全、保企业生产经营顺行。同时，注重发挥各单位党组织战斗堡垒作用和党员先锋模范作用，引导各级党组织和广大党员主动担当、积极投身疫情防控第一线，广泛参与“我是党员我带头”活动，有效推动了疫情防控工作，确保了疫情防控取得扎实成效。二是抓好宣传教育。把握公司内外疫情防控形势，有的放矢做好职工动态把控和思想引导，利用内部媒体发布《职工疫情防控指导手册》《致广大职工及家属的一封信》《疫情下心理健康指导手册》等宣教资料，邀请疾控专家举办疫情防控知识讲座，指导职工科学防疫，增强了职工防疫抗疫的信心。三是强化压力传导。积极开展“三书一信一网一监督”“两表加一枪”“日报告”等包保防控创新举措，有效落实联防联控应对机制，快速建立党委包支部、支部包小组、小组包党员、党员包职工的四级网络防控体系，层层传导压力，逐级压实责任，为防控举措做实、做细、做到位提供了有力保障。四是把握工作重点。一方面狠抓敏感时段疫情防控工作，积极落实上级党委关于做好秋冬季疫情防控工作的会议精神，提早安排部署，精细谋划落实疫情防控管理措施，分片召开7场调度会，督导29家二级单位开展疫情防控工作。另一方面加强对新区、美锦、佳华、不锈钢、中厚板等有施工项目的重点单位、重点区域和重点人群的防控工作督导检查，保障了各项防控措施的落实，确保了万无一失。五是做好监督检查。强化疫情防控监督检查，夯实各级干部疫情防控责任。组建14个督导小组，深入开展“六督六看六严查”，科学精准做好疫情防控监督工作，推动了防控责任的落地落实。

七、全面深入做好群团组织工作，凝聚了推动公司生产经营、区位调整和转型升级的强大力量

扎实做好工会工作。一是深化经济技术革新活动。广泛开展“产品销量售价双提升”“提升服务新区软实力”等竞赛活动，为公司生产经营加油助力。积极开展岗位创新活动，助力公司重点工作实现新突破。2020年，公司4号高炉和1号150吨转炉荣获全国节能降耗对标竞赛“全国优胜炉”称号，炼铁厂360平方米烧结机荣获“全国创先炉”荣誉称号。积极组织参加各类技术比赛，大力开展岗位练兵、技术交流。年内组织举办公司第34届技术比赛，备战第十届“河钢杯”技能大赛、第十五届世界模拟炼钢挑战赛，参加并包揽“唐山市第十九届职工技能大赛内燃机车工比赛”前三甲，职工队伍整体素质进一步提升。弘扬劳模精神、劳动精神和工匠精神，广泛宣传劳模和工匠先进事迹，营造了尊重劳动、尊重创造的浓厚氛围。二是着力加强职工民主管理。创新开展“3S”型职代会创建活动，形成党政主导、工会运作、职工参与的职代会长效机制，职工的知情权、参与权、监督权得到有效落实。三是深入抓好职工生活保障工作。坚持开展“送温暖”活动，全年为职工发放慰问款物价值43万元，凝聚了士气、鼓舞了人心；深入开展暑期“双服务”，改善了一线职工生产生活条件；加大困难职工帮扶力度，全年帮扶患大病及困难

职工1900人，发放救助资金约150万元；坚持开展职工体检等普惠性活动，职工满意度普遍提升。四是坚持抓好女工工作。签订女职工权益保护集体合同，落实疫情防控期间孕期、哺乳期女工特别保护政策，维护了女职工的合法权益。

加强和改进共青团工作。一是推进“十百千”英才计划，依托创新创意大赛等平台，挖掘、培养、选树优秀青年人才。年内共培养选树优秀青年340余人。二是扎实做好创造品牌、创造业绩、服务企业、服务青年工作，深入抓好“一团一品”创建、“智慧团建”系统建设、“青年讲师团”宣讲等活动，公司共青团整体工作再上新台阶。三是围绕青年职工思想引领、岗位建功、创新创效等“七大工程”，创新开展“青年大学习”、岗位建功、“五小”创新登高等活动，提升了基层团组织的活力和团员青年的凝聚力。年内公司有六名职工分别荣获“全国青年岗位能手”“河北省青年岗位能手”和“冀青春”青年岗位创新发展专项赛银奖，创造了公司青年参赛历届最好成绩。

坚持抓好武装工作。一是深入开展民兵思想政治教育和形势任务教育，引导广大民兵始终与上级武装部门和公司要求保持高度一致。二是组织民兵开展产线创效、护厂巡逻、疫情防控等生产参建活动，为公司生产经营提供了强劲助力。公司广大民兵2020年通过生产参建累计创效3000万元，民兵安全哨查改事故隐患1100余项，护厂巡逻检查4200余次，为保障公司生产经营稳定顺行和财产安全发挥了重要作用。三是强化民兵应急力量建设。组织开展民兵军事训练和应急培训，年内完成节假日、汛期等重点时段战备值班任务和省市军分区民兵应急拉动任务，民兵综合应急处置能力全面提升。四是坚持党管武装、建用一致原则，着力加强民兵整组、国防教育、拥军优属等工作，较好地完成了任务。

八、切实做好信访、扶贫和保密工作，进一步强化了公司的政治担当和社会责任

坚持不懈抓好信访稳定工作。用心用情妥善化解各种矛盾纠纷，信访量呈现“四个下降”良好态势。推行“服务+管理”项目制模式，实现了信访工作PDCA良性循环。推进“N+信访”品牌建设，“三率”稳控指标达到100%。坚持推动历史积案化解，历史疑难案件基本清零。特别是围绕本部搬迁和新区投产达产，加强形势任务教育和职工思想引导，积极主动协调解决问题，实现了公司本部搬迁零上访，切实保证了职工队伍稳定，确保了老区关停与新区投产的顺利衔接。

全力以赴做好驻村帮扶工作。切实加强对驻村帮扶工作的领导，严格落实脱贫攻坚“回头看”和国考反馈问题整改工作，定期听取各驻村工作组汇报，积极组织开展结对帮扶、现场调研、志愿服务、普惠性慰问等活动，协调解决相关问题，推进产业扶贫项目落地，改善村容村貌和村民生活，驻村帮扶工作取得良好成效。2020年，共组织106名党员干部结对帮扶502户贫困户，捐助帮扶资金70万元，发放慰问金和慰问品合计价值30万元。公司驻村帮扶工作获得省国资委党委、集团党委及帮扶村当地政府的高度认可，被推荐为河北省脱贫攻坚先进集体。

切实加强保密管理工作。加强党管保密，推动保密工作领导责任制有效落实。夯实保密管理，规范涉密人员、涉密文件和涉密载体、涉密会议及重大活动保密管理。全年共计接收处理秘密级以上文件近200份，全部按照规范流程流转和落实，未发生失泄密事件。印发《保密责任考核与奖惩制度》等制度，保密体系得到进一步完善。深化保密宣传教育培训，年内累计订阅《保密工作》《党员干部保密行为手册》等宣传教育资料300余册，为开展保密教育提供了充足

素材。认真落实上级保密局关于开展保密自查自评的相关部署，及时指导基层单位开展自查自评，堵塞管理漏洞、消除保密隐患，防范了失泄密事件的发生。特别是结合疫情防控期间省市有关要求，对信息系统相关软硬件开展安全防护检查，为疫情防控要求在公司上传下达提供了安全保密环境。

2021 年工作要点

2021 年是中国共产党成立 100 周年，也是“十四五”开局之年，公司将坚持以习近平新时代中国特色社会主义思想为指引，进一步加强党的领导和党的建设，把握新发展阶段、贯彻新发展理念、融入新发展格局，以高质量党建推动企业高质量发展，奋力实现公司“十四五”良好开局，为集团建设具有极强市场竞争力和可持续发展能力的跨国工业集团作出新的贡献。

公司党委 2021 年初步工作总体思路是：以习近平新时代中国特色社会主义思想为指引，认真学习贯彻党的十九届五中全会和省委九届十一次全会精神，扎实开展党史学习教育，深入落实集团党委 2021 年工作部署，坚持党的领导，加强党的建设，以“钢铁先锋”党建品牌创建和网格化管理体系建设为抓手，促进党建工作与企业中心工作深度融合，增强各级党组织的凝聚力和战斗力，以高质量党建推动公司转型升级和高质量发展，以优异成绩向建党 100 周年献礼。

2021 年，公司党委要重点做好以下工作：

一、深入学习贯彻党的十九届五中全会和省委九届十一次全会精神，把思想和行动统一到党中央和省委省政府决策部署上来

把学习贯彻落实党的十九届五中全会和省委九届十一次全会精神作为当前和今后一个时期的重要政治任务，把思想和行动统一到中央和省委确定的重大决策部署上来。要重点学习领会习近平总书记在五中全会上的重要讲话精神，准确把握以习近平同志为核心的党中央关于国际国内形势的科学分析和重大判断，深入理解把握我国发展环境面临的深刻复杂变化、着力构建新发展格局的战略构想、提高党领导贯彻新发展理念构建新发展格局能力和水平的重要要求。要深刻认识五中全会提出的 2035 年远景目标和“十四五”时期我国发展的指导方针、必须遵循的原则、主要目标、重点任务、重大举措，特别是要深刻领会全会对“十四五”时期国有企业工作作出的重大部署，进一步激发广大干部职工搞好国有企业的信心决心，坚定不移做强做优做大国有资本和国有企业，更好发挥国有经济战略支撑作用。要全力抓好党的十九届五中全会精神的学习宣传贯彻落实，将学习党的十九届五中全会精神与学习党的十九届二中、三中、四中全会精神结合起来，与学习习近平总书记关于国有企业改革发展和党的建设的重要论述精神结合起来，力求融会贯通，引导公司全体党员干部和职工，立足新发展阶段、贯彻新发展理念、融入新发展格局，不断开创公司转型升级、改革发展和党的建设的新局面。

二、着力加强宣传思想工作，为公司转型升级和高质量发展提供思想保证、精神动力和舆论支持

切实加强和改进政治理论学习。一是强化两级党委中心组示范引领作用，切实提高中心组学习的针对性和实效性，在学懂弄通做实上当好示范，确保在政治上思想上行动上始终同以习近平同志为核心的党中央保持高度一致。二是深入落实好党委常委会“第一议题”学习制度，切实提高“第一议题”学习的质量和效果，着力增强两级班子的政治判断力、政治领悟力、政治执行力。三是认真学习省委和集团党委一系列重要会议精神，结合公司党的工作实际，努力将省委和集团党委各项决策部署在公司落到实处。四是结合理论学习，推动党的创新理

论入脑入心，切实把学习成果转化为推动公司转型升级和高质量发展的强大动力。

抓好建党100周年等重点宣传。围绕迎庆建党100周年，结合公司党的建设和企业发展实际，适时做好相关宣传，增强全员爱党热情，引导全体干部职工听党话、跟党走。以集团和公司的发展变化为主题，加强正面宣传，强化企业品牌塑造，提升集团和公司品牌价值，增强职工爱厂爱岗热情和对企业的认同感和归属感，增强企业的凝聚力和战斗力。

以创新手段深化思想引导和舆情管控。坚持目标导向与问题导向相结合，突出基层、精准施策，努力实现宣传思想工作向企业最小管理单元延伸，向职工群众身边延伸，实现工作无死角、服务无盲区。持续加强舆情监控，积极应用信息化和网格化管理手段，打通基层职工思想舆情信息反馈通道，实现问题发现在基层、解决在基层。

强化生产经营形势任务教育。围绕集团发展战略和公司2021年重点工作，通过构建“融媒体、大宣传”总体格局，进一步加强和改进形势任务教育，充分激发和释放宣传工作对生产经营重点部署的推动力，努力把全体职工的步调统一到集团和公司决策部署上来，推动公司生产经营和改革发展持续上水平。

强化意识形态领域工作。坚守意识形态主阵地，层层压实意识形态工作责任，努力建设具有强大凝聚力和引领力的社会主义意识形态。旗帜鲜明地坚持党管意识形态，牢牢把握主动权，引导广大党员和干部职工以坚定的理想信念筑牢精神之基，确保公司意识形态领域安全。

三、强力推动党建品牌创建、质量提升和党群系统网格化治理，努力以高质量党建推动企业高质量发展

深入开展党史学习教育和迎庆建党100周年活动。按照中央和上级党委要求，扎实开展党史学习教育，通过组织专题培训班、邀请专家授课、观看专题片、现场参观学习、开展知识竞赛等多种形式，开展学习教育，让党史知识、党的优良传统入脑入心，激励和动员公司党员干部不忘初心、牢记使命，为实现中华民族伟大复兴的中国梦努力奋斗。组织各级党组织和广大党员，以多种形式迎庆党的百年华诞，回顾党的历史，歌颂党的功绩，深入践行习近平新时代中国特色社会主义思想，立足岗位，创先争优，以实际行动为公司转型升级和高质量发展贡献力量，以更加优异的成绩庆祝建党100周年。

切实加强基层组织建设。一是紧紧围绕公司“旗帜领航 创转型先锋”党建品牌核心内涵，以党建品牌为载体，发挥党建价值导向，深化党建品牌内涵，拓展党建服务支撑机制，完善党建多层级管理体系、项目化实施体系、品牌评估、标准化推广应用四大体系，持续提升党建文化、品牌、治理、管理、激励等与生产经营的融合，推动各级党组织结合实际，激发基层创新活力，打造各具特点的党建品牌，持续推进党建工作与生产经营的深度融合。二是严格落实“四同步、四对接”常态化协同机制，在公司区位调整、行政机构变化和混合所有制改革过程中，进一步规范党组织设置，健全各级党组织班子配备，规范领导干部“双向进入交叉任职”，确保强化党的领导和提升党建工作质量。三是以“六个规范化”为重点，进一步强化党组织设置、组织生活、组织运行、组织管理、组织监督、组织治理等党的组织制度建设，持续提升党组织建设质量。四是完善党建考核评价体系，强化党建日常考核和集中核查，进一步细化基层党委、基层支部考核标准，综合运用党组织、党员和职工群众等评价，全方位检验党建工作成果。

切实做好党群系统网格化治理试点及推

广工作。按照集团党委部署，深入学习借鉴“枫桥经验”、集团内兄弟单位典型做法，做好网格化治理体系方案优化与实施，充分应用信息化手段，融合党群系统力量，明确部门职责，加快各平台各模块职能落地，整合基层服务资源，提升党群工作基层治理能力，推进党群工作标准化、网格化、数字化，激发公司基层治理内生动力。一是明确工作目标。确定网格化治理五个工作目标和五项原则，坚持以职工为中心，打通服务职工“最后一公里”。二是强化顶层设计。在学习借鉴、调查研究、多方论证基础上，研究制定《公司党群系统网格化治理体系建设实施方案》，搭建四横八纵网格，明确四级网格工作职责和八个平台服务内容及工作方式。三是统筹协调推进。成立推进领导小组和办事机构，明确推进下属各工作组成员及责任，调集精干力量成立网格化推进工作专班，统筹协调各项推进工作，确保网格化治理体系全面实施。四是做好提炼总结。引导新区、中厚板公司、不锈钢公司等三家试点单位先试先行，为公司党群系统网格化治理体系建设全面展开提供创新做法和实践经验，推动网格化治理在公司全面实施。

切实加强党建基础管理。一是加强党员教育管理，规范发展党员程序，壮大党员队伍；加强党员培训，提升党员政治及业务素质；深化党员特色活动，强化党员的激励与考核，促进党员先锋模范作用的发挥。二是加强基层党组织书记和党务干部队伍建设，强化党务干部配备，加强党建业务集中培训、专项培训和日常培训，构建基层党组织书记和党务干部能力素质模型，提升党组织书记和党务干部抓党建的意识、能力与水平。三是抓好智慧党建云平台建设，逐步推进党费收缴管理、发展党员等业务上平台，更好地服务和推动党建工作开展。四是加强和改进党群系统绩效管理，完善考核机制，更好发挥导向作用，切实推动和促进党群工作深入开展。

四、加强领导班子和干部队伍建设，为公司战略发展提供强有力的干部和人才支撑

进一步加强领导班子建设。一是健全厂部级领导班子和厂部级管理人员奖惩机制，建立激励机制、容错纠错机制，努力营造鼓励干事、宽容失败的良好氛围。二是深入推进“五型”领导班子建设，重点做好新区有关工作，切实满足新区发展对领导班子建设的需要。

进一步抓好领导干部管理。一是强化领导干部队伍建设责任落实机制，深入推进工作责任清单制，加快构建主体明确、责任分明、任务清晰的领导工作责任体系。二是建立和完善领导干部胜任力模型，优化和拓展模型在领导干部选拔、培训、评价、晋升等方面的应用。三是完善领导干部领导力精准化提升机制，制定厂部级领导干部领导力提升学习知识地图，量身定制培训计划，开展线上线下相结合的多形式、分层次、全覆盖的教育培训，全面提升厂部级领导的素质和能力。四是深化厂部级干部制度改革，适时推行契约化、职业经理人等市场化选人用人机制。

加大后备干部培养力度。一是优化干部标准和选拔机制，健全工作责任制，进一步完善后备干部人才库，及时发现、培养、提拔优秀年轻干部，努力实现干部队伍年轻化、专业人才市场化。二是围绕公司战略发展需要和组织能力建设要求，健全中青年后备干部人才规划体系，制定“十四五”中青年后备干部人才规划，畅通优秀年轻干部成长渠道，加大高端和急需人才引进力度。

五、持续深入推进党风廉政建设和反腐败工作，为公司高质量发展营造风清气正、干事创业的良好环境

着力深化巡视整改。一是贯彻上级巡视巡察工作方针，坚守政治巡察定位，部署开展好内部巡察，深入检查贯彻落实党的路线

方针政策和党中央决策部署情况，聚焦职工群众身边腐败问题和不正之风，着力发现和纠正政治偏差。二是抓好上级巡视巡察整改落实，强化巡视巡察整改的主体责任，健全整改情况公开机制和日常监督机制，综合用好巡视巡察成果，精准处置巡视移交线索，完善体制机制，堵塞制度漏洞，推动改革，促进发展。三是不断探索有效途径，推动形成巡察与党内监督、纪律检查、企业监察、专业监督等贯通融合、协同高效的监督工作机制。

着力夯实“两个责任”。一是完善“四责协同”工作体系，推动党委主体责任、书记第一责任人责任、纪委监督责任、班子成员一岗双责的贯通联动和一体化落实。二是严肃责任追究，运用调研、提醒、约谈、问责等方式，重点完善领导干部监督制度和领导班子内部监督制度，推动上级“一把手”抓好下级“一把手”，落实量化考核，严肃问责追责。三是持续开展好经常性廉洁教育和常态化警示教育，着力增强教育的针对性和实效性。

着力强化作风建设。一是持之以恒落实中央八项规定精神，深化纠正“四风”和作风纪律专项整治，落实上级关于改进文风会风、调研检查、督查考核等制度规定，实现企业风气进一步好转。二是持续整治形式主义和官僚主义，深化治理“贯彻上级决策部署只表态不落实”“维护职工群众利益不担当不作为”等问题。三是优先处置“四风”问题线索，让职工群众真切感到正风肃纪就在身边。

着力强化精准监督。一是强化日常监督，注重监督常态化。紧盯“关键少数”，推行领导人员廉洁从业承诺制度，促其依法用权、规范用权、廉洁用权。二是强化专项监察，注重监督精准有力。抓好公司区位调整过程、大额资金使用等立项监督，紧盯关键岗位，用好监察建议有力武器，形成发现问题、纠正偏差、精准问责有效机制。

六、持续加强和改进群团组织工作，充分调动推动公司改革发展的一切积极因素

全面做好工会工作。一是坚持融入中心，服务大局，聚焦公司改革发展中心工作，广泛开展多种形式的劳动竞赛，充分调动广大职工的积极性和创造性。二是强化职工民主管理，认真落实以职代会为基本形式的系列民主管理制度，坚持和深化厂务公开、集体协商，拓宽民主活动覆盖面，积极健全完善职工利益诉求表达和矛盾纠纷调处机制，切实保障职工合法权益，进一步巩固和谐稳定的劳动关系。三是大力开展全员岗位创新和技术比武，为职工成才成长提供平台，引导和激励职工立足企业生产经营主阵地，建功立业，实现职工与企业共同发展。四是全力做好关心关爱职工工作，建立健全职工生活保障防线，深入开展送温暖、金秋助学、困难帮扶等活动，竭诚服务职工群众，把组织的关怀和企业的温暖送到职工心坎上；积极为职工提供普惠性、常态性、精准性服务，努力满足职工多样化需求和对美好生活的新期待。

切实抓好共青团工作。一是夯实共青团基层组织建设，以“开展工作高效、覆盖青年广泛”为原则，优化共青团三级组织架构，加强团干部队伍建设和管理，提振团员青年融入公司发展建设的热情，擦亮公司团建品牌。二是进一步丰富引领青年岗位创新的载体和抓手，助推青年“五小”创新，为青年岗位创新谋思路、搭平台、找资源。三是发挥好共青团服务青年、服务企业、服务社会的优势，以“提升青年综合素质能力”为目标，深化青年思想引领和形势任务教育，引领青年融入“一团一品”、志愿服务等特色活动中来，在实践中坚定信念、增长本领、提升素养。

坚持抓好武装工作。一是坚持党对武装工作的领导，组织带领广大民兵统一思想、

提高认识，全面执行公司各项工作部署，将民兵生产参建、民兵应急力量建设和民兵战备值班作为贯穿全年的工作主线，持续强化民兵思想政治教育、形势宣传教育、应急动员教育，组织民兵积极投身公司生产经营活动，为公司转型升级和高质量发展提供有效助力。二是认真执行落实上级关于民兵整组、国防教育培训、人民防空管理等工作的安排部署，高标准完成有关工作任务。

七、深入扎实做好疫情防控、信访、扶贫、保密等工作，进一步体现国有企业的责任和担当

毫不放松地抓好疫情防控工作。把疫情防控工作当作重要政治任务来抓，确保各级干部职工始终紧绷疫情防控这根弦，毫不放松地开展工作。要进一步提高站位、提高认识，从讲政治、顾大局，维护职工生命安全和身体健康，维护集团品牌形象，维护社会大局和谐稳定的高度，坚决落实集团和公司关于疫情防控工作的最新要求，切实筑牢疫情防控坚固防线，推动疫情防控工作措施全面系统、准确及时、有序有效落地落实，确保全公司疫情防控不出纰漏、万无一失，努力夺取疫情防控和生产经营双胜利。

持续强化信访稳定工作。一是抓好《来访接待处置工作流程规范》制度性文件的贯彻落实，强化制度意识，严密各个环节。持续推行“两卡一书”制度，推进职工群众来访、来信、来电、网诉等信访事项规范办理。二是加强和规范信访工作考核和责任追究，进一步压实信访工作责任体系。三是充分学习和积极践行新时代“枫桥经验”、集团兄弟单位典型做法，积极开展综治网格化管理，打牢依靠职工群众做好稳定工作的根基。

持续巩固扶贫成果。认真总结脱贫攻坚工作，研究分析脱贫后企业驻村帮扶的形势和任务，继续保持高昂的热情，高标准地抓好后续有关工作，找准找实存在的短板，全力加以改善和提升，切实巩固脱贫成果，保持在集团和全省的先进地位。

持续推进保密工作有序开展。强化保密工作政治属性，持续巩固保密资格认定成果，以创新思维做好保密宣传教育，强化保密基础管理和监督检查，健全完善保密工作体系和长效机制，推进公司保密工作科学规范发展，以高水平保密工作助力公司高质量发展。

HBIS GROUP 河钢唐钢 HBIS TANGSTEEL

专　文

河钢唐钢荣获第六届“全国文明单位”称号

2020 年 11 月 20 日，全国精神文明建设表彰大会在北京人民大会堂举行。会议表彰了新一届全国文明城市、文明村镇、文明单位、文明家庭、文明校园及未成年人思想道德建设工作先进代表。公司获得第六届“全国文明单位”称号。这是公司首次获得该项全国荣誉称号。

全国文明单位是衡量一个单位精神文明建设的最高标准和最高荣誉。该奖项评选自 2005 年开始，每三年评选一次，今年是第六届，主要授予积极培育和践行社会主义核心价值观，经济建设、政治建设、文化建设、社会建设、生态文明建设和党的建设全面发展，精神文明建设成效突出，职工素质较高，业务工作一流，社会形象良好，充分发挥示范引领作用的单位。

近年来，在集团的坚强领导下，公司深入学习贯彻党的十九大精神，积极推进供给侧结构性改革，全面聚焦“市场”和“产品”，推动客户结构调整和产品升级，企业经营效益突出，综合竞争力显著提升。先后荣获“全国创先争优先进基层党组织”“全国五一劳动奖状”“全国用户满意企业”“全国生态文明示范企业”“‘十二五’首批最具社会责任感企业”“全国模范劳动关系和谐企业”等称号。

公司始终坚持全面践行社会主义核心价值观，注重把实际工作要求融入精神文明创建活动之中，不断提升企业精神文明建设整体水平。常年开展爱岗敬业十佳职工评选活动，先后培养出全国劳动模范、全国道德模范郑久强等一大批先进典型。派出的河钢塞钢 9 人管理团队被中宣部授予“时代楷模”荣誉称号；每年开展全员职工免费健康体检和大规模职工“送温暖”活动。连续 15 年开展“金秋助学”，相继为 1206 名困难职工子女发放就学补助 187 万元；贯彻落实习近平总书记扶贫开发战略思想，勇于承担社会责任，通过驻村工作队坚强有力的工作，实现了帮扶的贫困村和建档立卡贫困户全部脱贫出列。

近两年，面对突发疫情、区位调整及严峻市场形势等诸多挑战，公司以极高的思想境界、历史站位和大局观，不仅有力保证了企业正常的生产经营秩序，历练了干部职工队伍和敢打必胜的精神，炼铁、炼钢、轧钢等主体工序生产效率和产量屡次刷新历史纪录。与此同时，在企业历史性区位调整中，圆满实现新区顺利达产和职工安置平稳有序，企业发展跃上了新高度，职工思想政治素质、职业道德和文明程度不断提升。2020 年，公司本部、炼铁厂、中厚板公司和高强汽车板有限公司相继荣获“河北省国资委精神文明单位”称号。

强化国企责任担当　全力脱贫攻坚驻村帮扶

河钢集团唐钢公司认真贯彻落实省委、省国资委党委和河钢集团党委的安排部署，共派出3个驻村工作队，分别到保定市涞源县黑山村、承德市滦平县二道营子村、承德市围场县西岔村开展驻村帮扶工作。工作开展以来，河钢唐钢强化责任担当，高站位严管理，通过落实四项保障，突出三个聚焦，强化两个建设，实现一个融入，确保驻村脱贫攻坚的各项要求落到实处，实现了帮扶的贫困村和建档立卡贫困户全部脱贫出列，完成了省委部署的脱贫攻坚驻村帮扶任务。

一、落实四项保障，为驻村脱贫攻坚提供坚实基础

河钢唐钢站在讲政治的高度，强化机制、人员、资金、服务等各项保障，为完成驻村脱贫攻坚任务提供有力支撑。落实机制保障。成立由公司主要领导任组长、分管领导任副组长的脱贫攻坚工作领导小组及办事机构，建立周反馈、月调度、季汇报的工作制度，重点工作每周进行沟通督导，关键项目每月进行调度，公司党委常委会每季听取各驻村工作队情况汇报，研究脱贫攻坚项目落实和相关保障措施。公司领导班子成员深入驻村调研指导工作43人次，加强与当地政府的交流沟通，提振士气，积极推动各项扶贫工作。落实人员保障。公司认真选派政治素质好、工作作风实、综合能力强的党员干部驻村帮扶，明确驻村工作纪律，严格要求，严细管理。驻村干部与贫困户同吃同住，每年平均每户走访7次以上，做到对贫困户入户走访全覆盖，体现企业党员干部的良好作风。落实资金保障。公司党委与各驻村工作队多次沟通，谋划扶贫项目，并及时向集团党委汇报，研究落实帮扶资金，2020年落实帮扶资金60万元。督导各驻村工作队合理合规使用帮扶资金，并保证公开透明，确保资金安全。落实服务保障。落实驻村干部生活、出行、通信等补助和待遇，千方百计解决生活和工作中遇到的各种困难，利用节期到驻村干部家中进行走访慰问。疫情发生后，为驻村干部、“村两委”及疫情防控骨干购买2.88万元疫情防护口罩和应急生活物资。

二、突出三个聚焦，产业、就业和消费扶贫成效显著

聚焦产业扶贫，强化精准扶贫发展后劲。公司及各驻村工作队积极协调争取上级政策和配套资金，与当地县、乡政府紧密沟通，围绕当地经济发展环境和自然生态环境，因地制宜，推动产业项目实施落地。目前，黑山村已形成肉牛养殖、宝迪养猪、玖兴养鸡、光伏发电“三养一电”四大产业稳定格局，每年总收益可达百万元。二道营子村成立与“村农副产品销售战略合作及户企联营”模式有效结合的捷成农业发展有限公司运营稳定。工作队帮助自主发展猪、羊、蜂、鸡等养殖产业16户、温室蔬菜种植产业193户。西岔村光伏发电、“股份合作、大户带动”项目平稳运行。315千瓦光伏项目带动48户贫困户长期受益；54户贫困户以政府补贴专项资金入股承德富龙农业开发有限公司，每年每户可分红600元。

聚焦地区特色，开展消费扶贫。二道营子村是一个以农业生产为主要经济来源的山区村，产业基础较薄弱。为确保产业项目尽

快形成，公司主要领导先后4次到村调研，与县、镇领导一起积极研究谋划，全面分析当地推动产业项目所具有的优势资源。工作队利用公司帮扶资金20万元作为启动资金帮扶村集体成立捷成农业发展有限公司，收购农户蔬菜等农产品，增加村集体和贫困户收入。捷成公司被评为滦平县亮点扶贫工程，已和公司行政福利处建立稳定供需关系，将村优质蔬菜运送到职工食堂，现已运送200多吨。河北电视台、《中国冶金报》等多家媒体对公司消费扶贫、绿色扶贫的做法给予充分肯定。

聚焦就业扶贫，提升技能精准就业。督导驻村工作队按照“精确任务、精准对接、精细管理、精心服务”的原则，对贫困户进行全面调研摸底，登记建档。按照“开班申请、受理审核、过程管理、考核鉴定”的程序认真组织培训，并及时将工作重心转向就业帮扶。针对参训学员再次摸底就业情况，并积极协调联系相关就业岗位，推荐安排就业。每年累计劳务输出287人，创收555万元。

三、强化两个建设，贫困村基础设施和精神面貌得到双提升

强化党建引领，发挥党员干部“头雁”作用。督导驻村工作队与村支委会党建与脱贫两手抓，有效实现二者同频共振、互促共融，着力把党的政治优势、组织优势、密切联系群众优势转化为脱贫攻坚优势，把基层党建活力转化为脱贫攻坚动力。各驻村工作队把政治建设摆在突出位置，从“村两委”班子建设入手，形成第一书记主力抓、两委成员齐力管的工作局面，推动村级党组织成为精准扶贫工作落地生效的“主心骨”。加强村级组织活动场所建设，扎实开展“脱贫攻坚党旗红”工作，激发村干部干事创业的热情和党员队伍的生机活力，有效发挥党员先锋模范作用。

强化双基建设，改变贫困村落后面貌。三个帮扶村深处山区，基础设施年久失修，公共服务设施缺乏，路面泥泞不平，村民生产生活极为不便。河钢唐钢推动各驻村工作队积极开展基础设施和基本公共服务设施提升工程，使贫困村发生翻天覆地的变化。驻黑山村工作队积极协调完成3条主路硬化、8000平方米入户巷道硬化、电力升级改造、文体广场建设等。驻二道营子村工作队在协调推进完成3.42千米道路提升、危房改造、改厨改厕等基础上，推动落实公司帮扶资金47.3万元，解决村民群众呼声极高的户户通工程，将路修到每家每户门口，打通村民出行的最后1米路，得到了村民的高度认可和赞扬。同时利用公司帮扶资金建设健身广场，方便村民平日健身活动。驻西岔村工作队协调推动村内通组巷道3300平方米硬化工程、4个小型文化广场建设、标准化卫生室建设等，利用公司帮扶资金为贫困户安装太阳能庭院灯，进行庭院或房屋地面硬化。同时协调社会力量，安装通村公路太阳能路灯，结束西岔村无路灯的历史。

四、带着感情做驻村帮扶工作，群众满意度和认可度高

河钢唐钢和各驻村工作队始终坚持融入真情，扎实做好驻村帮扶工作。公司领导在驻村调研过程中，带头入户走访慰问，了解群众生活情况。公司每两月集中组织106名帮扶责任人对三个贫困村502户结对帮扶贫困户进行入户走访慰问，由以前发放慰问金或米面油改变为更有针对性的药箱、月饼、厨具、扶贫宣传月历等，同时面向全体村民进行普惠式慰问，折合总金额54.98万元。帮扶责任人与贫困户一起吃农家饭、唠家常，了解存在的困难，购买他们手里的土特产进行消费扶贫，为其增收创效。特别是春节前夕，为结对帮扶贫困户送去过节年货和喜庆的春联、福字，拉近了与村民的感情。

在疫情期间，帮扶责任人通过电话、短信等形式了解贫困户生产生活状态和实际困难，千方百计帮助协调解决。

为强化医疗保障和解决村民日常需求，河钢唐钢组织公司专业医疗团队和青年志愿者，分别到三个帮扶村开展扶贫志愿服务活动，为全村村民开展B超检查、心电图检查、血糖测量等项目的医疗义诊，足不出户就能享受到专业医疗设备检查和专业医疗人员答诊服务，同时进行理发、照相冲洗、维修小家电等项目的便民服务，累计服务2700余次，折合金额10.98万元。扶贫志愿者们精湛的医疗技术和周到体贴的服务，赢得广大村民和贫困户的交口称赞。各驻村工作队千方百计丰富村民业余文化生活，提升精神面貌。驻二道营子村工作队协调社会力量到村开展义演，把扶贫政策、致富带头人事迹编成快板书进行宣传。驻西岔村工作队组织唐山科技职业技术学院师生到村开展校村联欢；联系文化艺术团，到村表演评剧，宣传党的惠民政策，赢得了村民的信赖。

真情融入赢得真情回报，河钢唐钢和三个驻村工作队的工作得到了当地政府和村民百姓的高度肯定和认可。在2019年度省委组织部考核中，河钢唐钢作为派出单位，以及三个驻村工作队均被评为优秀。2020年“七一”前后，驻黑山村工作队被省委评为“全省扶贫脱贫先进驻村工作队”，2名队员被评为“优秀驻村工作队员”。

HBIS GROUP 河钢唐钢 HBIS TANGSTEEL

企业概况

基本情况

【历史沿革】 河钢集团唐钢公司（以下简称“河钢唐钢”或“唐钢”）始建于1943年4月，前身是日本东洋纺绩株式会社开办的唐山制钢所。1948年12月12日唐山解放，改称唐山制钢厂。1950年6月，进行机构整编，取消军管，撤销军代表和经理，唐山制钢厂改为唐山钢厂。1972年8月14日，经河北省革命委员会冀革〔1972〕89号文批准，唐山钢厂改为唐山钢铁公司。1973年唐钢正式改为公司建制，20个生产车间改为厂矿，19个职能组改为部、处、室。

1992年11月25日，组建了以唐钢为核心企业的唐山钢铁（集团）公司。1994年6月29日，唐山钢铁股份有限公司正式成立。1996年1月，依据《公司法》，经河北省政府批准，唐钢（集团）公司改制为国有独资公司唐山钢铁集团有限责任公司，并被授权经营唐钢集团的国有资产。1997年4月16日，经中国证监会批准，唐山钢铁股份有限公司在深圳证券交易所发行A股并上市。

2006年1月23日，唐钢、宣钢、承钢联合组建唐山钢铁集团有限责任公司完成注册登记，注册资本50亿元，原唐钢资产占唐山钢铁集团有限责任公司资产总额的67%。同年2月28日，唐山钢铁集团有限责任公司创立暨揭牌仪式在石家庄举行。

2008年6月24日，由唐钢、宣钢、承钢组成的唐钢集团和邯钢集团联合组建的河北钢铁集团有限公司注册成立。自此唐钢成为河北钢铁集团有限公司的骨干企业之一。2008年6月30日，河北钢铁集团有限公司在石家庄正式挂牌成立。2009年12月31日，原唐钢股份、邯郸钢铁和承德钒钛三家上市公司强强联合、通过证券市场吸收合并组建河北钢铁股份有限公司，唐山钢铁股份有限公司更名为河北钢铁股份有限公司。2010年1月5日，注册成立河北钢铁股份有限公司唐山分公司。同月15日，河北钢铁集团将其代管的唐钢集团业务划转唐钢管理，并将唐钢集团公章交由唐钢管理。2010年1月19日，唐钢恢复使用唐山钢铁集团有限责任公司印章，印章使用范围仅限于唐钢集团管辖的原唐钢口径涉及的业务。

2015年10月30日，根据河钢集团有限公司〔2015〕5号文件《关于集团更名并统一规范集团名称标识的通知》要求，河北钢铁集团唐钢公司更名为河钢集团唐钢公司、河钢唐钢。

2016年1月19日，河北钢铁集团有限公司依法在河北省工商行政管理局履行注册变更手续，更名为河钢集团有限公司，简称河钢集团。7月15日，河北钢铁股份有限公司唐山分公司更名为河钢股份有限公司唐山分公司。

河钢唐钢是中国转炉炼钢的发祥地，被誉为“转炉的故乡”，有着悠久光荣的历史文化，为中国钢铁工业的发展作出了重要贡献。解放前，唐钢最高年产钢仅有1904吨。解放初期，唐钢被国家重工业部确定为技术试验工厂，承担部分重要钢种的开发试验任务。1952年，唐钢侧吹碱性转炉炼钢法的试验成功，在我国炼钢史上具有划时代意义。当年8月，重工业部对此予以通报表扬。1964年，唐钢“侧吹碱性转炉炼钢法”被国家科委列为重大发明项目，并给予重奖。

1976年唐山大地震前，唐钢的生产能力达到了年产钢82.5万吨。1976年7月28日，唐山发生震惊世界的大地震，唐钢被夷为一片废墟，18229名职工震亡1788人、重伤1241人，固定资产损失三分之一。遭受巨大自然灾害后的唐钢职工，在党和国家的亲切关怀和全国人民的大力支援下，积极响应国家提出的“独立自主、自力更生、重建家园”的号召，在震后28天就炼出了第一炉“志气钢”，11月底全部简易恢复生产。1978年邓小平同志视察唐钢时高度称赞“唐钢工人阶级是地震震不垮的、困难吓不倒的队伍”。

震后的唐钢积极发展生产，1979年被列入河北省企业扩权试点单位，试行企业利润留成办法，当年产钢突破100万吨，跨入全国十大钢行列。1982年在全公司实行了承包经济责任制。1985年6月，实行了经理负责制。1988年唐钢晋升国家二级企业，1991年1月晋升国家一级企业。1994年，唐钢铁钢产量突破双200万吨，提前一年实现“八五”计划。这一阶段，唐钢主要解决缺铁少焦的工序配套问题，实现了生产工艺的重大改进。

1996—2000年，是唐钢加强结构调整，加快铁钢技术改造，进入历史性转折的重要时期。在这五年间，深入贯彻“三改一加强”方针，实施铁、钢、轧三大系统技术改造，大力开展学邯钢和对标挖潜等活动，经受住了市场激烈竞争的严峻考验，实现了生产的持续发展和经济效益的稳步增长。“九五”期间共产铁1459.37万吨、钢1413.86万吨、商品材坯1334.19万吨、钢材1223.97万吨，分别比“八五”期间增长89.85%、52.12%、57.96%和60.40%；实现利税39.28亿元，利润12.85亿元，经济效益在同行业始终保持较好水平。其中1999年，铁钢产量双双跃上300万吨台阶，提前一年实现了省委、省政府确定的“九五”发展目标。

2001—2005年，是唐钢实现快速发展的重要时期。其间，唐钢坚持以党的十六大精神和“三个代表”重要思想为指导，落实科学发展观，相继建成了超薄带钢、冷轧一二期等一大批结构调整项目，形成了1000万吨的综合能力和板、棒、线、型的产品结构；深化三项制度改革、管理体制改革，实现了历史性转折，成为唐钢发展史上又一重要里程碑。五年间在对标的83项指标中，有14项进入行业前5名，累计降低成本41亿元。“十五”期间共产铁3306.06万吨、钢3347.97万吨、钢材3001.52万吨，分别比“九五”期间增长126.54%、136.80%和145.23%；实现利税129亿元，利润62.43亿元，分别比“九五”期间增长2.28倍和3.85倍。其中2005年产钢1006.66万吨（含不锈钢公司），跻身于国内千万吨级大钢行列，提前两年完成了千万吨级大钢建设任务，成为华北地区首家钢产量突破千万吨的企业。

2006—2010年，唐钢抓住和用好重要战略机遇期，在唐钢、宣钢、承钢联合组建的唐钢集团和河北钢铁集团的正确领导下，深入贯彻落实科学发展观，加快转变发展方式，努力打造生态唐钢、绿色唐钢，在生产建设、综合管理、节能减排、厂区环境治理等各方面取得了显著成绩，实现了全面快速发展。在业内率先实施绿色转型，建成花园式工厂，被中钢协专家评价为“世界上最清洁的钢厂”，走出了一条精品唐钢、绿色唐钢和幸福唐钢的全新道路。“十一五”期间共计产铁7330.52万吨、钢7202.2万吨、钢材6345.43万吨，分别比“十五”时期增长121.73%、115.12%、111.41%；实现利税220.86亿元，利润103.25亿元，分别比“十五”时期增长71.21%、65.37%。其中2010年产钢1633.77万吨，比“十五”期末的2005年增长62.3%，年均增长10.17%。

2011—2015年，唐钢贯彻落实集团决策部署，坚持开放性思维、全行业视野、国际化定位，以建设绿色唐钢、精品唐钢、幸福唐钢为主题，把推进两个转变、实现两个提升作为做强做优企业的基本方略，创新管理模式，走进市场、服务用户，将企业优势资源向产线、研发和市场等关键领域集聚，产销研用一体化效应逐步显现，三位一体全员创新机制初步建立，生产经营和企业管理与国际接轨，市场化改革创新步伐明显加快，在装备规模、科技创新、能源利用、挖潜增效、国际化经营等方面取得瞩目成就，钢产量、营业收入、利润实现预定目标，利税稳步增长，综合竞争力显著提升。“十二五”期间共计产铁7965.95万吨、产钢7716.88万吨、钢材7510.89万吨，分别比“十一五”时期增长8.67%、7.15%、18.37%。实现利税76.17亿元，利润21.42亿元，产能规模在全国单体钢铁企业中位居第四，技术装备达到国际先进水平；累计挖潜增效227.8亿元。尤其是2015年初投产的高强汽车板项目，代表了当时世界钢铁冷轧技术最高水平，依托国际化模式建设和运营，成为唐钢制造高端精品钢材的标志性生产线，带动和促进了企业结构调整和转型升级。2011年，唐钢获得“全国五一劳动奖状”。

2016—2019年，河钢唐钢在严峻的国内外经济环境和钢铁市场形势下，围绕“市场”和“产品”两大主题，扭住效益和效率不放松，坚持创新发展，着力推动产品向中高端跃升，向下游产业链深度延伸，在产品结构调整、市场拓展、成本管控、智能制造、多元产业等方面取得突出业绩，实现产品档次和品牌知名度的同步提升，工艺技术达到行业先进水平，成为国内外具有重要影响力的汽车板、家电板生产商和综合服务商。四年间，共计产铁5498.7万吨、产钢5796万吨、钢材5355万吨，主要包括高强度汽车板、热轧薄板、冷轧薄板、镀锌板、彩涂板、中厚板、棒材、线材、型材等，其中精品板材占产品总量的80%以上，产品广泛应用于建筑、汽车、煤炭、机械、电力、交通和家用电器等诸多领域，远销欧洲、美洲、非洲、东南亚等150多个国家和地区。

【2020年概况】 2020年，河钢唐钢深入贯彻集团年度工作会议、改革发展大会和重点工作推进会精神，认真落实股份公司具体要求，统筹做好疫情防控、生产经营、区位调整、改革发展、转型升级各项工作，取得显著成绩。全年产铁1403万吨，产钢1420万吨，产钢材1280万吨；实现营业收入688亿元；在受到退城、疫情、环保等多重因素影响下，实现利润5.5亿元。

加大力度持续推进客户结构和产品结构再优化，在满足客户需求中不断提升产品高度和技术水平，“两个结构”优化实现新突破，企业市场竞争力显著提升。全年，品种钢、高端产品、特色战略产品比例分别完成81.3%、69%、8.2%，同比分别提高4.9个百分点、5个百分点、3.5个百分点，创出历史最好水平；推进大客户经理制，精准选择目标客户，抓好重点用户开发培育、产品定制化生产服务，抢占中高端客户，新开发A、B级客户16家，订货达8万吨，着力提升客户服务能力，公司客户集中度48%，同比提高5个百分点，A、B级重点客户比例达到98%，客户满意度达到97.3%，同比提升0.3个百分点；加大新产品研发创新力度，开发空心稳定杆用钢并填补国内空白，多次实现锌铝镁产品“国内首发”，具备全厚度规格、极限锌层锌铝镁生产能力，全年锌铝镁销量突破15.5万吨，同比增长145%，450克/平方米镀层锌铝镁产品填补国内空白，镀铝硅产品在国内率先实现0.4~3.0毫米厚度规格全覆盖。

区位调整取得历史性成果，公司本部和唐银公司安全平稳有序关停，公司实现了走向深蓝、向海图强的历史性转变；全力支撑和保障新区顺利投产达产，统筹兼顾，合理安排，公司生产经营实现平稳有序衔接，年内，新区累计产铁115万吨、产钢112万吨、产材坯109万吨，实现现金流1.65亿元，创出较好经营业绩。

强化产品产线支撑体系建设，为提升经营质量提供根本保障。加大科技创新力度，借助集团科研平台，推动高炉智能自动喷煤、连铸机三维动态配水、产品性能预测与在线性能检测等关键工艺应用，深入开展高炉煤气脱硫、氢致延迟开裂等前沿技术攻关，获得233项专利授权，获中钢协冶金奖2项、省冶金奖19项，2项科技项目技术水平达国内领先，公司被国家工信部授予“国家技术创新示范企业”称号；加强质量保障能力建设，结合项目制实施，以“零缺陷、零投诉、零事故”为目标，通过内审组跟踪评价，推动PDCA改善持续落实，制定汽车钢产品全流程工序质量标准，供宝马钢合格率从40%跃至78%以上；加快推进智能产线建设，推进信息化技术与生产融合发展，形成了覆盖钢铁全流程、符合智能制造标准的信息自动化体系，自主研发的MES系统成功在高强汽车板公司上线使用，自主研发钢区智能排程系统在中厚板公司炼钢区投用，公司5G无人天车成功投入运行，有效提高生产效率和产品质量；强化人才支撑，加大市场化人才引进力度，引进高素质人才10人，开展各类培训5万余人次，推动全员素质能力持续提升；夯实设备管理基础，深入推进“三位一体”设备管理，提高作业区人员自主维修能力，打破原有定修模型，实施状态维修，加强检修过程管控，公司设备故障时间同比降低10%。

加速综合改革和体制机制创新步伐，企业发展活力得到进一步释放。扎实推进“双百行动”，推动“双百行动”16项任务基本完成，2家单位完成混改；全面推进工序模拟法人制，将市场资源配置功能和激励机制引入企业内部，充分激发企业独立经营活力；推进项目制管理，制定实施项目制评价管理办法，以年度预算和经营绩效管理方案为依据，从不同维度分解确立重点支撑项目，确立实施51项科技项目、6个战略客户开发项目、8个目标产品销量和售价提升项目、35个大客户团队经理项目；持续深化全员创新，推行“小建议、大奖励”激励机制，营造浓厚的全员创新氛围，职工申报创新成果2300余项，优秀创新成果138项，2个创新工作室获第六批“河北省劳模和工匠人才创新工作室”称号，充分彰显了公司创新发展的强大活力。

以培育壮大战略性新兴产业为抓手，推动非钢产业实现新发展。全年，实现营业收入101亿元，利润2.8亿元；外部市场创收47.3亿元，创历史最好水平。集聚创新资源和要素，初步形成以信息技术为龙头，以节能环保、固废处置和现代物流为支撑的战略性新兴产业集群；推动优质非钢企业稳健发展，气体公司年内在香港成功上市，成为京津冀第二大工业气体供应商，唐钢建设发展公司注册成立后，快速承担河钢唐钢老区土地变性、一级开发、土地变现等任务，全力保证土地资产效益最大化；加强非钢产品市场开发，着力提高非钢产品集团外部市场开发力度，轧辊产品成功打入欧美市场。

【组织机构设置】 2020年，河钢唐钢紧随战略发展步伐及时调整组织机构。4月，将型钢厂大型产线成建制划拨至中厚板材有限公司，划拨完成后，中厚板材有限公司下设科室12个，作业区52个。5月，将市场部下设的战略客户开发认证中心整体划拨至汽车板事业部营销服务中心。8月，将微尔云计算中心划至唐钢信息科技分公司，并授权信息自动化部代为管理。9月，按照公司董事会决议精神，下发《关于设立唐山唐钢建设发展有限公司、唐钢再制造有限公司、生活服务分公司的通知》，将唐山钢铁集团城市服务有限责任公司更名为唐山唐钢建设发展有限公司，作为土地资产处置的专业平台公司；将唐山郅易商贸有限公司更名为唐钢再制造有限公司，作为资产利用和处置的平台公司；设立唐山钢铁集团有限责任公司生活服务分公司，承接原唐山钢铁集团城市服务有限责任公司业务。11月，将检修分公司高强维检中心机构、岗位、人员（53名）、业务整体划拨至高强汽车板公司，同步核减检修分公司高强维检中心组织机构。

2020年末，河钢唐钢组织机构设战略管控平台1个、支撑平台3个；有唐钢新区、中厚板事业部、汽车板事业部、焦化事业部所辖生产经营单元11个，平台外非钢单元15个。

战略管控平台：运营改善部（董事会办公室）、人力资源部（组织部、老干部管理部、离退休职工管理部）、发展规划部、法律事务部。

公共服务支撑平台：办公室（党委办公室）、财务经营部、安全部、市场部、能源环保部、企业文化部（宣传部、统战部、党校）、监察部（纪委）、工会（团委、计划生育办公室）、非钢管理部、国际合作部、保卫部（武装部）。

生产技术支撑平台：总工程师办公室、生产制造部、技术中心、物流分公司。

信息设备支撑平台：设备机动部、信息自动化部、检修分公司、自动化信息公司。

生产经营单元：炼铁事业部、热轧事业部、特钢事业部、动力部、中厚板材有限公司、不锈钢有限责任公司、高强汽车板有限公司、唐钢美锦煤化工有限公司、唐山佳华煤化工有限公司、冷轧薄板厂、唐银钢铁有限公司。

平台外非钢单元：唐山钢铁集团重机装备有限公司、唐钢气体有限公司、唐山钢源冶金炉料有限公司、唐钢青龙炉料有限公司、唐山唐龙（唐昂）新型建材有限公司、唐山惠唐新事业产业发展有限公司、北京唐钢宾馆、生活服务分公司（行政福利处）、唐山唐钢房地产开发有限公司、河北华奥节能科技有限公司、唐山创元方大电气有限公司、唐钢华冶（天津）钢材营销有限公司、教育中心（河北省冶金高级技工学校、河北冶金技师学院、唐山科技职业技术学院、唐钢大学）、唐钢再制造有限公司、唐山唐钢建设发展有限公司。

河钢集团直属单位：河钢塞尔维亚公司、采购总公司唐钢分公司（采购分公司）、销售总公司唐钢分公司（销售分公司）、北京国际贸易有限公司唐山分公司（国贸分公司）、集团审计部驻唐钢审计处。

附：2020年末公司组织机构图

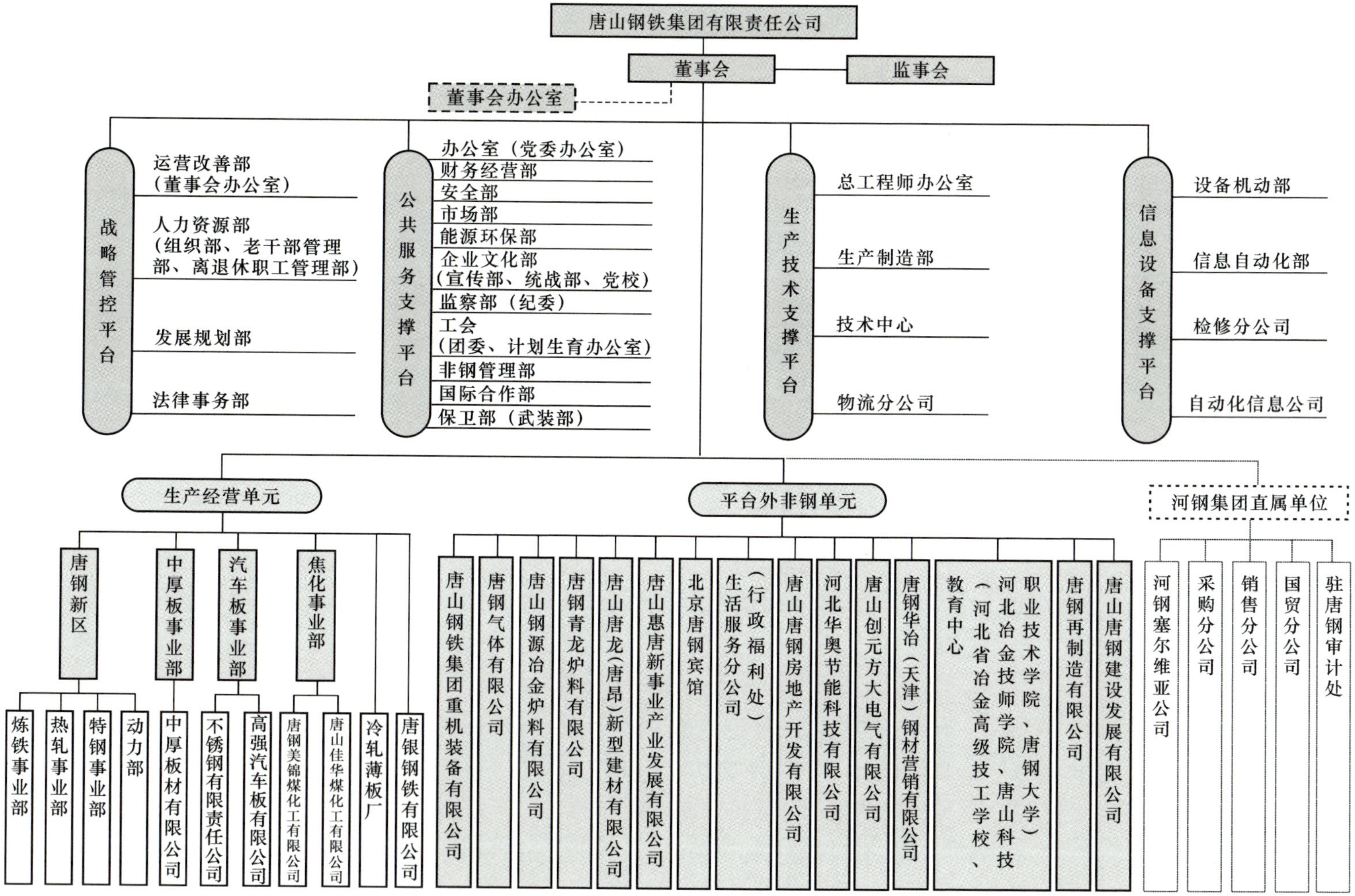

董事会与监事会

【董事会】 2020年，河钢唐钢第七届董事会设董事5人，下设董事会办公室，负责董事会日常事务和会议管理，做好董事会决议起草、签署、下发及上年度董事会决议归档工作，当年共召开董事会41次。年内，深入落实集团党委关于推进国有企业党的领导融入公司治理有关要求，进一步规范董事会决策流程，规范公司股权投资及投资后合资公司管理程序，明确各部门及各对外投资企业的工作职责，起草《股权投资管理办法》《合资公司投后管理暂行办法》《关于子公司章程的管理办法》等3项管理制度；强化董事会事前决策管理，落实《董事会会议管理办法》，对银行融资、对外担保、投资立项、资产处置等需董事会决策的事项加强会前联审，从源头上降低防控决策风险。

附：河钢唐钢2020年董事会会议决策情况（节选摘要）

第七届董事会第二百四十次会议 2020年3月23日，唐山钢铁集团有限责任公司召开第七届董事会第二百四十次会议。会议审议通过以下事项：向塞尔维亚共和国政府和河钢塞钢捐赠价值849.27万元的防疫物资，主要包括10万只N95口罩、20万只一次性口罩、50.5万副一次性医用手套、3万个一次性医用隔离面罩、1万套防护服、2.5万个华大基因检测试剂及20套海康威视移动测温设备。

第七届董事会第二百四十二次会议 2020年4月7日，唐山钢铁集团有限责任公司召开第七届董事会第二百四十二次会议。会议审议通过以下事项：向唐山市政府捐赠价值143万元的防疫物资，包括1万套防护服、6800只N95口罩及4980副护目镜。

第七届董事会第二百四十八次会议 2020年6月1日，唐山钢铁集团有限责任公司召开第七届董事会第二百四十八次会议。会议审议通过以下事项：唐山钢铁集团城市服务有限责任公司更名为唐山唐钢建设发展有限公司，唐钢发展作为资产处置的专业平台公司，主要承担新公司转型升级产业开发建设任务。

第七届董事会第二百五十次会议 2020年6月15日，唐山钢铁集团有限责任公司召开第七届董事会第二百五十次会议。会议审议通过佳华公司焦炉煤气发电项目，项目采用能源合同管理模式，预计静态投资4.64亿元。

第七届董事会第二百五十七次会议 2020年8月3日，唐山钢铁集团有限责任公司召开第七届董事会第二百五十七次会议。会议审议通过了与唐山市政府签署的《河钢唐钢退城搬迁协议》。

第七届董事会第二百五十八次会议 2020年8月17日，唐山钢铁集团有限责任公司召开第七届董事会第二百五十八次会议。会议审议通过对向海公司增资4950万元的事项。

第七届董事会第二百五十九次会议 2020年8月31日，唐山钢铁集团有限责任公司召开第七届董事会第二百五十九次会议。会议审议通过以下事项：将唐山郅易商贸有限公司更名为唐钢再制造有限公司，作为资产利用和处置的平台公司，并相应修改经营范围。

第七届董事会第二百六十次会议 2020年9月8日，唐山钢铁集团有限责任公司召开第七届董事会第二百六十次会议。会议审议通过以下事项：与唐山钢源冶金炉料有限公司和北京城建华晟交通建设有限公司组建合资公司，开展唐山市绿色建材工业循环经济产业项目。

第七届董事会第二百六十二次会议 2020年9月21日，唐山钢铁集团有限责任公司召开第七届董事会第二百六十二次会议。会议审议通过唐山钢铁集团高强汽车板有限公司制氢制氮项目，该项目静态投资9747.81万元，其中建安费2812.91万元、设备费5770.77万元、其他费1164.13万元。

第七届董事会第二百六十四次会议 2020年10月12日，唐山钢铁集团有限责任公司召开第七届董事会第二百六十四次会议。会议审议通过实施自动化信息公司混改实施方案的事项。

第七届董事会第二百六十九次会议 2020年11月30日，唐山钢铁集团有限责任公司召开第七届董事会第二百六十九次会议。会议审议通过以下事项：以协议转让方式将持有唐山惠唐物联科技有限公司60%股权转让给河钢数字技术股份有限公司，股权转让价款为150.63万元。

【监事会】 2020年，公司监事会坚持对河钢唐钢及投资公司的法人治理结构、投资经营管理等重要事项和高级管理人员管理行为进行有效监督，确保企业持续健康发展。年内，组织起草公司《监事会议事规则》，规范监事会议事行为，维护企业的合法权益；依法列席公司董事会会议，审阅会议议案和会议材料，提出独立意见和建议；审阅创元方大公司、时创高材公司、不锈钢公司、曹妃甸实业港务公司、弘慈医院、唐银公司、普瑞特（唐山）公司、中厚板公司、青龙炉料公司等单位股东会、董事会议案，提出改进意见，履行监事职能；扎实推进九届省委第六轮巡视反馈意见整改，针对第28个具体表现“整改力度弱，有的下属单位对审计发现的问题整改完成率低”所涉及的25项有关问题进行跟踪和梳理，逐条逐项对照，落实整改措施，控制时间节点，真正做到清零消项。

2020年末，公司监事会由3人组成，监事会主席1人、监事2人，其中1人为职工监事。监事会主席陶立国，监事李迎昌、闫希才，其中闫希才为职工监事。

2020年河钢唐钢领导任职名录

党　委

党委书记　王兰玉（兼）（2020年5月提任集团总经理、党委副书记、副董事长，省人民政府冀政人字〔2020〕24号）

党委副书记　田　欣

党委常委　赵丽树（2020年12月始任）

党委常委　张洪波

党委常委　姚　力

党委副书记　张小帅

党委常委　陶立国

党委副书记　王文德

董事会

董事长　王兰玉（兼）（2020年5月提任集团总经理、党委副书记、副董事长）

副董事长　田　欣

董　事　姚　力

董　事　赵丽树（至2020年12月）

职工董事　孙国平

董　事　张爱民（2020年12月始任）

经理层

总经理　田　欣

副总经理　张洪波

副总经理　姚　力

总会计师　赵丽树（至2020年12月）

副总经理　孙国平

副总经理　宋嗣海

副总经理　高永春

副总经理　谭文振

副总经理　刘铁力

副总经理　崔晓冬（2020年4月始任）

总会计师　张爱民（2020年12月始任）

监事会

监事会主席　陶立国

纪　委

纪委书记　陶立国

工　会

工会主席　王文德

2020年末河钢唐钢高层管理人员

王兰玉

集团总经理、党委副书记、副董事长，公司党委书记、董事长

田　欣

总经理、党委副书记、副董事长

张洪波

副总经理、党委常委、安全总监

姚　力

副总经理、党委常委、董事

赵丽树

党委常委、董事

孙国平

副总经理、职工董事

宋嗣海

副总经理

高永春

副总经理

谭文振

副总经理

张小帅

党委副书记

陶立国

纪委书记、党委常委、监事会主席

刘铁力

副总经理

王文德

党委副书记、工会主席

崔晓冬

副总经理

张爱民

总会计师

主要装备及职工队伍

【主要装备与生产设施】 2020年，河钢唐钢主要装备分布在铁前、炼铁、炼钢、轧钢、制氧、发电、运输及机车等系统，含不锈钢公司、中厚板公司、公司新区、佳华煤化工公司。其中，铁前设备有60孔7米型焦炉4座；烧结机9台，分别是360平方米烧结机2台、265平方米烧结机1台、240平方米烧结机1台、210平方米烧结机2台、132平方米烧结机1台、760平方米带式焙烧机2台。炼铁设备有高炉10座，分别是2922立方米高炉3座、1780立方米高炉1座、1560立方米高炉2座、550立方米高炉2座、450立方米高炉2座；铸铁机5台。炼钢设备有转炉12座，分别是200吨转炉3座、120吨转炉3座、100吨转炉5座、80吨转炉1座；LF精炼炉10座，其中200吨精炼炉2座、120吨精炼炉3座、100吨精炼炉5座；200吨RH真空循环脱气炉2座、120吨RH真空精炼炉1座、110吨RH真空精炼炉1座、100吨AOD氩氧精炼炉1座；铁水预处理装置5座；连铸机14台，分别是板坯连铸机8台、方坯连铸机5台、矩形坯连铸机1台。钢压延加工设备共有30台（套），分别是2050毫米热轧生产线1条、1580毫米热轧生产线1条、3500毫米中厚板轧钢生产线2条、大型型钢生产线2条、小型型钢生产线2条、高速线材轧机2条、酸连轧生产线2条、酸洗生产线1条、单机架生产线1条，镀锌生产线6条、连退生产线1条、彩涂生产线1条、平整生产线1条、重卷生产线3条、罩退生产线1条、包装生产线3条。制氧系统有制氧机10套，分别是6万标准立方米/时空气分离装置1套、4万标准立方米/时空气分离装置1套、2.8万标准立方米/时空气分离装置1套、2.5万标准立方米/时空气分离装置1套、2万标准立方米/时空气分离装置3套（含中厚板公司2套）、1.7万标准立方米/时空气分离装置1套、1.55万标准立方米/时空气分离装置1套、1.1万标准立方米/时空气分离装置1套（佳华公司）；在建4万标准立方米/时空气分离装置1套；停用北区8000标准立方米/时空气分离装置1套，2.5万标准立方米/时空气分离装置1套。发电系统有发电机组38台，装机容量878兆瓦，其中煤气发电机组17台，装机容量569兆瓦；TRT发电机组12台，装机容量138兆瓦；饱和余热蒸汽发电机组3台，装机容量55兆瓦；烧结余热发电机组6台，装机容量116兆瓦；在建发电设备，煤气发电机组2台，装机容量80兆瓦。石灰竖炉系统有600吨麦尔兹窑3座，300立方米竖窑9座，200立方米竖窑2座，回转窑1座。

【职工队伍】 2020年，河钢唐钢以打造一支素质过硬的职工队伍为目标，致力于素质提升和能力培养，不断优化人力资源配置，推动生产效率稳步提升。当年末，河钢唐钢共有职工30679人，其中女职工4767人；在岗职工25986人，其中行政管理人员2044人，专业技术人员2752人，操作人员21106人，派驻单位人员48人。

附表　2020年末河钢唐钢职工情况一览表

单位	在册职工人数	其中	在岗职工	其中				非在岗职工
		女工		行政管理人员	专业技术人员	操作人员	派驻单位人员	
唐钢集团合计	30679	4767	25986	2044	2752	21106	48	4693

续附表

单位	在册职工人数	其中 女工	在岗职工	其中 行政管理人员	专业技术人员	操作人员	派驻单位人员	非在岗职工
其中：主业小计	21827	3543	17612	1500	1942	14122	48	4215
唐钢新区	4559	376	4555	531	639	3385	0	4
炼铁厂	667	120	566	42	33	491	0	101
一钢轧厂	374	50	276	21	24	231	0	98
二钢轧厂	372	28	269	14	13	242	0	103
冷轧薄板厂	708	83	677	64	51	562	0	31
高强汽车板公司	629	44	614	48	113	453	0	15
型钢厂	95	22	89	7	2	80	0	6
不锈钢公司	3615	457	3416	115	164	3137	0	199
中厚板公司	2644	181	2554	176	185	2193	0	90
唐银公司	3295	941	3154	222	34	2898	0	141
技术中心	175	61	170	10	145	15	0	5
设备机动部	190	72	183	21	52	110	0	7
生产制造部	332	124	298	24	62	212	0	34
销售分公司	88	15	77	17	51	9	0	11
商贸公司	51	14	49	7	27	15	0	2
板材加工中心	51	3	45	2	0	43	0	6
公司机关	622	262	582	160	332	42	48	40
就业指导中心	3351	689	29	10	15	4	0	3322
塞尔维亚公司	6	1	6	6	0	0	0	0
河钢南非矿业公司	3	0	3	3	0	0	0	0
其中：非钢小计	8832	1224	8374	544	810	6984	0	458
焦化厂	118	10	91	9	5	77	0	27
能源科技分公司	649	153	594	17	28	549	0	55
物流分公司	1404	113	1307	96	46	1165	0	97
检修分公司	829	82	783	27	16	740	0	46
机械装备公司	125	14	113	3	2	108	0	12
惠唐工业技术服务有限公司	253	38	245	46	54	145	0	8
信息自动化部	598	100	584	47	186	351	0	14
微尔自动化公司	109	34	108	20	64	24	0	1
微尔机电有限公司	19	2	19	1	4	14	0	0
信息科技分公司	36	14	36	3	21	12	0	0
河北华奥节能科技有限公司	20	3	20	7	4	9	0	0
重机装备有限公司	321	8	308	27	6	275	0	13

续附表

单 位	在册职工人数	其中	在岗职工	其中				非在岗职工
		女工		行政管理人员	专业技术人员	操作人员	派驻单位人员	
惠唐乐港金属科技分公司	51	1	50	3	1	46	0	1
惠唐新事业股份有限公司（含物资站）	180	43	160	28	16	116	0	20
钢源冶金炉料公司	226	49	215	28	17	170	0	11
冶金炉料厂	47	7	47	2	0	45	0	0
青龙炉料公司	230	3	229	11	5	213	0	1
气体公司	358	41	352	24	45	283	0	6
唐龙公司	78	19	75	13	12	50	0	3
唐昂公司	55	21	53	3	2	48	0	2
房地产开发公司	114	29	114	17	30	67	0	0
保定板材公司	7	2	7	2	2	3	0	0
生活服务分公司（行政福利处）	671	147	591	34	35	522	0	80
保卫部	1024	51	964	28	5	931	0	60
教育中心	234	147	233	21	180	32	0	1
滦县焦化	401	34	401	5	0	396	0	0
北京唐钢宾馆	4	1	4	3	0	1	0	0
佳华焦化	612	54	612	14	10	588	0	0
唐钢建设发展公司	13	2	13	3	10	0	0	0
惠唐物联科技公司	10	2	10	2	4	4	0	0
创元方大公司	29		29	0	0	0	0	0
华冶（天津）营销公司	7		7					0
其中：改制单位小计	20	0	0	0	0	0	0	20
设计院	1	0	0	0	0	0	0	1
原轧辊公司	7	0	0	0	0	0	0	7
建筑安装公司	5	0	0	0	0	0	0	5
天马物流有限公司	5	0	0	0	0	0	0	5
时创耐火材料公司	2	0	0	0	0	0	0	2

注：创元方大、天津华冶只统计河钢唐钢身份的职工人数。

河钢唐钢 HBIS TANGSTEEL

大事记

2020年河钢唐钢大事记

1月

1月3日 公司召开二十二届职代会三次会议预备会。公司总经理田欣就职代会相关议案进行说明，并就开好本次职代会提出要求。

△ 公司召开技能等级证书颁发暨技能人才表彰大会。省人力资源和社会保障厅副厅长赵爱平，公司副总经理张洪波，公司党委副书记、工会主席王文德出席会议。

1月6日 公司2019年度安全生产总结表彰暨2020年第一次安全生产工作会议在会议中心召开。公司总经理田欣出席会议并讲话。会议对21个“安康杯”竞赛先进单位、15个职业卫生先进单位及15个消防先进单位进行了表彰。

△ 二钢轧厂自主研发的《转炉氧含量趋势分析系统》获得计算机软件著作权。

1月8日 公司总经理田欣参加炼铁厂代表团职代会议案讨论。公司其他领导也分别参加了所在代表团职代会议案讨论。

1月9—10日 公司党委副书记张小帅先后到承德市滦平县二道营子村、承德市围场县西岔村、保定市涞源县黑山村调研指导扶贫工作，走访慰问贫困户。

1月13日 公司召开二十二届职工代表大会三次会议，系统总结公司2019年工作，全面部署2020年工作。公司党委书记、董事长王兰玉强调，公司上下要认真落实集团部署，统一思想、坚定信心，以突破性思维推进各项工作，努力创造生产经营和改革发展新业绩，为集团建设最具竞争力钢铁企业作出更大的贡献。公司总经理田欣作《行政工作报告》。公司领导李茂广、张洪波、姚力、赵丽树、武士勇、孙国平、高永春、谭文振、张小帅、陶立国、王文德，公司全体职工代表出席会议，各单位技术人员、管理人员、一线职工和各民主党派代表列席会议。王文德主持会议。会议听取审议公司《行政工作报告》等8项议案。

△ 公司党委2020年全委（扩大）会议在会议中心召开。公司党委书记、董事长王兰玉作《关于公司党委2019年工作总结和2020年工作要点的报告》。公司总经理田欣主持会议。公司党委委员出席会议。公司党群部门主要负责同志和各单位党委书记、纪委书记、工会主席及党群系统干部列席会议。

1月14日 集团纪委书记董卫军来公司，慰问公司引进人才和困难职工，为他们送上企业的关怀与祝福。公司纪委书记陶立国一同慰问。

1月17日 公司纪委组织召开2019年度基层纪委书记述职大会。公司党委书记、董事长王兰玉出席会议，公司党委常委、纪委书记陶立国主持会议并提出相关要求。各级纪检监察干部、重点岗位人员和党群部门有关人员110余人参会。

1月18日 新春佳节即将来临之际，集团党委书记、董事长于勇到公司看望慰问困难职工和离退休老领导，送去企业的温暖和关怀，向他们致以节日问候和新春祝福。公司党委书记、董事长王兰玉，总经理田欣，党委副书记张小帅随同慰问。

1月20日 公司党委理论学习中心组集中学习习近平总书记在“不忘初心、牢记使命”主题教育总结大会上的重要讲话、习近平总书记在十九届中央纪委四次全会上的重要讲话精神。公司党委书记、董事长王兰玉主持学习，公司总经理田欣和在家的中心组成员参加学习。

△ 公司修订下发《有限空间作业安全管理制度》《外协单位外来人员管理制度》等5项安全管理制度。

1月21日 公司第四届青年创新创意大赛在会议中心举行。公司党委副书记、工会主席王文德出席会议并讲话。

△ 物流分公司《北成品库区钢材管理系统》，获得国家版权局颁发的“计算机软件著作权登记证书”。

△ 二钢轧厂《柴油机自动控制系统》获得国家版权局颁发的“计算机软件著作权登记证书”。

1月22日 不锈钢公司1580毫米生产线成功将200毫米厚度的工业纯铁轧制成70毫米的产品，进一步拓宽了产品结构，提升了高端产品创效能力。

1月23日 公司新区长材工程高压供配电系统EPC总承包工程合同签订，项目正式开始实施。

1月24日 公司党委书记、董事长王兰玉就新冠肺炎疫情防控工作要求各二级单位党委切实发挥好领导作用，严格落实防控第一责任人责任。

△ 公司新区行政办公区电信机房至1号2号烧结主控楼网络机房96芯光缆成端接续完毕，唐钢新区第一条信息化网络数据传输“高速路”建设成功。

1月25日 大年初一，集团党委书记、董事长于勇深入公司产线，亲切看望慰问坚守岗位的一线职工，向他们致以节日的问候和美好的祝福。公司党委书记、董事长王兰玉，总经理田欣随同慰问。

1月28日 公司召开视频会议，贯彻落实集团疫情防控领导小组专题工作视频会议精神，进一步强化防控措施，坚决做好疫情防控工作。公司党委书记、董事长王兰玉主持会议。公司总经理田欣，党委副书记、工会主席王文德，各单位党政主要领导参加视频会议。

1月31日 公司党委下发《关于做好对新型冠状病毒疫情防控督导巡察的工作方案》。

1月 新春佳节即将到来之际，公司党委书记、董事长王兰玉，总经理田欣分别走访慰问困难职工和先模人物，向他们致以节日的问候，送上公司的温暖和关怀。公司领导李茂广、张洪波、姚力、赵丽树、武士勇、孙国平、高永春、谭文振、张小帅、陶立国、刘铁力、王文德也分别走访慰问了公司困难职工和先模人物。

△ 中厚板事业部高强建筑用钢销量同比增长2.78倍，实现良好开局。

△ 高强汽车板有限公司家电板、汽车板等重点品种钢产量9.23万吨，创历史最好水平。

△ 高强汽车板有限公司6号镀锌线产量达到5.45万吨，创历史最好水平。

2月

2月2日 公司视频会议系统首次实现对接，为公司防疫期间生产经营组织提供保障。该系统采用“华为云会议”模式，将公司会议室作为主会场，54家二级单位作为分会场，通过主会场、分会场无缝切换、对接来实现会议的流畅进行，有效减少人员集中会议，降低新型冠状病毒肺炎感染的可能性，阻断疫情传播。

△ 不锈钢公司连铸机拉速突破原设计1.8米/分，达到1.95米/分，日增产830吨，实现历史性突破。

2月3日 公司视频召开月末工作例

会。公司党委书记、董事长王兰玉强调，要把疫情防控作为当前头等大事来抓，进一步强化各项措施，坚决打赢疫情防控阻击战，切实保证广大职工身体健康和生命安全，确保公司生产经营稳定顺行。

2月11日 公司通过长安福特汽车有限公司15个牌号材料认证。

2月11—13日 公司党委书记、董事长王兰玉，总经理田欣及公司领导班子其他成员，分成14个组，分别深入54家单位和部室，督导检查新冠肺炎疫情防控工作。

2月16日 河北省委常委、省政府副省长、市委书记张古江到公司检查疫情防控工作并就企业转型发展、区位调整工作进行调研。公司党委书记、董事长王兰玉陪同调研。

2月17日 公司党委理论学习中心组开展新型冠状病毒肺炎疫情防控工作专题学习。集中学习习近平总书记在2月3日中央政治局常委会研究应对新型冠状病毒肺炎疫情工作时的重要讲话，王东峰在全省应对新型冠状病毒肺炎疫情防控工作电视电话会议上的讲话精神，集团党委书记、董事长于勇在集团党委常委会疫情防控工作专题会议上的讲话精神。公司党委书记、董事长王兰玉主持学习，公司总经理田欣和其他中心组成员参加学习。

△ 公司视频召开疫情防控工作推进会，传达集团2月15日召开的疫情防控工作紧急视频会精神，总结前一段时间公司疫情防控工作情况。公司党委副书记、工会主席王文德出席会议。

2月24日 信息自动化部设计实施的无人天车安全通道管理系统在高强汽车板中间库正式运行，有力推动公司智能化进程。

2月25日 公司72吨DC53D+ZM深冲级锌铝镁产品打入汽车零部件制造领域，用于全球第一大汽车技术供应商和零部件生产企业博世集团，以及另一家国内大型汽车零部件制造商复工后的生产加工。

△ 中厚板公司为天津某高端大客户定制生产的680余吨精品板材全部发运完毕，产品用于北京地铁17号线项目建设。

△ 公司收到河南某客户反馈，该客户定制的200吨CT05MC工业纯铁产品经加工制成非晶带材，完全满足要求，标志着公司工业纯铁产品成功打入非晶带材领域。

2月27日、29日 公司召开2019年度部室管理评审会议。公司党委书记、董事长王兰玉，公司总经理田欣，公司领导张洪波、姚力、赵丽树、谭文振、陶立国、刘铁力出席会议。

2月28日 公司召开疫情防控、安全生产、能源环保工作视频会。公司总经理田欣，公司领导张洪波、谭文振、王文德出席会议。

△ 公司新冠肺炎疫情防控工作领导小组就新冠肺炎疫情防控工作发表致广大职工及家属的一封信。

2月 公司4项政研成果获中国冶金政研会表彰，其中一、二、三等奖各1篇，位列集团第一。论文成果《探索创建“互联网+宣传思想工作”新模式 实现宣传思想文化工作“强服务 提效率 转机制”》，成为集团唯一获得一等奖的论文。

△ 公司被长城汽车保定徐水精工冲焊分公司评为“2019年度最佳战略合作伙伴”。

3月

3月1日 公司党委下发《关于组织党员自愿捐款支持新冠肺炎疫情防控工作的通知》，组织广大党员为支持疫情防控捐款助力。4天时间内，1.01万余名党员自愿捐款111.35万元。

3月8日 公司为山西某制管企业定制生产的80吨980兆帕级高强钢，如期送至客户产线，用于加工专用汽车护栏、箱板、车厢门紧固件等。公司高强钢打入专用车领域。

3月10日 公司为江苏某战略客户量身定制的2220吨LW420B冷弯型钢产品，在客户端制成光伏支架横梁用方管，产品性能完全满足出口要求，将应用于美国光伏产业。

3月14日 公司党委理论学习中心组开展国有企业发展混合所有制经济专题学习。公司党委书记、董事长王兰玉主持学习，公司总经理田欣和其他中心组成员参加学习。

3月15日 公司首批100吨屈服强度700兆帕厚度规格2.0毫米新品高强钢到达上海某客户产线，用于制作宇通客车骨架。

3月20日 中厚板事业部为大客户中建钢构天津有限公司定制生产的1500余吨精品板材陆续发运，产品用于国家“一带一路”示范工程——迪拜哈斯彦清洁燃煤电厂项目建设。

3月23日 公司视频召开2020年度作业长制全面推进项目启动大会。公司党委书记、董事长王兰玉强调，要积极探索新路子、研究新模式，不断促进作业长制在公司开花结果，实现新的更好发展，为公司加快实现转型升级和高质量发展提供坚强有力保障。公司总经理田欣及其他在家公司领导出席会议。

3月25日 公司为海尔集团定制生产的一批锌铝镁洗衣机压花侧板用钢顺利下线，各项指标均满足客户个性化要求，标志着公司锌铝镁产品正式进入高端家电领域。

3月30日 公司为国内某知名企业生产的100吨0.4毫米镀铝板成功下线，用于汽车发动机隔热板等部件的制造。这标志着公司具备了极限薄规格镀铝板批量生产能力。

△ 青龙炉料有限公司球团烟气氧化脱硝技术示范工程项目竣工。此项目于2019年8月5日获批立项，同年10月5日开工建设，项目概算投资8060万元。

△ 公司为中电建武汉铁塔有限公司定制生产的220毫米以上大规格角钢发往客户，用于国家电网江西——雅中特高压项目建设。

3月31日 高强汽车板公司6号镀锌产线突破设计能力，成功开发厚度0.4毫米镀铝硅产品，成为国内唯一一家具备0.4~3.0毫米全厚度规格镀铝板批量生产企业。

△ 公司完成佳华公司废旧设备设施拆除项目，安全拆除4座焦炉，22个塔器，25个储罐，7000余米煤气管道，3000余米苯、氨等工艺管道。

△ 公司23个牌号涉及深冲钢、高强钢等各个钢种系列的汽车用钢通过福特汽车体系技术认可。

△ 公司积极稳步推进项目制管理工作，对上报的150余项重点项目完成综合评审。

△ 高强汽车板有限公司被纳入河北省生态环境厅监管的“战略性新兴产业正面清单”，标志着其达标排放、自律减排、污染治理水平进入领先水平。

4月

4月1日 公司党委视频召开2020年党委工作暨党风廉政建设工作会议。公司党委书记、董事长王兰玉强调，深入贯彻落实集团2020年党风廉政建设和反腐败工作会议及集团3月份经营例会精神，振奋精神、坚定信心，锐意创新、开拓前进，书写公司区位调整、转型升级和高质量发展新篇章，为集团建设最具竞争力钢铁企业作出更大贡献。总经理田欣主持会议。公司其他领导班子成员出席会议。

4月2日 物流分公司《岗位创新管理平台》，获得国家版权局颁发的“计算机软件著作权登记证书”。

4月3日 公司视频召开工会2020年工作会议，总结2019年工会工作，部署2020年重点工作任务。公司党委书记、董事长王兰玉强调，公司各级工会组织和全体工会干部要在服务大局中提高政治站位，在聚焦主业中彰显职责担当，在推动发展中积极主动作为，团结动员全体职工，为公司转型升级和高质量发展作出贡献。公司党委副书记、工会主席王文德主持会议。

4月9日 公司党委书记、董事长王兰玉到不锈钢公司现场办公，就不锈钢公司铁前工序、钢轧工序、动力系统的全流程成本管控工作，分别听取炼铁厂、不锈钢公司和能源科技分公司的专题汇报并提出要求。

△ 公司为世界最大汽车装备供应商博世集团定制生产的牌号HC650/980DPD+Z镀锌板发往客户指定加工地，用于生产新型48V电池内部模块垫片。

4月10日 公司党委视频召开基层党建述职评议会议。公司党委书记、董事长王兰玉，总经理田欣和其他党委常委领导出席会议。党委副书记张小帅主持会议。

△ 公司邀请市传染病医院和疾控中心专家，以视频连线方式为河钢塞钢管理团队举办新冠肺炎防控知识讲座。公司党委副书记、工会主席王文德，河钢塞钢执行董事宋嗣海出席讲座。

△ 公司新区完成厂前区食堂“食品经营许可证”的办理。

4月13日 公司新区220千伏通港变电所送电成功。

4月16日 中共河北省委书记、省人大常委会主任王东峰到公司调研。省委常委、秘书长高志立，省委常委、唐山市委书记张古江，唐山市市长丁绣峰参加调研。公司党委书记、董事长王兰玉参加调研并汇报公司当前生产经营情况。

4月19日 公司首批45吨厚度为2.35毫米、2.5毫米S320GD+ZM热基结构级锌铝镁产品在冷轧薄板厂成功下线，标志着公司成为国内首家具备热基锌铝镁产品生产能力的企业。

4月20日 公司新区水处理中心生活水开始供水，标志着公司新区生活水管网全面贯通。

4月22日 公司与山西某公司合作开发的首批1.5毫米高强度薄规格冷轧箱体用钢TG700XT在高强汽车板生产线成功下线。

△ 公司新区综合水处理设施投产。

4月24日 公司专题听取不锈钢公司铁前工序、钢轧工序、动力系统全流程成本管控措施落实情况汇报。公司党委书记、董事长王兰玉强调，要以效益为中心，以项目制管理为抓手，提高产线效率，优化品种结构，以系统性思维抓好全流程成本管控工作。公司总经理田欣出席会议并提出要求。

4月29日 公司共青团召开2020年工作会议暨“五四”表彰会。公司党委副书记、工会主席王文德出席会议并讲话。

4月 公司员工服务中心全面恢复运营，各业务板块运行平稳，助推公司全力打造现代化人力资源管理模式。

△ 高强汽车板有限公司获得国家三部委颁发的“高新技术企业”证书，标志着该公司在技术实力、知识产权建设、创新能力上得到认可，跻身国家高新技术企业行列。

△ 公司3.11万吨精品螺纹钢直供重点工程，较去年同期增长357%，创历史新高。

△ 重机公司钢锭产量1835.9吨，创历史新高。

5月

5月3日 公司224吨优质家电板

DC51D+Z、DC53D+Z运抵青岛海信日立空调系统有限公司，实现批量供货知名家电合资品牌。

5月4日 集团副总经理、河钢股份党委书记刘键，河钢股份总经理许斌等到公司调研指导工作。公司总经理田欣，河钢乐亭党委书记、总经理张弛，以及其他班子成员出席会议。

5月8日 河北省人民政府（冀政人字〔2020〕24号）决定任命王兰玉同志为河钢集团董事会董事、副董事长，提名任河钢集团总经理。

5月12日 河北省委常委、副书记赵一德在河钢乐亭钢铁项目现场调研指导工作。

5月17日 公司党委理论学习中心组集中学习习近平在陕西和山西考察时的重要讲话精神、省委省政府《关于做好新冠肺炎疫情常态化防控的若干措施》及集团党委理论学习中心组专题学习会精神。公司总经理田欣主持学习，公司中心组其他成员参加学习。

△ 经公司企业管理现代化创新成果评审委员会审定，138项成果获2019年度河钢唐钢企业管理现代化创新成果奖。其中一等奖16项，二等奖64项，三等奖58项。

5月18日 公司OA系统正式完成升级工作，实现与河钢在线用户管理中心对接。

△ 公司首批直供天津高新区科技展示中心项目的优质HRB500E高强抗震螺纹钢筋在二钢轧厂顺利下线。

5月20日 物流分公司《相关方管理系统》，获得国家版权局颁发的“计算机软件著作权登记证书”。

5月21日 河北省政府副省长葛海蛟到公司调研。省政府副秘书长郝竹山，省工信厅厅长龚晓峰，唐山市委常委、常务副市长付振波陪同调研。集团总经理、党委副书记，公司党委书记、董事长王兰玉参加调研。

△ 公司40吨430克/平方米极限锌层锌铝镁在冷轧薄板厂顺利下线，成为国内首家成功生产极限锌层锌铝镁产品企业。

5月25日 不锈钢公司自主研发设计的电气室温度实时智能化监控系统正式投入运行。

5月27日 唐山市授予河钢唐钢体育中心“新市民俱乐部”称号。市总工会党组成员、副主席周虎民一行专程到公司颁发“新市民俱乐部”牌匾。公司党委副书记、工会主席王文德出席授牌仪式。

5月28日 高强汽车板有限公司首卷锌铝镁产品在镀锌作业区热负荷生产成功下线。

5月29日 集团总经理、党委副书记，公司党委书记、董事长王兰玉，公司总经理田欣在全国第十九个“安全生产月”来临之际，在《河钢·唐钢版》发表致广大职工及家属的一封信。

5月 公司党委部署“十个专项行动”，以提升党组织的政治引领力、价值创造力、干部担当力、基层组织力、职工凝聚力为重点，全面提升党建工作质量，为公司生产经营和改革发展提供坚强组织保证。

△ 公司制定下发《安全生产专项整治三年行动总体方案》，开展安全生产专项整治三年行动，全面提升本质安全水平。

△ 公司党委组织实施的“实施志鉴一体化工程，赓续公司廿载文脉”文化工程——《唐钢沧桑》第三卷、第四卷，由冶金工业出版社公开出版。

6月

6月1日 公司热成形钢T1500HS通过一汽轿车畅销车型材料认证，并与一汽集团签订热成形钢T1500HS材料技术协议，标志着双方合作取得阶段性进展。

6月7日 公司党委理论学习中心组专题学习习近平总书记在全国两会上的重要讲话和全国两会主要精神，研究贯彻落实意见。公司总经理田欣主持学习，中心组其他成员参加学习。

6月8日 由信息自动化部自主研发实施的捞渣机器人项目，在高强汽车板5号镀锌线正式投入使用。公司成为集团首例具备此项技术的企业。

6月13日 集团党委书记、董事长于勇到河钢乐亭项目现场办公。集团总经理、党委副书记，公司党委书记、董事长王兰玉，集团副总经理王新东参加活动并提出具体要求。公司总经理田欣参加活动。

△ 省发展改革委副主任赵文峰在公司新区考察调研；河钢股份公司董事长刘键一行在公司新区听取项目工作汇报。

6月15日 不锈钢公司突破设备极限成功轧制1.2毫米厚度700兆帕级大梁钢，至此大梁钢产品厚度规格范围从1.2毫米扩展到12毫米。

△ 唐山科技职业技术学院2020年河北省高职单独招生录取工作结束。一志愿录取1485人，二志愿征集录取65人，录取率100%，创历年新高。

△ 公司成为国内首家成功研发生产40MnB5高级别汽车稳定杆用钢企业，填补国内空白。

6月16日 公司召开专题会议部署工会系统近期重点工作。公司党委副书记、工会主席王文德出席会议并提出要求。

6月17日 公司党委副书记、工会主席王文德到承德市围场县西岔村调研指导扶贫工作。

△ 公司首卷用作彩涂基板的锌铝镁产品DC51D+ZM在天津某客户产线加工下线，各项性能指标达到终端客户要求，公司锌铝镁市场开发取得新突破。

6月17—19日 公司总经理田欣、党委副书记张小帅分别到保定市涞源县黑山村、承德市围场县西岔村、承德市滦平县二道营子村调研指导扶贫工作，并入户走访慰问贫困户。

6月22日 公司全面启动2020年职工健康体检及女职工妇科体检，参检人员覆盖在岗、内退及离岗休养职工约1.4万人。

6月24日 河钢股份有限公司在中厚板公司召开现场对标交流会。集团副总经理，河钢股份党委书记、董事长刘键，总经理许斌，公司总经理田欣、副总经理崔晓冬出席会议。

6月28日 公司党委召开庆祝建党99周年总结表彰暨警示教育大会，回顾党的历史，缅怀党的功绩，总结上年“七一”以来公司党委取得的成绩，结合新形势、新任务，就进一步加强公司党的建设提出要求。集团总经理、党委副书记，公司党委书记、董事长王兰玉出席，公司总经理田欣主持会议。

6月 公司全面开展以“消除事故隐患、筑牢安全防线”为主题的“安全生产月”活动。

△ 公司热轧马氏体钢生产新工艺在集团钢研总院中试基地开发成功，该工艺达到国内领先水平。

△ 《河钢·唐钢版》首次开设“融媒新闻”，增加二维码，读者在“读”新闻之外，还可以通过扫码观看视频新闻，读看结合，给职工带来感受全新的视听体验。

△ 河钢唐钢电视抖音号正式上线，抖音内容涉及疫情防控、公司重大会议现场报道、历史回顾等内容。

△ 公司23个牌号汽车用钢一次性通过长安福特重庆二工厂涂装认证。

△ 中厚板公司钢板桩产销量达3.3万吨，创单产历史新高。

7月

7月2日 公司总经理田欣走访慰问公司困难党员，为他们送去党组织的温暖和关怀。

△ 按照集团要求，完成公司新区100%股权由宣化钢铁集团有限责任公司划转至河钢股份有限公司的工商变更办理。

7月7日 共青团唐山市委书记李虹一行来公司调研检视共青团工作，公司团委组织13名优秀团干部、青年代表配合团市委调研。

7月8日 河北工业大学党委书记李强一行到公司调研。公司副总经理谭文振参加调研。

7月11日 公司党委理论学习中心组集中学习习近平在中央政治局第二十一次集体学习时的重要讲话精神、习近平在中央全面深化改革委员会第十四次会议上的重要讲话精神等内容。公司总经理田欣主持学习。

△ 华奥公司中标“工业和信息化部2020年度节能诊断服务机构选聘项目”，成为集团唯一一家由工信部遴选的国家工业节能诊断服务第三方机构。

△ 公司2020年职工无偿献血活动全面启动，当日近300名职工参加。活动于21日结束，近千名职工参与无偿献血活动。

△ 公司新区2050毫米生产线加热炉1号炉点火。

7月16日 汽车板事业部首次为某知名畜牧企业大批量生产的1200余吨锌铝镁产品DC51D+ZM陆续下线，经检测各项性能指标均达到客户要求。

△ 不锈钢公司成功开发生产1.2毫米薄规格花纹板，为薄规格产品再添新丁。

7月24日 公司为光伏行业客户量身定制的1850吨450克/平方米镀层锌铝镁产品成功下线，第三次实现锌铝镁新品种“国内首发”，标志着极限厚镀层锌铝镁正式具备批量生产能力，公司在新材料研发和应用方面获得重要突破。

7月29日 公司总经理田欣到炼铁厂北区看望慰问在高温中坚守岗位的职工，代表公司向他们表示亲切问候，为他们送去防暑降温物品。公司党委副书记、工会主席王文德，副总经理崔晓冬一同慰问。

△ 公司纪委举办2020年度首期“砺剑讲堂”。

7月31日 公司领导班子开展党的十九届四中全会精神集中学习研讨。公司总经理、党委副书记田欣主持学习，公司领导班子成员参加集中学习研讨。

7月 公司开发的1.0~1.2毫米厚度高强度薄规格冷轧箱体用钢TG700XT，成功打入国内知名专用车配件企业。

△ 公司承担的河北省科技支撑计划项目“冷轧超高强双相钢的研制与应用”，通过河北省科技厅验收专家组验收。

8月

8月3日 公司召开降本增效表彰会。公司总经理田欣主持会议并讲话。公司其他在家领导出席会议。受表彰单位和个人代表参加会议，厂部级副职及以上领导干部、专家代表、中青年挂职锻炼干部，各单位团委书记、公司董事长总经理联络员代表在分会场视频参加会议。

8月4日 信息自动化部实施的“5G+局域网”在高强汽车板5号库区正式投入运行，标志着公司局域网成功由4G提升为5G，成为行业领先，集团首例。

8月6日 省民主党派联合调研组一行，就“‘十四五’时期我省制造业高质量发展的对策研究”到公司调研。公司党委副书记、工会主席王文德陪同调研。

8月8日 公司党委理论学习中心组成员集中学习习近平总书记在企业家座谈会上的重要讲话精神、中共中央政治局会议精神、习近平总书记关于安全生产工作和意识形态工作的重要论述，以及省委书记、省人大常委会主任王东峰在认真贯彻落实习近平总书记对河北重要指示批示精神全面推进创新发展绿色发展高质量发展座谈会上的讲话精神。公司总经理田欣主持学习。

△ 公司新区热轧系统 LIMS 投入运营，成品测试中心开始热轧钢卷检测，已具备水质、油品、煤气和热轧板的检测能力，持续进行生产检验。

8月11日 唐山市文旅集团团委书记吴迪一行来公司对标交流共青团工作。

8月12日 集团总经理、党委副书记，公司党委书记、董事长王兰玉在会议中心会见国家开发银行总行评审二局副局长杨培兴一行。公司总经理田欣，总会计师赵丽树，国家开发银行河北分行副行长李保华参加会见。

△ 公司副总经理谭文振带队拜访一汽大众。

8月13日 集团党委副书记李炳军率领集团党建调研组到公司调研指导党建工作。河钢股份党委副书记、工会主席朱华明参加调研。公司党委副书记张小帅陪同调研。

8月14日 集团首卷17吨1250毫米×1.0毫米超薄规格花纹板在不锈钢公司成功下线，产品板型、性能均达到设计标准。

8月16日 中厚板公司1号板坯连铸机连续生产18天8小时、连浇651炉钢，刷新国内板坯连铸机连续生产最高纪录。

8月17日 公司14个牌号汽车钢一次性通过长城汽车日照整车基地57个零件模具冲压匹配试验。

8月20日 公司助力中联钢信打造行业领先阳光采购平台，上线50天交易额突破1亿元。该平台由惠唐物联公司为中联钢信倾力打造。

8月23日 河北省科学技术厅命名的高端镀锡基板技术创新中心在不锈钢公司揭牌。

8月25日 公司总经理田欣先后到骏安园和阳光小区走访慰问困难职工家庭，并将金秋助学金送到他们的手中。公司党委副书记、工会主席王文德一同慰问。

8月27日 公司新区按照集团要求，VI系统所用名称变更为“河钢集团唐钢新区/唐钢新区”。

8月29日 公司生产的240吨0.36毫米极限薄规格镀铝板发运到客户手中，实现0.36毫米极限规格“国内首发”，打破国外垄断，为全面替代进口打下坚实基础。

8月31日 公司1000吨TQ系列冷弯型钢产品经客户深加工后运达国家重点工程“109线国道那曲至拉萨段”项目施工现场，助力国内海拔最高公路建设。

8月 公司首次为国家会议中心二期工程生产的154吨HRB500E高强抗震螺纹钢筋全部发往施工现场。

△ 公司工业纯铁产品成功打入智能无线充电领域，首批300吨以公司CT05NM工业纯铁为原料的无线充电用纳米非晶合金，在湖北某客户产线成功下线。

△ 公司31项高质量专利申请获得授权，其中发明专利6项。

△ 高强汽车板有限公司锌铝镁产品产量达3300余吨，环比提升17.9%，创历史新高。

△ 公司产品首次通过北奔重型汽车有限公司17个零件试制。经检测，50片汽车板样片全部成型良好，满足客户要求。

△ 公司热冲压成形钢2吉帕点焊工艺取得突破，新工艺焊点正拉性能比常规工艺提高20%~30%，受到用户充分认可。

△　不锈钢公司工业纯铁销量达6570吨，创历史单月最高。

△　冷轧薄板厂锌铝镁产品国内月订单首次突破1万吨。

△　公司工会开展“金秋助学”活动，为72名困难职工子女发放助学金10.85万元。

△　不锈钢公司职工李朋“LOMAS自动炼钢系统工艺优化研究”成果获“2020年冶金科学技术奖一线工人科技成果三等奖”。

△　公司新区2050毫米生产线第一卷热轧卷下线。

9月

9月4日　气体公司新区制氧项目一期6万标准立方米/时制氧机组竣工正式对外输送氧气。该项目于2018年10月26日开工建设，分两期建设，概算投资8.06亿元。

9月6日　公司新区2050热轧生产线首次供货高强汽车板有限公司180吨热卷板产品，标志着新区2050热轧生产线已具备为下游工序供货的能力。

9月7日　9时16分，随着集团党委书记、董事长于勇下达投产命令，公司新区1号2922立方米高炉成功点火，河钢唐钢新区正式投产运营。集团总经理、党委副书记王兰玉出席投产仪式并宣读集团贺信。集团副总经理王新东主持仪式。集团党委副书记李炳军、副总经理刘键，公司总经理田欣、唐钢新区总经理张弛，以及工程建设有关单位领导出席仪式。中央广播电视总台、《经济日报》《中国日报》《工人日报》、人民网、凤凰网、《河北日报》、河北广播电视台、《中国冶金报》等16家媒体记者参加活动。

9月8日　公司新区炼钢转炉连铸投产，获上海市建设工程金属结构“金钢奖”。

△　公司新区铁钢测试中心完成“第一样”分析，标志着铁钢测试中心正式投用。

9月8日、9月11日　公司新区从中厚板公司拉运铁水，对2号KR、1号转炉、2号转炉、2号LF炉、2号连铸机、1号连铸机进行全流程热试，一次性成功，标志着上述工艺关键点具备生产条件，随后转入正式生产。

9月10日　公司新区1号烧结正式进入投产期。

9月11日　由国家应对气候变化战略研究和国际合作中心、中国科学院等组成的低碳技术专家组一行到公司调研。集团副总经理王新东参加调研。公司副总经理谭文振参加调研并致辞。

△　公司首卷180克/平方米镀层0.35毫米极薄规格锌铝镁产品在高强汽车板产线成功下线，公司又一高潜能、高创效、高难度锌铝镁新品种实现“国内首发”，标志着公司锌铝镁产品生产能力达到行业领先水平。

9月12日　公司召开中层以上干部大会，集团总经理、党委副书记，公司党委书记、董事长王兰玉主持会议并强调，全力以赴保障唐钢新区达产达效。公司总经理田欣及领导班子其他成员参加会议。

△　公司党委理论学习中心组组织集中学习。学习习近平在全国抗击新冠肺炎疫情表彰大会上的重要讲话精神、在经济社会领域专家座谈会上的重要讲话精神、《习近平谈治国理政》第三卷关于科技创新的重要论述，以及集团党委书记、董事长于勇在唐钢新区投产大会上的讲话精神。公司总经理田欣组织学习。

9月14日　中厚板公司炼钢系统3座转炉日产达1.82万吨，再次刷新日产最高纪录，跻身行业前列。

9月15日　中华全国总工会党组成员、

经费审查委员会主任李晓钟一行，就疫情防控常态化背景下企业生产经营面临的新局面、采取的新举措，以及新时期产业工人队伍建设的有关情况来公司调研。中国机械冶金建材工会主席、分党组书记陈杰平，河北省总工会副主席潘振华，唐山市人大常委会党组副书记、副主任、市总工会主席张国栋陪同调研。集团领导齐跃章，公司总经理田欣，公司党委副书记、工会主席王文德参加调研。

9 月 23 日 公司在不锈钢公司产线首次成功轧制 980 兆帕级别成形增强型双相钢 DH980。该钢种铝含量高达 0.85%，是目前公司生产的铝含量最高的钢种。

9 月 25 日、27 日 由唐山市政府主办，市人力资源和社会保障局、市总工会承办，公司协办的第三届唐山工匠职业技能大赛钢材质检、焦炉调温工、干法熄焦工、吊装技术（天车）4 个项目的实操竞赛分别在美锦煤化工公司和不锈钢公司举行。公司共有 52 名生产一线的技术骨干通过初期理论知识考试，选拔入围 12 个竞赛项目的实操竞赛环节。

9 月 30 日 高强汽车板有限公司《设备事故故障管理系统 V1.0》获“计算机软件著作权证书”。

9 月 公司扎实开展以“建设质量强国，决胜全面小康”为主题的“质量月”活动，积极引导全员、全过程、全方位质量提升。

△ 公司本部实现关停，新区正式点火投产，区位调整单位涉及职工分批次转入新区工作。

△ 中国科学院唐山高新技术研究与转化中心组织，邀请专家进行评审，认定公司“大型型钢产品四机架跟踪轧制技术创新与应用”项目科技成果达到国内领先水平。

△ 公司热成形钢 T1500HS 顺利完成一汽奔腾轿车有限公司奔腾 T77 车型 12 个零件的材料认证工作，并与一汽集团签订热成形钢 T1500HS 材料技术协议。

△ 公司 12 个牌号的汽车板产品正式通过重庆长安汽车材料认证，具备在长安汽车上使用资质。

△ 从某高端大客户反馈，由中厚板公司供货超过 90% 的五棵松冰上运动中心工程，获第十四届第一批（2019 年度）中国建筑工程钢结构金奖。

△ 炼铁厂、一钢轧厂、二钢轧厂、型钢厂中型车间、物流分公司全面停产，自动消防设施划归单位自主管理。

△ 公司收到上汽通用汽车对镀锌低合金高强钢 HR420LAD+Z 的认可通知书，标志此钢种正式通过材料认证，具备在通用车型上使用资质。

△ 公司 1100 余吨优质结构用钢直供全国首个 5G 智慧工地——京东集团总部二期 2 号楼 C 座项目工程。

△ 高强汽车板有限公司生产特殊镀层产品首次破万吨，达 1.21 万吨，创月产历史最高纪录。

△ 冷轧薄板厂高端锌铝镁产品发货量达 2.18 万吨，比历史最好水平翻一番。

△ 冷轧薄板厂“保证薄规格产品质量的酸洗轧机设备优化”、公司新区“中小型转炉干法除尘技术创新与优化”、公司新区“烧结系统功能精度提升实践”成果分获全国钢铁行业职工技术创新成果一、二、三等奖。

10 月

10 月 2 日 不锈钢公司 1580 产线班产 5066 吨、日产 1.24 万吨，均创投产以来卷板产量最高纪录。

10 月 4 日 集团党委书记、董事长于勇到公司调研，并现场督导安全环保工作。集团总经理、党委副书记，公司党委书记、董事长王兰玉参加调研。

10月9日 公司召开传达集团领导国庆期间调研讲话精神专题会议。总经理田欣强调，高起点高标准推进两个区域建设，抓住机遇推动公司发展迈上新高度。

10月10日 公司党委理论学习中心组组织集中学习。学习国务院国庆招待会精神、国务院国有企业改革领导小组第四次会议及全国国有企业改革三年行动动员部署电视电话会议精神等内容。公司总经理田欣主持学习。

10月14日 公司首卷19.6吨N22CB横向稳定杆用钢供货一汽丰田，产品性能、尺寸精度、表面质量全部符合要求。至此，公司稳定杆用钢成功打入日系高端汽车市场。

10月15日 唐银公司高炉全部关停。

10月16日 公司为邯郸某客户研发定制的300吨L级镀锡基板到达客户生产现场，实现首批供货。

10月18日—11月30日 公司新区16大类25个牌号的典型钢种在2050产线一次性冶炼贯通。

10月20日 公司第三十四届职工技术比赛理论考试在唐钢大学举行，来自8个单位100名职工参加考试，拉开本届职工技术比赛帷幕。公司党委副书记、工会主席王文德到现场巡考指导。

10月27日 唐山唐钢气体有限公司在唐山和香港两地举行视频直播连线新闻发布会，宣布以中国气体工业投资控股有限公司为平台在香港联交所主板挂牌上市。股票于10月28日上午9时开始在香港公开发售，11月10日在香港联交所主板开始进行交易，股票代号为1940。

△ 公司举办2020年工会干部业务培训班。公司党委副书记、工会主席王文德出席并讲话。

10月28日 不锈钢公司炼钢产量达1.04万吨，创出日产历史新纪录。

10月29日 公司新区第一卷规格为1500毫米×4.5毫米集装箱板在2050产线成功下线，产品抗拉强度、屈服强度、延伸率完全满足客户使用要求，将供给某知名央企进行试用。

10月 国庆期间，集团党委书记、董事长于勇深入公司产线，亲切看望慰问坚守岗位的一线职工。集团总经理、党委副书记，公司党委书记、董事长王兰玉参加看望慰问。集团领导王新东、刘键、胡志刚参加看望慰问。公司总经理田欣陪同看望慰问。

△ 公司“多成型特性超高强双相钢关键生产技术及全流程柔性化工艺控制”和“LOMAS自动炼钢系统工艺优化研究”两个项目获冶金科学技术奖三等奖。该奖项为中国冶金行业最高科学技术奖项。

△ 在中国机械冶金建材工会全国委员会与中国钢铁工业协会联合开展的“全国重点大型耗能钢铁生产设备节能降耗对标竞赛”中，炼铁厂4号3200立方米高炉和一钢轧厂3号150吨转炉分获“全国优胜炉”称号，炼铁厂南区360平方米烧结机获“全国创先炉”称号。

△ 不锈钢公司成功将IF钢真空处理时间由30分钟降至20分钟，达到国内领先水平。

△ 在纪念中国人民志愿军抗美援朝出国作战70周年之际，公司28人获中共中央、国务院、中央军委向参加抗美援朝出国作战的志愿军老战士老同志等颁发的“中国人民志愿军抗美援朝出国作战70周年”纪念章。

△ 公司与上汽集团东华汽车实业有限公司在南京签订5万吨板材采购量年度直供协议，正式确定双方战略合作伙伴关系。

△ 河北省职工保安全、保健康先进工作法评审结果揭晓，公司工会“‘互联网+劳动保护’工作模式”工作法、炼铁厂“班组安全管理中的安全评价机制”工作法分别获二等奖和三等奖，两项成果均被省总

工会收录在《河北省职工保安全、保健康工作法优秀成果汇编》中，并在全省范围内进行宣传推广。

△ 冷轧薄板厂镀锌重点产品发货量达6.1万吨，创历史纪录。

△ 高强汽车板有限公司纯无铬、耐指纹、自润滑等有机钝化产品总量达1.2万吨，创月产历史新高。

△ 公司召开企业年金管委会年度工作会议，总结上年度企业年金管理工作，部署2021年度总体工作安排。

△ 高强汽车板公司姜学亮、技术中心王金荣、物流分公司曾昭玮分获第九届青年创业创新大赛“冀青春”个人组技术管理创新银奖。

11月

11月1日 冷轧薄板厂酸轧线产量7091吨，创日产历史新高。

11月5日 公司新区炼铁高炉水渣智能天车系统投入使用。

11月6日 集团外部董事李艳霞到公司调研。公司总经理田欣，公司领导张洪波、赵丽树、高永春参加调研。

11月7日 公司党委理论学习中心组集中学习党的十九届五中全会精神，并研究贯彻落实意见。公司总经理田欣主持学习。

△ 不锈钢公司200吨工业纯铁产品运抵北京某客户现场，经加工后，发往美国旧金山某汽车零部件企业，公司工业纯铁产品打入北美汽车市场。

11月8日 不锈钢公司首批200吨700兆帕级大梁钢运抵湖北十堰某客户现场，经加工后用于专用厢式汽车零部件制造。

11月9日 公司新区2050产线首次轧制5卷140吨规格为9.8毫米×1540毫米车轮钢，产品性能完全满足客户使用要求。

11月11日 公司组织收听收看学习贯彻党的十九届五中全会精神中央宣讲团报告会。公司纪委书记陶立国，公司党委副书记、工会主席王文德，部分单位党委书记和党办主任在会议中心收听收看。

△ 美锦煤化工公司被唐山市大气污染防治工作领导小组办公室评为A级企业。

△ 公司280VK、HC340/590DP、HC420/780DP、HC340/590DPD+Z等4个牌号高强汽车钢获得长安汽车平台化项目认证证书。

11月12日 2020唐山市钢铁工业协会理事（扩大）会和会员大会在唐山南湖国际会展中心召开。集团总经理、党委副书记，公司党委书记、董事长，唐山市钢铁工业协会理事长王兰玉作工作报告。

△ 2020唐山·钢铁冶金工业博览会暨“全链聚合，产业跃升”钢铁全产业链集群化发展高峰论坛在唐山南湖国际会展中心召开。公司副总经理张洪波出席开幕式。公司产品亮相展会。

△ “唐山5G+工业互联网联盟”第一届理事大会在公司举行，唐山市29家理事单位代表参加会议。公司当选“唐山5G+工业互联网联盟”理事长单位。

△ 公司成功入选2020年河北省首批产教融合型企业建设培育名单。

11月13日 不锈钢公司1号转炉正式关停。此装备自2004年6月18日正式投入运行以来，共计运行16年5个月。

11月17日 公司新区2号高炉开炉点火，标志着公司掀开了区位调整后新的生产篇章。

11月19日 公司新区成功轧制牌号H40规格为7.5毫米×1500毫米石油套管钢，其产品性能达到标准要求，标志着已具备供货能力。

△ 2020年全国劳动模范候选人邢振环赴北京参加全国劳动模范表彰大会。

△ 不锈钢公司首次成功轧制规格为

1250毫米×(1.8~2.0)毫米HTS700高强花纹板。

△ 公司60吨高端镀锌滑轨用钢发往国内某知名家电企业，用于制造高端冰箱滑轨，产品成功通过客户的数万次抽拉认证试验，标志着公司正式进军高端滑轨用钢市场。

11月24日 公司分别在公司新区和佳华煤化工有限公司召开基建系统疫情防控工作现场调度会，部署冬季基建系统疫情防控重点工作。公司党委副书记、工会主席、公司疫情防控领导小组常务副组长王文德出席会议。

11月28日 集团总经理、党委副书记，公司党委书记、董事长王兰玉来公司作党的十九届五中全会精神宣讲。公司总经理田欣及其他领导班子成员出席宣讲报告会。

11月30日 公司召开2020年度国家宪法日系列宣传活动启动会。公司总经理田欣及在家公司领导出席会议。

11月 在第十四届国际汽车轻量化大会暨展览会上，公司参评展品——国内某知名企业小型SUV白车身获得“2020 ALCE十佳汽车轻量化创新产品”奖。

△ 信息自动化部为河钢国际唐山分公司研发的15种出口产品，实现出口产品库存动态管理，物流及资金流全流程透明化管理。

△ 汽车板事业部供美的家电用钢突破1.6万吨，环比增长42%，创历史新高。

12月

12月2日 公司召开劳模座谈会。公司党委副书记、工会主席王文德出席座谈会。

△ 公司新区职工书屋被评为省级工会职工书屋。

12月3日 公司入选2020年国家技术创新示范企业。全国共有63家企业入选，其中钢铁企业仅2家，公司是河北省唯一一家上榜的钢铁企业。

12月4日 公司新区首卷规格为1250毫米×2.5毫米700兆帕级大梁钢在某汽车配件厂经折弯加工后，成功制作成挂车用防水边梁，产品成分性能受到客户赞誉。

12月5日 气体公司新区制氧项目二期4万标准立方米/时制氧机组投入运行。

△ 中国工程院院士、世界钢铁发展研究院专家咨询委员会主任、钢铁研究总院名誉院长殷瑞钰，中国金属学会专家委员会主任王天义一行到公司新区调研。集团副总经理王新东，公司总经理田欣，副总经理张洪波，公司新区党委书记、总经理张弛参加调研。

12月7日 中厚板公司3号烧结机氧化脱硝提标改造项目竣工。此项目于上年5月24日获批立项，同年8月18日开工建设，概算投资5392.36万元。

12月10日 公司生产的T1500HS、CR1300/2000HS两个牌号热成形钢经过严格的制样试验，成功通过奇瑞汽车材料认证，具备在奇瑞车型上使用资质。

12月12日 《河钢·唐钢版》创刊70周年。70年前的这一天，铅字印刷的《唐钢工人》正式创刊，成为《河钢·唐钢版》最早前身。

12月15日 集团党委副书记李炳军到公司调研指导学习借鉴“枫桥经验”、深入推进网格化管理工作情况。公司党委副书记张小帅陪同调研。

△ 集团党建核查组到公司检查指导党建工作。公司党委副书记张小帅出席会议。

△ 公司新区成功生产高级别管线钢X80，整个生产流程稳定顺行，铸坯质量良好，成分精准命中。

△ 公司为915名退休职工发放一次性奖励274.5万元。

12月16日 公司新区2050产线首次

开发生产超高碳合金钢65Mn顺利下线，产品成分性能合格，表面质量良好。本次65Mn钢种是目前2050产线调试生产的最高碳含量钢种。

12月17日 集团青年“五小”创新创效活动颁奖及优秀项目展示推广活动在公司新区举行。集团领导齐跃章出席活动并讲话。公司新区党委书记、总经理张弛，公司党委副书记、工会主席王文德出席活动。

△ 集团领导齐跃章到公司调研第十届“河钢杯”全国钢铁行业职业技能大赛备战情况。公司党委副书记、工会主席王文德陪同调研。

12月19日 公司党委理论学习中心组组织集中学习。学习习近平在中央全面依法治国工作会议上的重要讲话精神、中共中央政治局常务委员会会议精神和省应对新冠肺炎疫情工作领导小组会议精神。公司总经理田欣主持学习。

12月20日 公司新区2050毫米热轧生产线在两个加热炉生产条件下，日产量达1.53万吨，创出年内最高日产纪录。

12月21日 高强汽车板有限公司酸轧产线以班产3216吨、日产8560吨，分别创出班产、日产历史新高。

12月22日 河北省政府副省长葛海蛟到公司新区调研。唐山市副市长王海，公司总经理田欣，公司新区党委书记、总经理张弛陪同调研。

△ 公司注销海南唐钢南方工贸有限公司。

12月23日 公司总经理田欣到高强汽车板有限公司作党的十九届五中全会精神宣讲。

12月25日 河钢股份在中厚板公司召开“破冰标杆”贺功表彰大会，授予中厚板公司1号高炉“破冰标杆”称号。河钢股份党委书记、董事长刘键，公司总经理田欣等出席会议。

12月30日 高强汽车板公司新建一条专用的汽车外板重卷检查机组项目竣工。此项目于上年5月23日获批立项，2020年6月15日开工建设，概算投资7649.75万元。

12月 公司三项创新成果在2020年全国钢铁行业职工技术创新成果评审中，分获一、二、三等奖，是集团内部获奖级别最高、获奖数量最多的单位。

△ 公司工会与唐钢大学联合选送的《计量校准实验室标准操作流程系列微课》作品，在中华全国总工会、中央网信办主办，中国工人出版社承办的2020年度“网聚职工正能量 争做中国好网民”网络正能量微课征集活动中获得一等奖。

△ 公司成功开发1800兆帕级热成形汽车钢，产品韧性、冷弯性和耐延迟开裂性能达到国内领先水平，标志着公司已具备工业化量产全强度级别超高强热成形钢的能力。

△ 公司新区2050产线首次生产的120吨SAE1025热轧板，经广东某企业使用，产品性能、板形、表面质量良好，客户表示非常满意。

△ 公司4项课题成果被中国冶金政研会评为冶金行业党建思想政治工作研究优秀论文。其中“职工至上 生命至上 构建疫情防控的企业命运共同体”成果获一等奖。

2020年 公司产铁1403万吨、产钢1420万吨、产钢材1280万吨。

△ 公司实现营业收入688亿元，实现利润5.5亿元，与上年基本持平。

△ 公司品种钢、高端产品、特色战略产品比例分别完成81.3%、69%、8.2%，同比分别提高4.9个百分点、5个百分点、3.5个百分点，创出历史最好水平。

△ 公司非钢板块实现营业收入101亿元，利润2.8亿元；完成外部市场创收47.3亿元，约占非钢产业总收入的一半，创出历史最好成绩。

△ 公司客户集中度完成48%，同比

提高5个百分点；A、B级客户比例达到98%；客户满意度达97.3%，同比提升0.3个百分点。

△ 公司累计为新区配置职工7000人，并将本部核心骨干、优秀作业长和技管干部及时配置到新区产线。

△ 公司新区累计产铁115万吨，产钢112万吨，产材坯109万吨，实现现金流1.65亿元，创出较好经营业绩。

△ 公司累计帮扶患大病职工、困难职工及子女1500余人，发放帮扶款项逾150万元。

△ 河钢塞钢生产钢坯122万吨，实现营业收入5.7亿欧元。

△ 不锈钢公司生产经营实现质的提升，全年环比增利3.4亿元。

△ 中厚板公司发挥体制机制优势，实现利润5.9亿元，盈利能力继续走在集团前列。

△ 美锦焦化全年产焦152万吨，实现利润1.4亿元，打赢生产经营翻身仗。

△ 气体公司主要气体产品外销23.6万吨，实现利润1.67亿元，成为京津冀第二大工业气体供应商。

△ 公司职工申报创新成果2300余项，优秀创新成果138项；公司2个创新工作室获“河北省劳模和工匠人才创新工作室”称号。

项目建设

基建技改项目建设

【唐山佳华煤化工有限公司化工园区项目】 2020年，河钢唐钢持续推进唐山佳华煤化工公司化工园区项目建设。年底，3号焦炉、化产区、1号干熄焦、备煤区、配套公辅设施具备投产条件。该项目于2018年11月开工建设，概算投资44.78亿元，由中冶焦耐EPC总包。项目主要内容包括建设4座60孔、炭化室高7米的复热式超大容积顶装焦炉，每组年产焦炭150万吨（干全焦157.9万吨/年），配套建设3×170吨/时干熄焦、焦处理、煤气净化、污水处理等生产装置及除尘、脱硫脱硝、给水排水、电力、电信等公辅设施。该项目烟尘治理采用干式除尘地面站工艺，同步建设焦炉上升管余热回收系统，高效回收利用在炼焦过程中产生的余热；焦炉废气采用脱硫脱硝新工艺，回收废气热量，减少大气污染；回收系统煤气采用“HPF脱硫+制酸”组合工艺，HPF脱硫产生的单质硫及脱硫废液，采用脱硫废液焚烧制酸工艺，生产浓硫酸。主要产品有焦炭和焦炉煤气、焦油、硫铵、硫酸、苯类等多种化工副产品，预计2021年2月正式投产。

【唐钢美锦（唐山）煤化工有限公司二期焦化项目】 2020年，唐钢美锦煤化工有限公司二期焦化项目建设按计划和工程节点顺利进行。这一年，3号焦炉于3月5日开始砌筑，9月24日开始烘炉；4号焦炉4月3日开始砌筑，11月27日开始烘炉；截至年末，备煤系统、干熄焦系统、回收系统已基本具备投产条件，该项目为130万吨焦化项目，系依托唐山钢联焦化有限责任公司5号、6号焦炉环保搬迁工程项目兴建，位于河北滦州经济开发区内，由中冶焦耐（大连）工程技术有限公司EPC总承包，中国二十二冶集团有限公司、中海外交通建设有限公司等单位承建，概算投资25.2亿元，主要建设2座60孔7米焦炉生产线，配套建设干熄焦余热发电系统和萃取精制苯项目及唐钢气体公司LNG项目。

【河钢产业升级及宣钢产能转移项目配套气体项目】 2020年9月4日，河钢产业升级及宣钢产能转移项目配套气体项目一期6万标准立方米/时制氧机组竣工正式对外输送氧气。该项目于2018年7月获批立项，10月26日开工建设，概算投资8.06亿元，由中冶京诚工程技术有限公司和唐山钢铁国际工程技术有限公司共同设计，河北省安装工程有限公司负责主体施工。项目分两期建设，一期主要建设6万标准立方米/时空分装置1套，二期主要建设4万标准立方米/时空分装置2套。2020年6月7日，二期4万标准立方米/时制氧机组开工建设，12月5日投入运行，创造了气体公司空分装置建设速度新纪录；搬迁利旧4万标准立方米/时制氧机组，12月9日空分装置封顶，进入调试阶段，根据公司新区用氧情况适时投入使用。

【河钢产业升级及宣钢产能转移项目配套石灰窑系统项目】 2020年，河钢唐钢按计划推进河钢产业升级及宣钢产能转移项目配套石灰窑系统项目建设，年末4座石灰窑建设完毕并向主体设施开始供料，第五座窑预计2021年底前投入使用。该项目于2018年11月开工建设，概算投资7.06亿元，由唐钢国际设计，河北省建筑安装公司承建（施工建设），主要建设内容包括4座600吨/日双膛石灰竖窑生产线及1条500吨/日双膛轻烧白云石竖窑生产线，年产冶金石灰103.25万吨、轻烧白云石34.25万吨。

【河钢产业升级及宣钢产能转移项目余能利用服务项目】 2020年9月28日，由华奥公司建设的河钢产业升级及宣钢产能转移项目余能利用项目正式并网带负荷运行，标志着该项目正式投入运营。该项目概算投资6.43亿元，于2018年8月开工。项目建设260吨/时高温超高压煤气锅炉2台、78兆瓦中间一次再热凝汽式汽轮机2套、80兆瓦发电机组2套及其配套辅助设施。项目建成后，两台机组实现满负荷运行，小时发电量16万千瓦时，单日节电效益达190万元；年回收利用富余煤气28.8亿立方米，年发电量达10亿千瓦时，创造发电效益2.3亿元，有效缓解公司新区外购电压力。该项目为合同能源管理项目，当年12月进入效益分享期。

【中厚板公司炼钢物流系统改造项目】 2020年2月，中厚板公司炼钢物流系统改造项目立项，同年3月开工建设。当年末，140吨天车改造、转炉炉下道轨道延长、连铸中间罐存放台架搬迁、新建干燥间等工程竣工，225吨冶金铸造起重机、90吨冶金铸造起重机在制作过程中。项目概算投资6375万元，由唐钢国际工程技术股份有限公司设计，河北省安装工程有限公司、唐山创银建筑工程有限公司、河南新起机器工业有限公司、河南卫华重型机械股份有限公司、唐山东江钢结构工程有限公司等单位联合承建。项目主要建设内容是对浇钢跨设备设施、受钢跨设备设施和过渡跨及其他设施进行改造。

【中厚板公司4号矩形坯连铸机增加断面改造工程】 2020年8月，中厚板公司4号矩形坯连铸机增加断面改造工程立项，同年8月开工建设，当年末主体工程完工，设备调试完毕，进入试运行阶段。项目概算投资1950万元，由北京永盛捷科技有限公司、北京首钢国际工程技术有限公司、河北冶金建设集团有限公司联合设计承建。项目主要建设内容是对连铸机本体及附属设备进行改造。

【中厚板公司600吨石灰窑300吨轻烧白云石窑项目】 2020年末，中厚板公司新建600吨石灰窑300吨轻烧白云石窑项目主体工程完毕，进入设备调试阶段。该项目于2018年10月立项，2019年10月开工建设，概算投资1.2亿元，由石家庄新华能源环保科技股份有限公司、山东莱钢建设有限公司联合设计承建。项目主要是新建1座600吨石灰窑及配套设施，年产冶金石灰16.5万吨；新建1座300吨轻烧白云石窑及配套设施，年产轻烧白云石8.5万吨。

【高强汽车板4号镀锌线重卷项目建设】 2020年，河钢唐钢持续推进高强汽车板4号镀锌线重卷项目建设，全力打造智能化产线。该项目于上年5月23日立项，概算投资7649.75万元，包括新建一条专用的汽车外板重卷检查机组，设备部分由常宝菱公司总包，公司信息自动化部负责自动化专业技术支持及实施过程监督和信息化整体系统方案制定、系统采购、系统实施等全流程管理；结合高强汽车板智能化产线建设的实际问题，吸收科技领先技术，搭建工厂级5G网络，利用5G网络对智能库区安全系统、钢卷库图管理系统、钢卷号识别技术等进行改造升级；基于MVC模式和web编程语言，开发5G网络终端版数字化监控系统，实现数字化远程运维，保证智能厂区的精确控制，提高智能制造生产水平。该项目ERP、ODS、QMS、APS等信息化系统于当年8月签署合同进入项目实施阶段，先后完成各系统开发、集成测试、上线测试等工作，主体产线于12月30日投产。

【中厚板公司120吨VD真空脱气精炼炉项目】 2020年末，中厚板公司120吨VD真空脱气精炼炉项目主体工程完工，设备调试完成，进入试运行阶段。该项目于2018年10月立项，11月开工建设。项目概算投资3975.70万元，由中国重型机械研究院股份公司、上海科林国冶工程技术有限公司、中国十七冶集团有限公司联合设计承建，设备由中国重型机械研究院股份公司提供。项目主要建设内容包括热修包工位搬迁，新建一套双工位 VD 真空脱气精炼炉，在 1 号精炼与冷修场地间新建钢包滑板机构装配平台，新建钢包盖摘盖设施 2 套。

【长材工程高压供配电系统 EPC 总承包工程建设】 2020 年 1 月 23 日，“河钢产业升级及宣钢产能转移项目长材工程高压供配电系统 EPC 总承包工程”合同签订，当年 4 月开工，概算投资 2.37 亿元，内容主要包括长材区域二炼钢水系统 10 千伏配电室、棒材水系统 10 千伏配电室、高线水系统 10 千伏配电室、棒材 10 千伏配电室、3 号线 10 千伏配电室、1 号高线 10 千伏配电室、2 号高线 10 千伏配电室、中棒 10 千伏配电室、二炼钢环境除尘 10 千伏配电室高压电气设备和高压配电室的进线电缆及变压器的设计、采购、安装和调试。截至年末，棒材水系统、1 号高线、棒材 10 千伏配电室已经送电，其他配电室正在施工调试中。

环保项目建设

【唐山钢联焦化焦炉环保搬迁工程】 2020 年，唐山钢联焦化公司 5 号、6 号焦炉砌筑完成，并点火烘炉，化产区域设备安装 80%，备煤系统上煤调试，焦系统安装 90%，工程预计 2021 年 4 月竣工投产。该项目于上年 3 月开工建设，概算投资 16.11 亿元，由中冶焦耐 EPC 总包。项目主要建设内容包括新建 2 座 60 孔 JNX3-70-1 式顶装式焦炉，年产焦炭 130 万吨；配套建设备煤系统、干熄焦系统、筛焦系统、煤气净化系统和辅助生产设施及配套生活福利设施。

【新区环境除尘 BOT 总承包项目】 2020 年，河钢唐钢新区环境除尘 BOT 总承包项目按工程节点持续推进。该项目包括原料、烧结、球团、高炉和一炼钢五个区域共计 62 套除尘系统及辅助配套设施，概算投资 9.59 亿元，设计每小时处理烟气 2802.50 万立方米，工程合作方式为 BOT 模式。该项目主要建设公司新区原料系统、烧结系统、球团系统、高炉系统、一炼钢系统配套的环境除尘设施，其中原料、烧结、球团环境除尘由吸尘罩开始至烟囱，高炉、一炼钢环境除尘由除尘器入口前软连接（含软连接）开始至烟囱，包含范围内的除尘管道、阀门、补偿器、支架、除尘器本体、除尘风机、烟囱等生产设施，以及配套的土建、给排水、供配电、安全、职业卫生、消防、电信、计量、仪表检测及自动化控制等相关设施。截至年末，累计完成总工程量的 90%，已投入生产运行除尘系统 55 套；预计 2021 年 4 月初，配合主线工艺实现全部 62 套除尘系统投产。

【新区长材环境除尘 BOT 项目】 2020 年，河钢唐钢新区长材环境除尘 BOT 项目继续推进。该项目建设内容为 20 套除尘系统及辅助配套设施，概算投资 4.09 亿元，其合作方式为 BOT 模式。项目包括新区长材、石灰通廊、港口皮带通廊（南北方向）、检化验楼等区域共 20 套除尘系统，设计每小时处理风量 1100 万立方米。截至年末，累计完成总工程量的 90%，投入生产运行除尘系统 6 套；预计 2021 年 4 月实现全部 20 套除尘系统投入运行。

环境除尘 BOT 总承包项目和长材环境除尘 BOT 项目设计、建设均按照河北省钢铁行业超低排放标准及特别限值要求进行，符合《炼焦化学工业大气污染物超低排放标准》(DB 13/2863—2018) 排放限值要求，有组织排放烟气颗粒物排放浓度不高于 10 毫克/立方米，部分工序实验排放浓度控制在不高于 5 毫克/立方米，排放标准在国际国内均处领先水平；1 号 360 平方米烧结机活性焦脱硫脱硝系统集脱硫、脱硝、脱二噁英、脱重金属、除尘及脱除其他微量元素于一体，并实现副产物的综合利用，投入运行后，各项污染物排放值可达：二氧化硫不大于35标准立方米/时、氮氧化物不大于50毫克/标准立方米、粉尘不大于10毫克/标准立方米、二噁英不大于0.5纳克毒性当量/立方米。

【青龙炉料公司球团烟气脱硝项目投入运行】 2020年5月，青龙炉料公司国家重点研发计划课题“球团多污染物超低排放技术及示范”梯级氧化—吸收脱硝示范工程竣工投入运行。当年6月16日，经秦皇岛清宸环境检测技术有限公司检测达到国家超低排放标准。工程于上年10月5日开工建设，概算投资8060万元，由唐钢国际工程技术股份有限公司和广东科洁环保科技有限公司联合总包。该工程为在青龙炉料公司200万吨/年球团生产线上实施首台套“嵌入式SNCR+梯级氧化脱硝+SDA协同吸收+预荷电袋式除尘”示范工程项目，在国内率先实现80%以上球团配比的绿色冶炼，球团烟气颗粒物、二氧化硫、氮氧化物排放浓度分别小于5毫克/标准立方米、20毫克/标准立方米、30毫克/标准立方米，均优于国家最新超低排放标准。工程在原设计基础上，不断优化超低排放工艺过程控制，运行成本较设计运行成本有效降低。

HBIS GROUP 河钢唐钢 HBIS TANGSTEEL

科技创新

产品研发

【高端战略产品研发】 2020年，河钢唐钢以项目制管理为抓手，围绕“两个结构”再优化，持续加速战略特色产品研发，不断提升产品档次，高端品种研发取得新突破。全年，开发高端新品种15个，均为研发型新产品。其中，新区开发集装箱板SPA-H、车轮钢380CL、大梁钢510L及700L、石油套管用钢H40等钢种，通过合理的成分设计，结合新区冷却线特点，保证产品质量稳定，实现品种的快速开发；不锈钢区域开发的高扩孔钢FB590实现独家供货本特勒公司，扩孔率由最初的33%提高至100%；高强区域成功开发780兆帕至1180兆帕强度的Cr-Mo-Nb-Ti-B全系列共计4个牌号的复相钢产品，开发的1800兆帕级别热成形汽车钢，具有优异的韧性、冷弯性能和抗氢致延迟开裂性能；在180兆帕和220兆帕级烘烤硬化钢基础上，通过调整成分和退火工艺参数，成功开发260兆帕级别该系列产品，满足公司出口生产需求。

技术创新

【用户应用技术研究】 2020年，河钢唐钢用户应用技术研究不断深入，用户应用技术服务能力持续提升，在用户技术开发、主机厂认证中发挥了强有力的技术支持作用。全年，开展包括华晨宝马、长安福特等15家汽车主机厂及1个家电厂的141个钢种、566个认证项目的数据制备和分析工作，助力汽车主机厂二方认证。这一年，针对公司重点推广产品和客户使用中出现的问题，在成形与仿真、连接技术及涂装腐蚀等领域开展11项技术研究，完成冷轧双相钢局部成形性能的评价体系建设及应用、锌铝镁镀层产品熔焊焊接工艺设计优化与焊缝耐蚀性研究及汽车用退火板磷化质量关键因素分析与优化方案等课题研究，成功通过长安福特共24个钢种的磷化、电泳、腐蚀和焊接认证，长安汽车平台化项目4个钢种认证，冷成型铝硅涂层板和低合金镀锌板的成形、焊接和腐蚀等数据获得上海通用认可，并通过认证。

【数据库建设】 2020年，河钢唐钢加快数据库平台系统建设，推进产品研发和主机厂认证工作，协同支撑和产品数据支持作用凸显。年内，对67项产品应用问题提供解决方案，为主机厂认证试模及配套厂材料替换提供现场技术支持。这一年，数据库平台上线开放，涵盖14个品种36个牌号、17个项目的426项数据包，并开放使用权限；针对新开发且性能稳定的产品实时进行数据建设补充，新增4个品种、9个牌号的140余套数据，产品数据库更加丰富，数据库平台运行更加成熟，浏览和下载次数达2000余次，有力支撑产品开发和市场推广。

【提供轻量化解决方案】 2020年，河钢唐钢坚持开展轻量化应用技术研究，不断为用户提供轻量化解决方案。年内，进行一体式门环热成型零部件轻量化应用研究，主要针对长城汽车即将投产的B01、B06车型门环小偏置碰及侧碰等侵入量过大的问题，突破性提出以热成型补丁板技术替代传统的分体式结构，基本形成一套完全符合客户技术要求的一体式门环方案，实现对产品部件工艺流程的再优化，单件降本7%左右，并成功用于哈弗新车型；开展新能源厢式货车箱体轻量化工作，并实现供货；唐钢电池包自主开发与高强钢应用项目，借鉴电池包结构设计及轻量化经验，基于国标和企标要求自主设计电池包模型，以DP780、DP980等唐钢先进高强钢为主推材料，应用到电池包结构优化和选材优化设计中，形成成套的电池包CAD建模方案，建立以高强钢替换、结构优化为主要手段的电池包全流程轻量化技术体系。

【研发体系建设】 2020年，河钢唐钢不断加强研发体系建设，强化全员体系意识，加强流程管控，实现对新产品研发流程的有效管理，提升品种开发效率，新产品研发管理体系全面提升。年内，运行的新产品开发项目46个，重要项目16个，半数以上项目通过小批量试制阶段；设计开发过程竞争性用户销量、总体项目开发进度符合率、总体项目试制过程产品合格率、总体项目按时间节点提交PPAP比例四项指标均实现目标。这一年，持续优化体系流程，新增、修订《新产品项目管理程序》《新产品顾客要求识别和确定管理办法》《研发对营销、生产的技术协同管理办法》等体系管理文件11个，明确项目管理范围及相关管理流程，对项目类型进行重新划分，规范公司新产品试生产过程，防范因责任主体不明确、过程落实不符合体系规范等产生的技术及质量风险，实现对研发体系管理架构支撑完善；借助网络技术打造覆盖全公司的APQP流程信息平台，规范新产品研发流程同时整合建立新产品研发资料库，实现新产品研发管理工作信息化、平台化和可视化；开展研发系统对营销、生产的技术协同项目推进，提升公司研产销系统技术协同效率和质量，实现对用户的无缝对接；修制订管理文件涉及新区职责范围的增加相关管理内容，实现公司新产品研发体系工作对新区业务流程的覆盖与延续。

【产品机理研究】 2020年，河钢唐钢持续深入研究产品机理，不断推动工艺和技术改进，完成技术攻关20余项，解决产线难题效果明显。年内，加强技术攻关，优化RH提升气体流量与真空制度，提高脱碳效率，脱碳周期缩短2.4分钟；开展炼钢工序全流程控氮攻关，平均增氮量由之前的$1\times10^{-3}\%$降低至$7\times10^{-4}\%$，异常增氮问题持续改善；通过进行合金减量化研究、制定轧后缓冷制度和优化轧制温度等措施，W780QX产品性能波动降低50%，冶炼成本降低50元/吨；板坯、带钢横断面温度均匀性评价提出机架间冷却水改进方案，为解决厚规格大梁钢残余应力与板形问题提供数据和技术支撑；进行高碳当量钢种酸轧焊接工艺固化，QP980等高碳当量钢种酸轧焊缝断带率降低40%；优化超高强钢切边工艺，圆盘剪更换频次由3~5卷减少到15~20卷一次。

【炼钢工艺技术研究】 2020年，河钢唐钢全面加强炼钢工艺技术研究，推进与产线的技术协同，开展技术攻关和科研课题研究，促进炼钢工艺进步。这一年，进行新品种炼钢工艺开发与研究，首次试制公司当前最高铝含量的成形增强型双相钢DH980取得成功，解决了行业内生产中碳高铝钢的浇铸难题；完善热成形钢系列钢种级别，在2000兆帕级热成形钢开发的基础上，完成HR1800HS工业试制，1800兆帕热成形钢炼钢一次试制成功，热成形钢品种结构进一步优化；进行低碳系列烘烤硬化钢H260BH的炼钢工艺开发与研究，采用转炉—RH真空精炼—板坯连铸生产工艺路线，各项指标均达到试验预期，低碳系烘烤硬化钢炼钢工艺成功贯通，丰富完善了烘烤硬化钢系列品种；开展品种钢工艺优化与质量提升研究，烘烤硬化钢过剩碳合格率达100%，H180BH1和H220BH1过剩碳内控率分别提高39%和12%，过剩碳控制稳定性显著提升；优化合金成本，降低高铝钢精炼过程铝损，吨钢铝耗平均降低0.6千克，降低成本9.6元/吨，并且钢水洁净度得到提升。加强炼钢工艺技术攻关与支撑，开展超低碳钢种铸坯厚度方向夹杂物分布研究，在保证产品质量的同时减少损失并提高效率，有效指导超低碳铸坯修磨；坯壳厚度计算研究，采用 ProCast 软件进行高拉速下不同过热度条件时铸坯出结晶器坯壳厚度的计算，为提速试验提供技术支撑，降低试验漏钢风险，助力产线提产增效；试验一种新型大包保护浇注用密封垫，降低铝损、钛损等，提高钢水洁净度；研究高铝钢精炼渣系的组成及特点，通过理论计算研究指出优化方向，为实际生产造渣工艺操作提供指导，并根据试验结果固化工艺参数；顺利完成公司首次稀土处理炼钢试制，连铸过程中整体浇铸性可控，铸坯表面无裂纹和凹陷等缺陷；开发自由氧化钙检测分析技术，成功应用于转炉渣研究中；在新区热轧部推广低温出钢技术，转炉终点温度降低 10℃，全流程平均温降从之前的 130℃ 下降至 117℃；完成公司新区耐候钢、大梁钢、双相钢、车轮钢、管线钢等 23 个钢种的工艺文件制定，以及 DP580、510L、700L、X80、Q355GNH、H40 等钢种的热试，为提高产品质量与工艺技术提升提供强有力支撑。

【过程控制技术研究】 2020 年，河钢唐钢立足于集团现有产线，进行钢铁主流程模型化、信息化和自动化研究，为产品质量提升，改善产品质量稳定性提供智力支持，满足后续工艺、设备、基础自动化以及智能化要求。这一年 5 月，成立过程控制研究所，围绕集团热轧、冷轧生产主流程开展工作，其中高强汽车板平整机支持辊辊形优化与改进研究项目，采用具有“自适应”特性的 VCR 辊形模型，对原始支持辊辊形进行曲线优化，在轧制不同宽度和规格带钢时，该曲线可根据轧制力“自动”改变辊间接触长度，进而改善辊间接触压力分布，有效缓解轧辊间的不均匀磨损和局部辊面剥落；热轧带钢温度场建模及残余应力预测研究项目，针对不锈钢 1580 产线热轧大梁钢生产出现残余应力偏大，影响客户使用情况，结合 700L 产品开发，采用先进的热成像设备，采集不同规格不同品种约 200 组精轧出口、卷取入口和机架间温度场数据，完成典型规格 700L 的温度场建模，采集到 700L 的相变特性数据，结合精轧温度场模型，完成层流冷却过程带钢残余应力预测，在此基础上，实现用户纵剪后带材残余应力释放和变形的精准预测；公司新区 2050 产线辊形曲线优化研究项目，针对 2050 毫米产线板形控制能力不够，尤其是加快轧制节奏后，窜辊能力不足的问题，进行轧辊 CVC 辊形曲线优化，调整控制范围，对新辊形进行离线校核计算，并成功上线测试，基本消除换辊之后负凸度断面的情况，保证二级设定在加快轧制节奏的情况下仍然具有充足的板形调节能力，为后续钢种试制奠定坚实基础；轧机数字模型开发项目，基于不锈钢热轧 1580 毫米产线和新区 2050 毫米产线的 CVC 工作辊辊形和反 CVC 支持辊辊形，完成两个产线轧机的数字化建模，轧钢数字化分析和板形控制智能决策，采用轧机数字化模型，实施对应板形控制的 198 种工况的计算机分析，对板形控制能力和控制区域进行系统深入研究，对不锈钢 700L 产品的板形设定进行优化，改善精轧出口板形质量；新区热轧产线温度场检测，针对热轧过程的工艺特点，采用 FLIR 热像仪进行新区热轧工艺过程的关键设备和板坯等进行温度场检测、跟踪和分析，满足生产要求。

【完善铁前工艺技术】 2020 年，河钢唐钢全面开展铁前对标，积极推进铁前标准化作业，加大工艺抽查力度，制定、审核相关技术方案，为炼铁各区域高炉稳定顺行和技术指标提高创造有利条件。这一年，制定、修订铁前原燃料技术条件，跟踪原燃料质量变化，控制合理入炉锌负荷和碱负荷；对停产的本部 3 座高炉、新投产的新区 1～2 号高炉、大修的不锈钢公司 2 号高炉和中厚板公司 1 号高炉的停开炉方案进行审核，确保高炉安全停炉和顺利开炉达产；参与中厚板公司1号高炉铁口频繁卡焦、3号高炉炉墙黏结等特殊炉况处置；牵头组织高炉提产攻关，制定各区域高炉提产措施；牵头公司铁前对标，收集烧结、高炉行业对标数据，进一步优化高炉技术指标；组织参与焦化降本攻关、3次赴山西考察煤源、对炉缸侵蚀严重的高炉进行跟踪等，做好配煤优化、高炉长寿管理工作；参与烧结、高炉环保限产应对，跟踪物料库存和落地烧结矿筛分管理，积极推介高顶压、低炉温、高富氧等高效冶炼技术。

【铁前技术进步】 2020年，河钢唐钢坚持引进推广炼铁新工艺、新技术，不断提升公司铁前工艺技术装备水平。这一年，积极参与行业技术会议，借助冶金交流中心、金属协会等技术交流平台，开阔视野，更新理念，掌握炼铁前沿技术信息；高顶压及低硅冶炼技术在中厚板公司、不锈钢公司的应用，取得预期增产降耗效果；引入自动喷煤技术，对中厚板公司3号高炉进行自动喷煤设备改造，提高煤粉喷吹均匀性和稳定性，促进高炉稳定顺行和技术指标提升；完成高炉热风炉无扰动换炉技术可行性研究论证，对高炉喷重油技术进行可行性研究；11月23日，公司新区引入的2×480万吨带式焙烧机产线投产，牵头组织带式焙烧机生产熔剂性球团技术攻关，并为高炉进行高比例球团冶炼提供技术支持；跟踪前沿炼铁技术，重点了解晋南钢铁2000立方米级高炉规模化喷吹氢气项目和山东墨龙公司ML-Hismelt熔融还原炼铁项目运行情况。

【系统优化】 2020年，河钢唐钢以持续提升产品质量、优化经济技术指标、推动技术进步为目标，推进系统优化创效攻关，取得良好成效。全年，系统优化攻关创效1.56亿元。这一年，由总工程师办公室牵头，生产制造部为专业管理部门，炼铁事业部、卷板事业部、型线事业部、汽车板事业部等7个部门作为公司系统优化创效的主体单位，承担公司系统优化创效的主要任务。年初下达全年系统优化创效计划，将系统优化创效额按年度、月份向各承担单位进行分解；以效益为中心，以工序服从为原则，从源头重新梳理系统优化项目；以技术创新为手段，突出重点创效项目，强化全工序全系统优化创效；以铁前降低高炉燃料比、提高高炉煤比和钢后提高质量合格率、降低带出品率，促进品种上量为重点，强力攻关，重点突破；优化管理流程，完善管理制度，强化过程控制，发挥服务协同和技术支持作用，进一步提高工作效率，确保系统优化攻关发挥创效作用。

【品种结构调整】 2020年，河钢唐钢产品结构调整继续以汽车钢、家电板、镀锡板、镀锌铝镁、镀铝硅、药芯焊丝、钢板桩、高建钢、桥梁钢等产品为主线，在提高品种比例的前提下，根据市场效益测算，提升高利润品种比例，逐步淘汰利润较差品种，充分发挥产线优势，提高高端产品、特色战略产品比例。全年，公司品种比例81.3%，同比提高4.9%；高端产品比例69%，同比提高5%；特色战略产品比例8.2%，同比提高3.5%；双高产品当年7月开始实施，双高产品比例持续提升，12月达到36.91%，创全年最好水平。

【大气治理项目】 2020年，河钢唐钢依托“钢铁行业多工序多污染物协同控制技术”国家重点研发项目，积极开展技术研究及示范线建设工作。年内，在课题“青龙炉料公司臭氧脱硝项目”研究中，采用球团烟气臭氧梯级氧化脱硝技术，配套使用SNCR脱硝工艺，降低进入臭氧氧化脱硝烟气氮氧化物浓度，投产运行后二氧化硫、氮氧化物排放浓度均达到20毫克/立方米以下，脱硫脱硝成本14元/吨左右；示范工程“美锦焦化3、4号焦炉烟气脱硫脱硝项目”，主体设备安装完毕，3号焦炉具备装煤条件，脱硫脱硝系统具备安装活性炭的条件；课题

“烧结氧化脱硝项目”于当年10月进入调试阶段，目标氮氧化物排放浓度小于50毫克/标准立方米；课题“基于高炉炉料结构优化的硫硝减排技术及示范项目”，在青龙炉料链箅机—回转窑球团产线上成功实现镁质熔剂球团工业化生产，在不锈钢公司1号高炉成功进行高比例球团矿冶炼工业试验，球团比例长期保持在60%以上，最高达80%；“基于高炉炉料结构优化的源头和过程硫硝削减技术及应用”项目，经中国环境学会鉴定，达到国际先进水平，在中高硅镁质熔剂性球团制备、高比例球团高炉冶炼技术及污染物减排方面达到国际领先水平。

HBIS GROUP 河钢唐钢 HBIS TANGSTEEL

市场营销

体系建设

【营销体系建设】 2020年，河钢唐钢持续推进营销平台建设和营销管理体系变革，系统优化业务流程和管理办法，实现公司各单元全品种营销业务上线运行。这一年，突出对市场营销、客户开发、加工中心生产经营的全过程管理和指导评价，修订完善公司级程序文件4个，作业文件17个，修订完善营销系统管理办法13个，其中新增9个；实施营销系统制度执行情况及运行过程检查和督导，全面提升营销工作的规范性和执行力；推进新区质量管理体系建设，对新区业务和运行进行交流辅导，明确管理接口和管理界面；对公司和新区的管理过程进行拆解和对照，对管理过程运行证据进行审查，组织新区修订13个管理流程和文件；响应股份公司建设营销一体化服务平台要求和部署，成立公司营销服务平台建设领导小组和各模块建设应用小组，组织公司各产线骨干业务人员作为关键用户到石家庄直接参加平台建设，11月30日全产品业务上线，公司工作走在集团前列。

【推行营销系统项目制】 2020年，河钢唐钢以营销项目制为载体，完善公司营销指标库和营销指标评价办法，提升产品创效能力。这一年，将公司新区、中厚板公司、不锈钢公司、冷轧薄板厂、高强汽车板公司五个钢铁板块全部纳入营销项目制管理和营销指标评价体系管理，按照品种结构调整、区域市场投放比例、提升锁单和结算价格等对各营销单元进行过程跟踪月度评价，落实大客户经理、质量代表的岗位责任，提高研判市场、把握市场的精准度；通过实施项目制，促进营销系统各单元的工作协同，激发营销人员的积极性，达到项目预期。全年，公司高创效目标产品销量54.29万吨，其中锌铝镁销量为上年同期的2.19倍，汽车面板销量为上年同期的3.99倍，镀铝硅销量达到上年同期的1.02倍；大客户经理团队项目实现销量167万吨，计划兑现率98%。

【产品价格体系管控】 2020年，河钢唐钢强化产品价格体系管控，拓展行业信息采集渠道，提高预判市场走势的准确率，提升公司产品综合售价水平。这一年，结合公司产线、资源、市场占有率等实际情况，组织各业务单位召开每日价格研判会议，科学研判市场，每日提出指导价、锁单基价、汽车钢等价格政策的定价依据，为价委会定价提供支持；推进技术协议加价，将客户的特定要求转化为实际效益；通过价格政策差异，优化客户结构和品种结构，引导用户多订购高售价、高创效、高品牌类产品；针对华东价格远高于周边的市场行情，引导锁单资源向高价区域投放，优化区域投放结构，提升整体售价。

【客户服务体系建设】 2020年，河钢唐钢推进客户服务体系建设，为客户提供定制化贴心服务，及时解决顾客痛点和痒点，提升公司高端客户占有率。这一年，按照工序模拟法人制总体安排，制定公司炼铁—炼钢工序、热轧—冷轧工序产品质量损失索赔管理规范，对上道工序给下道工序因供料质量造成的质量损失进行核定和赔付，9月开始正式运行；结合大客户经理团队项目制实施，对服务团队的各项活动进行引导和评价；组织对吉利、长城、上汽、北汽、华晨宝马等汽车主机厂客户及海尔、美的、格力、奥克斯、三星、LG等家电主机厂客户走访服务，为客户解决实际困难和使用过程中的问题，通过服务增值，稳定与终端客户的合作关系。

市场开拓

【客户端优化和产品结构调整】 2020年，

河钢唐钢充分发挥产销研用协同作用，围绕高端产品和高端客户加大开发力度，优化品种结构、区域投放、结算方式、接单节奏、库存管理等工作，加强过程控制，为两个结构优化提供有力支持。全年，新增开发AB级客户16家，销量8.3万吨，比目标高4.3万吨；重点产品销量781.56万吨，同比提高37.48万吨；汽车用钢销量240.86万吨，其中冷轧（含镀锌）汽车用钢销量155.93万吨，同比提升24.30%；家电用钢销量122.50万吨；特色战略产品销量82.60万吨，同比提高24.25万吨。

【客户满意度提升】 2020年，河钢唐钢不断优化顾客反馈问题处理流程，建立扁平化快速反应机制，提高顾客满意度。全年，共接到客户投诉134起，同比减少24%，确认形成质量异议14起，同比减少29%；处理时长平均13天，同比减少近2天，质量异议处理及时率达到100%；客户满意度达96.32%，同比提升1.77%。这一年，建立事业部、专业管理部门、公司三级服务保障体系，加快反馈问题的内部传递和处理速度，协调联动为客户解决实际困难；对于顾客提出的异议设专人统一管理，收到顾客异议后第一时间进行现场调查和分析，在最短的时间内进行处理，并制定改进措施，杜绝顾客异议的重复发生；持续跟踪大客户交付、质量和服务绩效，以解决客户关注点入手，对发现的问题及时与责任部门沟通协调，倒逼服务体系完善，持续进行改进和提升。

【推进与主机厂合作】 2020年，河钢唐钢推进客户和产品结构优化升级，主机厂汽车板认证取得新突破，实现批量供货。这一年，推进德国宝马X1前门外板零件认证，通过宝马CR180BH外板材料认证，向宝马汽车供货3707吨，同比增长518%，创效222万元；推进吉利汽车4个外板零件供货上量，达到3715吨；实现2吉帕高端特色产品批量供货，向长城汽车销售2吉帕镀铝硅热成形钢833吨；主机厂供货拓宽度取得成效，与吉利在头门港基地、北仑基地进行商务技术交流，达成帝豪系两个车型27个零件的试模协议；推进上汽乘用车AP31车型地板自制件全流程认证，实现上汽上海、郑州多基地供货，销售2143.6吨；启动长城、广汽等多家主机厂锌铝镁材料认证，向客户提交认证数据包，有序开展外委试验；推进热轧酸洗汽车板战略客户认证及订单上量，实现长城汽车酸洗汽车板供货3.8万吨，覆盖长城全部车型；通过世界著名汽车底盘供应商——本特勒公司S355MC、S420MC、S500MC、FB590等4个牌号材料认证，批量订货4411吨。

【剪切加工中心建设】 2020年，河钢唐钢积极推进剪切加工中心项目建设，台州向海剪切加工中心项目厂房施工进入后期建设阶段，三条产线设备于12月开始安装。人力资源管理模式获得集团审批通过，确立了人员定岗定编方案及招聘人员薪酬方案，并依照方案进行人员招聘和岗位培训，为项目顺利投产运营打下基础。

【加工中心运营管理】 2020年，河钢唐钢对加工中心实施统一运营管理，促进加工中心整体功能发挥，各加工中心业务不断向好发展，经营业绩全面提升。这一年，协同加工中心和各事业部深挖市场，加大终端客户开发力度，专人跟踪客户开发，并定期对每个潜在用户进行分析；围绕提升剪切线的开工率、客户开发能力、库存管理、成本支出等进行全面梳理，明确经营目标和措施；天津华冶大力开拓仓储租赁业务，将车间内闲置场地租赁，仓储收入470万元，净利润同比提高1500万元；保定板材净利润同比增长309万元，加工收入同比增长41.07万元；长春五矿新港加工量13.85万吨，同比增长1.5万吨，利润890.65万元，公司实现当年入股经营即盈利，该厂实现成立以来的首度盈利。

【商贸运营管理】 2020年，河钢唐钢商贸各网点优化订货及价格模式，紧密观测网价波动，把握时机灵活出货，扩大区域市场销量。全年，销售钢材50.48万吨，其中品种钢销量7.57万吨。这一年，华东、华南区域取消订购热轧、酸洗等长期亏损产品，各区域严格限制牌价资源订货，提高终端客户一对一锁单比例；严格库存管控，降低库存占用，超过半年以上的库存由上年的7349吨降至2334吨；加大重点品种及重点客户的开发力度，配合事业部维护锌铝镁和镀铝硅产品客户，销售锌铝镁7795吨、镀铝硅6206吨；新开发品种钢客户25户，产品直供深圳地铁、佛山地铁、广州地铁等国家重点工程及广州万达房地产项目。

河钢唐钢 HBIS TANGSTEEL

生产经营与专业管理

生产制造与质量管理

【生产经营】 2020年，河钢唐钢积极应对疫情和市场给生产经营带来的不利影响，围绕全面提升产品质量档次、全面调整产品结构、全面提升核心竞争力目标，全方位践行高效生产和经济运行理念，加大力度抓好生产经营，强化生产组织，产线效率、质量控制、事故管控等取得明显进步，生产保持高效率，生产经营实现质的提升。全年，产铁1403万吨，产钢1420万吨，产钢材1280万吨。这一年，抢抓市场机遇，深挖产线效率，本部炼铁关停前保持“零波动、零事故”良好状态，实现稳产高产，单炉产量同比提高7%；不锈钢公司高炉日产能力稳定提高至8200吨以上，最高日产铁8240吨，创日产历史最好水平，最高日产钢1.06万吨、材1.25万吨，其中10月产铁25万吨、钢28.1万吨，创月产历史纪录；中厚板公司生铁日产稳定在1.65万吨以上，最高日产铁1.70万吨，最高月产达49.6万吨，炼钢最高日产和最高月产分别达1.85万吨、53.1万吨，12月产材36.6万吨，创月产历史纪录；全年，受疫情、本部整体退城搬迁影响铁产量约359万吨。坚持低库存运行，避免经营风险，公司库存资金占用47亿元，较上年月均降低7亿元，降幅13%，库存周转同比降低2天，实现50元/吨目标。加强事故闭环管理、夯实产线基本运行秩序，保障全局生产稳定和高效运行。

【提升订单兑现能力】 2020年，河钢唐钢坚持“生产为用户，产就高效率”理念，引导生产系统以服务用户为核心，加强合同计划刚性执行管理，抓订单、保交期，加快市场响应速度，重点提升战略客户和高端产品用户合同兑现率和订单兑现能力。全年，综合合同兑现率达98.8%。这一年，通过项目制实施，大幅缩短热轧、冷轧工序全流程制造周期，将制造周期分为组炉时间和生产时间，实施优先生产战略客户和重点客户产品，从合同量不足情况、销售接单评审、品种钢集中生产三个方面优化管控“经济性集批生产”等方案，缩短热轧卷板和平整板制造周期，本部热轧产品制造周期缩短至12.3天，达到历史最好水平；根据冷轧产品全流程制造周期四个改善点，制定降低组炉时间计划及合理的降库方案，缩短制造周期，冷轧薄板厂冷轧产品制造周期降至17.18天，高强汽车板镀锌产品制造周期降至20.3天，连退产品制造周期降至18.4天。

【生产调度管理】 2020年，河钢唐钢着力提高生产组织效率，加强生产调度管理，强化生产管控，减少事故率，保证生产稳定顺行，助推产线高效生产。年内，公司26条产线，1196次达到高效生产，其中15条产线日产量56次创历史最好水平。这一年，按照市政府环保要求，公司本部分阶段陆续停产，8月16日北区3号高炉、一钢轧厂停产，8月31日南区4号高炉、二钢轧厂停产，其间，组织主体生产厂、动力、气体等相关单位召开停产会议，反复论证并认真落实停产方案，实现本部安全平稳有序关停；确保疫情期间稳定生产秩序，密切产销衔接，采用多种现代化、信息化手段，改善生产调度视频会议系统，使生产调度视频会稳定运行，确保公司生产经营决策及时、有效传达到各生产单元，满足疫情防控生产需要；坚持以销定产，根据库存及合同情况，合理控制生产节奏，提前谋划各区域生产和检修事项，灵活调节产线启停；在生产不饱满时段，充分利用躲峰时间，组织做好设备维护，保持设备随时处于可开动状态；以事故管理为切入点，进一步加强事故管控，加大日常基础管理和岗位执规检查力度，当年发生各类生产事故35起，在新区投产初期事故率影响下，较上一年度仍有所减少。

【智能制造建设】 2020年，河钢唐钢以项目制管理为抓手，开展智能制造关键技术和技术难点攻关，加快信息化技术与生产融合，加速智能产线建设，推动形成覆盖钢铁全流程、符合智能制造标准的信息自动化体系。这一年，推进高强汽车板公司2号重卷线信息化建设，组织高强汽车板公司、生产制造部和伊斯拉公司现场调研7次，确定重点问题9项，贯通缺陷信息、生产信息、质量信息的集成，并完成与其他各生产线的信息交互，保证业务流与信息流统一，确保2号重卷线顺利投产；打通唐钢新区供热轧平整、冷轧薄板厂和高强汽车板公司信息化流程，确保产品特性、理化性能和生产工艺信息的有效传递，保证各产线生产、判定、发货稳定顺畅，质量证明书及时交付。

【流程化方法利用】 2020年，河钢唐钢基于质量管理体系所处阶段现状，结合经营管理重点要求，利用流程化方法，保障制造主流程提升和改善。这一年，从公司层面分析与用户合同主流程相关的业务过程，确定重点改进过程，即生产制造、原材料管理，并拆解子过程，包括生产调度、生产计划、工艺基础管理、工装管理、标准管理、工艺标准化管理、产品质量管理、标识包装仓储运输管理、分析改进管理、信息化支撑运行管理等；结合项目制要求，以PDCA循环推进提升，形成项目清单，每月一个PDCA循环推进，解决的措施固化，未解决的进入下一循环，持续推动工艺质量基础管理水平提升；运用"乌龟图"进行过程分析，识别流程中存在的问题，形成问题清单，聚焦问题和指标改善，协同各事业部确定50项可提升项目，全部达到预期目标；开发建立公司级—厂级—作业区级生产运营、技术质量KPI绩效指标体系，公司全面管控的287个指标分解为1251个，其中公司级指标267个、厂级指标377个、作业区指标607个，将指标绑定"责任"，构建指标分解管控责任网络图，明确各自承担的指标任务，指标合格率由94.45%提升至97.21%，支撑公司生产运营、技术质量KPI绩效的实现。

【质量体系建设】 2020年，河钢唐钢加强质量保障能力建设，研究创新质量体系推进方法，保障质量管理体系有效运行、持续改进。这一年，进一步完善质量管理体系文件管理，结合文件实际运行中发现的问题和二方认证所提出的问题，对质量手册和质量管理体系程序文件进行评审、修改，共修订程序文件19个，梳理修订作业文件122个；坚持每月对各单位进行项目制评审，并协同作业长制飞检，标准化作业周检查，检查文件控制情况，保证成文信息的有效控制；确保退城搬迁过程中质量体系运行的持续有效落实，构建覆盖唐钢新区的河钢唐钢质量管理体系平台，策划详细质量管理体系推进工作计划，对质量管理体系业务过程进行梳理，明确流程中公司业务归口管理与唐钢新区过程接口以及过程接口的职责分工，并组织修订相应的体系文件，确保唐钢新区质量管理体系顺利通过IATF16949质量体系认证。通过质量管理体系的创新推进，确保质量管理体系的有效性、过程的有效性和效率及产品的符合性，直接支撑华晨雷诺汽车潜在供应商二方审核和华晨宝马汽车主机厂二方年度监督评审顺利通过，以及BSI权威认证机构对公司本部IATF16949质量管理体系复评认证的顺利通过，进一步提升了公司在业内知名度，为公司汽车板生产和高端用户市场开拓打下良好基础。

【标准化履职管理平台创建】 2020年，河钢唐钢持续推动标准化工作各级管理者履职尽责，以标准化作业和事故故障管理落实为切入点，开发创建标准化履职管理平台，实现各专业管理履职尽责"全覆盖"评价。年内，充分利用系统平台功能持续提高标准化作业管理效率，进一步简化流程操作，借助微信小程序，开发标准化检查共享表单，实现各级管理者检查信息实时共享和实时分析，应用导出数据，形成履职分析图表，建立标准化作业及管理机构，梳理、完善作业标准及管理文件，制定《工艺质量标准化作业管理办法》，确保标准化管理活动规范运行，建立标准化履职信息数据库和标准化作业检查表，明确各层级履职的管理项目、管理要素、管理中项目、具体管理要求等文件。标准化作业管理履职系统的试运行，创新建立问题属性、问题数、自主管理能力、问题区域等多维度评价模型，实现各使用用户通过电脑端和手机端进行标准化履职信息检查的录入、检查信息查询，以及各单位检查数目能够按照所选时间段自动生成图表，触发后续的分析和改进，达到高效、精准管理，提升标准化作业符合率和降低事故发生率，挖掘应用信息化手段提升流程管理并支撑快反运行。

【产品审核与专项审核】 2020 年，河钢唐钢充分与用户要求对接，根据客户的要求和期望，实施审核工作，评价产品质量。这一年，站在客户的立场，以用户视角，坚持每月对汽车钢所有牌号的产品审核，寻求改善和提高产品适用性途径和措施，年内实施产品审核 49 次，确保公司产品满足用户使用要求；聚焦生产经营绩效改善，针对问题设计和开展，策划和实施专项审核，“靶向”解决具体业务流程问题，其中实施的“针对中厚板铁运作业区 3276 机车 3 号高炉挂车溜车事故”的专项审核，共发现问题 16 项，实施的“二钢氧枪绳断事故”专项审核，发现问题 15 项，均对审核发现的问题进行了纠正。通过审核，深挖各项问题背后的管理问题，促进各级管理者的“履职尽责”落实，提高质量体系运行水平。

【质量管理】 2020 年，河钢唐钢质量管理工作以满足客户需求为目标，以过程为管理焦点，持续贯彻“严谨、受控、无缺陷出厂”质量方针，落实质量管理体系要求，产品实物质量与管理水平不断提升。全年，废次降率 0.81%，同比降低 0.53%；产品一次检验合格达 97.86%，同比提升 0.55%；产线关键过程符合率 96.69%，同比提升 1.57%；质量异议同比降低 42.86%，质量异议整改 100%按时关闭。这一年，聚焦指标提升、重点产品质量改善，引入“快速反应”方法，融入质量管理，开发质量管理快反机制，形成一套质量快速响应流程，在公司内试运行；将快速反应与可视化管理相结合，在工艺质量“快反”工作中导入看板管理，开发《工艺质量问题看板》和《工艺质量问题“解决过程”跟踪看板》，对典型质量问题、质量投诉和质量事故 3 个维度进行跟踪管理，通过视觉效果提升质量意识；建立工艺质量快反评价准则，纳入《工艺质量管理及分析改进评价基准和评价办法》进行绩效评价，切实提高工艺质量管理水平；细化产品类别快反运行流程，建立新产品快反流程方法，起草并完成《新产品工艺质量问题快速反应管理办法》，实现工艺质量管控有效预警。

【标准化作业】 2020 年，河钢唐钢持续推进制造过程标准化作业，进一步规范标准化作业管理，提升标准化作业水平。全年，跟踪检查公司级标准化作业 1032 项，其中整改项 32 项，一般问题 1 项，全部整改关闭。这一年，进一步加强现场质量管控，借助信息化手段推动从检查到整改、统计分析、辅导的流程方法，减少信息录入、整理、分析时间，即时让每个作业者实时获知自身问题、每个区域负责人实时获取各级别检查出的本区域问题、每个管理者实时获取各区域问题及检查者的检查执行情况，植入“一键导出、快速分析和分享”理念，实现管理者实时掌握标准化作业基础管理落实情况及提高各专业管理实施效果，深入、精准挖掘问题，支撑各管理层级针对性地开展管理决策；以三级标准化检查和三级指标管理为主要抓手，开展工艺质量标准化检查，重点对冷轧薄板厂、高强汽车板公司、中厚板公司等实施公司级工艺质量标准化检查，包括厂级标准化作业管理运行、产线关键工艺参数控制和规程执行，事故、异议和废次降典型质量问题整改措施执行情况、以往检查发现问题的整改措施跟踪等检查项目，聚焦产线问题，提高检查有效性，促进三级标准化作业的贯通，提升整体标准化作业运行水平。

【重点工艺技术攻关】 2020年，河钢唐钢围绕市场和产品主题，针对重点工艺技术持续攻关，组织开展汽车板降低总带出品攻关，汽车产品合格率攻关及汽车外板全流程质量提升工作取得成效。全年，汽车板总带出品由上年的5.95%降至5.05%，实现年初制定的5.54%目标，其中不锈钢区域由上年的5.09%降至4.78%，高强汽车板区域由7.4%降至5.51%；汽车板合格率94.3%，完成年初93%以上的目标值；宝马汽车钢、吉利外板合格率分别由40%左右提升至88%和73%。这一年，系统组织开展汽车板降低带出品攻关和汽车产品合格率攻关工作，坚持以客户需求为中心，聚焦销售订单、产品研发设计、计划排产、生产过渡料、生产过程控制、产品质量问题、物流运输、客户使用信息反馈等，多部门联合攻关，组织工艺、机械、电气、自动化、退火各专业采取项目制方式解决重点问题，确保带出品率大幅下降；汽车产品合格率攻关，生产中克服客户FC订单、外板订单、宝马订单增长等客观不利因素，通过一贯制质量管理全流程推进，对客户可接受缺陷摸底等实际工作，切实提高汽车板整体合格率和兑现率；开展汽车外板全流程质量提升工作，持续与国内顶级企业对标外板生产关键技术，组织不锈钢公司和高强汽车板公司建立设备功能精度、关键工艺参数、产前确认制度、计划排产等汽车外板生产核心技术，同时以宝马汽车板为基础组织研发提升表面关键技术，对吉利外板及宝马订单进行全流程跟踪生产，年内成功供吉利汽车外板3688吨，宝马汽车钢3707吨，产品质量完全满足用户要求，合格率大幅上升，实现公司高端汽车板上量创效。

【提升下线产品质检判定及时性和准确性】 2020年，河钢唐钢不断完善质检业务流程及系统功能，持续提升下线产品质检判定的及时性和准确性，一检及时率实现100%，质检标准化率达99.5%以上。年内，坚持逐月梳理质检判定过程中存在的问题，针对问题项纳入月度KPI考核，同时将问题项传达至作业区，避免类似问题重复出现；加强一检待判品及改判品处置管理，确保一检待判品评审及处置的及时性，全年处理待判品5.8万吨，改判品4.4万吨，余材匹配5.0万吨，最大限度降低未终判品库存占用，确保产品交付及下一步计划排产。

【工艺消耗件费用管控】 2020年，河钢唐钢持续加大工艺消耗件费用管控力度，全年工艺消耗件费用9078.46万元，吨钢7.72元，完成8.83元/吨计划指标，同比降低1.32元/吨。年内，结合当年生产经营计划及财务下达的归口费用总指标，分解和测算钢后工艺消耗件费用指标，明确月度费用指标，对各单位提报的工艺消耗件费用领用计划进行审核，严格控制费用指标；每月对钢后工艺消耗件费用进行统计、核实，对各单位完成情况进行分析，并提报相关部门，为工艺消耗件费用降低提供支持。

【动力介质管理】 2020年，河钢唐钢加强能源动力介质平衡管理，建立健全管控措施，确保生产稳定顺行。年内，坚持每天对高炉煤气放散率、热电发电汽耗、TRT吨铁发电、烧结余热吨矿发电、转炉吨钢回收量、转气炼钢区域自用量、转气烤铁包用量等运行情况进行重点跟踪，对未达标情况组织相关单位专题会分析原因，制定相应改善措施；通过能源管理系统实时跟踪焦炉煤气波动情况，合理压减产线煤气使用量，确保煤气平衡；开展公司水质日常管理工作，紧盯水质指标波动情况，及时组织各单位进行处理，年内未发生因水质影响生产事件；坚持解决转炉除尘水悬浮物指标超标、除尘水硬度超标等生产工艺问题，定期抽检跟踪转炉除尘水污泥含锌量、除尘水深水池清理、协调新事业污泥拉运等具体工作，对1700轧机层流水质进行调整，层流冷却水氯离子指标提高至不大于350毫克/升，保证公司各工序用水指标的稳定性。

【原材料管控】 2020年，河钢唐钢持续完善原材料全面质量管控模式，实现原辅材料全过程质量可控，原材料质量管理体系运行的符合性和有效性得到提升。全年，合金类质量检验合格率96.88%，石灰一检合格率96.01%，铁水内控率本部为80.22%、不锈钢公司为88.41%、中厚板公司为71.49%，进厂原材料一检合格率96.88%，原辅料采购计划兑现率97.34%，耐材采购兑现率97.68%。这一年，加强完善原材料技术条件、内控标准管理，修订技术条件13个，进一步提升质量体系落地水平；以《原材料管理程序》为主体，加强原材料试验评审及协议管理，对各生产使用单位提出的申请项目理由、试验总结、试验数量、试验周期等内容进行全面审核，年内实施88项原材料试验评审项目，与财务、供应商、申请单位及采购部门沟通，完成相关技术协议的签订和下发；不断完善审核流程和制度，对19家原材料供应商进行第二方审核，并实现对审核问题项的整改反馈，提升原材料质量保障能力建设；推进原材料OA审批流程工作，实现各生产使用单位原材料相关申请材料提报在OA系统流程进行正常审批；加强原材料实物抽查及质量检验，当年合金抽检24次、白灰抽检16次，保证产品检验的及时性和准确性，提高实物质量的稳定性。

【库存管控】 2020年，河钢唐钢结合环保限产生产实际，按照“高位控制大宗原料库存”管控思路，采取库存指标动态管控、关联性物料合并指标管控等方法动态管控公司库存，提高铁前大宗原料库存周转，降低原材料库占资金。这一年，合理调控采购节奏，采取月进月销计划模式，有效控制厂内库存，随时掌握库存状态，根据厂内库存调控进料量及进料节奏，制定并落实原料库存区域间协调机制，灵活调剂各区域原料余缺，及时调整原料配比和铁耗目标，全力确保低库存高效运行，防范原料跌价损失，年内公司烧结矿各区域周转与采购约60.5万吨，其中非唐钢资源34.7万吨，公司各区域内部调剂25.8万吨；对进口铁精粉，放慢采购节奏，每月到港量基本提前锁定，及时外销富裕资源，降低现有库存；组织对钢轧系统原辅材料库存统计核实，通过与同行业对标，结合各单位实际，按照产量计划和吨钢合金辅料消耗量制定各单位7天库占目标，最终形成公司7天库占目标1.63亿元，库占资金持续降低，其中8月6日公司库占资金1.04亿元，较7天库占目标降低5836万元，为公司降库增效提供有力保障。

【积压物料处置】 2020年，河钢唐钢在退城搬迁中，注重积压物料处置，组织开展清库工作，盘活公司原材料流动链，铁前大宗原料清理约1.1亿元，钢后合金、耐材等清理约1000万元。年内，受退城搬迁影响，公司物流库和一钢轧厂、二钢轧厂有部分积压物料无法使用消化，影响公司原材料物流链和资金链流动。为此，成立积压物料处置项目组，以对积压物料在退城前处置完成，释放被影响的部分资金为目标开展工作。3月13日始，对物流库进行梳理，核实线上线下物料明细，共梳理出积压合金44种、积压油品17种和积压耐火材料30种，一钢轧厂和二钢轧厂梳理出积压钛铁 36.3 吨、高碳铬铁 257.86 吨、中碳铬铁 101.68 吨；对梳理发现的问题，制定详细方案，对成分不清楚的合金、辅料及耐材组织取样进行成分分析，摸清油品性能试用后进行推广使用，确定可以使用的单位和使用量，确保积压物料得到最合理的处置，为退城搬迁做好准备，减少物料浪费。

【标准管理】 2020 年，河钢唐钢坚持实施“三级标准”管理，主持参与国家标准与行业标准的制修订，企业影响力不断提升。年内，以第一起草单位，主持制定行业标准 YB/T 4844—2020《家电用连续热镀锌钢板和钢带》；作为参与单位，制修订《铁塔用热轧耐候角钢》等国家标准、行业标准 5 项；制修订产品企业标准 6 个。这一年，注重标准的解读，建立《国内外汽车主机厂、家电厂采购标准解读及实施》管理清单，解读汽车主机厂标准 12 个，其中宝马主机厂标准 7 个、大众主机厂标准 1 个、通用主机厂标准 4 个；建立《用户个性化需求解读及实施》管理清单，收到用户个性化需求 86 个；不断优化内控标准构架体系，将解读到用户的个性化需求分类、提炼，设计内控标准的体系框架，包括产品质量分级和判定、规定产品基本特性的内控、镀层产品的镀层重量规定、根据用户特殊需求设计系列化质保书模板、产品包装要求规定、保证所有产品特性满足用户要求的控制计划，依据优化的内控标准构架体系，完成所有内控标准及其引用标准的格式和内容的完善、优化；积极推进唐钢新区“三级标准”管理体系框架的搭建，根据唐钢新区产品定位及产品设计大纲构建全流程全方位标准框架，对标准体系覆盖的范围、分类、制定、发放管理、编号规则等作出明确规定，当年制订并发布铁前系统用原辅料技术条件 18 个，炼钢系统用原辅料技术条件 63 个，动力介质标准 11 个，内部试验方法标准 4 个，内控标准 36 个，热轧产品企业标准 20 个，转发化验、物理标准 213 个，有力保证新区产品研发调试生产。

【新区工艺文件制定】 2020 年，河钢唐钢开展新区工艺文件制定工作。年内，基于本部长材产品的成分与工艺控制经验，结合新线工艺设备水平及其对产品性能影响，并综合行业对标中了解到的其他企业成分和工艺控制生产实绩，经过理论计算，确定特钢初期计划生产钢种的冶炼、成分、供轧及判定相关要求，制定相关工艺技术文件，主要包括长材产品工艺规程、轧钢控制计划、内控规定等工艺文件，制定长材工艺规程，确定工艺流程、各钢种的关键工艺控制范围，以及主要判定基准；长材转产产品轧钢控制计划，包括热轧带肋钢筋、焊接用钢，确定具体牌号产品的过程工艺控制要求与质量特性检验要求；参与制定长材转产产品内控规定，确定具体钢种的冶炼、成分、供轧要求及判定及复验相关要求；对部分管理文件进行完善，修订《产品批次编码规范》，在原有编码规则基础上，增加长材钢、轧产品批次的编码规则；《工艺规程和技术规程管理制度》《常规产品控制计划管理办法》，均增加了相应长材部分内容。

【认证管理】 2020 年，河钢唐钢加强认证管理，全力推进工厂认证和产品认证工作。当年，高强汽车板公司绿色产品认证通过年度监督审核，组织公司各类产品禁用物质检测、食品级检测，检测结果满足相关标准要求；重点推进高端产品和高端客户的产品认证工作，在稳步推进国内汽车自主品牌和新能源车企认证的同时，积极开展合资品牌汽车主机厂认证，并努力开拓国际汽车品牌，年内通过华晨宝马、德国宝马集团、东南汽车、福特汽车、恒大新能源、华晨雷诺金杯汽车、理想汽车、通用汽车、长城汽车、比亚迪汽车、北奔重型汽车、奇瑞汽车、国能新能源、保定长安客车、一汽轿车等 15 家主机厂不同阶段认证，通过三星、美的、格力、海尔、松下等5家知名家电厂认证；组织产品认证193项，包括汽车主机厂128项，家电产品26项，汽车配套厂39项，涉及80多个牌号、110多个规格，组织认证样片1.5万余片，样卷400余吨，数据包112个；二方产品认证牌号覆盖整个普通软钢系列、低合金系列、双相钢系列，AlSi、ZnAlMg产品认证取得长足进步。

【通过CNAS现场复评审核认证】 2020年，河钢唐钢持续运作CNAS质量管理体系，坚持客观公正、及时准确、服务客户、持续改进质量方针，检化验综合能力不断提升。当年9月，公司理化检验中心顺利通过中国合格评定国家认可委员会（CNAS）监督评审。这一年，依据《检测和校准实验室能力认可准则》，秉承"行为公正，手段科学，工作高效，客户满意"的服务承诺，发出报告差错率为零，检测结果及时报出率和标准化率均大于99.6%，客户综合满意度评定98.0分，实现CNAS质量管理体系总体质量目标；不断提升管理和技术运作能力，对质量手册、程序文件、质量记录等管理体系文件进行审查修订4次，增补、修改文件记录33项；修改作业区作业指导书、原始记录模板89项；组织授权检测人员进行管理体系文件、记录、方法标准等专项培训39次；组织参加能力验证项目7项、9个参数，所有参数评定结果为"满意"；参加CNAS监督评审，评审范围包括理化检验中心所有作业区，评审内容覆盖认可准则（ISO 17025）全部要素，共计34个检测项目和66个参数。

财务经营管理

【全面预算管理】 2020年，河钢唐钢以资金预算为核心，持续推进全面预算管理体系建设。这一年，按照体系思维开展预算管理工作，根据市场等外部环境变化组织各单位、事业部编制年度和月度预算，通过月中指标控制分析、月初评价上月完成情况，持续跟踪改善程度和总结固化，实现全面预算体系有效运转；以滚动预算带动资金预算逐步深化，在严格执行月份资金预算指标的基础上，实现周预算管理，将资金预算管理进一步精细化、规范化，确保每周主要预算指标落实到位，公司生产经营资金得到合理安排；加强与成本预算对接，保证正常生产经营支出，按资金支付必要性划分刚性支付、准刚性支付、正常经营支出等项目，压缩非生产性支出，为公司生产经营提供有力资金支持。

【标准成本管控】 2020年，河钢唐钢细化标准成本管控，强化现金流管理，提高绩效管理作用。年内，积极推进经营单元现金流可视化平台建设，将生产单位划分到最小经营单元，明确责任主体，培育各单元市场化意识，努力实现资源优化配置；完善标准成本管理体系，结合市场变化、产线工艺技术提升，及时对原燃材料、劳动力价格、生产技术等成本要素进行修订，并根据标准成本与同行业、同年度产品实际成本、预算成本、近三年历史实际成本的对比分析数据对标准成本进行修正；从成本型思维向效益型思维转变，在钢铁主业将废钢等冷料价格与各区域最终增产产品相关联，建立测算模型，避免产线盲目增产，实现预期创效；改进绩效评价模式，建立新的绩效评价标准，以年度预算为基础，结合市场对公司经营进行全面分析研判，确定月度经营预算，更加贴近实际对各事业部利润完成情况进行评价，还原各产线经营的真实性，保证绩效评价的客观公正、规范统一、科学有效。

【基础管理】 2020年，河钢唐钢强化基础管理，全面提升财务管控能力。年内，转变管理思路，建立并完善进口矿采购业务核算流程，细化进口矿管理台账；规范单据流转，制定《共享平台任务池处理及单据管理办法》，提高凭证管理能力；规范银行对账管理，启用金蝶出纳系统功能，利用信息化系统进行对账，提高对账效率和质量，保证对账系统取数的及时性和准确性；梳理新区业务流程，推进新区财务共享，加强新区财务管理，年内基本解决信息化系统各工序数据上传不准确、计产规则不明确等问题；抓好公司财产清查工作，对各单位的应收预付、存货、固定资产、土地、投资分红、在建项目等所有资产进行确权，编制财产清查报告，为公司顺利实现退城搬迁做好准备工作。

【经营业务管理】 2020年，河钢唐钢进一步加强经营业务管理，完善价格管理体系，合理控制库存资金占用，不断提升运营效率。年内，强化制度建设，梳理并发布《价格研判制度》《产品价格备案制管理办法》《销售后评价管理办法》《客户开发奖励办法》和《信息员建设管理办法》等管理制度，加强客户开发管理，完善价格管理和售后评价管理；改变并完善定价方式，按照不同销售区域，结合钢铁网站定价、内外部竞争对手价格、价委会询价等因素，按照不同权重加权制定基价，“唐钢板材基价微信群”发布的板材指导价格按照40%的权重比例参与协议户的月末结算，迈出公司从依据网站定价转向自主定价的关键一步；严格控制库存资金占用，按照集团降库精神，制定降库措施，结合生产需要，对原主料、供应主料、产成品等提出合理的库存调整建议，提高资金运营效率。

【落实税收优惠政策】 2020年，河钢唐钢用足用好国家税收优惠政策，及时了解并掌握税收政策变化，确保公司利益最大化。当年，公司23个新产品研究开发费用经过审核，减免企业所得税5319万元，高炉煤气、余热等资源综合利用项目，减免企业所得税1661万元，两项合计减免企业所得税6980万元。年内，落实疫情期间国家减税降费政策，按照中央和有关部门发布的《关于阶段性减免企业社会保险费的通知》《关于阶段性减征职工基本医疗保险费的指导意见》等政策文件要求，延期缴纳社保单位缴费部分，为企业在疫情期间减轻资金周转压力。

【完善共享服务体系建设】 2020年，河钢唐钢持续完善共享服务体系建设，不断丰富完善自身服务内容、服务水平及运维组织架构，建立各岗位沟通及责任分工机制，同时对员工、业务人员、供应商提供咨询、查询等相关服务，形成共享中心运维服务体系，利用大数据平台技术，对现有个税上报流程与销售订单统计两类业务数据进行自动处理，提升处理效率及精确度；为税务部门提供账套信息、科目表、余额表、凭证表；根据需求开发千人千户程序，整体工作效率提升94%。

设备管理

【主要指标】 2020年，河钢唐钢聚焦设备管理、技术服务和物资采购等工作，持续优化攻关，深挖装备潜能，为生产顺行提供设备保障。全年机械电气类事故故障累计时间390.16小时（含唐钢新区），较指标55小时/月降低22.5小时/月；采购资金6.44亿万元，较目标节省4215万元；资金占用9356.57万元，实现1亿元控制目标；备件修复率47.48%，较上年提高3.43%；内部修复占比26.2%，比目标提升2.87%；打造无泄漏产线，年度油品费用较指标降低668.09万元。

【体系建设】 2020年，河钢唐钢结合质量、能源、环境、安全、测量五大管理体系认证标准及作业长制管理要求，持续完善设备管理体系。这一年，在公司新区复制推广“三位一体”的设备管理模式，组织设备系统规范生产岗位的操作规程，充分调动点检、岗位、检修三方的能动性，推动全员参与设备维护；组织相关管理人员梳理设备管理程序及管理办法共计46项，协助公司新区设备管理系统逐项有序完善体系管理内容；明确设备及备品备件的分类标准，界定岗位职责，夯实设备管理基础；按照点检、检修、岗位项目分工，督导各生产厂全面开展自检自修、修旧利废活动，增强二级单位作业区人员的自主维修能力，提升设备管理效率。

【设备检修管理】 2020年，河钢唐钢以降低生产质量缺陷、提高产品实物质量为切入点，科学制定检修模型，提升设备功能精度，检修质量、安全、费用、工期等方面得到有效管控。这一年，推进实施自检自修管理模式，打破原有的定修模型，结合设备劣化趋势及在线监测等手段，实施设备状态维修策略。加强检修过程监管，明确检修项目质量层级管控，强化过程质量控制，在恢复设备功能精度的基础上检修费用较上年同期降低42.1%。顺应政府环保限产停机政策，优化公司检修模型，合理安排设备大修，年内共组织炼铁厂、二钢轧厂、高强汽车板公司、不锈钢公司等单位进行炉役、清炉、改造等大修9次；严格执行检修计划，组织计划定修215次，检修命中率86.32%；设备定修变更29次，组织设备抢修5次，为生产顺利提供支撑。

【产线状态管理】 2020年，河钢唐钢持续推进产线工程师负责制的产线状态管理模式，梳理产线状态控制要素，规定每个项目的详细控制标准，并依托在线监测、离线检测等技术手段加强设备状态分析，利用绩效指标进行约束管理，使点检、检修、生产、技术、自动化多专业有机结合，整体提升产线管控能力，促进设备管理水平稳步提升。

【特种设备管理】 2020年，河钢唐钢制订特种设备台账模版、特种设备作业人员台账模版，完善特种设备数据库，开展操作人员技能水平提升培训，组织特种设备专项检查整治，保障特种设备安全、受控、经济运行。这一年，定期开展特种设备安全隐患排查整治，随机抽查各单位起重机械隐患排查开展情况；制定环保设备本体及管道检查标准，持续加大对环保设备检查力度，保证公司特种设备和环保设备安全稳定运行；组织协调炼铁厂北区、炼铁厂南区、物流分公司、能源科技分公司、一钢轧厂等涉及停产单位，对照台账，办理特种设备的注销、停用手续；对公司新区特种设备台账、管理办法、操作人员、各种制度、各种记录、应急预案等方面进行指导，检查，针对检查发现的问题监督整改。全年检验起重设备477台，检验叉车11台，检验锅炉及水质化验、水处理设备10台；检验压力容器163台，压力管道2300米；审核办理电梯停用11台，锅炉注销25台。

【特种设备运行控制】 2020年，河钢唐钢强化锅炉、压力容器、压力管道运行控制，为生产顺行保驾护航。这一年，严格遵守省市场监督管理局文件精神，重点关注在用锅炉使用情况，督导能源科技分公司积极解决现有问题，按时办理在用锅炉内检、外检，确保达标；组织不锈钢公司4台锅炉及水质检验设施进行报检、检验，与质监局、特检所等协商解决报检遇到的问题，并协调补全检验手续。组织各生产单位按照质量技术监督局的要求，认真核实、检验现有压力管道。组织相关单位确定管道分界，对能源科技分公司与检修分公司管道分界存在的异议进行处理，明确管理界面及职责；采用现场办公方式，划定行政福利处采暖水、自来水管辖范围；为佳华煤化工有限公司、中厚板公司氧气管道分界提供技术支撑；针对蒸汽管道分界问题查找相关资料，到现场进行考察，核实管道归属。组织高强汽车板公司、炼铁南区、冷轧薄板厂、不锈钢公司、炼铁北区对压力管道进行检验；组织二钢轧厂对检验不合格的压力管道进行修复和复检；协调市特种设备管理部门办理长输煤气管道定期检验相关事宜，确保煤气管道安全运行。

【优化供电方案】 2020年，河钢唐钢根据产线关停及生产用电负荷变化，及时研究优化供电方案，增创效益。这一年，组织公司本部南北区各单位论证停产后供电方案，采用停运滨钢22万站，运行铁北11万站2台主变方案；组织专题会研究电缆切改施工方案，改造站室进、出线路定值保护方案和倒电投运方案，督导作业现场严格按施工方案和安全规程施工，确保电源切改项目顺利实施。公司南、北区停产后，组织南区东35千伏站、滨钢220千伏站电源切改施工、倒电，滨钢220千伏站主变倒电退出运行，北区220千伏站1号主变退出运行。进行北区电网降容改造，按供电公司要求对10千伏变压器由总容量4.3万千伏安降至3000千伏安，经供电公司10千伏线路引入22万站10千伏侧，保留5台变压器并降容，对站室切改电缆，敷设利旧低压电缆7500米，北区取消22万主变。改造后的供电方案每月节省容量费675.7万元。

【区位调整】 2020年，河钢唐钢按照唐山市委、市政府关于主城区钢铁企业退城搬迁工作的安排部署，停运拆除有关设备设施，保证公司新区顺利投产。这一年，依照《河北省钢铁行业产能置换设备拆除验收标准和工作程序（试行）》文件要求，对炼铁北区2号高炉、3号高炉、一钢轧厂3座转炉及其配套的动力系统、炼铁南区4号高炉、二钢轧厂2座转炉及其配套的动力系统停产并进行拆除。提前组织一钢轧厂、二钢轧厂、炼铁厂、型钢厂、能源科技分公司等有关单位制定停电方案、特种设备停用方案、安全管理及应急演练计划等预案，明确需要拆除设备明细及具体部位，制定切实可行的施工方案，确定项目拆除时间节点及各部门责任；实施过程中，严密组织，严格管理，从安全、进度、质量等多方面确保各部位拆除到位；拆除工作按期完成后，对拆除现场进行核查，顺利通过验收，确保公司退城搬迁工作平稳落地。

【新区设备管理】 2020年，河钢唐钢从点检管理、检修管理、特种设备管理、事故故障管理等方面全方位对新区进行督导管理，组织专家团队进行现场服务，保障新区设备高效、稳定、顺行。这一年，派技术人员进驻新区，详细了解新区设备系统组织架构及基建项目进度，为新区提供技术服务支持；对新区设备管理现状进行全面检查，针对检查问题，协助新区建立健全隐患管理制度，落实隐患整改措施，减少设备事故发生；从电气设备、特种设备、功能精度、检修管理、事故故障、隐患排查、液压润滑等方面，助力新区搭建更加规范、高效的设备管理制度，保证新区设备良好运行。

【应急处置管理】 2020年，河钢唐钢加强对新建项目的应急管理工作，保障项目顺利实施。这一年，为佳华煤化工有限公司特种设备管理提供包括台账建立、操作规程制定、作业人员资质、应急预案编制和应急演练等一系列技术支持。协助新区快速处理电气事故，及时到达现场调查事故原因，组织专家论证并修改主变定值，避免因保护误动越级跳闸；成立新区电力系统优化攻关组，对事故造成产线停机原因深入分析，全面梳理系统对产线影响，制定供电系统优化原则，对新区电力系统进行优化。针对新区6万制氧机空分塔内发现漏点，立即组织抢修，确保6万制氧检修项目顺利竣工。

【搭建诊断试验平台】 2020年，河钢唐钢确定在检修系统搭建公司诊断试验平台。年内，组织检修分公司与新区对接确定试验人员架构；收集能源科技分公司、不锈钢公司、新区试验装备清单转入检修分公司；在Q/HBW 14701—2008《电力设备交接和预防性试验规程》基础上，新增诊断试验项目，满足新区试验需求，向状态检修试验规程过渡。

【设备检查】 2020年，河钢唐钢重点检查和推进设备标准化作业，保证设备操作和生产环境达标，设备安全运行。全年，组织季节性检查、电气专项检查6次，查出问题点277项。年内，完成对中厚板公司铁区高压系统检查、华奥滦州气体现场电气设备及相关管理制度的检查，以及能源科技分公司不锈钢区的专项检查；会同安全部对中厚板公司全停检修进行检查，审查重点项目施工方案、安全和应急预案；组织高温雨季电气检查，重点检查站室温湿度和熄灯制度执行情况，针对雷雨天气督导各单位加强电气站室和生产现场电气设备巡检，并编制专项表单对重点检查内容进行登记；组织公司春季电气设备管理安全检查，各单位自查问题208项，抽查7个区域的问题点28项，考核2项。

【物资采购管理】 2020年，河钢唐钢以集团下达的备材采购资金指标为依据，对各存续单位及新投产单位申报的需求计划按照类别严格审核和管控，在满足日常生产及大中修需要的前提下，避免物资过量储备，降低库存资金占用。这一年，鉴于公司退城搬迁，进一步控制采购成本，与各二级使用单位所涉及的供应厂商结合，逐条核实在途合同情况，严格执行法定程序，终止在途合同1.6万余条，合计金额1.33亿元。组织集团联采相关工作，统筹全年联采计划安排，对轧辊、风机、起重、减速机等15大类备品备件联采物资导入供应链实施招标采购；利用集团供应链调剂共享平台，对公司一级库存和退城单位机旁库存实行集团范围内共享调剂出售。全面梳理备件需求和与之对应的供应商供货能力，充分挖掘公司内部技术与制造能力，对退城单位调剂共享后剩余备件进行修复、改制再利用；协调各存续单位及新投产单位与退城单位对接，充分消化公司一级库存、退城单位机旁库存。截至年底，共进行备件调剂77次3084项，一级库实物库存金额9599万元，库存资金占用位于行业先进水平。

【基建项目设备供应】 2020年，河钢唐钢强化基建项目设备供应全过程监管，严格控制付款计划提报和付款程序审批，严格防止超额付款事项发生。年内，切实做好公司立项项目的招投标和现场服务，对拟采购设备与设备机动部闲置设备台账进行核对，对可利旧设备优先考虑闲置设备利旧，减少新建项目的非必要投资。全年承担公司基建项目设备采购、监制、签订合同等任务14项，确保公司各重点工程项目按期投产。

【备件管理】 2020年，河钢唐钢加强备件管理，严格执行备品备件的验收、入库、存放、保养、出库制度，保持账、卡、物相符。这一年，严格备品备件验收，坚持“检验过程有记录，记录信息有分析，分析结果有反馈”原则，及时将检验中获得的记录及不合格品信息进行整理留存，使其具备可追溯性，保证日常验收无错检、漏检；对检验员所做的《质量检验记录》进行抽查，审定是否与图纸及检验内容相符，内容是否完整、准确，对存在问题及时整改；不定期召开质量跟踪会，提出近期重点检验点，确保检验工作有的放矢。加强SAP系统账目与实物核对工作，对涉及的炼铁厂焦化区、炼铁厂北区、高强汽车板有限公司、能源科技分公司等库存地的账、物、卡进行全面清点核对，登记《存货盘点表》，消除工作中的管理漏洞，保证SAP系统顺利运行。

【完善资产处置程序】 2020年，河钢唐钢规范退城后关停资产处置工作，完善处置程序，优化资产处置管理。年内，根据国务院国资委财政部《企业国有资产交易监督管理办法》《河北省企业国有产权公开转让操作规则》《关于贯彻落实企业国有资产交易监督管理办法的通知》等法律法规及河钢集团国有产权转让有关规定，制定《关于河钢股份公司唐山分公司退城后关停的固定资产处置实施细则》草案，编制《退城后资产处置工作流程图》《退城后资产处置实施流程图》《退城资产处置组织体系和人员组成》等讨论稿，与董事会办公室、财务经营部相关资产管理部门结合，编制完善《固定资产公开转让流程》及《固定资产非公开转让流程》。

【资产清查、处置、评估管理】 2020年，河钢唐钢加强资产清查、处置、评估管理，按照“合法合规、效益优先、优化资源”的原则，对设备、建筑物的名称、规格型号、生产厂家、使用状态等相关信息进行系统整理，提高资产清查、处置和评估效率。这一年，成立评估工作领导小组，编制详细的评估工作计划，以厂为单位对设备信息进行登记，并对发现的问题进行分析、评审，提出整改要求及方法。分别对炼铁厂焦化区、郅易商贸（原钢联焦化）和原四轧厂区资产情况进行现场调研，组织上述区域内所涉及的单位召开专题会议，部署资产清查工作。为保证资产处置工作快速有序推进，制定铁前区域设备处置预案，组织铁前设备使用及所属单位，按产线设备分系统进行拆分至最小部件，并区分出设备的使用状态，标识可直接使用、可修复使用和不可使用。建表造册将固定资产原值、净值进行逐级匹配，含系统价值、单台套设备价值和部件价值，按照《铁前设备明细表》详细登记，完成固定资产原值、净值匹配至系统价值的登记。针对房屋面积、檐高数据不精确的问题，聘请测绘公司，到现场进行测绘、落图，扎实推进工作开展。

【资产确权管理】 2020年，河钢唐钢系统开展资产确权工作，全面掌握资产权属状况，摸清家底，防范企业经营风险。确权内容包括：房屋构筑物有无房产证、房产证登记单位、编号，房屋建筑物有无租赁情况、租赁单位；机器设备有无租赁情况、租赁单位；车辆有无行驶本、行车本登记单位、车牌号和实际使用单位；对不属于本单位的资产（如租入、借入、代保管）单独填表说明，并与对方单位沟通确认，清查到位。当年6月18日，完成资产确权登记。

【盘活闲置设备】 2020年，河钢唐钢多渠道寻找有关资产受让单位，全面盘活闲置设备。这一年，广泛接洽舞钢、邯钢、唐山普业建安公司等设备考察人员，就其提出的资产利旧需求，组织相关二级厂进行交流沟通，对设备状况和资产情况进行确认，满足潜在受让单位需求，与3家公司初步达成转让意向。根据公司发展规划要求，与公司新区、佳华煤化工有限公司、美锦煤化工有限公司等各在建工程结合，确定可以利旧的设备，协调资产所属单位提报有关材料，协助各项目部提报相关申请及手续，办理借用资产包括空压机、变压器、高低压柜、车辆等36批次、共720台（套）设备；实现资产内部调拨29台（套）。

安全管理

【安全生产目标】 2020年，河钢唐钢以习近平总书记等中央领导关于安全生产工作的一系列重要指示为指导，坚持“安全第一，预防为主，综合治理”方针，牢固树立安全发展理念，站在讲政治的高度做好各项安全生产工作，全年实现公司安全生产目标，公司获“河北省安全生产先进单位”称号。

确立的安全生产目标为：重伤、工亡、职业病、生产A级事故、重大设备事故、重大交通事故、重大火灾事故为零；年负伤率小于2‰；隐患整改率100%；全员安全教育培训合格率100%，特种作业人员持证率100%；有毒有害场所检测合格率100%；争创全国冶金行业安全管理一流水平。

【疫情防控期间安全稳定】 2020年，河钢唐钢面对新冠肺炎疫情对公司安全生产带来的新风险，全力抓好疫情防控，强化安全管理，确保公司在疫情防控期间安全稳定。各单位采取领导带班、调整班制、技管人员替岗等措施，保障安全生产；通过岗位自主检修、人力统筹调配等方式，确保人力不足情况下的检维修作业安全；以网络、视频等形式组织各级安全会议和实操培训，采取“点对点”、室外无接触等交接班方式，确保日常安全工作不间断；突出重点区域、关键岗位的监督检查，对高危作业提级管控，确保疫情期间安全管理不放松。

【停产期间安全顺行】 2020年，河钢唐钢响应政府决策，对公司本部及唐银公司实施停产举措。其间，成立组织机构，明确责任，制定22套停产方案，进行108次模拟推演，开展133场次专项培训，对1227台（套）重点设备、113条主要管线进行编号确认，加装煤气管道终端放散装置72套，充分做好前期准备工作；铁、钢、轧各产线及辅助系统停产过程中，各专业部门24小时现场督导，安排597人次到关键操作岗位值守，有关工种全程保驾，消防、煤防、医疗救护等应急人员现场待命，确保安全关停；确认停炉、停机、退柜等关键环节操作，对煤气、氧气等危险介质管道彻底吹扫，开设通风孔57个，落实停产设备能源隔离、挂牌上锁措施，确保不给后续工作留下隐患；针对停产后人员、机构、环境等变化，重新辨识风险，做好隐患排查、安全培训、班组管理等日常工作，重点加强消防、用电管理，确保停产单位持续安全稳定。

【安全责任落实】 2020年，河钢唐钢不断夯实安全基础，进一步完善安全生产责任和管理制度，健全落实党政同责、一岗双责、齐抓共管、失职追责的安全生产责任制，强化安全责任落实，为长周期安全稳定提供保障。这一年，将履责检查贯穿安全工作始终，公司领导深入一线安全检查135人次，厂部级领导带队安全检查1487人次，专业科室安全检查9406人次；各单位实现履责检查全覆盖，公司在此基础上抽查各类人员1328名，对46名不合格人员进行考核；持续加大安全追责力度，全年因发生事故或存在严重问题追责651人，有力促进了各级人员在安全管理方面的履职尽责意识和能力提升。

【安全预防体系优化】 2020年，河钢唐钢树牢安全发展理念，建立健全“双控”机制，全面优化安全预防体系。年内，动态辨识区位调整、新产线投产及疫情防控期间产生的新风险，开展层级培训，落实防范措施，实现事前控制；加强“双控”机制建设，中厚板公司、高强汽车板公司等单位搭建信息化平台，风险辨识管控和隐患排查治理更加规范、高效；扎实做好美锦二期、佳华公司等新、改、扩建项目的安全、职业卫生、消防“三同时”工作，确保新项目安全投产；落实“规程先行、人员锁定”措施，持续在动力、轧钢系统实施能源隔离和机械防护，进一步提升本质化安全水平。

【作业区和班组安全管理】 2020年，河钢唐钢持续强化作业区、班组安全管理，提升基层安全管理水平。年内，以“安全生产大培训活动”为契机，组织857名作业长进行安全培训，开展作业长年度安全评价，对评价不合格人员进行再培训，增强安全生产法律意识和责任意识；细化作业区安全评价指标、绩效管理及班组验证标准，注重实效检验，坚持每月对1473个班组进行安全自评价，全年对150个班组进行抽查验收，对不合格班组进行通报考核、帮扶指导，进一步规范班组安全建设。

【拆除项目全程管控】 2020年9月，河钢唐钢在停产后加强老旧设备拆除利旧等项目全程管控，将拆除项目的安全管理作为重点工作抓紧抓实，实现公司整体安全稳定。年内，在佳华公司非正常停产、技术资料不全、设备设施腐蚀老化严重、危险物质残留较多、未吹扫置换等诸多不利情况下，组织专家论证，建立“网格化”拆除模型，实施分段隔离、独立施工，安全拆除4座焦炉、22个塔器、25个储罐、7000余米煤气管道、3000余米苯和氨等工艺管道；根据老焦化至北区焦气管道停用年限长，穿越7个村庄和农田保护区，且拆除场地狭小、火险隐患大等风险对拆除工作产生的影响，采取管线氮气保压、“水刀”切割等方式，顺利完成8900余米管道拆除工作；在本部脱硫脱硝、电气设施、空分系统等利旧项目拆除过程中，克服与运行设备交叉、作业人员不固定、保护性拆除难度大等困难，抽调专业人员现场指导，规范作业许可，重点落实大件吊装、动火等作业的安全防范措施，确保拆除过程安全。

【新区安全管理】 2020年，河钢唐钢提高对新区安全工作重要性的认识，强化新区安全管理，提升新区安全管理水平。这一年，对新区开展职业卫生、应急管理、消防安全等专题辅导，指导其完善27项安全管理制度，进一步优化新区的安全管理体系；编制安全常识手册，组织新区814名作业长及以上人员进行培训、考试，提升各级人员安全责任意识及管理水平；开展全面安全检查，严格责任追究，其中9月以来，查改各类隐患996项；组织作业许可专题培训，规范作业票格式及审批流程，消除交叉作业中的各类风险，保障检维修作业安全，开展专项检查，对176项作业许可问题进行严肃考核；对2号高炉、3号转炉等新投产系统进行安全评估，及时消除隐患，确保安全投产；强化区域内检修分公司、哈斯科、普锐特等辅助单位的管理，做到安全工作协调推进、同步提高。

【高危作业管控】 2020年，河钢唐钢坚持对日常检维修、新建项目施工等高危作业进行全方位管控，确保作业安全。年内，针对作业过程中涉及的设备、环境、作业行为、管理等复杂风险因素，严格落实涉煤气、有限空间等高危作业审批许可制度，强化现场监护及各项应急保障措施，对高温熔融金属、涉爆粉尘等高危场所的作业，先辨识风险、再培训告知、后确认作业，确保作业全过程安全可控；坚持逢修必查、逢查必严，全年对16次大中修、251次定修进行过程监管，实现设备检维修安全受控；坚持每月对美锦二期、佳华焦化等在建项目进行联合检查，加大对外委施工管理不到位考核力度，清理不合规施工机械27台（套），遏制安全事故发生，高危作业得到有效管控。

【安全教育培训】 2020年，河钢唐钢进一步加强安全生产教育培训工作，应对疫情防控期间对安全教育培训产生的影响，采取线上培训与线下考试相结合方式，组织各类安全教育培训，保证疫情期间全员安全培训工作不间断、效果不打折。全年，举办培训班415期，培训2.9万人。这一年，坚持包保干部定期下班组指导培训、随机抽考验证掌握学习进度和培训情况，进一步提升职工实际操作能力，促进标准化作业；重点做好转岗、替岗人员岗前培训，使其掌握新岗位应知应会、操作技能及应急知识，做到熟知规程、规范操作；组织公司385名主要负责人和安全管理人员通过年度安全资格培训考试，3304名特种作业人员取证、复审，确保“三项岗位”人员持证上岗。

【隐患排查治理】 2020年，河钢唐钢以安全生产专项整治为契机，构建安全隐患排查和安全预防控制体系，深化隐患排查治理，为职工提供安全稳定的工作环境。全年，查改隐患6761项。年内，制定下发《安全生产专项整治三年行动总体方案》，组织开展冶金专项整治三年行动、有限空间作业等各类专项整治活动，对照标准逐项排查整改，其中不锈钢公司实现煤气排水器液位、CO报警值等数据智能联网、实时共享，专业管理水平不断提升；针对严重问题、重复问题组织现场分析会，查找管理漏洞，对相关单位和个人严肃追责；提升各单位自主隐患排查能力，成立专业检查组，深化运行隐患排查治理快反机制，岗位安全检查表实现全覆盖，基层自查自改隐患占比80%以上，隐患查改效率持续提高；发挥专业管理作用，会同发展规划部、生产制造部、设备机动部、保卫部、人力资源部、运营改善部等部门在公司区位调整、设备拆除等工作中，协调联动、积极应对，推动隐患排查治理工作不断深化。

【职业卫生、消防和应急管理】 2020年，河钢唐钢加强职业卫生、消防和应急管理，切实保障职工健康，消防形势持续稳定，应急管理水平提高。这一年，对13个有职业危害因素的单位进行年度检测，与5381名新入厂和转岗接害职工签订《职业病危害告知书》，同时开展职业卫生培训、体检、组档等工作；组织1.53万名接害职工进行年度职业健康体检，职业禁忌证同比下降62%。进一步健全完善消防安全责任制，实施冷轧薄板厂火灾自动报警系统等8处消防改造项目，坚持每月对24个消防控制中心评价打分，对炼铁厂等12家单位自动消防设施进行年度功能检测，对查出的86项问题及时整改，美锦一期工程、华奥公司LNG项目顺利通过消防验收；对能源科技分公司煤气管道补焊等60余项特级动火作业进行现场监护，确保动火安全。进一步完善公司应急管理体系，优化应急管理制度，修订综合预案26项、专项预案167项、岗位应急处置方案565项；全年组织重罐列车脱轨、火灾应急等各类演练1628次，强化生产、设备等专业部门间的协调联动及层级间的有序响应，提高应急救援能力和公司整体应急管理水平。

发展规划管理

【基建技改工作】 2020年，河钢唐钢围绕公司总体生产经营目标，全力做好基建技改工作。全年，投资立项10项，总投资58.79亿元，其中公司本部立项1项、子分公司立项3项，总投资40.85亿元；上年结转6项，总投资17.94亿元；竣工1项，在建3项。年内，全面强化基建技改工程年度全面预算管理，修订并严格执行全面预算管理规定，对基建技改项目组织充分的方案论证，避免项目建设的盲目性、随意性，强化计划性；深入推进项目经理负责制，强化项目部职能，采用清单化全过程管理方式，逐个项目建立清单，将项目决策期、立项时间、开工时间、关键节点、试运行时间、竣工时间依次列入清单，进一步加强从决策期到实施期的时间管控，为项目后评价增加了各阶段时间可追溯性；强化质量、安全、投资、进度管理，在施工管理过程中严格执行各级政府部门相关法律法规要求及公司内部管理办法，形成施工单位、项目部、指挥部三级管理体系，保障工程顺利进行；严格项目投资的前期立项管理，坚持效益优先原则，对项目严格把关筛选，确保合理高效、节约投资，年初各单位上报项目81项，合计金额108.65亿元，经过论证评审，压减项目64项，压减金额21.54亿元，投资减少约20%。

【工程招投标管理】 2020年，河钢唐钢持续强化工程招投标管理，严格招投标程序，规范合同管理，推进工程施工招投标管理依法有序进行。年内，按照相关法律法规组织招投标工作，共组织招投标99次，其中公开招标65次，签订合同98份，签订当年及以前合同的补充协议83份；依据《中华人民共和国民法典》，修订合同文本；依据财政部、税务总局下发的《关于调整增值税税率的通知》及《关于深化增值税改革有关政策的公告》精神，对当年及以前的未付款合同累计降税431.96万元。

【工程质量监督】 2020年，河钢唐钢加强工程质量监督管理，加大监督检查力度，确保工程质量安全。年内，加强对第三方检测机构的监督管理，联合监理单位对备案的检测单位裕祥检测科技有限公司进行专项检查，并形成检查报告；严格做好工程建设项目质量监督工作，组织现场检查80余次，发现资料及实体问题点300余项，下发整改通知书1份；为5号、6号焦炉环保搬迁工程，佳华公司化工园区项目、公司新区石灰窑工程，公司新区配套气体项目等重点工程项目，办理工程报监手续32项，核验单位工程资料117项；落实冶金质量监督总站下发的《关于开展冶金建设项目土建、钢结构工程质量专项检查的通知》要求，对在建项目进行土建、钢结构工程质量专项检查，形成检查记录并上报总站，提高各参建单位的质量意识，有效保证了工程质量。

【工程预算编审和结算管理】 2020年，河钢唐钢着力加强工程预算编审和工程结算管理，为公司项目决策、降低工程投资提供可靠依据。年内，强化工程预算管理，对图纸不详或有争议部分问题及时与设计、监理沟通或深入施工现场核实，全年共审核单位工程预算72项，审定值4.23亿元，核减额3078万元，审减率7.26%；编制单位工程标底68项，编制金额6.34亿元；以合同为单位，完成86项工程结算，结算额13.42亿元；上报审计工程结算85项，报审金额11.92亿元。

【塞钢基建技改项目】 2020年，河钢唐钢克服全球新冠肺炎疫情对项目建设产生的不利影响、文化差异大等困难，多措并举，保证对塞钢人员支持和设备输出，推动塞钢基建技改项目顺利进行。这一年，全面推进塞钢技改项目施工进度，协调组织163名施工人员赴塞钢参与项目建设，分三批派出6名项目部人员常驻塞钢进行现场管理及技术服务；结合塞钢现场施工进度，动态优化国内设备制造及发货计划，积极协调海运资源，利用视频或照片等形式组织设备出厂验收，尽全力将疫情影响降至最低。截至年末，烧结项目进入设备安装阶段，计划2021年7月中旬开始单体试车，加热炉项目计划2021年7月底开始冷态调试，高炉煤气柜项目计划2021年4月开始设备安装。

【不锈钢公司退城搬迁项目】 2020年，不锈钢公司退城搬迁项目根据国家政策调整，退城搬迁工作暂停并开始执行不锈钢公司就地改造方案的论证工作，共论证了6版方案。

信息化管理

【自主研发设备管理系统】 2020年，河钢唐钢坚持传承信息自动化专业管理经验、固化专业设备管理标准和规范，自主研发信息自动化专业设备全生命周期管理系统。该系统于2月开始开发，5月主流程正式上线，截至年末，系统覆盖冷轧薄板厂、高强汽车板公司、不锈钢公司信息自动化专业管理。该系统引入设备树位置概念，根据器件所处位置的不同进行详细的设备分级管控，细化设备属性，实现横向纵向的设备信息查询；开发岗位管理，将设备运维信息固化到岗位，避免因为人员岗位变动丢失设备历史运维数据；开发灵活的手机端运维App，实现移动点检、隐患提报、检修任务接收和录入、事故报告审批及图纸资料查询显示、机旁库在线查询和盘点等功能，系统功能更加完善，完美支持信息自动化专业及其他设备专业管理，为冶金行业提供了设备管理解决方案。

【运维管理】 2020年，河钢唐钢实施主动运维新模式，显著提高运维效率。这一年，在公司各关键产线推行符合专业特点的功能性曲线精密点检，利用PDA系统对公司所有关键产线的设备运行指标进行实时记录并分析，对照标准进行判定点检，判断设备劣化趋势，实现预防性维护；通过主动运维平台对接口数据进行检测，对每日数据进行分析并跟进处理，从系统功能及业务流程角度进行优化，减少数据差错；利用Tibco微信监控平台实现24小时在线监控接口数据，保证公司订单数据、报产数据、能源数据的实时性、准确性；持续推进功能点检，对机械、液压、工艺等设备运行情况做出评估，提高关键设备的精度保证，掌控设备的劣化趋势，摸索设备拐点，有效做到预防性维护和更换，显著降低设备事故和故障率，推动设备维护从粗放型维护转向功能维护。

【信息化项目建设】 2020年，河钢唐钢持续推进信息化项目建设，全力支撑集团战略部署。这一年，响应集团公司业务管理系统开发、优化、对接等要求，组织进行河钢集团中央数字中心数字化平台项目建设，实现集团公共服务、业务服务和数据服务的统一，该项目于当年5月启动，年底实现与中央数字平台的主数据匹配业务、销售业务上线运行；进行人力资源系统整合改造项目建设，依靠搭建统一的人力资源管理信息化平台，实现对人力资源基础信息管理及数据共享，提高人力资源管理水平，该项目2018年11月19日立项，2020年底新旧系统并行，预计2021年2月实现一期上线；实施成本管理分析平台项目建设，收集生产经营实际数据，提供精准成本数据，实现下线计产口径的企业内部精细化成本管理数据分析及成本管控需求，提供成本动因分析，效益预测，为公司生产经营管理决策提供有力的数据支撑，该项目于2018年12月18日立项，2020年底成本核算功能投入使用。

【一钢3号连铸机智能化产线建设】 2020年，河钢唐钢实施一钢3号连铸机程序和功能优化，推进智能化产线建设。年内，添加HMI画面语音报警功能，及时有效地发现并报告事故隐患，避免事故发生；优化板坯跟踪程序，减少头坯剪切废坯数量；优化摆剪程序，智能发现摆剪设备问题，并自动进行程序切换，保证关键设备运行稳定，避免卧坯恶性事故发生；优化大包称重，提高大包浇余准确率，避免下渣，提高板坯质量；优化调节中包车称重程序，实现中包车称重的自动控制，有效改善操作人员的浇钢环境，助推操作标准化，促进产品质量提升，该项目2月开发完毕，运行良好，3号连铸机拉速达到6米/分的历史最高水平。

【镀锌线捞渣机器人研发】 2020年6月8日，河钢唐钢自主研发的捞渣机器人在高强汽车板公司5号镀锌线成功上线投入使用。该项目上年10月正式开始实施，自主设计编写、优化机器人控制程序，使其更“智能化”，可实现5种捞渣模式自由切换，且机械手臂前端捞渣工具在装满锌渣后可自动寻找、更换捞渣工具，避免人为更换；投入全新倒渣系统，实现无间断循环倒渣，保持废渣斗的平整度；捞渣机器人稳定运行大幅度提升5号镀锌产线捞渣工作效率，提高产品表面质量稳定性，降低锌液生产成本，实现提质增效目标。

【生产执行MES系统研发】 2020年，河钢唐钢自主研发生产执行MES系统，对产线高效运行提供系统支撑。该系统以高强汽车板公司为应用场景，解决、改善其系统应用存在的接口信息同步及周转效率、日清日结数据支撑、新增管理需求实现等问题；系统项目2月中旬启动，11月上线投入使用，用户体验运行良好；该系统实现计划、质量、生产、库存、发货等业务功能的精细化管理，优化系统集成，达到外部系统接口标准化配置，实现新增业务需求的快速响应及功能拓展，为上层系统进行KPI统计分析提供准确的数据支撑，满足企业混改等管理变革带来的经营评价要求。

【钢区智能排程系统研发】 2020年，河钢唐钢研发钢区智能排程系统，促进整个调度执行过程数字化、智能化。年内，针对铁水运输过程温降、钢包运输及吊运路径选择、前后生产工序作业衔接等关键因子，采用多目标寻优智能算法进行系统建模，将各生产工序分布情况和实时生产情况作为模型的数据输入，计算出最优的生产组织计划，提升作业效率，打造钢区作业路径短、节奏快的智能排程系统。该项目以中厚板公司炼钢区域为应用场景，定制化自主研发动态调度系统，于7月底开发完毕，新系统全面覆盖中厚板公司炼钢区域各生产工序，解决了原系统没有覆盖5号连铸机和VD炉的局面，显著提升了钢区生产效率。

【新区信息化推进】 2020年，河钢唐钢持续推进新区信息化建设，整体提升运行效率。这一年，分别以新区铁前生产、钢后生产为中心，先后进行5轮信息化系统联合集成测试，9月实现铁钢轧全线生产贯通等相应系统功能上线，年底完成铁钢衔接流程集成方案优化、加热炉装钢效率提升、质保书平台数据校验及功能完善、产销与物流系统发货功能优化、新区物流向高强物流数据接口调优等一系列改进；能源管控系统项目的能源数据采集、在线监控、能源数据平衡、报表生成、数据转储等功能，年末上线投入使用；自主设计开发新区连铸出坯区板坯调度系统和基于图像识别的板坯号识别系统，有效促进加热炉装钢效率提升；按照公司全流程按单生产及一贯制质量管理需求，完成新区供高强汽车板公司、新区供冷轧薄板厂、新区供一钢轧厂平整等不同热卷供料业务及新区向不锈钢供板坯的信息化流程贯通及系统改造，在各MES及物流系统间建立接口，实现发货物流与物料质量信息的自动传输，达到全流程订单生产及质量管理要求，实现上下游信息有效衔接。

【新技术开发与应用】 2020年，河钢唐钢广泛开展信息化、自动化新技术开发与应用。年内，利用5G通信技术大带宽、高传输率、超低时延和高可靠的特征，结合AI图像识别技术，搭建低时延视频平台，将图像AI信号与控制信号相结合，解决无人天车运行中存在的信息传输及效率问题，建立防错机制，开发手持PAD库图管理系统，实时进行库图管理，实现库区安全行车；实施不锈钢公司1580热轧层冷控制模型优化，针对生产过程中钢种或厚度规格发生变化时卷取温度头部偏差大的问题，对模型参数按照钢种和厚度规格的变化分别进行优化，提高卷取温度控制精度；以高强汽车板为试点，使用网络管理软件，通过防火墙策略调整、部署探针，建立服务器、交换机等硬件设备统一监控平台，提高巡检效率和设备问题处理的响应速度。

【数据管理】 2020年，河钢唐钢对接集团中央数字化平台，提升数据应用支撑能力。这一年，依据数据编码标准体系，对公司产品、原辅料、供应商、客户、组织等各类主数据统一规划，支持集团与各子分公司在统一的业务平台上开展采购、销售等业务，对数据进行统计与分析，挖掘数据价值，提升数据资产运营能力；确保新区新产品调试计划稳步开展，提升业务处理效率，梳理新区主数据运维管理流程，制定下发《主数据管理制度》，明确各单位对数据维护工作职责，明晰物料、客户、供应商、特性等数据维护流程，在主数据建模、集成、服务基础上，对主数据实现全面治理及有效管控，为产线及各事业部运营提供数据支撑。

【“两化融合”管理体系建设】 2020年，河钢唐钢持续推进“两化融合”管理体系建设，规范管理流程，提升信息化、自动化专业技能。这一年，根据公司实际，重新梳理18个“两化融合”体系文件，持续完善日常信息化和自动化专业管理制度、财务管理制度、人力资源管理制度、设备管理制度，形成有效的“两化融合”程序文件；修订完善《GLWJ-X1-01-1601信息化专业管理办法》，结合集团对办公系统网络安全的具体规定，在管理办法中对办公系统网络使用规范提出明确要求，加强对公司办公网络的规范管理；依据国家及集团要求，持续完善信息保密安全规定，根据集团办公系统网络信息安全管理制度，对全公司开展办公系统网络安全专项检查，理清个人账户、清查办公系统公共账户，确保办公网络安全；对公司9个部门99个检查点进行“两化融合”体系专项检查，涵盖软件正版化、网络安全、程序修改流程、机房现场四方面内容，并督导各单位对内审发现的问题全部整改；努力提高技术人员的专业水平，11月组织“两化融合”管理人员参加国标企举办的两化融合V2.0培训，及时掌握行业风向标，紧跟国家步伐，了解国家新标准具体要求，不断完善公司“两化融合”管理体系；提升岗位人员信息化操作能力，于11月至12月举办四项信息化系统操作培训，包括PI数据库、微信小程序、华为交换机配置、CISCO交换机及路由器配置，参加人员80余名，主要涉及信息自动化部、驻站人员、信息中心及专业管理人员，通过培训，提高自身专业技能。

【测量管理体系建设】 2020年，河钢唐钢以“准确计量、服务生产”为核心，全面推进测量管理体系建设。这一年，坚持测量管理体系规范化、精细化管理，为公司产品质量管理和生产经营提供有力的数据支撑，实现以信息化手段对测量设备及测量过程的有效管控；加强专业培训，先后组织测量体系换版培训、测量体系专业培训等系统培训2次，参训200余人次，公司测量专业相关人员的理论知识和实际操作能力得到明显提升；组织一氧化碳报警仪校准人员培训，参训50余人次，对到期固定式一氧化碳报警仪进行现场校准，便携式一氧化碳报警仪在校准实验室进行校准，并组织开展一氧化碳和氧气报警仪自校准工作，为公司节省设备外送检费用180余万元；12月4日，公司校准实验室向唐山市行政审批局申请建立《CO报警仪检定装置》和《电化学氧分析检定装置》的企业最高计量标准，顺利通过申请材料审核和现场评审；开展测量管理体系文件换版工作，组织公司测量体系换版策划，对测量管理手册、程序文件及记录进行修改完善、审核及发布，当年11月通过中启认证公司现场审核，专家组对公司测量管理体系运行情况给予高度评价。全年，公司检定、校准计量仪表2346台（套），外送检142台（套），周检率达100%，为设备受控及产品认证提供了标准保障；公司能源产用差量控制在3%以内，因设备原因造成的物资计量异议为零，仪器仪表运行完好率达到99.83%。

【特殊仪表管理】 2020年，河钢唐钢对各区域的特殊仪表实施精细化管控，实现全生命周期管理。这一年，组织进行特殊仪表、单体设备培训课件的编制，撰写ISRA表面检测仪、IMS测厚仪、NDC平直度仪、KELK宽度仪、KELK压头教材并进行讲解，提高职工的技术水平；特殊仪表、单体仪表的设备事故、预案、备件管理等实现了数据化；组织各区域设备技术资料上传到平台，使职工随时可以在企业微信平台进行技术交流及现场故障快速参考处理；组织新区热轧2050作业区特殊仪表设备安装调试，8月通过热试，顺利过渡到生产阶段；组织开展对新区的特殊仪表设备进行平台化、数据化管理，在技术层面，研究解决ISRA表面检测系统的BASLER相机参数问题；针对新区热轧宽度仪系统生产中出现的曲线异常情况，组织专业人员共同研究处理设备隐患并解决生产出现的问题；成功处理新区热轧IMS、NDC等设备故障，组织进行IMS等关键设备故障件的自主维修工作，测试成功后满足正常生产需要。

科技管理

【平台建设】 2020年，河钢唐钢注重相关平台建设，为科技研发、技术创新提供支持。年内，通过省级院士工作站2019—2020年度阶段考核，公司院士工作站排名第三；按要求提交公司国际科技合作基地2019年度工作总结，对基地工作进展、平台环境建设、高端人才引进、示范引领效应、工作计划等进行评价；完成公司博士后工作站2019—2020年度建设情况总结，对公司博士后吸纳情况及博士后人员所作贡献进行评价；报送河北省技术创新示范企业工作总结，公司技术创新评价指标及创新工作典型经验提交至工信部门；开展2020年国家工信部组织的国家技术创新示范企业申报工作，在工信部、财政部公布的2020年国家技术创新示范企业名单中，公司登上榜单；完成河北省高品质结构钢制造业创新中心申报，在省工信厅10月30日公布的2020年河北省制造业创新中心试点名单中，由公司牵头组建的“河北省高品质结构钢制造业创新中心”榜上有名，公司在科技创新平台建设方面取得又一成果；加强高新技术企业管理，组织不锈钢、中厚板等子分公司开展国家级“高新技术企业”复评工作，不锈钢公司率先通过复评；与唐山科技职业技术学院合作共同申报河北省产教融合型企业，经过专家评审、省级部门复核，11月12日公司成功入选2020年河北省产教融合型企业建设培育名单；组织公司科技人员申报2020年唐山市科技计划项目，“河钢唐钢600兆帕级以上热轧高扩孔钢开发”“高强钢薄带产品核心生产工艺与典型缺陷综合控制技术的研究”2项重点研发项目，被市科技局批复立项，并获得市级专项经费支持20万元。

【科研管理】 2020年，河钢唐钢加强科研课题项目制管理，深入开展产学研用合作，针对性解决产线及产品存在的重点技术问题，为产线提高效率、优化指标、降低成本、保证质量提供技术基础。全年，获批河北省自然科学基金资助项目1项，2项成果获中钢协冶金科学技术奖三等奖；1项成果获河北省技术发明奖二等奖，1项成果获河北省科学技术进步奖三等奖，19项成果获河北冶金科学技术奖，其中一等奖3项、二等奖6项、三等奖10项；2项科技项目技术水平达到国内领先；公司被工业和信息化部授予“国家技术创新示范企业”称号。这一年，扎实推进项目管理，进一步强化技术研发系统科技项目对公司生产经营的支撑，修订完善《科技项目管理办法》程序文件，制定下发《科技项目绩效评价及配套激励实施细则（试行)》，完善科研课题立项、过程、验收全流程管理机制，提升研发效率，激活创新创效动力，促进科技成果转化，当年科技项目立项173项，其中重大项目15项、重点项目27项、焦点项目131项。2021年1月26日，组织结题验收评审，41位专家分为炼铁组、炼钢组、冷轧板材组、热轧板材组、机械设备组、轧钢及后处理组、信息自动化组、能源环保组、用户技术组、科技信息与标准组等10个评审组，15项重大项目、27项重点项目、98项焦点项目通过结题验收评审。

附表　2020 年河钢唐钢科技成果一览

序号	项 目 名 称	冶金科学技术奖	河北省技术发明奖	河北省科学技术进步奖	河北冶金科学技术奖
1	大型型钢产品四机架跟踪轧制技术创新与应用			三等奖	
2	超高强汽车用钢关键生产工艺及质量综合控制技术		二等奖		
3	多成型特性超高强双相钢关键生产技术及全流程柔性化工艺控制	三等奖			
4	LOMAS 自动炼钢系统工艺优化研究	三等奖			
5	超高强冷轧汽车用双相钢性能稳定性控制及关键工艺技术开发				一等奖
6	新型锌铝镁系高耐蚀镀层产品开发及应用技术研究				一等奖
7	自适应智能分段控制技术在冷轧机组中的应用及推广				一等奖
8	高强汽车钢连铸坯角部横裂纹的控制技术开发与应用				二等奖
9	高强汽车板冷连轧过程高精度模型开发与应用				二等奖
10	新型改进型热轧板带轧辊的工艺优化与创新				二等奖
11	大型炼钢企业生产质量管控信息化系统的开发和应用				二等奖
12	中厚板物流动态跟踪和管控的开发与应用				二等奖
13	唐钢实行清洁生产技术后职工身体状况调查				二等奖
14	焦炉设备效能综合提升的创新与实践				三等奖
15	超低排放背景下炼铁清洁生产新技术研究				三等奖
16	低温厚料层烧结关键技术研究与应用				三等奖
17	高品质汽车板冶金工艺技术研发与创新				三等奖
18	1700 产线效率提升创新与实践				三等奖
19	高性能桥梁用结构钢 Q420qD 的开发与应用				三等奖
20	车身轻量化用钢的激光连接工艺设计优化及机理研究				三等奖
21	棒材铌钒复合微合金化技术开发与应用				三等奖
22	标准成本体系下合同订单后评价系统开发与应用				三等奖
23	焦化全过程污染物深度减排创新技术与应用				三等奖

【“超高强汽车用钢关键生产工艺及质量综合控制技术”成果】 2020年10月，河钢唐钢“超高强汽车用钢关键生产工艺及质量综合控制技术”成果获2020年河北省技术发明奖二等奖。该项目从超高强汽车用钢的成分设计、工艺优化与缺陷治理入手，设计多样化的超高强钢成分体系，通过中试试验、Gleeble模拟与工业试制，研发基于常规连退产线的Q&P产品及关键工艺，解决超高强钢性能波动大的问题，开发冷连轧轧制工艺及板形控制优化技术与高合金钢酸洗工艺控制技术，实现超高强汽车用钢的高效稳定工业化生产。该成果应用到高强汽车板有限公司，累计生产超高强汽车用钢10.22万吨，近三年创直接经济效益达1.01亿元；该项目获发明专利15项、软件著作权1项；发表核心以上期刊论文7篇。

【“大型型钢产品四机架跟踪轧制技术创新与应用”成果】 2020年10月，河钢唐钢“大型型钢产品四机架跟踪轧制技术创新与应用”成果获得2020年河北省科学技术进步奖三等奖。该项目针对大型型钢生产线四机架跟踪式工艺布置及设备特点，开发300毫米级大规格角钢及热轧U型钢板桩系列产品；围绕特大特厚角钢单重大、热轧U型钢板桩断面大而薄、轧机及其辅助设备负荷大、超长定尺矫直平直度质量要求高等轧制及矫直工艺技术难题，开展全流程各工序技术攻关，优化国际首台无级可变不等节距双支撑矫直机、全液压式步进冷床等关键设备功能，自主研发生产综合控制系统，开发S120辅传动设备集散式管理功能及智能制造工艺模块，实现“一键式”轧制工艺，提升产线生产效率，300毫米级大角钢产销量达15.9万吨，独家供货国家特高压输变电工程，应用在酒泉—湖南、上海庙—山东、锡盟—泰州、昌吉—古泉等多条特高压线路，支撑国家电网升级换代，填补国内空白；独立编制钢板桩企业标准，钢板桩产销量17.5万吨，应用于深中通道等国家级重点项目及出口东南亚地区；四机架跟踪轧制技术创新与应用项目累计创直接经济效益2.9亿元，300毫米级肢宽热轧大规格等边角钢获2018年度中国钢铁工业产品开发市场开拓奖，并获中国钢铁工业协会冶金产品实物质量认定“金杯奖”；该项目获实用新型专利9项，软件著作权4项，发表论文3篇。

【“多成型特性超高强双相钢关键生产技术及全流程柔性化工艺控制”成果】 2020年8月，河钢唐钢“多成型特性超高强双相钢关键生产技术及全流程柔性化工艺控制”成果获得2020年冶金科学技术进步奖三等奖。该项目在材料设计方面研发了不同合金体系的超高强双相钢，实现780兆帕、980兆帕、1180兆帕超高强双相钢全面覆盖；并从炼钢—热轧—冷轧—退火全流程进行工艺技术控制，形成全流程的各工序关键生产技术。该技术在高强汽车板公司及不锈钢公司进行广泛推广应用，有力推进公司产品质量和高端产品供货量显著提升。

【“LOMAS自动炼钢系统工艺优化研究”成果】 2020年8月，河钢唐钢“LOMAS自动炼钢系统工艺优化研究”成果获得2020年冶金科学技术进步奖三等奖。该项目开发LOMAS自动炼钢系统并对工艺进行优化研究，对LOMAS自动化炼钢系统从终点温度控制技术、过程脱磷控制技术、终点碳含量控制技术等方面进行深入研究开发，进一步提高碳温双命中率和降低补吹率，并实现转炉直接出钢。该项目在不锈钢公司成功实施后，在一钢轧厂、河钢唐钢新区进行推广试验，使公司成为国内外首个将红外分析仪用于LOMAS烟气分析系统的企业，在保证终点控制精度的同时解决质谱仪维护费用较高的问题，拓展了LOMAS烟气分析系统应用前景。此外，LOMAS烟气分析实现自动炼钢并达到终点精确控制，对不具备副枪条件的工厂实现自动炼钢具有较强的借鉴意义。

【公司入选国家技术创新示范企业】 2020年12月3日，国家工业和信息化部公布2020年国家技术创新示范企业名单，河钢唐钢凭借在钢铁行业技术创新、产品升级和智能制造等方面优势脱颖而出，成为河北省唯一一家上榜的钢铁企业。2020年国家技术创新示范企业评选由工信部组织，经过多重考核，在制造业重点领域具有关键核心技术攻关及产业化突出成果的企业，方能入选。公司视创新为企业发展原动力，在钢铁行业技术创新、产品升级和智能制造等领域持续开展创新研究，拥有有效专利1032件，在2020年发布的专利创新指数中，公司在全国220多家钢铁及相关产业中排名14位，省部级以上科技奖项达275项，国家科技进步奖6项，创新能力得到行业高度认可；践行新发展理念，深入推进供给侧结构性改革，不断完善创新机制，加大技术创新投入，加强关键核心技术攻关，持续开发“首发、首创、首位”高端特色产品，努力实现高质量发展。当年，公司生产450克/平方米极限厚镀层锌铝镁产品全国首发上线，高级别稳定杆用钢40MnB5填补国内空白，桥梁板助建两港大道项目，结构用钢助力粤港澳大湾区建设，高强抗震钢筋直供包括雄安新区工程在内的多个国家重点项目。此次国家技术创新示范企业评选，全国共有63家企业入选，其中钢铁企业仅有2家。

【公司年度科技项目】 2020年，河钢唐钢加大科技创新力度，充分调动科技人员积极性，深入开展科技项目研究和前沿技术攻关，87个项目获2020年度河钢唐钢科学技术奖，其中一等奖16项、二等奖26项、三等奖45项。其中“全流程铁前系统工艺精度提升新技术研究”“烘烤硬化钢固溶碳含量控制关键技术与稳定性提升”“薄板坯连铸连轧流程700兆帕级高强汽车用钢的开发及用户应用研究”“高表面锌铝镁产品关键生产技术研究与应用”“钢板桩工艺优化及600系钢板桩研制开发”“冷轧高强汽车板酸轧辊形曲线及轧制规程优化”“远景X3顶盖外板替换选材用钢产品开发”“三镀锌关键设备优化与改造，全面提升镀锌产品质量”“碳减排技术集成应用和低碳路径探索”“钢铁废水脱盐技术的创新与应用”“LIMS系统在科研实验室中的建立与应用”“镀锌铝镁后处理工艺及用户应用研究”“智能库多任务多功能控制系统研发”“超薄微结构导热片产线设备技术改造与创新”“炼钢转炉自动出钢及连铸平台无人化的设计”“热轧高精度尺寸模型及控制技术研究与应用”等项目被评为公司科学技术奖一等奖。

【科技项目评价】 2020年5月22日，河钢唐钢组织“大型型钢产品四机架跟踪轧制技术创新与应用”“大型钢铁企业数字化精益生产研发与应用”2个项目进行科技项目成果评价。由中国科学院唐山高新技术研究与转化中心组织，邀请同行专家组成评审组，确认提供的评价资料完整、规范、数据翔实，符合评价要求。经评审组评审，2个项目全部通过评价，整体科技水平均达到国内领先水平。

【产学研项目管理】 2020年，河钢唐钢充分借助集团科研平台，深入开展产学研用合作，针对性解决产线及产品存在的重点技术问题，为产线提高效率、优化指标、降低成本、保证质量提供技术基础。这一年，加强集团创新平台项目管理，充分发挥河钢—东大产业技术研究院、河钢—科大绿色制造创新中心、河钢—重大西南研究院创新平台作用，按照集团要求征集优秀成果，并组织“高性能车轮钢系列产品开发及应用研究”“高成形性CH钢开发与组织性能”等项目的技术交流；及时掌握在研平台项目进展情况，按时完成集团战略合作信息相关月度总结材料，及时发现存在问题，并与双方项目组成员沟通解决；强化公司产学研项目管理，当年新签订“超高强度汽车用钢延迟开裂行为研究”等2项产学研项目；组织“唐钢FTSC高拉速浸入式水口开发”等9个项目的结题验收，“新能源汽车关键零部件轻量化技术”等9个项目的阶段验收；举行“焦化智能制造专家系统技术开发及应用”等5个项目的专家论证会，均达到预期要求。

【知识产权管理】 2020年，河钢唐钢加快知识产权强企建设，加强对关键产品或技术的专利挖掘和布局，促进专利技术产业化，为形成具有公司自主知识产权的优势技术奠定基础。全年，申报专利338项，其中发明专利137项；获得授权专利233项，其中发明专利36项，截至年末，公司拥有有效专利1265件，其中发明专利189件，专利成果转化率达97.5%，对公司的技术发展及经济效益提高作出较大贡献。这一年，持续完善管理制度，及时修订新增知识产权管理办法，形成知识产权管理网络，将知识产权管理纳入科研、生产和经营全过程，形成高效的知识产权管理体系和业务流程；用好国家、省市给予的优惠政策，对上年授权的34项发明专利申请资助，20项获得省资助10万元；进行专利推优工作，优选“1000兆帕级双相高强镀锌带钢和钢板及制备方法”“TKDC捆带用热轧带钢及其生产方法”2项专利参选第22届中国专利奖；开展软件著作权申报工作，组织各单位申报软件著作权110项，办理软件著作权登记72项，并上传OA软件证书扫描件，以备查询。

附表　2020年河钢唐钢专利授权一览

序号	项目名称	专利号	类型	申请日	授权日	单位
1	一种转炉上修炉进砖装置	2018220842612	实用新型	20181212	20200214	二钢轧厂
2	一种退火态交货的4140塑料模具钢板及生产方法	2018100322380	发明	20180112	20200214	中厚板公司
3	一种拉伸试样拉断后伸长率测定装置	2019201739199	实用新型	20190131	20200214	技术中心
4	一种带中间补热的蓄热式轧钢加热炉	2019203231684	实用新型	20190313	20200214	一钢轧厂
5	一种轧机减速机高速轴动压滑动轴承	2019203627681	实用新型	20190321	20200214	型钢厂
6	一种内燃机车专用拆解喷油器的分体拉马	2019203720341	实用新型	20190322	20200214	物流分公司
7	布袋除尘刮板机故障自动停机装置	2019203820195	实用新型	20190325	20200214	炼铁厂
8	单轴拉伸试验用试样压线环检测对中装置	2019203990707	实用新型	20190327	20200214	技术中心
9	一种轧辊冷型内壁降温装置	201920477866X	实用新型	20190410	20200214	重机公司
10	一种连铸结晶器液态渣取样装置	2019204783418	实用新型	20190410	20200214	教育中心
11	一种连退平整机支撑辊换辊对正装置	2019205127929	实用新型	20190416	20200214	高强汽车板公司
12	一种更换烧结机台车轮轴承的装置	2019205301484	实用新型	20190418	20200214	炼铁厂

续附表

序号	项目名称	专利号	类型	申请日	授权日	单位
13	一种可消除钢卷塌卷的鞍座	2019205390562	实用新型	20190419	20200214	高强汽车板公司
14	一种快速更换高炉风口中套的装置	2019205766960	实用新型	20190425	20200214	炼铁厂
15	一种电气控制开关装置	2019209160485	实用新型	20190618	20200214	教育中心
16	一种运行皮带打滑检测装置	201920513427X	实用新型	20190416	20200313	炼铁厂
17	一种建筑墙体的电气线缆穿墙套管	201921122079X	实用新型	20190717	20200313	发展规划部
18	一种天车无人化系统变频传动控制的方法	2019100630028	发明	20190123	20200313	微尔公司
19	一种定深水样的取样装置	2019205295962	实用新型	20190418	20200313	教育中心
20	高压开关柜综保装置及继电器仪表室的温控散热装置	2019211307327	实用新型	20190718	20200313	能源科技分公司
21	下料流管下料量的检测装置	2019203023060	实用新型	20190311	20200417	不锈钢公司
22	精炼电极接头恒力矩紧固装置	2019203023075	实用新型	20190311	20200417	不锈钢公司
23	一种降低低频噪声的吸声板	2019203242814	实用新型	20190314	20200417	教育中心
24	一种轧辊离心层内圆测温装置	2019204778655	实用新型	20190410	20200417	重机公司
25	一种高度差测量装置	2019205127914	实用新型	20190416	20200417	炼铁厂
26	一种脱硫液换热器	2019205128194	实用新型	20190416	20200417	炼铁厂
27	一种环冷机除尘器	2019205134208	实用新型	20190416	20200417	炼铁厂
28	机房用加湿除湿一体机的供水排气装置	2019207606383	实用新型	20190524	20200417	微尔公司
29	一种粉料气相输送管道	2019207712378	实用新型	20190527	20200417	炼铁厂
30	一种高炉吊挂回火的有效隔断装置	2019211404134	实用新型	20190719	20200501	炼铁厂
31	一种环境智能识别的热金属温度检测仪	2019213806705	实用新型	20190823	20200501	信息自动化部
32	一种在线测量带钢表面油膜厚度的装置	2019213660116	实用新型	20190821	20200501	制造部
33	不稳定水池液位的测量装置	2019213624196	实用新型	20190821	20200501	气体公司
34	一种多用可移动式天然气切割供气装置	2019209418656	实用新型	20190621	20200501	气体公司
35	一种高耐蚀性连续退火低合金高强钢带的生产方法	2018113308254	发明	20181109	20200501	高强汽车板公司
36	一种防止粉尘外逸的斗式卸灰装置	2019211404187	实用新型	20190719	20200501	炼铁厂
37	一种热轧带钢下表面检测设备的防护装置	2019208430805	实用新型	20190605	20200501	制造部
38	一种加热炉耐热滑块	2019208693016	实用新型	20190611	20200501	型钢厂
39	连铸钢坯流自动识别装置	2019209154836	实用新型	20190618	20200501	二钢轧厂
40	一种角钢滚动导卫	2019206679599	实用新型	20190510	20200505	型钢厂
41	一种提高烧结混合料料温的水加热装置	201920771233X	实用新型	20190527	20200505	炼铁厂

续附表

序号	项目名称	专利号	类型	申请日	授权日	单位
42	一种矩形坯中间包整体浸入式水口对中装置	201920933234X	实用新型	20190620	20200505	检修分公司
43	一种吹氧管安全连接装置	201920983638X	实用新型	20190627	20200505	炼铁厂
44	一种中碳高合金钢的增碳控氮生产方法	2018100307111	发明	20180112	20200505	技术中心
45	一种低成本高冲压成形性冷轧退火低碳钢带及其生产方法	2018109836163	发明	20180828	20200505	高强汽车板公司
46	一种康斯迪电弧炉专用半密闭除尘罩	2019201918199	实用新型	20190212	20200505	唐钢国际
47	一种钢板坯位置调整装置	2019201971699	实用新型	20190213	20200505	中厚板公司
48	一种快速破碎铁口泥套的装置	2019203997778	实用新型	20190327	20200505	炼铁厂
49	一种转炉上料皮带漏料检测装置	2019204783282	实用新型	20190410	20200505	不锈钢公司
50	一种控制轴承安装精度的工具	2019207304839	实用新型	20190521	20200505	检修分公司
51	一种更换转炉升降烟罩的装置	2019207304909	实用新型	20190521	20200505	检修分公司
52	一种独立的热镀锌耐指纹液循环装置	2019207493101	实用新型	20190523	20200505	高强汽车板公司
53	一种料流调节阀阀板	2019207499131	实用新型	20190523	20200505	检修分公司
54	一种多级离心水泵的拆卸装置	2019207598160	实用新型	20190524	20200505	检修分公司
55	一种铁路货车车钩缓冲装置的防摆动卡具	2019207598387	实用新型	20190524	20200505	物流分公司
56	一种电子皮带秤无接触测速装置	2019207712382	实用新型	20190527	20200505	信息自动化部
57	一种高炉烧结泥料的加热装置	2019207810883	实用新型	20190528	20200505	炼铁厂
58	焦炉煤气热值模拟信号远距离拆分传输装置	2019208423873	实用新型	20190605	20200505	高强汽车板公司
59	一种结晶器液位检测系统探头支架	2019208501660	实用新型	20190606	20200505	一钢轧厂
60	一种连铸机中间包翻包机汽雾除尘装置	2019208614372	实用新型	20190610	20200505	型钢厂
61	一种钢卷开卷机压紧装置	2019209418641	实用新型	20190621	20200505	微尔公司
62	一种槽车氩气回收液化装置	2019209423688	实用新型	20190621	20200505	气体公司
63	一种开卷机重力压紧装置	2019209520442	实用新型	20190624	20200505	微尔公司
64	一种焦化脱硫系统泵冷却水应急处理装置	2019209836360	实用新型	20190627	20200505	炼铁厂
65	一种型钢三辊轧机切分孔导板盒	2019210269718	实用新型	20190703	20200505	型钢厂
66	一种皮带输送机卸料车拖缆牵引装置	2019210840827	实用新型	20190711	20200505	中厚板公司
67	一种精确测量金属板材扩孔率的装置	2019210917053	实用新型	20190712	20200505	技术中心
68	滤油机泄漏自控装置	2019211307384	实用新型	20190718	20200505	能源科技分公司

续附表

序号	项目名称	专利号	类型	申请日	授权日	单位
69	一种用于煤气排水器的保温装置	2019212963554	实用新型	20190812	20200605	型钢厂
70	避免计量泵进气的加药装置	201921140412X	实用新型	20190719	20200605	能源科技分公司
71	一种建筑工地施工除尘装置	2019211211767	实用新型	20190717	20200605	发展规划部
72	一种分析气体取样装置的吹扫装置	2019209068008	实用新型	20190617	20200605	信息自动化部
73	一种炉辊垂直度测量装置	2019212880890	实用新型	20190809	20200605	高强汽车板公司
74	一种脱硫液再生表征的取样装置	2019209824965	实用新型	20190627	20200605	炼铁厂
75	干熄焦装入装置的检测装置	2019207816451	实用新型	20190528	20200605	炼铁厂
76	反渗透膜多元有机溶剂结合生物制剂清洗剂及其使用方法	2017100135341	发明	20170709	20200605	动力部
77	天车吊运铁钢包的安全检测方法及系统	2019100817053	发明	20190128	20200605	微尔公司
78	提高耐硫酸露点腐蚀钢板表面质量的方法	2018102876047	发明	20180301	20200605	中厚板公司
79	一种薄板金相试样固定辅助装置	2019210164612	实用新型	20190702	20200605	技术中心
80	一钢多级镀锌低合金高强钢带及其生产方法	2019101986538	发明	20190315	20200605	高强汽车板公司
81	一种自动抽水装置	2019210731073	实用新型	20190710	20200605	中厚板公司
82	一种液体溢流管的溢流报警装置	2019215715433	实用新型	20190920	20200605	教育中心
83	一种粉末冶金机械导轨侧衬板	2019211220766	实用新型	20190717	20200605	发展规划部
84	一种连铸结晶器热电偶预紧力检测装置	2019211404670	实用新型	20190719	20200605	不锈钢公司
85	煤气管道检修水封溢流管和泄水管断水报警装置	2019211404172	实用新型	20190719	20200605	能源科技分公司
86	高压开关柜降温装置	2019211404168	实用新型	20190719	20200605	能源科技分公司
87	一种热轧带钢反喷集管保护架	2019213538186	实用新型	20190820	20200703	制造部
88	一种链条与钢丝绳连接装置	2019207717140	实用新型	20190527	20200703	炼铁厂
89	一种天车无人值守时自动断电的装置	2019215326365	实用新型	20190916	20200703	一钢轧厂
90	可降低 CO 排放的加热炉供排气系统	2019213159480	实用新型	20190814	20200703	能源环保部
91	位移传感器接线密封装置	2019218604470	实用新型	20191031	20200703	信息自动化部
92	一种内冷却式热送辊道	2019213624425	实用新型	20190821	20200703	微尔公司
93	一种多型钢包运输车	2019216070765	实用新型	20190925	20200703	二钢轧厂
94	一种耐磨型块状物料下料漏斗	2019207712414	实用新型	20190527	20200703	炼铁厂
95	一种高炉炉顶氮气均压装置	2019207712344	实用新型	20190527	20200703	炼铁厂
96	一种双重阻水热轧辊道	2019213714366	实用新型	20190822	20200703	微尔公司
97	一种划破基体表面涂镀层用试样固定辅助装置	2019212130447	实用新型	20190730	20200703	技术中心

续附表

序号	项目名称	专利号	类型	申请日	授权日	单位
98	起重机安全挂钩监控装置	2019214799183	实用新型	20190906	20200703	中厚板公司
99	一种轧机轴瓦结构	2019210260107	实用新型	20190703	20200703	型钢厂
100	一种轧钢工件冷却装置	2019211121987	实用新型	20190716	20200703	发展规划部
101	一种焦炉炉门服务车的供电连接结构	201921562876X	实用新型	20190919	20200703	炼铁厂
102	一种侧向压紧式开卷机	2019209418548	实用新型	20190621	20200703	微尔公司
103	一种焦油储槽加热器	2019214215967	实用新型	20190829	20200703	炼铁厂
104	一种镀高铝稳定辊的安装结构	2019207712359	实用新型	20190527	20200703	高强汽车板公司
105	一种600兆帕级水电用钢板及其生产方法	2018105317069	发明	20180529	20200703	中厚板公司
106	一种铸造孕育剂添加装置	2019209423777	实用新型	20190621	20200703	重机公司
107	一种适用于施耐德通讯线缆插头的扳手	2019210828948	实用新型	20190711	20200703	信息自动化部
108	一种回水室内阻断式热轧辊道	2019213624459	实用新型	20190821	20200703	微尔公司
109	一种RH干式机械泵控碳控氮的工艺方法	2018109983444	发明	20180829	20200731	高强汽车板公司
110	一种高炉炉前泥炮打泥指示针	2019214228825	实用新型	20190829	20200731	炼铁厂
111	一种优化采购车辆编组排队的系统及方法	2017105902636	发明	20170719	20200731	微尔公司
112	一种烧结机机尾导料槽	2019217786236	实用新型	20191022	20200731	炼铁厂
113	一种型钢热锯机的伸缩式回油装置	2019207120106	实用新型	20190517	20200731	型钢厂
114	喷冷风机换热器漏水检测系统	0201921869859	实用新型	20191101	20200804	冷轧厂
115	机械升降液位计水泵启停控制系统	2019218828560	实用新型	20191104	20200804	冷轧厂
116	一种蒸汽伴热放料装置	2019214215740	实用新型	20190829	20200804	炼铁厂
117	一种焦油氨水分离槽界面显示及液位控制装置	201921410978X	实用新型	20190828	20200804	炼铁厂
118	一种磨床纸过滤系统的自动控制装置	201921510411X	实用新型	20190911	20200804	冷轧厂
119	一种轧机支撑辊更换装置	2019217979050	实用新型	20191024	20200804	一钢轧厂
120	一种混凝土模架用钢板及其生产方法	2018115127573	发明	20181211	20200804	中厚板公司
121	薄规格700兆帕级超高强热轧黑皮钢带的生产工艺	2018111603551	发明	20180930	20200804	不锈钢公司
122	一种380兆帕级含钛车轮轮辋用钢带及其生产方法	2018110139682	发明	20180831	20200804	高强汽车板公司
123	中薄板坯连铸漏钢的预判方法	2018111429131	发明	20180928	20200804	总工办
124	一种无料钟炉顶下密封阀轴封结构	2019217773683	实用新型	20191022	20200804	炼铁厂
125	双相钢冷轧高强汽车板可涂装性能表面质量的控制方法	2018107161712	发明	20180629	20200804	技术中心

续附表

序号	项目名称	专利号	类型	申请日	授权日	单位
126	1300兆帕级汽车用超高强度冷轧钢板及其生产方法	2018115634991	发明	20181220	20200804	技术中心
127	一种可拆卸中速磨机刮板	2019215628789	实用新型	20190919	20200804	炼铁厂
128	一种棒线水平二辊轧机导卫底座辅助横移装置	2019209074009	实用新型	20190617	20200804	二钢轧厂
129	一种装配缓冲垫的钢卷固定装置	2019217440098	实用新型	20191017	20200804	冷轧厂
130	一种维修和更换减速机的吊装装置	2019216573088	实用新型	20190930	2020084	检修分公司
131	一种能够进行连续吸附操作的烟气净化装置	2019214215717	实用新型	20190829	20200804	炼铁厂
132	一种冷轧带钢在线穿带导板台	2019209068027	实用新型	20190617	20200804	高强汽车板公司
133	改进的液压制动器	2019217877199	实用新型	20191023	20200804	型钢厂
134	转炉氧枪横移车防撞装置	2019216070534	实用新型	20190925	20200804	二钢轧厂
135	连铸机给定拉速切换装置	2019215958774	实用新型	20190924	20200804	二钢轧厂
136	一种绘制建筑预算使用的绘图装置	201921129966X	实用新型	20190718	20200804	发展规划部
137	一种回转窑双通道燃料燃烧器	2019212139742	实用新型	20190730	20200804	不锈钢公司
138	连铸移动辊道位置检测装置	2019218817072	实用新型	20191104	20200804	不锈钢公司
139	一种推钢式板坯加热炉低管底比水梁结构	2019218698603	实用新型	20191101	20200804	中厚板公司
140	一种烧结机布料圆辊的自动清扫装置	2019215620611	实用新型	20190919	20200804	能源环保部
141	一种冷连轧机在线检查台便捷取样的装置	2019215629283	实用新型	20190919	20200804	制造部
142	一种冷床柔性缓冲挡板装置	2019217991298	实用新型	20191024	20200804	中厚板公司
143	一种天车电动平移夹钳的故障指示装置	2019218350008	实用新型	20191029	20200804	冷轧厂
144	防止天车卷筒钢丝绳反卷的装置	2019217981794	实用新型	20191024	20200804	一钢轧厂
145	一种初期雨水收集处理装置	2019215436331	实用新型	20190917	20200901	教育中心
146	一种铁水倒罐站直流系统接地检测报警装置	2019216057239	实用新型	20190925	20200901	二钢轧厂
147	一种防止物料爬坡皮带机结冰打滑装置	2019217773768	实用新型	20191022	20200901	炼铁厂
148	一种转炉钢水合金料烘烤和调速加料装置	2019217084750	实用新型	20191013	20200901	唐钢国际
149	一种镀锌生产线气刀刀唇保护装置	2019217355220	实用新型	20191016	20200901	冷轧厂
150	一种中频炉加料斗	2019217875530	实用新型	20191023	20200901	重机公司
151	一种主动式开卷机压紧装置	2019218459941	实用新型	20191030	20200901	微尔公司
152	一种连续退火生产线光整机轧辊轴承座导轮	2019218817354	实用新型	20191104	20200901	高强汽车板公司

续附表

序号	项目名称	专利号	类型	申请日	授权日	单位
153	一种拆装环冷机台车车轮的专用顶具	201921767094X	实用新型	20191021	20200901	炼铁厂
154	一种中间包塞棒芯杆吹风冷却装置	201921834691X	实用新型	20191029	20200901	一钢轧厂
155	一种薄规格高性能超高强半硬钢带及其生产方法	2018114293398	发明	20181127	20200901	不锈钢公司
156	一种烧结环冷机台车辅助卸料装置	201921798097X	实用新型	20191024	20200901	炼铁厂
157	一种薄规格冷轧退火超高强度钢及其生产方法	201810820553X	发明	20180724	20200901	技术中心
158	一种激光焊接惰性气体保护装置	201921882696X	实用新型	20191104	20200901	技术中心
159	一种7500千瓦粗轧主电机抽芯检修工装	2019222538556	实用新型	20191216	20200901	检修分公司
160	一种可以精准控制划破试样涂镀层深度的装置	2019212928743	实用新型	20190809	20200901	技术中心
161	一种更换镀锌清洗段沉没辊的工具	2019216588172	实用新型	20190930	20200901	检修分公司
162	一种用于大型型钢的链式移送装置	2019217772572	实用新型	20191022	20200901	型钢厂
163	一种扇形段框架刚度测试装置	2019221470490	实用新型	20191204	20200901	不锈钢公司
164	一种低制耳率超深冲冷轧退火低碳钢带及其生产方法	2018109836178	发明	20180827	20200901	高强汽车板公司
165	一种铌钛复合冷轧低突耳率超深冲钢带的生产方法	2018109836182	发明	20180827	20200901	高强汽车板公司
166	一种热金属探测器保护装置	2020202861896	实用新型	20200310	20201002	信息自动化部
167	一种烧结粉料仓稳定下料装置	2019217084924	实用新型	20191013	20201002	唐钢国际
168	一种冷床滑道用滑板钢及其热轧方法	2019107390133	发明	20190812	20201002	型钢厂
169	一种回转窑除尘灰配加装置	0201922152255	实用新型	20191205	20201002	不锈钢公司
170	一种烧结环保四通溜槽	2019221706499	实用新型	20191206	20201002	唐钢国际
171	一种轧辊辊头装配小车	2019220702081	实用新型	20191127	20201002	重机公司
172	一种冷轧重卷卷边机安全防护装置	201921869226X	实用新型	20191101	20201002	冷轧厂
173	一种抗拉强度780兆帕级冷轧双相钢及其生产方法	201810820585X	发明	20180724	20201002	技术中心
174	抗拉强度大于1300兆帕的热镀锌钢板及其生产方法	201811590444X	发明	20181220	20201002	技术中心
175	500兆帕级低合金高强钢板的轧制过程板型控制方法	2019106664761	发明	20190723	20201002	中厚板公司
176	一种压力容器用钢07Cr2AlMoR及其生产方法	2018109748321	发明	20180824	20201002	技术中心
177	不同带钢衔接连续退火时的温度波动控制方法	2019102848037	发明	20190410	20201002	技术中心

续附表

序号	项目名称	专利号	类型	申请日	授权日	单位
178	一种高炉重力除尘四通清灰装置	2019219666991	实用新型	20191114	20201002	唐钢国际
179	一种用于盐雾试验试样的封边装置	2019218691816	实用新型	20191101	20201002	技术中心
180	一种用于薄板冲击性能检测的试样夹持装置	2019222360784	实用新型	20191213	20201002	技术中心
181	一种中间包固定式偶头连续测温装置	2019221369940	实用新型	20191203	20201002	一钢轧厂
182	一种型钢钢材倒运工具	2019218691318	实用新型	20191101	20201002	型钢厂
183	一种适用于工字梁曲线运动的电缆小车	2019220148052	实用新型	20191120	20201002	冷轧厂
184	一种运输皮带机卸料车组合密封装置	2019221470594	实用新型	20191204	20201002	不锈钢公司
185	一种大倾角皮带输送机的密封导料槽	2019217084873	实用新型	20191013	20201002	唐钢国际
186	一种新型的退火炉用放电电极	2019221074361	实用新型	20191129	20201002	冷轧厂
187	一种汽车卸料受料槽除尘罩	2019217355131	实用新型	20191016	20201002	唐钢国际
188	一种超低碳烘烤硬化钢板及其生产方法	2018110058986	发明	20180830	20201002	技术中心
189	一种超高强塑积冷轧钢板及其生产方法	2019102430806	发明	20190328	20201002	技术中心
190	一种电动汽车的电池包箱体	2019221585530	实用新型	20191205	20201002	技术中心
191	一种风冷式风口平台梁冷却装置	2019221716823	实用新型	20191206	20201002	唐钢国际
192	一种起重机直流制动器控制装置	2020202528446	实用新型	20200304	20201103	二钢轧厂
193	一种起重天车检修止轮器	201922158065X	实用新型	20191205	20201103	物流分公司
194	一种冶金行业颗粒状物料混匀装置	201922224411X	实用新型	20191212	20201103	炼铁厂
195	一种焦炉废气拉条交换过程跳齿的处理装置	201922023923X	实用新型	20191121	20201103	炼铁厂
196	精确控制600兆帕双相钢中间包钢水碳含量的方法	2018103929164	发明	20180427	20201103	高强汽车板公司
197	一种测宽仪在线校准方法	2019102431870	发明	20190328	20201103	信息自动化部
198	一种Nb强化的低成本预硬化塑料模具钢板及其生产方法	2019101144309	发明	20190213	20201103	中厚板公司
199	6毫米以下厚度规格高强度钢的轧制过程板型控制方法	2019106664757	发明	20190723	20201103	中厚板公司
200	一种汽车外板用烘烤硬化钢及其生产方法	2018113987895	发明	20181122	20201103	技术中心
201	一种带预弯推头的大型型钢上料小车	2019222483638	实用新型	20191212	20201103	型钢厂
202	一种可拆卸和移动的组合脚手架	2019216791877	实用新型	20191009	20201103	检修分公司
203	一种测定钢砂铝中铁和铝含量装置	201922408109X	实用新型	20191228	20201103	不锈钢公司
204	一种用于检测涂层抗拉结合强度的装置	2019222843648	实用新型	20191218	20201103	技术中心

续附表

序号	项目名称	专利号	类型	申请日	授权日	单位
205	一种钢丝绳链接装置	2019222851288	实用新型	20191218	20201103	物流分公司
206	一种阀块阀芯拆卸装置	2019222711140	实用新型	20191217	20201103	不锈钢公司
207	一种用于无人天车卧式夹钳的电缆松线器	2019223162511	实用新型	20191221	20201103	微尔公司
208	一种烧结生石灰缓冲仓	2019221719605	实用新型	20191206	20201103	唐钢国际
209	一种吊具夹紧限位检测的装置	2019222697073	实用新型	20191217	20201103	一钢轧厂
210	磁铁升降式起重机安全限位装置	2019222402787	实用新型	20191214	20201103	安全部
211	一种移动式测温偶头存取装置	2019222697069	实用新型	20191217	20201103	不锈钢公司
212	一种煤气脱水装置	2019220019174	实用新型	20191119	20201103	炼铁厂
213	一种烧结机中部滑道	2019222697957	实用新型	20191217	20201103	炼铁厂
214	一种起重天车车轮轮径磨损在线检测尺	2020203964762	实用新型	20200325	20201103	物流分公司
215	一种车削钢管坡口的专用刀具	2019221592375	实用新型	20191205	20201103	教育中心
216	一种行程可调的液压缸装置	2019221552715	实用新型	20191205	20201103	一钢轧厂
217	一种初冷器煤气温度调节装置	201922269743X	实用新型	20191217	20201103	炼铁厂
218	一种高速线材斯太尔摩风冷线推卷装置	2019222988929	实用新型	20191219	20201103	二钢轧厂
219	一种移动通风槽的自行走收尘小车	2019221369955	实用新型	20191203	20201103	不锈钢公司
220	RH 下部槽及合金下料口结瘤的清理方法	2018114694590	发明	20181127	20201127	高强汽车板公司
221	一种码放板坯的无人天车标定装置及方法	2020203764450	实用新型	20200323	20201127	微尔公司
222	一种鱼雷型混铁车导向转向架专用牵引工具	2020201848146	实用新型	20200219	20201127	物流分公司
223	一种夹取铂黄坩埚的坩埚钳	2019219664479	实用新型	20191114	20201127	不锈钢公司
224	一种清洗段沉没辊更换吊装装置	2019220032249	实用新型	20191119	20201127	高强汽车板公司
225	一种离心铸造机水冷却用雾化喷头	2019221245685	实用新型	20191202	20201127	重机公司
226	一种用于钢板延迟开裂试验的夹具	201922316248X	实用新型	20191221	20201127	技术中心
227	一种双膛石灰竖窑用低热值燃气热值提升装置	2019219903874	实用新型	20191118	20201127	唐钢国际
228	一种带有除尘装置的控制柜	2020203868093	实用新型	20200324	20201127	教育中心
229	一种烧结自溢式三通分料装置	201922170647X	实用新型	20191206	20201127	唐钢国际
230	一种静电涂油机刀梁边部遮挡装置	2019209825065	实用新型	20190627	20200616	唐钢新区
231	一种快拆型双支撑回转传动装置	2019222984218	实用新型	20191219	20200915	唐钢新区
232	一种自动定位轧辊吊具	2019222971631	实用新型	20191219	20201103	唐钢新区
233	开门放电装置	2020201319621	实用新型	20200120	20200911	唐钢新区

【科协管理】 2020年，河钢唐钢科协认真履行联系科技工作者的桥梁和纽带职责，围绕企业中心工作，加强科技人员的学术交流，拓宽视野，提高科技创新意识，在推动技术创新、促进科技交流、提高员工科学素质、举荐创新人才、激发创新热情和创造活力等方面发挥重要作用，成为推动企业技术创新的重要力量。年内，不断适应公司科技进步和提高科技人员专业素质、开阔视野的需求，组织上海大学、中南大学教授来公司开展技术交流举办技术讲座，组织参加殷瑞钰院士学术报告、“西南专家走进河钢云课堂”系列活动、集团科技大讲堂等科技活动20余次，参加的科技人员达2000余人次；开展学术交流活动，组织参加“十一钢”热成形钢产品开发及应用专题技术交流会、2020年洁净钢生产技术研讨会、第八届高品质钢研讨会、河钢股份炼钢系统高效生产专题会议、2020（第三届）全国炼铁厂长技术座谈会等学术会议，为2020年全国炼铁生产技术会暨炼铁学术年会、第五届全国冶金渣固废回收及资源综合利用节能减排高峰论坛、2020年河钢东大年会、全国轧钢生产技术会议、全国炼钢学术会议、全国冶金能源环保技术交流会、第五届高强钢暨热冲压成形国际学术会议等会议征集学术论文200余篇，提高公司在国内钢铁学术界的知名度；积极搭建创新平台，为提高科技人员素质服务，向上级举荐人才，开展河北冶金行业学术带头人、青年学术英才推荐工作，谭文振被评为“河北省冶金行业学术带头人”，邝霜、李晓刚被评为“河北省冶金行业青年学术英才”，组织市科协举办的“最美科技工作者”推荐工作、《河北冶金》2020年度优秀论文推荐评选工作，公司科协获得优秀组织奖，4篇优秀论文获奖；年内公司被评为“河北省科技工作者之家建设示范单位”。

【合理化建议管理】 2020年，河钢唐钢注重合理化建议管理，重新修订《合理化建议管理办法》，完善合理化建议工作流程，明确合理化建议备案制度，做好合理化建议的征集上报工作，及时组织专家对合理化建议进行评审，保证合理化建议活动规范有序进行，促进科技创新工作持续开展。全年，各单位提出合理化建议1519条，采纳1209条，实施758条，涉及工艺优化、技术改进、设备功能完善等方面内容。

【检测分析管理】 2020年，河钢唐钢结合项目制实施，加强检测分析管理，提升检测技术能力，助力品种研发与工艺管控。年内，进行检测方法研究改进工作，发布并实施《锰硅合金 硼含量的测定 电感耦合等离子体原子发射光谱法》（Q/TBH B42—2020）等企业标准2项，实验室检测能力和范围进一步拓展；开展包括“表面修复和强化材料组织结构研究及在冶金辊道再制造中的应用”“热轧板带工作辊组织成分研究与优化”等产线科研课题研究5项，研究能力显著加强，为产品研发、产线生产提供试验数据支持；坚持为内外部客户提供优质检测服务、开展质量综合分析，共出具检测试验报告420份，完成钢材、铁合金等各种原辅料及疑难试样1394个，检测项目9000余个；配合汽车板产品认证，完成低合金钢、双相钢、低碳冲压用钢、热冲压成型钢、DH钢等镀锌和退火板等37个牌号的力学性能、金相组织、夹杂物、图层结构、化学成分等检测项目，进行16个牌号31种工艺的磷化膜形貌、尺寸及分布分析，满足不同主机厂产品认证需求。

【CNAS实验室认可】 2020年，河钢唐钢持续提升实验室技术和管理能力，提高实验室服务水平，公司实验室顺利通过中国合格评定认可委员会（CNAS）现场评审，保证了实验室53个试验方法和79个项目参数的CNAS认可范围，同时完成中实国金组织的6项测量审核和能力验证，结果均为满意，显示实验室出具数据的可靠性和有效性，确保实验室具备较高的检测水平。这一年，完成认可体系文件中《质量手册》、26个程序文件、65个作业文件和152个质量和技术记录的评审和换版工作，保证体系文件的符合性和适用性；按照年度培训计划，举办安全生产、体系文件、方法标准、质量控制等培训班9个，培训131人次，79学时，实验室检测技术人员的技术和管理能力得到提升。

【科技信息管理】 2020年，河钢唐钢围绕重点工作，加强科技信息管理，注重信息情报搜集筛选，助力决策发展。当年，精心维护OA科技信息版块，上传有关国外钢铁热点资讯、市场分析、节能环保、科技创新、专题技术等信息3874条，出版《国内外钢企动态》提供精简信息1000余条；建立移动信息交流平台，分享科技信息1300余条，为公司新技术新工艺应用、品种研发提供服务；根据公司发展形势，密切关注世界钢企，跟踪国外信息资源，翻译外文信息；浏览日本钢企官网及日本各大门户网站有关信息，筛选有价值的信息进行翻译、整理日文信息300条左右；为方便科研人员资料查询，开设科技信息委托查询服务，当年承担委托任务17项，查询检索文献资料146篇，为科技研发提供支持。

【时效性刊物编辑出版】 2020年，河钢唐钢密切跟踪行业动态信息，坚持按节点出版各类信息刊物。年内，出版《信息快报》47期、《钢铁技术》4期、《唐钢科技》4期，为拓宽思路，了解钢铁行业现状及发展动态提供服务支持。这一年，围绕国内外重点钢企，浏览各类网站，收集整理相关信息，编辑周刊《信息快报》，并上传公司OA网站的科技信息版块，提供每周钢铁相关信息；《钢铁技术》作为专业技术较强的刊物，主要为公司领导及科技人员提供钢铁前沿技术信息情报；充分发挥《唐钢科技》学术交流窗口、学术研究园地和培养学术人才的作用，为公司内各专业人员提供技术交流平台，年内接收作者论文175篇，指导作者对论文进行修改60篇，56篇合格论文及时送审，接收编委审回论文49篇；对上年度发表在《唐钢科技》的优秀论文进行评选，鼓励职工积极参与学术交流活动，发挥聪明才智。

【档案管理】 2020年，河钢唐钢加强档案管理，完善管理制度，两次修订《唐钢文件材料归档管理办法》，进一步规范档案收录归档、整编著录工作，确保接收档案齐全完整。这一年，坚持查看工程实体，完成15个施工单位28个单位基建工程竣工档案交工，指导17个施工单位51个单位设备安装工程竣工档案交工，保证公司新建、改扩建基建工程项目真实、竣工档案完整；全年共接收基建、设备、会计、产品科研、新闻书稿、文书等各类档案3500余卷（件），其中接收基建档案30项156卷，设备安装档案43项353卷，会计档案12卷，产品档案9卷，科研档案316卷，接收新闻书稿档案照片1.03吉字节，唐钢新闻394吉字节，光盘2张。加强档案专业化管理，按照《河钢唐钢档案分类编号规则》，做好档案的整编著录，将接收的档案分类、整理、排序、编制档号、界定保管期限，整编基建、设备、会计、产品科研、新闻书稿、文书档案共计5900余卷（件）。

【档案利用】 2020年，河钢唐钢档案利用工作持续增强，为公司高质量发展提供优质服务。全年，查阅提供利用各类档案1900余卷，复印6500余张，助推公司大中修基建技改项目、产品研发和生产经营；年内公司档案馆上报的“利用设备档案支持公司脱硫脱硝工程项目建设，为公司环保工程作贡献”“利用文书档案，保障退伍军人社保补缴工作顺利进行”2项服务成果，获得2019年度档案开发利用省级三等奖。

【专家课题管理】 2020年，河钢唐钢落实公司创新委员会决策部署，逐步完善各种管理机制，与各部门协调配合，加强过程管控，提升专家课题的完成率和成果转化。共发布专家课题162项，其中技术类课题103项、管理类课题59项。年内，利用网络线上平台，组织专家培训学习，开拓专家视野，充分发挥专家科技创新的引领作用，推动公司科技进步；依照《河钢唐钢专家课题管理办法（试行）》的规定，采取季汇报、重点调研、年中评价、年终结题评价等管理手段对专家课题进行全程跟踪，对课题开展过程中存在的问题，及时协调解决；对不能顺利开展的课题进行调整或终止处理，终止专家课题8项，调整课题9项，新增专家课题1项；年末对155项专家课题进行全面评审，评价结果为优秀25项，良好63项，合格65项，待改善2项。

【铁前工艺消耗件管理】 2020年，河钢唐钢进一步加强铁前工艺消耗件管理，加大费用管控力度，不断降低生产成本。全年，铁前工艺件实际发生费用较上年降低786万元，吨铁工艺件费用较上年降低0.34元。年内，在考虑本部高炉停产、新区高炉投产等生产变化情况下，对公司年度费用指标按区域进行分解，对上年各区域实际费用发生情况进行总结分析，有针对性制定2020年费用管控措施；严格审核月度领用计划，加大费用占比较高的滤料、煤泥等大宗物料的管控力度，合理控制库存，鼓励修废利旧，加强与周边民企对标交流，持续降低实际发生费用。

【高炉长寿管理】 2020年，河钢唐钢加强高炉长寿管理，对高炉长寿状况进行不间断跟踪，为每座高炉建立长寿档案，确保高炉稳定运行。年内，及时处置唐银公司3号炉、不锈钢公司2号高炉突发问题，避免事态扩大影响生产；通过配加钛球、加长风口、强化冷却、堵风口控制冶炼强度、炉缸灌浆、使用含钛炮泥等综合护炉措施，使炉缸存在局部侵蚀的本部3号高炉、不锈钢公司1号高炉、中厚板公司3号高炉炉缸长寿问题始终处于可控状态；对大修的不锈钢公司2号高炉、中厚板公司1号高炉炉缸侵蚀情况进行调研，分析炉缸侵蚀原因，用以指导新炉缸结构设计和耐材选型；参与新炉缸耐材监制及预砌验收，监督炉缸施工质量，确保新砌炉缸严格按炭素捣打料施工规范施工，对炭素捣打料铺料、找平、压缩率等关键环节进行现场抽查和施工记录检查。

能源环保管理

【能源管理】 2020年，河钢唐钢加强能源基础管理，深入对接产线，开展节能降本工作，实现经济运行。全年，发电量24.71亿千瓦时，比计划值增发2.83亿千瓦时；转炉煤气回收量113立方米/吨，比计划值多回收20立方米/吨；新水消耗2.60立方米/吨，比计划值降低1.1立方米/吨；能源成本196.92元/吨，同比降低1.88元/吨。这一年，根据本部停产计划，制定本部退城搬迁介质平衡方案，降低能源损失，实施各阶段水、电、煤气、蒸汽等能源介质运行方案，做到各介质供需平衡，最大限度减少能源浪费；组织实施北区变压器减容、南区滨钢22万站停运工作，月减少基本容量电费676万元；深入开展节能降本攻关，以主体生产单位和非钢单位节能降本工作为切入点，强调“零投入”基础上实现管理节能，在验证对安全生产无影响的前提下，固化节能操作模式及运行参数，保证节能降本工作的可持续性，外购能源成本显著下降，当年5月以来，本部实施节能措施94项，外购能源成本降低7.02元/吨，不锈钢公司实施44项节能措施，外购能源成本降低23.92

元/吨，6个重点用能非钢单位采取节能措施63项，节约介质创效445万元；积极协调对外工作，通过电力直接交易，减少电费支出434万元；结合美锦二期、佳华、新区投产方案，整体规划公司煤气资源利用，制定公司级区域焦炉煤气资源综合平衡方案，针对进入冬季后，公司生产面临焦气供应紧张问题，对外积极协调古冶荣义焦气直供本部，对内组织高强汽车板公司动力锅炉改烧天然气，焦气紧张状况得到缓解，实现焦炉煤气资源效益最大化。

【新区能源管理】 2020年，河钢唐钢强化新区基础管理，提升新区能源管理水平。年内，全面移植公司本部能源管理经验，指导新区建立和完善能源管控系统及能源数据精细化管理系统，改进能源运行监控和数据采集分析系统，全方位应用于动力能源系统监控、操作和管理，为各生产工序能源介质使用和调度工作提供便捷，为节能降耗工作提供数据支撑；9月新区各产线陆续投产后，重点推进新区二次能源回收和高效利用工作，加快余热余能资源回收装备的投运进度，最大程度减少能源浪费损失，新区炼钢、轧钢、烧结蒸汽和高炉冲渣水等余热资源全部回收利用，煤气发电、TRT发电和烧结余热发电机组运行效率均达到设计标准，实现高效、经济运行，自发电比例达60%，同时深入推进新区节能降本工作，实施节能措施28项，外购能源成本降低29.7元/吨。

【能源管理体系改进】 2020年，河钢唐钢持续强化能源管理体系运行管理，分三个阶段梳理完善体系工作，不断提升能源管理体系持续改进的有效性，达到公司年度能源管理目标。年内，组织能源管理体系ISO50001：2018内审员培训，并对公司能源管理体系管理手册、管理程序、管理办法等重要内容进行解读，为公司能源管理体系内部审核及能源管理水平提升创造条件；加强产线能源基础管理，编制《2020年度能源管理体系PDCA运行实施计划》，梳理完善重点用能作业区岗位规程，提炼能源管理要素，将能源管理分解至各作业区，形成作业区自我管理运转平台；组织开展能源管理体系内部审核，整改问题39项；协助新区建立并完善能源管理体系，指导并跟进内审发现问题整改情况，从根本上保证公司能源管理体系运行的充分性、符合性和有效性。

【环保管理】 2020年，河钢唐钢站在讲政治的高度，全力做好环保工作，为企业生产经营顺行创造有利局面。全年，吨钢颗粒物排放0.49千克，同比降低4.4%；吨钢二氧化硫排放0.116千克，同比降低66.86%；吨钢氮氧化物排放0.285千克，同比降低61.0%；吨钢COD排放0.007千克，同比降低78.8%；吨钢氨氮排放0.0006千克，同比降低57.1%，均实现污染物减排目标，其中二氧化硫、化学需氧量、烟粉尘排放量指标均低于行业控制指标。年内，面对前所未有的环保压力，积极协调外部环境，化解各种不利因素，接受各级环保执法检查1023次，最大限度保障生产经营顺行；重视环保设备检修与维护，根据环保设备运行情况持续完善环保设备岗位规程、岗位点检标准、专业点检标准、维修技术标准，确保环保设备正常运行，污染物达标排放；加强对污染物排放总量控制，满足排污许可证总量要求，按照主要排放口和无组织排放情况详细制定各区域污染物总量指标，同时通过开展重点部位封闭及优化操作，降低污染物排放，当年公司颗粒物、二氧化硫、氮氧化物气态污染物排放量比排放目标分别降低45.26%、91.42%、76.40%，完成污染物排放总量控制指标要求；高标准抓好新区环保管理，围绕创建超低排放A级企业，综合施策，健全完善环保管理机制，制定环保管理制度和环保应急预案，加强新区生产和工程现场管理，为新区环保达标、实现超低排放和经营发展创造条件，新区环保管理工作水平大幅提升。

【环境管理体系建设】 2020年，河钢唐钢不断健全完善环境管理体系，认真贯彻执行环境管理体系标准，全面识别环境因素，评估重要环境因素和重要环境岗位，明确控制措施。年内，识别确认重要环境因素18个，重要环境岗位22个。根据生产过程中产生的污染情况，开展公司环境类法律法规识别工作，更新体系文件，将辨识出的法律法规适用条款纳入制度；完善内部联查考核反馈机制，每月确定评价项目及检查内容，对各区域进行环保联查，并对问题项督促整改，严肃考核；坚持检查体系现场运行情况和目标指标完成情况，保证体系有效运行，全年环保设施同步运行率、完好率达100%，工业废水处理率、外排废水达标率100%；工业固体废弃物处置率、利用率100%，烧结机头颗粒物、二氧化硫和氮氧化物均达到河北省《钢铁工业大气污染物排放标准》（DB 13/2169—2018），废水排放口COD、氨氮浓度均达到《钢铁工业水污染物排放标准》（GB 13456—2012），公司环境质量及现场环境状况进一步改善提升。

【固废危废管理】 2020年，河钢唐钢本着“减量化、资源化、无害化”原则，加强对工业固废危废管理，保证危险废物的合规处置、利用，杜绝危险废物非法转移，避免因危险废物违规处置造成环境污染事故发生，固废危废规范化管理和综合利用水平进一步提高。这一年，拓宽危险废物处置渠道，大幅削减废油产生量与努力提升废油品质双向并举，含油废物、乳化液、废弃包装物（容器）、危险化学品等危险废物处置单价同比下降约100元/吨；调整销售策略，在国内有色金属行情持续走高的背景下，快速反应，及时提高锌渣销售价格，全年锌渣销售收入4837.89万元，实现公司废物资源效益最大化；组织实施“点对点”协同处理危废项目，充分利用新区烧结机和佳华焦化公司焦炉，协同处置公司内部各单位产生的危险废物和固体废物，年处理量约2万吨，节约危废处置费用约5000万元。

附表1　公司能源环保指标一览

指标名称	单位	完成情况
发电量	亿千瓦时	24.71
能源成本	元/吨	196.92
转炉煤气回收量	立方米/吨	113
节能改造费用	万元	1091.46
污水处理费	万元	4300.89
基本容量电费	万元	39392
吨钢综合能耗（以标煤计）	千克/吨	593.36
烧结工序能耗（以标煤计）	千克/吨	49.00
炼铁工序能耗（以标煤计）	千克/吨	408.21
炼钢工序能耗（以标煤计）	千克/吨	-16.71
轧钢工序能耗（以标煤计）	千克/吨	36.11

附表2　公司本部污染物吨钢排放量指标一览

指标名称	2020年实际/千克	2020年目标/千克	2019年完成/千克	比2019年降低	
				千克	%
颗粒物	0.497	0.55	0.52	0.023	4.4
二氧化硫	0.116	0.40	0.35	0.234	66.86
氮氧化物	0.285	0.65	0.73	0.445	61.0
COD	0.007	0.03	0.033	0.026	78.8
氨氮	0.0006	0.0016	0.0014	0.0006	57.1

附表3　公司本部污染物总排放量及减排情况

指标名称	2020年排放量/吨	2019年排放量/吨	减排量/吨
颗粒物	1778	3628	1850
二氧化硫	414	2436	2022
氮氧化物	1019	5249	4230
COD	24	222	198
氨氮	2.15	9.82	7.67

物流管理

【生产经营】 2020年，河钢唐钢统筹推进现代物流园区建设，物流业务转移平稳过渡，本部存续业务运行有序，新区生产建设支撑有力，专业管理职能延伸到不锈钢公司、公司新区等物流业务各环节，全面降本控费，传统物流向现代物流转型升级开启新征程。全年，吨钢物流成本291.01元，比计划和目标分别降低53.99元、18.99元，累计挖潜2.32亿元；物流归口费用2.13亿元，比目标降低6813万元；现金流2629.28万元，比挖潜目标增加195万元；实现利润860万元，比挖潜目标增利195.34万元。

【市场开拓】 2020年，河钢唐钢不断开拓物流市场，打通铁路运输煤焦通道，重启“公转铁”运输模式，提升铁路物流业务量。这一年，着力拓展佳华站场的运营管理，积极协调路局关系，组织各方消缺完善，11月30日顺利开通运营，煤焦直接到达铁路运输，焦炭卸车效率显著提升，实现集团及公司的预期目标；加强美锦铁路发运组织，多方协调车源，提高产能转移期间焦炭发运量；积极推进美锦二期配套铁路完善项目，美锦铁路运输在公司本部保供、新区保产中发挥了不可替代的关键作用。全年，实现焦煤接卸157.98万吨、焦炭发运65.14万吨，增创物流收入7323.8万元。

【区位调整】 2020年，河钢唐钢自新区陆续投产以来，物流专业管理向上下道工序延伸，深入现场研究物流系统衔接方案，协调解决保产保供实际问题，保证新区稳定生产。这一年，克服边生产、边建设及设备设施工艺设计不完善、管控流程待理顺等诸多外部环境的制约，破解投产初期供料组织难题，针对公司新区1号高炉投产之际港口皮带通廊进料能力有限、卡车受料槽进料能力和品种受限等问题，主动协调京唐港对港口皮带与新区接口溜槽实施改造，及时组织汽运直进料场保产保供；面对2号高炉投产皮带机跑偏、回程带料等现实问题，研究皮带供焦方案，提出焦炭供料和仓储改造办法，解决焦炭储存能力问题；关注高炉生产主要技术指标及参数，为炉料平衡提供充分的物流保障。

【优化新区物流管理】 2020年，河钢唐钢持续优化新区物流管理，提升运输能力和发运效率，为新区生产提供绿色物流支撑。这一年，联合新区与港口建立协调机制，组织专门人员驻港加快信息传递、协助港口取料机作业，协调合理布港、优化港口料场布局，全面提高取料能力和疏港效率；运用本部北区原料管理经验，协调改造新区现有皮带系统，提高皮带通廊运力；针对冬季特点，与港口共同研究制定预防皮带粘料、冻料措施，保证新区进厂物料顺畅；适应新区生产节奏变化，采取借助人工作业提高吊装精度、应急增加运输保产车队，协调公司部门优化新区钢卷单卷卷重等措施，有效提升发运效率，实现了新区至冷轧薄板厂、高强汽车板公司的原料卷运输保产保供；跟进产线达产增量，协调新区完善订单信息传递问题，加快发运组织，保证库存结构合理；研究规划新区清洁运输方案，利用佳华至新区综合管廊设施加以改造，实现新区水渣为唐龙唐昂超细粉新产线供料；对标国内冶金企业同行的有益做法，组织与多家新能源重型卡车厂家技术交流，研究切合新区原料进厂、钢材发运的清洁运输模式，确保新区达到超低排放A级企业标准，增添绿色发展新活力。

【物流体系建设】 2020年，河钢唐钢树立“不因物流工作影响产线一分钟”的服务理念，全面强化物流体系管控。这一年，根据公司产能转移节奏，适时整合本部各分散留守作业区，成立新区、佳华等专业作业区，分区域同步压减本部在线运用机车，合理匹配10台机车投入新区和佳华新项目生产，加快生产组织响应，全面提高工作效率；进口端有力执行公司降本控费部署，前瞻性地调整进厂节奏，适度降低本部库存，协调本部清底物料回收12万吨，分类陆续发运投入再生产，高效实施多批次厂际间调料及外购烧结矿保供，满足公司降低结构成本的生产经营需求；出口端服务公司“两个结构”优化，积极应对疫情防控及环保限行突发状况，采取开通临时通道、合理开发利用闲置场地倒运转储等有效措施，缓解运力紧张压力，降库存、保产线；落实产能转移排产计划，千方百计组织中型材备货仓储5.1万吨，确保公司战略协议户可发资源的连续性；将服务重心向大型材品牌、高强汽车板重点客户等方面倾斜，灵活制定个性化、差异化物流方案，为公司优化产品结构提供可靠物流保障。

【“铁铁智运”平台运营】 2020年，河钢唐钢有效运营“铁铁智运”平台功能，公司所有满足上线要求的汽运业务100%实现线上询比价和平台结算。这一年，主动突破传统的汽运业务询价模式，积极推进佳华铁路装卸业务上线询比价，开辟了平台首次运行铁路装卸业务的先河；美锦汽运及新区业务相继实现上线运行。全年，进行招投标询比价112次，降低运费1660万元。

【物流优惠政策】 2020年，河钢唐钢密切跟踪国家有关物流优惠政策，增创经济效益。全年，节省港建费、保价费7048.19万元。这一年，充分利用国家取消进出口港口建设费的优惠政策，协调天津港收回外矿港建费优惠返款20%；跟进曹妃甸铁路疏港单价下调30%的政策落实，兑现与京唐港量价互保协议优惠，节省运费、港口费2384.24万元。

【物流成本管控】 2020年，河钢唐钢建立市场化快速反应机制，优化各区域物流业务，成本管控再创新业绩。这一年，准确研判公路运输市场供求关系，3月分别下调京唐港、曹妃甸港至本部和不锈钢公司运价，降低运费1047万元；紧盯国家实施高速优惠和油价调整时机，促成运输业务运价下调5%，降低运费890万元；适时重新核定不锈钢铁区和中厚板区承包费，分别由3.0元/吨、4.99元/吨降至2.83元/吨、4.74元/吨；对标中厚板区，实施全区域吊车、升降车单价下调5%；将新区业务纳入公司整体物流成本管控体系，实施集中管控，先后完成新区物流成本测算和预算，对接集团厂内物流成本统一口径，注重发挥新区皮带进料的优势，合理协调组织进口矿皮带进厂123万吨，降低疏港费用1302万元。

【物流园区建设】 2020年，河钢唐钢深入推进物流园区建设项目，打造物流产业发展新平台。这一年，深层次对接政府部门，现代物流园区项目列入“唐山市2020年重点建设项目计划”，得到了市、区各级政府部门的有力支持和协调推进；与全球最大园区服务商普洛斯深入对接协作，形成《河钢唐钢现代物流园项目可行性研究报告》，严格按照项目开发及建设专家评审、线上提报部门联审等程序，经多方论证，获得公司党委会和董事会通过；同步推进炼铁北区4号路以北规划设计产业先导方案，编制《现代物流园项目固定资产利旧方案》，为后续项目建设与运营打下坚实基础。

检修管理

【设备维检】 2020年，河钢唐钢树立系统化思维，科学调配人力资源，高效组织设备维检。这一年，从检修组织和职工技能两方面促进设备维检效率提升，出台《操作技能评定实施方案》，打通职工技能提升通道，激励职工提高设备维检技能；制定《多能工培训实施方案》，通过多能工培训，使维检岗位职工能力水平由“会”向“精”转变；量化工时定额，建立工时定额库，构建工时管理体系，在职工减少947人、费用压减、任务繁重的情况下，按时完成各类检修任务；优化检修组织方式，通过合理调配和完善检修AB角色组织模式，以“零延期、零返工”标准组织定修262次，大修9次；成功实施年内最大规模联合检修，使设备在停产前始终保持最佳状态；严控检修费用，采用工时定额、竞标谈判等，使外委费用较指标降低38%。

【市场开拓】 2020年，河钢唐钢坚持市场开拓向高端迈进，精益检修成为品牌，获得内外部用户高度评价。这一年，取得国家能源局颁发的高压电气设备承修、承试资质，电气维检业务向高端调整；维检单元设备故障诊断等新兴战略性技术在高强汽车板得到应用；在线离线诊断能力增强，促进轧机产线、烧结机等装备性能提升；开发设计大型钢平移辊道电气自动化工艺，进行电控柜的制作及程序编制，锻炼了企业的技术力量；功能性承包业务占比大幅增加，组织60余人的检修队伍赴河钢承钢，顺利完成1号烧结机环冷机检修项目，创效50余万元；乐港产品中心开拓市场，产品结构向装备制造方向转型，新增风电、桥机和大型备件等高附加值项目28项，产品应用到湛江跨海大桥、菲律宾水泥厂和古巴炼油塔等项目，制作设备、钢结构成品达6500余吨；与秦皇岛天业通联、中材重机海港公司等企业建立战略合作关系，成为唐山地区制造基地；高硬度辊、扁头套扁接头激光熔覆、卷曲芯轴修复、单齿辊篦板耐磨修复、沉没辊稳定辊修复、风电桥梁结构、大型备件等综合外部市场收入达1168.87万元，同比提高347.8%。

【耐材管理】 2020年，河钢唐钢发挥耐材管理职能，深度服务产线，凸显耐材的生产保障作用。这一年，加强耐材技术攻关，钢包自开率技术指标触顶行业最佳，并将钢包延寿、中间包优化等经验综合运用至公司新区；在标准化作业、精益流程管控及信息平台的支持下，实现耐材零事故、低成本和保产保供目标。全年事故率历史性降低为“零”，吨钢成本降至56.75元，比上年降低2.11元。

【以喷代镀技术开发】 2020年，河钢唐钢成功开发高强板纠偏辊、活套辊、转向辊等以喷代镀技术，产品上线效果良好，使用寿命满足产线要求。这一年，针对唐山思文科德公司破磷机工作辊的使用状况，成功开发破鳞机工作辊以喷代镀修复技术，使用寿命比原电镀辊提高3~5倍；承接冷轧薄板厂、高强汽车板产线张力辊、纠偏辊、活套辊、转向辊和塔顶辊的全部喷涂修复任务；沉没辊稳定辊喷涂修复技术取得突破，9月制作的一套沉没辊稳定辊成功在三镀锌上线使用，首次成功完成二次封孔，满足冷轧薄板厂镀锌线使用要求，并实现量产。

【热轧卷曲机卷筒自主修复攻关】 2020年，河钢唐钢自主研发掌握两大主流卷筒涨缩尺寸恢复核心技术，打破卷筒只能外委修复的处境。这一年，成功修复热轧卷筒和一钢轧厂3套卷曲芯轴、1套平整卷轴；顺利修复不锈钢公司1580线1套卷筒，通过验收，为下一步开发新区2050热轧线同类结构卷筒及拓展外部市场卷筒修复业务奠定基础。

【修复技术应用】 2020年，河钢唐钢针对产线实际，围绕工艺改进、质量攻关，积极推广修复技术应用。这一年，为解决不锈钢单齿辊和箅板使用寿命不足的问题，从堆焊材料选择、单齿辊辊齿和箅板结构设计、堆焊工艺设计和操作规范等方面进行一系列改进，耐磨性提高20倍，上线使用效果优异，预期使用寿命提高3倍，达到2年以上；掌握运用成熟的热轧线卷取机上下夹送辊、助卷辊、热卷箱弯曲辊、托辊、除磷夹送辊等高硬度辊道的堆焊修复技术，使卷取机上夹送辊过钢量达到80万吨，超过行业60万吨水平，成功承揽通钢夹送辊堆焊修复业务，并成为该公司指定厂家。解决激光熔覆层微裂纹及氧化缺陷问题，并应用至扁头套激光熔覆修复之中，形成固化的工艺参数；相比手工堆焊修复，激光熔覆修复的扁头套组织致密，硬度和耐磨性均成倍提高，寿命提高2倍以上；年内修复一钢轧厂扁头套筒24套，不锈钢公司扁头套4套，产品质量稳定，上线使用效果良好，得到用户充分认可，成为激光熔覆典型的代表产品。

自动化管理

【产品研发】 2020年，河钢唐钢以技术研发为引擎，坚持走“引进、消化、吸收、改进”创新之路，秉承“人无我有，人有我优”的产品理念，强化市场观念、实施品牌战略，积极参与集团智能化工厂建设。年内，开发实施气体公司安全生产“双控”机制信息化平台系统开发技术服务、公司环保综合管理平台、唐山时创耐材公司安全双控项目、东海特钢安全双控信息平台建设、唐山旭阳安全生产应急指挥平台系统建设等项目；推进5G在企业控制中应用，为智能化建设提供支持。

【市场开发】 2020年，河钢唐钢充分发挥技术优势，针对客户工艺流程和需求，强化服务能力建设，不断拓展内外部市场，提升企业竞争力。年内，承接公司新区高炉水渣智能天车、新区热轧卷库、智能计量等辅助及控制系统等内部项目，以及金隅集团某企业的智能计量等外部项目；云计算领域不断扩大，由企事业单位向学校、医院、政务云市场扩展，承接河钢集团财智云运维项目、公司人力资源共享项目、河钢集团私有云虚机项目、大数据服务平台项目、唐山市路北区背街小巷、雪亮工程等项目。

【UTCP制造项目】 2020年，河钢唐钢以建设超薄微结构导热片生产线（UTCP生产线）为契机，加速培育战略性新兴产业。年内，加强对超薄微结构导热片产品的研发与试制，具备根据客户需求生产合格产品能力；进一步改进工艺和设备，加强标准化管理，有效提升产品优良品率和产量，全年生产导热片7070产品33万件，优良品率达到90%，实现既定目标。

综合事务管理

【文稿起草】 2020年，河钢唐钢扎实做好文稿起草工作，力求起草创作有深度有价值的综合文稿，保证公司重要会议和活动的需要。全年，撰写汇报、报告、讲话、致辞等各类文字材料约200篇。这一年，将文字保障贯穿于公司疫情防控工作全过程，完成《致广大职工及家属的一封信》《疫情防控期间保产方案及应急措施》《传达集团疫情防控紧急会精神情况报告》《加强疫情防控工作若干措施》及公司领导在全市钢铁行业运行分析会议上发言、公司向国务院复工复产工作调研组汇报等综合材料起草、撰写和修改、定稿工作，以及公司疫情防控工作领导小组有关文件起草、会议纪要整理等工作，为公司有序开展疫情防控工作提供了重要保障；全方位做好公司区位调整涉及的综合文字服务工作，全景式留存和反映公司区位调整工作动态，发挥了不可或缺的重要作用；牵头起草撰写公司第十一次党代会党委工作报告及涉及的决议等综合文字材料，为公司第十一次党代会的顺利召开做好准备；高标准撰写公司综合文稿，先后完成公司党政领导在全市“三个努力建成”深化学习月活动调研成果交流会、市委十届十次全会精神交流研讨会、唐山市战略性新兴产业发展“攻坚提速年”活动动员会、低碳技术专家组座谈会等涉及的文字材料，以及集团领导春节、五一、国庆等节期来公司调研时涉及的书面汇报材料；撰写公司领导在公司职代会年度会议、党委全委（扩大）会议、年度总结表彰暨2020年工作推进大会、党风廉政建设暨干部讲评会议、迎庆“七一”总结表彰大会、十九届四中全会交流研讨会等重要会议和活动涉及的主持词、报告、讲话、决议等文字材料，以及每月起草下发公司党委月度工作要点，公司党委领导月末例会讲话提纲，在推动公司决策部署贯彻落实中发挥了文秘作用。

【信息编发】 2020年，河钢唐钢围绕疫情防控、区位调整、“两个结构”优化等重点工作，坚持做好信息工作，及时反映公司发展建设的亮点和成绩，统筹办好《党群工作简报》《行政工作简报》《唐钢信息》《唐钢通讯》《国内外钢企动态》等信息刊物，推动公司综合信息整体质量水平进一步提高。全年，编发《党群工作简报》40余篇、《行政工作简报》80篇次、《唐钢通讯》49期、《国内外钢企动态》24期，加大《唐钢信息》报送力度，年内向省国资委、市委、中钢协报送公司党群政工及生产经营类信息140条，其中40多条被省国资委简报、《唐山市委快报》采用为头条，公司信息工作在省国资委党委、市委考核中始终保持先进水平，被中国钢铁工业协会、唐山市党委系统评为“信息工作先进单位”，较好地展示了公司作为国内特大型联合钢铁企业的对外形象。这一年，建立《党群工作简报》编发制度，推动《行政工作简报》提质上量，将新区纳入唐钢通讯、工作简报（党群）、唐钢信息（政工信息）等刊物编发范畴，加大采编力度，及时展示公司区位调整、转型升级的新成就和重要成果；根据形势需要，在《国内外钢企动态》《唐钢通讯》增设“新兴产业窥探”“唐钢新区”等栏目，为公司领导及时把握行业动态和企业内部情况，科学指导新区建设发展、有效推进战略性新兴产业培育，提供重要参考。同时，积极拓展信息报送渠道，围绕开展基层党建质量提升年活动、落实集团五大提升工程推进十个专项行动、推进党建“四个化”问题专项整治等，采编党群类公司信息并向集团党建云平台报送登载50余条，为公司党委始终保持集团党建工作领先地位提供支撑。

【会务组织】 2020年，河钢唐钢积极适应公司区位调整、转型发展需要，全力应对新冠肺炎疫情不利因素，科学组织各类会议，确保会议及活动零差错，全面提升办会水平。全年，组织党委常委会、董事会、经办会、视频早调会、月中月末例会及各种专业会议200余次；国际视频会议、省国资委及集团、股份视频会议近200次；公司内部专业视频会280余次；大型会议和公司重点活动10余次。年内，面对突如其来的新冠肺炎疫情，严格会议中心管理，迅速组织建立视频会议系统，严格按疫情防控要求组织会议，认真做好消杀、体温检测等工作，监督参会人员佩戴好口罩，从严控制会场人数，确保公司信息传递及时畅通、相关工作稳定顺行。

【接待服务】 2020年，河钢唐钢创新工作机制，加强接待制度化建设，不断提高服务标准，严格规范接待流程，增强接待工作的准确性、时效性，确保各项接待任务顺利高效完成。全年，接待检查工作、调研、外宾、交流学习、日常接待等222批次，1363人；全方位提升外事接待水平，在德国宝马、通用汽车、丰田汽车、韩国浦项等外宾团体的接待中，充分展示了公司良好形象，为公司扩大对外交流、开拓外部市场、巩固客户关系提供支持。这一年，适应新冠肺炎疫情防控工作要求，加强自身队伍建设，建立整体联动机制和快速反应机制，以精细化管理模式，强化工作标准，规范接待流程，不断学习接待知识，掌握接待活动的每个细节，提升服务水平，保证接待工作“零失误”。

【外事工作】 2020 年，河钢唐钢严格按照省外办、省国资委关于对省国资委管理的部分企业因公出访审核审批规定及集团公司外事有关文件要求，认真细致做好外事工作。全年，共办理公司外事出访团组 7 批 11 人次，外国技术专家来公司调试设备等业务 9 批 56 人次，为公司开展国际交流与合作提供保障。这一年，坚持“把规矩和纪律挺在前面”，对各单位因公出访计划严格把关，坚持原则，认真审核、审批，未发生违规出访问题；对出国手续办理时间紧、任务重、要求严等情况，积极主动与省外办及集团协调沟通，加速办理各种手续，保证各项出访任务按计划成行。及时办理外国技术专家来公司业务，严格按要求抓好入境人员疫情防控工作，保证公司相关建设及生产的顺利进行。

【印章管理】 2020 年，河钢唐钢加强印章管理与使用，严格执行公司《印章管理标准》，做好印章登记，根据公司机构变化及时启用或废止印章，对于不符合格式要求和用印审批流程的材料拒绝用印，确保印章规范管理、正确使用。全年，加盖各类印章约 3.3 万份；刻制、废止印章 2 枚。

【行文管理】 2020 年，河钢唐钢坚持高标准做好公司行文管理，加强行文审核，全面严格把关，及时纠正进入流程的错误文档和主要谬误内容，确保行文质量；严控行文规格，避免文件升格，确保行文规范、准确，保证权威性、严肃性；做好行文催办、特别是时效性强的公文流程催办工作，确保文件发放及时、有效。全年制发各类公文 500 多份。

企业管理

【全员绩效管理】 2020 年，河钢唐钢重视抓好全员绩效管理，聚焦市场和产品，不断优化绩效要素设计，以事业部为业务主导，完善绩效评价体系，发挥绩效导向作用，力促生产经营上水平。年内，制定下发《2020 年经营绩效管理方案》，坚持对标行业先进水平，加大创新工作评价力度，推动重大工艺、前沿技术手段在生产环节的落地；制定炼铁厂、一钢轧厂等停产单位的绩效考核指标，突出停产后的安全、保卫等工作，制定公司新区四季度考核办法及关键岗位贡献奖奖励办法，根据生产初期特殊经营阶段，以稳定顺行为目标，突出评价效率指标；坚持差异化原则，鼓励内部激励机制创新，制定下发《中厚板公司经营绩效考核办法》《中厚板公司职业经理人薪酬及绩效管理办法》《唐银公司经营绩效考核办法》，并在中厚板公司试行职业经理人绩效管理制度；制定下发《关键岗位贡献奖奖励办法》，对有突出贡献的单位、产线及关键岗位予以奖励，调动广大职工生产积极性；制定下发《项目制评价管理办法》，各单位以厂部级干部为项目负责人，选拔骨干人员成立项目组，明确技术、设备、财务、营销等不同专业人员责任分工，严格管控项目措施落实、进度计划、总结反馈，聚焦难点，攻坚克难，提高运行效率，实现了阶段性目标。

【精益管理】 2020 年，河钢唐钢持续推进精益管理，以六西格玛课题为抓手，引入 PDCA 推进思路及精益工具，通过目标分解，助力问题解决，促进产线管控能力提高及企业运营效率提升。年内，根据各相关单位重点难点及瓶颈问题，深入现场调查，找出关键改善点，确定精益改善课题 35 项；

利用精益改善进行课题辅导，按照选题理由、原因分析、对策实施等十方面内容，应用工具方法，集合团队力量分析解决问题，提高精益改善思维能力；应用六西格玛课题辅导，采用测量系统分析（MSA），理清数据来源，通过假设检验、方差分析、回归分析等进行数据分析，聚焦问题改善方向，利用标准化、防错防呆、FMEA等固化改进措施，确保改善效果；成立评审组，对达到结题要求的课题进行结题评审，其中“降低中厚板带出品率”“降低锌铝镁产品锌流纹缺陷”“消除酸轧带钢表面乳化液斑迹”等8项课题取得较好成效，于当年9月结题，“W780QX热轧性能稳定性提升及成本控制”“镀锌超高强钢表面质量提升”“滤清器用钢砂眼缺陷改善”等8项课题于12月结题。

【基础管理】 2020年，河钢唐钢以厂容厂貌、5S管理、体系建设等为抓手，抓好基础管理，促进管理效率进一步提升。年内，加强厂区5S管理，采取日常检查、季度联查、重点抽查方式对各单位现场进行检查指导，重点关注生产、生活、设备、环保、消防安全、检修施工等六大方面内容，及时发现问题解决问题，提升各单位现场管理水平；加强关停产线现场管理，检查督导其固定资产监控管理、职工工作秩序、安全保卫现场管控，确保厂容现场时刻保持较高水平；抓好公司新区厂容现场管理，及时跟进产线投产情况，对已投产区域进行多轮次检查，分区域进行指导，并明确标准，提出整改建议，确保现场管理水平改善；开展自主管理，坚持每季度课题评审，并组织交流发布，充分发挥基层作业区自主性，鼓励职工依托岗位工作进行持续改善，不断解决问题，提升产线能效，当年完成自主管理课题875项；强化制度管控，结合实际运行中的问题，及时对体系文件内容予以优化，使管理体系贯彻落实到岗位。截至年末，各专业管理体系共有公司级管理文件477个，按照管控对象分为20个专业59个管理类别，全部上传至公司管理体系网页，实现了公司管理体系文件线上浏览、查询功能。

【管理创新】 2020年，河钢唐钢紧密结合生产经营重点，推进企业管理现代化创新工作，实现创新课题与实际工作高度融合。全年，1项成果获得全国企业管理现代化创新成果二等奖；4项成果获得全国冶金企业管理现代化创新成果三等奖；35项成果获得河北省企业管理现代化创新成果奖，其中一等奖4项、二等奖12项、三等奖19项。年内，充分考虑疫情及公司区位调整实际，打破单位及专业界限，加强部室与部室、部室与二级单位间的横向纵向协作；认真筛选课题，做好成果材料撰写阶段培训，全面科学反映企业管理现代化创新全过程和创新成果水平，突出取得的经济效益、社会效益和生态效益，形成PDCA管理循环，促进公司管理水平不断提高；组织评审表彰公司上年度企业管理现代化管理创新成果，根据项目内容，实施专业分组评审、跨专业交叉审定和综合审定，经公司企业管理现代化创新成果评审委员会审定，138项成果获公司企业管理现代化创新成果奖。

附表　2020年河钢唐钢获得省级及以上管理创新成果奖一览

序号	单位	成果名称	全国企业管理现代化创新成果	全国冶金企业管理现代化创新成果	河北省企业管理现代化创新成果
1	公司管理创新办公室	基于关键工艺模型化的钢铁产线智能化升级管理	二等奖		一等奖

续附表

序号	单位	成果名称	全国企业管理现代化创新成果	全国冶金企业管理现代化创新成果	河北省企业管理现代化创新成果
2	不锈钢公司	钢铁企业基于数据驱动的成本管理			一等奖
3	技术中心	创新知识管理模式助力企业提质创效			一等奖
4	运营改善部	引入社会资本激发企业活力			一等奖
5	生产制造部	利用数字化技术提升生产协调管控能力		三等奖	二等奖
6	技术中心	钢铁企业以智能制造为目标的三化融合		三等奖	二等奖
7	不锈钢公司	“四合一”管理体系的构建与实施			二等奖
8	运营改善部	大型国有企业精准采购模式的构建与实施			二等奖
9	汽车板事业部	以客户需求为核心的技术服务管理			二等奖
10	运营改善部	钢铁企业关键绩效指标库的构建与应用			二等奖
11	生产制造部	优化产品缺陷管理模式提升企业持续创效能力			二等奖
12	物流分公司	精益思维模式下铁运物流组织的优化与实践			二等奖
13	物流分公司	绿色供应链视角下企业物流组织模式的优化			二等奖
14	唐钢大学	大型钢铁企业以“匠人讲堂”为平台的培训体系构建与实施			二等奖
15	工会	以创新联盟为载体高质量推进岗位创新			二等奖
16	法律事务部	推动公司治理结构规范化的法律风险防范机制			二等奖
17	市场部	助推事业部销售工作的营销管控模式创新			三等奖
18	汽车板事业部	以效益为中心的汽车钢结构调整			三等奖
19	安全部	创建安全生产标准化企业促安全管理提升			三等奖
20	能源环保部	能源环保管理模式的创新与实践			三等奖
21	财务经营部	财务共享服务体系的建立与实施		三等奖	三等奖
22	生产制造部	基于循证决策的企业制造过程管理			三等奖
23	非钢管理部	非钢系统核心业务对标管理体系的构建与实施			三等奖
24	信息自动化部	基于信息化集中管控的钢企自动化专业管理平台的实施与应用		三等奖	三等奖
25	信息自动化部	依托信息管控平台实现信息化专业的规范化管理			三等奖
26	高强汽车板公司	精益管理与自主管理融合推进的创新与实践			三等奖

续附表

序号	单位	成果名称	全国企业管理现代化创新成果	全国冶金企业管理现代化创新成果	河北省企业管理现代化创新成果
27	非钢管理部	非钢单位风险防控体系的构建与实施			三等奖
28	人力资源部	基于“区块链思维”的人才招聘体系优化			三等奖
29	运营改善部	以提质增效为目标的管理体系优化与整合			三等奖
30	一钢轧厂	钢铁企业基于 PDCA 循环理论的生产计划管理			三等奖
31	炼铁厂	运用控制图提升铁前工艺质量管控水平			三等奖
32	高强汽车板公司	激发企业员工内动力的人才体系创新			三等奖
33	人力资源部	基于共享服务的人力资源管理革新			三等奖
34	能源科技分公司	加强人员综合管理提高企业向心力			三等奖
35	唐银公司	极限化思维管理模式在生产组织上的应用			三等奖

【推行模拟法人制】 2020 年，河钢唐钢推行模拟法人制，深入对标行业先进，查找各工序存在的差距，通过核算工序经营业绩，促进公司生产经营不断进步。年内，印发实施《推行工序模拟法人制指导意见》，以不锈钢公司、高强汽车板公司为试点单位，积极探索推行工序模拟法人市场化机制改革，明确指导思想，提升经营意识；以制定工序间“交易规则”为核心工作，明确工序间定价和索赔规则为关键点，通过各专业深入融合，充分调动各职能部门主观能动性，多次讨论研究下发《工序模拟法人制工序间定价规则和索赔规则试运行方案》，促进模拟法人制深入推进；以产线为单元推进独立核算，明晰责任边界，调动各工序经营管理的主观能动性，为降低经营成本、实现综合效益最大化创造良好条件。

【招投标管理】 2020 年，河钢唐钢加强招投标管理，不断优化招投标全过程管控，强化重点项目现场监管，完善招投标管理体系，保证招投标管理规范高效。全年，审核批复招标审批表 166 个，现场监管开标评标 248 次，解决处理问题 100 余项；参加非竞争性采购论证会 24 次，现场监管询比价谈判 330 次，办理供应商业务 611 次。年内，加强重点项目现场监管，重点关注退城搬迁、佳华建设、新区采购业务转移、中厚板公司及唐银公司自管采购合规性等项目，指导各单位按照规范流程组织开标评标，保证招标采购依法合规；以强服务、提效率为目标，抓好疫情期间采购工作，采用线上、电话、视频采购等形式，积极与采购部门商讨采购策略，保证采购规范性；开展招投标检查工作，对招投标主责部门进行季度检查和日常抽查，共查出问题 28 项，已全部整改；积极开展业务培训，组织采购人员参加线上专家讲座，共计两个批次 130 人次参加，分别对中厚板公司、唐银公司、惠唐物联等具有自采业务的公司进行培训，促进职工专业管理水平提升；进一步完善内部招标采购管理文件，修订下发《招投标管理办法》《非招标采购形式管理办法》，重点关注公开招标未成功企业，完善其后续操作流程、职能和责任划分、紧急采购约束等相关内容，确保采购依法合规降成本。

【厂容绿化】 2020年，河钢唐钢不断加强厂容绿化工作，持续改善厂区厂容生态环境，深入开展爱国卫生运动，强化工厂物业管控，力促厂容现场环境持续提升。年内，优化主厂区及三包范围内绿地景观效果，在绿地内补栽植色块0.03万平方米、地被植物2万平方米，补播白三叶和冷季型草坪3万平方米，栽植四季海棠、串红、孔雀草等各色草花18万盆；完善子分公司庭院绿地景观建设，实施美锦公司、中厚板公司、不锈钢公司绿地景观建设项目，其中美锦公司以“突出企业特色，提升绿化品位”为目标，在厂区内栽植法桐、杨树等乔灌木1万株，对中厚板公司厂前区、办公楼等区域进行绿化，在厂区内栽植乔灌木0.23万株，新增绿地面积5.3万平方米，对不锈钢公司厂区及门前三包范围内的裸露地面进行治理，补播野花组合4万平方米，打造花林、花海景观；组织开展爱国卫生运动，结合公司疫情控制重点，采购酒精750千克、84消毒液17.5吨，下发《关于大力开展春季爱国卫生运动及春季灭鼠活动、消杀工作的通知》《关于进一步开展春季爱国卫生运动的通知》等文件，开展春季灭鼠、夏季消杀蚊蝇及灭蟑“除四害”活动，建立完善消杀网络，加大公司户外公共厕所的监管力度，购置和发放各类消杀器械、药品958箱；强化工厂物业管控，重点督导检查公司南区主干路雨水井及便道、路灯维修，协调炼铁厂北区进行主干路、便道、路灯维修，修复坍塌雨水井94座，清污泥沟350米，维修路面202平方米，拆除重新砌雨水井8座及收水井16座，更新路灯电缆1580米；坚持厂容现场环境管控与环保、安全生产深度融合原则，加强对生产、生活、设备、环保、消防安全、检修施工六大现场督导检查，对厂容现场实施24小时管控，现场环保水平持续提升。

【对外投资管理】 2020年，河钢唐钢重视并抓好对外投资管理，严格执行集团对外投资管理制度，进一步完善对外投资管理体系，细化项目前期论证及风险评估工作，做好项目尽职调查和可行性研究，对外投资风险得到规避。全年，组织佳华公司破产重整项目、台州汽车板加工配送中心项目、钢源炉料和北京华晟成立合资公司开展的固废资源化项目、与重庆凯诚成立合资公司销售汽车板项目及投资入股大成公司项目等5个项目，其中佳华公司破产重整项目、台州汽车板加工配送中心项目2个股权投资项目已完成，投资金额达7.53亿元。

【治理机制建设】 2020年，河钢唐钢进一步完善公司治理机制建设，强化重要事项决策管控，加强对外投资企业股东会、董事会的监管，明确年度和半年度会议需审议的议案，指导和监督对外投资企业进一步规范股东会、董事会组织召开程序，促进对外投资企业规范运作。全年，协助对外投资企业召开会议93次，其中股东会40次、董事会53次，会议所有议案均已严格履行审核和决策程序。年内，优化外派董事行权管理流程，建立外派董事行权联审汇报机制，出具《外派董事行权意见书》，规避外派董事行权风险；加强外派董事对派驻企业的管理和监督，充分发挥外派董事在派驻企业重大事项决策中的作用；变更23家对外投资企业共计51名外派董事、监事，协助不锈钢公司、唐山曹妃甸实业港务有限公司及威立雅水务公司等3家对外投资企业进行董事会、监事会换届。

【产权管理】 2020年，河钢唐钢规范产权登记基础管理，加大产权监管力度，对有关对外投资及产权管理事项实施情况、决策审批程序、产权登记、过程文件等进行全面自查、梳理，统计总结涉及的相关文件，建立完善产权管理台账及档案，及时更新省国资委产权登记管理信息系统数据，确保产权系统数据准确无误。年内，办理中国气体工业投资控股公司、唐山钢铁集团微尔自动化有限公司、唐山惠唐物联科技有限公司、城市服务有限责任公司、唐钢美锦（唐山）煤化工有限公司、哈斯科（唐山）冶金材料科技有限公司等6项产权变动登记，注销登记唐山合润生金属制品有限公司。

【全面风险管理】 2020年，河钢唐钢结合实际，加强全面风险管理，确定需重点防范的经济、科技、社会稳定、党的建设等七大领域风险，制定有针对性整改措施或应急预案，增强抗风险管控。当年3月，成立合规风险管控委员会，确定工作界面及活动规则，由董事会办公室负责全面风险管理，监事会办公室负责内控管理、法律事务部负责合规管理。这一年，完善风险管控制度，组织修订《风险管控程序》，重点优化细化风险管控部门职能、管理流程、风险评价分析工具使用及管控乌龟图等方面，满足体系管理要求及与公司新区管控体系对接要求；组建合规管理风险联合检查组，对公司所属48家单位进行检查、指导；完善相关方管理制度，修订《相关方管理程序》，对相关方进行分类管理，明确顾客、供应商、员工、上级集团、第三方认证机构、外来入厂作业人员等作为一类相关方进行重点管理，将过程绩效指标调整为相关方期望与要求识别率，保证相关方管理的深度与效果；协助新区开展风险管控，重点关注其全面风控管理体系策划、流程框架构建、规章制度编制等内容，在风险识别、分析、评价、预警等具体操作层面加以辅导，年末公司新区已构建五级风险管控体系及风险预警指标体系；结合公司业务变化与调整情况，组织各单位和职能部室全面梳理相关方目录，整合同一相关方不同业务，优化相关方数据库，相关方数量由627个精简至469个，销号178个。

【工商管理】 2020年，河钢唐钢加强工商管理，规范企业设立、工商变更、企业年检、登记备案等事宜。年内，抓好唐钢集团董事变更与经营范围增项、唐钢集团及河钢股份唐山分公司上年度企业报告公示，督导77家子分公司进行企业年度报告公示；完成河钢股份唐山分公司市场价值和清算价值评估、台州市向海钢材加工有限公司2项资产评估备案；做好唐山钢铁集团微尔自动化有限公司股权收购相关工作；注销唐山合润生金属制品有限公司、天津市昌金商贸有限公司、海南唐钢南方工贸有限公司、唐山钢铁集团国际贸易有限公司，设立唐山钢铁集团有限责任公司生活服务分公司；组织推进唐钢（香港）有限公司、考伯斯（中国）炭素化工有限公司及广东唐钢工贸有限公司清算注销。

【开展“双百行动”】 2020年，河钢唐钢深入开展国企改革“双百行动”，作为试点企业，完成第一阶段各项改革任务，在国务院国资委年度考评中，综合评价为B级。年内，推动混合所有制改革，微尔自动化公司增资扩股项目由河钢集团党委会、董事会审批通过，意向投资方为唐山创微自动化设备有限公司；惠唐物联公司混合所有制改革以河钢数字收购河钢唐钢所持60%股权方式完成。深入推进体制机制创新，在子公司层面推行职业经理人制度，惠唐物联公司、中厚板公司选聘职业经理人数名，子分公司经理层成员（厂部级干部）已全面实现任期制和契约化管理，差异化薪酬试点推进，惠唐物联公司、唐龙（唐昂）公司、中厚板公司等子公司实行工资总额预算及备案制管理。

【土地资源管理】 2020年，河钢唐钢加强土地资源管理，规范土地登记事宜。年内，持续推进公司新区项目用地审批工作，完成基地项目二期344.47万平方米用海海域论证评审，5号地块50.87万平方米、6号地块40.67万平方米和厂前区91.27万平方米登记办证，7号地块74.47万平方米挂牌出让和登记办证；与王滩镇政府签订苗庄20万站输电线路征地补偿协议，支付补偿款500万元。协助美锦焦化项目部办理一期用地出让手续，完成一期22.57万平方米土地登记办证。协调市规划和自然资源局高新分局及高新区财政局，完成新河茵小区占用123.62平方米集体土地地上资产有关事宜。办理集团土地置入唐钢建设发展有限公司，完成南区24宗、开平1宗土地置入增值税开票申请。

人力资源管理

【建立“五中心、一公司、多伙伴”人力资源管理机制】 2020年，河钢唐钢贯彻“强服务、提效率、转机制”工作精神，全力推进人力资源管理机制改革，将按专业职能划分的传统人力资源组织架构调整为以战略、业务、支撑为导向的“三支柱”架构，成立专家中心（下设规划创新管理、人才管理、薪酬福利管理、培训开发管理四大模块）、服务中心、数据中心、非在岗人员管理中心、人事档案管理中心、人力资源公司及合作伙伴等多个业务模块，实现模块化、流程化、标准化、无纸化办公，为员工提供“一站式”服务，人力资源系统从业人员服务人数由1∶181人提升到1∶259人，服务比提高43%，实现“机制先进、管办分离、流程标准、人员精干”，人力资源系统组织效能和系统运营效率显著提升。

【区位调整人力资源优化配置】 2020年，河钢唐钢围绕区位调整发展战略，以全员安置为原则，全面推进人力资源开发配置体系建设，加速推动员工队伍结构调整和人员优化，着力提高各类人员配置效果和使用效率，保证区位调整期间人员合理分配与安置。全年，完成区位调整人力资源优化配置1.01万人，为公司转型升级和高质量发展提供强有力的人员保障。这一年，通过数据统计、分析及现场调研等方式，进行现有人员内部盘点，制定《改造调整和转型发展项目职工安置计划实施方案》《改造调整和转型发展项目职工安置方案》《公司区位调整的人力资源现状分析及人员抽调配置方案》，为区位调整的实施做好人力资源配置整体规划；开拓思路做好内部优化提升，突破区位调整期间用工瓶颈，通过岗位合并、一专多能、科学调整倒班制度、合理补充部分临时性用工等多种方式，妥善解决本部和新项目衔接期用工紧张问题，保证区位调整衔接期人力资源平衡配置；按照“统筹协调、系统对接”原则，推进“一厂保一厂”包保责任制，紧密围绕新项目岗位需求，充分利用本部人力资源，采取对口抽调、相近调整、公开招聘、转岗培训等多种形式，真正做到“以事择人、专业匹配、人岗相适”，合理高效匹配各条产线所需人员，共为新项目配置8039人，其中调入新区4887人、佳华761人、美锦493人，派驻新区1532人、佳华165人、美锦201人，为存续单位补员359人，基本满足公司各项目区位调整阶段人员需求；积极谋划调余补缺，有序做好年龄偏大、身患疾病、家庭困难人员安置，为唐钢发展储备1067人，执行公司内部退养政策安置642人，保证公司转型发展阶段人力资源的平稳过渡。

【现代化人力资源管理体系建设】 2020年，河钢唐钢充分发挥人力资源系统战略牵引、体系支撑、业务咨询作用，努力建立“制度健全、流程规范、痕迹清晰、服务高效”的现代化人力资源管理体系，实现人力资源系统“同一步调、分层管理、全局把控，高效运行”的管理效果。年内，根据《人力资源部（组织部）管理制度清单》，对原106个制度文件进行整合、修订和新增，形成管理文件72个，其中专家中心规划创新管理12个、人才管理16个、培训开发管理11个、薪酬福利管理16个、干部管理10个、共享服务中心7个，通过管理制度梳理及优化，保证制度与公司业务的一致性，提高其实操性，建立具有“战略联系性、普遍约束性、反复适用性”的人力资源管理制度体系，形成以制度为基础、以办法为支撑、以细则为落地的制度体系框架；优化业务流程、重新分级管理，保证管理制度落地和业务流转顺行高效，HR共享服务中心将人力资源部六大模块事务性业务进行整合，彻底解决业务办理中的流程痛点，形成“业务咨询+服务交付”平台，开展“一站式窗口服务”，实行“信息化+流程化”统筹运行模式，梳理、划分和新增业务流程共计139项，其中审批流程107项、操作流程19项、业务报表13项，通过捋顺业务流程，公司内部的沟通交流得到加强、工作透明度增加，工作流程简化，理顺了公司上下级和部门间的协作关系，形成有序高效的人力资源管理机制；进一步明确业务范围和管理职责，对各事业部、单位、部室职责进行再次修订，确保公司管理体系有效运行；编制远景规划，全面贯彻集团指示精神和决策要求，围绕“六个重点”“八个聚焦”“五个布局”“四个机制”，制定《人力资源“十四五”发展规划》，对发展现状与形势进行分析，明确发展目标与政策措施，为合理开展“十四五”人力资源建设提供制度支撑。

【人才培养与专家队伍建设】 2020年，河钢唐钢不断完善人才队伍管理，以“重培养、强引进、调结构、抓激励”为主要思路，坚持“内部培养，外部引进”双轮驱动原则，抓好高层次专家人才队伍建设，带动培养基础实用人才提升，着力构建高端人才领军、基础人才协同，实现三支队伍健康科学发展。当年，增聘专家21人、晋升专家13人，同时申报“省三三三人才”19人。这一年，加强内部人才培养，加大人才专业化、梯队化建设，持续完善专家培养和使用机制，坚持“专家+课题”“英才+团队”模式导向，强化专家在解决重大技术难题方面人才引擎效应，鼓励专家组建创新团队，通过课题研究、专业技术传承等方式，带领和培养优秀人才，构筑人才高地。搭建多层级“胜任力素质模型”，保证用人质量，初步完成“科级胜任力模型”搭建，明确任职要求，指明提升方向，将模型标准与人才选拔、培养和职业规划等职能对接，加强业务培训与实践锻炼，提高管理人员综合素养，提升履职能力，年内公司在聘科级管理人员979人、作业长736人，80后占比42.31%，基层管理团队年轻化逐步加强。落实专业技术职务岗位化，拓宽成长成才渠道，按照岗位设置，开展专业技术人员2020—2021聘期聘任工作，对产线、研发、营销等关键岗位专业技术人员实施政策倾斜与破格聘任，当年公司有在聘主任师225人、主管师828人、专业师1144人、协理323人，初步完成专业技术队伍梯队化建设；持续开展大学生员工培养“三星计划”学员选拔，当年入选学员50人，其中管理7人、操作13人、技研30人，近年来先后有50名三星学员走上科级岗位，25人走上作业长岗位，加速了优秀青年干部的培养与使用；畅通职业发展通道，进一步拓宽操作维护系列晋升渠道，将原有的单一职业资格等级晋升通道拓展为关键岗位“核心发展”、职业资格“纵向晋升”、一专多能“横向拓宽”的多元化成长路径，对关键岗位人员的聘任、计奖系数与薪等晋升指数给予政策倾斜，正确引导高技能人才流向，力争岗位素质要求与员工能力合理匹配，实现关键岗位科学配置，年内公司在聘一级作业师696人、二级作业师1761人、三级作业师7488人、四级作业师3018人、五级作业师 3772 人，建成知识型、技能型、高效型、创新型操作技能人才队伍。

【人才引进】 2020 年，河钢唐钢贯彻落实集团“以开放、包容的胸怀吸纳高端人才向河钢聚集”精神，着眼于产线技术难题攻克和高端产品研发等领域专业人才，重点突出“产、销、研、用”等方向人才的引进，坚持市场化引进瞄准高端，院校招聘依岗择人，在公司区位调整和转型升级过程中起到引领和支撑作用。当年，成功引进国内知名钢铁企业技术中心首席专家、轧钢模型首席工程师为代表的 3 名高端人才及重点院校 7 名博士；结合公司区位调整及新项目需求，按照“综合素质高，专业匹配度高”原则，着力引进重点院校（学科）高素质毕业生，引进研究生比例超过 50%，大学生离职人数较上年降低 22%，实现人才引进科学精准。

【创新薪酬激励模式】 2020 年，河钢唐钢加强薪酬管理，创新薪酬激励模式，稳步推进“双百行动”，建立差异化工资总额决定机制，激发企业活力。这一年，加大“双百企业”改革力度，制定职业经理人薪酬制度，修订完善第二期任期的《厂部级领导班子和厂部级管理人员（2019 年至 2021 年）三年任期激励考核办法》，初步实现任期制和契约化管理；进一步健全市场化经营机制，结合公司发展战略，参照行业薪酬水平，配套职业经理人制度，试行职业经理人薪酬管理制度，制定《中厚板公司职业经理人薪酬及绩效实施办法》，中厚板公司经营管理层薪酬基本实现市场化。加强年薪制人员薪酬一体化专业管理，制定下发《年薪制人员薪酬集中管理办法》，实施年薪制人员薪酬集中管控模式，依托人力资源管控平台，实现公司 300 多名厂部级和专家人员薪酬集中核算和统一下达；加强薪酬激励力度，制定下发《关于提高大学生员工有关薪酬待遇的通知》，1192 名关键岗位的大学生员工竞业津贴实现年度增长，激发公司大学生员工爱岗敬业精神和工作积极性。

【以项目制为核心的薪酬激励机制】 2020 年，河钢唐钢围绕“两个结构”再优化，以“项目制”管理为抓手，打造市场和产品竞争新优势，薪酬实施靶向激励，将研发、营销人员创效与收入联动考核。年内，聚焦战略客户开发、目标产品销量和售价提升、大客户经理团队开发和服务提升、研发人员科技项目考核等重点工作，建立以项目制为核心的薪酬激励机制，制定《关于下发 2020 年度营销系统项目制管理办法的通知》《科技项目管理办法》，以研发项目为载体，对参与研发项目人员实施项目工资制，按照项目完成效果和效益进行奖励；提高重点产品销量和重点客户开发力度，设立战略客户开发项目、目标产品销量、售价提升项目及大客户经理团队项目，按照超额完成设定指标情况对营销人员进行专项奖励，真正将研发、营销人员收入“上不封顶，下不保底”落到实处，提高研发与营销人员工作积极性。

【做好区位调整薪酬平衡】 2020 年，河钢唐钢强化基础管理，努力做好区位调整中薪酬平衡与政策支持，公司与新区薪酬福利管理实现平稳对接。年内，将公司新区工资总额纳入公司工资总额管控体系中，根据新区投产后人员配置情况以及职工平均收入水平，实施公司新区工资总额预算管理，实现从工资总额预算、执行和调控全过程管理；开展公司与新区薪酬福利制度平衡工作，制定《薪酬福利制度专项平衡方案》，下发《关于唐钢新区执行相关薪酬福利的通知》，做到薪酬对接平稳有序。提供区位调整期间薪酬福利管理政策支撑，谋划制定《关于区位调整期间薪酬待遇调整方案》《关于区位调整期间设备看护和转岗培训职工薪酬待遇的建议》，妥善解决因区位调整期间涉及部分单位的生产经营以及组织机构变动，引发薪酬待遇方面的问题，做好政策引导，保证职工思想稳定。

【人力资源信息化平台搭建】 2020年，河钢唐钢按照“服务战略、集约管控、务求实效”原则，以实现人力资源管理与服务业务一体化为目标，初步搭建人力资源管理业务全覆盖的信息化平台，打造功能集成、流程整合、规范标准的人力资源管理服务系统，为实现人力资源管理模式转变提供技术支撑。这一年，SHR人力资源办公系统以现行管理制度为依据，将业务由线上发起、在线审批、在线办理，各类业务联动驱动，业务标准统一、数据共享、高效协同，极大提高了工作效率与服务效果，无纸化、零接触的线上办公新模式，在疫情防控期间发挥特有优势，实现以员工服务中心为核心、SHR系统和企业微信平台为辅的三位一体联动效应，为疫情防控提供技术保障，人力资源管理水平实现新跨越；根据公司区位调整新形势，与公司新区系统对接，利用本部成熟的信息化管理系统及实践经验，结合新区先进的信息化设备，充分发挥各自优势，深度挖掘人力资源信息化系统潜力，着眼人力资源的长远建设，着手规划远程办公、区域化业务协同办公，努力搭建新区人力资源信息化平台。

【作业长制推进】 2020年，河钢唐钢遵循“PDCA+”管理理念，创新作业长制信息化管理模式，推动过程管理向结果管理转变，作业长制推进工作再提升。这一年，以“效率和效益”双提升为原则，结合公司生产类、辅助类、设备类作业区生产经营实际情况，提炼关键绩效指标1306项，初步实现指标全覆盖、重点全突出，促进作业区生产经营指标和管理指标双提升；存续主业单位依托作业长制信息化系统，借助“信息化大数据处理”优势，对作业区评价指标进一步设计、调整、确认、整理，搭建统计分析平台，收集关键数据，建立分析模型，实现单位间横向、纵向指标对比和作业长能力与素质的多维度评价，动态掌握作业区存在的问题及作业长能力薄弱点，通过“补短板、强弱项”快速提升作业区管理水平和作业长综合素质，促进作业区绩效改善，达到“作业区绩效提升向公司总体业绩提升转化”；对作业长制管理思路进行重大调整，由关注作业区基础管理的“过程”向提升指标的“结果”转变，改变以往检查模式，组建专家督导组重点关注作业区可量化指标结果变化，运用项目制管理模式对指标变化统计及分析，实现作业长制推进工作常态化发展；积极推进公司新区作业长制推进体系建设，迅速搭建标准化、规范化、高效化运行的作业长制管理模式，为新区达产达效夯实基础。

【人事档案管理中心投入使用】 2020年11月19日，河钢唐钢人事档案管理中心正式投入使用。人事档案管理中心设于唐钢大学院内，存储占地300平方米，设置独立的人事档案存储室6间，查（借）阅室1间，办公区域、存储区域和利用区域做到三室分开，档案存储室在防火、防盗、防水、防日光及紫外线、防尘、防污染、防有害生物设施要求上达到同行业标杆水平，档案管理实现整理标准统一、保管方式安全、使用利用规范，档案管理工作由分级管理模式正式转变为集中管理模式。这一年，实施档案集中管理，全面推行纸版原始档案与电子档案并行管理，以《企业职工档案管理工作规定》为基准，制定实施《员工人事档案管理办法》，致力于打造“规范化、数字化、标准化和制度化”档案管理体系，实行“统一政策，分类管理”模式，将特殊工种与非特殊工种进行分类，专项审核和补充特殊工种经历类材料，电子档案系统的应用实现对档案和档案材料的收集、整理、转递、接收、统计、查阅等日常工作数字化管理，并通过系统专网实现人事档案网上查阅等功能，从工作理念、管理方式、服务模式上优化人力资源管理流程，创造新形势下档案管理科学机制，实现档案纸版与电子版完整一致。

【人力资源培训】 2020年，河钢唐钢高度重视人力资源培训，创新人力资源培训体系，为高质量发展提供新动能。全年，累计培训5.22万人次，人均71课时，培训计划执行良好。年内，以“学习地图”为核心，以专项培训为重点，依托“企业新型学徒制”等国家技能提升项目，不断完善师资体系，开发具有河钢唐钢特色的课程；充分运用人力资源开发信息化管理平台，创新培训形式，采取微课录制、远程视频等方式，发挥微信公众号、课程超市等网络平台作用，采取弹性学制，解决产学矛盾，营造自主学习的良好氛围，实现疫情期间“停训不停学”；落实重点培训项目，开展五大体系专项培训，有效提升五大体系管理水平，围绕作业长资格培训、作业长素质提升等开展系列培训，不断充实完善课程体系，编制“作业长制”“标准化作业”“作业区安全管理”等8门课程，对345人进行任职资格培训，323人取得作业长资格证书，为千余名已聘作业长开展素质提升培训，合格率为97.2%，促进作业长综合管理能力全面提升；专家讲堂继续推进，全年举办18期，78名专家授课，优秀课程制作成微课上传至公司在线视频学习平台，累计上传微课78门。

【专业技术职务评审】 2020年，河钢唐钢顺利完成专业技术职务评审工作。当年，通过认定、考试和评审等方式，公司有32人取得工程类正高级专业技术职务资格，141人取得工程类高级专业技术职务资格，112人取得工程类中级专业技术职务资格，132人取得工程类初级专业技术职务资格；1人取得图书馆类中级专业技术职务；2人取得经济类正高级专业技术职务资格，6人取得经济类高级专业技术职务资格；1人取得会计类正高级专业技术职务资格，2人取得会计类高级专业技术职务资格；8人取得政工类高级资格，10人取得政工类中级资格，9人取得政工类初级资格；3人取得卫生类专业正高级专业技术职务资格，14人取得卫生类高级专业技术职务资格。

【职业技能等级认定】 2020年，河钢唐钢依托河北省首批职业技能等级试点企业资质，开展首次职业技能等级认定工作，提升职工技能水平。此次技能等级认定共报名1496人次，其中技师、高级技师201人，涉及电工、钳工、高炉炼铁操作工、炉外精炼工、轧钢精整工等28个职业、42个工种。根据疫情防控要求，此次技能等级认定考前培训全部采取线上培训形式，组织教育中心相关专业教师录制线上培训课件2000余学时，完成1496人的线上培训及全部理论、技能考试和技师考评工作，1130人成绩合格并发放相关合格证书，认定高级工及以上资格366人，占认定总数的23%。同时，根据唐山市人力资源和社会保障局关于《河北省职业技能培训目录培训补贴标准(试行)》《河北省职业技能提升行动政策释义》文件的相关规定，经过培训备案、认定考试督导、成绩和证书核实等一系列核准工作，领取培训补贴326.22万元。

【承办“唐山工匠”职业技能大赛部分工种比赛】 2020年，河钢唐钢在由唐山市政府主办，市人力资源与社会保障局和市总工会承办的第三届“唐山工匠”职业技能大赛中，协办吊装技术（天车）、钢材质检、焦炉调温工和干法熄焦工4个工种的技能比赛。本届职业技能大赛，公司派出210人参加天车工、计算机维修工等18个工种的比赛，有63人闯入决赛，并取得4金2银2铜的优异成绩；按照大赛的具体要求，公司高度重视，精心组织、周密部署、准备有序、保障有力，为参赛选手提供规范、整洁的比赛场地和热情周到的赛事服务，有力保障比赛的顺利进行，公司获评“优秀组织单位”。

【推行企业新型学徒制】 2020年，河钢唐钢根据省人力资源和社会保障厅、省财政厅《关于全面推行企业新型学徒制的实施意见》，紧抓“新型学徒制”推进契机，开展首次企业新型学徒制培训，助力复合型人才培养。年内，采取校企合作形式开展培训，共有336名职工报名参加，形成以转岗人员为主、多能工为辅的学习群体，职工通过线上理论学习和线下师带徒方式，达到职业技能标准和岗位要求并具备从事相应技能岗位的工作能力，实现职工素质能力提升；提高职业技能培训的针对性和有效性，结合公司新区天车工人员紧缺现状，选派优秀理论培训教师、优秀技能操作培训师傅，着重培训岗位操作能力，为参与转岗培训的天车工尽快适应岗位要求提供平台。

【内训师素质能力提升】 2020年，河钢唐钢注重内训师素质能力提升，努力打造高水平专职内训师队伍，增强企业内部培训力量。年内，正式下发《内训师管理办法》，增加专职内训师岗位，明确职责、素质能力、选拔流程等，在上年选拔的100名兼职内训师基础上，选拔2名专职内训师，使内训师队伍层级更为丰富，同时对现有内训师进行素质能力培训，提升内训师水平；注重课件开发水平，结合生产实际，体现实用性，在第九届钢铁行业职业教育优秀多媒体课件大赛上，公司16个参赛课件获奖。

【对外等级认定与对外培训平台】 2020年，河钢唐钢根据国家、省市技能等级认定相关政策规定，本着“坚持标准，精心组织，规范操作，保证质量”指导思想，紧抓市场机遇，开展对外技能等级认定、对外培训平台租赁等工作，促进外部人力资源市场开拓。这一年，依托公司95个工种技能鉴定资质，加强基础工作，控制鉴定过程，保证鉴定质量，提升服务水平，开展对外技能等级认定16批次，涉及人员6488人，为公司直接创效171.17万元。合作企业包括港陆钢铁、建龙钢铁、建支集团、鼎泰金属制品、昌泰纸业、祥泰金属、泰丰实业集团、金州实业、能巨金属制品、隆腾科技、方圆玛钢、兴民钢圈、中再生资源开发、鸿源玻璃制品、国义特种钢等21家单位；合作的学校有遵化市职工学校、遵化市利民培训学校、遵化市华夏中青培训学校、玉田县职工培训学校、古冶区职工培训学校等，公司对外等级认定工作得到社会的广泛认可，提高了企业知名度和影响力。培训平台租赁项目积极对外创收，其中河钢集团矿业公司租用培训平台进行职业技能鉴定线上培训1072人，包含初中高级工、技师、高级技师，涉及焊工、电工、机修钳工、化学检验员、设备点检员五个工种，直接创效11.03万元。

【协力管理】 2020年，河钢唐钢进一步规范加强协力用工管理，确保公司资金支出渠道合规、合同签订合法，协力工素质符合岗位要求。当年9月，人力资源部协力管理科正式成立，坚持“阳光操作、管理前移、费用下降、规避风险、服务生产”工作理念，以公司《劳务用工管理办法》《协力管理办法（暂行）》等相关规章制度为依据，在各项协力业务审批及费用审批管理上，按照业务流程规范办理，规避用工风险；稳妥开展协力工清退工作，认真审核用工人数、费用及主体企业资质等相关内容，建立台账规范劳务合同管理。年末，劳务人员同比减少132人，费用减少682万元，实现协力用工的“挖潜增效”。

【社会保险管理】 2020年，河钢唐钢贯彻执行国家、省、市有关养老保险政策规定，遵循“面向职工、服务职工、方便职工”宗旨，加强社会保险管理，做好养老保险、医疗保险、失业保险、工伤保险、企业年金管理等工作，为职工提供优质服务，促进服务本质化提升。当年，为2.79万名退休人员进行年度养老金待遇调整，人均增资153.21元，为离退休人员发放企业补贴及军转干部补贴4501.31万元，保证离退休人员按月享受待遇；提高社会保险工作质量，及时核定调整养老、失业、工伤、医疗、住房公积金、生育保险等各项保险缴费基数，全年按时足额缴纳各项社会保险，全年社保费用成本支出6.39亿元；及时调整相关险种缴费比例，3月工伤保险缴费费率由2.65%调至2.79%；完成上年度失业保险费返还工作，返还金额912.19万元；生育保险和职工基本医疗保险实施合并，生育保险基金并入城镇职工基本医疗保险基金，统一征缴；加强工伤、医疗保险管理，全年工伤门诊医疗费结算1520.31万元，职工异地及省外急诊、住院医保报销178人次，结算200.8万元，职工生育保险报销及生育津贴结算129.47万元；组织实施年度退休人员企业年金待遇支付，发放待遇5002.67万元，并完成华夏基金部分资产提取及分配工作。

【非在岗人员管理】 2020年，河钢唐钢进一步加强非在岗人员集中管理，秉承服务理念，强化服务意识，提高业务水平，为非在岗职工做好专业服务，促进公司和谐发展。全年，作为公司非在岗职工综合管理部门的就业指导管理中心，共接收厂内退休、离岗休养等各类非在岗人员470人，其中内退职工306人、离岗职工164人，并配合公司区位调整，对公司各单位特别是区位调整单位的非在岗人员进行调研，摸清人员底数，做好非在岗人员的有效管理和陆续接收工作。年末，中心共有各类人员3371人，其中厂内退休人员2049人、离岗休养人员1189人、其他各类人员133人。按照退休人员社会化管理要求，整理退休人员档案，完成1300名退休人员档案的整理，1327本退休人员档案数字化的报送，并将150名退休党员组织关系转入社区。

【HR共享服务中心投入运营】 2020年1月，河钢唐钢HR共享服务中心正式投入运营。这一年，以“三支柱”理论为基础，将传统“职能管理”模式向“服务+管理”模式转变，通过信息化配套建设，提升服务效率和质量，打造“一站办、网上办、掌上办、自助办”的共享服务中心，实现专业化、标准化人力资源管理服务。HR共享服务中心以在原职工服务大厅的基础上，改造建成的员工服务大厅为载体，根据对未来业务的模拟运行，中心划分为4个区域、12个服务窗口单元，涵盖业务包括员工入职、调动、合同签订、离职、职称、职业技能鉴定、退休、医药费申报等对职工个人业务及薪酬、聘任、考核、各项保险公积金缴费申报等内容，为员工提供一站式全流程更清晰、更便捷、更满意服务。HR共享服务中心的投入运营，有效减少事物性服务工作在人力资源管理中的比重，在服务员工的同时实现人力资源管理部门工作重心向人力资源规划、公司战略支持等方向转移，进一步提升人力资源管理部门的战略定位，使之与公司战略和业务发展规划紧密衔接。

法律事务管理

【优化法律事务管理体系】 2020年，河钢唐钢持续优化法律事务管理体系建设，推动体系纵深延展。年内，着眼购销合同上线的大趋势，制定下发《电子合同管理办法(试行版)》，助推供应链平台规范落地；指导、协助市场部制定《河钢唐钢营销系统合同管理实施细则（试行)》，聚焦营销系统这一关键业务环节，提升合同管理精细化水平；将唐钢新区纳入公司法律事务管理体系，指导和协助其搭建、完善管理制度和流程，助力唐钢新区依法合规经营；继续推进月度例会总结、季度动态通报、年度检查督导相结合的法律事务管理监督检查常态化机制，制定下发《法律事务专业管理考评办法》，确定考核标准和方法，确保体系管理有效落地。

【完善合规管理体系】 2020年，河钢唐钢全面加强合规管理，提升依法合规经营管理水平，培育“依法合规、诚信经营”的企业合规文化，着力打造法治唐钢，保障公司持续健康发展。年内，由法律事务部、运营改善部、监事会办公室共同组建合规管理委员会，制定下发《合规管理办法》，明确公司合规管理工作的基本思路和方法；围绕《合规管理办法》落实、制度体系建设、重点领域合规情况等方面，对公司各职能部室、子分公司开展合规检查，反馈整改意见93条。

【防控合同法律风险】 2020年，河钢唐钢继续稳步扎实开展合同管理工作，整合、优化合同管理业务流程，进一步推进合同管理规范化。年内，制定并推广各类合同示范文本，全面审核合同的合法性，提出法律意见，避免因合同条款违法违规引发的风险、纠纷；密切关注重大合同的签订与履行，降低合同法律风险产生的概率；加强授权、合同专用章、合同台账等基础性管理工作，定期检查、强化考核，推动公司合同管理规范化、精细化水平再上新台阶。全年共规范审查合同194份，出具法律意见561条，动态监管合同1.5万余份，报送合同审查率100%，公司未出现因合同条款存在漏洞导致的纠纷。

【诉讼与非诉讼案件管理】 2020年，河钢唐钢完善法律风险防控体系，践行多元联动纠纷解决机制，公司诉讼、非诉讼案件总量同比有所下降，已发案件得到妥善解决，维护了公司的利益和形象。年内，全面摸排疫情期间风险隐患，立足公司疫情防控和复工复产的需要，制定下发《疫情期间法律风险防范指引》，指导各单位妥善做好矛盾纠纷化解工作，做到法律合规风险早发现、早预警、早处置，保障公司各项工作顺利开展；法律事务部、人力资源部、财务经营部等多部门联动，建立案件纠纷解决机制，共同做好公司区位调整关键阶段矛盾纠纷的解决工作，未发生大规模诉讼案件。全年，共代理诉讼（仲裁）案件46起，涉案标的额10.04亿元；公司本部新发诉讼（仲裁）案件34起，上年接转案件12起；结案37起，其中19起以和解调解方式结案，调撤率达到51.3%，累计挽回经济损失534万元。

【普法宣传】 2020年，河钢唐钢坚持普法工作常态化、个性化，有计划地开展形式多样的普法宣传活动，促进全员法治意识和风险防控能力进一步增强。年内，结合公司全年任务目标、重点工作安排，制定《河钢唐钢2020年度普法工作计划》，深化全员联动的普法宣传长效机制；大力推进“法在身边”普法宣传专栏等线上宣传阵地建设，结合传统线下宣传路径，聚焦习近平法治思想、民法典等法律热点、难点问题，大力推进普法工作常态化，共推送普法宣传文章100余篇；关注公司重要领域和关键岗位对法律知识的差异化需求，组织各类培训41场，受众达3.5万人时；组织开展国家宪法日系列普法宣传等员工喜闻乐见的法治宣传教育活动，增强职工宪法意识。

非钢产业管理

【非钢产业经营】 2020年，河钢唐钢贯彻落实集团非钢产业发展总体部署，统筹推进生产经营、区位调整、改革发展等各项工作，经营业绩实现新提升。全年，公司非钢系统实现营业收入101亿元，利润2.8亿元；外部市场创收47.3亿元，同比提高4.7亿元，约占非钢产业总收入的一半，创出历史最好水平。这一年，紧紧抓住“两个结构”再优化、市场开拓和产品升级主线，完善非钢系统管控体系，创新体制机制，推进非钢产业发展；非钢系统20家考核单位化解新冠肺炎疫情与主业退城搬迁双重影响，采取降本增效、全面对标等措施，最大限度挖掘管理潜能。

【产业发展路径】 2020年，河钢唐钢根据非钢战略新兴产业发展状况，周密研究策划，提出《战略性新兴产业2021—2025年科技发展思路》，确定新一轮产业发展路径。开拓新一代信息技术产业，充分利用已有的软硬件基础，发挥人才及制度优势，在智能制造、智慧园区、云计算服务、热传导等领域提供优质服务；秉承绿色发展理念，大力发展节能环保产业，着力探索主业产线的节能、减排、降耗新途径，推进转炉冶炼废钢预热工艺、烧结烟气循环工艺、石墨电极抗氧化浸渍技术、亚临界煤气发电系统研究等攻关；拓展钢铁固废资源化再利用产业，开发S105级及以上矿粉产品，促进公司新区水渣项目建设智能新产线，实现产销运的智能控制；加大智慧照明和工矿、道路照明的研发投入，发展智慧照明、绿色照明，改进防爆灯、投光灯、工矿灯等产品的光效。

【聚力战略新兴产业】 2020年，河钢唐钢集聚创新资源和要素，分类培育壮大一批代表行业高度的战略新兴产业，形成以信息技术为龙头，以节能环保、固废处置和现代物流为支撑的战略新兴产业集群。这一年，导热片领域，达创传导公司合同额达2.8亿元，项目二期建设加速推进；达创传导与华为、小米、联想、长城等多家电子厂商确定合作意向，同时进入军工领域；超薄微结构导热片作为当今世界技术最先进的高科技散热产品，在世界上具有独创性、领先性，国外仅极少数企业可以生产此类产品，由于国外疫情影响，2020年达创传导成为全球生产超薄微结构导热片的唯一企业，具有良好的市场空间和发展前景。智能制造领域，自动化公司无人天车、智慧物流、智能计量、5G应用等系统先后承接黄骅港等一批重点项目。互联网领域，惠唐物联公司合同签约额5600万元，实现收入3000余万元。节能领域，华奥公司获得工信部“工业节能诊断服务”资质，成为集团内唯一的国家级工业节能诊断服务机构；唐龙唐昂超细矿粉打入南方重点工程，节能环保产业营业收入达3.1亿元，利润总额超5500万元。物流领域，公司与全球最大园区服务商普洛斯开展合作，拟建设综合城市物流枢纽。

【创新非钢企业发展机制】 2020年，河钢唐钢创新非钢产业体制机制，释放企业发展活力，推动优质非钢企业稳健发展。这一年，气体公司在香港成功上市，成为京津冀第二大工业气体供应商，为国有企业混改提供了新的范例，此次上市融资4.11亿港币，备受投资者青睐；物流分公司积极开展铁运服务输出业务，与鑫达、荣信等专用线建设企业达成合作；新事业公司拓展工业企业工序增值服务，精准捕捉冷、热板材加工市场信息，实现“简单贸易+轻加工”转型升级，面向公司新区的“深加工+产品制造服务”取得新进展；唐钢建设发展公司注册后，快速承担公司老区土地变性、土地变现、一级开发等任务，全力保证搬迁项目土地资产效益最大化。

【开拓非钢产品市场】 2020年，河钢唐钢顺应公司区位调整发展趋势，着力加大非钢产品市场开发力度，创效能力持续提升。这一年，按照市场化原则，在集团内部推广应用各非钢单位成熟产品与服务，培育发展新领域，包括成熟有形产品、信息化硬件及软件服务、施工建设服务等；组织17家非钢单位共申报200余项产品或服务，经集团公司评选审批，唐山达创传导科技有限公司、唐山惠唐物联科技有限公司、唐山钢铁集团微尔自动化有限公司3家单位的产品及服务进入“第一批享受集团新兴产业支持政策公司名单”，有利于突出市场主体地位，激发创新活力；唐龙唐昂实行差异化营销策略，积极开发华东、华南客户，成功进入国家重点工程“深中通道”项目，全年出口矿渣粉16.7万吨，增创效益267万元；重机公司轧辊产品成功打入欧美市场，在业内树立起良好形象；房地产公司钢城春邑项目获2020年度唐山市建设工程“新唐杯奖”，一期项目2254套住宅全部售罄，完成销售额16.88亿元。

【全力支撑新区顺利投产】 2020年，河钢唐钢非钢系统从物流、气体、钢渣、固废、物业等方面，同步建设运行公辅项目，全力支撑新区顺利投产。这一年，成立新区公辅系统建设服务指挥部，设立业务协同组，由非钢管理部牵头，会同相关部门为项目实施提供服务、指导与协调，推动项目融资、合作、运营工作的开展；协同组与新区建设指挥部进行全面服务对接，确定公辅项目白灰、制氧、钢渣、水渣等重点子项目配套建设，检修、能源、物流、工厂物业、餐饮等协同跟进，推动非钢企业按照“应接尽接，应供尽供”原则，全面介入新区专业服务；充分发挥协同指挥棒作用，推进气体、石灰、钢渣等项目按照网络计划顺利建设；协调水渣项目BOO协议提报经办会，促进尽早签署；组织脱硫渣生产线建设，促进负荷试车及缺陷消除；协调唐龙水渣运输路径，推动水渣项目建设；承接新区物流组织工作，对各种物流要素进行有效梳理，提出解决实际问题的有效方案；促进新事业公司承接新区天车保驾及库区管理、2050热轧包装、固体废弃物清运处置等业务；协同检修分公司全面承接新区机电设备维保工作；由行政福利处逐步接管新区食堂、浴室、工厂物业维修、道路清扫等后勤服务工作。截至年底，公司非钢产业13家企业全面融入公司新区，为非钢发展开辟了新天地。

【绩效管理】 2020年，河钢唐钢以全产业链价值创造为核心，优化非钢绩效管理体系，助力非钢系统生产经营实现全面提升。这一年，以管理体制变革为抓手，以产品升级和结构调整为切入点，着眼非钢主营业务和未来发展，从产品和技术研发、成本费用管控、外部市场开拓、重点项目建设等多方面精准设置绩效评价指标，引导非钢系统各单位持续改善企业经营关键要素，全面提高非钢单位市场化运营能力。四季度，组织各非钢单位开展服务新区建设及运营管理竞赛活动，制定专业评价指标18项，按月度进行评价，共奖励7家竞赛单位290人次，嘉奖10万元，起到良好的激励导向作用。

【对标管理】 2020年，河钢唐钢非钢系统采用对标手段，借鉴标杆企业的管理方法和发展经验，提升经营管理水平。这一年，全面开展对标工作，编制《非钢系统开展全面对标工作方案》，明确对标目标、原则、内容及标准，为非钢单位提供基本纲领和具体思路；发挥协同作用，为非钢单位寻找符合对标标准的标杆单位，组织创元方大公司与华通线缆公司进行对标，根据对标情况制定并落实提升措施；组织非钢单位完善对标指标库，督导各单位根据对标结果更新指标项及目标值。年内多家非钢单位完成对标指标库13项指标更新，可量化对标指标实现管理创效2400余万元。

【成本管控】 2020年，河钢唐钢非钢系统持续推进挖潜增效，提高非钢单位成本管控能力，提升成本侧竞争力。这一年，组织实施“非钢系统强化成本管控专项活动”，明确工作步骤和具体方式，推进能源介质消耗、环保运行费用、检修费用及物料消耗等可控成本持续降低；督导各单位充分利用各种管理工具，对成本管控活动中重点举措，运用课题管理模式进行立项推进；开展能源介质成本管理现状专项调研，督导和追踪各单位落实改进措施，确保达到降本目标。能源科技分公司、检修分公司、物流分公司等6家重点非钢单位能源介质降本创效达500万元以上。

【项目制管理】 2020年，河钢唐钢深入研究项目制管理的关键要点和推进要素，全面提升非钢单位创新能力。这一年，编制下发《关于非钢系统全面推行项目制的指导意见》，明确项目制管理的工作重点及具体要求，为各单位项目制推进提供指引和依据；组织各非钢单位围绕非钢预算目标、外部市场创收等绩效指标确定项目制工作内容，依托项目制管理支撑非钢各项目标实现；按照项目制管理时间节点，开展非钢单位项目立项与结项，对项目实施情况持续跟踪督导。全年，非钢系统共计立项50项，其中46项重点项目顺利结项，有力促进了经营业绩提升。

【争取产业支持政策】 2020年，河钢唐钢用足用好非钢产业发展项目，争取国家支持政策，助力非钢延伸产业链条。这一年，研究分析《2020年度唐山市科技计划项目（第一批）申报指南》，围绕科技计划项目申报须知、重点研发计划、科技创新创业平台、应用基础研究和人才培养四方面共6个专项项目进行解读，组织非钢单位申报市级科技项目；根据唐山市工信局开展战略性新兴产业发展“攻坚提速年”活动要求，推广“跨界转投”发展模式；开展钢渣二次处理BOOT及相关服务项目，涵盖转炉渣二次处理400吨/时生产线、脱硫渣、铸余渣二次处理150吨/时生产线、金属深度提纯60吨/时生产线；响应节能减排政策要求，综合利用煤气资源，配套新建2×78兆瓦高温超高压煤气发电机组，提高新区煤气综合利用效率，提高工业区自发电比例，推动煤气高效利用，增加企业经济效益。

国际化经营

【印尼钢铁合作项目】 2020年，河钢唐钢抓好印尼钢铁合作项目，了解区位调整后闲置设备清单，做好项目开工前准备协调工作。年内，组织对江苏宏峰公司调研，考察其工艺设备情况，拟在该公司组织生产试验，利用该公司回转窑—矿热炉，添加铁水包吹钒装置，消化钒钛磁铁矿，并分离钛渣、钒渣，为印尼项目投产积累经验。印尼钢铁项目是以印尼富海集团绝对控股形式在印尼投资建设的钢铁项目，公司计划以闲置生产线与设备综合利用进行投资合作，并提供技术、管理支撑，达到合理利用闲置生产线和闲置装备的目的，盘活闲置资产，降低投资成本和项目风险，助力钢铁厂实现产能转移与升级。且印尼矿石、天然气、煤炭等自然资源丰富，工业用地非常充裕，有发展钢铁的天然条件，钢铁市场前景巨大。印尼钢铁项目计划一期为200万吨钢铁产能，拟在印尼苏门答腊岛占碑工业园区建设，位于马六甲海峡东端，苏门答腊岛占碑省东部的沿海地区，北望中国南海，是中国通往南亚中东和非洲的必经之地，也是海上丝绸之路的重要节点，战略地位极其重要。一期项目于上年完成可研报告，建设周期为24个月，包括综合钢厂、自备电厂、水厂和简易码头四部分，投资总额约17.5亿美元。

【运营管理河钢塞钢】 2020年，河钢唐钢围绕打造“中塞两国合作共赢典范”、中国“一带一路”样板工程的总体目标，致力于建设一个“健康、有活力、有未来成长性，在欧洲有极强竞争力的企业”，全力以赴协助塞钢做好各项工作。年内，继续采用前期建立的联络渠道和汇报机制，定期收集、监管塞钢生产情况，整理汇总日产量、设备检修情况、销售库存等情况，确保及时掌握塞钢日常生产运营情况，助力其全年产钢122万吨，实现营业收入5.67亿欧元；加强对塞钢的支撑服务，对接集团海外事业部，协调塞钢提供日常运营情况，并做好塞钢人员来公司交流学习等相关事宜；结合新冠肺炎疫情在欧洲暴发的实际，助力塞钢按照集团统一部署，提前谋划，制定各项严格措施，确保厂内未出现群体性感染，生产经营未受到疫情明显影响；继续优化生产组织，改善技术和费用指标，加强两端市场管理，提高钢材售价，降低原料采购价格，加强库存管理，降低资金占用，做好生产运营管理，保障生产运营稳定顺行，经营业绩持续提升。

【支撑河钢塞钢技术改造】 2020年，河钢唐钢积极协助河钢塞钢做好产品升级改造、技改投资建设，确保项目按计划有序推进。年内，抽调1名厂部级干部赴塞钢全盘协调技改项目，并根据工程进展需要，分批次派遣专业技术人员提供技术指导与服务；跟踪项目进展情况，及时收集中塞两地技改项目相关信息，每周向塞钢技改项目指挥部汇报；组织、协调相关单位与部门，抓好烧结机利旧设备资产处置、评估、CE认证、出口报关、技术资料编辑等事宜，以及新建加热炉项目的技术交流、项目施工和资料交换等工作，结合当前塞钢2号转炉使用状况和操作习惯，优化新转炉顶底吹系统；组织翻译烧结机、加热炉技术操作、安全点检规程以及岗位标准；起草《塞钢技术服务合同》，根据塞钢技改项目实际，与塞钢就技术服务内容、目的、服务人员素质、服务人员数量、待遇及服务费进行商定，确定合同版本，并签订了服务合同。截至年末，烧结机现场施工工程量完成55%，加热炉现场施工工程量完成43%，高炉煤气柜、转炉改造项目、锅炉与发电等能源综合利用项目稳步推进。

特载

专文

企业概况

大事记

项目建设

科技创新

市场营销

生产经营与专业管理

战略管控平台

公共服务支撑平台

生产技术支撑平台

信息设备支撑平台

主业生产经营单元

平台外非钢单元

河钢集团直属单位

党群工作

附录

HBIS GROUP 河钢唐钢 HBIS TANGSTEEL

战略管控平台

运营改善部（董事会办公室）

【概况】 运营改善部（董事会办公室）是公司管理体系、绩效管理、精益管理、管理创新、招投标管理和厂容绿化的管控部门，同时是公司战略、集团管控、对外投资、资本运营、国有产权管理、投资企业监管、土地资源管理、全面风险管理及董事会日常事务管理的战略管控部门。

2020年末，运营改善部（董事会办公室）设专家2人；下设企业管理科、绩效管理科、系统创新科、厂容绿化科、招投标办公室、投资管理科、全面风险管理科、土地管理科和证券部（挂靠）等科室9个。共有职工24人。

【主要工作】 2020年，运营改善部（董事会办公室）深入贯彻落实河钢集团、河钢股份、公司战略部署，以市场化、平台化提升全流程全产业链创效能力为主线，持续关注市场和产品，创新考核思路、激励方式，推进全员绩效管理，实施管理创新，优化招投标全过程管控，加强资本运营管理，持续改善经营管理各项工作，全面支撑实现产线高效运行，提升企业竞争实力，确保公司全年经营目标实现。

人力资源部（组织部、老干部管理部、离退休职工管理部）

【概况】 人力资源部（组织部、老干部管理部、离退休职工管理部）是公司人力资源战略规划、劳动组织、人才招聘、人才梯队建设、人力资源优化与配置、薪酬福利、人才培训与开发、员工服务、公司党组织建设、干部队伍管理、领导班子建设、离退休职工、非在岗职工、职工档案等管理的综合职能管理部门。

2020年末，人力资源部设部长1人，副部长3人；下设HR专家中心、HR共享服务中心、信息化数据中心、非在岗人员管理中心、人事档案管理中心、人力资源公司、组织科、干部科、综合办公室（关工委）、离退休干部管理科、退休工人管理科等中心、科室11个。共有职工141人，其中干部112人，工人29人；行政管理人员18人，专业技术人员68人，操作维护人员24人，派驻各单位27人。

【主要工作】 2020年，人力资源部（组织部、老干部管理部、离退休职工管理部）以为公司战略实施提供人力资源支撑为使命，以全力支持新区投产达产、存续单位生产经营顺行和职工队伍稳定为目标，加快人力资源“五中心、一公司”建设，加快现代化人力资源管理体系建设，加快人力资源开发配置体系建设；创新作业长制信息化管理模式，创新人才队伍建设机制，创新人力资源培训体系，创新薪酬激励模式；以业务集中整合促进各中心服务本质化提升，紧抓市场机遇促进外部人力资源市场开拓；加强基层党组织建设，加强领导班子和党员干部队伍建设，为公司全面推进转型升级和高质量发展提供坚强的组织保证和人力资源支撑。

发展规划部

【概况】 发展规划部是公司发展规划、固定资产投资计划及基建技改固定资产投资项目招投标、合同管理、项目预算管理、工程项目管理、工程质量监督及海外（塞钢）工程建设、技改等项目的组织和协调管理、牵头组织公司退城搬迁土地资产处置相关管理等工作的职能管理部门。

2020年末，发展规划部设部长1人，副部长2人；下设综合管理科、规划科、工程管理科、合同科、预算科、工程质量监督科、海外项目管理科、城市设计规划科、资产处置管理科、开发经营财务科等科室10个。共有职工42人。

【主要工作】 2020年，发展规划部持续优化管理流程，全面加强投资风险管控，强化基建技改项目管理，科学规划、精细管理、依法依规，严控工程安全、质量、投资、进度四大关口，较好完成公司发展规划、区位调整和基建技改项目投资管理等相关工作。

法律事务部

【概况】 法律事务部是公司合同管理、案件管理、法律审核、普法宣传等法律事务管理的综合职能部门，全面负责管理、协调、审核公司各类法律事务工作，正确执行国家法律法规，构建公司法律风险防范管理体系，有效预防、控制公司生产经营管理过程中的各类法律风险，依法维护公司合法权益。

2020年末，法律事务部设部长1人，副部长1人；下设合同管理科、案件协调科、法律审核科等科室3个。共有职工9人，其中男职工4人，女职工5人；中共党员7人；干部9人，其中科级干部3人，高级职称2人，中级职称3人。职工中有研究生4人，大学本科5人。

【主要工作】 2020年，法律事务部以风险防范为导向，深入公司决策环节，加强法律论证把关，全程深度参与退城搬迁项目、佳华重整项目、国企改革“双百行动”等7个重大项目，参加项目前期结构设计，尽职调查，风险评估与论证，聘请中介机构参与谈判，起草、审核法律文件，及时分析、论证项目推进过程中出现的法律问题，积极提供建设性意见和建议；推动法律事务管理体系纵深延展，牵头开展合规检查，为完善合规管理体系奠定坚实基础，助力公司依法合规经营；推进规范化精细化管理，有效防控合同法律风险；践行多元联动纠纷解决机制，防范疫情中产生的法律风险，维护公司的合法权益；深化全员联动的普法宣传长效机制，围绕公司经营管理和风险防控工作进行线上法治宣传与线下普法活动。

河钢唐钢
HBIS TANGSTEEL

公共服务支撑平台

办公室（党委办公室）

【概况】 办公室（党委办公室）是公司综合文字、会务组织、接待服务、外事管理、信访稳定、机要保密管理，党群系统各项事务、调研督导、党史厂志编纂，以及公司办公费、印刷费、招待费归口管理等工作的综合职能管理部门。2020年末，公司办公室（党委办公室）设主任2人、副主任2人；下设综合科、秘书科、接待科、信访科、调研督导科、党群工作科、机关党工委办公室等科室7个。共有职工35人，其中干部30人、工人5人。

【主要工作】 2020年，公司办公室（党委办公室）坚持“围绕中心、服务大局”宗旨，紧紧围绕公司疫情防控条件下生产经营、区位调整和改革发展等中心工作，不断提高工作标准，创新思路、主动作为，服务上级部门、公司领导和基层单位及来访、考察、交流的各界人士，协调党群系统开展工作，有的放矢做好疫情防控、综合文字起草、综合信息、保密管理、机要收发等工作，有效发挥了参谋、助手和智囊团作用，保证了公司党政各项工作顺利开展。

财务经营部

【概况】 财务经营部是负责公司会计核算及财务运作、参与生产经营过程控制、提供经营成果报告及财务报告、实施全面预算管理、深化管理会计应用的综合职能管理部门。

2020年末，财务经营部设部长1人，副部长2人；下设成本管理科、资金管理科、共享中心、费用管理科、会计统计科、经营科、资产科、税务管理科、综合科等科室9个；统管炼铁厂、一钢轧厂、二钢轧厂、冷轧薄板厂、高强汽车板公司、能源科技分公司、型钢厂及惠唐乐港公司、市场部、创元方大公司、物流分公司、生活服务分公司、重机装备公司、检修分公司、中厚板公司、不锈钢公司、唐龙（唐昂）公司、惠唐新事业公司、钢源炉料公司、房地产公司、青龙炉料公司、惠唐物联科技公司等21家单位财务科。共有职工95人。

【主要工作】 2020年，财务经营部认真贯彻执行公司决策部署，深入参与公司区位调整、转型升级等重大事项，紧紧围绕公司生产经营目标开展财务工作，强化资金管控、对标挖潜降成本、推动财务共享、优化资产负债结构，增强企业盈利能力和抗风险能力，助力全年生产经营目标圆满完成，为公司实现高质量发展提供支撑。

安全部

【概况】 安全部是公司安全、职业卫生和消防管理的综合职能管理部门。2020年末，安全部设厂部级干部3人；下设综合科、监督科、技术科、消防科等科室4个。在岗职工25人，其中干部24人、工人1人；专业专家1人，科级干部5人；中共党员18人；正高级职称1人，高级职称12人，中级职称7人。

【主要工作】 2020年，安全部认真贯彻落实国家、省、市及河钢集团安全生产的各项工作部署，持续夯实安全基础，狠抓安全责任落实，坚持高频次、全方位隐患排查治理，严格作业过程管理，全力抓好疫情防控、停产拆除、唐钢新区及焦化系统建设投产等特殊时期安全管理，为公司生产经营和区位调整保驾护航。

市场部

【概况】 市场部是公司营销系统的综合管理部门，主要负责公司营销管理，市场开发管理、客户管理、客户服务、供应链管理等业务，参与公司销售价格管理。

2020年末，市场部设部长1人，由公司领导兼任；党委书记1人，副部长1人；下设综合办公室、采购供应科2个科室，营销管理中心、客户管理中心、战略客户开发中心、供应链发展规划中心4个管理推进中心，上海服务中心、广州服务中心、山东服务中心、杭州服务中心、唐山服务中心5个销售服务中心。共有职工91人；干部76人，其中科级干部12人、资深专家1人、专业专家3人、外聘专家3人；工人15人。

【主要工作】 2020年，市场部全面梳理营销系统组织架构，完善具体管理流程，引导各事业部着力扩大“双高产品”品种销量，努力打造具有独特优势的“单打冠军”，提升公司品牌影响力。这一年，推行营销系统“项目制管理”，参加营销服务平台建设，深化各事业部组织绩效评价机制，积极应对区位调整、新区投产，做好产销衔接及服务支撑工作，强化产品价格体系管控，促进产品综合售价提升。全年，公司整体合同兑现率97.37%，高于目标2.37个百分点；双高产品比例稳步提高，年底达35%，实现公司考核目标；综合售价同口径提升190元/吨，比目标高90元/吨；产线集中度48.6%，一对一直供比57.96%，均高于目标；战略客户销量225.8万吨，比目标高35.8万吨，同比提升25.4%。

【党群工作】 2020年，市场部党委持续加强党的组织建设，以党建促进党群工作再上新水平。这一年，常态化开展政治理论学习，组织党委中心组集中学习12次，党委委员下基层宣讲12次；利用“学习强国”平台组织党员学习，党员注册率达100%，各支部每周开展集中学习，党员干部理论水平明显提升；强化宣传思想工作，实施思想政治研究课题，发表宣传报道50余篇；落实党建工作责任制，组织召开党委会16次、政工例会12次，讨论党委重大事项，研究谋划基层党建工作；加强基层组织建设，对照标准化党支部建设台账，开展自查，完善相关党建基础管理制度、工作档案，推进党建工作制度、工作流程规范化，创建“1050”党建品牌——担当使命与责任，建设高质量发展营销系统；发挥纪检监察作用，签订党风廉政建设责任书，开展监察立项和廉政防控体系建设，组织各种形式的廉政教育12次；组织职工开展劳动竞赛、岗位创新、献计献策活动，围绕“七大工程”开展丰富多样的岗位建功、志愿服务等青年活动，发挥团员青年的生力军作用。

能源环保部

【概况】 能源环保部是公司能源环保专业管理组织架构编制、发展战略规划编制、体系管理、标准和指标管理及节能减排管理、能源平衡管理、固体（危险）废弃物管理、行政审批（或许可）等管理的综合职能管理部门。2020年末，能源环保部设部长1人，副部长2人；下设项目管理科、环保管理一科、环保管理二科、能源管理一科、能源管理二科、环境监控科等科室6个。共有职工30人。

【主要工作】 2020年，能源环保部紧紧围绕“绿色发展、生态优先”理念，以循环经济、绿色发展、源头治理、过程控制为抓手，加大污染预防、末端治理、废物资源化利用、超低排放等方面全过程管控；坚持科技进步和管理创新，强化能源成本管控，持续提升能源利用效率；加快职能转变，在探索适应生态文明要求和制造强国战略的钢铁企业绿色化道路上不断迈出新步伐，以绿色铺就公司高质量发展的鲜明底色。

企业文化部（宣传部、统战部、党校）

【概况】 企业文化部（宣传部、统战部、党校）是承担公司政治理论学习、形势任务教育、新闻宣传工作、企业文化建设、精神文明建设、统一战线和党校管理等工作的综合职能管理部门。

2020年末，企业文化部（宣传部、统战部、党校）设代理部长1人、副部长1人；下设宣传文化科、外宣科、新闻中心、办公室（统战科）等科室4个。有干部21人、工人6人。

【主要工作】 2020年，企业文化部（宣传部、统战部、党校）深入学习贯彻习近平新时代中国特色社会主义思想、党的十九大和十九届四中、五中全会精神，贯彻集团各项决策部署，坚持攻坚克难、舆论先行，健全工作制度，全面提升宣传思想文化系统工作水平，与时俱进，守正创新，丰富工作载体、形式、内容和手段，扎实有效推进各项工作取得新的进步。公司首次获得第六届“全国文明单位”称号；河钢唐钢微信公众号以前十名的成绩代表唐山市参加河北省最具影响力国企新媒体评选，6篇作品参加省级千优作品评选。

监察部（纪委）

【概况】 监察部（纪委）合署办公，实行一个机构两块牌子，是在集团纪委和公司党委的双重领导下，公司党的纪律检查和企业监察等工作的管理部门，对公司党委负责。2020年，公司党委决定成立巡察工作领导小组（巡察领导小组）及巡察工作领导小组办公室（巡察办），巡察办与纪委合署办公。

2020年末，纪委（监察部）设书记1人，由公司级领导担任；设副书记（监察部部长、党委巡察办主任）1人，监察部副部长1人，巡察办副主任1人；下设办公室、监察室、纪律检查室、信访审理室等科室4个。共有专职纪检监察干部13人。

【主要工作】 2020年，纪委（监察部）在集团党委、纪委和公司党委的坚强领导下，以习近平新时代中国特色社会主义思想为指导，全面贯彻中纪委十九届四次全会、省纪委九届五次全会精神，按照省国资委、集团党风廉政建设和反腐败工作会议部署要求，紧紧围绕企业中心工作，坚持稳中求进、实事求是、依规依纪，以开展“强化监督年”活动为抓手，充分发挥监督保障执行、促进完善发展作用，一体推进不敢腐、不能腐、不想腐，为公司应对各种风险挑战、全面加快区位调整和转型升级提供坚强的政治和纪律保证。

工会（团委、计划生育办公室）

【概况】 工会（团委、计划生育办公室）是共产党领导的职工群众自愿结合的组织，在公司党委领导下，独立开展各项活动，是兼管公司人口和计划生育、团委等工作的管理部门。

2020年末，公司工会设主席1人（公司级领导兼任）、常务副主席1人（厂部级正职）、副主席2人（厂部级副职）；下设办公室、生产保护部、生活女工部、组织民管部和宣教文体部等部室5个，有在岗职工13人。公司团委设副书记1人，青工部副部长1人，组宣部干事1人，青工部干事1人。公司计划生育办公室设科长1人，干事1人。

【主要工作】 2020年，公司各级工会组织在公司党委和上级工会组织的坚强领导下，以习近平新时代中国特色社会主义思想为指导，坚持围绕中心，服务大局，认真履职尽责，充分发挥桥梁纽带作用，广泛开展职工经济技术革新活动，竭诚服务职工群众，巩固和谐稳定劳动关系，在推动企业转型升级、区位调整中发挥了积极作用。

2020年，公司团委在公司党委、上级团委的领导下，聚焦主责主业，落实企业疫情防控和生产经营部署，引领各级团组织和团员青年，在团的组织建设、青年思想引领、青年岗位建功、青年创新创效等方面不断拓宽思路、创新载体，为引领凝聚团员青年担当企业转型升级和高质量发展的生力军，助力企业全面夺取疫情防控和生产经营双胜利发挥了积极作用。

2020年，公司计划生育工作聚焦国家逐步调整完善生育政策、促进人口长期均衡发展的重大决策，配套实施相应生育支持措施，促进生育政策与相关经济社会政策同向发力，进一步适应人口形势新变化和推动高质量发展新要求，营造代际和谐的人口环境。全年，公司男女职工生育312人，其中一胎生育152人、二胎生育159人、照顾三胎生育1人；人口和计划生育奖励政策落实率100%。

非钢管理部

【概况】 非钢管理部是公司非钢产业发展规划制定、非钢产业资源协调、非钢产业运营管理、非钢企业经营风险监控、非钢产业体制机制创新等工作的管理部门。

2020年末，非钢管理部设部长1人，首席专家1人，专业专家1人；下设业务协同科、运营管理科、企划发展科等科室3个。有在岗职工9人。

【主要工作】 2020年，非钢管理部围绕集团和公司非钢发展的系列要求和总体部署，创新非钢产业管理机制，释放企业发展活力，加快培育战略新兴产业，构建非钢产业发展新格局；督导各非钢单位积极应对公司区位调整的机遇和挑战，推进公司新区公辅系统建设，有效支撑新区生产建设运行；以成本为导向挖掘管理潜能，打造非钢产品品牌，持续加快非钢单元市场化进程，提升非钢系统整体发展质量和创效能力。

国际合作部

【概况】 国际合作部是公司对外进行国际项目开拓、技术交流、合作等相关事务及公司对各海外企业、落地项目运营监管职能的归口管理部门。负责开拓、组织公司跨地区、跨行业、多层次的国际合作，为公司多元化发展搭建国际合作平台。

2020年末，国际合作部设部长1人，技术管理资深专家1人；下设业务拓展科、经营管理科、海外项目管理科等科室3个。有在册职工6人。

【主要工作】 2020年，国际合作部切实把握国家“一带一路”总体布局和国际产能合作重大机遇，深入开展国际化发展战略，积极推进俄罗斯远东钢铁合作项目、印尼钢铁项目，密切关注海外钢铁行业动态；对接河钢集团相关部室，对河钢塞尔维亚公司（简称塞钢）日常运营进行监管协调、提供支撑服务，协助其利用好河钢全球化资源配置能力、国际化营销管理经验，实施产品升级改造、技改投资建设，确保项目按计划有序推进，生产经营目标顺利实现。

保卫部（武装部）

【概况】 保卫部（武装部）属同一机构、两块牌子，是公司门禁管理、综合治安管理、厂区交通管理、武装工作的综合职能管理部门。

2020年末，保卫部（武装部）设部长1人、党委副书记1人、副部长1人；下设综合办公室、生产保卫科、监控指挥中心、宣教室、作训人防科、政工动员科等科室6个，经济护卫大队、巡防大队、消防大队等专业科队20个。共有职工1062人，其中男职工1010人、女职工52人；中共党员420人；干部24人，其中科级干部18人；专业技术职工8人，其中高级职称1人、中级职称7人；职工中有研究生2人，大学本科92人，大学专科233人，中专254人，高中及以下481人。

【停产区域治安防范】 2020年，保卫部围绕打造“治安放心区”总体要求，结合停产区域的治安防范形势，及时调整治安工作部署，确保公司区位调整期间治安秩序稳定。年内，加强搬迁停产区域治安防范管理，对停产区域采取“净空、封堵、保电、技防、巡检”五大措施，充分保障辖区的资产安全；关闭本部主厂区三个门、北区两个门、库区三个门及部分人员卡机通道，合理规划部署封堵工作，规划职工路线，在确保辖区财产安全的同时，保证辖区内职工正常生产生活秩序；成立专职夜巡中队和督察队，重新设岗置哨，加强夜间时段防盗联控及对主要围墙、贵重金属等重点物资看守工作，联动响应，全力打击各类违法盗窃行为，确保公司财产安全。

【新接管区域治安防范】 2020年，保卫部复制主厂区优秀管理成果，积极主动适应形势要求，创建新接管区域治安防范新模式，构建富有区域特色的治安保卫工作体系，实现新接管区域治安保卫工作的快速高效对接。年内，针对唐山佳华煤化工有限公司（简称佳华公司）区域内施工项目多、工期紧状况，积极与佳华公司进行沟通，及时掌握相关诉求，为施工单位开辟绿色通道，提供24小时现场服务，严格履行治安防范工作要求，严细出厂物料、物资的管控工作，加大对施工现场、装车现场的巡视检查力度，为佳华公司顺利投产打造稳定的治安环境；加大唐钢新区治安管理力度，倾力打造“治安示范新区”，加强厂区重点易发案部位巡视检查力度，增加重点区域、重要物资看守力量，强化门卫与巡防协调联动机制，做到全流程跟踪、建档闭环管理，对物资撤厂实施巡防、门卫双检制度，自接管新区治安防范工作以来，共计抓获案、事件84起，其中移交派出所8起、车辆治理1350辆、罚款26万元。

【门禁管理】 2020年，保卫部深入推进门禁管理工作标准化、制度化、规范化，严细日常业务管理，加大检查治理力度，筑牢公司财产安全防护最后一道防线。年内，重点加强进出厂货物的信息核对，在检查卡证、票据的同时，加大驾驶室等重点部位的排查力度，严防盗窃、夹带等事件发生；积极与各属地单位进行信息对接，建立保卫与属地单位相结合、门卫与巡防相结合的联防工作方式，充分掌握当天进出物料情况，严格按物料管控平台要求通行时间放行；加强新区倒运物资跟踪与监督，形成闭环管理，防止物资丢失；加强对施工人员和厂区物料的监管，摸底统计外围区域未计量的外销和内倒物料、内倒车辆、常驻施工队并建立台账；规范维修出厂物资返厂登销账程序，对到期不返厂的进行追责，严防公司财产丢失，全年办理返厂维修登销账业务千余次。

【交通管理】 2020年，保卫部持续做好交通管理工作，为辖区创造良好的交通环境和秩序。年内，开展违章车辆集中整治行动，对进入厂区车辆提出限时间、限速度、限路线、限车型、限随意停车的基本要求，杜绝厂区套牌车辆，统一管理运输车辆通行卡、行驶卡和车牌号，实现管辖区域内交通事故率为零的目标；规范厂区内施工机具、生产用车使用，严格登记、检查违规占道、非法改装、违章作业、“三无”手续等情况，有效规避风险；严细危化品车辆检查制度，严格查验三证（押运证、危险品运输证、运输合格证）及灭火器，从源头上遏制危化品车辆的安全隐患苗头，全年共计检查车辆290余部，发现并立即整改问题41项；捋顺新区通勤车运营具体路线及归属单位，定期检查通勤车、工程通勤车车况，不定期上路抽查违反厂规厂纪车辆情况，防止交通安全隐患发生，10—12月，共计查获违章违纪行为51起。

【应急处突】 2020年，保卫部持续提高控制复杂局面、处理复杂问题的本领，不断提升应急处突能力，为辖区生产经营秩序稳定创造条件。年内，针对各种突发异常情况，如货物门突然断电、电子杆撞坏、人员及车辆闯门、车辆堵门和群体性上访、群体性盗窃事件等，持续完善应急处突预案，并开展应急预案学习和演练，全面提高班组长以上人员的应急指挥和应急处理能力，提高全体岗位执勤人员的应变能力和快速反应能力，做到遇有突发事件和群体性事件，及时果断处置，维护公司财产、职工人身安全及公司对外良好形象，协调设备设施报修15次，处置各类突发事件1206起；对环保督查、检查组人员执行“亮证进厂”政策，全年配合公司接待各种环保检查1350次。

【安全管理】 2020年，保卫部严格落实“一岗双责”责任，强化安全监管，消除安全隐患。年内，组织全员签订《安全承诺书》，开展安全隐患排查治理、安全应急预案演练、全员职工安全教育培训、安全知识答卷、“我要安全，我懂安全”主题活动等专项工作，进行安全宣讲及检查200余次；增加公司新区消防力量，抽调23名消防汽车驾驶员、灭火战斗员进驻新区，保证新区正常生产经营、突发事件应急处置及大中修现场保驾需求，共出警14次，保生产生活用水813吨，防汛2次，现场监护23次，消防演练12次。

【管理提升】 2020年，保卫部加强干部队伍管理，深化作风建设与作风整顿工作，全力打造高素质的保卫团队。年内，深入开展“抓干部作风、树岗位新风”活动，加强各级管理干部作用的发挥，带动科队整体水平不断提升；完善干部绩效考评机制，健全业绩考核档案，实行科队业绩与科队管理人员挂钩制度，有效调动科级管理人员的工作积极性；组织新接管区域的助管以上管理干部进行业务知识及管理能力培训；强化责任体系建设，重新划分各部门职责分工，消除职能重叠和空白，分解具体目标，强化考核和督办，形成“人人有目标、实施有责任、件件有落实、任务有考核、考核有兑现”的目标管理体系。

【疫情防控】 2020年，保卫部落实公司疫情防控领导小组工作部署和会议精神，成立疫情防控工作领导小组，不折不扣做好疫情防控各项工作。坚持做好“五到位、四坚持”，保障在岗职工思想稳定、科学防控措施到位；做好疫情防控宣传工作，张贴、悬挂疫情宣传警示、条幅32处，设立体温检测点62处；保证防护用品供给，为基层岗位配置防护服和消杀用品，测温枪200把、口罩3.32万个；制定下发《疫情期间人员、车辆进出厂管理制度》，在严防发热人员入厂的基本要求之外，对外来进厂人员进行细致分类，有针对性地制定工作措施。

【党群工作】 2020年，保卫部党委深入学习贯彻习近平新时代中国特色社会主义思想，持续加强党的领导和党的建设，党群各项工作实现新提升。年内，加强思想政治建设，开展主题教育，锤炼党员干部的政治品格和政治能力，党委理论学习中心组开展集中学习研讨12次，厂部级领导班子上党课53次，基层党支部书记培训12次；严格落实党委主体责任、党委书记“第一责任人”职责、领导班子“一岗双责”要求，下发《关于深化党支部标准化规范化建设的通知》，对照党支部标准化规范化分类考评标准，全面强化基层党组织建设；做好党员管理，新发展党员7人，组织党员集中学习、讨论100余次，党员撰写心得体会80余篇；组织签订党风廉政建设责任书34份，坚持开展集中廉洁教育，全年纪委书记上廉政党课12次，组织观看《永远在路上》等警示教育片3次，领导班子成员下基层宣讲40余次，筑牢全体干部职工廉洁从业意识防线；切实发挥群团组织优势，开展“钢城好卫士”等形式多样争先评比活动，激发职工争先夺优热情，增强企业的向心力和凝聚力，全年共评出4个金牌科队、16个标杆中队、20个红旗班组、40位明星警员，极大地激励了职工队伍士气和党员干部带头争先的精神。

HBIS GROUP 河钢唐钢 HBIS TANGSTEEL

生产技术支撑平台

总工程师办公室

【概况】 总工程师办公室是公司科技发展战略规划、重大技改项目论证的参谋部门，是公司铁前工艺技术的综合职能管理部门，是公司产品升级规划、新技术推广、系统优化创效和创新体系建设的牵头部门。

2020年末，总工程师办公室设主任1人，副主任1人；下设铁前工艺科、系统优化科、新技术推广科和战略发展科等科室4个，有职工13人。公司创新委员会办公室设在总工程师办公室。

【主要工作】 2020年，总工程师办公室全面落实集团决策部署和公司要求，坚持“立足产线、服务产线”宗旨，围绕铁前工艺技术管理、品种结构升级、产线对标、系统优化创效攻关、绩效管理和创新体系建设等方面开展工作，推动新工艺、新技术、新材料应用，充分发挥自身职能作用，为公司解决关键技术问题提供技术支持。

生产制造部

【概况】 生产制造部是公司生产、质量一贯制管理的双职能部室。主要负责公司生产组织、计划安排、原料管理、工艺质量管理、质量检验和理化实验室等归口管理工作。

2020年末，生产制造部设部长1人，党委书记（纪委书记、工会主席兼副部长）1人，副部长2人；下设综合（安全）科、总调值班室、生产计划科、检验技术科、生产技术科、质量标准科、一贯制板材科、一贯制汽车板科、一贯制中厚板科、工艺管理科、信息化管理科、原料管理科、炼钢辅料检验作业区、铁水检化验作业区、长材质检作业区、热板质检作业区、冷板质检作业区、化验检测作业区、物理检测作业区等科室、作业区19个。有在岗职工298人，其中干部86人、工人212人。

【主要工作】 2020年，生产制造部贯彻落实集团和公司工作部署，围绕效益贡献和项目制开展，解放思想、开拓进取，努力建立“生产+设备+智能化”为核心的生产体制，从效率、效益、技经成本、核心技术突破、智能化等方面，实现管理绩效和核心管理能力双提升，生产、质量管理和检化验工作全面完成各项任务指标，促进公司运营效率和整体效益提升。

【党群工作】 2020年，生产制造部党委以习近平新时代中国特色社会主义思想为指引，深入贯彻上级和公司党委决策部署，紧密围绕生产经营目标，扎实推进党群各项工作。这一年，全面落实从严治党要求，成立党建工作督导组，完善规范党建工作台账，以问题为导向，理清工作思路，不断提升党建工作水平；深入开展“不忘初心、牢记使命”主题教育和革命传统教育主题党日活动，组织党员干部重温入党誓词，教育党员不忘初心、牢记使命，坚定理想信念、勇于担当责任，提高党员干部使命感、责任感；抓好基层党组织建设，持续推进标准化规范化党支部创建工作，根据公司区位调整和人员调动情况，及时对支部进行调整；开展支部对标学习交流活动，组织学习标杆党支部经验，对标先进，整改提升，努力争创“五星级党支部”，提升基层整体工作水平。全面落实党风廉政建设主体责任和监督责任，严格履行党委书记“第一责任人”职责，认真落实“一岗双责”，把党风廉政建设和反腐工作列入部党委重要议事日程，与业务工作同研究、同部署、同检查、同落实，党政主要领导填写领导人员廉洁从业承诺书，与各支部签订党风廉政建设责任书，科级、作业长签订廉洁承诺书，形成党风廉政齐抓共管的良好氛围；深化廉政制度建设，完善监控措施，针对来料检验前沿、生产经营工作分散实际，健全完善《重点职权流程图》《重点职权监督台账》，制定权力风险防范措施，并将党风廉政建设和反腐败主要工作任务层层分解到各部门，组织12名重点职权风险防控监督员，对选人用人、奖金管理、公务车管理、综合生产管控等5项重点职权、11个风险点进行检查，避免廉政风险发生，使党风廉政工作切实做到有部署、有落实、有检查、有考核，努力营造风清气正、廉洁自律的浓厚氛围；依托主题活动提升基层党组织服务中心能力，组织开展生产攻关、产品质量提升、管控模式创新等工作及党员合理化建议征集活动；深化厂务公开，定期听取职工建议与合理诉求，及时回复解决，职工队伍保持稳定。

技术中心

【概况】 技术中心系公司战略新产品及新工艺开发、用户应用技术研究的核心单位，是公司科技项目与知识产权管理、新产品管理、信息档案管理的归口管理部门，是公司品种结构调整、科技进步、高层次技术人才培养等战略支撑的管理部门。

2020年末，技术中心设常务副主任1人，党委副书记（纪委书记、工会主席、副主任）1人；下设炼铁技术研究中心、炼钢技术研究中心、热轧薄板技术研究中心、冷轧薄板技术研究中心、长材研究中心、用户应用技术研究中心、检测技术研究中心、轻量化技术研究中心、过程控制研究中心、专家办公室、新产品管理科、科研管理与知识产权科、信息档案科、综合办公室等中心、科室14个。共有职工170人，其中男职工111人、女职工59人；干部154人，其中科级干部14人；管理及专业技术职工154人，其中专业技术职工144人，高级职称53人，中级职称41人；工人16人，其中技术工人10人，高级技师1人，技师2人。

【主要工作】 2020年，技术中心以提升全流程全产业链创效能力为目标，以推进技术进步和管理创新为抓手，聚焦市场和产品，扎实履行专业职能，强化全员体系意识，着力推进高端战略品种研发，不断提升用户应用技术研究水平，各方面工作取得快速进步和显著成绩。

【安全工作】 2020年，技术中心全面加强安全工作，狠抓责任落实，职工安全意识进一步提升。年内，对相关安全制度进行梳理和修订，共修订和新增职业健康安全管理体系作业文件17个，对危险源进行重新辨识，共梳理出危险源29个，全部处于安全受控状态；组织职工进行专项安全知识培训及考试15次，接受培训职工800余人次，组织安全检查14次，对发现的27项安全隐患及问题，及时进行整改，全年未发生安全事故。

【党群工作】 2020年，技术中心党委坚持以习近平新时代中国特色社会主义思想为指导，学习贯彻党的十九届四中、五中全会精神，按照“把方向、管大局、保落实”要求，全面加强党建工作，确保中心改革发展始终保持正确的政治方向。这一年，按照集团和公司疫情防控要求，发挥党组织战斗堡垒和党员先锋模范作用，做到疫情防控和研发创新两手抓、两手硬，实现防疫“三个零”目标，中心党委被公司评为“防疫先进党组织”；夯实“两个责任”，落实“一岗双责”，贯彻党建“五大提升工程”，推动党建工作与为产线提供高水平指导与服务深度融合，创新党支部活动载体、工作方式、运行机制，充分发挥高端人才聚集优势，通过“三会一课”“创先争优”课题竞赛，专家博士讲堂、导师带徒等“强内功”，提升党员政治素质和业务本领，加强意识形态工作，切实抓好形势任务教育，了解职工思想状况，增强全员凝聚力；持续抓好党风廉政建设，进一步规范制度，加强廉政教育、监督检查，构建廉政风险防控体系，营造廉洁自律的良好氛围；加强职工队伍建设，围绕中心重点工作，深入推进职工岗位创新，组织开展小微式自主创新，当年申报小微课题 35 项，10 项成果获得公司表彰，刘靖宝超高强钢研发创新工作站被公司评为“金星岗位创新团队”；坚持弘扬新时期劳模精神和工匠精神，大力开展季评先进竞赛活动，努力打造一支勇于创新、勇于担当、善于创造的职工队伍，职工石晓伟参加世界钢协举办的第十五届模拟炼钢挑战赛，取得北亚地区第一名的成绩；全心全意依靠职工办企业，认真执行以职代会为基本形式的职工民主管理制度，坚持落实职工各项民主权利；持续开展暑期“双服务”、两节“送温暖”等活动，切实做好困难职工帮扶，使职工感受到企业的关怀和温暖。

物流分公司

【概况】 物流分公司是河钢唐钢物流保产作业单位，主要负责公司本部及唐钢新区原燃物料进厂、厂内生产保障和产成品外发环节的物流组织，同时承担公司本部及唐钢新区物流业务优化、物流费用管控及物流项目发展规划的管理职能，是物流运行及物流管理的职能部门。2020 年末，企业固定资产原值 1.96 亿元，净值 0.37 亿元。

2020 年末，物流分公司设厂部级干部 5 人；下设管理科室 8 个、分厂 5 个、作业区 23 个。共有职工 1404 人，其中男职工 1291 人、女职工 113 人；中共党员 666 人，共青团员 31 人；干部 96 人，其中科级干部 38 人、作业长 58 人；管理及专业技术职工 142 人，其中高级职称 13 人、中级职称 34 人；工人 1165 人，其中技术工人 1096 人、专业作业师 2 人、一级作业师 10 人、二级作业师 57 人。职工中有研究生 19 人，大学本科 121 人，大学专科 256 人，中专 450 人，高中及以下 590 人。

【岗位创新】 2020 年，物流分公司凝聚合力实施全员创新，推进物流业务实现新突破，生产效率实现新提升。全年，完成自主管理课题 83 项、软件著作权 3 项、实用新型专利 5 项、发明专利 1 项。这一年，按照公司“智能制造”总体安排，高强汽车板新 MES 系统成功上线，大幅提升了现场作业效率；自主研发相关方业务助手、进厂车辆管理等智能化系统，信息化、智能化成为推进物流产业发展的重要支撑；协调组织新区产、销、运等系统优化，有效提升保产能力；实施管理、技术和岗位三方协同创新，引导管理人员和专业专家带头推动项目制管理，鼓励创新工作室、岗位职工，立足现场解决生产实际问题，助力经营业绩持续提升。

【人力资源管理】 2020 年，物流分公司随着转型升级，干部职工队伍结构更新实现突破性进展。这一年，坚持把职工切身利益放在发展首位，本着“多一次机会、多安排一名职工”的管理初衷，想方设法为职工安置谋思路、找出路，依靠内部挖潜顶替内退和退休岗位 166 人；结合内部岗位需求和物流业务发展布局，386 名职工派往新区及佳华等新项目；经过转岗培训，88 名职工支援钢材储运业务急需，走向新的工作岗位。

【安全环保管理】 2020 年，物流分公司扎实开展“双控”机制建设，强化安全环保管理，确保防控和生产“两不误”，物流各项工作有序推进。这一年，逐级落实安全生产责任制，强化各级管理者安全履职能力，治理各类隐患105项，落实责任考核1.66万元；指导新区、佳华等新作业区建立健全车站行车组织细则及安全生产管理制度；常态化组织危险源辨识、隐患排查及消防安全专项治理，有效管控安全工作薄弱环节，安全标准化建设再上新台阶；严格落实上级及公司对环保、能源工作的部署，主动关停非必要设备，有效封堵各类能源介质跑冒滴漏，彻底清理外转供电现象，能源指标管控取得良好效果；强化环保治理，组织滨河门充电站场地清理、地面硬化及充电桩和配套设施建设；合规处置废油及各类危废品，为公司绿色制造贡献力量。当年，被评为“第五届全省安全生产志愿者服务优秀组织单位”，被公司授予“安康杯”和“职业卫生先进单位”称号。

【党群工作】 2020年，物流分公司党委着力提升党建工作内在活力，增强党组织的凝聚力和创造力，为转型升级、改革发展注入新动力。年内，结合实际，全力创建以“345计划”为抓手的“红色物流”党建品牌，从引领力、组织力、战斗力三方面固本强基，从打造先锋学堂、先锋工作室、先锋突击队、先锋党员四方面蓄力领航，以系统化、标准化、项目化、标杆化、特色化五大工程，驱动党建创新发展，成为提升党建工作质量的有效路径，11月初召开该品牌发布会，品牌内容在集团智慧党建云平台进行展示；健全完善党委议事决策机制，抓好顶层设计和全程把关，从制度层面为党委履行主体责任提供支持和保障，根据“四同步、四对接”要求，制定美锦物流、惠唐物联等独立法人单位的《“三重一大”决策制度实施办法》，规范党组织介入重大问题决策的基本程序；完善廉政风险监管防控体系，对照业务流程，从权力制约、方便监督等方面，有针对性地制定廉政风险防控措施，在汽运业务招投标、奖金分配、备品备件采购、公务车运营、产品汽车发货等领域实施廉政重点防范，杜绝违规违纪现象发生；推进企业文化建设，营造风清气正的文化氛围，运营维护物流新网站，每月更新上传实时新闻内容，为企业留下创新发展进程的历史记载；深化热点宣传，强化贴近一线的典型经验报道，在全国省市报纸杂志网站刊发新闻稿件464篇，树立了良好的企业形象；发挥群团组织作用，鼓励岗位职工着眼于提高效益、降低成本等方面进行小微创新，按季度组织专家评审团队对创新课题进行评审排序，在公司岗位创新课题评审活动中，获得一等奖3项、二等奖3项、三等奖7项；组织多种形式的劳动竞赛、线上知识竞赛，“安全月”期间自主研发“安全知识竞赛网上答题系统”，供职工学习和交流；切实关爱职工，为职工创造良好工作生活环境，加大帮扶力度，保障困难职工生活，增强企业凝聚力。

能源科技分公司

【概况】 能源科技分公司系承担公司钢铁主业动力介质供应及相关设备维检、环保设施运营维检、新区动力部机电仪维保等专业职能单位。2020年末，拥有固定资产原值4.5亿元，净值3.79亿元，共有运行设备1350余台（套），主要大型设备分别为锅炉4台、汽轮机1台、焦炉煤气柜1座、空压机7台等，设备运行状态良好，实现动力介质高效优质经济供应。

南区装备：锅炉发电机组1套和快速锅炉机组1套，水处理中心系统，10万立方米焦炉1座，冷板空压机站1个，调压撬1

座；铁北110千伏变电站1座。

高强汽车板公司动力装备：30吨锅炉机组2台，165立方米空压机2台、146.6立方米空压机2台，循环水泵站和废水站各1座，110千伏变电站1座，调压撬1座。

2020年6月，能源科技分公司不锈钢动力分厂整体划归不锈钢公司管理；同年8月，能源科技分公司北区动力分厂全部停产。

2020年末，能源科技分公司设厂部级干部2人；下设科室6个、作业区10个。有职工710人，其中男职工552人、女职工158人；中共党员252人；干部36人，其中科级干部7人；管理及专业技术职工29人，其中高级职称14人、中级职称11人；工人604人，其中资深作业师1人、专业作业师1人、一级作业师17人、二级作业师62人。职工中有研究生6人，大学本科82人，大学专科135人，中专29人，高中及以下455人。

【生产经营】 2020年，能源科技分公司抓住效益和效率不放松，以为产线提供优质动力介质供应为核心，根据北区停产、南区铁钢停产节奏，加强生产过程精细管理，对动力系统运行方式和效率及时跟进与调整，构建调整过程中新的生产结构下动力介质平衡，保证公司南区各动力介质稳定、经济供应，为公司生产经营提供支撑。全年，实现考核利润8570.77万元，比计划增加4780.77万元；发生备件材料费、供应处辅料费2692万元；主要产品产量、指标优化提升，总供电量20.46亿千瓦时；回收利用高炉煤气47.61亿立方米，转炉煤气4.38亿立方米，焦炉煤气3.46亿立方米；生产压缩空气12.85亿立方米；外购电11.36亿千瓦时；发电9.1亿千瓦时；外购水1456.05万吨，实现生产保供目标。

【动力介质供应】 2020年，能源科技分公司在区位调整过程中，根据各生产单元水系统、压空系统、煤气系统生产用量，及时调整配套动力系统运行方式，优化生产组织，强化质量过程控制，提高能源供应品质，降低能源介质成本，提升服务质量，满足各产线需求，实现动力介质稳定供应、经济运行。全年，降低成本7089.37万元。这一年，持续加强质量管理体系建设，将质量管理的各项标准落实到岗位，通过公司内审和外部审核，配合生产制造部完成华晨雷诺关于动力介质应急保证、高强汽车板绿色产品认证审核，质量体系审核无不符合项及不合格项，为供应优质产品提供支撑；围绕提高生产效率科学组织生产，应对煤气发电系统受环保影响制约，通过分机组负荷调整的方式，保证运行效率较高的锅炉负荷稳定，提升整体能源利用率，稳定机组发电效率；加强水系统供应管理，加大水治理攻关，为生产用户提供合格的各种水质，水质指标达标率100%，动力介质综合达标率100%，满足各产线工艺对水质的要求，同时加强对加药运营商的管理，优化工艺，精细操作，根据产线运行状况及时启停泵组，加强设备点巡检，减少跑冒滴漏，优化新水消耗指标，确保公司新的生产结构下的新水指标，实现月购中水45万吨以下；做好停产后供电系统平衡优化，组织实施电缆切改方案及并站倒电方案，南区将东站、22万站2号电源并入铁北站，22万站主变退出运行，南区供电全部转移至铁北站，月节省容量费559.2万元，同时解决系统中“大马拉小车”现状，减少升压变损耗，当年节省电量350万千瓦时，节约电费175万元。按照退城搬迁计划，8月北区停产，9月南区铁、钢、热轧停产，停止动力介质供应，为冷轧薄板厂和高强汽车板公司提供动力介质；组织开展停产后煤气系统和丙烷气站管道吹扫和封堵工作，确保停产设备安全。

【环保管理】 2020年，能源科技分公司全面加强环保设施运行管理，持续提高环保工作标准，提升环保节能水平，确保环保设施稳定、有效运行，实现环保超低排放。年内，按照环保要求，合理处置高强板废水站含碱废水产生的污泥，满足环保要求，保证生产单位正常稳定生产；根据新的超低排放标准，组织高强板热力作业区更换脱硫脱硝药剂140余吨，颗粒物、二氧化硫、氮氧化物烟气排放分别达到5毫克/立方米、10毫克/立方米、30毫克/立方米新的超低排放标准；优化脱硫脱硝工艺，加强参数调整，脱硫脱硝与烧结同步运转率、超低排放达标率分别由90%左右提升至100%，运行成本明显降低；组织停产的环保在线监测设备停运，并对相应的环保设施进行清灰、布袋拆除等处置工作。

【费用管理】 2020年，能源科技分公司强化费用管控，优化工艺设备，开展修旧利废，促进各项费用降低。这一年，在保证烧结烟气满足超低排放的前提下，根据指标排放情况合理确定脱硫废灰排灰钙点，排灰钙点由18%降至15%，减少脱硫剂消耗，节约费用163.33万元；实施技术改造，将高强板废水站含碱泥浆由旋压机压滤改为板框压滤机压滤，降低pH调节阶段石灰浓度等，四季度节约污泥处置费24万元；打破以往检修分工界面，开展全员检修模式，实行自检自修，自4月起未发生外委检修项目，在保证设备隐患及时消除的同时，大幅降低外委费用；大力开展备件修旧利废，对旧设备、旧备件进行评估，将可用的零部件充分利用，降低设备备件成本及消耗。

【设备管理】 2020年，能源科技分公司坚持“受控、高效、零缺陷”理念，从消除设备隐患、减少备材辅料、实施全员检修等方面强化设备管理，加强生产设备管控，满足设备安全、稳定、经济运行。全年，设备完好率达100%。这一年，加强设备档案、运行缺陷记录及检修消缺、季节性管理等工作，强化设备劣化趋势分析，准确把握设备状况，实施有效适时维修，4处较大设备隐患得到及时处置；加强停运设备管理，根据公司退城搬迁要求，制定停产方案和安全预案，保证停产设备安全停运，实施停产后介质管道吹扫，停产设备通过有关部门验收；梳理所有停运设备，对停用设备建档备案，建立设备台账清单，为停运的特种设备办理相关停运或注销手续，组织停运设备评估和利旧活动，协调组织拆卸与运输，年内拆除GIS利旧设备7套、罗茨风机6台、空压机7台、变压器22台、高低压配电柜166面、大型阀门12个、高压变频器3台、高压电缆2500米等。

【安全管理】 2020年，能源科技分公司不断深化双控机制建设，坚持“关口前移、源头管控、预防为主、综合治理”的安全生产风险管控与隐患治理原则，加大检查和整改力度，提高安全管理水平。这一年，加强风险辨识、隐患及煤气、电气等能源介质专业化管理，修订完善《电气检修作业规程》《检修中心电动三轮车使用管理办法》等制度；强化职工安全教育培训，组织133个班组参加安全管理竞赛，分批次对作业长、安全员、技管人员184人次进行双控机制专项培训及考试，增强职工安全生产意识，根据人员变动情况，做好岗前培训和安全告知，掌握应知应会安全知识，安排好师带徒，涉及调整的全部人员经严格考试合格后，方能独立上岗作业，满足生产需求；强化监管职能，围绕产线停产，分系统制定详细的停产安全方案，并对方案措施的落实进行安全确认，根据用户和介质特点，重点核查煤气管道吹扫盲区，对检查出的18处吹扫盲区，按要求安装吹扫点，保证停产操作安全，顺利完成各区域，各介质的停运、封堵。

【绩效管理】 2020年，能源科技分公司注重发挥绩效管理的激励导向作用，在区位调整退城搬迁后根据组织机构变化、生产与管理内容变化，修订一级组织绩效，使绩效管理始终有效全覆盖。年内，配套设计完成“作业区指标评价系统”，开展“对标指标体系跟踪”，组织专业管理部门每月开展对标，全年分公司领导带队检查80次，查处问题242项，专业科室检查问题点1667项，各作业区、分厂自查问题点4086项；建立奖励机制，引导职工围绕生产系统设备、工艺变化，通过改善提案、自主管理、卓越贡献等平台，深入挖掘以微改善、修旧利废、技术攻关、成本控制等效益点，提高劳动生产率，降本增效，当年职工提出改善提案5539项，发布自主管理课题成果61项，实施“265平方米烧结机烟气脱硫脱硝加装烟气分析控制系统”等9项卓越贡献改进项目，各类创新项目创效达2389.45万元。

【职工技术创新】 2020年，能源科技分公司针对区位调整生产设备、工艺变化，持续推进新技术、新工艺应用，加大职工技术创新力度，成效明显。这一年，供电系统优化调整、降低容量费等37项合理化建议被公司采纳，“反渗透膜多元有机溶结合生物剂清洗剂及使用方法”获得国家发明专利，完成供水系统质量指标影响因素分析及优化方法探究、132平方米烧结机烟气脱硫脱硝自动控制系统开发与应用等科技成果4项，3个职工创新工作站室实施课题研究10项，助力生产经营稳定顺行。

【支持公司战略发展】 2020年，能源科技分公司全力支持公司战略发展，助力公司区位调整顺利推进。当年，开展塞钢能源综合利用项目的前期调研、论证、招标文件的起草、组织招标，推进塞钢8万立方米高炉煤气柜项目，跟踪加工进度，参与设备及部件的阶段验收及发运前检查，确保设备质量、包装及随机材料符合欧盟认证要求，促进早日建成投产；支持新区建设，做好人员输送工作，按照公司要求，设置派驻新区机构，抽调骨干人员，承接新区动力部机电仪维保业务，全年安置职工到新区522人、佳华167人、美锦95人，保证新区等项目建设推进；6月，将不锈钢动力业务划归不锈钢公司管理，人员及业务划转完毕；8月，随着公司退城搬迁工作实质性开展，成立专门治安防范保卫小组，修订《保卫管理制度》《保卫管理考核办法》等规章制度，组织对停运站室门窗进行封堵，完成封堵2145处，拆除走梯141处；组织煤气锅炉、电气、设备、环保4个专家组在新区投产前，对新区动力部进行生产设备、现场、安全等方面的技术交流，对煤气、电气等8个系统提出改善建议37项，在公司推进区位调整、转型升级和高质量发展中发挥技术优势和人才作用。

【党群工作】 2020年，能源科技分公司党委坚持以习近平新时代中国特色社会主义思想为指导，认真学习贯彻党的十九届四中、五中全会精神，不断夯实党建基础，着力创建党建品牌，提升党建水平。年内，全面推进落实“党建质量提升年”工作，将党建工作与生产经营重点相结合，针对公司区位调整，将18个党支部调整为11个，完善5个党员活动室，借助互联网、微信等载体建立党建学习阵地，提高党员的思想觉悟，构筑思想政治堡垒；以“抓素质提升，展示党员风采”为依托，在党员中开展“狠抓介质保供应、狠抓管理降消耗”“决战四季度 挖潜创效争先锋”等活动，引导广大党员立足岗位，以节能环保降本增效为重点，深挖内潜，在优化生产工艺、规范操作、改善运行方式、服务产线中当先锋、创佳绩；坚持开展“3X+1”宣讲活动，多层次抓好形势任务宣传教育，特别是在区位调整人员安置问题上，帮助职工解疑释惑，认清形势，保证公司决策部署顺利实施；加强党风廉政建设，健全完善廉洁风险防控机制，开展廉洁自律宣讲，“廉政党课”“廉政微党课”等活动，加大警示教育力度，严格落实中央八项规定精神，持续深入纠正“四风”，建立节假日检查、通报曝光常态化机制，组建4个督导组，开展监督检查10余次，走访职工群众200余人次，切实提高党员干部和重点岗位人员廉洁从业意识，为企业发展营造风清气正氛围；发挥工会组织作用，开展“送温暖”活动，全力为职工帮扶解困，建立职工重点帮扶对象档案，走访慰问困难职工、退休劳模和离退休职工，使他们感受到企业的关怀与温暖。

特载
专文
企业概况
大事记
项目建设
科技创新
市场营销
生产经营与专业管理
战略管控平台
公共服务支撑平台
生产技术支撑平台
信息设备支撑平台
主业生产经营单元
平台外非钢单元
河钢集团直属单位
党群工作
附录

HBIS GROUP 河钢唐钢 HBIS TANGSTEEL

信息设备支撑平台

设备机动部

【概况】 设备机动部是公司设备综合管理部门，负责机械、电气、动力设备和工业建筑的运行维护管理，以及公司固定资产、生产备品备件、基建技改项目设备的采购供应和管理，同时负责公司备品备件库房管理等工作，具有生产及管理双重职能。位于唐山市路北区东工房11段，南靠路北区东工房居民生活区，北邻开滦矾土矿，西接唐山天马物流有限公司车队，东至唐山市开平区国各庄，占地面积9万平方米，建筑面积2.29万平方米。

2020年4月，设备机动部成立资产管理科。9月，取消备件辅料科、备件修复科，成立标准科、非标科和辅料科。

2020年末，设备机动部设厂部级干部3人；下设科室14个，班组21个。共有职工190人，其中男职工118人、女职工72人；中共党员112人；干部73人，其中科级干部18人；专业技术职工52人，其中高级职称40人、中级职称7人；操作序列110人，其中高级技师2人、技师6人。职工中有研究生3人，大学本科80人，大学专科33人，中专8人。

【主要工作】 2020年，设备机动部秉承"受控、高效、零缺陷运行"理念，以"主体设备效率最大化、成本最小化为目标"的总体思路，从设备维修、标准化建设、采购成本控制等方面持续发力，全面挖掘设备潜能，为公司产线效率提升、打造更多精品提供有力支撑。

【技术服务】 2020年，设备机动部成立以专业技术支撑为核心的督导小组，派驻设备专业人员到现场进行技术指导和服务。这一年，组织高强汽车板公司、能源科技分公司、信息自动化部等单位技术人员系统研究高强汽车板公司电网电压波动对产线影响及对策，确定T07变压器保护定值，研究快速开关方案和变频器防晃电技术；组织专家对作业区进行管理和专业检查，对故障多发部位严密排查、进行风险辨识并分级制定有效整改措施和预案；审查电气设备检查标准、完善检查表项目，明确整流变电采用冲击负荷标准；改进开关柜梅花触头维护标准，调整重要负荷断路器梅花触头弹簧更换周期；组织实施防雷接地检测工作，3月30日邀请市防雷中心人员进行检测，4月底完成防雷接地春季检测，1.19万个接地点全部合格。

【对标交流】 2020年，设备机动部广泛开展对标交流，注重借鉴行业先进企业设备管理经验，挖掘管理潜能。3月组织与通钢、本钢对标，4月与瑞丰公司对标，8月与福建三钢对标，就设备管理、项目检修、物资采购、费用控制等方面进行深入交流。11—12月，为服务新区快速达产及设备顺利运行，利用周六日时间对新区设备系统人员进行全面设备管理知识培训，分享管理经验。11月10—11日，参加在厦门市召开的中钢协冶金设备分会二届一次理事会议。会议研究确定2021年冶金行业设备管理纲要。12月14—16日，参加在西安市召开的第二届中国设备管理大会，会议以"把握时代新要求，打造制造业发展新未来"为主题，研讨交流了世界前沿设备管理理念与技术，提出构建装备制造业"双循环"新发展格局，以创新驱动推进我国制造业高质量发展。

【党群工作】 2020年，设备机动部党委紧密结合"不忘初心、牢记使命"主题教育及落实省委巡视集团整改要求，全面提升党群工作水平。年内，组织领导干部深入学习党的最新理论成果、形势政策和规章制度，《贯彻落实"三重一大"决策制度实施细则》、修订完善《党建工作责任制》，压实党建工作责任；组织开展党内特色活动，激发广大党员立足岗位，争当先锋；坚持开展“3X+1”形势任务宣讲活动，宣传贯彻集团和公司形势任务；及时报道典型事迹，传播正能量。坚持每季度组织开展党员干部及关键岗位人员廉洁从业教育，制定《2020年深化纠正“四风”和作风纪律专项整治推进方案》《科级干部廉政档案管理办法》等规章制度，助力部内“三不”机制建设；完善《重点职权廉政风险防控方案》，对招投标、供应商管理及固定资产处置等重点行权岗位进行全方位廉政风险排查，找准差距堵塞漏洞；落实省委巡视反馈意见整改工作，针对反馈问题逐一对号入座，对工作中存在的类似问题逐项督导解决，确保整改措施落实到位。充分发挥群团组织作用，开展“提质增效青年当先”“质量攻关青年当先”等主题活动，调动青年职工积极性、主动性，提升青年整体素质；开展暑期“送清凉”、健康查体等活动，关心职工身体健康，提高职工幸福指数。

信息自动化部

【概况】 信息自动化部是公司信息化、自动化、计量、通信专业的管理部门，负责产线智能制造整体规划，信息自动化计量专业基础，项目实施及过程管理、监管考核、日常运维、费用归口管理及测量管理体系、“两化融合”管理体系等工作。职责管理范围包括公司本部、公司新区、不锈钢公司、高强汽车板公司、中厚板公司等单位。2020年7月31日，微尔自动化公司的云计算中心划转至河钢唐钢信息科技分公司，信息自动化部代管河钢唐钢信息科技分公司。

2020年末，信息自动化部设部长1人，党委书记兼工会主席1人，副部长2人；下设综合管理科、生产计划科、信息自动化管理科、计控管理科、传动模型室等管理科室5个，信息中心、数据中心、校准实验室、网络通信中心等运维车间4个，高强汽车板公司维检站、计量维修站、炼焦维检站、冷轧薄板厂维检站、不锈钢公司维检站等维检站5个，新区热轧项目组、新区特钢项目组、新区炼钢项目组、新区炼铁项目组、新区佳华项目组等项目组5个。共有职工598人，其中男职工498人、女职工100人；中共党员259人，共青团员16人；干部309人，其中科级干部43人（含作业长23人）；管理及专业技术职工233人，其中高级职称118人、中级职称157人；工人289人，其中高级技师64人、技师72人。职工中有研究生54人，大学本科259人，大学专科及以下285人。

【主要工作】 2020年，信息自动化部以全面加速智能产线建设为核心，以项目制管理为抓手，推进信息自动化系统由服务型向主导型转变，为公司“生产智能化、产品高端化、效益最大化”提供强有力的支撑。这一年，不断深化信息自动化管理体系建设，激发产线智能化潜能，推动自动化系统改造升级和智能制造项目建设，促进信息化系统深度应用；强化质量管控、加强设备状态维护、提升技术研发能力、提高专业管理效率；依托专业信息平台推进点巡检规范化，加强隐患专项治理，有效降低设备事故；加强计控专业标准化、精细化管理，为公司产品质量管理和生产经营提供可靠的数据支撑。全年，信息系统7次实现全月“零事故”，重大事故得到有效遏制，发生生产中断7起，中断时间累计15.95小时，中断次数、中断时间同比分别降低52.1%和65.7%；实际发生部门费用1.26亿元，完成公司下达的预算指标；专业归口费用实际发生 5313.9 万元，比计划节约 1299.7 万元。

【基础管理】 2020 年，信息自动化部结合自身专业特点，建立标准化机制，全面深化基础管理。年内，将公司重点工作与部门作业长制推进深度融合，灵活运用 PDCA 的科学方法不断深化作业长制工作，梳理现场设备图纸、现场重要设备标识、电源梯级标识等，利用实操培训和事故应急演练的机会，组织各作业区人员对紧急事故处置进行培训，提升其专业素质；伴随产线设备和维护理念、方式的更新，同步开展维修技术、维修作业标准的更新，消化完善新装备新技术的同时，修订审批新区维修作业标准 89 个，修订审批维修技术标准 86 个；持续开展隐患排查和专项治理工作，按照分类分级管理原则，针对不同等级，由厂部级领导主导，职能科室和作业区负责跟踪治理，为产线稳定高效运行提供保障；针对发生的专业事故，开展专项治理工作，更新检修作业标准，对设备进行周期性检查，先后实施连铸机隐患专项治理，光纤系统、主辅传动系统、DP 网络专项治理，UPS 供电系统治理及主辅传动系统专项整治“回头看”工作，为设备长周期稳定运行奠定基础。

【区位调整】 2020 年，信息自动化部针对区位调整，合理配置人力资源“双线作战”。这一年，在确保本部各产线设备稳定运行的前提下，抽调管理及技术骨干人员，全力投入新区的调试及运维工作；专业科室业务全面对接，秉承公司设备点检、运维综合管理理念，实现技术及管理全覆盖；根据新区各项目投产的时间节点，统筹组织人力进行系统测试、设备联调、热试生产、投产达产，信息化系统实现提前上线；通过“请进来”和“走出去”等多种形式开展技术学习交流，先后举办 TMEIC 传动、SIMENS S120 传动、ABB ACS880 传动和中冶南方 E-Converter 传动培训，以及辅传整流回馈原理及事故处理交流会，提升新区产线职工运维能力；针对佳华和美锦二期两个焦化项目，快速梳理各个关键环节，建立子项目负责制，关键信息化系统全部为自主设计、研发，为焦化项目进行智能化赋能，实现信息流、物质流和资金流同步，为工程项目有序推进、稳步落地打下坚实基础。

【安全管理】 2020 年，信息自动化部以“双控”机制建设为契机，实施网格化管理，将安全责任区域落实到岗位。全年，修订安全管理制度及综合应急预案 28 项，制定异常作业指导书 2273 项，辨识危险源点 2589 个，排查隐患 1019 项，考核 170 项，考核金额 5.67 万元，岗位人员执规意识明显增强。这一年，建立健全职业健康安全管理体系，完善、修订安全管理制度，全面落实安全生产责任，加强对科级以上干部“一岗双责”相关内容的培训与考核，组织开展作业长、安全员专题培训、职工安全履职培训 1284 人次，提升岗位职工安全意识和能力；组织特种作业人员取证、复审、换证申报 118 人次，其中高压电工复审 58 人次，低压电工复审 60 人次，保证特种作业人员持证上岗率 100%。

【党群工作】 2020 年，信息自动化部党委以巩固“不忘初心、牢记使命”主题教育成果为重点，强化政治核心作用，提升基层党组织服务保障能力。年内，面对突发疫情，迅速建立扁平化疫情防控工作机制，制定下发疫情防控工作措施和具体安排，在疫情初期，组织党员技术骨干仅用两天时间完成公司 56 家单位视频会议终端的准备和组网工作，保障公司视频会议的顺利召开，为公司正常生产经营秩序创造了有利条件，获评集团防疫先进党组织；认真落实“三会一课”等制度，扎实推进组织生活制度化、支部工作规范化；推进党建品牌建设，按照“1050 工程”要求，以信息中心党支部为重点，尝试推进“新时代 e 支部”品牌建设，探索基层党支部管理新模式，有效提升了支部标准化、规范化水平；发挥党组织和广大党员的示范引领作用，结合“三亮三比”明星党员活动，组织党员开展“战疫保生产、智造当先锋”主题竞赛活动，广大党员带头实施技术改造百余项，课题攻关23项，设备事故率比上年降低47.5%；落实党风廉政建设责任制，加强重点风险点防控，强化招投标工作的执纪监督，完善《招投标管理细则》，健全招投标执纪监督台账，有效杜绝违规违纪现象的发生；围绕产线高效运行，开展岗位竞赛、课题攻关等支部活动，向公司申报创新成果206项，申请国家专利26项，劳瑞斯创新工作室入围“全国示范性劳模和工匠人才创新工作室”终审名单；强化“3X+1”形势任务宣讲活动，实现岗位职工全覆盖，有2名职工获得河钢唐钢“十佳”职工称号；加强工作亮点、先模人物事迹宣传，专题报道《“5G+局域网”正式投入运行 为钢铁行业5G技术应用提供示范》登上“学习强国”河北平台。

检修分公司

【概况】 检修分公司是为各事业部、公司新区提供设备维修服务的主管单位，主要负责设备维护、备件修复、钢结构制作及耐材维护工作。成立于2010年，具备机电工程施工总承包二级、建筑工程施工总承包二级、钢结构工程专业承包三级、环保工程专业承包三级、特种设备起重机械安装维修A级资质和承修（试）电力设施许可。

2020年，检修分公司调整业务范围，不锈钢维检中心、高强板维检中心整体划拨到生产厂管理；拆分铆焊产品中心相关业务，将人员划入乐港产品中心及制修维检中心，并新增乐港产品中心铆焊作业区；取消工业炉窑中心不锈钢作业区、电气维检中心电机作业区、液压产品及工程中心液压制修作业区和冶炼作业区。

2020年末，检修分公司设厂部级干部6人；下设科室10个，维检、产品、工业炉窑等中心14个。共有职工1234人，中共党员379人、共青团员17人；干部85人，其中科级干部36人、作业长37人；专业技术人员73人，其中首席专家1人、资深专家1人、专业专家4人；生产操作人员1082人，其中资深作业师1人、专业作业师5人。职工中有研究生12人，大学本科89人，大学专科140人。

【生产经营】 2020年，检修分公司狠抓作业标准的执行和完善提升，夯实管理基础，提高职工素质，生产组织效率和质量稳步提高。年内，持续推行精益管理，运用管理工作确认表、安全维修作业标准确认表等“管理工具”，保证产线生产稳定，克服退城搬迁、业务范围缩小等不利因素，圆满实现各项目标，全年，实现利润2191.85万元，超出计划指标1581.85万元；产品单元库存同比降低350.12万元；维检库存同比降低56.15万元。

【全面对接公司新区】 2020年，检修分公司全面对接公司新区，推进新区设备维修作业标准编制，参加设备课题攻关，为新区生产建设提供支撑。这一年，成立6个攻关课题小组，消除设备隐患，保障新设备在生产过程中的功能精度；高标准承接新区厂房钢构、佳华料仓等装备制造140余吨，全方位进行耐材交底及对接；以功能性承包方式为新区特钢事业部提供轧辊修复服务；按期完成炼铁部、炼钢部除尘风机安装等项目；迅速组织原料区皮带抢修、钢区2号转炉倾动减速机抢修；以“零事故、零延期、低费用”实施本部南区动力阀门、北区1号烧结机脱硫管道保护性拆除，为公司节省外委拆建费用560万元。

【基础管理】 2020年，检修分公司深入开展“明晰责任、强化纪律”活动，建立系统化制度，实施规范化管理，推行标准化作业，提升基础管理水平。这一年，采取“强力考核、稳固提升、补齐短板”措施，循序渐进、奖惩并用、批评与帮扶并行，以达到内强管理核心、外练队伍筋骨的目的；通过管理标准化，拆分管理步骤、实施分级管控，打造高效、顺畅的管理体系，提高管理干部自主管理能力，形成干事创业的良好工作氛围；以作业标准化为抓手，提升职工队伍素养，有序进行作业标准的编制、录入，改版作业标准1728项、纠错8748项，并通过信息化系统实现线上运行。

【精益管理】 2020年，检修分公司以打造“规范化、专业化、现代化”检修队伍为目标，全面推进精益管理，通过全员参与，将精益管理的方法及文化转化为自身变革的能力。这一年，编制《精益检修现场标准化手册》《可视化标准手册》，统一规范作业标准；开展精益管理检查，实行循环检查、月度分析，加强干部履职检查，实现责权明晰、流程顺畅、动作标准，作业区自主管理意识不断增强，自主识别问题并改善数量达到2.05万项；全员参与持续改善，消除浪费损耗，降低成本，提高生产效率，职工提报改善提案达1.5万项；将改善提案固化到作业标准，新增和完善现场安全设施1791处，物品定制8628件，可视化改善7750处，作业现场安全性极大提高，环境明显改善。

【安全体系建设及疫情防控】 2020年，检修分公司安全管理水平连续三年提升，实现“7021”安全生产目标。疫情期间制定制度18项，建立“三级督察”机制考核139项，保障疫情防控工作各项措施的落地执行；通过线上办公、线上培训和综合调度，尽最大努力实现线上销售和线下检修，减少了损失。

【人才培养】 2020年，检修分公司持续强化职工技能培训，打造一专多能的职工队伍，适应高质量发展需要。这一年，进一步满足公司新区的人力资源需求，深入开展多能工培训，实施“重点岗位技能提升培训”，对热喷涂、激光焊、手工焊、车工进行相关培训，助力产线稳定顺行，实现生产经营目标；拓展职工技能种类，同步制定技能考评、提升和鼓励措施，调动职工的学习和工作热情，提高技术水平；联合技术、安全等专业科室，划分职责，归口管理，实施督导、检查、评价，形成闭环管理，保证培训效果；按照“职工能力调研、培训计划制定、培训教材编制、监督实施”4个阶段组织培训；根据岗位实际，划分“计划培训”“基本掌握”“熟练掌握”“精通掌握”4个等级进行定制化培训；组织技能鉴定，有36名职工参加了2020年初、中、高级职业技能鉴定，21人成绩合格并取得证书，其中初级工1人、中级工18人、高级工2人；有7名职工参加2020年技师、高级技师的考评，5人取得证书，其中高级技师2人、技师3人。

【党群工作】 2020年，检修分公司党委坚持党政相融原则，充分发挥党建引领作用，推动各项工作上台阶。系统化开展“知敬畏、守规章”“党员展绝技”“查隐患、消缺陷、保运行”“我是党员我带头”等系列活动，全年评出绝技37项，在各支部推广19项；各党支部查找隐患问题及整改项目55项；组织各种形式的劳动竞赛8次，对997名表现突出的职工进行嘉奖。本着抓早抓小原则，抓好队伍纪律建设，成立道德纪律委员会，下发《领导干部警示约谈、诫勉谈话实施细则》，对问题干部进行警示约谈、诫勉谈话，对39人次实施问责；优化工时定额，促进技能评价体系日臻完善，实现职工多劳多得调动职工积极性；抓好“送温暖”工程，利用困补资金及唐山市大病互助、帮困基金帮扶政策，发放困补慰问款7万元，为30余名职工办理唐山市大病互助及帮困基金，走访慰问特困职工20户；开展暑期“送清凉”活动，派送西瓜2万斤，配备10余种共计6万余元的常用应急药品，并制定专人管理和定期检查制度，提升职工幸福感。

自动化信息公司

【概况】 唐山钢铁集团微尔自动化有限公司（以下简称自动化信息公司）是负责公司各事业部自动化设备的大修和技改、自动化系统的工程建设，同时解决产线自动化疑难问题的专业部门，主营计算机信息系统集成、云计算服务、机电工程安装、设计实施通信网络、监控、智能计量、建筑智能化系统，生产和研发工业快速热电偶、工业线圈、钢水取样器和定氧探头等产品，是河北省科技厅认定的高新技术企业和河北省工业和信息化厅认定的软件企业，具备设备维修企业专业类一级资质、咨询类一级资质、计算机信息系统三级资质及机电设备安装工程承包二级资质，通过软件企业认证和ISO9001质量管理体系认证。2020年末，注册资本5000万元。

2020年末，自动化信息公司设厂部级干部4人；下设综合部、财务经营部、供应部、生产安全部、自动化事业部、信息化事业部、智能制造事业部、通信事业部等部门8个，以及自动化检修中心、电子设备厂。共有职工142人，其中唐钢身份128人；男职工104人，女职工38人；中共党员80人，共青团员1人；干部90人，其中科级干部17人；管理及专业技术职工88人，其中正高级职称2人、高级职称43人、中级职称37人；工人52人，其中一级作业师6人、二级作业师12人。职工中有研究生11人，大学本科89人，大学专科21人，中专1人，高中及以下20人。

【经营管理】 2020年，自动化信息公司以智能制造为核心，以云中心IDC服务为支点，为大数据业务发展提供多元平台，努力开发潜在市场，为设备高效运行，打造品牌效应提供技术保障，全面增强企业创效能力。全年，实现创效1290万元，超额完成公司挖潜增效目标；申请专利20项，计算机软件著作权21项，至此，共拥有专利75项，著作权206项，为企业高质量发展提供有力支撑。

【安全管理】 2020年，自动化信息公司坚持“安全第一、预防为主、综合治理”方针，牢固树立安全发展理念，夯实基础、细化责任、强化现场监督监管、深化隐患排查治理，完善职业健康安全管理体系，不断提高安全管理水平，全年未发生轻伤以上安全事故。这一年，定期组织开展人员履职安全检查活动，共计检查278人次，其中班组长以上22人次；重新对实操培训计划进行检查梳理，并监督计划执行情况，对每周上报的实操培训记录进行审查，核实实际参加人数并对未参加人员补课信息进行查证，全年组织培训214次，对培训后职工进行抽查，共计抽查293人次；组织28名特种作业人员换证复审；组织厂级消防火灾应急演练2次，车间级应急演练19次，提升职工对突发事件的应急能力和处置能力。

【党群工作】 2020年，自动化信息公司党委认真贯彻落实上级党委工作部署，深入推进“不忘初心、牢记使命”主题教育，抓好党群各项工作，为完成公司下达的各项任务提供有力保障。加强“五型”领导班子建设，激发领导班子干事创业的积极性；组织开展“三亮三比”主题实践活动，引导党员干部在科技研发、市场开拓等各项工作中争先锋、作表率。开展“3+X”宣讲，贯彻宣传企业生产经营形势和公司工作精神，传达公司理念，激发职工爱岗敬业热情；落实省委巡视整改工作，结合日常工作中发现的突出问题，抓好整改落实。加强党风廉政建设，签订党风廉政建设责任书，开展廉政教育和典型案例警示教育，筑牢拒腐防变的思想防线；完善招投标工作的管理和监督，识别廉政防控风险点，建立风险点登记台账，制定风险防控措施，责任到人，层层落实，有效保证监察效果；严格落实《“三重一大”事项决策制度》《招投标监督管理办法》《廉政风险防控体系》等制度，深化权力公开透明运行机制建设，营造风清气正的工作氛围。

HBIS GROUP 河钢唐钢 HBIS TANGSTEEL

主业生产经营单元

唐钢新区

【概况】 唐钢新区是原料、烧结、球团、炼铁、炼钢、连铸、轧钢工序组成的生产单位，是以生产宽幅、高强热轧商品材和高档次、优质冷轧原料带钢及精品建筑用钢、中高端线材、优质中型型钢为主要产品的生产组织部门。位于乐亭经济开发区，紧邻京唐港4号码头，一期工程占地575.94万平方米，规划投资417亿元；主要装备有2922立方米高炉3座，200吨转炉2座，200吨脱磷炉1座，100吨转炉3座，2050毫米热轧生产线1条，高速线材生产线2条，棒材生产线2条，型材生产线2条，以及相应的智能化原料场、烧结机、带式球团焙烧机、连铸机和配套动力、公辅设施。年生产能力，生铁732万吨、钢747万吨、钢材710万吨（其中热轧板带410万吨，优特长型材300万吨）。产品定位高端汽车板、家电板、建筑工程、海洋高强用钢，形成以高档次汽车宽幅面板和高强汽车用钢为主打，以高级别管线钢、高强车轮钢、高强工程机械用钢、结构用热基镀锌板等为重点的高端特色产品群。2020年，唐钢新区克服沿海施工和新冠肺炎疫情带来的不利影响，加速推动目标落实落地，于9月7日实现1号高炉和2050热轧系统正式投产，2号高炉、特钢普棒、1号带式焙烧球团生产线于11月相继进入试生产阶段，其他项目有序推进。

【生产组织运行】 2020年，河钢唐钢新区坚持“绿色、智能、品牌化”战略部署，统筹谋划，实现铁、钢、轧全线投产顺行。截至年底，新区累计烧结产量179.11万吨、铁产量114.75万吨、钢产量111.89万吨、钢材产量97.47万吨，圆满实现投产、达产目标。当年8月8日，2050轧机第一卷钢正式下线；8月24日，1号烧结机点火；9月13日，1号2922立方米高炉顺利产出第一炉铁水；9月14日，1号转炉装铁；10月24日，2号烧结机点火；11月17日，2号高炉送风。投产后，新区单高炉日均稳产8500吨以上，铁水质量合格率100%；转炉炼钢和连铸系统实现“单炉对单机”生产，具备日产钢坯1.8万吨能力；2050毫米轧机将装备功能开发、品种研发与提升轧机效率紧密结合，单日最高日产1.76万吨。

【工程管理】 2020年，河钢唐钢新区克服新冠肺炎疫情影响，科学组织，系统谋划，顺利推进项目复工复产，确保一期一部工程如期达产。这一年，坚持质量和安全一票否决理念，搭建以指挥部、项目部和施工单位为主导的三级质量管控体系，建立完善工序组织体系和高效的沟通协调机制，尽最大限度减少工序间交叉影响，推进设计、施工、设备各要素协调同步进行，确保钢轧系统整体建设进程同步推进；新区1号高炉、2号高炉等按期投产，长材项目陆续热试成功顺利投产运行；全年制定下发工程质量管控文件16项，组织工程检查活动上百次，发现并及时整改质量问题250余项，炼钢工程获上海市“金钢奖”。

【能源介质系统建设】 2020年，河钢唐钢新区按照产线建设投产节点要求，统筹推进能源介质系统建设。年内，建成2座220千伏变电站、11座110千伏区域变电站及70余座35千伏和10千伏车间变电站，采用电缆智能接地监测系统、变压器套管在线局部放电检测系统、变压器绕组在线测温系统、高压柜在线局部放电检测系统、高压柜在线测温系统、电气设备状态在线视频监测系统等智能组件新技术，极大提升智能化水平，设置集中控制和视频监控中心，实现电气设备远程操作；9月，水处理中心调试成功并投入运营，该水处理中心包括新水制除盐水、废水预处理、废水深度处理和浓盐水处理系统，以及以上系统配套的加药、供水等系统，预处理系统采用业内成熟的高密度沉淀池+V型滤池工艺，深度处理系统采用双膜法工艺，浓盐水处理系统采用高效澄清池+生物曝气滤池+钠床+膜系统，实现废水零排放，保障新区主线生产供水稳定；建成30万立方米高炉煤气柜1座、15万立方米转炉煤气柜2座和5万立方米焦炉煤气柜1座，转炉煤气柜单座最大吞吐量达40万立方米/时，高炉煤气柜起到储存高炉煤气及平衡高气管网压力的作用，最大吞吐量可达26万立方米/时；9月28日，煤气发电一期1号发电机组并网发电，10月18日，2号发电机组并网发电，该项目采用超高压蒸汽发电技术，在国内冶金行业处于先进水平，年内日均发电量超320万千瓦时。

【新产品研发管理】 2020年，河钢唐钢新区扎实推进新产品开发管理，努力打造高效产品研发创新机制。年内，制定热冲压成型钢、高碳钢、焊瓶钢及供冷轧的IF钢、结构级镀锌钢、低合金高强钢等钢种技术文件，围绕“KR脱硫相关工艺参数对脱硫的效率和机理研究”“钢包吹氩过程中相关工艺参数对去除钢水中的夹杂物的机理研究”“中间包流程对夹杂物去除的机理”“结晶器相关工艺参数对结晶器流场和卷渣机理的研究”等相关课题，与各大高校深入开展项目合作交流。

【产线工艺技术支持】 2020年，河钢唐钢新区全面强化产线工艺技术支持和调试跟踪，最大限度挖掘产线装备优势。年内，组织进行工艺控制、生产工艺技术（质量）、生产工艺（炼钢、精炼、连铸）等8大类约160项炼钢重点技术和质量指标制定；不断完善2050毫米生产线炼钢工序的指标系统框架，编制汽车板质量自动判定程序；深入对标首钢、宝钢等钢铁企业产品开发、钢种生产过程关键控制点和工艺参数值，编制相对应钢种的控制计划，逐步优化相关工艺参数，为产线工艺提供技术支持。

【信息化系统建设】 2020年，河钢唐钢新区以信息化基础项目建设为抓手，大力推进三维数字化工厂建设。年内，伴随着线下实际业务的发生，各信息化系统线上同步投入使用，包括ERP、铁前MES、产销、物流、计量、检化验、设备等13个生产类系统和7个管理类系统，实现物料采购进厂、炼铁、炼钢到轧钢全流程生产、销售发货等业务的线上运行，保证数据、信息的线上传输、不落地，为生产稳定运行提供强力的系统支撑；在三维数字化工厂平台中构建全厂区范围内建筑、道路、绿化、管线及部分重点设备（料场、烧结、高炉、炼钢、轧钢）模型；开发建设全厂区漫游、物流调度、设备管理、培训考核平台、地上地下管线数据绑定及展示、视频监控系统功能展示，精轧机模型及设备功能展示，高炉实时数据展示及工艺流程模拟等功能模块；完成视频监控项目核心服务器的安装部署与视频联网平台搭建，完成各生产区域监控、道路违停监控及各二级厂区域内道路监控视频信号联网传输至全厂监控平台，实现对厂区内人员、车辆动态监督管理，为安保、物流、生产等部门管理提供技术支持。

【智能制造信息化系统推进】 2020年，河钢唐钢新区以投产刚性需求为红线，倒排生产制造专业信息化系统上线关键节点，实现信息化系统与主体设备投产同步上线。这一年，实现预期功能全面上线运行，有效支撑生产指挥、计划管理、物流管理等工作；库区天车全部采用自动化无人天车系统，全方位提升智能制造设备的稳定性及可靠性；铁钢平衡实现基于产能需求的智能动态平衡计算；构建基于质量一贯制的质量管理模型，满足高端产品需求；在充分考虑产线智能制造新技术基础上，确定在铁前整体二级系统引入专家控制系统，在炼钢区域与当前最先进技术的实施商合作实现自动炼钢，在轧材主线采用国际最先进的过程控制系统模型，以保障高质量、高性能、高附加值精品板材、特钢材产品定位；同时，确定在炼钢、连铸、热轧及冷轧等关键工序嵌入工业智能机器人的应用。

【科研与知识产权管理】 2020年，河钢唐钢新区夯实科技基础管理，积极做好科研管理与知识产权保护工作。年内，发布并实施《科研项目管理程序》《知识产权管理制度》等科研管理制度11项，科研创新年度立项29项；推进研发中心项目分析测试中心建设，按照ISOIEC 17025—2017《检测和校准实验室能力认可准则》，编制4个实验室内部程序文件及13个作业文件，对533项理化试验方法标准进行查新，更新标准14项，保证现有标准的有效性；引入国外汽车板检验标准，翻译转化《金相检验方法 用图谱对特种钢非金属夹杂的显微试验》（DIN 50602—1985）等国外检验标准8项，为开展汽车板认证做好先期准备。截至年末，新区科研创新项目达到71项，其中2项被确定为河钢股份重点攻关项目；获得国家知识产权局专利授权4项、登记计算机软件著作2项，对外发表科技论文31篇。

【质量管理】 2020年，河钢唐钢新区从系统架构、订单设计等方面，系统推进质量管理。年内，进行OD系统的参数规则、系统架构、工序配置、产线配置等系统上线的数据组织与配置，并正式上线；设计产品《控制计划》结构，由《通用产品控制计划》《产品控制计划》和调用表、轧制表构成；控制计划结构与OD系统结构做到高度匹配，实现产品控制文件通过信息化系统数字化管理；完成订单质量设计功能，实现订单设计展开，订单设计主要功能验证；确保监视测量过程的有效性，原料分析、铁钢分析、成品检测三个检测中心根据服务环节和服务对象需求，逐步上线近百种检测项目，实现“一对一”定制服务，有效支撑大宗物料的采购、过程生产、能源检测、产品生产等环节，全方位提升质量管理基础能力，为产品质量控制、优化工艺、精益控制提供强大的数据支撑和工艺指导。

【市场营销管理】 2020年，河钢唐钢新区积极推进以产线为独立市场单元的扁平化管理，整合产销研力量，构建协同高效、富有创新活力的营销管理体系。年内，召开产销研一体化项目启动会，成立7个产销研项目组，组建客户经理团队和技术支撑团队，建立日常联络与信息反馈机制，确保各项目组业务顺利开展；协同热轧事业部、销售分公司等营销单元，对产品进行创效排序，结合2050毫米生产线品种调试计划和未来品种开发，对唐山和天津及周边地区、华东（含山东）、华南等目标客户进行走访，累计走访客户180余家，涉及汽车大梁钢客户、焊瓶钢、船板、容器板、车轮钢、高强钢等品种钢客户及冷轧基料客户、耐磨钢客户、管线钢客户等；充分了解客户需求，掌握客户采购标准、认证标准，结合产线生产研发能力，成立微小团队，建立沟通机制，为达产和新产品开发奠定基础；与中建钢构、安徽富煌、杭萧钢构、安徽鸿路、东南网架达成直供合作协议，产品直销比达100%；当年10月，新区2050毫米生产线外售产品实现零的突破，首单同国内结构钢龙头企业安徽鸿路签订1.89万吨产品订购协议，实现新区和鸿路钢构的深度战略合作。

【创新投融资模式】 2020年，河钢唐钢新区严格落实集团投融资要求，积极开展社会化融资合作。这一年，在环境除尘、水处理系统等20余个项目中采用BOT、BOO、BOOT、EMC等社会化合作模式，降低直接投资50亿元；通过融资成本共担方式，降低双方融资成本，改善融资结构，创新完成12亿元供应链融资，实现国内同等规模项目建设投资最优、资金利用效率最高。

【合同预算管理】 2020年，河钢唐钢新区根据总承包项目结算组织模式，对《预结算管理制度（暂行）》进行修订，推动制度的联审和发布。年内，组织进行2050热轧系统、综合管网等工程预算编制、审核28项，总金额26.15亿元；完成铁前系统桩基、热轧系统桩基等工程合同结算14项，总金额3.74亿元；签订投资合作、工程总包、协力运营等合同156项，总金额33.44亿元；合同执行过程中及时开展工程材料调价工作，全年共处理涉及综合管网项目、热轧系统项目、原料皮带通廊项目等3800余项材料调价工作，合计金额约4.8亿元，核减金额约1.9亿元。

【成本管控】 2020年，河钢唐钢新区强化结构性成本分析管理，建立成本比较优势，取得成效。年内，高度关注同行业成本结构，通过整理分析钢协会员单位铁前成本数据，为建立原料配比模型提供依据；在配矿配焦等成本结构优化方面加大研究力度，实施成本对标，深挖成本管理潜能，先后与中厚板公司、首钢京唐及其他周边民营钢铁企业进行成本对标与交流，在确保高炉目标产量的前提下，优化配料结构，降低消耗指标，促进高炉成本持续降低；构建指标考核机制，严格执行《费用归口管理制度》《费用分类控制制度》等成本管控制度，建立各产线成本考核体系，提高产线对降低成本工作的关注度，实现有效合理降低成本的目标。

【设备管理】 2020年，河钢唐钢新区持续完善设备状态管理平台，实现各环节、全过程设备管控。年内，以端到端流程价值创造为主线，以手册、程序文件、管理制度、记录表单四层文件架构为载体，发布程序文件31个、管理制度15个、技术性作业文件1个、数据表单记录405个、业务工作流程132条；搭建以新型TPM全员设备管理为基础的设备点检检修管理体系，实现对设备的24小时无缝监察；首创移动手持终端与覆盖全公司的5G网络相结合，实现设备管理体系四大标准、计划、点检、隐患、检修、工单等日常业务的无缝对接，截至年底，设备状态管理平台22个模块中8个模块功能投入使用，11个模块功能开发完成具备上线条件。

【采购管理】 2020年，河钢唐钢新区持续推进采购标准化管理，保障项目建设及投产达产物料供应。年内，强化采购（招标）工作事前、事中、事后风险控制，完善询比价采购、公开招标、招标最高限价制定等管理要求，协调推进大宗原燃辅料采购体系、营销管理体系完善工作，协同价委会办公室策划价格管理与采购（招标）管理融合机制；持续督导供应商一体化管理体系落地，结合生产经营情况，重点督导原燃辅料、备品备件、物流服务、检修修复服务等生产经营类采购及营销体系落地执行情况；强化与集团供应链平台、铁铁智运平台对接，确保供应链体系高质量、高效率稳定运行，提升上下游产业链价值共创能力。

【物流管理】 2020年，河钢唐钢新区加强物流系统管理，开展对标管理，优化物流业务，确保物流顺畅。全年，厂内焦炭倒运41.86万吨，中厚板公司至公司新区铁水拉运24趟，料场整理物料焦炭418.76万吨、烧结煤2.95万吨、喷吹煤8.25万吨、焦粉3.15万吨、球团矿32.98万吨、精粉研山一二系33.81万吨、精粉研山三系17.41万吨。年内，先后与京唐港、北方储运站、外矿货代等单位洽谈物流业务，掌握海运、港口接卸、存储，北方储运站接卸、存储费用构成；进行需求部门、需求岗位、物流类型、承运物料、车辆类型、物料接卸存储地点等物流基础数据收集工作，确保物流系统有序运行；与中厚板公司等临港企业进行费用对标，确保投产物流低成本运行；加强厂内路线及车辆、副产品管理，确保钢区采购物料进厂、厂内及副产品出厂物流顺畅；推进铁路运输系统建设、调试和运行管理，打通1号高炉—热轧加料跨铁水运输流程，2号高炉铁路线路、特钢铁路顺利开通，铁路运输设备设施正式投入使用。

【管理创新】 2020年，河钢唐钢新区以“客户价值创造、赋能产线和市场”为导向，形成以产线为独立市场单元的平台型组织，以作业长制为核心的基层管理为重点的流程驱动型扁平化平台组织管理模式。全年，累计完成重点攻关立项24项，企业管理现代化创新项目103项，创效约7290万元。年内，贯彻落实工序模拟法人制、提升产线独立面对市场能力，完善市场化经营管理要求的组织职责授权体系；构建大宗原燃辅料采购、理化检验中心等相关部门组织机构，调整相关职责与配套要素，优化更新发布《组织机构及部门职责》《持续改进管理制度》等管理文件；推进知识赋能体制和机制建设，系统调研专业知识管理需求和业务核心知识构成，整合优化构建8大类、1145种末级分类的知识库分类架构，组织完成2914条知识导入和157个知识地图创建，实现1.70万人次访问；推进知识赋能平台建设，完成知识赋能平台门户设计与实施、移动端、知识库、知识地图、持续改进项目管理等功能的开发测试，完成智力资源管理体系、搭建智力资源网络、深化运行机制、梳理核心应用场景，建立配套跟踪评价机制；不断优化权限管理体系，明确权限管理原则，制定各业务场景权限治理流程；优化部门流程责任矩阵，实现组织与岗位职责、权限的正确配置、传递、执行与持续改进；固化流程驱动思维，实现关键角色流程管理意识的不断加深和改进能力的持续提升。

【战略管理】 2020年，河钢唐钢新区梳理公司关键成功要素、战略实施行动计划和路径，系统推进公司战略管理。年内，通过对内外部环境、标杆企业、行业发展现状调研分析，不断完善《公司战略发展规划报告（初稿）》，梳理公司战略保障措施、战略地图等，建立形成从战略规划到年度经营计划、全面预算管理、全员绩效管理的战略执行端到端流程，自上而下、自下而上构建战略执行保障体系；建立新区战略环境分析管理机制，系统设计新区战略内外部环境分析模型方案；利用信息情报系统探索实现战略分析模型信息化，确定可配置、可维护的开放式工具型功能模块设计开发方案，细化分析主题、数据来源，提高实时战略环境信息获取和分析效率。

【风控管理】 2020年，河钢唐钢新区全面优化风险防控管理体系，形成基于管办分离、过程管控、制衡有效的全面风控管理模式。年内，设立风险防范五道防线，贯穿所有端到端流程的实现过程，将风险点与业务流程活动匹配并明确防范控制措施；结合信息化系统开发设计，制定全面风控管理的整体方案；通过一体化运营管理平台系统，完成风险信息识别和应对措施建模，共梳理建模包括战略、财务、运营、市场、法律、政治意识形态、党建等七大类风险共71个一级风险、274个二级风险、1050项风险点的《公司风险数据库》；通过战略全员绩效管理系统实现风险评价分析、风险预警及监控、风险报告和应对；开展进出口业务专项风险识别和防范，全面系统筛查进出口业务，规范完善一体化运营管理体系中进出口业务管理的相关流程、制度、标准等内容，切实防范化解风险；建立《违规经营投资责任追究工作制度》，明确十大类责任追究情形，系统审视和查找一体化运营管理体系的不符合项，提升合规经营意识和管理水平，增强防范化解重大风险能力；系统识别确定面临的重大风险，重点督导固定资产投资项目管理、大宗原燃辅料采购管理、产品销售管理、采购形式和流程标准化管理等流程完善，从流程设计和执行过程中规避防范重大风险的发生。

【构建一体化管理体系】 2020年，河钢唐钢新区构建一体化运营管理体系及配套治理机制，实现全体系有效运转。这一年，系统性沉淀形成新区“难以模仿”的战略性资产，共策划编制管理性文件445个、技术性文件6.25万个、作业性文件1883个；持续优化管理要素标准管理体系建设，形成五大视图13类管理要素结构化、模型化协同运行治理规则；强化服务赋能产线作用发挥，以《标准化作业指导书》和《岗位管理手册》策划为抓手，实现涵盖5类专业管理共计16类信息的岗位差异化定制和信息化集成导出；策划体系分析框架，形成28张数据化决策分析报表并完成系统开发投用；发挥内审体系治理作用，针对33项重点事项组织13次专项内审，发现并督导整改问题327项，组织全体系内审1次，发现并督导整改问题163项；签订各体系认证项目合同并实施环境、安全、能源、两化融合四个体系的认证审核工作；推进体系治理体系和治理能力建设，策划体系分析框架，形成涵盖6个分析主题、32个一级分析维度、62个二级分析维度、66个关键评价指标的体系分析框架，并在一体化运营管理平台实现分析功能，形成数字化体系治理能力。

【绩效管理】 2020年，河钢唐钢新区积极搭建数据驱动的战略全员绩效管理信息化平台，实现组织与员工绩效管理战略执行过程中数据收集、绩效设计、绩效评价、运行状态监控、问题分析等功能。年内，组织制定《年度经营绩效管理方案》，完善公司战略全员绩效分级、分类、差异化绩效管理机制，结合双轨运行“新工作阶段、新经营环境、新型能力培育”经营特点，考虑工程项目建设期“六保”目标任务、生产准备、设备安装调试等重点工作和经营期市场开拓、产品研发、低成本运行等经营重点工作，对“项目建设、生产经营”两个不同阶段工作差异性大的部门分阶段设置绩效管理方案；完成年度各部室（事业部）平衡计分卡设置及年度重点工作部署，提升整体绩效水平，保障年度经营目标实现。4月底，23个部门全组织、全员绩效管理开始线上试运行，11月正式运行，成功实现线上绩效策划、辅导与执行、评价和结果应用，发挥出减负基层、赋能产线、提升效能等积极作用。

【数据运营管理】 2020年，河钢唐钢新区加强数据运营管理，策划建立“横向协同、纵向贯通”指标数据管理体系。年内，围绕“战略引领、价值创造”两个中心，实现全公司指标数据定义统一、口径统一、名称统一、来源统一、参照统一、策划统一，形成以客户价值、经营业绩、精益运营、体系治理、创新驱动、组织（员工）效能、绿色发展、重点攻关为主的八大核心分析主题，从公司级、业务域级、业务运营级三个层级进行指标分级管理，确立数据资产在价值链、产业链、业务运营和管理决策等方面的应用，提升依靠数据驱动分析问题、解决问题的能力。

【5S管理】 2020年，河钢唐钢新区狠抓工作环境5S标准规范落实，促进员工快速养成良好习惯，营造公司5S文化。年内，构建以《工作环境5S管理制度》为纲领，13个专业可视化标识标准及6类5S管理制度为支撑，覆盖办公、生产、工程、产品、设备、能源环保、安全、交通、绿化、建筑等专业40余项可视化管理内容的5S管理标准体系；结合集团VI元素对各专业可视化标识进行拓展设计，新增47种办公区域标识，36种生产生活区域标识设计方案，形成视觉识别系统手册；依照厂前区标识导示设计进行厂前区标识导示系统部署，并组织事业部开展现场5S治理及其他区域5S标准落实；组织作业长级5S基础培训4次，512

人次，5S 管理员专项培训 5 次，110 人次；按照鼓励发现问题和持续改善的原则，组织开展 5S 工作环境标准化检查 23 次，发现严重不符合项 11 项，不符合项 136 项，并进行整改辅导，对其落实绩效评价。

【安全环保管理】 2020 年，河钢唐钢新区严格落实各级安全环保管理要求，确保建设期及生产阶段项目顺行。年内，结合生产与建设并行期安全生产形势，深入开展安全教育培训，全年组织安全培训 8600 人次；组织相关作业人员取证、换证共计 700 余人次；建立双控工作专项档案，稳步推进双控机制建设；编制应急管理责任制、应急处置卡管理等 10 项管理制度；结合生产经营实际对职业健康安全管理体系 4 个程序文件及 50 个管理性作业文件的相关要素进行完善，保持文件的有效性。策划环境管理体系，制订环境治理程序文件 6 项、污染物排放标准作业文件 10 个，编制突发环境事件应急预案；进行建设项目环评及环保验收，取得河钢产业升级及宣钢产能转移项目环境影响二次变更批复意见及一期发电项目的环评批复意见。

【疫情防控】 2020 年，河钢唐钢新区深入落实集团和公司疫情防控工作部署，建立联防联控机制，营造科学防疫氛围。这一年，坚持“工程建设、生产经营和疫情防控”三线并举，完善应急预案，实行 24 小时领导双值班和日报告制度，严格落实控制人员流动、减少人员聚集等疫情防控措施，毫不放松抓好常态化疫情防控；强化舆情管控，大力宣传防控工作要求和疫情防控知识，编印下发《职工防控新冠肺炎疫情手册》，制作疫情防控科普知识展牌，全方位做好疫情防控政策措施宣讲解读；制定复工实施方案和干部包保制度，加强与唐山市疾控中心及各级政府部门协调配合，近 2 个月时间现场施工人员达到 8600 余人，确保工程建设和生产经营“双胜利”目标实现。

【党群工作】 2020 年，河钢唐钢新区党委深入贯彻落实中央、省市、集团各项决策部署，坚持以理论武装统领思想政治建设，为夺取项目建设和投产达产“双胜利”提供保障。这一年，充分利用“中层干部上讲堂”“党员读书会”“学习强国”等多种形式，增强广大干部职工的必胜信念和政治定力，以舍我其谁的决战决胜态势，众志成城，压实责任，全身心投入项目建设和投产达产各项工作；采取召开专题会议、开展面对面宣讲、举行知识竞赛答题等多种方式，激励鼓舞广大职工以高度的政治自觉，增强责任感、使命感，加快思维转变，形成全员上下一心，齐心协力保目标的生动局面；开展“凝心聚力保达产，目标同向铸辉煌”主题党日活动，深化“五大提升工程”，打造党建新名片；紧密结合工程建设特点，改进诺廉、述廉、评廉、考廉方式，扎实履行“两个责任”，严格落实招投标监督联席会议制度，加强对招投标等重点环节的督查力度，充分发挥执纪监督的保障作用；制定详细的企业文化建设方案，正式投产当日，协调 20 余家中央、省、市各级主流媒体对投产情况进行报道，成功打响“宣传战役”第一枪；以工匠工作室联盟为载体，组织参加各级技能大赛，营造健康向上工作氛围，新区职工书屋被评为省级工会职工书屋，新区团委被评为“全国钢铁行业青安杯竞赛先进单位”，获河北省国资委“五四红旗团委”称号。

附一　炼铁事业部

【概况】 新区炼铁事业部是集炼铁、烧结、球团等专业为一体的以生产铁水为产品的生产单位，系首道生产工序，年设计生产能力 732 万吨生铁、780 万吨烧结矿和 960 万吨球团矿。2020 年末，拥有生产设备 2618 台(套)，其中 2922 立方米高炉 2 座、360 平方米烧结机2台、带式焙烧机球团生产线1条和智能化原料场1组，另有1座2922立方米高炉和1条带式焙烧机球团生产线处于建设状态。

2020年末，炼铁事业部设厂部级干部5名；下设党群室、生产技术室、安全室、设备室等专业科室4个，以及1号高炉作业区、2号高炉作业区、3号高炉作业区、喷煤作业区、烧结作业区、球团作业区、原料作业区、煤焦受卸作业区等生产作业区8个。共有职工1087人，其中男职工1054人、女职工33人；中共党员292人，共青团员27人；干部268人，其中科级干部68人；专业技术职工67人，其中正高级职称3人，高级职称34人，中级职称30人；工人819人，其中高级技师43人、技师88人。职工中有博士1人，研究生43人，大学本科185人，大学专科157人，中专90人，高中及以下611人。

【项目建设】 2020年，炼铁事业部在做好疫情防控的同时，狠抓施工现场过程管控，扎实推进各项工程保质保量按时完成。高炉区域，9月12日1号高炉点火送风，11月17日2号高炉点火送风，3号高炉炉顶主要设备安装达95%，炉前设备、水渣设备、矿槽设备安装分别完成40%，热风设备安装达75%，皮带系统安装达30%，预计2021年4月投产；设计建设过程中，高炉项目采用矿槽新型环保卸料车、水渣天车自动抓渣、煤气布袋干法除尘煤气顶进顶出技术、炉顶加压密闭循环水冷气密箱、高炉炉顶均压煤气回收等新工艺、新技术、新设备。烧结区域1号烧结机9月10日投产，2号烧结机11月7日投产；项目采用烟气循环技术、新型环保型环冷机等新技术新装备，其中新型环保型环冷机不仅具有冷却功能，同时还具有提升余热回收效率、节能、环保等功能，达到国内先进水平。球团区域1号焙烧机10月30日投产，2号焙烧机预计2021年3月30日具备投产条件；项目选用带式焙烧机工艺。7月20日，智能化料场正式投入运行，主要包括受卸设施、贮料场设施、混匀设施、矿石筛分设施、供返料设施、供配电设施、三电自动化控制，以及相应的公辅配套设施；原料场采用计算机全自动作业控制，其中电视监视已经实现，自动检测、生产工艺流程自动选择、料堆可视化管理、物料跟踪、混匀矿自动堆积、大机无人化控制、卸料车自动定位卸料等功能正在建设中。

【生产经营】 2020年，随着各区域的陆续投产，炼铁事业部进入生产经营和工程建设“双线作战”模式。年内，加强生产组织，以保证生产物料供应为基础，以保高炉生产稳定为核心，强化高炉工艺管理，优化物料供应流程，全年产铁114.75万吨，单高炉日均稳产8500吨以上，铁水质量合格率达100%；1号、2号烧结机产量稳定在1.2万吨/天，取得了良好经济效益。

【生产组织】 2020年，炼铁事业部加大“三强化、三提升”力度，确保高炉投产后尽快达产达效。这一年，强化事故管理，将一切影响高炉生产的外围因素全部按照事故进行处理，严肃考核、严抓落实整改措施；强化环保治理，重点治理产线“跑冒滴漏”和高炉出铁过程中的烟尘排放问题，杜绝环保事故；强化原燃料质量管理，重点检查高炉槽下物料筛分情况，保证入炉原燃料质量，为高炉提产创造良好条件；提升高炉操作水平、提升炉内富氧量和炉顶压力、提升渣处理能力，有效改善高炉技术经济指标。

【工艺控制】 2020年，炼铁事业部加强工艺控制，围绕提高烧结矿产量、质量，提高成品率。年内，深入研究厚料层烧结技术，制定“上料稳定、水碳稳定、机速稳定”操作方法，确保统一料层，统一配比；看火操作严格执行厚铺慢转、铺平烧透方针，优化生产参数，找出适合烧结生产的工艺参数，如负压、废气温度、料层、点火温度、机速等，用参数指导生产实践，为提高烧结矿质量、降低筛分指数、提高成品率提供保证；球团区域针对投产前期生球爆裂温度低的情况，更换新品种膨润土提高生球爆裂温度，同时通过提高均热段温度、降低球团冷却速度，提高成品球强度；高压辊磨系统投用后生球落下强度得到改善，有效提高成品球质量。

【成本管控】 2020 年，炼铁事业部严格管控成本指标，坚持“资源、技术、成本、环保”相统一，努力降低铁前成本。年内，根据市场变化，按照“以高炉为中心结构，大稳定小调整”原则，抓好日常生产组织，逐步降低铁前成本指标；开展球团提产攻关，调整入炉球团和烧结矿配比，加大节能减排力度，促进高炉各项指标不断优化；充分发挥港口皮带优势，加强物料进场、消耗、存储及倒运管理，降低装卸倒运费用；强化原燃料质量管控，加大检查频次，及时关注原燃料成分变化，最大限度减少原燃料波动对高炉生产带来的影响。截至年末，两座高炉燃料比均达到 530 千克/吨以下，入炉品位达 58%以上。

【产线效率提升攻关】 2020 年，炼铁事业部克服疫情防控和工程建设“双线”作战的不利因素影响，以“投产即达产、达产即达效”为目标，开展产线效率提升攻关活动，促进生产顺行指标优化。这一年，向先进民企学、向行业标杆学，推动高炉快速达产，科学制定日达产爬坡计划，加强目标任务执行管控，将生产计划与生产事故作为管理考核重点，对出现的生产事故进行全面剖析，坚决杜绝重复性事故发生；狠抓高炉炉况顺行，按照最优生产组织模式，建立高炉、烧结、原料三方协同工作机制，推进铁前炉料结构优化、指标改善和产量提升等多项课题攻关，提升高炉生产组织效率和运行水平；加强入炉原燃料质量管控，加大冶炼强度，提升炉内富氧量和炉顶压力，确保各项技术经济指标持续优化；依托高效精准的信息化系统优化排产计划，减少切换时间，提高高炉出铁作业效率；提高炉内操作水平，实施作业长制和工序间“独立法人制”，结合作业区实际，组织岗位职工开展操作技能培训，统一操作方法，保证高炉操作标准统一、要求统一、执行统一，根据岗位工操作水平和技能掌握程度，合理调整人员配置，采取导师带徒、老带新等方式提高职工素质和操作技能水平。

【设备运行控制】 2020 年，炼铁事业部强化设备保障，将一切影响高炉生产顺行的外围条件问题按照事故进行处理，加强设备点检，排查设备隐患，及时落实整改，设备运行状态不断改善。年内，运用设备趋势分析，科学详细制定检修计划，对发现的潜在设备隐患集中消除；强化设备规章制度建设，认真执行设备运行风险分级管控制度、点检层级履职制度，建立《隐患清单制度》《设备功能精度管理办法》等，确保设备长周期稳定运行，为高炉生产顺行筑牢设备基础；积极寻求专业技术支撑，公司本部在检修维保、耐材管理、物流进料、安全环保、现场环境治理等方面给予全力支持，促进炼铁事业部顺利完成达产目标任务，设备效率持续提升。

【安全管理】 2020 年，炼铁事业部夯实基础细化责任，强化现场安全监督监管，严抓项目建设、投产系统安全措施管控，保证项目建设和项目投产安全稳定。年内，严抓责任落实，完善安全管理体系建设；结合安全管理实际，审核修订安全操作规程 60 个、安全规章制度 74 个，建立《作业区安全管理制度实施细则》，按照《作业区安全管理评价实施细则》对作业区基础管理工作开展评价；制订完善《皮带机作业安全管理细则》《雨季、暑期、冬季安全管理细则》等 5 个管理制度；强化职工安全教育，集中开展三级安全教育培训、项目安全专项培训、部领导和专职安全管理人员合格证培训及特种作业工种取证复审；深入开展隐患排查治理，累计排查整改现场安全隐患4313项，其中排查施工现场安全隐患2215项并全部整改；严抓设备调试、介质引送工作计划和安全措施落地，严查安全、职业卫生设施设计缺陷和隐患问题并督促整改；组织编制、细化各产线投产生产组织方案、安全工作方案和应急方案，针对建设、投产的实际情况，编制生产与基建并行区域安全隔离方案，着重加强生产与基建区域现场、能源介质的安全管控；扎实推进“安全管理提升年”等各类安全生产专项活动，着重抓好日常安全检查，针对各区域投产情况，增加检修作业、外委作业安全检查，节假日检查，保证各系统安全稳定。

【环保管理】 2020年，炼铁事业部着力推进“绿色”引领战略，加强环境保护管理，确保低碳达标排放。年内，环保一体化管理体系初步建立，环境评A工作正式启动。这一年，建立以主管能源环保工作领导为指挥长，各区域环保管理员为成员的环保工作及环保事件应急体系，进入生产与建设并行阶段后，根据环保工作需要，成立环保室专业负责环保工作；对前期建立的环保文件和台账进行合规化管理，建立环保管理例会制度和日查、周查、月查及专项检查制度；对已投用和正在建设的环保设备设施进行细致摸排，跟踪管理“高炉出铁场除尘改造”“YLP2转运站除尘升级改造”等302项消缺整改项目；实施废油、废油桶等危废品专项检查和危废品统一入危废库管理，根据产线无组织排放、废弃物违规存放和处置、消缺整改项目的落实情况等环保问题进行绩效评价；对各区域可回收利用的一般固废进行数字化管理，依据数据对除尘设备运行状况进行延伸管理。

【设备管理】 2020年，炼铁事业部针对设备安装调试、试运行、投产运行等阶段，加强设备质检、安装、调试、单机试车、联动试车等各个环节严格把关，确保设备安全运行，为生产稳定顺行提供设备支撑。年内，加强设备质量管理，协调解决设备质量问题432项，设备安装问题2850项，设备试车质量隐患3876项，有力保证了工程按期投产及后期设备的正常运行；建立完善设备管理体系，组织编制设备BOM系统、设备点检标准、设备检修标准、设备润滑标准等，并完成对设备平台数据的编写和导入；组织开展设备管理技术培训200多场次、2000多人次；组织编制相关设备事故应急预案。根据季节特点有针对性地做好5个区域设备、设施防冻和防汛工作，年内实施防冻项目245项，防汛项目268项。

【体系建设】 2020年，炼铁事业部顺利通过年度公司一体化内审及质量、能源、环境、职业健康安全管理体系外审。年内，依据公司规章制度和各专业管理要求，结合实际，对全年绩效指标及工程建设情况进行汇总分析，并撰写管理体系评审输入材料；按照IATF16949要求，梳理汇总铁前各工序设计开发相关材料，完成高炉、烧结、喷煤工序的PFMEA和控制计划的编制，各工序投产运营后，根据实际运行参数，对PFMEA和控制计划进行修订；完成能源管理体系法律法规识别、主要用能岗位和用能设备识别、主要用能分析评价报告等；组织生产技术、设备、安全、环保等专业管理文件编制发布，全年在公司一体化管理平台上发布管理细则和实施细则96项，其中生产技术类14项、设备类6项、安全类72项、环保类4项。

【党群工作】 2020年，炼铁事业部党委以“组织力提升年”为工作方向，以公司新区党委“加强党的建设三年规划实施意见”为总指导，切实提升党建工作整体管理水平，为高质量发展和投产达产达效提供坚强组织保障。年内，加强政治思想建设，提升党组织的政治引领力；坚持中心组学习制度，每月进行理论学习，两级党组织书记认真开展专题党课；严格落实意识形态主体责任，及时开展形势任务教育，在重大节日、主要工程节点做好舆情监控；落实党建工作责任，推动基层党建标准化规范化，与基层党支部签订党建责任书，对照“六查、四看”对党支部标准化、规范化建设工作进行检查；严格依照程序组织8个基层党支部完成换届选举工作，以“党建质量提升年”工作要求为基准开展星级支部建设；根据项目建设进度情况，对具备条件的党支部及时组织开展阵地建设；强化党员教育管理，组织发展党员和标准化党支部建设专题工作培训、党员参加线上应知应会答题、“学党章、忆党史、转作风”答题、“信仰 信念 信心”和《正风反腐就在身边》专题教育学习等活动，年度发展新党员2人，预备党员转正3人，接收新调入党员组织关系204人，根据新增党员分布情况，及时组织基层党支部划分党小组；开展特色活动，深化推进品牌创建，持续开展“新铁人”勇担当主题活动，并申报为炼铁事业部党建品牌，开展“迎七一”系列活动、“我承诺 争当最美建设者”签约活动、“保投产、促达产”“凝心聚力保达产，目标同向铸辉煌”等活动；开展迎“七一”党风廉政建设专题党课；运用监督执纪“第一种形态”，对4人进行4次谈话提醒；推进“强化监督年”工作要求，对4项监察课题立项并全部结项；组织职工积极参与“清廉河钢”摄影、书法、绘画征集活动。年内，炼铁事业部党委被河钢集团评为“两优一先”先进基层党组织，被公司新区评为党风廉政建设先进单位。

附二　热轧事业部

【概况】 热轧事业部是公司新区主体生产经营单位，由铁水预处理、转炉冶炼、连铸、轧机等工序组成。2020年末，主要设备有KR脱硫装置2座、200吨转炉2座、LF精炼炉2座、RH真空精炼炉2座、两机两流1900毫米连铸机2台、两机两流1600毫米板坯连铸机1台、2050毫米轧钢生产线1条，设备性能先进，智能化建设达到国内顶尖水平。

2020年9月投产后，热轧项目部更名为热轧事业部。

2020年末，热轧事业部设厂部级干部10人；下设党群室、安全室、热轧产品销售室、设备室、生产技术室等科室5个；转炉、精炼、连铸、加热炉、轧机等作业区23个。共有职工959人，其中男职工928人、女职工31人；中共党员231人；管理及专业技术职工158人，其中高级职称28人、中级职称76人；工人616人，其中高级技师38人，技师122人。职工中有博士1人，研究生41人，大学本科170人，大学专科198人，高中及以下549人。

【项目建设】 2020年，热轧事业部加快推进热轧项目建设，成功进行热负荷试车，迈入正式生产阶段。年内，克服新冠肺炎疫情影响统筹推进热轧项目建设，8月8日，在没有高炉煤气资源的情况下，轧钢加热炉采用柴油特殊方式加热钢坯，2050毫米热轧生产线一次热试车成功，实现轧线提前热负荷试车；9月8日、11日，系统谋划、合理安排，组织1号转炉、2号转炉、1号连铸机、2号连铸机、2号KR炉、2号LF炉进行全流程热试，一次性成功，进入生产阶段；3号转炉通过细化施工网络，于11月投产运营，确保2号高炉铁水顺利进入炼钢系统。

【生产经营】 2020年9月8日，热轧事业部正式进入投产阶段。本着“投产即达产 达产即达效”目标，加强生产组织优化，持续提高转炉、精炼、连铸生产节奏，改进物流系统，产线效率稳步提升。全年，板材产量达到99.5万吨。投产后，强化生产组织，提高生产效率，不断刷新纪录，其中12月9日炼钢最高产量1.76万吨，12月20日丙班班产67炉钢，创出历史最好水平；四季度，2050毫米热轧生产线平均日产1.2万吨以上，最高日产达1.53万吨，平均机时产量628吨，作业率达78.33%。

【产品升级和市场开拓】 2020年，热轧事业部充分发挥新技术、新装备优势，加大市场调研力度，制定以大梁钢、耐候钢为主，焊瓶钢、耐磨钢、管线钢、高碳钢为辅的品种开发策略，逐步推进高端产品研发生产和市场开拓，保证客户稳定性。这一年，通过热负荷调试和对生产过程工艺的不断优化，品种钢得到不断丰富和拓展，完成低合金钢、焊瓶钢、耐候钢、包晶钢、热成型钢、深冲钢、药芯焊丝钢、高碳钢、热轧双相钢、管线钢、冷轧双相钢及IF钢等钢种试制，满足冷轧薄板厂、高强汽车板公司和调试需求；10月18日至12月底，16大类25个牌号的典型钢种在产线一次性冶炼贯通，实现炼钢、轧钢设备功能调试和冶金模型优化，对超低碳钢、低碳钢、包晶钢、中碳钢、高碳钢全钢种相关控制方案进行优化完善，为更高牌号钢种生产调试奠定坚实基础，为2050毫米产线进一步开发客户市场、发挥差异化竞争优势创造条件。

【工艺技术攻关】 2020年，热轧事业部设立重点攻关项目，对影响效率提升的瓶颈问题进行工艺技术攻关，取得明显成效。年内，转炉工序细化加废钢、装铁操作，优化冶炼作业，冶炼周期由原来的45分钟缩短至37.8分钟；精炼工序通过控制进站条件，优化精炼操作工艺，LF炉精炼周期由45分钟缩短至35分钟；连铸工序提高结晶器寿命，提高设备稳定性，实现最高6次连续快换，快换时间由120分钟缩短至100分钟，最高连浇炉数达到117炉；轧钢工序从提升加热炉装钢效率、提升精轧工作辊使用吨位、缩短精轧机换辊时间、提升轧线备辊效率四个方面破解制约产量提升的瓶颈；加热炉工序实施优化装出钢程序、压缩步进梁运行时间和上钢操作室增加板坯照合功能等措施，加热炉出钢节奏控制在28根/时，最高达到35根/时，出钢节奏提升30%；精轧机组在提升精轧工作辊使用吨位攻关中，通过对轧辊曲线和二级模型的优化，冷轧料轧制效率提高40%，轧辊吨位由冷轧料每套轧程60块提升到90块，精轧机换辊时间从投产初期的27分钟缩短至17分钟，日产量提高800吨；轧钢准备工序提高磨床备辊效率，备辊时间由2小时缩短至1.5小时，满足轧机换辊需求。

【智能化建设】 2020年，热轧事业部着力推进智能化建设，迈出打造智能化“未来工厂”第一步。年内，炼钢区域转炉自动炼钢、转炉下渣检测，干法除尘、精炼炉二级模型、RH设备系统、连铸机在线调宽、连铸机器人、连铸热换、二级混钢模型优化等功能相继调试成功；优化自动化炼钢工艺、转炉入炉物料结构和工艺操作能力，降低渣中TFe含量及过程喷溅，降低转炉灰耗；通过加速板坯连铸调试进程，优化下渣检测工艺，钢铁料消耗大幅度降低；2050毫米热轧生产线双蓄热加热炉自动装出钢功能、定宽机板坯定宽功能、精轧机AGC自动控制和CVC板型自动控制等主体功能投产前夕调试成功，在生产中发挥了重要作用。

【管理体系建设】 2020年，热轧事业部持续优化管理流程，夯实基础管理，推动管理体系建设。年内，梳理建立规程、制度50余项，优化完善经济责任制、设备精度管理等多项管理办法；改进管理过程，明确部级、科级及技术人员的管理职责，建立完善各项管理规程，规范表单记录，提升标准化作业水平；组织管理过程定期内部评审，查找管理流程中存在的问题，组织专业管理科室针对问题开展纠正和预防，并将有效措施固化到管理制度和作业标准中，实现管理流程持续优化；组织各专业开展标准化作业检查，现场验证管理标准和文件的执行情况，使作业标准的策划发布、落实执行、检查验证、改进提升形成闭环管控；强化对标及培训工作，学习先进的管理方法、管理经验，开展“四新”培训教育，通过专题培训和规程培训等形式，不断提升员工操作技能水平，确保全员能够上岗操作，满足投产需求。

【设备管理】 2020 年，热轧事业部以“标准指导操作”为原则，强化设备管理，确保设备良好运行。年内，通过专业点检、标准化检查、隐患问题清单等手段，推动点检和生产及时发现设备隐患，提高设备点检的有效性，热试以来共发现各类设备隐患 985 项，全部得到整改；落实功能精度管理，建立功能精度项目 1101 项，并传入系统遵照执行；组织专业科室牵头编制专业点检标准 2.32 万条，给油脂标准 2818 条，对专业点检作业过程给予科学指导和支持。

【品种钢研发】 2020 年，热轧事业部会同技术创新部和技术中心，实施相关钢种控制计划，成功研发 S280X、S320X、S350X、GRADE50、H260LA、H340LA、H420LA、HP295、Q355GNH、SAE102522MnB5、SPHD、药芯焊丝钢 TYH5、高碳钢双相钢、管线钢、双相钢 FL450X 及 IF 钢等品种钢，为开拓市场创造条件。

【能源环保管理】 2020 年，热轧事业部积极推进能源环保管理，促进生态发展。年内，本着环保不达标、坚决不投产原则，有效组织环保设施的安装、调试和投入运行；以“三废”治理达标为工作目标，推进环保体系建设；广泛开展能源管控对标，通过与先进企业学习交流，策划制定能源管控指标，建立能源报表，分析对比能源数据差异，通过推进现场标准化检查、跑冒滴漏治理、优化设备工艺参数等措施，杜绝能源浪费、降低设备运行能耗。

【安全管理】 2020 年，热轧事业部加强“双控”机制建设，确保安全生产。年内，按照“谁发包、谁主管、谁使用、谁负责”的原则，严格落实属地、监理、施工等单位的安全职责，高标准组织设备安装调试及试车阶段安全管理；编制安全管理制度 55 项，岗位安全操作规程 63 项，有限空间识别和作业指导书；加强对岗位人员、各级管理人员进行危险源辨识知识培训、考试；制订完善专项应急预案 4 个、各类现场处置方案 98 个，安全应急管理体系进一步完善。

【疫情防控】 2020 年，热轧事业部统筹疫情防控，保证项目建设、生产运行两不误。年初，根据严峻的疫情形势，压实疫情防控主体责任，并将相关方纳入职工管理范畴，严格管控在厂人员和外来人员及车辆，精准做好人员信息排查，做到疫情防控无死角、无盲区，实现“零输入、零感染、零传播”；在落实施工方疫情防控措施的同时，加大设备调试和复工复产力度，在没有外方专家指导的情况下，依托技术人员和作业区骨干自行进行设备的功能调试，完成 2050 毫米产线所有设备的单体试车。

【党群工作】 2020 年，热轧事业部党委深入开展“我是大钢创业者”活动，着力打造特色鲜明、亮点突出的党建品牌。这一年，按照《中国共产党支部工作条例（试行）》及集团党建工作质量提升评价标准，完善《星级支部评价标准》，深入开展“不忘初心、牢记使命”主题教育；树立正确的选人用人导向，努力建设高素质、年轻化、专业化的干部和人才队伍，为企业发展提供软实力；落实全面从严治党要求，压紧压实党风廉政建设“两个责任”，持之以恒正风肃纪，营造风清气正的良好政治生态；以职工创新工作室为依托，动员引导职工立足岗位、锐意创新，推动生产经营业绩持续改善；组织职工参加第三届唐山工匠职业技能大赛，中国钢铁工业协会第十五届炼钢模拟大赛、公司第三十四届职工技术比赛等，部分参赛职工被授予“技术状元”“优秀技术能手”称号；注重关心关爱职工，年内为职工发放生活保障慰问金 2.31 万元，慰问生产骨干 126 人，发放慰问金 6.3 万元；接待省、市、集团领导参观指导 90 余场，较好展示了唐钢新区形象。

附三　特钢事业部

【概况】　特钢事业部是唐钢产品升级及宣钢产能转移项目建设的“绿色化、智能化、品牌化”长材基地，位于唐山市乐亭经济开发区。2020 年末，拥有设备 KR 铁水预处理装置 1 座、100 吨转炉 3 座、LF 精炼炉 2 座、方（矩）坯连铸机 4 座、棒材轧线 2 条、高速线材轧线 2 条、中型轧线 1 条、钢渣一次处理系统 1 套。产品定位以优质普钢（热轧螺纹钢、光圆钢筋和中型材）产品为主。棒材主要生产 ϕ10~50 毫米螺纹钢，高线主要产品为 ϕ5.5~22 毫米盘条、盘螺等，同时生产焊丝、焊线、钢绞线、帘线钢等品种钢。中型主要产品为角钢、矿用工字钢、矿用 U 型钢和轻轨等。

2020 年末，特钢事业部设厂部级干部 6 人；下设科室 5 个，作业区 19 个。共有职工 1468 人，其中男职工 1399 人、女职工 69 人；正式职工 1423 人，劳务派遣 45 人；中共党员 483 人；干部 180 人，其中科级干部 108 人；管理及专业技术职工 180 人，其中正高级职称 2 人，高级职称 37 人，中级职称 77 人。职工中有博士 1 人，研究生 50 人，大学本科 194 人，大学专科及以下 1223 人。

【项目建设】　2020 年，特钢事业部主动与设计、施工单位对接，组织梳理项目建设进度，按时间节点进行月、周、日计划的制定，跟踪施工及设备安装进度。这一年，组织梳理影响投产的关键项目并将其作为重点督促项目，对项目存在的多区域需协调处理内容及时组织相关作业区、施工方进行处理；重点组织监理、施工单位、作业区制定设备冷试、热试计划，建立项目清单、任务清单和责任清单，逐项调度、逐项推进、逐项落实，确保项目按期建成投产、达产达效；梳理项目投产需求，从物流、通信、原材料等方面提前介入，为项目投产做好准备，年内进场皮卡车 2 辆、叉车 7 辆、20 吨自卸卡车 1 辆、40 吨板车 1 辆，进场移动式对讲机 150 台、固定式对讲机 30 台，调节入网频道 18 个、非入网频道 14 个，满足热试使用条件；制定完善的物料运输路径方案，保证热试前物料准备顺畅，协调进场倒运物料 1220 吨。

【生产经营】　2020 年，特钢事业部严格落实集团和公司各项工作部署，在保证工程建设进度的同时，加强生产组织，全面实现生产经营目标。这一年，倒运铸坯 1.60 万吨，圆满完成公司制定的 12 月普棒轧制成品 1 万吨计划，累计销售各类成品 1.18 万吨；完成科技成果立项 3 项，申报专利 7 项，其中发明专利 2 项、实用新型专利 5 项，企业管理现代化创新课题立项 4 项。

【市场开拓和产品升级】　2020 年，特钢事业部以推进“两个结构”优化为主线，合理对接市场，根据各产线品种规划，结合各品种盈利能力、市场需求、用户需求情况拟定各产线投产后品种定位、市场定位。年内，棒材产品定位螺纹钢筋，努力提升 HRB500E 及以上材质重点产品产销量，对本地螺纹钢用户如唐韩、强誉物流、泽林、玺知等及天津地区用户进行对接，与唐山地区 14 家用户签订 2021 年协议量；型材产品以矿用钢为主，兼顾角钢、工程机械用钢等品种，推进矿材产品，与山焦、龙煤、宁煤、河南能源化工、盘江精煤等10余家用户达成合作意向；线材产品投产初期以盘螺为主，逐步开发焊材、硬线等品种，对天津金桥、天津大桥、林肯电气（唐山）、唐山神钢焊接材料有限公司、银水焊丝及德州地区重点焊材用户进行走访，达成初步合作意向，走访唐山本地晗瑞线材、景州钢丝厂、巨力索具等硬线用户并达成合作意向。

【生产组织】 2020年，特钢事业部以打造智能化产线为目标，坚持工艺模型化、操作一键化理念，助力产线运行效率和产品质量提升。年内，按照公司统一部署，制定详细可行的生产计划，对生产物流及各工序产出周期进行整体规划，依托信息化系统，从铁水至成品进行全流程生产组织、跟踪，优化生产组织激励制度，提升产线生产效率，实现公司产量目标。实施自动化模型化生产，转炉采用副枪加音频化渣自动炼钢技术，连铸采用智能定尺切割模型和二冷动态配水模型提高钢水收得率，轧钢采用先进的控轧控冷技术实现模型化棒材轧制；强化设备管理，设备监制及安装过程由专业专家牵头对安装精度进行把控，确保100%达到设计要求。充分挖掘基础管理的支撑力，制定梳理11项设备系统体系管理办法，保障质量管控；基于风险思维提升管理标准和管理水平，制定设备系统作业区级应急处置方案135项，事业部级应急预案9项。

【现场管理】 2020年，特钢事业部完善工作机制，提升现场环境管理水平。这一年，制定现场管理制度和责任区域分工，推进“制度+2级台账”管理模式，实现现场管理制度化PDCA闭环管理；贯彻逐级检查制度，落实现场环境管理，组织开展5S知识专项培训，提高各管理层5S意识；开展备件、废钢收集等专项活动，创效20余万元；强化设备缺陷检查治理，提升污染源控制能力；与设计施工方接洽，科学合理细化厂区道路设置、绿化方案等厂容治理项目，提升企业形象。

【人力资源管理】 2020年，特钢事业部不断优化人员配置，提升团队能力。年内，依据人员配置最精简原则，公司为特钢事业部配岗1663人，为保证投产人员需求，分批从二钢、一钢、型钢、宣钢接收员工，并分五批组织培训，提高员工对新岗位的适应能力；创新分组方式，打破原单位编组限制，使职工充分融合，提升职工凝聚力、创新力、战斗力，为特钢项目如期投产提供坚实人员保障。

【管理体系建设】 2020年，特钢事业部加强管理体系建设，确保高效运行。年内，编制《质量事故、违规违制管理细则》《耐材属地管理细则》《标准化作业实施细则》等17项体系文件，明确规定各部门职责，贯通质量管理流程；下发技术规程17项，审核标准化作业指导书324项，审核修订热轧钢筋内控规定、热轧轻轨内控规定、热轧钢盘条内控规定，审核钢种控制计划15项，编制钢种操作要点13项，并开展相关作业区培训工作；审核各区域热试方案，确保3号转炉、3号精炼、1号连铸、普棒、高棒、一高线、中型及轧线对应加热炉全部热试成功。

【工艺管控】 2020年，特钢事业部精心组织，详细论证，严格工艺管控，推进各条产线的设计审查工作。这一年，组织副枪自动炼钢、铸机高拉速、连铸直轧及中型长尺矫直等新技术的设计审查，施工过程中未发生设计变更，产线全部一次热试成功；加强设备安装精度管理，提升产线质量水平，对转炉氧枪对中、连铸辊道标高、结晶器振动控制及电磁搅拌参数设定等关键过程进行跟踪，确保设备安装调试精度，从源头控制产线产品质量；审核、优化各产线孔型系统图、孔型图、轧制程序表、配辊图等工艺技术文件，提出优化方案，降低轧机调整难度；确定高线设备利旧改为新增方案，并于

5月1日签订技术协议；完善工艺布置图、新增设备选型及招标文件审核等工作，确保高线顺利按期投产。

【设备管理】 2020年，特钢事业部深度推进设备标准化、精益化、信息化管理，坚持“零事故、零故障、零缺陷”设备管理理念，加强设备全生命周期管理和专线检测系统应用，确保关键装备功能发挥和重要精度管理100%达标。年内，组织各部室相关技术人员同步参与产线设计、交流、施工和验收等全部流程，协调总包与施工方及时整改现场发现的隐患，梳理完善700多项隐患问题，监督整改重大设备隐患缺陷13项，针对产线试生产存在的问题，提出改进方案；推进设备管理系统基础建设，进行转炉区域、1~2号连铸机、普棒、1号高线、中型设备BOM树拆分导入，编制8491条专业点检标准，800余条巡检标准，设备点检标准覆盖率达100%；切实用好设备全生命周期管理和在线监测系统，实现关键装备功能发挥和重要精度管理100%达标；根据新投产产线的具体情况，以更高标准开展提高机时产量和产线作业率攻关，使在线装备运转达到节奏最快、效率最高。

【技术攻关】 2020年，特钢事业部坚持技术攻关，详细论证高拉速直轧技术工艺、节奏需求，测算钢轧产能匹配情况，确定生产组织模式。年内，计算铸坯剪后温度需求，摸索降低铸坯输送过程温降措施，试验成功后，连铸拉速将达到3.5米/分以上，单台连铸机日产钢高于5200吨；组织换辊换槽攻关，缩短换品种时间，掌握轧槽磨损与冷却水水量、浇槽方式的关系，提高轧槽轧制吨位，延长换槽周期；加强标准化作业管理，不断优化操作要点，使各关键控制点有据可依，保证生产稳定顺行，减少生产事故；引进新材料、新技术，包括轧辊材质、导卫材质，提高轧辊、辊环、导卫等工艺件的使用寿命。

【科技进步】 2020年，特钢事业部广泛采用先进技术，优化工艺，促进科技进步。年内，普棒、高棒、高线生产线应用连铸—直轧技术，充分利用连铸冶金热能，高温连铸坯不经过加热炉加热，直接通过快速保温辊道送入轧机轧制，节约能源消耗，降低烧损，减少废气排放，降低生产成本，提高市场竞争力；运用轧机区除尘技术（普棒、高棒、高线、中型），塑烧板除尘系统对轧机烟尘进行净化治理，满足环保验收要求；普棒、高棒生产线，1H－5H采用无孔型轧制，降低辊耗，减少换槽时间，提高作业率；运用模块轧机技术，高棒精轧机采用3组模块轧机，3组轧机之间设置水箱，高线采用双模块精轧机“6+4”布置形式，2组轧机模块之间设置水箱；温度闭环控制系统的应用，在轧制圆钢产品时利于料形调整，减少头尾尺寸超差、切头尾长度，提高成材率，同时提高产品尺寸控制精度保持性能稳定；型钢半连轧工艺，利用两架BD轧机开坯加7架万能/二辊可转换轧机连续轧制工艺，大幅提高型钢生产的自动化程度，提高产品精度和型钢生产效率；应用轻轨预弯、在线矫直和长尺冷却技术，设计轻轨预弯模型，根据不同轻轨断面及上冷床温度，设置上钢小车行程，达到热钢预弯、冷却过程中反弯，平稳进入矫直机的效果；利用120米步进式冷床+气雾冷却装置将轧制出的长尺型钢充分冷却，下冷床后直接矫直，最大程度减少切损，提高成材率。

【信息化建设】 2020年，特钢事业部以公司发展需求为依据，总体规划、分步实施，确保自动化系统高度集成、总体优化、安全可靠、稳步推进。年内，SAP、产销系统、物流系统、计量系统、能源系统、LIMS系统（实验室信息管理系统）、设备管理系统、铁运系统等公司上层系统开始在原有系统上进行扩展，将长材部分开发与生产单元同步上线；以信息化系统的开发运用，将生产过程进行流程化、可视化管理，按照体系要求优化信息化系统运行模式，从原材料进厂、质量判定、成品运输、过程跟踪、计划排产等多方面进行系统标准化开发及管理；产销系统第一阶段涵盖订单管理、采购管理、主数据管理、库存管理、计划管理、质量管理、库区管理等，开发进入全面测试阶段，第二阶段功能开发包括过程质量管理、发货管理、轧辊管理、能源管理、成本管理、回收及调拨物料管理、数据归档管理、统计分析及报表等，预计 2021 年 4 月底实现全部信息化功能贯通。

【安全生产】 2020 年，特钢事业部紧密围绕“要把安全工作做到各项工作前面”的安全理念，实现安全生产。年内，建立完善安全生产责任制度，明确“党政同责、一岗双责”“属地管理”原则，不断增强各级管理人员履职意识和属地意识，组织值班作业长（科室主管）及以上 94 人参加履职培训并制定履职清单；修订安全管理制度 51 项，组织相关科室和作业区对管理制度进行评审，合格后下发；组织 1583 名新职工参加厂级安全教育培训，对 41 名内训师的教育培训考试和组档工作；构建“双控”机制，坚持“事前预防”和“关口前移”，组织各科室和作业区根据投产后实际情况进行危险源辨识，共辨识各类危险源 3189 个，检查出各类安全隐患 1645 项，并全部整改。

【环保和能源管理】 2020 年，特钢事业部持续推进环保 A 级企业创建工作，强化环保和能源管理体系建设。年内，环保工作主要围绕施工现场管理及危废管理进行，土方施工现场、堆积物料、车辆运输等易发生扬尘区域采取加湿苫盖、清洁运输等方式有效防止扬尘污染等无组织排放，废油桶、废油漆桶采用压块或入库方式进行合规管理；组织开展环境因素识别评价，共识别环境因素 450 余项，其中判定为重要环境因素 16 项；按照公司总体要求，加强环境体系建设，梳理有组织排放、无组织排放存在问题点，共梳理无组织排放问题 438 项，其中可自行改造项 258 项，需重新设计项 180 项，可自行改造问题项完成 114 项，其他逐项制定整改措施及时间节点，按流程推进实施，需重新设计项与唐钢国际结合并确定初步设计方案。能源管理工作围绕构建能源管理体系进行，组建能源体系组织架构，完成《能源管理细则》《煤气管理细则》《用电管理细则》《各种气体管理细则》等管理制度编制工作。

【党群工作】 2020 年，特钢事业部党委按照公司党委统一部署，全面做好党群各项工作。年内，坚持深入学习贯彻习近平新时代中国特色社会主义思想和党的十九大精神，把党政工作融入项目建设，积极探索党的建设工作新思路新方法；以党委中心组学习、政工例会、“三会一课”为载体，深入开展学习、培训和形势任务宣讲；在疫情防控工作中，充分发挥基层党组织和广大党员先锋模范作用，落实疫情防控与项目建设两手抓，科学防控措施；大力开展“保投产、促达产”创优争先活动、“我是大钢创业者”“凝心聚力保达产，目标同向铸辉煌”等主题党日活动，围绕工程建设重点难点攻关、现场环境治理、技术业务培训和服务群众等，组建党员突击队，引导广大党员在项目竣工投产中发挥示范引领作用，按计划实现项目建设和投产目标。

附四　动力部

【概况】 动力部是公司能源、动力介质调度平衡、供应及相关设施运营管理的生产组织单位，承担公司能源环保新技术、新工艺、新设备的考察调研和推广应用，负责公司环保设施的建设和运营管理。

2020 年末，动力部设部长 1 人、党委副书记（兼纪委书记、工会主席）1 人、副部长3人；下设安全室、生产技术室、设备室、能源室、环保室、党群室等管理科室6个，供电、热电、电点检、自动化、燃气、给水、环境除尘、脱硫脱硝等作业区8个。共有职工712人，其中男职工646人、女职工66人；中共党员206人，共青团员13人；干部117人，其中科级干部56人；管理及专业技术职工117人，其中高级职称17人、中级职称23人；工人595人，其中高级技师21人、技师91人。职工中有研究生15人，大学本科157人，大学专科及以下540人。

【投运达产】 2020年，动力部全面贯彻落实公司“六保”理念，配合主线在加快施工进度的同时，保质保量由建设期平稳过渡为生产期。年内，外购生产新水90.3万立方米，外购电1.92亿千瓦时，转炉煤气回收1680.2万立方米，发电量5495.64万千瓦时。这一年，努力保障一期工程顺利全线投产，按照产线节点要求，提前投入各种保障供辅项目，严格审核有关单位的技术资质证明文件、开工报告、施工方案等文件，对技术要求高、施工难度大的工序或环节，设置技术和监理重点，重点控制操作人员、材料、设备、施工工艺等，强化员工质量意识，明确质量目标和落实质量责任制；应对疫情影响，狠抓工程进度，严格按照施工网络计划监督检查总包单位，加强工程收尾消缺工作，全面检查梳理系统、设备等方面存在的缺陷及问题，与总包方和设计方结合，制定整改方案，严格落实，保证产线顺利调试、生产。一期一步动力介质供应，以供电系统4月13日由供电公司受电为起点，2座220千伏总降站和7座110千伏变电站陆续完成送电，其他介质系统均在高炉投产前投入，为新区早日达产达效打下坚实基础，各项技术经济指标持续优化，实现高炉煤气外送量1000立方米/吨以上，转炉煤气回收量110立方米/吨以上，TRT发电40千瓦时/吨以上。

【供电系统建设】 2020年4月13日，河钢唐钢新区220千伏总降变电站于23时08分完成倒闸操作，成功实现受送电。新区220千伏总降变电站项目采用电缆智能接地监测系统、变压器套管在线局放监测系统、变压器绕组在线测温系统、高压柜在线局放监测系统、高压柜在线测温系统、电气设备状态在线视频监测系统等智能组件新技术，最大程度实现变电站智能化，设置集中控制和视频监控中心，取消现场操作流程，2座220千伏总降站、11座110千伏区域变电站及70余座35千伏及10千伏车间变电站完全实现电气设备的远程操作。

【给水系统建设】 2020年4月2日，河钢唐钢新区水处理消防水池储水池开始蓄水。该水池为地下水池，储量10万立方米，于2018年9月30日破土动工，历时6个月建成。该水池的蓄水成功是公司新区第一个投入运行的项目，标志着生产消防水管网全面合口，唐钢新区地下管网落成。

【生产消防水系统建设】 2020年5月6日，河钢唐钢新区2050轧机净环水池于8时28分开始注水，标志着第一个主线配套水系统圆满建成，新区水处理生产消防水系统正式开始为大管网供水。轧机净环水系统主要为2050轧机加热炉、轧机液压站提供循环冷却水，该项目于2018年10月破土动工。其间，克服施工难度大、工期紧、场地受限等一系列困难，提前竣工。

【综合外网建设】 2020年，河钢唐钢新区综合外网架空管廊煤气管道、天然气管道、压缩空气管道、蒸汽管道、埋地给排水管道全部敷设并打压冲洗完毕，总长超20万米，保证铁钢轧联动调试、热试投产过程中动力介质安全稳定供应。新区外网所有煤气管道均采用全新耐候钢Q345NS卷制而成，是介于普通钢和不锈钢之间的低合金钢系列，属世界超级钢技术前沿水平的系列钢种之一，更适应沿海地区气候，耐候性为普碳钢的2~8倍，涂装性为普碳钢的1.5~10倍，对于长期暴露在外的煤气管道，具有耐锈、抗腐蚀延寿、减薄降耗、省工节能等特点。

【煤气柜系统建设】 2020年，河钢唐钢新区建设的一座30万立方米高炉煤气柜、两座15万立方米转炉煤气柜和一座5万立方米焦炉煤气柜柜体安装全部结束。新区单座转炉煤气柜最大吞吐量达40万立方米/时，配套5台转炉离心机，单日最大输送转炉煤气量达790万立方米，高炉煤气柜最大吞吐量达26万立方米/时；煤气防护站建设完成，建立配套空气、氧气充填室，负责新区防护、救护职责；推进技术创新，实现气柜、煤气加压设施远程操控，保障生产高效运行。

【余能发电系统建设】 2020年，河钢唐钢新区加强余能发电系统建设，6月建设完成2台65吨/时烧结余热锅炉用于发电。新区余热锅炉采用成熟稳定、实用可靠的中低温烟气余热回收发电技术（余热高效回收及能量梯级利用技术）和工艺流程及设备，达到节能减排，降低生产成本的目的；烧结余热发电利用烧结环冷机一段、二段烟风余热进行发电，烟气采用再循环方式，余热锅炉排出的烟气，经循环风机增压后，重新回到环冷机一段和二段。烧结余热发电于当年11月1日并网发电，吨矿发电量约18千瓦时，每小时发电约2万千瓦时，实现企业资源优化配置，降低综合能耗、可比能耗和生产成本，助力增加企业经济效益和市场竞争能力。

【煤气综合利用工程】 2020年，河钢唐钢新区煤气综合利用工程煤气发电一期1号、2号发电机组分别于当年9月28日、10月18日并网发电。新区1号、2号发电机组采用超高压蒸汽发电技术，在国内冶金行业处于先进行列。建设中，动力部提早介入，主动与施工方配合，到国内先进单位进行对标，学习了解操作方法和运行经验，为早发电、多发电做好准备，年内实现日均发电量超320万千瓦时；煤气发电二期采用超高温亚临界煤气发电系统，正在建设中；饱和余热发电机组为目前国内最高压力等级机组，进入吹管调试阶段。

【BOT项目新工艺新技术应用】 2020年，河钢唐钢新区环境除尘BOT项目应用多项新工艺新技术，保证高标准清洁环保和绿色低碳生产。项目采用先进的迷宫式密封导料槽除尘设备和移动车载除尘设备，优化设计，在降低硬件投资的同时，每年可减少能耗5112万千瓦时；采用烟气净化方式为外滤式的环保超低滤筒除尘器，过滤后的洁净气体透过滤筒经上箱体、排风管排出，从而达到第二级除尘，过滤面积大，过滤精度高，可实现超低排放；项目实施集控中心运行模式，摒弃传统的单体除尘器独立控制或由生产主工艺分区域控制的方法，采用全新的环保管控中心运营模式，设立全厂集中的环境除尘控制中心，实现现场除尘系统站室无人值守，保证全厂除尘系统的运营管理。

【环保管理】 2020年，动力部按照公司一体化管理体系要求，建立并完善环境管理体系，开展环境管理体系策划，为环境系统运行及绩效评价奠定基础。年内，依据《环境管理体系 要求及使用指南》（GB/T 24001—2016），针对环境管理体系运行要求，制定《环境因素辨识、评价管理程序》等6个程序文件，以及《大气污染物排放标准》等10个作业文件，体系进入初期运转阶段；建设项目环评及环保验收工作完毕，取得河钢产业升级及宣钢产能转移项目环境影响二次变更批复意见及一期发电项目的环评批复意见，完成外围综合管廊工程项目环评报告编制招标、全厂雨排水口防洪评价报告编制招标工作；加强现场管理，建立环保三级管理架构原则，按照规定周期组织环保检查及自查，并对问题落实整改，实现闭环管理；19套在线监测设备与环保管控系统联网监测，加强应急管理，新区突发环境事件应急预案编制工作基本完成，并着手在环保部门备案。

【能源管理】 2020年，河钢唐钢新区加强能源管理，编制一体化管理手册能源管理部分，制定并完善能源管理程序文件及相关工作流程，进行能源相关法律法规识别，制定能源管理体系内审检查表并逐步推进能源管理体系工作运行；与公司能源管理体系对接，制定水、电、煤气等7个专业管理办法，并修订体系文件；按照投产后的不同阶段，突出重点，抓好节能降耗工作，根据各事业部工艺现状和能源消耗实际，制定有针对性的节能降耗措施并组织实施，最大限度降低能源成本；保证外部能源介质供应，组织完成与能源公司合同的签订，实现生产新水和生活水供应、焦炉煤气和天然气供应及22万变电站送受电。

【基础管理】 2020年，动力部以安全、稳定、经济、高效运行为目标，加强基础管理，强化制度执行，不断健全制度建设，制修订和完善各专业管理制度，提升精细化管理水平。年内，根据系统设备性能参数及工艺要求，对设备单体和系统的试车方案、三规一制和应急预案及各项管理制度进行完善；做好投产后各系统消缺工作，重点排查处理影响安全、环保、安全运行的系统缺陷，为早日达产达效提供有力支撑；强化设备缺陷管理，检修管理，坚持每天对缺陷进行汇总，第一时间消除，保障消缺效果；进一步规范加强重要设施的全寿命周期管理，完善各种档案资料，保障设备的有效性。

【党群工作】 2020年，动力部党委贯彻落实公司党委要求，加强党的建设，做好党群各项工作。当年5月撤销动力部党支部，设立动力部党委。按照“四对接 四同时”原则设立机关党支部、生产技术党支部、能源环保党支部、热电作业区党支部、供电作业区党支部、给水作业区党支部、燃气作业区党支部7个党支部，同步完成党支部选举工作，完善组织架构。制定《“三重一大”实施办法》及党委会《议事规则》，严格落实党委议事前置程序，坚持集体讨论研究决定，提升决策科学性。进一步巩固“不忘初心、牢记使命”主题教育成果，利用“三会一课”、党委理论中心组学习等有效形式，开展党组织书记上党课、主题宣讲等学习教育活动，引导党员干部增强“四个意识”、坚定“四个自信”、践行“两个维护”；落实党委意识形态工作责任制，定期分析研判，建立网络舆情应急领导机构，加强网络舆情监测和引导；大力推进基层党支部标准化建设，围绕保生产、促达标、绿色环保中心任务，以实施“四项重点工程”为抓手，以开展“七个一”系列献礼活动为载体，纪念中国共产党成立99周年，开展献计献策、攻关难题等活动，保证生产运行稳定。加强党风廉政建设，制定完善“两个责任”清单，签订党风廉政建设责任书，压实“两个责任”。坚持党建带工建、团建，深入推进大学生“三星计划”，为青年团员提供发展平台，坚持困难职工帮扶工作，走访慰问困难、患病职工16人，发放慰问金4800元；落实第一责任人信访稳定职责，落实稳控责任制，及时将不稳定因素化解在萌芽状态。

中厚板事业部

【概况】 中厚板事业部是依托中厚板材有限公司（以下简称中厚板公司）组成的，以产线为独立市场单元，围绕市场和产品，以发挥“利润中心”角色为目标，协同产线制造铁水、钢水、连铸板坯、中厚板材、大型钢等产品的生产经营部门。

附　中厚板公司

【概况】 中厚板公司是由原料、烧结、高炉、炼钢、连铸、轧钢、大型钢、动力工序组成的生产单位，是以生产中厚板材、大型钢为主要产品的生产组织部门。位于唐山市乐亭经济开发区，唐港高速公路出口500米处，占地面积318.37万平方米，距京唐港4千米。2020年末，其主要设备包括1580立方米高炉2座、1780立方米高炉1座、210平方米烧结机2台、240平方米烧结机1台；铁水预处理装置1座、120吨转炉3座、LF精炼炉3座、RH精炼炉1座、板坯连铸机3台（其中2号连铸机兼具电磁搅拌及重压下功能）、矩形坯连铸机1台、小方坯连铸机1台；蓄热式加热炉4座、3500毫米双机架轧制线1条、3500毫米单机架轧制线1条、中间坯即时温控、超快冷装置等；31米蓄热步进梁式加热炉1座、高压水除鳞机2套、ϕ1100毫米开坯粗轧机2架、ϕ1050毫米精轧机2架、冷床入口热锯1台、78米步进式大冷床1个、1350~1800毫米可变节距9辊双支撑矫直机1台、定尺冷锯机2台、码垛机3台、方圆钢冷床2个，定尺热锯机2台，垛捆收集装置2套。具有600万吨商品材坯的生产能力，板材产品涵盖碳素结构钢、低合金高强度结构钢、高层建筑用钢、桥梁结构用钢、模具用钢、船体结构和海洋工程机械用钢、锅炉和压力容器用钢、管线钢等为主导八大类140余个牌号；钢板规格为厚度6~120毫米、宽度800~3200毫米、长度3000~15000毫米，广泛应用于国内重点工程项目、城市标志性建筑及“一带一路”项目建设；型钢产品涵盖角钢、钢板桩、槽钢、方钢、电极扁钢、铁路垫板等系列产品，其中大角钢广泛应用于特高压输变电铁塔及钢结构用钢等重点工程。

2020年5月1日，型钢厂整体划归中厚板公司统一管理，成立型钢工作部；信息自动化部人员与中厚板公司自动化人员统一合并，一部分作为自动化作业区由机动部统管，另一部分分别在炼铁工作部、炼钢工作部、轧钢工作部、型钢工作部成立自动化维检作业区，由各工作部统管。

2020年末，中厚板公司设厂部级干部7人；下设部室17个、作业区56个。共有职工3969人，其中男职工3580人、女职工389人；中共党员843人；干部186人，其中科级干部71人；管理及专业技术职工292人，其中高级职称53人、中级职称208人；工人3607人，其中高级技师58人、技师248人。职工中有博士3人，研究生32人，大学本科637人，大学专科972人，中专442人，高中及以下618人。

【生产经营】 2020年，中厚板公司创新操作思路和工作方法，以对标为手段，严格落实工艺制度，开展技术攻关，实施全系统、全流程挖潜增效，推动“两个结构”再优化，力促生产经营稳定顺行。全年，产铁496万吨、产钢517万吨、产钢材355万吨，同比分别增加58.9万吨、57.5万吨、75.6万吨；5—12月，型材产量37.56万吨；利润5.9亿元，吨钢利润114元，与三家企业对标吨钢利润差距由上年的280元缩至144元，提高136元/吨；各工序年产量、月均产量和单日产量均创建厂以来最高纪录，创造连续浇钢炉数最多、一个中包过钢量最大、转炉滑板连滑次数40次、出钢口寿命1088炉等多项全国纪录。

【客户结构优化】 2020年，中厚板公司认真落实集团战略部署，以拓展重点用户为切入点，抢占中高端市场，带动重点用户供货量提升。全年，前16家大客户直供产品销量180万吨，同比增加30万吨；重点用户销量131万吨，同比增加3万吨。年内，不断挖掘客户需求，提升服务水平，与中冶集团、中材集团、华电集团、中建集团、上海建工、中船集团及小松、住友、胜代集团等知名企业开展战略合作、业务合作；开拓比亚迪云轨、沪宁钢机、京冶华诚、山推等大型重点终端用户，拓展销售渠道；采取提升低合金系列产品售价、完善销售服务体系、强化客户专员驻厂制度、优化排产模型以确保产品交付等多种手段，提高服务水平和交期保障力度，在确保大型终端及重点用户销量增长同时，终端客户销售价格同比提升70元/吨。

【产品结构调整】 2020年，中厚板公司以市场为导向，以效益为中心，持续推进产品结构优化，不断梳理汇总产品创效排序，根据市场和自身产能情况，削减低效产品投放，力促产品创效能力提升。全年，品种钢产量273万吨，重点品种172万吨，品种比达85.7%；结构用钢销售量231.15万吨，同比增量65.25万吨，月均投放量由上年的13万吨增至19万吨；加大华东、华南地区市场投放量，开发华南结构用钢市场，向华东、华南地区销售产品同比增加56万吨。

【新产品研发】 2020年，中厚板公司加大新产品研发力度，以高建钢为引领，培育钢结构战略用户，带动100万吨以上结构用钢的产能需求，打造“国内结构用钢第一品牌”，成为结构用钢领域的领跑者。年内，成功开发高锰预硬磨具钢4140-NX，低合金高强度Q345系列（GB/T 1591—2008）更新换代为Q355系列（GB/T 1591—2018），各项物理性能良好；不断优化Q345q、Q420q桥梁钢化学成分及控轧控冷工艺，深入研究厚规格Q420qE性能均匀性和回火工艺，以完善的工艺打造优质产品；组织铁路桥梁钢Q420qENH和Q370qENH试制、热处理工艺制定、实验室性能检验和金相组织分析、焊接评定，扩大产品覆盖范围；开发生产型钢系列产品130毫米×180毫米、115毫米×240毫米、160毫米×230毫米、200毫米×150毫米规格阴极钢棒，拓宽型钢产品品种结构，完成600毫米×210毫米规格钢板桩轧制工艺开发及试轧；优化400系列热轧U型钢板桩断面，钢板桩强度、打桩性能及密闭性明显高于国内同类产品，与日本同类产品相当。

附表　2020年中厚板公司新产品研发一览

产品名称	规格/毫米	产品牌号	执行标准
耐候铁路桥梁钢	8~60	Q370qENH	GB/T 704
	8~60	Q420qENH	GB/T 704
一般强度船板	38~50	A、B、D	船级社规范
	8~50	E	船级社规范
高强度船板	38~50	A32、D32、A36、D36	船级社规范
	8~50	E32、E36、E40	船级社规范

【质量管理】 2020年，中厚板公司坚持全流程一贯制质量管理，完善工艺制度，开展技术攻关，产品质量不断提高。当年，生铁合格率达99.95%，内控率74.02%，板材一次检验合格率97.77%，同比提高0.79%；废次降比0.46%，同比降低62.9%，创历史最好水平。年内，加强技术、质量基础管理，贯彻落实公司《作业标准化评价管理基准》《质量废次降管理办法》《质量体系推进落实管理基准》《重点产品特性控制能力》《产线关键工艺过程符合率管理办法》等文件，及时组织修订工艺技术规程，推行全系统、全流程标准化作业，加快实现与客户的无缝对接；严把进厂原燃料质量关，充实检化验人员，完善进厂质量审计监察，投资600多万元新增检化验设备，检验进厂物料1254.9万吨，质量不合格扣吨1.34万吨，退货1715.4吨，质量仲裁76次，有力保证了产品质量；抓好质量体系认证，通过测量体系AAA级认证，高新技术企业资格复评。

【设备管理】 2020年，中厚板公司加强设备基础管理，以隐患治理为抓手，按照作业长制管理模式，在高效生产节奏下，保证设备的可开动率。全年，共发生公司级设备事故（故障）14起，累计64.73小时，同比降低6.67%，事故时间同比降低2小时，降幅3.19%；设备维检费用不断降低，设备维修费用为吨钢104.63元，较预算指标降低4.34%。这一年，注重提高装备水平，实施1号炉大修、烧结机漏风治理、炼钢VD炉和轧钢产线系统升级等多项设备改造，增强装备配套能力，保障事故次数和事故时间下降；进一步转变思路，由辅助施工向专业承包服务转变，由散工业务逐步转为整体承接外委任务，累计减少外委项目166项，节省外委费用431万元。

【成本管控】 2020年，中厚板公司加强成本管控，强化对标管理，着力降低工序成本。全年，可控费用为吨钢213.25元，完成挖潜指标，吨钢同比降低13.55元。这一年，铁前系统对标营钢公司，采取优化烧结配料结构及调整高炉入炉结构、焦炭结构等方式，促进成本降低，铁成本控制在2431.64元/吨；炼钢系统采用项目制、能源管理等手段，降低成本，多项指标达到行业领先水平，炼钢熔炼费为486元/吨，同比降低70.29元/吨；轧钢系统以提高轧机及剪切设备控制精度、负差轧制为手段，降低成本400万元，轧钢加工费190.22元/吨，同比降低36.40元/吨；采购及机动部门坚持对标、灵活采购方式，采购价格平均下降10%左右，其中标准件可比降价899.76万元，合金节约849.5万元，耐材降价6450万元，非标件节约571万元。

【工艺完善】 2020年，中厚板公司以思想破冰为引领，创新操作思路和工作方法，优化完善工艺，建立容错机制，鼓励创新突破，促进产品创效能力提升。这一年，铁前系统颠覆传统操作手法，摸索大矿批、高富氧、大风量、高顶压操作制度，11月1号高炉平均日产超过6000吨，被河钢股份授予“破冰标杆”称号；炼钢系统围绕产品创效超前谋划，开展氧枪、出钢口系列技术工艺攻关，冶炼时间创24分/炉的行业先进水平；轧钢系统突破物流瓶颈，提升产线效率，以轧机为中心优化生产计划，机时产量、作业率达到业内领先水平；加强课题研究，确定课题进度安排，并督导实施，其中“型线工艺设备优化与功能提升”课题获河北省冶金（钢铁）科学技术奖三等奖，“提高一线精轧机除鳞喷嘴使用寿命”获得唐山市优秀质量管理成果二等奖、河北省质量管理成果二等奖，“一种加热炉耐热滑块”“一种钢板坯位置调整装置”等两项技术被国家知识产权局授权实用新型专利，“6毫米以下厚度规格高强度钢的轧制过程板型控制方法”被授权发明专利。

【智能制造和模型化生产】 2020年，中厚板公司以推进设备自动化、工艺模型化、操作一键化为中心，抓好智能制造和产线模型化生产，助力效率提升与质量稳定。全年，共有智能制造项目13个，其中上年结转项目10个、新立项目3个。年内，炼钢系统实施钢包内衬测温、自动炉后吹氩系统、喂丝机自动喂丝、自动精炼、火切机自动切割等5个项目，实现钢包内衬自动测温、转炉炉后自动吹氩、精炼自动喂线等功能。轧钢系统升级改造轧钢精整一二级系统，实现物流信息跟踪贯通；实施热喷标及精整板材识别系统项目，实现板材物流下线跟踪；实施轧钢一线精轧机主传动系统升级技改项目，实现轧钢主传系统智能控制；进行双边剪自动剪切项目及关键设备运行参数网络实时查看项目，实现关键设备运行参数在手机上的远程监控；实施废钢天车智能装车系统项目及车辆智能配货管理系统项目，实现老旧天车智能化、无人化操作，完成软件编程。

【深化混合所有制改革】 2020 年，中厚板公司按照公司部署，进一步深化混合所有制改革，用好民营企业灵活的体制机制及成本控制能力，将国有企业的管理优势、技术优势和民企的成本控制优势互补，激发企业活力。全年，进口原燃料采购、备品备件材料采购及“三外”费用控制取得显著成效，各项费用同比降低 15%~20%。这一年，转变用人机制，型钢厂和信息自动化部人员划归后，选聘一批工人身份职工到科级岗位，与表现突出的派遣制职工直接签订劳动合同；推行职业经理人制，用契约方式明确公司与职业经理人的责、权、利，参照职业经理人办法组建二级班子，调动经营团队的积极性；完善治理结构，修订“四会一层”议事规则，规范各治理主体的权责边界，实现公司治理现代化。

【推行作业长制】 2020 年，中厚板公司继续推行作业长制，深化“五制配套”管理模式，不断夯实基础管理，为客户结构和产品结构调整、盈利能力提升提供支撑。年内，高度重视作业长制推进过程，每周召开推进例会，指导工作推进，确保工作效果；增加检查辅导频率，遵循 PDCA 组织各相关职能部门制定作业长制推进月计划，并分解到周计划，自 7 月起，由各专业管理部门组成联合检查组，对上年公司作业长制检查问题进行“回头看”，检查整改落实情况，杜绝重复性问题发生；优化绩效考核，在设置“金牛、银牛、铜牛、蜗牛”四档作业长制专项奖惩基础上，增加作业长制推进评比，制定《工作部作业长制推进绩效评价表》，每月根据排名对部门领导、推进人员进行考核；围绕降低成本、提高质量等主题开展作业长研修活动，确立“增强钢、轧协同，提高轧钢热装率”“增强铁、钢协同，提高铁水罐容、提高炼钢效率”“增强铁、钢、轧、动力协同，提高烧结余热、饱和蒸汽发电量”等协同议题，组织作业长和职能部门深入开展研讨，形成方案，群策群力解决产线问题。

【全员绩效管理】 2020 年，中厚板公司持续优化全员绩效管理机制，完善四级绩效管理体系，确保 KPI 对两个结构调整及成本、产量、质量等管理工作全覆盖。年内，结合混合所有制管理模式和利润目标，进一步精简 KPI 评价指标，突出产量、成本、废次降等关键指标，加大权重，提高绩效引导和激励作用；建立职业经理人绩效管理体系，作为集团及公司混改首家试点企业，探索职业经理人制度，创新设计职业经理人绩效目标体系，制定《职业经理人薪酬与绩效管理办法》，选取与经营效果、效益最密切的关键指标，并兼顾职业经理人目标与公司战略目标、利润目标统一，搭建较为完善的职业经理人管理体系和运行机制；采用多种激励方式，将奖金向一线及创效部门倾斜，设立指标攻关奖，围绕焦点问题和效益关键指标开展攻关，每月铁、钢、轧等主体部门指标攻关奖励总额达 100 万元以上；打造多样化奖励平台，设立破纪录奖，强化爱岗敬业、改善提案、自主管理、卓越贡献“四大奖励平台”作用，引领岗位职工为企业效益提升、创新发展贡献力量。

【安全环保管理】 2020 年，中厚板公司狠抓安全生产和环保治理，努力创建安全绿色工厂。这一年，强化各级安全责任制，扎实开展隐患排查治理，以三年安全专项整治活动为重点，加大检查和考核力度，提高整改标准；稳步推进双控机制建设，安全信息化平台系统高效运行，得到政府部门和集团的高度评价，舞钢、宣钢等兄弟单位进行了学习考察和工作交流。加强环保管理，升级改造环保设施，实施 3 号烧结机臭氧脱硝系统提标改造，1 号、2 号烧结机漏风治理和焦炭料棚建设，80 个有组织排放口全部实现达标、超低排放。

【党群工作】 2020年，中厚板公司党委全面推动实施集团“五大提升工程”和公司“十个专项行动”，深度融入中心工作，打造“混改先锋”党建品牌，构建“四力合一”大党建模式，为疫情防控和生产经营提供坚强保证，助力企业创效能力在集团同级别单位中始终保持领先地位。年内，深化政治理论学习，组织广大党员干部和职工群众认真学习贯彻习近平总书记系列重要讲话精神，坚定广大职工政治定力和抗疫信心；不断完善“党委领导、组织协调、支部负责、干部参与”的党建工作领导机制，强化职责明确、界限清晰、追究可依的责任体系，有6个支部达到集团五星级标准，18个支部达到集团四星级标准；积极探索实践混合所有制模式下党风廉政建设的新思路和新方法，构建并形成“1+X”日常监督机制，聚焦企业决策层、部室决策层和关键岗位执行层三个层面，围绕政治监督、生态监督、作风监督、纪律监督、责任监督五个重点，分类施策，统筹推进，用监督合力推动工作落实；抓好工会相关工作，开展全员职工健康体检和女职工专项体检，筑牢职工健康防线，承办公司“世界模拟炼钢挑战赛”选拔赛和公司第三十四届职工技术比赛中厚板轧钢工实操比赛，共申报创新成果199项，同比增长2.3倍。

汽车板事业部

【概况】 汽车板事业部是依托唐山不锈钢有限责任公司、高强汽车板有限公司组建，以产线为独立市场单元，围绕市场和产品，集党建、产、销、研等工作于一体，以发挥“利润中心”角色为目标，协同产线生产钢水、连铸板坯、热轧卷板、冷轧卷板、镀锌板、退火板等高档家电板、汽车板产品为主的生产经营部门。

2020年末，汽车板事业部设党委书记、总经理1人（由公司副总经理兼任），副总经理2人（分别由不锈钢公司总经理、高强汽车板公司总经理兼任），党委第一副书记、工会主席1人，党委副书记、纪委书记1人，营销服务中心总经理1人，研发中心总经理1人；下设产品营销服务中心、产品研发中心、党群工作部等3个部门和不锈钢公司、高强汽车板公司，共有职工3266人。

【生产经营】 2020年，汽车板事业部坚持求新求变求突破工作主基调，以管理体制变革为抓手，牢牢把握市场和产品两大关键，不断挖掘装备潜能，持续发力市场开发和客户结构调整，产品和客户端均有较大程度提升，生产经营取得新业绩。全年，热轧单元产钢269.9万吨，产材263.7万吨；其中品种占比88.53%，双高产品占比15.98%。冷轧单元成品材销量164.2万吨，其中汽车用钢销量124万吨，占比达75.52%，同比提高9.84%。

【新产品研发】 2020年，汽车板事业部扎实推进产品升级，加大新产品研发力度，持续挖掘产品创效能力，大力实施品牌战略，努力打造“双高”产品。年内，热轧单元坚持以效益为中心，先后推出1.2毫米700兆帕汽车大梁钢、1.2毫米及以下极限薄规格花纹板、TMR系列高端马口铁等20余个高创效产品。其中，6月新开发的1.2毫米以下超薄系列花纹板，当年销售1.07万吨，产品创效排名位居前列，针对市场需求开发的1.0毫米极薄花纹板，成为国内最薄规格花纹板产品。冷轧单元成功开发镀层系列产品牌号43个，其中镀铝硅产品成功打入美的集团，替代进口产品，锌铝镁产品完成低碳超低碳钢、结构钢、加磷高强钢、低合金高强钢、双相钢等系列20多个钢种的设计与开发，产量达2万余吨，产品规格覆盖0.3~2.4毫米，其中0.3毫米超薄规格锌铝镁及厚锌层产品均为国内首次研发；连退产品1500HS顺利通过宝马（中国）三方各项检验，产品各项指标及参数全部合格，为吉利汽车定向开发顶盖外板用DC03产品，替代烘烤硬化钢，实物质量良好，顺利通过吉利试模验证，与长城汽车签订供货技术协议，产品包括170P1、210P1、250P1、280VK等专用钢，并达到批量供货阶段。

附表　2020年汽车板事业部新产品开发一览

类别	品种	牌　号	规格/毫米	主要用途
板材（高强汽车板公司）	连退搪瓷专用钢	TTC1	(0.7~2.5)×(900~1400)	表面涂搪后建筑装饰板等
	连退外板	DC03	(0.7~2.5)×(900~1400)	汽车顶盖外板
	马氏体钢	HC500/750MS、HC600/850MS、HC750/980MS、HC1050/1300MS	(0.9~2.0)×(100~1300)	结构管件
	热冲压钢	T1500HS	(0.8~2.5)×(1550)	防撞梁、门槛等安全部件
	低合金高强钢	St37-2G	1.4~1.98	结构件
	镀锌低合金高强钢	CR210LA、CR270LA、HR340LAD+Z、LAC240Y410T、HR420LA	(0.7~3.0)×(900~1450)	汽车用地板骨架、车顶纵梁
	镀锌双相钢	CR330/590DHD+Z、DPC330Y590T	(0.8~3.0)×(900~1400)	汽车用防撞梁、前纵梁、A柱、B柱、门槛等
	镀锌超低碳深冲钢	CR2、CR4	(0.5~3.0)×(900~1550)	家电板、汽车覆件
	镀锌高强IF钢	IFC210Y340T	(0.5~2.5)×(900~1400)	汽车内板及内板加强件
	镀铝硅低碳深冲钢	DX54D+AS	(0.5~0.6)×(1219~1320)	家电板
	镀锌铝镁低碳钢	DC51D+ZM、DX51D+ZM、DX51D+ZM3M、DX52D+ZM	(0.3~2.4)×(800~1300)	家电板、畜牧产品
	镀锌铝镁低碳深冲钢	DC53D+ZM、DC54D+ZM、DC56D+ZM、DX53D+ZM	(0.6~2.0)×(1000~1250)	家电、汽车
	镀锌铝镁加磷钢	HC220YD+ZM	1.2~2.0)×(1000~1250)	汽车内板及内板加强件
	镀锌铝镁低合金钢	HC260LAD+ZM、HC340LAD+ZM	(0.8~2.0)×(1100~1250)	汽车用地板骨架、车顶纵梁
	镀锌铝镁双相钢	HC340/590DPD+ZM	(1.2~1.5)×(1105~1250)	汽车用防撞梁、前纵梁、A柱等
	镀锌铝镁结构钢	S250GD+ZM、S320GD+ZM、S350GD+ZM、S390GD+ZM、S420GD+ZM、S550GD+ZM、TSGC340、TSGC440	(0.6~2.0)×(1000~1250)	畜牧产品

【市场开拓】 2020年，汽车板事业部以提升服务水平为抓手，以推进主机厂认证为契机，优化客户结构，围绕战略客户开发与上量作文章，在满足客户需求中不断提升产品档次和技术水平。年内，通过长安福特、上汽通用、华晨宝马3家合资品牌主机厂，以及奇瑞、长安、长城等9家自主品牌主机厂认证，实现对海尔、格力、美的等高端客户稳定供货。这一年，热轧单元结合当期产品市场创效情况，动态调整品种分配，在产能有限的条件下实现品种组合的最优配置和产品综合创效能力最大化，有力支撑整体效益水平提升，其中三季度加大工业纯铁产品的客户开发力度，结合客户需求推出工业纯铁薄板坯和切割方坯，客户数量及月均订单量大幅提升，当年热轧单元工业纯铁客户达16家，较上年翻两番，销量达到5.1万吨。冷轧单元持续发力主机厂和直供户开发上量，年内取得13家汽车主机厂认可证书，7家主机厂实现批量供货，其中4家订货量达万吨级，全年订货量13.4万吨；通过59个牌号的新材料认可，以及主机厂主导的52个新零件认可，启动13个牌号的新材料认可；全年家电直供客户16家，其中战略客户9家、B级客户2家，销量达44.5万吨，同比增长6.2%；战略客户黏度92%以上，其中合资品牌客户年销量3.19万吨，同比提升37%；家电用特色产品销量2.2万吨，同比提升122%，首次实现家电用锌铝镁产品开发，年内销售2220吨，涉及格力、海尔、美的、海信等客户。

【党群工作】 2020年，汽车板事业部党委坚持以习近平新时代中国特色社会主义思想为指导，认真落实党的十九届四中、五中全会精神和公司党委工作部署，全面抓好党群各项工作。这一年，面对突如其来的新冠肺炎疫情和持续低迷的市场形势，将党建工作重心向服务产线和市场延伸，实施“党建+攻关”工作模式，把党的建设与企业生产经营紧密融合，引领党员干部职工开展“党群牵手齐奋进”“党员服务市场攻关”“重点品种攻关竞赛”等活动，破解生产经营难题，全面提升创效水平；全力创建“五型”领导班子，不断增强工作主动性、前瞻性，坚持推进工作在一线、破解难题在一线、化解矛盾在一线，努力在政治上、思想上、工作上、作风上达到与“时代楷模”标准相匹配的高度，以“钢铁报国”的实际行动，在做宽度、树品牌，打造一流汽车板产销研基地上持续发力；开展形式多样的廉政主题教育活动，严格落实“两个责任”和“一岗双责”，始终坚持“三重一大”集体研究、会议决定，贯彻落实干部人事制度，领导班子成员带头严守政治纪律和政治规矩，严格落实个人廉政情况和领导干部重大事项报告制度，自觉抵制金钱物欲和腐朽思想的侵蚀，为党员干部和职工群众作表率、树榜样；加强职工队伍建设，大力弘扬劳模精神、劳动精神和工匠精神，开展岗位练兵比武活动，高强汽车板公司职工邢振环以其优异的业务能力、始终扎根生产一线的奉献精神获“全国劳动模范”称号，酸轧作业区职工郝志广获公司技术比赛冷轧工“技术状元”称号；年内，事业部党委分别被集团党委、公司党委授予“先进基层党组织”称号；“坚持党的领导，加强党的建设以高质量党建引领企业高质量发展的研究”获公司党建研究课题成果一等奖；事业部团委被公司团委授予“五四红旗团委”称号。

附一　不锈钢公司

【概况】 唐山不锈钢有限责任公司（以下简称不锈钢公司）是由原料、烧结、高炉、炼钢、连铸、轧钢工序组成，以生产合格热轧板材为主要产品的生产组织单位。成立于2003年9月，位于唐山市古冶区，注册资本20.8亿元。由唐山钢铁集团有限责任公司、中国第二十二冶金建设公司、衡水京华制管有限公司、开滦集团有限责任公司和潮州市锦峰物资有限公司等五家不同所有制企业投资组建，控股股东为唐山钢铁集团有限责任公司，不锈钢公司董事会委托河钢唐钢对不锈钢公司全权管理。截至2020年末，固定资产166.28亿元；拥有132平方米烧结机1台、265平方米烧结机1台，450立方米高炉2座、550立方米高炉2座，100吨转炉2座，LF精炼炉3座，RH精炼炉1座、VOD真空精炼炉1座，板坯连铸机3台，1580毫米热轧生产线1条，以及相关的公用辅助设施。具备年产铁280万吨、钢300万吨、卷板300万吨的生产能力，主打产品为高强汽车钢、工业纯铁、镀锡基板。

2020年6月1日，经河钢唐钢研究决定，原检修分公司驻不锈钢公司钢、轧区域人员及相关业务，原能源科技分公司驻不锈钢公司动力、环保除尘、检修、自动化人员及相关业务，原信息自动化公司驻不锈钢炼钢区域人员相关业务，整体划归不锈钢公司自主管理。

2020年末，不锈钢公司设厂部级干部4人；下设综合办公室、销售科、财务经营科、生产科、技术质量科、能源环保科、安全科、人力资源科、设备科、客户服务中心等科室10个，炼钢分厂、轧钢分厂、动力分厂3个分厂，检修中心、生活服务中心2个中心，作业区30个、班组216个。共有职工3615人，其中男职工3158人、女职工457人；中共党员498人，共青团员43人；干部667人，其中科级干部42人，作业长69人；管理及专业技术职工274人，其中高级职称33人，中级职称241人；工人3137人，其中高级技师50人，技师216人。职工中有博士生1人，研究生29人，大学本科676人，大学专科659人。

【生产经营】 2020年，不锈钢公司面对新冠肺炎疫情及市场需求持续低迷等不利影响，坚持解放思想、对标赶超、创新求变，以提升整体效益为目标，持续推进两个结构再优化，推动产品结构升级，生产经营实现质的提升。全年，产铁262.6万吨，产钢269.9万吨，产材266.1万吨；实现现金流3.19亿元；下半年一举实现扭亏为盈，全年环比增利3.4亿元。这一年，对标学习民企思路，高炉日产能力由7500吨稳定提高至8200吨以上，高炉利用系数同比提高0.4；实施2座转炉对3台连铸机的高效生产组织模式，转炉冶炼周期缩短至25分钟以内，平均班产达到18炉，与上年平均水平相比，分别提高29.7%和28.6%，炼钢日产具备9500吨以上能力，同比提升1500吨，先后创出班产4011吨，日产1.06万吨，月产28.1万吨历史最高纪录。

【推进两个结构再优化】 2020年，不锈钢公司全面加强技术创新，加大力度推进客户结构和产品结构再优化，双高产品不断推出，产品档次实现飞跃，在满足客户需求中提升产品研发高度和技术水平。这一年，依据产品创效情况先后推出1.2毫米700兆帕汽车大梁钢、1.2毫米及以下极限薄规格花纹板、TMR系列高端马口铁等20余个高创效产品，其中6月新开发的1.2毫米以下超薄系列花纹板，产品创效排名位居前列，半年销售量突破1万吨，针对市场需求开发的1.0毫米极薄花纹板，成为国内最薄规格花纹板产品，一系列高创效产品，拉动产品售价水平提升，全年产品吨钢售价提升指数同比提高81元；紧密结合当期产品市场形势，动态调整品种分配，在树品牌上持续发力，注重提升“单打冠军”产品市场地位，先后优化一批马口铁创效水平不高的低端客户，为高端新产品开发与批量化生产置换产能空间，全年TDR系列、TMR系列和L-T5SC等7个牌号的高端马口铁基板销售量明显进步，全系列马口铁产品销售76.1万吨，市场占有率继续保持在30%以上水平，有力巩固了公司马口铁产品的市场主导地位；着力提高客户服务能力，加强工业纯铁客户开发，实施“先增量后减量”策略，通过先做大市场提升行业知名度再优化客户存量，做精高端客户群的方式，迅速提升行业影响力，年内工业纯铁客户达到16家，行业品牌认可度和市场占有率由上年的从零开始提升到全国第三位；小口径厚壁焊管用钢产品推广工作持续开展，年内累计销售800吨，提前一个月实现全年销售目标。

【成本费用管控】 2020年，不锈钢公司深化对标挖潜，细化工艺管理，强化成本费用管控，促进经济平稳运行，成本控制能力明显增强。全年，钢、轧工序吨钢成本分别降低103.5元和13.09元；炼钢变动中间费吨钢449.31元，同比降低18.7%；轧钢变动加工费吨钢132.38元，同比降低9%。这一年，从源头抓起，钢、轧工序以降低生产带出和质量带出为突破口，持续优化排产规则，提升质量控制水平，吨钢质量成本降低12.58元，带出品总量同比下降45%，带出品损失总额减少3370万元，同比下降35.2%，带出品控制水平显著提升；物料备件采购与周边先进民企为标杆，采取低价替代和主动招标等方式，全力压减采购费用，耐材、辅料、备件等物料采购单价同比降低近20%，吨钢成本降低23元；以用电、发电为抓手，加强能源成本管理，全年吨钢电耗558.05千瓦时（含氧气厂用电），同比降低3.7%，自发电比例达32%，同比提高5%，外购能源费用降低24元/吨，吨钢能源成本降低12.36元；强化设备系统管理，全年维检费吨钢56.5元，同比减少7.6元，降低11.8%，1580线大型检修项目参检人员由300余人减少至70余人，检修用工量减少四分之三；加大厂内物流费用和库占资金管控力度，分别减少430万元和2640万元，同比分别降低24.3%和10%以上；大力优化外委功包项目和外雇劳务人员，通过岗位合并、人员优化，精简驻厂人员和自身岗位人员553人，对19个外委单位的23个非资质性外委功包项目进行清理，人工劳效同比提升13.4%，全年节省人员薪酬和外委外雇费用9600余万元。

【产线效率提升】 2020年，不锈钢公司抢抓市场机遇，激活创效潜能，深挖产线效率，实现高效生产。这一年，在保证质量和工艺稳定的前提下，实施连铸高拉速生产模式，连铸恒拉速符合率由93.2%提至94.5%以上，中包寿命平均达到29.42小时，同比提高75.5%，其中最高寿命达到43小时；打破设计极限，采用大定尺铸坯轧制工艺提升产量水平，成功打破加热炉初始设计的11.8米入炉铸坯定尺限制，使入炉铸坯定尺提高到12.1米，提升作业效率2.54%；开展全流程轧钢提效攻关，实施1580生产线全线轧制提速项目，平均轧制速度由11.8米/秒提升至13.4米/秒，轧制效率提升13.6%，创出班产5066吨、日产1.25万吨的历史新高，其中12月机时产量创出503吨的历史最好水平。

【智能化模型化建设】 2020年，不锈钢公司加快推进智能产线建设，推动信息化技术与生产融合，有力提升产线运行效率和质量控制水平。全年，实施智能化项目50项，其中完全自主创新项目48项，占比达96%。年内，炼钢转炉在自动出钢、自动倒渣基础上，实施废钢全流程自动控制和转炉自动装铁等项目，实现转炉全流程自动化；轧钢工序建立层冷控制模型，层冷段±16℃的温度精度合格率由94%提升至97%，有效解决1580线卷取温度超差问题，实现生产过程全流程协同控制与优化；自主开发煤气智能调度系统，热电岗位人员根据系统指令进行煤气平衡，替代煤气调度的人工经验调整；实施站室合并集控及产线控制项目，优化辅助值守人员30人，充实到设备巡检岗位，为设备稳定运行提供保障。

【改善创新】 2020年，不锈钢公司加大技术创新力度，自主知识产权不断积累，为提升生产经营质量提供根本保障。年内，申请专利51项，取得授权17项；实施改善创新1193项，申报自主管理成果130项。这一年，全面开展岗位创新活动，依托职工自发成立的“群英会”和“python学习小组”两个学习创新组织，不断提升岗位人员创新兴趣和创新技能水平，发挥每周优秀改善案例分享会创新平台作用，着力提升新工具、新方法应用能力，将“跨界”思维引入创新工作，增强岗位人员系统创新能力和实际问题解决能力，全员创新工作进入由“量”向“质”转变阶段。当年，轧钢准备作业区职工孙海的“优化轧辊水冷的改善”获得“中国精益改善达人秀大赛”提名奖，“提高RH脱碳能力”项目获得省质量管理特等成果奖，“提高马口铁客户DR8产品合格率”项目获得省冶金行业质量管理一等成果奖，全员创新氛围初步形成，企业被命名为“河北省高端镀锡基板技术创新中心”，被评为“河北省知识产权优势企业”。

【安全环保管理】 2020年，不锈钢公司全力加强安全与环保管理，为企业可持续发展提供坚强保障。这一年，全面树立“一切安全事故、隐患可防可控”理念，严格落实安全环保“一岗双责”责任，坚持每月召开安委会，深入开展各项安全生产专项整治工作，狠抓职能科室职责落实和作业区、班组自主安全管理能力提升，保持安全生产长周期稳定，实现“7021”安全生产目标。面对前所未有的环保压力，积极制定重污染天气下错峰生产、错峰运输方案，确保环保限行时段入厂原料和出厂成品的物流渠道畅通，保障企业正常生产经营秩序；加强环保设备运行管理，持续完善环保设备岗位规程及点检标准，加大环保治理，自主实施265平方米烧结机与132平方米烧结机机头烟气脱硫脱硝系统并线处理改造，提升265平方米烧结机脱硫脱硝处理效果，为完成全年生产经营任务提供保证。

【高端镀锡基板技术创新中心揭牌】 2020年8月23日，由河北省科学技术厅命名的高端镀锡基板技术创新中心在不锈钢公司揭牌。不锈钢公司以打造北方最大、最具竞争力的高端镀锡板基料基地为目标，不断提高镀锡基板的生产能力和质量水平，加大市场开拓力度，成为华北地区最大的马口铁原料生产基地。河北省高端镀锡基板技术创新中心的建立，标志着不锈钢公司具备高端镀锡基板的研发和生产条件，将有力推动其研发基板冶炼工艺、轧制工艺与装备等升级，并与业内专家发挥强强联合优势，共同开展科技攻关，开发具有自主知识产权的高品质镀锡基板生产技术，提升河北省镀锡基板研发水平，推动食品饮料金属包装行业的发展，拓宽镀锡基板市场空间，尽早与世界镀锡基板消费结构接轨。

【党群工作】 2020年，不锈钢公司党委坚持以习近平新时代中国特色社会主义思想为指导，认真落实党的十九届四中、五中全会精神和上级党委工作部署，全面加强党群各项工作，持续提升党建工作水平。这一年，站在讲政治高度全力以赴抓好疫情防控，坚持把职工身体健康放在首位，针对厂内人员进出流动大等实际情况，出台21项制度和执行标准及16个规范化表单，并将其中的10项制度及标准固化为疫情防控常态要求，有力保证疫情防控效果，被河钢集团党委评为“疫情防控先进基层党组织”；坚持发挥党支部战斗堡垒和党员先锋模范作用，围绕生产经营目标，在各党支部开展一系列党员项目攻关活动，推动全员创新，改善生产经营指标，提升管理水平；注重职工队伍建设，大力弘扬劳模精神和工匠精神，广泛开展劳动竞赛、岗位创新等活动，提升职工队伍技能素质，4名职工获河钢唐钢第34届职工技术比赛“技术状元”和“优秀技术能手”称号；1名职工取得世界钢铁协会第十五届模拟炼钢比赛中国赛区第三名的成绩；坚持依靠职工办企业方针，深化职工民主管理，切实为职工办实事、办好事，做好关爱帮扶困难职工等工作，当年帮扶患大病职工、困难职工300人次，发放帮扶款10万元，慰问病困职工、生产骨干、先模人物200人次，发放慰问款物15万元。

附二　高强汽车板有限公司

【概况】　高强汽车板有限公司是酸轧、退火、镀锌等工序组成的，生产合格退火板、镀锌板等高端家电板、汽车板等冷轧产品的生产组织单位。于2013年7月8日注册成立，其产线是公司“十二五”时期兴建的单体投资最大的产品升级项目，位于开平工业园区，西距公司本部约2.8千米，占地面积53万平方米。2020年末，主要设备有酸轧机组生产线1条、连退机组生产线1条、镀锌机组生产线3条、重卷机组生产线2条、半自动包装机组生产线3条及相应配套公辅设施。设计成品产量180万吨，产品定位为国际一流水平的高强汽车板、深冲板和家电板，规格为厚度0.18~3.0毫米、宽度900~1600毫米，连退产品最大抗拉强度1400兆帕，镀锌产品最大抗拉强度1000兆帕，热成型产品最大抗拉强度可达2000兆帕，广泛应用于汽车结构、机械制造和高档家电等领域，产品形成以DP双相钢、QP钢和热成型钢为代表的高强汽车板产品结构，实现DP1180、QP980、T1500HS等先进高强钢的开发，助力汽车板轻量化、节能环保和安全性提升。

2020年11月，检修分公司高强维检中心纳入高强汽车板有限公司统一管理。

2020年末，高强汽车板有限公司设厂部级干部5人；下设科室6个、作业区11个、班组26个。共有职工549人，其中男职工513人、女职工36人；中共党员217人；干部158人，其中科级干部12人；管理及专业技术职工76人，其中高级职称18人、中级职称36人；工人392人，其中高级技师29人、技师48人。职工中有博士生1人，研究生25人，大学本科145人，大学专科及以下378人。

【生产经营】　2020年，高强汽车板有限公司战疫情、稳生产、降成本、抢市场、促升级，全力推进“两个结构”再优化、智能制造再提速、成本攻关再突破等重点工作，构建“国内首发”“行业领跑”大格局，以全新的姿态推动各项工作实现新的跨越式发展。全年，产品（加工总量）产量达325.5万吨，汽车板销售112万吨，占比68.21%，同比提高2.53%，其中汽车主机厂销量同比提高5%，宝马主机厂供货是上年的3倍；家电板销量44.5万吨，其中家电面板销量2.75万吨，同比增长45.5%。现金流实现5246万元，同比增效1.81亿元。这一年，积极应对新冠肺炎疫情防控等因素影响，抢抓冷系产品市场回暖有利时机，以“效益最大化”为原则，深挖用户需求，精准施策，灵活应用现代化管理工具，分析影响产线效率的因素，制定各钢种生产速度提升计划，进一步释放产线效率，加速跑赢市场，年内酸轧线同口径速度提升5.5%，连退线速度提升8.6%，4号镀锌线速度提升8.2%，5号镀锌线提升10.6%，6号镀锌线提升11%，均创历史最好水平；12次打破班产、日产、月产纪录，其中6月，5号镀锌线产量创历史最好水平；12月，6号镀锌线产量和酸轧线产量均达到历史最好水平，单月商品材和单月外售量均突破历史最好水平。

【产品结构升级】　2020年，高强汽车板有限公司坚持不懈推进产品结构再优化，不断挖掘产品创效能力，大力推进“双高”产品生产比例，对接客户需求，个性化定制开发新品，产品结构实现大幅升级。全年，开发高端品种25个，创效领军产品镀铝板同比增长42.67%；重点品种159万吨，同比提高30万吨，增幅28.57%；特色战略产品产销量14.29万吨，同比提高1.89万吨，增幅15.24%，其中锌铝镁产品自5月热试成功以来，产量达3.7万吨，180克/平方米镀层0.35毫米超薄规格、超厚镀层锌铝镁产品为“国内首发”，首次实现厚度0.31毫米极限薄规格厚镀层锌铝镁批量生产，成为国内唯一具备批量生产该产品的企业；镀铝硅产品产销量5.07万吨，冷成型铝硅（镀铝板）产销量3.93万吨，同比提高0.47万吨，增长13.58%，超高强钢生产及质量稳定性不断提升，2吉帕产品批量供应长城汽车1200余吨。这一年，瞄准高潜能、高创效产品，精准发力、强势出击，产品结构实现由单点突破到整体跃进，锌铝镁、镀铝板产品成功打响河钢唐钢金字招牌，成为创效主力军，成功开发镀层系列产品牌号43个，镀锌铝镁产品完成低碳钢、超低碳钢、结构钢、加磷钢及双相钢的开发；连退产品1500HS顺利通过宝马（中国）三方检验，产品各项指标及参数全部合格，为吉利汽车定向开发顶盖外板用DC03产品，实物质量良好，通过吉利试模验证，与长城汽车签订供货技术协议，产品包括170P1、210P1、250P1、280VK等专用钢，并进入批量供货阶段。

【客户开发】 2020年，高强汽车板有限公司牢牢把握市场和产品两个关键，以客户结构优化为主线，加强与高端用户的交流合作，为客户提供高性价比的特色精品，打造新的效益增长点。全年，取得长安福特、上汽通用、华晨宝马、奇瑞、长安、长城、广汽新能源等13家汽车主机厂的认可证书，其中7家主机厂实现批量供货（4家订货量达万吨级），主机厂供货量占汽车用钢比例11.96%；家电直供客户16家，其中战略客户9家、B级客户2家，订货量44.5万吨，同比增幅6.2%；锌铝镁客户开发30余家，其产品覆盖0.3～2.5毫米全厚度规格，生产能力可满足汽车、家电企业多方面个性化需求；镀铝板产量5.7万吨，其中冷成型汽车用镀铝板主导行业标准的起草，240～300克/平方米超厚镀层镀铝板实现“国内首发”，规格覆盖度、市场占有率国内第一，产品出口越南、阿联酋等国家；供货吉利3.4万吨（其中吉利外板3000吨），上汽5.5万吨。这一年，深挖用户需求，精准施策，在夯实美的、格力、海尔、奥克斯等战略客户合作渠道的基础上，不断开发新客户，抢占高端市场占有率，打造“单打冠军”产品，通过59个牌号的新材料认可，以及主机厂主导的52个新零件认可，启动13个牌号的新材料认可；家电高端客户LG、三星、西门子、海信日立、富士康年订货量3.19万吨，同比提升37%；家电特色产品订货量2.2万吨，同比提升122%；首次实现家电用锌铝镁产品批量供货，订货量2220吨，涉及格力、海尔、美的、海信等高端客户。

【产品质量提升】 2020年，高强汽车板有限公司依托项目制管理，以“受控、严谨、无缺陷出厂”为标准，以酸轧先进高强钢板形质量提升和机时产量提升，降低带出品，提高成材率等项目为抓手，推进产线质量管理，加强质量保障能力建设，助力汽车板产品实物质量大幅跃升。全年，成材率提高0.4%；带出品率综合完成5.27%，同比降低2.13%。年内，在加强市场研判、提升产品档次上持续发力，主要生产区域制定100余个攻关项目，采取“大区域经理+项目经理+团队成员”运行模式，每一个项目配备专门的项目经理具体负责，措施落实到人，打破行政、专业界线，协同攻关，同时根据项目制方案制定绩效管理方案，产线生产迸发出全新活力，当年针对宝马钢实施百余项技术革新，宝马钢合格率由37.5%提至77.8%，吉利外板下半年合格率平均80.85%，较上半年提高13.25%。

【设备精度管理】 2020年，高强汽车板有限公司强化设备精度管理，推进产线升级改造，为高端产品提产增效提供保障。这一年，持续推进5号镀锌线钢种能力拓展及质量提升，实施5号镀锌线锌铝镁改造、镀后冷却塔改造和镀锌退火炉增加加热能力改造等项目，改造后的5号镀锌线成功生产首卷锌铝镁产品，质量达到表面FC级标准；实施4个退火炉脱硫脱硝系统改造项目，成套拆除利旧公司南区3台130吨/时燃气锅炉烟气脱硫脱硝系统，重新设计制造净化装置单元、改造气流通道等内部结构，形成符合4~6号镀锌产线和连退产线4座退火炉烟气特性的4套独立处理系统，满足超低排放要求；推进设备“周期+状态”管理，不断优化项目，跟踪项目执行和推进，结合宝马钢四级检查标准，修订功能精度项目需求，共完善设备功能项目216项、精度项目686项，设备功能精度状态保持良好水平，为产线提产增效创造基础条件。

【新建汽车板专用重卷机组】 2020年12月29日，高强汽车板有限公司组织实施的新建汽车板专用重卷机组第一卷产品下线。新建汽车板专用重卷机组项目于上年立项，2020年9月开始设备安装，由常州宝菱重工机械有限公司设计及设备供货，机组产品定位为宝马等高表面汽车外板专用重卷检查机组，可实现产品表面质量检查、切边、并卷、分卷、涂油等，产品规格范围厚度0.25~2.0毫米、宽度900~1600毫米，年产量12万吨；机组装备水平一流，主要有武汉凯奇激光焊机、GEORG切边剪、GFG涂油机、AMEPA油膜测厚仪、UNILUX频闪仪、西门子表面检测仪、信诺打包机、EMG纠偏系统、托利多称重装置，产线采用全封闭运行模式，保证产品表面“零污染”。

【智能化建设】 2020年，高强汽车板有限公司以“打造世界一流汽车板生产基地”为目标，以“中国制造2025全国智能制造示范试点企业”为契机，加速推进智慧工厂建设，助推自动化生产进程，推动产线效率、产品质量进一步提升。年内，在吸收应用5G网络、大数据、人工智能等全球最前沿技术的基础上，通过自主创新，在国内率先研发使用冷轧产线智能控制系统，包括退火炉全自动温度控制系统、带钢表面缺陷实时监控系统、无人化天车和库区智能调度系统等，全面打造“产品一流、装备一流、管理一流”，在国际和国内有较高知名度的“智能化工厂”和未来企业竞争的新高地。

【成本管控】 2020年，高强汽车板有限公司强化成本费用管控，促进产销经济运行，成本控制能力明显增强。全年，标准成本符合率93.15%，同比提升12.01%。这一年，以降本增效为工作重点，完善基于成本的全流程全工序指标体系，有的放矢降低能源、维检等成本费用，下大力气对作业区各项成本指标重新梳理，加强对各产线、各工序的成本管控分析，通过提高成材率、降低能源介质消耗、降低材料备件费用、开展技术降本攻关等手段，变动加工费完成515.18元/吨，同比降低107.81元/吨；成材率达94.96%，同比提升0.41%；检修费22.79元/吨，同比降低9.07元/吨。

【推进质量体系建设】 2020年，高强汽车板有限公司高度重视质量体系建设，根据质量体系现状和公司总体推进目标，制定年度推进方案，确立多项重点推进项目，所有项目实现既定目标，质量体系水平持续提升。这一年，组织开展质量体系文件监测活动，制定每月监测计划，监督各科室按计划对所负责的质量体系程序文件和作业文件进行重新梳理，修订完善质量体系文件57个，为质量体系建设持续推进奠定基础。

【认证工作】 2020年，高强汽车板有限公司持续开展各项认证工作，拉动质量体系管理水平进一步提升。当年5月，通过华晨雷诺潜在供应商现场评审，9月通过宝马汽车年度监督审核，11月顺利完成IATF16949再认证审核；组织多次内部审核，包括年度VDA6.3过程审核，年度IATF16949质量体系内审。

【人才梯队建设】 2020年，高强汽车板有限公司注重人才梯队建设，结合公司区位调整和整体布局需要，优化岗位配比，确保职工队伍高效精干。全年，调整岗位150人次，选拔6名优秀大学生、生产骨干担任科级、日班作业长、值班作业长，充分调动职工积极性，形成干部梯队。这一年，根据公司统一安排部署，技术专家、操作专家完成年度专家课题和重点工作，作业长全部通过提升测试，经综合评价，3名作业长晋档，充实公司人才储备力量，保证人才潜能的最大限度发挥；按照年度培训计划并结合疫情防控要求，职工培训采用线上、线下相结合方式，当年组织培训79班次、1057学时、757人次，开展职业技能鉴定1次，完成率100%，关键岗位取证100%，实现人岗证三统一目标；按照公司新型学徒制管理要求，组织新入职及转岗职工30人参加轧钢、镀锌两个专业的培训，成为公司首批新型学徒毕业生，为持证上岗、技能提升打下坚实基础；组织关键岗位人员能力提升培训12次，新增“岗位之星”5人，晋级“岗位银星”6人，晋级“岗位金星”5人，1名职工在唐山市工匠技能大赛中获“优胜选手”称号。

【推进技术创新】 2020年，高强汽车板有限公司聚焦年度经营目标，加大技术创新力度，提升经营质量，全力推进多维度、多领域科技研发，为新产品开发、售价提升、营销认证、应用技术服务等提供有力支持。全年，申报专利27项，授权10项；申报合理化建议17项，其中获得十佳百优合理化建议优秀奖3项，申报QC课题15项，其中“消除轧辊轴承座压盖异常磨损”QC成果获得2020年度河北省质量管理小组活动二等奖；以现代化管理手段为载体，结合公司现代化成果立项活动，组织各作业区、科室开展申报工作，年内企业现代化成果立项课题24项，通过公司评审课题7项；获公司科技进步奖6项，为打造世界一流汽车板产销基地提供创新动力。

【获评国家“高新技术企业”】 2020年，高强汽车板有限公司获得国家三部委颁发的“高新技术企业”证书，标志其在技术实力、知识产权建设、创新能力上得到业内认可，跻身国家高新技术企业行列，为进一步开拓高端市场提供了有力支撑。高新技术企业认定是国家为扶持和鼓励高新技术产业发展、调整产业结构和提升国家经济竞争力而设立的专项资质认定。根据《高新技术企业认定管理办法》《高新技术企业认定管理工作指引》有关要求，梳理自身知识产权、研究开发活动、科技成果转化等15项相关材料内容，进行高新技术企业申报，经过形式审查、专家评审和网上公示，成功入选。截至年末，累计获得国家专利63项、省级以上科技创新成果奖4项，多项技术成果填补行业空白，产品直供宝马、福特、吉利等20余家国内外知名汽车主机厂。

【安全环保管理】 2020年，高强汽车板有限公司全力做好安全环保工作，为可持续发展提供坚强保障。这一年，加强安全管理，持续开展安全生产风险辨识和分级管控工作，共识别风险点3453项，其中重大风险32个，较大风险164个；组织修订29项安全规章制度，开展安全教育，举办各种培训1.45万人次，隐患排查整改689项，应急演练184次，安全基础管理进一步夯实，当年实现7种事故为零目标，获公司“安康杯”和“消防先进单位”称号，通过省级安全文化示范企业验收。加大能源环保管理力度，根据环保设备运行状况，持续完善环保设备岗位规程、岗位点检标准、专业点检标准、维修技术标准，确保环保设备正常运行，污染物达标排放，年内各排放口严格按照排污许可证进行监测，环保监测全部合格。

【纳入省“战略性新兴产业正面清单”】 2020年，高强汽车板有限公司被纳入河北省生态环境厅监管的“战略性新兴产业正面清单”，标志着企业达标排放、自律减排、污染治理进入行业领先水平，在重污染天气应急减排期间，可“不停产、不限产、不检查、不打扰”，为公司高质量发展提供有力支撑。这一年，认真贯彻执行环境管理体系标准，修订12项环保作业文件，识别环保相关法律法规60项，相关标准17项，通过环境保护外部审核；以强化环保、降低成本为出发点，从技术参数、工艺控制、设备状态、操作等方面进行改进完善，制定《退火炉烟气在线监测管理办法》，对上百个烧嘴进行全面检查，更改控制程序，控制精度从0.1精确到0.01，并确定最优空燃比，使各类污染物排放量达到国内超低排放标准；加强环保设备投入，正常运行的16台（套）环保设备主要用于降低颗粒物、HCl、碱雾、二氧化硫、NO_x的排放；新上门禁系统，重点检查重载车辆排放，对不符合排放标准的车辆拒绝进入厂区，货运汽车OBD车载自动诊断系统与市生态环境局监控中心联网，为环保达标起到监控督导作用。

【党群工作】 2020年，高强汽车板有限公司党委以党的十九大和十九届五中全会精神为指导，全面贯彻落实集团和公司党委决策部署，围绕发展目标，把方向、管大局、保落实，为企业实现跨越式发展提供强有力的保证。年内，持续开展常态化政治理论学习，提升领导班子思想政治建设水平；坚持融入中心，服务大局，实现党的建设与生产经营深度融合、精准内嵌，围绕“宝马钢”等顶级汽车板开发生产和提质上量工作，开展“融入生产经营靶向攻关行动”“跨单位党员联合实践活动”“三亮三比党员先锋行动”及“优化成本、降低费用”主题实践活动，组织开展“扛红旗、树品牌、建设红旗党组织”党建品牌创建活动，营造“一个支部一面旗、全厂红旗飘飘”的浓厚氛围；全力做好新冠肺炎疫情防控，周密部署、层层发动，筑牢“六道防线”，织密疫情防控之网，实现疫情防控“六个零”目标，确保疫情有效防控和生产经营有序开展；以“我的支部我的家”“我的产线我的家”为主线，通过“生日送祝福”“夏季送清凉”“困难党员送温度”等活动，深入推进全员岗位创新行动，全方位营造“家文化”，让广大职工在产品开发生产中凝心聚力，展现聪明才智，彰显队伍合力，为最具竞争力世界一流高强汽车板产线建设提供不竭动力。年内，9名党员和1个支部获省、集团、公司先进称号；职工郝志广获公司“第34届职工技术比赛”轧钢工第一名；邢振环被授予“全国劳动模范”称号，在人民大会堂受到党和国家领导人的表彰。

焦化事业部

【概况】 焦化事业部是依托唐钢美锦煤化工有限公司、唐山佳华煤化工有限公司组成的，以产线为独立市场单元，围绕市场和产品，协同产线生产合格焦炭、化产附属品等产品的生产经营部门。

附一　唐钢美锦（唐山）煤化工有限公司

【概况】 唐钢美锦（唐山）煤化工有限公司（简称美锦煤化工公司）是备煤、炼焦、干熄焦、回收工序组成的生产单元，是以生产焦炭为主要产品的生产组织单位。位于滦州循环经济园区。2012 年 8 月，由河钢唐钢与山西美锦焦化有限公司合资注册设立，系依托唐山德盛煤化工有限公司环保搬迁手续建设的独立焦化厂。2020 年末拥有 2 座 65 孔 7 米型焦炉，配套 190 吨/时干熄焦设施 1 套及 25 兆瓦发电机组，以及备煤、筛贮焦、煤气净化、除尘、脱硫、化产回收、苯精制、煤气深加工公用辅助设施等，年产焦量 150 万吨、焦油 5.3 万吨、轻苯 1.8 万吨、外送煤气 3.18 亿立方米，产值达 20 亿元。

2020 年末，美锦煤化工公司设厂部级干部 4 人；下设科室 9 个，作业区 8 个。共有职工 1455 人，其中男职工 1348 人、女职工 107 人；中共党员 383 人；干部 71 人，其中科级干部 26 人；管理及专业技术职工 58 人，其中正高级职称 2 人，高级职称 14 人，中级职称 37 人；工人 1070 人，其中高级技师 39 人、技师 76 人。职工中有研究生 8 人，大学本科 75 人，大学专科 119 人，中专 52 人，高中及以下 964 人。

【生产经营】 2020 年，美锦煤化工公司面对疫情及环保限产等不利因素，紧紧锁定年度生产经营目标，深入分析市场形势，提升生产效率，挖掘成本潜力，取得较好生产经营业绩。全年，生产焦炭 151.79 万吨，焦油 5.26 万吨，硫铵 2.21 万吨，粗苯 1.78 万吨，外售煤气 3.08 亿立方米，自发电 1.61 亿千瓦时。这一年，不断更新理念，深入市场分析，加大与周边焦化企业对标力度，降低采购成本，提高外销产品市场定位；根据原料市场变化，及时调整、优化配煤结构，在确保焦炭质量长周期连续稳定同时降低生产成本；以稳定生产秩序、优化能源介质利用为核心，强化生产系统基础管理及工艺过程控制，促进产线运行效率及创效能力提升。

【质量管理】 2020 年，美锦煤化工公司遵循铁前大成本理念，以高炉满意为标准，焦炭质量实现长周期稳定，满足炼铁工序生产需求。全年，焦炭质量灰分、硫分、M40、M10、CSR 分别达到 12.39、0.85、89.36、5.81、68.01，为炼铁高炉的稳产、高产提供了可靠保障；冶金焦率 91.47%，吨焦煤耗 1.278 吨，干熄焦率 99.86%，焦油回收率 2.71%，硫铵回收率 1.14%，粗苯回收率 0.92%，吨焦工序能耗 117.36 千克标煤，硫铵耗酸 749.37 千克/吨，粗苯耗洗油 63.62 千克/吨，均达到行业先进水平。

【设备管理】 2020 年，美锦煤化工公司以减少事故、服务生产为目的，持续加强设备精细化管理，做好设备检修，确保设备高效运转。年内，强化设备基础管理，使设备运行处于受控状态，设备检修处于计划状态，备用设备处于完好状态，全年未发生公司级设备事故和故障；通过设备技术攻关，推动工序高效生产，生产周期在设计能力基础上缩短 30 分钟，在保证质量前提下，全年焦炭产量超公司生产目标 3.05 万吨，达到历史最好水平。

【安全管理】 2020 年，美锦煤化工公司强化安全生产责任落实，不断夯实安全基础管理，全年无轻伤及以上安全事故发生，实现安全生产目标。年内，积极落实集团、公司及政府相关部门的各项专项整治工作，做好风险辨识管控和隐患排查治理，强化检修作业管理和外委施工管理；安全管理重心下沉，开展领导班子带头查安全工作，促进作业区、班组安全工作水平大幅提升；采取以案说法的方式剖析典型事故，利用调度会、安委会等会议传达外部事故信息，明确并警示“一岗双责”安全责任；按照“双控”机制建设要求对区域内危险源点进行全面辨识，制定相应管控方案，完善区域风险分布图、告知卡、公示栏；“三同时”工作取得突破，一期项目获得消防验收合格批复和安全生产许可证，二期项目取得安全设施设计审查意见批复。

【环保管理】 2020年，美锦煤化工公司坚持“生产服从环保”的原则，站在讲政治的高度做好环保各项工作，为生产经营保驾护航。年内，根据环保形势变化，完善《大气环境质量紧急处置预案》《厂区空气质量小型站、微型站的管控方案》《危险废物管理责任制》等方案制度；实施干熄焦预存室放散气脱硫治理，年减少二氧化硫排放量28.5吨，达到河北省、唐山市关于干熄焦装置烟气超低排放要求；实施备煤车间皮带落料点除尘和无动力除尘系统改造等项目，有效控制卸料过程中及物料运输过程中的烟尘外溢，最大限度减少污染物排放；对施工队伍进行环保教育培训、在施工场地安装视频监控、落实“六个百分之百”等施工管理要求，全方位做好二期项目施工现场环保管理。11月，被唐山市大气污染防治工作领导小组办公室评为A级企业，2020年至2021年秋冬季大气污染预警期间，不限产，自主减排。

【科技创新管理】 2020年，美锦煤化工公司加强科技创新管理，推进工艺、技术创新，引导职工立足岗位，在生产和管理实践中发挥聪明才智，职工技术创新成果显著。年内，共有5项科技成果获奖，其中“焦化源头治理及减排协同控制创新技术”获河北冶金（钢铁）科学技术奖二等奖，“焦炉设备稳定运行技术研发与应用”获河北冶金（钢铁）科学技术奖三等奖，“焦化全过程污染物深度减排创新技术与应用”“焦炉设备效能综合提升的创新与实践”获河北冶金科学技术奖三等奖，“基于焦炉烟气回配的脱硫脱硝工艺优化”获河钢唐钢科学技术奖三等奖；11项自主研发技术获得国家实用新型专利授权，12项专利申报被受理；1人被批准为河北省“三三三人才工程”第三层次人选。

【员工管理】 2020年，美锦煤化工公司持续完善职工管理体系，统筹二期项目投产人员需求与接收退城搬迁单位职工，做好定岗定编、转岗培训、全员综合素质提升等工作。年内，接收炼铁厂、能源科技分公司等单位职工524人，做好转岗培训，以老带新将职工穿插到生产操作中，以尽快达到独立操作水平；做好二期建岗定编，确保职工与岗位设置最佳配置，最大限度发挥生产与职能部门人员的作用；完善专业技术岗位体系，建立动态管理与聘任考核机制，组织推荐“三星计划”学员，有效激发人才活力，确保核心力量扎根于核心岗位，推动专业技术和管理人员队伍年轻化、知识化、专业化；以岗位技能培训、新型学徒制等为抓手，提高职工素质和业务水平，全年，举办各种教育培训班27个，培训计划完成率、职工覆盖率均达100%。

【疫情防控】 2020年，美锦煤化工公司认真贯彻落实滦州市和河钢唐钢疫情防控工作安排部署，毫不放松抓好疫情防控各项工作。年内，快速建立疫情防控领导小组，构筑四级联防联控网络，层层落实责任，坚守安全底线，精准有效做实做细疫情防控各项措施，实现疫情“零输入、零感染、零传播”目标，被河钢集团评为“防疫先进基层党组织”。

【党群工作】 2020年，美锦煤化工公司党委以党的十九大精神和习近平新时代中国特色社会主义思想为指导，深入贯彻落实公司党委决策部署，充分发挥党委领导作用、支部战斗堡垒作用、党员先锋模范作用及群团组织职能作用，推动生产经营上水平。年内，常态化开展政治理论学习，组织党委中心组集中学习，党委委员到基层宣讲，各支部每周开展集中政治理论学习，党员干部理论水平明显提升；持续加强基层组织建设，不断夯实党建基础，定期开展自查，完善管理制度及台账，促进党建工作规范化、标准化。扎实推进党风廉政建设，按照党风廉政建设责任范围和重点工作分工，逐级签订党风廉政建设责任书，形成一级抓一级、层层抓落实的责任体系；制定《2020年深化纠正“四风”和作风纪律专项整治推进方案》，认真开展整治“四风”专项治理工作；持续推进廉政风险防控，不断完善制度、优化流程、加强监管等管理性措施，形成防控廉政风险的长效机制；加强警示教育，定期组织科级以上干部观看廉政教育片，重要节日期间，通过微信群、公众号推送廉政信息，提高党员干部红线意识和底线思维。

附二　唐山佳华煤化工有限公司

【概况】　唐山佳华煤化工有限公司（以下简称佳华公司）是备煤、炼焦、干熄焦、回收工序组成的生产单元，是以生产焦炭为主要产品的生产组织单位。位于唐山市海港经济开发区，系河钢产业升级及产能转移配套建设项目，设计规模为年产干全焦240万吨。佳华公司成立于2004年，是一家中外合资企业。2016年1月佳华公司向唐山市中级人民法院申请破产清算，2017年5月唐山市中级人民法院裁定佳华公司进入重整程序，2018年8月22日，唐山市中级人民法院裁定批准河钢唐钢对佳华公司的重整计划。2018年8月23日，佳华公司重整计划批准暨恢复生产启动仪式在河钢唐钢举行，佳华公司管理人、河钢唐钢、佳华公司代表签署重整计划执行框架协议。2018年10月10日，唐山佳华煤化工有限公司营业执照正式颁发，成为河钢唐钢全资子公司。2019年，遵循“先进、节能、降耗、环保、自动化程度高”的原则，开工建设4座7米顶装超大容积焦炉及其辅助设施，开启打造“品牌化、绿色化、智能化”焦化企业之路。

2020年末，佳华公司设厂部级干部3人；下设科室9个，车间9个。共有职工802人，其中派遣人员123人；男职工719人，女职工83人；中共党员222人；干部30人，其中科级干部12人；管理及专业技术职工23人，其中高级职称5人，中级职称9人。职工中有博士研究生1人，硕士研究生2人，大学本科58人，大学专科60人。

【管理体系建设】　2020年，佳华公司规范工艺要求和管理程序，推进基础管理制度化、流程化、标准化，促进工程质量全面提升。年内，构建技术管理制度体系，对制度标准、技术规程、作业指导书等进行修订完善，覆盖技术管理、知识产权、自主管理等方面，促进管理制度形成统一标准；设计制度流程图，形成可操作性的管理程序；制定生产岗位操作规范，按岗位标准化作业程序和岗位作业指导书对岗位操作人员进行培训；强化设备管理，建立健全《设备检维修安全管理制度》，完善岗位与专业点检标准、给油脂标准、维修技术和作业标准等各类标准；推行全员绩效管理，提高员工工作绩效和组织绩效；完善信息传递和协调联动机制，强化生产协调联动；建立微信企业号平台，实现覆盖安全、生产、工艺、设备、人事等方面的微信管理平台。

【安全管理】　2020年，佳华公司贯彻安全生产有关法律法规，强化各级领导和职工安全红线意识，紧紧围绕项目建设，严格按照“一岗双责”“三个必须”管理原则，建立健全安全管理责任体系，完善安全管理制度，加强职工安全教育，提高自我安全水平。年内，围绕责任落实，逐级签订安全生产责任状，明确各级领导和全体职工的安全责任，职工之间建立联保互保机制；加强职工安全教育培训，全年对330名职工进行了三级安全教育，并按照新的管理要求建立教育培训档案；加强外委施工人员安全管理，与参与建设的53个单位签订安全协议，依规收取抵押金，对5020人进行安全交底教育培训。

【环保管理】 2020年，佳华公司从工程建设实际出发，不断加强环保管理。年内，针对施工单位多、作业面广的实际情况，完成施工期间多家施工单位环保协议签订和环境风险抵押金收缴工作，并对施工单位进行环保培训教育，为施工创造良好环保基础；修订完善相关环保制度，通报现场检查问题，全年检查出问题400余项，全部落实整改；在二期项目拆除期间，对单体设备、单类设施专项环保方案和应急预案逐一落实，每日进行现场检查，及时发现并解决环保问题和隐患，为拆除顺利进行提供保障；完成生化污水处理项目建设，监督污水处理站施工进度，确定外送浓盐水管线方案和在线检测设备方案，组织协调施工单位对污水处理工程进行调试，力争污水处理站早日达产。

【党群工作】 2020年，佳华公司党支部坚决贯彻落实集团和公司党委要求，将党建工作融入日常工作中。这一年，组织成立党小组5个，并设置党小组长，每月组织学习开展活动；组织开展“不忘初心、牢记使命”系列活动，加强政治理论学习，提高政治站位，强化责任担当，提升工作水平；学习贯彻落实党的十九届五中全会精神，增强机遇意识和风险意识，树立底线思维，把安全发展贯穿发展全过程；充分发挥党员先锋模范作用，开展“凝心聚力保投产，目标同向铸辉煌”主题活动，引导党员职工把全部精力投入到建设当中去；深入职工群众，通过“三会一课”、班前班后会、形势任务教育、谈心谈话等方式帮助职工排解负面情绪，化解消极思想，激发干事创业热情；开展“党员结帮扶对子”“党员带徒”“党员承诺践诺”等活动，帮助职工尽快熟悉工艺流程，掌握操作技能，完成岗位角色转变，通过党员帮扶、职工互助等形式，努力为职工办实事解难题。

唐银公司

【概况】 河北唐银钢铁有限责任公司（以下简称唐银公司）是原料、烧结、高炉、炼钢、连铸、轧钢工序组成，以生产合格长材为主要产品的生产组织单位。产能规模为240万吨/年。2020年末主要设备有180平方米烧结机1台，90平方米烧结机2台，1080立方米、750立方米、550立方米高炉各1座，120吨炼钢转炉2座、8机8流小方坯连铸机2台，1.6万立方米/时制氧机2台，年产100万吨高速线材生产线2条（共用一个加热炉），年产100万吨棒材生产线及年产100万吨带钢生产线各1条。主要生产线材、盘螺和带钢，固定资产39.89亿元。按照唐山市委、市政府关于全市钢铁企业退城搬迁的安排部署，于2020年10月15日停产退城搬迁。

2020年末，唐银公司设厂部级干部9人；下设部门19个、作业区78个、班组181个。共有职工3336人，其中男职工2416人、女职工920人；中共党员466人，共青团员31人；干部254人，其中科级干部92人；管理及专业技术职工269人，其中高级职称15人、中级职称86人；工人3082人，其中高级技师14人、技师66人。职工中有研究生9人，大学本科379人，大学专科701人，中专940人，高中及以下1307人。

【经营管理】 2020年，唐银公司认真贯彻落实公司各项决策部署和工作要求，以倾力打造“最强经营管理阵线”为经营目标，全面落实“极限化、双向化、创新化”思维，强力推行“三大理念、三个概念、四种结构、一个全工艺链成本”经营策略，以“过程效益、变化效益和结构效益”为主线，充分挖掘“烧结配料结构、高炉炉料结构、转炉钢铁料结构和产品结构”四大板块结构成本潜力，做精各独立产线单元，实现全工艺链最低成本战略。1—10月，产铁159.2万吨，产钢165万吨，产材165万吨，实现营业收入56.34亿元，利润1.19亿元。这一年，根据市场最新物料及成材价格进行配料结构、配矿结构、燃料结构、冷料结构、生产品种结构的全链条成本效益测算；关注市场信息、价格变化，通过预判市场走势，销售采取价格上行惜售、价格下行倾售的原则获取价格变化效益，供应采取市场逢低增库、攀高降库的原则获取库存增减的过程效益；推进作业区、班组区块化管理模式，各项指标从作业区宏观把控，推进到班组精细化管理。

【生产突破】 2020年，唐银公司面对频繁的环保停限产、退城搬迁等困难，坚持极限化思维管理模式，统筹兼顾效益最大化与生产的均衡稳定，科学谋划生产组织，各生产系统实现新突破。其中，铁区2号高炉5月31日产铁2116吨，创该炉座日产历史最高纪录，3号高炉6月6日产铁4263吨，7月产量达到12.96万吨，创该炉座历史最好水平；轧区6月23日20螺班产达1495.86吨，6月29日18螺班产达1487.96吨，7月23日16螺班产达到1521.1吨，均创各规格班产历史最高纪录。

【产线关停】 2020年10月15日，唐银公司全面响应河北省委省政府、唐山市委市政府安排部署，按照《唐山市推动钢企搬迁工作领导小组办公室唐银公司退城搬迁关停工作方案》要求，关停全部主体生产系统。当年6月，成立关停工作指挥部及8个关停专职工作组，以健全的组织机构为先导、以明确的责任为主线、以安全关停方案为手段、以深化教育培训为根本、以停产前隐患排查为抓手、以按区域、分流程关停为关键、以做好关停善后工作为保障的“七个以”工作法，确保关停工作平稳、有序进行。10月7日，带钢产线停产；10月12日，棒材坯料清空生产停车；10月13日，180平方米烧结机停产；10月14日，2号高炉停炉，高线停产；10月15日，3号高炉停炉，至此主体生产系统实现全部关停。10月21日高压氮压机停止运行，厂区内所有动力介质管线吹扫完毕，关停任务全面顺利完成。

【产学研项目】 2020年，唐银公司加强校企联合，积极促进产学研项目成果转化。年内，与东北大学合作产学研项目“中间包钢水连续测温技术开发及应用”，通过精确反馈中间包温度变化，完善浇铸温度管理制度，优化二冷配水制度，连铸机平均拉速提高到2.5米/分，冶炼周期缩短到33.5分钟，平均日增产300吨左右；与华北理工大学产学研合作的“氮在HRB400E热轧钢筋中的控制与研究”项目，通过对五种钢材规格不同合金组合试验，形成螺纹钢冶炼到性能的核心数据库，确立最优合金配比，两次修订螺纹钢成分控制标准降低合金成分，平均钒含量降低0.007%，小规格螺纹HRB400X锰含量降低0.07%。

【工艺技术优化】 2020年，唐银公司以产线为核心，加快先进技术应用，不断优化生产工艺，迅速提升关键技术指标，增强企业竞争力。年内，推广增氮降钒细晶粒轧制新技术，钢中平均钒含量由0.031%降至0.024%，锰含量由1.30%降至1.23%，吨钢成本降低 11 元，年增效 663 万元；应用提碳降锰综合降本技术，成品钢平均碳含量控制由 0.221%提高至 0.238%，降低硅锰合金用量，年降低成本 442.8 万元；高炉生产在借鉴先进经验的基础上，大胆提出“高富氧、大风量、高顶压、低硅”冶炼操作，将高炉富氧量由 8000 立方米/时提高至 1.4 万立方米/时，顶压由 205 千帕提高至 220 千帕，铁水硅含量由 0.4%降至 0.25%左右，高炉产量连续实现新突破，综合焦比降至 499 千克/吨，同比降低 31.12 千克/吨，指标达到行业内同类炉型先进水平；钢轧快节奏增速提产技术，有效发挥产线效能，转炉冶炼周期降低 2 分钟，连铸机平均拉速由 2.2 米/分提高至 2.5 米/分；轧钢工序降低轧制温度优化工艺路线，棒材切分轧制速度由 13.0 米/秒提高至 14.5 米/秒以上，高线 8 螺轧速由 70 米/秒提升至 75 米/秒以上，高线棒材屡创月产历史新高；炼钢转炉工序在降低转炉出钢温度提高铁水物理热的同时，进一步优化废钢分类，对不同规格钢筋、钢板、压块和轻薄料等进行熔化分析，模拟炼钢状态获得收得率数据，确立了最佳废钢结构与配比，并通过现场试验数据逐步完善，使转炉废钢加入量达到 24 吨/炉，炼钢工序铁水消耗大幅降低，钢坯增产 9.5 万吨。

【技术创新】 2020 年，唐银公司实施创新驱动发展战略，在河钢唐钢创新联盟支持下，建立创新工作室 1 个、创新工作站 5 个、创新工作小组 4 个，鼓励员工开展岗位技术创新。年内，围绕品种结构调整、产品档次提升、高效节能、工序成本降低、绿色环保、智能技术应用等攻关课题立项 19 项，388 名科技人员参与其中，制定企业增强竞争力的长效创新奖励机制，加大研发费用的投入，积极进行科技成果转化，全年被国家知识产权局授权实用新型专利 24 项，达到市科技部门与税务部门的管控要求，享受减免企业所得税政策优惠 3000 多万元。

【设备管理】 2020 年，唐银公司持续强化设备基础管理，加大维检力度，确保设备长周期安全稳定运行。年内，采取分区域联查、不定期抽查和专项检查相结合的方式加强设备现场管理，持续推进三级点检管理工作，执行三级点检及三级漏检率检查和考核体制，设备事故率大幅降低，1—10 月成型事故同比降低 61.5%，未发生重大及管理性设备事故，各生产主线设备运行稳定；严格落实“先行模拟推演、理论检修，后行实际作业”的设备检修要求，在模拟推演、理论化检修过程中，检验并完善作业方案的合理性、安全性、工期保障性，3 号高炉中修、转炉炉役大修、连铸机配套检修及相应的公辅设备检修等大型检修项目全部保质保量按期完工，且未发生安全事故。

【特种设备管理】 2020 年，唐银公司坚持特种设备管理不放松，严格落实国家特种设备管理相关规定，组织检验起重设备 31 台、压力容器 41 台、电梯 6 部、压力表 345 块、安全阀 156 个、煤气报警仪 866 块，完成 2 台 80 吨锅炉的内检及 2 台余热锅炉的外检工作，组织起重机械司机起证 7 人、特种作业证复审 44 人，办理 2 个压力容器、2 部天车停用手续及 6 个压力容器的延期手续，实现特种设备事故为零的目标。

【安全管理】 2020 年，唐银公司坚持“安全第一，预防为主，综合治理”方针，强化现场监督监管，以标准化、规范化、系统化方式推进安全生产，不断提高企业本质化安全水平，实现七种重大事故为零的目标。年内，全面落实“党政同责、一岗双责、齐抓共管、失职追责”及“三管三必须”的安全生产责任，按照安全工作总体部署，组织全员签订安全生产责任状和承诺书，为更好地明责、履责奠定基础；落实领导干部安全生产包联责任，制定各级人员安全履职清单，并按照清单要求对各级部门干部职工履职1453人次；推进“双控”机制建设，结合“三年专项整治”，开展风险辨识工作，共识别安全风险6810项，其中重大风险108项、较大风险502项、一般风险2133项、低风险4067项，新增重大安全风险28项，同时完善相应管控措施，制定专项管控方案；持续加强安全基础管理，相继开展各类检维修、煤气系统、特种设备、消防安全等方面检查，共计检查整改安全隐患8209项；重视安全教育培训，全年组织主要负责人培训2人，安全管理人员培训76人，特种工取证、复审换证培训176人，班组长线上培训110人，全员安全培训3118人，危险化学品、履职、重大危险源及双控机制建设培训104人，组织各班组每周按照计划进行实操培训和理论培训，进一步提高其安全管理意识，夯实基层安全管理基础。按照《职业病防治法》的要求和全年职业病防治计划、监护计划，对存在高温、噪声、一氧化碳、粉尘、酸碱、氨等职业危害因素的13个车间进行职业危害检测，共布点428处，检测覆盖率达到100%，组织2508名接触职业病危害因素的职工参加职业健康体检，完善职业健康监护档案，确保体检率100%、建档率100%，对职业禁忌证人员及时调离原岗位，有效保证职工的身体健康；持续完善应急管理工作，修订完善综合应急预案、专项应急预案和各类现场处置方案，增强应急预案的针对性、实用性和可操作性，组织综合应急演练2次、专项应急演练24次、现场处置方案演练809次，有效增强应急保障能力。

【环保管理】 2020年，唐银公司继续推动实施企业超低排放，优化环保管控指标，实施全流程环保精细化管理，确保环保各项指标达标。年内，按照省、市、区各级政府下发的重污染天气应急响应及强化管控要求，制定重污染天气应急响应及强化管控实施方案，全年执行二级应急响应8次，接待国家生态环境部检查9次，省生态环境厅检查20次，市区生态环境局检查330余次；按照唐山市政府超低排放要求，完成所有超低排放项目改造，验收全部符合要求，截至停产前，二氧化硫排放量927吨、颗粒物排放量1572吨、氮氧化物排放量1364吨，分别同比下降124吨、332吨、51吨，工业废水处理率达100%，废水零外排，工业固体废弃物处置率、利用率均达到100%。

【退城搬迁项目建设】 2020年，唐银公司退城搬迁项目全面展开。年内，经过与省发展改革委、市发展改革委、集团和河钢唐钢紧密对接，反复研究调整备案装备、产品，于7月21日取得省发展改革委《关于河北唐银钢铁有限公司退城搬迁项目变更部分建设内容的函》，完成项目备案全部手续；在曹妃甸装备制造园区通过土地招拍挂的形式共买地166.7万平方米，并取得《不动产权证书》和《国有建设用地规划许可证》，12月5日取得省生态环境厅对项目环评批复。该项目主要建设1500立方米高炉2座、100吨转炉2座、265平方米烧结机2台、4.0×42米链箅机—5.0×35米回转窑1座、600吨石灰窑2座、200吨白云石窑1座、高速棒材生产线1条、高速线材生产线2条、1450毫米热轧带钢生产线1条，同时配套建设综合原料场、精炼系统、连铸系统、各工艺环境除尘系统、钢渣系统、水渣系统、制氧系统、水处理系统、自动信息化系统、物流系统、压空系统、循环水系统、余热回收利用系统、脱硫脱硝系统、供电系统等公辅配套设施。项目建成后可年产铁252万吨、钢坯200万吨、成品钢材260万吨、烧结矿530万吨、球团120万吨。

【党群工作】 2020年，唐银公司党委坚持以习近平新时代中国特色社会主义思想为指导，稳步推进党群各项工作。年内，严格落实“四同步、四对接”机制，主动谋划党建工作，完善党务人员配备，将党的领导融入各环节；全面落实党建工作责任制，党委书记履行抓党建“第一责任人”，分管领导直接责任、其他班子成员履行“一岗双责”要求，深入分管领域党支部建立党建工作联络点，指导支部解决党建难点问题，实现党建工作和业务工作“同部署、双促进”；扎实推进“1050”党建品牌工程建设，打造独具特色的基层支部品牌，推行《“星级”党支部管理办法》，持续推进党支部标准化、规范化、品牌化建设，当年，唐银公司党委获“河钢唐钢先进基层党组织”称号，棒线党支部获得“河钢集团优秀党支部”称号；做好新冠肺炎疫情防控工作，成立疫情防控工作领导小组，先后召开疫情防控专题工作会议20余次，制定防控工作方案和应急预案，强化各项防控措施，实现疫情“零输入、零感染、零失误”防控目标；紧密围绕企业生产经营中心，组织党员深入开展“三亮三比党员先锋行”“党员先锋岗”主题实践活动和纪念建党99周年系列特色活动，引导广大党员充分发挥先锋模范作用，以饱满的热情参与企业生产经营和改革发展。加强党风廉政建设，切实增强党委、纪委落实“两个责任”的意识，进一步梳理新唐银建设项目中重要领域、关键岗位、重点职权，制定廉洁防控措施，防微杜渐，努力从源头上防控廉政风险发生；强化建设项目招投标过程中专项监察，注重监督精准有力。深入开展职工劳动竞赛、技术比武、岗位创新等活动，促进职工队伍技能素质提升，1名职工在河钢唐钢技术比赛中获第二名，3名职工在世界模拟炼钢大赛（北亚赛区）中进入前六名；坚持开展好暑期“双服务”、两节“送温暖”等活动；召开职工代表大会专题会议审议通过《退城搬迁职工安置办法》，维护职工合法权益，有效落实职工的知情权、参与权和监督权，增强职工主人翁意识。

卷板事业部

【概况】 卷板事业部依托一钢轧厂、冷轧薄板厂组建，是以产线为独立市场单元，围绕市场和产品，集党建、产、销、研等工作于一体，以发挥“利润中心”角色为目标，协同产线生产钢水、连铸板坯、热轧卷板、冷轧卷板、镀锌板、退火板等产品的生产经营机构。

2020年末，卷板事业部设党委书记、总经理1人（由公司副总经理兼任），党委第一副书记、工会主席1人（兼任党群工作部部长），党委副书记、纪委书记1人，副总经理1人（由冷轧薄板厂厂长兼任），营销服务中心、产品研发中心总经理1人；下设营销服务中心、研发中心、党群工作部等3个部门及一钢轧厂、冷轧薄板厂。共有职工1179人，其中男职工1046人、女职工133人；中共党员385人；干部177人，其中科级干部23人；管理及专业技术职工155人，其中高级职称39人、中级职称73人；工人1005人，其中高级技师47人、技师48人。职工中有研究生17人，大学本科183人，大学专科及以下977人。

【生产经营】 2020年，卷板事业部深入贯彻落实公司决策部署，以“树品牌、做宽度、创效益”为目标，持续优化产品结构和客户结构，全面提升产品创效能力，各项工作取得快速进步。全年，钢产量336.6万吨，热轧材产量332.1万吨，冷轧产品产量189万吨。冷轧薄板厂综合成材率96.18%，同比提升0.21%。锌铝镁单月最高销量2.8万吨，全年销量11万吨，同比提高5万吨，增效2000万元。这一年，集中优势力量，加强生产组织，全力打造“单打冠军”产品。全年共召开20次班子会，研究60个议题，及时谋划事业部生产经营重点工作任务。

【打造特色产品】 2020 年，卷板事业部聚焦“产品”与“市场”两大主题，以酸洗汽车钢、酸洗压缩机壳钢、药芯焊丝钢、结构级镀锌、锌铝镁、罩退深冲用钢为特色产品，提升市场竞争力。全年，特色产品销量 150 万吨。年内，加大质量管控力度，深入攻关技术瓶颈问题，提高产品质量、销量。其中，药芯焊丝钢销量达 10 万吨，国内市场占有率 40%；450 兆帕以上结构级镀锌产品销量 2.3 万吨，较上年翻番；锌铝镁产品在国外市场受阻的情况下，紧盯国内光伏、畜牧、装备制造等行业，销量达 11 万吨，合格率 98.21%，较上年提高 3.83%。

【新产品开发】 2020 年，卷板事业部将产品优化升级作为工作重点，积极开展自主创新活动，在疫情等不利因素影响下，加快产品结构调整速度，抢占高端市场。全年共开发 4 个新品种。酸洗线成功开发 265 兆帕热水器专用搪瓷钢 TTC265R-L，实现酸洗搪瓷钢 10~370 兆帕级全系列生产。3 号镀锌线研发 450 克/平方米极限厚镀层锌铝镁 S350GD+ZM，实现全国首发；开发锌铝镁门框专用产品 TGAM-MK1，打入高端门业市场。

附表 2020 年卷板事业部新产品开发一览

类别	品种	牌号	规格/毫米	主要用途
冷轧板材	酸洗搪瓷钢	TTC265R-L	1.8~2.5	热水器内胆专用钢
	超厚镀层镀锌铝镁	450 克/平方米 S350GD+ZM	1.2~3.0	高耐蚀结构用钢
	镀锌铝镁冲压用钢	TGAM-MK1、TGAM-MK2	0.4~2.5	高端门框用钢

【客户服务】 2020 年，卷板事业部牢固树立“客户至上”理念，客户服务水平显著提高。疫情期间，通过电话、微信、邮件等方式开展营销，持续提升客户服务能力。TTC300R 产品完成在格力的全部认证工作；精准服务长城汽车，实现销量稳定提升；700L 产品形成独有市场竞争力。建立健全新型客户管理模式，同时设立 20%组织绩效作为客户服务绩效奖。全年综合合同交付率 95.12%，同比提高 0.58%；战略客户合同交付率 98.36%，较上年提高 0.06%；客户集中度 40%，同比提高 2%；直供比 53%，同比提高 1%；售价提升工作超额完成集团指标。

【优化生产组织模式】 2020 年，卷板事业部优化生产组织模式，实现高产高效。年内，一钢轧厂围绕转炉装入量标准符合率、连铸坯加热时间标准符合率等 10 个关键指标组织攻关，落实 PDCA 管理，产线效率改善效果明显；冷轧薄板厂紧抓冷热系产品价差扩大、新区 2050 热轧线原料供应持续上量的有利时机，采取厂领导包保产线、优化定修模型等提产、稳产措施，最大限度释放产线潜能。

【成本管控】 2020 年，卷板事业部加大对标力度，不断提高成本控制能力，成本指标明显改善。年内，一钢轧厂根据炼钢产量和品种变化，实时调整生产组织模式，缩短全流程生产时间；树立全员质量成本意识，课题和关键指标岗位化，降低质量成本。冷轧薄板厂对标民企，从售价、运费、产品质量、保供能力等多个维度入手，以产线为最小单元，找差距提指标。自主修复烧嘴、托辊、液压缸等备件，优化检修人员配置，实现检修项目“零外委”，备品备件消耗 16.8 元/吨，较上年降低 6.9 元/吨；设备检修费用 4.1 元/吨，较上年降低 4.2 元/吨。

【管理效率提高】 2020 年，卷板事业部加强基础管理，管理效率大幅提高。这一年，制定《各级干部履职管理专业评价细则》，成立履职督察组。通过强化干部履职，一钢轧厂作业区、班组自主管理检查问题数量较上年分别提高20%和40%，岗位违规问题下降30%，因违规造成的事故故障次数降低80%。以指标化管理为抓手，落实关键工艺KPI厂、作业区、岗位三级管控。冷轧薄板厂KPI指标完成率由88%提升至96%。按照“PDCA+过程控制+风险管控”方法，项目制建设取得新突破。一钢轧厂围绕降本增效、技术创新、智能化、费用控制等方面设立14个项目制课题组，吨钢成本降低62.83元。

【创新工作】 2020年，卷板事业部大力推进创新工作，持续完善岗位创新机制，增设创新组织奖和金点子奖，促进模型化智能化建设。年内，一钢轧厂“1号机辊道渣沟冲渣水方案升级改造”项目降低作业劳动强度和安全风险，节省备件和人工成本，年创效582万元。冷轧薄板厂“酸轧乳化液循环系统改造”课题，将带钢表面残油控制在240毫克/平方米以下，残铁控制在45毫克/平方米以下，表面反射率达到75%；“锌铝镁产品质量攻关”课题，1.5毫米厚度规格以下产品达到FB表面质量水平，消除1.5毫米、275克/平方米以上厚规格厚镀层锌流纹缺陷及部分未光整缺陷，实现极限规格锌铝镁产品稳定供货。

【疫情防控】 2020年，卷板事业部充分发挥协调作用，开展疫情防控工作。年内，建立健全疫情防控制度体系，指导各单元分别制定疫情防控工作方案和疫情防控注意事项，编写并下发各类应急预案、《疫情防控十二项禁令》等指导性文件，坚持落实“两表加一枪”“推门报平安”等制度，确保防控目标实现。构建领导班子包保党支部、党支部包保党小组、党小组长包保党员、党员包保群众四级联保机制，充分发挥党组织和党员在疫情防控工作中的积极作用，建立全员网络化防控模块；为确保疫情防控工作收到实际效果，制定重点人员信息反馈台账，重点跟踪、及时掌握各单元出现异常情况人员相关信息，落实无接触交接班、操作室专人负责、线上会议、党员包保等管理措施，建立24小时全覆盖层级检查、考核、问责制度，促进疫情防控工作开展。

【党群工作】 2020年，卷板事业部党委深入开展党群工作，以思想政治工作为抓手稳定职工队伍，为完成生产经营任务提供坚强支撑。年内，全面加强党的建设，提高党建工作水平；依托集团智慧党建云平台，细化支部考核细则，组织支部自查自评，提高标准化、规范化建设水平。认真开展形势任务宣讲，结合公司区位调整人员安置实际情况，加大思想政治工作力度，分析职工安置期间可能出现的问题和应该采取的应对措施，了解职工诉求，将问题及时消除在萌芽状态；深入开展党员课题接单、“当先锋创佳绩树品牌”主题实践活动，开展党员竞赛，推动重点工作任务完成。推进品牌创建工程，培育党建工作精品，提高工作标准，提升党建工作影响力；持续开展“基层党建质量提升年”活动，创新流动党课，对季度联查发现的问题由支部委员包保，确保整改效果和质量不断提升。做好工会工作，关心关爱职工，加大对患大病职工的帮扶力度，夏季为一线高温岗位“送清凉”，为岗位配置微波炉、饮水机、冰柜、冰箱，改善职工生产生活条件。开展全员创新工作，全年申报创新成果433项，向公司推荐优秀创新成果40项，其中4项获岗位创新成果一等奖；组织职工以赛代练，以技术比武为契机提升岗位技能水平。冷轧薄板厂刘东、王小昆获公司第三十四届职工技术比赛冷轧轧钢工“优秀技术能手”称号。

附一　一钢轧厂

【概况】 一钢轧厂是由炼钢、连铸、轧钢工序组成，以生产热轧板材为主要产品的生产组织单位。2020年末主要设备有150吨顶底复吹转炉、LF精炼炉各3座，RH真空精炼炉1座，连铸机4台，1810毫米生产线、1700毫米生产线各1条，平整生产线2条，年设计生产能力500万吨，主要生产厚度0.8~12.7毫米、宽度850~1680毫米的中高端热轧板卷。

2020年8月16日，一钢轧厂正式停产。

2020年末，一钢轧厂设厂部级干部3人；下设科室4个，作业区3个。有职工256人，其中男职工223人、女职工33人；中共党员112人，共青团员8人；干部23人，其中科级干部8人；管理及专业技术职工19人，其中高级职称7人、中级职称7人；工人233人，其中高级技师11人、技师19人。职工中有研究生3人，大学本科29人，大学专科54人，中专64人，高中及以下106人。

【生产经营】 2020年，一钢轧厂以“树品牌、做宽度、创效益”为目标，推进全员创新和智能化产线建设，持续优化产品结构和客户结构，提高成本控制力和客户服务保障力，全面提升创效能力。年内产钢212.6万吨，钢材209.2万吨，考核利润完成2883万元。这一年，进一步解放思想，不断创新管理思路，贯彻“两个结构”再优化，品牌影响力持续提升。热轧高强薄规格产品利用1810线连铸薄板坯优势，重点推广2.5毫米以下高强薄规格产品，板形、加工性能等指标优良，逐渐成为市场知名品牌，全年700L产品销售8911吨，较上年同期增加3663吨；热轧产线全力保障冷轧原料供应，冷系重点品种高强汽车钢、药芯焊丝钢、酸洗家电板等共计供料10.2万吨，确保两个冷轧厂生产稳定顺行。优化生产组织，践行“产就高效率”理念，克服产线陆续停产带来的不利影响，年内转炉单炉座班产24炉，2.5个转炉日产1.65万吨，实现高效生产常态化；1700轧机机时产量增至583吨/时，达到国内同类轧机先进水平。

【成本管控】 2020年，一钢轧厂加大对标力度，不断提高成本控制能力，成本指标明显改善。1—8月，标准成本符合率达104.44%，同比提高42.57%。这一年，树立“流程成本”概念，根据炼钢产量和品种变化，实时调整生产组织模式，降低成本4.91元/吨，缩短全流程生产时间，降低流程成本3元/吨；树立全员质量成本意识，质量成本完成4.8元/吨，同比降低1.1元/吨。对标先进企业，采取优化原辅料结构、自动控制模型等措施，全年钢铁料消耗1061.85千克/吨，同比降低20.98千克/吨；LF精炼炉电耗由32千瓦时/吨降至28千瓦时/吨；1号连铸机作业率由84.23%提高到95%。

【推进质量管理体系建设】 2020年，一钢轧厂努力推进客户关系的建立与高效运行、关键指标改善、作业长履职及岗位标准化、典型问题快反、督导与评价五项重点工作，推进质量管理体系落地落实。这一年，以用户“零抱怨”、产品“零缺陷”、设备“零故障”为目标，以作业长制和质量管理体系相互融合、高度统一为手段，不断完善流程、制度和标准，持续改善生产经营关键KPI；明确和细化分管专业的管理要求和管理要素，将识别出的新增技术标准转化为作业区、岗位执行标准和规程；针对典型问题及日常专业检查暴露的问题，按照PDCA或PDCA+展开相关工作；开展具有自身特色的自主管理活动，激励创新工作开展；协同营销服务中心和研发中心，辨识客户对产品的具体要求，以及制造过程的保障措施是否有效；针对焦点质量问题关键控制点，把每项标准、每项操作以微观流程图形式呈现，不断完善技术规程、岗位规程，将质量要素管控落实到每一个岗位和细节操作中；输出客户清单、客户需求台账、《产品过程管控标准（含异常处置和判定）》和《“客户需求-客户满足”管理及运行管理办法》，努力满足客户质量要求。

【构建生产保障】 2020年，一钢轧厂全力防疫情、保安全、抓环保，构建生产保障。这一年，贯彻落实集团、公司疫情防控工作要求，严格落实《监督监察新冠病毒疫情防控工作实施方案》，省、市两级督导检查组对疫情防控工作给予充分肯定。全面推进安全“双控”机制建设，作为集团首批“双控”机制建设试点单位，按照“有变则辨，动态抓安全”原则，强化风险管控和隐患排查运行机制；危险源辨识重点从“四新”、作业活动查漏补缺、人员调岗、设备停机等方面组织开展，共辨识危险源点A级35个、B级4个、C级290个、D级1544个；组织6期“双控”机制专题培训，提升相关人员履职能力，修订各级、各类人员隐患排查清单，实现危险源辨识、管控动态管理。强化能源环保管理，将能源成本指标纳入作业区绩效评价，岗位积极参与防错活动，能源成本有效降低；工业固体废弃物处置率、利用率分别达到100%，环保设施完好率、同步运行率分别达100%，全年未发生环保事故，实现达标排放目标。

【基础管理】 2020年，一钢轧厂深入推进作业长制，加强基础管理，作业长、班组长履职能力显著增强，关键指标持续改善。这一年，以落实干部履职为抓手，建立《各级干部履职管理专业评价细则》，成立履职督察组，为156名技管干部制定重点履职清单；以项目制建设为载体，创新项目管理机制，确定项目经理制管理项目清单，指定项目经理，组建团队明确职责分工，落实推进计划，应用工具方法，严格按照“PDCA+”管理思路，实施过程管控。坚持由结果型管理向过程型管理转变，以厂级项目组为引领，进一步拆解子课题和KPI，通过项目或课题拉练形式，培养和提高技管人员运用“PDCA+过程方法+风险管控”解决产线实际问题能力，制定《项目制管理办法》，设立14个项目制课题组，共88个子课题，推进效果明显；将学习型组织建设作为创新管理、创新技术的突破口和基本路径，推进模型化智能化建设，优化管理资源配置，把优质资源配置到重点产线，精准发力助推效率提升；创新小微培训方式方法，不断提升操作人员操作技能和标准化作业能力；完善岗位创新机制，增设创新组织奖和金点子奖，创建“一钢创新联盟”公众号，分享优秀创意和案例，引导岗位积极参与创新活动。全年共提报岗位创新项目805项，金点子86个，创效2060万元。

【支援新区建设】 2020年，一钢轧厂全力以赴支持唐钢新区建设和投产达产。按照唐钢新区、唐山美锦煤化工有限公司、唐山佳华煤化工有限公司等新项目投产人力资源需求，配合人力资源部进行人员分流安置。组织适龄人员签订3次分流安置协议，成立3个转岗培训班，引导干部职工积极到新岗位上岗，年内人员从1254人减至245人，上千名干部职工得到合理安置；结合退城搬迁进度，严格控制备件采购，取消产线大修，延长定修周期，缩短定修时长，增强日常点检维护，梳理在途备件合同，最大限度降低备件费用，全力做好设备全线停产工作，协同有关部门确定设备停机分工界面、停产拆除方案细节等内容，所有停产部位全部按照市政府文件要求安全、可靠切断，一次性验收合格；认真做好资产处置准备工作，成立资产处置组，对应固定资产台账总注册数6516大项进行项目梳理，核定净资产金额合计约120亿元。截至12月底，有效处置180小项、涉及375台（套）、2.09亿元资产，支撑唐钢新区等单位工程建设。

附二　冷轧薄板厂

【概况】 冷轧薄板厂是酸轧、退火、镀锌等工序组成的，生产合格退火板、镀锌板等冷轧产品的生产组织单位。总投资31亿元，占地面积16万平方米，共有11条主生产线，具备230万吨冷轧和热轧深加工产品生产能力，向市场提供热轧酸洗、热基热镀锌、冷硬、连续退火、罩式退火、冷基热镀锌、冷基镀锌铝镁、冷基热镀铝锌、电工钢和彩涂等各类产品，出口产品遍及世界150余个国家和地区。

2020年末，冷轧薄板厂设厂部级干部4人；下设科室7个、生产辅助作业区6个、点检作业区5个、班组55个。共有职工821人，其中男职工730人、女职工91人；中共党员249人；干部121人，其中科级干部11人；管理及专业技术职工115人，其中高级职称26人、中级职称55人；工人700人，其中高级技师35人、技师36人。职工中有研究生10人，大学本科131人，大学专科及以下680人。

【生产经营】 2020年，冷轧薄板厂坚持以效益最大化为核心，灵活调整原料供应和品种安排策略，聚合主要品种优势，努力提升规模效应和影响力。全年，商品销售量189万吨，出口钢50.73万吨；重点品种156.77万吨，占比82.9%，同比增长43%；锌铝镁产量10.85万吨，同比增长80%；440兆帕以上结构级镀锌12.12万吨，药芯焊丝钢8.19万吨，酸洗汽车用钢7.82万吨。这一年，把握市场有利时机，全面释放产线潜能，产线效率再创历史新高。其中1月，2号镀锌线产量4.29万吨，热基镀锌产品产量3.08万吨，均创月产历史最高纪录；12月，罩退线产量9万吨，平整线产量8.68万吨，重卷线产量8.58万吨，均创月产历史最高纪录；紧紧围绕“毛利最大化、确保现金流”经营方针，在“两个归零，一个减半”阶段性目标指导下，拓展工作思路，全员、全流程、全方位推进降费用、控成本工作；对标民企，从售价、运费、产品质量、保供能力等多个维度入手，以产线为最小单元，找差距提指标，全年标准成本符合率95.66%，同比提高12.71%，能源成本92.4元/吨，较上年平均降低5.31元/吨，综合成材率96.43%，较上年同口径提升0.46%；坚持以客户为导向进行生产组织，把战略客户意识贯穿到整个产线，增强职工保产意识，战略客户订单兑现率月均达98.5%以上。

【市场开拓和产品升级】 2020年，冷轧薄板厂坚定不移推进“两个结构”再优化，全力以赴打造锌铝镁“单打冠军”产品。年内，与国内三大光伏电站、六大光伏EPC总包方建立合作，锌铝镁单月最高销量2.8万吨，全年销量达11万吨，同比提高5万吨，增效2000万元，锌铝镁产品销量持续领跑国内市场，实现国内销量第一、市场占有率第一、行业影响力第一、客户满意度第一、产品创效能力第一；锌铝镁产品一检合格率96.26%，综合合格率98.19%；完成研发极限厚规格、极限厚镀层、锌铝镁产品，其中超厚镀层产品8万吨，2.0毫米以上规格产品0.6万吨；成功研制2.35毫米、2.5毫米、2.75毫米热基结构级锌铝镁产品，成为国内首家具备热基锌铝镁产品生产能力企业，450克/平方米镀层锌铝镁填补国内空白，镀层达到锌铝镁同对标准的最高等级，品牌影响力显著增强。

【区位调整】 2020年，冷轧薄板厂坚决落实公司区位调整各项要求，超前谋划，实现平稳过渡。年内，对周边热轧企业、独立冷轧企业进行市场调研及走访，保证公司区位调整过程中原有客户订货量、品种结构和产品质量稳定；综合市场反馈、产品结构、效益测算等多种因素，与燕钢、鞍钢、纵横、河钢承钢签订技术协议，共外采原料1.6万吨；秉承“以客户为中心”原则，采取多项举措管控原料切换后可能导致的质量风险。全年，废次降品率0.37%，同比提升

0.2%，产品质量稳定受控。

【技术创新与质量保障】 2020年，冷轧薄板厂加大技术创新力度，提升产品质量水平。这一年，开展2号镀锌线表面质量提升工作，通过全流程质量管控，加严酸洗原料控制，对镀锌退火炉进行周期性清理，强化锌锅锌液成分管控，优化全线张力，冷基产品表面质量显著提升，热基产品沉没辊印等缺陷得到较大改善；优化3号镀锌线表检系统缺陷库，重新收集、分类库内缺陷，划分等级，设定阈值；制定《表面检测仪作业指导书》，明确岗位职责分工、设备操作方法、标定方法及标准设备清理周期和标准，表检识别率达到85.71%；加强质量保障能力，运用SPC等分析工具对5个关键过程控制点进行管控，保障产线和产品质量稳定；优化生产工艺，规范添加制度，降低工艺辅料消耗，全年辅料成本12.98元/吨，较计划值降低1.25元/吨；规范加油制度，调整乳化液设备投入，酸轧平均吨钢油耗0.231千克，吨钢金额5.661元，同比降低16.9%；提高乳化液清洁度，降低杂油和铁粉含量，保证空气吹扫效果，提高带钢表面清洁度；完善辊系管理，建立全厂辊系台账，针对关键辊系优化更换标准，实行轧辊二次上线使用，全年辊耗0.116千克/吨，同比降低0.001千克/吨；开展“降低3号镀锌线退火炉焦炉煤气消耗”技术攻关，加强标准化巡检，年节约成本488万元；加快推进智能产线建设，全年完成酸轧线破鳞机啮合量自动调整模型、酸轧线轧机出口飞剪模型、3号镀锌线镀后冷却模型、重卷线入口上卷模型等智能化课题50项。

【人才支撑】 2020年，冷轧薄板厂强化人才支撑，培养高素质队伍。年内，组织4场由优秀课题组代表、专家担任主讲人的课题基础知识培训，提升课题组成员对课题开展流程、PDCA思路方法应用能力；组织课题组骨干36人次参加公司自主管理课题发布会进行学习交流，通过微信群分享公司优秀课题成果；邀请3A公司顾问、公司自主管理专家培训辅导，建立月度常态化培训机制，提升课题组成员运用课题攻关思维解决问题能力。

【设备管理】 2020年，冷轧薄板厂夯实设备管理基础，设备功能投入率、设备精度达标率实现100%。这一年，修订12项、新增1项设备管理办法，开展全员设备点检、TPM、PM系统运行分析，全年共形成事前保全提案1446项，优秀改善提案1047项，完成67条点检路线梳理并导入PM系统，23条点检路线的点检标准在PM系统中更新，实现设备点检管理全覆盖；加强设备功能精度管理，全年恢复设备功能2项，修订设备精度管理项目，新增534项B类设备精度，修订后设备精度项目合计1240项，其中A类设备精度84项、B类设备精度1156项；开展倾向性管理项目24项，同比增加13项，实施防错管理，涉及稀油润滑系统保护39项，液压系统连锁保护88项，自动化连锁保护188项，环保设备连锁保护9项，新增安全连锁保护验证30项。

【推进工序模拟法人制与项目制】 2020年，冷轧薄板厂深入贯彻河钢股份“工序模拟法人制”推进工作精神，在激烈市场环境中占据主动地位，实现接单能力、制造能力、服务能力全面提升。这一年，强化“经营思维”，主动由生产主体向经营主体转变，以产线为核算单元，模拟市场经营，成立经营团队，以经营者身份主导合同评审、采购招标等工作，以毛利最大化为原则指导接单和生产，深挖产线潜力，在品种、规格、效率等方面突破极限，提升盈利能力；全面推进项目制管理，以创效预算指标为基础，围绕成本管控、指标改善、售价提升等生产经营中的关键环节，成立8个项目组，加强与公司各部室协同合作，取得显著效果，全年毛利4158万元，同比提升1.57亿元。

【岗位创新】 2020年，冷轧薄板厂持续深化全员创新，自主课题管理工作紧紧围绕“降费用、控成本、增效益”核心理念，重点突出“四个创新”管理方法，激活职工创新热情。全年，完成自主管理课题68项，获得公司优秀课题成果奖4项，实现创效1050万元，同比提升33%；申请专利7项，输出论文成果12篇，修订、完善各类规程、制度58项，课题效果保持率达100%；岗位创新管理工作迈上新台阶，全年共上报岗位创新课题140个，向公司创新联盟推荐优秀岗位创新课题20个，获得奖项11个，其中一等奖2个、二等奖3个、三等奖6个；“张立新优化性能创新工作室”被评为“全国机械冶金建材行业示范性创新工作室”，并授予挂牌，“保证薄规格产品质量的酸洗轧机设备优化”课题获得2020年全国钢铁行业职工技术创新成果一等奖。

【优化生产组织】 2020年，冷轧薄板厂全面优化生产组织，为高效率生产提供有力支撑。全年，生产事故同比降低71.4%，产线运行稳定性显著提升。年内，协调信息自动化部、生产制造部，制定信息化系统配套解决方案，在手工导入数据基础上，解决系统贯通问题，联通与新区数据接口，保证外采原料、新区原料正常上线生产；修订《库存管理办法》，细化库存管理指标，提高库存周转速度；控制生产带出非计划品量，加快余材释放处理速度；降低非计划品库存占有率；加强事故管控，对于重复性、责任性、低级事故按专项考核处置，提升职工对事故控制重视程度，酸轧线、酸洗线、3号镀锌线、重卷线机时产量分别同比提高7.8%、3.8%、7.7%、16.6%。

【安全管理】 2020年，冷轧薄板厂围绕“安全第一、预防为主、综合治理”原则，深化隐患治理，落实安全生产责任，严格作业过程管理。年内，修订规章制度6项，制定《安全奖惩制度》，违章行为考核5项，履责检查实现全覆盖，全年共抽查各类人员1292名，促进履职尽责和安全能力提升；强化作业区、班组安全管理，对25名日班作业长、33名倒班作业长进行年度安全评价，开展班组评价94班次；加强双控机制建设专项工作、临边作业安全管理和有限空间专项整治工作；创新网络安全教育培训形式，全年组织23期考试，参考616人次，组织班组实操培训500余次，班组长复审换证48人，特种作业人员换证培训21人；组织4期有限空间作业相关人员集中培训103人；加强职业卫生、消防安全、应急管理，组织281名接触职业健康危害因素岗位一线职工职业健康体检，年度有毒有害因素103个检测点现场检测全部合格；进行冷轧二期火灾自动报警系统消防改造，组织有限空间煤气中毒、轧机火灾厂级应急演练2次，各类作业区级应急处置措施演练126次。

【能源环保管理】 2020年，冷轧薄板厂紧跟国家环保形势，加大现场检查力度。年内，加强大气排放污染因子治理，粉尘排放浓度持续下降；配合能源环保部、第三方检测机构、市生态环境局各类检测机构对废气排放进行检测，保证排放合法合规，并实现危废规范化处理，全年实现重大环境污染物事故、群众上访率为零，固废和危废综合处理率、气体排放抽样合格率、废水综合处理率、环保设备完好率、环保设备同步运行率均达100%，接待各级环保部门检查12次均合格。

【推进作业长制】 2020年，冷轧薄板厂按照公司建立“作业长制信息化系统”总体要求，持续推进作业长制。年内，制定作业区管理评价指标、保障性指标、加扣分指标和关键绩效指标，督导科室帮扶作业区提升指标，修订《“示范作业区”与“最佳服务科室”评价管理办法》，作业区从沟通、辅导、创新、解决产线问题四个维度评价科室服务支撑效果。全年作业区向科室提出需求共计92项，完成88项，完成率95.6%。

【绩效管理与体系建设】 2020年，冷轧薄板厂加强绩效管理，围绕经营形势变化，根据月度完成情况调整利润、成本符合率和品种钢产量目标。年内，加大对成本项目、高创效品种比的绩效考核比例；组织厂一级组织绩效修订工作，修订专家、科级、副科级、作业长及后备作业长绩效评价表，真正发挥绩效激励作用；特别关注并持续监督安全部门员工绩效，促进安全管理工作上水平；强化体系建设，制定推进方案，由内审组定期对完成情况进行点评指导，总结质量异议、审核问题形成问题清单，安排专人落实改进措施并进行跟踪；完成雷诺审厂工作，提升酸洗线质量管理和现场环境；开展酸洗岗位工体系知识培训及验证工作，编制《迎审岗位培训表》《酸洗现场审核及培训效果验证的安排》，形成《酸洗员工培训效果验证报告》；完成英国BSI认证公司质量体系审核，未出现不符合项。

型线事业部

【概况】 型线事业部依托二钢轧厂、型钢厂组建，是以产线为独立市场单元，围绕市场和产品，集党建、生产、销售、研发等工作于一体，以发挥“利润中心”角色为目标，协同产线制造优质钢水、连铸坯、型材、棒材、线材等产品的生产经营部门。

2020年末，型线事业部设总经理、党委书记1人（由公司领导兼任），党委第一副书记、工会主席、党群工作部部长1人，党委副书记、纪委书记1人，副总经理2人（分别由型钢厂、二钢轧厂领导担任），营销服务中心总经理1人；下设营销服务中心、产品研发中心、市场服务中心、党群工作部等4个部门及二钢轧厂、型钢厂。共有职工462人，其中男职工415人、女职工47人；中共党员186人。

【生产经营】 2020年，型线事业部深入贯彻公司决策部署，在做好疫情防控的同时，抢抓区位调整机遇，全方位践行高效生产和经济运行理念，推进“两个结构”再优化，加强生产组织，提高产线效率，提升产品质量和产品创效能力，生产经营取得新业绩。全年，产钢143.26万吨，产材141.4万吨，其中棒材产量109.63万吨，中型产量31.77万吨，同比增加1.4万吨，重点产品比例85.27%，同比增加2.01万吨、提高2.69%。这一年，强化工艺衔接刚性匹配，努力将产线设备效率发挥到极致，二钢轧厂产线开展转炉大氧压试验，单炉座产量提升300吨/日，持续优化缩短工序步骤时间，转炉冶炼周期降低3.5分钟，创出日产8595吨历史最高纪录，提高连铸作业率、机时产量，5号机拉速2.6米/分以上，6号机拉速2.4米/分以上，单机作业率达到95%；优化棒材换品种及换辊换槽操作，缩短停车时间，创出单线日产3616吨最好水平。型钢产线根据市场形势和品种效益接单情况，兼顾合同与产线衔接，形成批量优化生产，确保合同交货期，提高客户满意度。

【市场开拓和产品升级】 2020年，型线事业部狠抓市场和产品，加大力度推进“两个结构”再优化，在满足客户需求中不断提升产品高度和创效能力。年内，型材特色产品钢板桩产销达28万吨，同比增加13万吨，增长86%，新开发河南神火、上海宏信两个A级客户，直供销量逐年提高；矿材产品与山焦、同煤、龙煤等企业建立长期合作，矿用钢全国市场占有率达50%，产品效益名列公司前茅，1—8月矿用材产量23.71万吨，同比增加2万吨；棒材产品重点工程直供销量占比13%，同比提升7个百分点，聚焦雄安新区建设项目、北京副中心配套项目、冬奥会相关工程等项目的同时，加大新项目开发力度，新增爱丽思生活用品（天津）项目、副中心加油站项目、副中心东方厂棚户区改造、唐山西广场扩建工程等直供工程，棒材高端产品销售4.97万吨，500兆帕钢筋产品合格率达100%，产品性能稳定，抗拉强度和屈服强度全部满足国家标准要求。

【区位调整】 2020年，型线事业部落实公司区位调整各项要求，全力以赴支持新区钢轧系统达产达效。年内，做好本部安全关停工作，细化设备设施关停方案，认真组织能源隔离、管道吹扫、验收迎检等工作，实现二钢轧厂和型钢厂设备设施安全有序关停；做好人力资源转移，为新区建设提供人力支撑，严格按照相关程序，组织人员抽调，及时调整各生产单元作业区及科室配置，重新制定各科室作业区职责和绩效指标，加强职工思想政治教育，对职工宣讲退城搬迁的目的、意义和相关政策，针对性做好思想引领、宣传引导、舆情管控等工作，引导职工积极投身新区发展建设，在企业新发展格局中实现更大作为，年内937名职工转至新区工作，实现平稳过渡，满足新区钢轧系统人力资源需求；全方位支持新区钢轧系统开展攻关工作，全力配合做好物料供应，确保新区物料及时到位，二钢轧厂向新区供应铸坯1.60万吨，拉运模铸底板111块；型钢厂对接新区中型产线，向新区拉运4批物料、工具等共6车325项，价值113.7万元；配合公司相关部门做好资产处置，根据资产类型，做好固定资产、机旁备件等盘点清理工作，对一二棒生产线轧机、飞剪、液压等八大项公辅设备现状及技术参数进行收集统计，汇总形成188项设备数据参数，型钢厂根据固定资产原值已提折旧1.97亿元，净值2.56亿元，未造成固定资产流失和潜亏，场地成品材及轧辊全部清点完毕，做到账、卡、物相符。

【成本管控】 2020年，型线事业部树立全过程成本管控理念，以项目制推进为抓手，瞄准行业先进，以“降本控费”为核心，持续优化冷料结构，提高产线效率，降低钢铁料、合金料消耗，提高直供率、成材率和负差控制水平，严控备品备件费用，全面提高成本控制力。全年，标准成本符合率达98.37%，同比提高33.45%；轧钢工序变动加工费176.87元/吨，同比降低21.66元/吨；成材率94.73%，同比提高0.14%。这一年，二钢轧厂通过HRB400提氮降钒、提高氮氧混吹使用率，合金成本降低4.6元/吨，优化定尺长度，棒材综合成材率达100.72%，负差率同比提高0.07%，降低成本2.80元/吨，紧扣生产节奏及退城搬迁，及时调整作业区降低库存和在途阶梯计划，最大程度降低库存和削减在途，扎实推进自检自修，自修工时由2000工时/月提高到5000工时/月以上，降低成本1.4元/吨；型钢厂加强日常设备维护和自检自修工作，检修实现零外委，备件零采购，区位调整前实现零库存，检修成本同比降低8元/吨，备件成本同比降低9.8元/吨。

【基础管理】 2020年，型线事业部坚持PDCA循环管理理念，以“客户零抱怨、质量零缺陷、设备零故障”为工作标准，梳理改进全员履职清单，量化工作职责，强化绩效评价结果应用，全面激发基层活力，发挥最大管理效率，实现安全稳定、生产稳定、人心稳定目标。年内，二钢轧厂严把产品质量关，优化质量三级系统程序，对钢坯进行重点跟踪、监控，保证产品性能满足国家标准要求；实施定重供坯和倍尺优化技术，基本实现铸坯重量最优，棒材通尺数量最少，降低职工劳动强度和人工成本，提高棒材成材率，1—8月棒材综合成材率同比提高0.16%；通过优化保护渣成分，高拉速生产模式下铜管过钢量提高至9000吨/支以上，较之前提高3000吨/支；1—8月，应对生产模式的不断变化，调整管理策略，增强设备管控能力，积极推进“三位一体”设备管理模式，及早发现和处置设备隐患，杜绝设备事故和故障的发生，实现设备管理全覆盖，满足生产工艺和质量需求；落实各级安全管理责任，推动煤气设备设施、有限空间、特种设备、熔融金属等隐患检查常态化。型钢厂坚持“用制度管理、用能力服务”工作理念，全面梳理体系支撑各类文件，保证体系文件全覆盖，可执行性强；建立职能科室人员包保产线制度，并由产线对包保人员的服务意识和服务能力进行评价，与绩效挂钩；强化产线管理，将优质资源配置到产线，充分发挥技术骨干和产线工程师能力，持续推进产品质量和品种升级，通过优化钢板桩轧制工艺模型，有效提高开轧首支产品尺寸稳定性，大型线钢板桩成材率达93.3%，较上年平均水平提高0.45个百分点，型材产品功能、精度、性能指标达标率100%，产线事故故障为零。

【党群工作】 2020年，型线事业部党委坚持以习近平新时代中国特色社会主义思想为指导，以开展“党建质量提升年”活动为抓手，持续加强基层党的建设。这一年，围绕生产经营、改革创新、区位调整等中心工作，将全面从严治党总要求落实到具体行动中，党委书记自觉履行第一责任人职责，主持召开25次事业部党委会会议，制定每月党委工作要点，推行党建绩效闭环管理，确保各项工作扎实落地；落实集团“基层党建质量提升年”活动要求，夯实基层组织建设，严格落实“四同步”要求，根据管理机构变化和实际工作需要，及时调整党支部、党务人员设置，确保机构设置到位、管理职能到位、组织覆盖到位；以“五大提升工程”为抓手，深入开展“十大专项行动”，以“党建绩效量化考评”促进党支部作用发挥，确保基层党建工作质量不断提升；以“星级支部评定晋级”和“标杆支部评比选树”为抓手，以创建“品牌支部”为特色，持续推进基层党支部标准化、规范化、品牌化建设，实现基层党建与生产经营工作深度融合；以项目制建设为平台，组织党员在拳头产品上量、客户服务能力提升、产品质量提升、品种开发、成本降低等重点工作中当先锋、作表率，在区位调整过程中，组织开展“党建双对标”、党员精品岗、党员示范岗、党员责任区等创先争优活动，充分发挥支部战斗堡垒作用、党员先锋模范作用，带动全体职工加快角色转变、适应新岗位、展示新作为、创造新业绩，助力企业创新发展。落实党风廉政建设责任制，严格按照“一岗双责”要求，明确责任分工，运用好廉政风险防控体系，盯紧权力运行的各个环节，抓好“关键少数”的日常监督，使奖金管理规范化、绩效公开化、面谈制度常态化；深入开展效能监察，制定措施、堵塞漏洞，促进管理水平提升；持续开展党纪条规教育和警示教育活动，切实抓好纪律提醒，增强党员干部红线意识，加强党风廉政宣传教育和廉洁文化建设，形成风清气正的生产经营氛围；加强职工队伍建设，注重发挥群团组织作用，组织开展冠军班评比、班组擂台赛等特色竞赛活动，发挥劳动竞赛对生产经营工作的推进作用；不断深化职工岗位创新工作，全年10项职工创新成果在公司获奖；扎实做好关爱职工送温暖活动，通过开展伤病困难职工帮扶慰问、金秋助学、职工体检、暑期送清凉等活动传递企业关爱，稳定职工队伍，年内244人次获得各类帮扶补助14.70万元。

附一　二钢轧厂

【概况】 二钢轧厂是由炼钢、连铸、轧钢工序组成，以生产棒材、线材为主要产品的生产组织单位，其产品在建筑工程中广泛应用。2020年末，主要装备有55吨转炉2

座，方坯连铸机 3 台，55 吨 LF 精炼炉 2 座，轧机 4 套，其中棒材轧机 2 套、高速线材轧机 2 套。当年 9 月 1 日停产。

2020 年 9 月 10 日，调整作业区及科室配置，由原来的 10 个作业区整合为炼钢、连铸、棒材、治安保卫 4 个作业区，将 5 个科室整合为生产安全室、综合办公室、设备室 3 个科室。

2020 年末，二钢轧厂设厂部级干部 3 人；下设作业区 4 个、科室 3 个。有在册职工 367 人，其中男职工 342 人、女职工 25 人；干部 22 人，其中科级干部及作业长 8 人；专业技术职工 12 人，其中高级职称 7 人（含正高 3 人）、中级职称 5 人；工人 242 人，其中高级技师 2 人、技师 8 人。职工中有博士研究生 1 人，硕士研究生 3 人，大学本科 33 人，大学专科 45 人，高中（含职业高中、中专、中技）155 人，初中及以下 130 人。

【生产经营】 2020 年，二钢轧厂积极应对人员减少、环保等因素影响，全力贯彻公司战略决策部署，科学谋划、合理调度，实现公司下达的各项任务目标。截至 9 月 1 日停产，共产钢 143.27 万吨，其中品种钢 2.87 万吨，占比 2.01%，产钢材 109.64 万吨；钢铁料消耗 1050.31 千克/吨，其中 6 月为 1045.38 千克/吨，创转炉改造后最好水平。这一年，抢抓关停前时机，加大力度抓好生产组织，实现高效生产，棒材创出班产 1172.71 吨、日产 3616.71 吨的历史最好水平，转炉炉时产量最高达 165.03 吨/时，创单炉班产 1553.33 吨和双炉日产 8595.43 吨历史最高纪录，降低炼钢成本 13.47 元/吨；6 月转炉低合金平均出钢温度 1654.5℃，创历史最好水平；铸机断面 165 平方毫米小方坯连铸机在拉速 2.65 米/分情况下连续稳定生产一个月，在同等水平连铸机条件下，处于行业领先水平；通过深入开展项目制攻关活动，棒材综合成材率达 100.77%，同比提升 0.20%。

【市场开拓和产品升级】 2020 年，二钢轧厂加大力度推进客户结构和产品结构再优化，加强客户服务能力建设，提高重点工程直供销量，市场竞争力显著提升。这一年，重点聚焦雄安新区建设项目、北京副中心配套项目、冬奥会相关工程、重点民生工程的同时，精准选择开发目标，加大新项目开发力度，新增爱丽思生活用品（天津）项目、副中心加油站项目、副中心东方厂棚户区改造、唐山西广场扩建工程等直发工程项目，棒材产线直发工程项目发货 7.11 万吨；积极应对疫情对螺纹钢产品销售影响，采取电话、微信等方式做好合同组织，保持产线生产稳定，棒材高端产品 500 兆帕钢筋产品合格率达 100%，产品抗拉强度平均 713 兆帕、屈服强度平均 556 兆帕，全部满足国家标准要求；1—8 月生产 HRB400E 牌号 36 螺 571.4 吨、40 螺 461.2 吨，HRB500E 牌号所有规格共生产 4.97 万吨，占比 4.53%，产品化学成分、尺寸、性能、包装质量等全部满足标准要求。

【区位调整】 2020 年，二钢轧厂落实区位调整各项要求，迅速转移工作重心，构建完备的安全防范网络体系，顺利实现设备设施的安全有序关停。年内，停产前组织各专业研究制定科学合理的停产方案，成立停产组织机构，制定实施停产方案培训计划，组织参与停产人员培训 9 期、800 人次，制定停产方案应急演练计划，组织参与停产人员演练 8 期、650 人次；梳理重点设备及关键点 284 个，关键介质阀门 74 个，编制停产设备状态及操作确认表，专人负责、双人确认；组织停产过程风险识别存在危险因素 369 项，制定针对性防范措施，绘制钢轧两区煤气介质关停示意图，按图管控、落实，9 月 7 日全部介质吹扫完毕，实现安全关停；提前制定厂房封堵方案，停产后封闭各类门 98 面、窗 214 扇、敞开式墙面 90 米、站室56处，增加保卫监控探头4处、调整位置4处，9月10日封堵工作全部结束，有力维护了公司资产安全；做好人力资源转移工作，及时掌握职工思想动态，加强思想引领、宣传引导、舆情管控等工作，把公司区位调整的意义、职工安置有关政策宣传解读到位，稳定职工情绪，确保新老交替期间各项工作有序进行，努力做好新区服务支撑，组织签订转岗协议书，督促动员职工到新区工作，年内共为新区抽调正式职工744名，满足新区钢轧人力资源需求；以公司效益最大化为原则，支持新区生产，停产后陆续往新区及不锈钢公司拉运试压铸坯、模铸底板和废钢，向新区供应铸坯1.59万吨，运输模铸底板111块，供不锈钢公司废钢755.5吨。

【产线效率提升】 2020年，二钢轧厂以项目制推进为抓手，加大技术攻关力度，持续提高产线效率，为提质增效提供支撑。年内，强化工艺衔接刚性匹配，两座转炉干法除尘并联试验成功，除尘能力提高1倍，保证双风机运行条件下生产工艺稳定，为高产提供有力保障；在转炉进行大氧压试验，将转炉吹炼氧气流量提升至2万标准立方米/时，克服高铁耗模式下返干、喷溅、粘渣等问题，吹氧时间缩短，单炉座产量提升300吨/日；优化装铁、加废钢、吹炼、渣补等生产环节，转炉冶炼周期有效缩短；创新开发铁块补炉技术，单炉座全天补炉时间节省50分钟，每天增加产量150吨；通过调整二冷水嘴型号，增加调整结晶器，二冷、三冷水量等措施，最大限度挖掘连铸机产能，5号机拉速达2.6米/分以上，6号机2.4米/分以上，均突破设计拉速，5号机最高班产21炉，6号机最高班产20炉，均打破历史纪录；优化棒材换品种及换辊换槽操作，缩短停车时间，保证班产1100吨，换品种班次800吨，一棒12螺小规格平均班产950吨以上，确保两棒平均日产6300吨以上；以“两棒融合，以老带新”原则，持续对操作人员进行工艺、技术、质量等方面培训，提高操作人员业务水平，助力高效生产。

【支撑体系建设】 2020年，二钢轧厂以作业长制助推基础管理，加强产线支撑体系建设，为提升经营绩效提供保障。年内，对31个作业文件、7个技术规程、17个岗位规程进行评审，对可操作性不强的文件内容进行修订完善。这一年，以作业区自查—专业科室日常检查—推进办飞检和督导“三位一体”标准化推进机制，有效保障岗位规程的持续完善和扎实落地；完善优秀值班作业长、后备作业长评选机制，利用作业长素质能力模型，分析值班作业长、后备作业长、班组长能力短板，聚焦短板制定有针对性的帮扶培养计划，并根据本单位《研修分会管理办法》，每月组织一次专题研修会，关键生产作业区每半月组织一次研修协同会，对共性问题的解决和作业长解决问题的能力提升起到良好的支撑作用；结合“强服务、提效率、转机制”重点工作，以支撑作业区工作为宗旨，以为作业区减负为目标，注重科室人员素质培养，提高服务意识，实现自身服务能力提升，要求科室人员针对作业区问题，及时提出建设性意见和整改方案，促进作业区建设和现场管理水平提升，为作业区更好组织生产提供保障。

【项目制管理】 2020年，二钢轧厂稳步推进实施项目制管理，注重发挥引领效果，强化项目激励，从不同维度分解确立重点支撑项目，确保生产经营目标实现。全年，开展项目制课题7项，分别于8月结题，实现预定目标。其中，“降低合金料成本”课题，降低合金成本3.1元/吨；“降低转炉入炉成本”课题，同比降低入炉成本26.45元/吨；“提高棒材成材率”课题，棒材成材率达100.77%，同比提高0.20%，降低成本3.2元/吨；“降低连铸消耗”课题，同比降低消耗3.87元/吨；“提高产线效率，优化经济指标”课题，同比降低成本13.47元/吨；“降低炼钢能源成本”课题，冶炼过程氧气流量由原来的1.7万标准立方米/时提高到2万标准立方米/时，每炉钢冶炼周期缩短到24分钟，煤气回收量由99立方米/吨提升至102.5立方米/吨，煤气监测热值由原来的41%～47%增加到50%～54%；“降低设备事故故障时间”项目制课题，实现转炉产线事故故障时间不超过1小时，连铸产线事故故障时间不超过0.5小时，棒材事故故障时间不超过3小时，全厂不超过4.5小时的目标。

【技术攻关】 2020年，二钢轧厂持续开展工艺技术攻关，推进新技术应用，促进高质量发展。年内，开展棒材HRB400提氮降锰降钒技术应用攻关，在氮氧混吹工艺条件下，使用氮化钒铁或VN合金配钒，4月开始大批量推广生产，共生产61.5万吨，钢水氮含量提高0.004%以上，锰含量降低0.05%，钒含量降低0.002%，降低合金成本4元/吨，棒材屈服强度平均457兆帕，与常规工艺性能持平，该技术在同行业内首次提出并应用，大大降低不穿水条件下HRB400合金成本；基于烟气大数据分析的干法除尘转炉开吹着火智能预警系统开发与应用，运用计算机技术、网络技术和数据库技术，对历史炉次的吹氧时氧含量数据进行收集，对数据进行统计分析、修正，参考其他影响因素，最终拟合出一条规律曲线，在生产中转炉开吹后实时比较氧含量与曲线符合度，对转炉着火与否进行判断和预警，避免泄爆事故发生，直接经济效益达520万元/年。

【成本管控】 2020年，二钢轧厂与标杆单位开展全方位对标，强化成本管控，开展成本攻关，多举措提产降本，提升成本控制力。年内，开展入炉钢铁料结构成本攻关，通过建立不同铁水条件下炼钢模型，根据铁水成分、温度动态调整含铁料加入配比，减少铁水硅高、钛高等问题对转炉操作带来的不利影响，加强入炉铁水、废钢配比精细化管理，提高含铁料利用率，转炉综合入炉成本同比降低24.45元/吨；造渣料低成本攻关，严抓过程操作，提高终点碳命中率，根据终渣情况控制好留渣量及留渣比例，并把终碳合格率及留渣比例纳入作业区绩效管理，转炉留渣率稳定在85%以上，同时降低石灰消耗，根据转炉物料平衡和热平衡计算，确定并构建以石灰石代替部分石灰冶炼工艺模型，合理控制转炉终渣成分，同比吨钢降低石灰消耗4.6千克、降低转炉入炉石灰成本2.7元；降低合金料成本，梳理固化基于棒材HRB400钒、铌微合金化工艺，提硅降钒、提氮降锰工艺、HRB500提锰降钒工艺，形成以钒、铌、氮等多种微合金工艺为基础的低成本生产模型体系，根据国产VN、进口VN、氮化钒铁、硅锰合金、硅铁合金市场采购价，动态测算不同方案下合金成本并做到动态切换，合金化成本显著降低。

【安全管理】 2020年，二钢轧厂结合新冠肺炎疫情防控和公司区位调整实际，强化全员安全责任落实，按照“一岗双责、党政同责”原则，扎实推进安全管理双控机制建设，提升整体安全管理水平。全年，对59个安全体系作业文件、259个安全操作规程、1个综合预案、6个专项预案、62个现场处置方案进行评审，对可操作性不强的文件及记录表格进行修订完善，夯实安全生产基础。这一年，认真落实各级隐患管控责任，坚持“有变则辨，动态抓安全”理念，深入开展风险分级管控和隐患排查治理，对危险源辨识实施动态管理，将重大隐患判定涉及的内容、重大危险源等均纳入危险源辨识表直接判定为A级，年内共辨识危险源3189项，其中A级29项、B级284项、C级322项、D级1310项，检查消除安全隐患1322项，考核436项；按照法律法规及体系管理要求，修改完善职业卫生管理制度及安全教育培训管理制度15项，规范检修作业，固化检修管理项目1095项，委托第三方职业危害因素检测评价机构对生产现场高温、粉尘、噪声、一氧化碳等职业危害进行评价，全部达标合格，按照三年专项整治活动方案认真开展各项工作，对煤气设备设施、有限空间、特种设备、熔融金属等重点内容的隐患检查实现常态化。

【设备管理】 2020年，二钢轧厂持续推进“三位一体”设备管理模式，重点发挥生产操作—岗位点检的作用，及早发现和处置设备隐患，杜绝设备事故和故障发生，实现设备管理全覆盖，为生产顺行提供保障。这一年，结合生产变化和人员紧张现状，实施点检定修与状态维修相结合的检修模式，在保证主体设备安全稳定运行的同时，进一步降低设备检修费用，自4月开始实施自检自修，由各点检作业区、运行作业区及生产岗位自检自修部分检修项目，根据检修项目效果评价和工时确认予以奖励，截至8月底停产，共自检自修1712项，累计工时2.14万个，实现检修效率最大化、维修成本最优化；优化设备科学运行，与相关部门单位协调联动，通过低压蒸汽管网降压运行，平均压力降至4.5千克以下，一棒加热炉蒸汽放散阀门关闭，于5月实现蒸汽全部外送，外送流量由原来的4~5吨/时提升至6~7.2吨/时。

附二　型钢厂

【概况】 型钢厂由连铸、轧钢、加工、精整等生产工序组成，是以制造大、中型型材为主要产品的生产单位。2020年末，型钢厂大型线拥有主要设备22台（套），总质量约1万吨，其中：12米弧一机四流大矩形坯连铸机1台、31米蓄热步进梁式加热炉1座、高压水除鳞机2套、ϕ1100毫米开坯粗轧机2架、ϕ1050毫米精轧机2架、冷床入口热锯1台，78米步进式大冷床1个、1350~1800毫米可变节距9辊双支撑矫直机1台、定尺冷锯机2台、码垛机3台、方圆钢冷床2个，定尺热锯机2台，垛捆收集装置2套，年生产能力50万吨；中型线拥有主要设备23台（套），总质量5157吨，其中：22米蓄热式推钢加热炉1座、ϕ650毫米三辊轧机1架、ϕ630毫米横列式轧机3架、高压水除鳞机2台（套）、热锯3台，链式型钢冷床3个、800矫直机1台、900矫直机1台、自动码垛机1台、型钢打包机3台、轻轨铣钻床2套，年生产能力40万吨。

2020年8月29日，型钢厂轧钢生产线停产。

2020年末，型钢厂设厂部级干部2人；下设办公室1个、作业区2个。有正式职工95人，其中男职工73人、女职工22人；中共党员23人；干部7人，其中科级干部3人；高级职称4人，中级职称1人；工人88人，其中高级技师1人、技师1人。

【生产经营】 2020年，型钢厂围绕市场和产品，全面加快客户端和产品结构调整步伐，狠抓营销服务能力提升、合同订单优化、生产精细化组织、产线效率提升、项目制管理等措施落地，努力降低制造成本，提高产线创效能力，推进型钢销售、生产、创效上水平。1—8月，产量31.77万吨，与上年同期相比增产1.4万吨，重点产品产量27.09万吨，占比85.27%，同比增加2.01万吨，提高2.69%；实现利润总额3758万元；轧钢工序变动加工费176.87元/吨，与上年同期相比降低21.66元/吨；标准成本符合率98.37%，与上年同期相比提高33.45%；成材率94.73%，与上年同期相比提高0.14%，比目标低0.2%。年内，加强生产组织和设备稳定运行，针对650轧机牙包齿轮轴运行实际情况，制定工艺、设备、操作等方面的预防措施，严防死守确保主机无事故，设备安全、高效生产，1—8 月机时产量 64.45 吨/时，与上年同期相比提高 0.4 吨/时；日历作业率 84.89%，同比提高 3.83%。

【市场开拓】 2020 年，型钢厂加大市场开拓力度，突出营销引领，产线技术服务支撑，推进国营煤矿客户维护与开发，完善矿用材供应链建设，拓展矿用材销售渠道，加强矿用材合同组织，大幅提高矿用材产销量。年内，新开发河南神火集团 A 级用户，与贵州盘江精煤、山西焦煤、山西大同煤业、黑龙江龙煤、河南平顶山平煤、河南能源化工、湖南金星时代、山东能源等国营煤矿建立稳定的合作关系，矿用材直供量显著提升，实现国内主要国营煤矿矿用材采购以河钢唐钢为主的目标，1—8 月中型矿用材产量达 23.71 万吨，较上年同期增加 2 万吨。

【区位调整】 2020 年，型钢厂落实公司区位调整部署，全力支援新区建设，职工队伍稳定，实现区位调整平稳有序进行。按照公司总体安排，当年 8 月 29 日轧线停产，为此，组织召开介质关停安全专题会议，制定《介质关停方案及安全措施》《煤气关停应急预案》等安全停产方案和专人负责制度，关停煤气、氮气、压空、水等能源介质管道、阀门及加装盲板 32 处，组织厂房封堵工作，对主轧机润滑站、码垛机液压站等全面停电、对进出口进行封堵、上锁，全厂共封堵 112 处，重新安装厂区监控摄像头 20 处，制定并落实防火措施，专人负责进行定期消防检查；组织好人员抽调工作，为新区建设提供人力资源，调拨工艺技术、机械设备、电气、综合管理等专业生产骨干到新区支持项目建设，年内共调出 238 人去新区工作，从人员、物资、技术等方面对新区中型产线设计提供服务支持，向新区拉运 4 批物料、工具等共 6 车 325 项，价值 113.7 万元。

【设备管理】 2020 年，型钢厂加强产线设备基础管理，强化点检定修工作，确保设备运行无事故。1—8 月，主要生产线功能、精度、性能指标达标率 100%，事故故障为零；中型生产线设备综合效率达 89.04%，较公司下达指标提高 9.04%。年内，实行“点检必查、逢修必改”制度，加强设备巡检和检查，常规设备按人分片包干点检，灵活安排状态检修和周期定修，针对设备薄弱环节，组织小革小改，全力消除设备隐患，未发生机电类设备事故、故障及自动化类故障，设备事故故障时间大幅降低；加强设备自检自修，优化检修项目，矫直及轻轨线检修周期延长，同检修分公司配合，对重点区域设备固定维检队伍与人员，提高对区域设备维修的熟悉程度，保证检修质量，充分利用换辊、错峰、停煤气等时间，对主要设备进行自检自修、加油紧固等，提高自检自修率、降低检修费用。当年，点检作业区及生产作业区自检自修项目 9968 工时，节约检修费用 54.82 万元。

【降本控费】 2020 年，型钢厂以项目制为抓手，加强备件修旧利废，降本控费。年内，实施降本攻关项目 5 项，降低成本 15.89 元/吨，比目标多降低 0.09 元/吨。其中，轧辊消耗 23.99 元/吨，比目标降低 1.41 元/吨；能源成本 80.13 元/吨，比目标降低 0.73 元/吨；备品备件成本 21.18 元/吨，比目标降低 8.53 元/吨；检修费成本 29.46 元/吨，比目标降低 9.45 元/吨；原材料成本比目标升高 4.23 元/吨。这一年，提高轧辊重车、修磨率，将废旧淘汰轧辊改制成现有品种轧辊，当年改制轧辊 43 支，节省轧辊费用近 390 万元，11 号工字钢成品辊由 4 孔改为 5 孔，轧辊利用率提高 25%；强化节电管理，合理安排主机启停顺序，加强车间照明及生产辅助照明排查，照明容量降低 11.3 千瓦，电耗完成 59.1 千瓦时/吨，比目标降低 0.9 千瓦时/吨；细化加热炉操作规程，煤气消耗较目标降低 8 立方米/吨；抓好节约用水，厂区用水实行区域负责制管理，杜绝跑冒滴漏，浊环水比目标降低 0.3 吨/吨；深入开展修旧利废，减少备件采购费用，1—8 月采购资金 293.12 万元，比公司指标节约 107 万元，备件修复 362.99 万元，修复率 71.24%。

【安全管理】 2020 年，型钢厂强化安全管理，规范安全生产风险分级管控和隐患排查治理预防机制，确保安全生产，年内实现轻伤、重伤、死亡事故、重大设备生产事故为零目标。这一年，在大量人员抽调新区后，重新选派各作业区负责人及安全员，对班组长、值班作业长履职进行编制梳理，组织安全应知应会学习培训、安全实操演练、危险源重新辨识，充分发挥班组职能，坚持班前班后会、安全会，确保安全工作重点要求迅速、准确传达到每名职工，实现安全管理无缝衔接；加强隐患排查治理，重点对煤气、起重、电气等重要部位加大排查，全年查处并整改隐患 215 项，严格对人员习惯性违章等不安全行为，检维修、开关煤气阀门、装车入库等过程的安全管控，加大安全检查考核力度，制定《安全“八项禁令”》，基本杜绝习惯性违章行为，大幅降低各类事故的发生。

【绩效管理】 2020 年，型钢厂针对停产后各作业区管理重点和主要工作变化，调整作业区绩效评价办法，加强新形势下的绩效管理工作。鉴于停产后班组日常管理重心发生变化，把劳动纪律、出勤、巡逻保卫、厂容卫生清扫等工作的考评作为绩效关键点，及时下发《全员绩效补充管理办法》，对各作业区的检查与考核纳入绩效评价体系，由厂部对各作业区工作任务完成情况进行检查及评价，在公开公平公正的原则下，使新的绩效评价办法更好发挥激励引导作用。

炼铁厂

【概况】 炼铁厂由原料、烧结、高炉工序组成，是以生产铁水为主要产品的生产单位。生产厂区包括炼铁北区、炼铁南区和不锈钢铁区，具有年产生铁 1150 万吨、烧结矿 1500 万吨生产能力。2020 年末，共有设备 8579 台（套），总质量 22.42 万吨，其中北区有 3200 立方米高炉 1 座、2000 立方米高炉 1 座，265 平方米烧结机 1 台、210 平方米烧结机 2 台，建筑面积约 8 万平方米封闭原料场 1 个，建筑面积 3.97 万平方米封闭混匀料场 1 个，建筑面积 1.55 万平方米封闭煤场 1 个，容积 5000 立方米焦炭筒仓 10 个；南区有 3200 立方米高炉 1 座，360 平方米烧结机 1 台，容积 16 万立方米地下原料库 1 个。

2020 年 2 月 19 日，炼铁厂北区 2 号高炉停炉；8 月 16 日，北区 3 号高炉停炉；9 月 2 日，南区高炉停炉；8 月 14 日，北区 1~3 号烧结机停产；8 月 31 日，南区烧结机停产。

2020 年末，炼铁厂设厂部级干部 7 人；下设科室 7 个，作业区 36 个，班组 294 个。共有职工 667 人，其中男职工 547 人、女职工 120 人；干部 66 人，其中科级干部 18 人；专业技术职工 48 人，其中高级职称 31 人、中级职称 17 人；工人 601 人，其中高级技师 9 人、技师 25 人。职工中有研究生 10 人，大学本科 69 人，大学专科 101 人，中专 32 人，高中及以下 455 人。

【生产经营】 2020 年，炼铁厂面对前所未有的困难和压力，全力应对退城搬迁、疫情、环保等因素影响，圆满完成南北区全面停产的各项任务，生产经营取得较好成绩。本部 1—8 月生铁产量 370.38 万吨、烧结矿产量520.81万吨；不锈钢区全年生铁产量262.65万吨，烧结矿产量348.84万吨，其中10月产铁水25.01万吨，达到历史最好水平。

【环保管理】 2020年，炼铁厂加大环保管理力度，坚持生产服从环保的原则，严格执行上级部门制定的空气质量保障措施，不断提升环保管理水平。年内，严格落实生产现场、施工现场各项环保制度，坚持日常环保检查考核，定期开展专项检查，1—8月厂领导检查、职能科室检查、作业区自查，共检查问题1494项，全部整改完毕，确保污染源治理设施高效稳定运行、污染物达标排放；面对严峻的环保形势及各级政府部门的高压检查态势，组织人员24小时轮流值班，共接待各级环保检查400余次。

【安全管理】 2020年，炼铁厂认真贯彻落实国家、省、市及公司文件和各项安全工作部署，强化安全基础管理，通过开展全员安全培训教育、遏制重特大事故、班组安全评价、安全生产月、安全生产大检查、安全消防月和新《安全生产法》宣贯周等系列活动，全员安全意识持续提升，实现五种重大事故为零，轻伤事故小于2‰，全员安全教育培训率百分之百、特殊工种持证上岗复审率百分之百，特种设备检验达标率百分之百，无新增职业病，生产A级事故为零的安全生产奋斗目标。

【稳定生产指标】 2020年，炼铁厂克服环保限产、车辆限行常态化等不利影响，充分发挥大部制优势，合理调配资源，各项生产指标保持稳定。1—8月，北区原料混匀矿产量310.14万吨，混匀矿TFe稳定率89.19%，二氧化硫稳定率91.89%，R_2稳定率91.14%，均达到年初设定的质量目标；北区烧结产量296.02万吨、综合合格率99.97%、转鼓指数79.75%、利用系数1.23吨/(时·平方米)、作业率74.45%，南区产烧结矿224.78万吨、利用系数1.12吨/(时·平方米)、作业率95.22%；北区2号高炉利用系数2.34吨/(立方米·天)、内控率87.71%、煤比158.17千克/吨、燃料比538.90千克/吨，3号高炉利用系数2.18吨/(立方米·天)、内控率80.83%、煤比151.11千克/吨、燃料比531.78千克/吨，南区高炉利用系数2.54吨/(立方米·天)、内控率78.74%，煤比154.12千克/吨、燃料比513.08千克/吨，3座高炉全年炉况稳定顺行。

【设备管理】 2020年，炼铁厂持续完善设备全寿命周期管理体系，不断改善设备运行状况，保证各生产线设备功能。1—8月高炉系统设备可开动率99.02%，同比提高0.94%，北区烧结系统设备可开动率99.81%，同比提高0.17%；不锈钢区高炉系统设备可开动率99.67%，烧结机系统设备可开动率达99.87%。年内，利用“三位一体”设备管理模式，加强设备点检，合理规划日常检修安排，集中各方检修力量对隐患设备、生产环境进行规范治理，保证各生产线稳定运行；加大对设备检查力度，定期组织对电气、润滑及备用设备进行专项检查，抽查生产岗位对设备操作的标准化作业，防止因操作失误导致生产设备事故，全年组织各项设备专业检查75次，查出问题1745项，整改1711项；定期组织压力容器、安全阀、电梯及起重设备的检验，针对检验中发现的问题项，立即进行整改；组织特种设备管理人员培训及特种设备操作管理人员证书复审工作，当年新增通过取证人员17人，厂内所有特种设备作业及管理人员全部持证上岗；加大计划检修及环保停机检修管控力度，在保证设备安全和检修质量的前提下，侧重设备的功能恢复、精度提升和费用控制，其中北区高炉停机检修72小时，设备可开动率同比提高0.94%。

【科技成果】 2020年，炼铁厂技术创新工作继续围绕市场和产品两大主题，狠抓产品质量稳定提升，加快推进高端产品研发和关键技术研究，大力推广行业新工艺、新技术，以技术进步推动产业升级和整体产品结构升级。年内，60 项改进建议获公司合理化建议奖励；12 项质量改进成果获 QC 成果奖励；“低温厚料层烧结关键技术研究与应用”成果分别获得河北冶金（钢铁）科学技术奖二等奖、河北冶金科学技术奖三等奖，“超低排放背景下炼铁清洁生产新技术研究”成果分别获河北冶金（钢铁）科学技术奖三等奖、河北冶金科学技术奖三等奖；7 项科技成果获公司科技进步奖，其中一等奖 1 项、二等奖 3 项、三等奖 3 项；获得国家授权专利 37 项。

【推进作业长制】 2020 年，炼铁厂重点聚焦作业长制在班组落地，从开展职工培训，加大飞检力度，梳理三级管理职责等方面，推动作业长制深度融合。年内，组织作业长制推进在班组落地专题培训 58 人次，培训内容包括班组安全履职管理、岗位规程找茬、作业标准化巡检、岗位点检记录、绩效评价和自主管理等方面；厘清三级管理脉络，从作业长制推进、计划值管理、标准化作业、点检定修和自主管理五个方面梳理科级、作业长和班组长履职表，形成量化、表单式的履职清单 110 份；以三级履职清单为依据，重点抽检发生过事故、故障（特别是责任性事故的）作业区，5—7 月，共检查作业长 35 人次，班组长 27 人次，发现问题 212 项，同时，评选出优秀作业长 14 人次，给予奖励；组织专业科室对厂内 215 个管理制度进行集中评审，新增包括《新型冠状病毒疫情防控工作实施方案》《疫情期间职工交接班管控方案》等文件 16 个，修订文件 4 个，保证厂级管理制度和管理体系的适应性和有效性；梳理作业区管理制度 800 个，评审、修订岗位规程 95 个，并持续开展岗位规程找茬，确保专业管理体系的系统性和一贯性。

【绩效管理】 2020 年，炼铁厂不断完善绩效管理体系，对三级绩效评价体系指标及评价标准进行调整，坚持以绩效结果为导向，引导职工关注生产，以管理促效益。当年 9 月，根据全线停产后重点工作内容变化，将厂三级绩效评价体系调整为两级，结合停产后重点工作对厂级和职工个人绩效评价指标和标准进行修订。

【自主创新】 2020 年，炼铁厂持续加大职工自主创新工作力度，鼓励职工立足岗位，发挥聪明才智，在稳定生产运行、节能降耗等方面，取得良好成绩。年内，加强岗位创新，采用“现场持续改善奖—有效异常处置奖—自主管理课题奖—厂长创新奖”四级奖励体系，立足于作业区重点难点问题，从成本、产品质量、安全、环保、现场管理等方面挖掘创新点，前三季度，四级创新 5326 项，创新创效 200 余万元，其中改善提案 470 项、有效异常处置 4690 项、自主管理课题 165 项、厂长创新奖 1 项，岗位创新活动有效消除现场各类隐患，提升作业区队伍自我处置能力，强力支撑严峻环保形势下高炉的稳定顺行，杜绝成型事故的发生；管理创新以“项目制+现代化管理课题”为抓手，项目制课题立项 6 个，申报管理创新课题 8 个，其中 5 个获公司批准立项，内容涵盖结构成本、生铁产量、燃料消耗和设备费用管控等方面，多角度总结、提炼管理创新做法和特色举措，为管理不断创新奠定基础。

【物资管理】 2020 年，炼铁厂重点做好物资供应管理和降库工作。年内，加大物资及费用管控力度，采用月计划逐条审批，使物资及费用真正处于可控状态，对于集中结账的物资，加强过程管控，1—10 月设备综合消耗费用 2360. 72 万元，同比降低 2360. 69 万元，供应综合消耗费用 258. 87 万元，同比降低 1600. 96 万元，在保证生产顺利进行的情况下降低消耗；做好库存清理工作，1

月初库存金额为4541.90万元，到8月末库存金额为4032.27万元，降库509.64万元，停产后，运往新区、美锦公司、佳华物资共计158.32万元。

【停产后治安管理】 2020年，炼铁厂全面做好停产后厂区治安管理工作，提前谋划，制定停产后治安防范预案、措施，对生产区域实行封闭管理，为营造厂区良好治安环境打下基础。南北区停产后，对值守岗位进行合并管理，共合并岗位室118间，空调移机35台，有效保障人员的冬季取暖；制定《门禁管理规定》《护厂巡防管理规定》《停产属地设施治安保卫方案》《治安突发事件应急管理预案》《停产区域封堵管理规定》《厂内物资移动管理办法》等管理文件及治安防范管理网络图，明确治安防盗管理流程和责任界面，确定巡检路线28条、防盗管理网格85个，对厂内物资实施全天候、网格化管理；恢复厂监控室功能，设值班员24小时不间断值守，整合北区监控摄像61个，实现重点部位全覆盖、全天候监控；做好通道封堵、门窗封闭工作，对通廊、走梯进行有效隔断，全厂封堵1132处；统一集中管理库房，南北区共回收库房218间，按物资价值及移动难易程度，对厂内所有可移动物资进行分类、分级管理，建立台账，纳入管理网格。

【党群工作】 2020年，炼铁厂党委认真落实公司党委各项决策部署，围绕保低库存运行、推进高效生产、疫情防控等重点难点工作，进一步强化党委领导作用，把方向、管大局、抓落实，确保生产经营等各项任务圆满完成。当年，被集团党委评为“先进基层党组织”“防疫先进基层党组织”。这一年，加强政治理论学习，组织中心组成员开展理论学习12次、研讨50余次，切实以党的创新理论武装头脑、指导实践、推进工作；全力做好疫情防控工作，落实公司疫情防控部署安排，第一时间成立疫情防控指挥小组，明确各部门防控职责，确保公司制定的各项防控措施有效落实，采购口罩、消毒液、测温枪等防疫物资38.78万元，满足疫情防控消杀工作需求；制定《党员教育培训工作计划》，依托“三会一课”“主题党日”等活动，抓好常态化学习教育，党员队伍素质进一步提升；两级领导到基层宣讲职工安置政策，了解职工安置意愿、诉求，重点解决职工实际困难，不断化解矛盾，确保职工分流安置工作有序推进；严格党支部管理，扎实推进基层党支部标准化规范化建设，开展“插旗筑堡垒”“扛旗争先锋”“夺旗创佳绩”等活动，引导广大党员在推进高效生产、疫情防控等重点任务中当先锋作表率；开展“品牌党支部”创建活动，北区烧结第二党支部被公司命名为“品牌党支部”；抓好职工分流期间的党支部工作，及时调整党支部建制，确保党的组织体系完整、职责落地。深入推进党风廉政建设，与党支部签订党风廉政建设责任状，形成以上率下、层层压实的责任体系；多种形式开展廉政教育及重要节日提醒等，警示、引导党员干部谨记要求、不踩红线，营造崇廉尚廉氛围；建立干部廉政档案，组织作业长以上干部签订《廉洁从业承诺书》，强化干部廉政责任意识，提高干部遵规守纪的自觉性；强化重点部位监督管理，将进口物料管理、退城搬迁清库目标推进和疫情防控物资管理分别作为年度、季度和即时立项监察项目，及时发现解决问题，提出监察建议，堵塞管理漏洞。

HBIS GROUP 河钢唐钢 HBIS TANGSTEEL

平台外非钢单元

重机公司

【概况】 唐山钢铁集团重机装备有限公司（以下简称重机公司）是公司轧辊、钢锭、铸件的生产、销售单位，是执行公司各项政策、要求、部署，负责生产经营及企业管理的非钢单位。位于河北省唐山市丰南沿海工业发展集中区，占地面积33万平方米，建筑面积23万平方米，距曹妃甸港、天津港55千米。2020年末，主要装备有30吨高功率电弧炉1座、30吨双工位LF炉1座、VOD炉1座、VC真空浇注系统1套、1~20吨中频感应炉8台、300~1600毫米离心机7台、差温炉及喷淬装置2台、5~100吨天车56台，各种立车、卧车、铣镗床、磨床、钻床等加工机床72台（套），以及碳硫分析仪、直读光谱仪、超声波探伤仪、硬度计、冲击试验机、拉伸试验机、残奥仪等多种化验检测设备。有热轧板带轧辊、棒线轧辊、型钢轧辊、锻造合金钢锭、大型冶金备件等五大类上百个品种的产品，是国内高水平的冶金轧钢和机械备件生产企业。

2020年9月，重机公司根据《河北省安全生产条例》和唐山市丰南区《关于严格落实安全机构设置、加大安全投入、确保安全管理人员待遇的通知》等文件要求，申请单独成立安全（环保）室；同年10月23日，经公司研究批复后，原生产设备安全室拆分为生产设备室、安全（环保）室。

2020年末，重机公司设厂部级干部4人；下设综合办公室、生产设备室、技术质量室、经营销售室、安全（环保）室等科室5个，机加工作业区、轧辊作业区、炼钢作业区、铸造作业区、检修作业区等作业区5个。共有在编职工321人，其中男职工316人、女职工5人；中共党员127人；干部35人，其中科级干部（作业长）29人；管理及专业技术职工35人，其中高级职称7人、中级职称11人；工人286人，其中高级技师3人、技师10人。职工中有研究生6人，大学本科22人，大学专科66人，中专38人，高中及以下189人。

【生产经营】 2020年，重机公司紧盯两个结构再优化，进一步加强生产组织，强化计划管理，多渠道开拓市场，优化客户结构，狠抓基础管理，推进全过程成本控制，力促生产经营各项指标稳步向好。全年，生产各类产品2.21万吨，其中轧辊8456吨、合金钢锭1.3万吨、铸件637吨，利润-1.58亿元，同比减亏6.39%。年内，面对严峻的市场形势，积极催收账款，降低经营风险，年末应收账款为6556.85万元，比年初降低1029.47万元，成品资金1.97亿元，比年初降低2047.24万元，全年销售盘活资金1300万元。

【市场开拓和产品升级】 2020年，重机公司推进市场开拓和产品升级，瞄准高端客户开展一对一服务，产品成功打入欧美国际市场，进入纵横钢铁公司等国内市场，在业内树立了良好形象。全年，高附加值产品产量占比达16.06%，同比提高1.71个百分点。年内，紧盯下游钢铁产品的变化形势，适时转变市场结构和产品结构，为唐钢新区生产棒线、型钢轧辊，保证了生产连续，板带工作辊占比由55%降至45%，型钢辊占比由45%增至55%；立足现有设备设施，开发新市场区域，尝试涉足非轧辊离心铸造产品行业，开发层流辊、纸机辊等新产品，其中层流辊实现稳定量产，纸机辊生产工艺已开发完毕；与烟台艾迪精密机械股份有限公司、禹城思诚商贸有限公司等锻造企业合作，成功开发精密锻件用钢，并被指定为两家合格供应商之一；与营口市特殊钢锻造有限责任公司、济南中航远洋船舶机械有限公司及浙江荣力重工有限公司等高端客户和大客户建立合作关系，实现产品质量和数量、规格和品种合理匹配；抓好钢锭市场开发，在满足现有客户要求基础上，进一步开发高端客户和高附加值产品，制定60多项攻关措施，保证高品质钢锭生产，促其质量档次逐步跨入同行业一流；以客户为中心，推进质量管理体系建设，高度重视用户在质量工期和服务等方面的诉求，提高产品稳定性，促进市场开发稳步推进。

【成本管控】 2020年，重机公司坚持创新驱动，推进全流程成本管控，经济技术指标持续改善。年内，不断优化完善工艺操作方法，改进炉料结构，提升轧辊回炉料加入量，离心辊外层加入量由30%提至40%，常法辊由40%提至90%以上，吨辊成本平均降低500元以上；深入与先进企业对标，在保证质量水平前提下，调整合金结构，降低镍、钼等贵重合金加入量，吨辊成本降低1000元；牢固树立过紧日子思想，严格控制备件、机物料、修理费等生产制造费用，每月备件控制在5万元以内，万元以上采购需经办会批准，备件消耗同比降低821.83万元；鼓励职工积极开展修旧利废活动，通过自行修理各类废旧物资节省资金200多万元，降低制造费用800多万元；进一步完善电炉+中频双联工艺流程，电炉炼钢实现高合金含量废旧轧辊资源化利用，使用废旧轧辊资源7000多吨，同比增长37.40%，增效130万元。

【厂房封闭、厂容厂貌环保治理项目】 2020年1月3日，重机公司厂房封闭、厂容厂貌环保治理项目竣工。该项目于上年8月26日立项，11月5日开工建设，概算投资752.87万元，由唐山钢铁国际工程技术股份有限公司设计，唐山百森电气设备制造有限公司、河北恒德环保科技有限公司提供主体设备，唐山天鸿建设集团有限责任公司、河北省安装工程有限公司承包建设安装。项目主要建设内容是对厂房开放的天窗、废钢跨四周、除尘系统卸灰间等进行封闭；在炼钢、轧辊作业区分别设置24小时视频监控；在作业区大门附近、厂区边界分别设置在线监测设备，厂区门口设置电子显示屏；新增洒水车，在厂区出口设置全自动洗车装置；老旧环保设施及管道等防腐、部分道路硬化等。项目建成后，厂界内无可视烟尘逸出，无露天堆放物料，建立与丰南区环保指挥中心联网的无组织排放管控系统，满足《唐山市铸造行业烟气达标治理工作方案通知》相关要求，实现相关区域环保达标。

【炼钢作业区烟气达标治理改造项目】 2020年5月31日，重机公司炼钢作业区烟气达标治理改造项目竣工。该项目上年8月26日立项，2020年4月9日开工建设，概算投资523.18万元，由唐山钢铁国际工程技术股份有限公司设计，河北恒德环保科技有限公司、江苏亨旺阀门有限公司提供设备主体，唐山天鸿建设集团有限责任公司承包建设安装。项目主要建设内容是在拆箱、脱模等扬尘作业区域设置抑尘雾炮；在熔炼、浇注区设置屋顶二次排气罩；将除尘风量全部并入电炉除尘系统中，实现运行中切换使用等。项目建成后，炼钢作业区厂房内部无组织排放及一次除尘烟尘外逸情况得到有效治理，满足《唐山市铸造行业烟气达标治理工作方案通知》相关要求。

【轧辊作业区烟气达标治理改造项目】 2020年5月31日，重机公司轧辊作业区烟气达标治理改造项目竣工。该项目上年9月2日立项，2020年4月9日开工建设，概算投资625.44万元，由唐山钢铁国际工程技术股份有限公司设计，河北恒德环保科技有限公司、江苏亨旺阀门有限公司提供设备主体，唐山市新林建筑工程有限公司承包建设安装。项目主要建设内容是在拆箱、废墟装运等主要扬尘作业区域设置抑尘雾炮；在轧辊割冒口等工序设置切割池；将轧辊浇注、熔炼区域设置屋顶二次排气罩，部分除尘风量并入至大离心除尘系统中，实现运行中切换使用等。项目建成后，轧辊作业区厂房内部无组织排放及一次除尘烟尘外逸情况得到有效治理，实现相关区域环保达标。

【轧辊作业区新增二次除尘设施项目】 2020 年 5 月 31 日，重机公司轧辊作业区新增二次除尘设施项目竣工。该项目上年 9 月 23 日立项，2020 年 4 月 9 日开工建设，概算投资 996.62 万元，由唐山钢铁国际工程技术股份有限公司设计，河北北方风机制造有限公司、泊头市环保机械有限责任公司提供主体设备，唐山天鸿建设集团有限责任公司承包建设安装。项目主要建设内容是在轧辊作业区新建风量 43.4 万立方米/时、过滤面积 9200 平方米的二次除尘设施。项目建成后，轧辊作业区厂房烟尘外逸情况得以根治，颗粒物排放浓度满足《河北省工业炉窑大气污染物排放标准》。

【项目制推进】 2020 年，重机公司落实公司《项目制评价管理办法》，全面推进项目制管理，瞄准生产经营重点难点，确立项目，靶向攻关，突出目标导向，切实发挥引领作用。年内，建立由厂部级干部、技术专家、青年技术人员和班组骨干为核心的项目团队，实施“以电炉为核心的工艺改造”项目，针对不同废钢资源，充分发挥主体设备潜能，合理优化工艺流程，钢铁料消耗同比降低 5.1 千克/吨，电极消耗同比降低 1.57 千克/吨，平均冶炼时间降低 59 分钟，冶炼效率提高 24.49%，电耗降低 50.3 千瓦时/吨；实施“轧辊加工技术工艺的改进和应用”项目，进一步优化刀具设计选型，提高自动编程水平，刀具使用寿命平均提升 10%，孔型加工效率提升 20%，加工成本同比降低 596.24 元/吨。

【安全环保管理】 2020 年，重机公司贯彻落实国家、省、市、区关于安全环保管理的各项工作部署，为生产经营保驾护航。年内，抓好安全管理，狠抓安全责任落实，坚持高频次、全方位隐患排查治理，严格作业过程管理；进一步深化“双控”机制建设，规范有限空间作业，持续开展“反三违”、起重系统专项检查整治活动，推进作业区、班组岗位常态化风险管控和隐患排查，结合生产特点抓好岗位联保互保，确保生产安全有序；深化安全应急管理，强化职业健康安全管理体系和安全标准化建设，以防为主落实消防培训教育和硬件设施完善，开展职业卫生培训，确保管控制度落地，检测达标。全面加强环保管理，坚决贯彻政府蓝天保卫战分级管控要求，执行应急响应一厂一策措施，落实环保责任制，确保环保设施有效运行，危固废合规处置，烟气污水达标排放，年内完成铸造行业烟气达标治理，绩效评级验收获得 B 级资质，被评为省级环保诚信企业。

【设备管理】 2020 年，重机公司加强设备管理，强化设备点检维修，推行设备全生命周期管理，注重维保，加强对设备问题排查整改，坚持利用环保限产间隙，有针对性进行检修和保养，有效保证了生产经营高效运行。全年，设备热停机时间 51.15 小时，同比减少 80.79 小时，设备利用率提高 61.23%。年内，以降低设备事故和故障为导向，不断完善设备操作规程及检维修标准规范，对检维修作业项目确定、前期准备、作业过程、质量验收进行明确要求；强化特种设备管理，重新梳理特种设备专项应急预案，对 1512 个连锁点进行重点管理，修订《设备连锁保护装置管理制度》，对设备做到有效管控。

【党群工作】 2020 年，重机公司党委按照公司党委统一部署，全面做好党群各项工作。以政治建设为统领，持续巩固“不忘初心、牢记使命”主题教育成果；以“三会一课”“青年大讲堂”“3X+1”宣讲为载体，加强舆论引导和氛围营造，引导广大党员干部职工，知形势、明任务；加强干部管理，强化责任担当，任免调整5名副科级以上干部，科级干部队伍结构进一步优化；坚持“创新是企业发展第一动力”理念，结合项目制推进，开展“党员奋战项目中”党建品牌建设活动，有效促进生产经营目标实现；全力做好疫情防控工作，把职工群众生命安全和身体健康放在第一位，加强对疫情防控工作的领导、监督和检查，确保新冠肺炎疫情“零输入、零感染、零传播”，被公司党委评为“防疫先进党组织”；加强职工民主管理，组织开展“职工为安全”献计献策活动，进一步提高职工民主管理水平，加强职工劳动保护，组织进行劳动保护监督检查，共查出各类隐患90项，整改率达100%；开展节期“送温暖”、暑期“双服务”等活动，传递温暖关爱，企业凝聚力、向心力进一步增强。

气体公司

【概况】 唐山唐钢气体有限公司（简称气体公司）是为河钢唐钢生产经营单元提供氧气、氮气、氩气、氢气等动力介质生产保供及对外销售相关液体产品的非钢单位，同时执行公司的各项政策和生产任务，负责气体公司安全、环保、生产、技术、质量、销售、设备等管理工作。注册资本7.78亿元，属国家高新技术企业，通过质量、环境、职业健康安全“三合一”管理体系及GMP医用氧、二氧化碳和氮气食品添加剂等认证。2020年末，拥有空分设备13台（套），装置规模32.95万标准立方米/时；液化装置2套，液化产量600吨/日；制氢设备2套，氢气产能1400标准立方米/时；液体二氧化碳装置1套，年产量6万吨；焦炉煤气制液化天然气装置1套，液化天然气年产能10万吨，联产氢气1000立方米/时。

2020年末，气体公司设厂部级干部3人；下设科室5个、分公司6个、子公司3个，分处公司本部、炼铁厂北区及古冶、玉田、乐亭、滦州等地。共有职工358人，其中男职工317人、女职工41人；中共党员160人，共青团员4人；干部69人，其中科级干部24人；管理及专业技术职工69人，其中高级职称17人、中级职称38人；工人289人，其中高级技师14人、技师27人。职工中有研究生11人，大学本科62人，大学专科70人，中专60人，高中及以下155人。

【生产经营】 2020年，气体公司积极应对公司新区制氧项目建设及炼钢、炼铁分公司设备停产搬迁等形势，克服困难，加大基础管理力度，做好生产组织和设备管理，战疫情、保生产、拓市场、抓建设、推上市，多项工作齐头并进，取得较好经营业绩。全年，生产氧气14.2亿立方米，氮气16.04亿立方米，氢气570万立方米；制氧综耗0.82千瓦时/立方米；实现销售收入11.1亿元，利润1.67亿元；区位调整顺利完成，新区配套制氧项目如期投运；香港联交所主板上市目标成功实现。这一年，针对公司北区和南区相继停产搬迁及设备调整、开停频繁等困难，进一步强化生产组织，提高设备运行效率，实现新老区域的顺利交接，医用氧生产地址转移工作实现无缝衔接，保障客户配套气体供应；中厚板汽化系统改造和佳华1.1万标准立方米/时制氧机组恢复运行，满足中厚板公司气体介质需求；玉田分公司全年生产稳定顺行，实现利润524万元，同比增长180%，比指标超出24.7%；青龙炉料公司新上变压吸附制氧设备安装、调试完毕，顺利投入运营，为生产稳定运行奠定基础。

【市场开拓】 2020年，气体公司面对新冠肺炎疫情给生产经营带来的巨大压力，全力应对市场挑战，抢抓机遇，瞄准中高端客户，加大市场开发力度，产品外销量持续提升。全年，新签合同25个，挖掘潜在客户280个；液体产品销量23.6万吨，外销收入2.12亿元，自有车辆安全行驶百万千米，运送货物12万吨，在满足客户使用要求的同时实现效益最大化。年内，坚持以效益为中心，调整产品结构，扩大医用氧产能，新增乐亭分公司和不锈钢分公司两处医用氧生产基地，提高公司医用氧市场占有率；落实更加灵活的营销区域政策，优化营销人员激励机制，调整销售策略，拓展新兴市场领域，提升产品创效能力，降低业务经营风险；加强营销服务体系建设，加大客户拜访及回访力度，提前了解客户用量需求，优化送货路线，根据客户现场储罐液位情况，合理调整送货频次，确保客户使用，提高运输效率，缩短交货时间。新冠肺炎疫情期间，医院医用氧需求剧增，作为唐山市唯一的医用氧生产源头，克服交通管制等影响，医用氧车辆共出车1920次，行程14万千米，保障各大医院医用氧充足供应，满足客户需求。

【技术创新管理】 2020年，气体公司持续强化技术创新管理，充分调动研发人员积极性，加大创新和研发力度，不断提升企业技术水平和品牌实力，为生产经营注入新动能。全年，申报公司课题8项，列为重点课题1项，焦点课题2项，其中重点课题“压缩设备冷却器高效清洗剂研发和清洗方式的改进”通过“2020年度持续创新创效项目”结题验收，获得公司绩效激励资金2.5万元；成功申报河北省工业企业研发机构，强化企业创新主体地位，增强企业自主创新能力；加强知识产权管理，年内获实用新型专利2项；享受国家高新技术企业优惠政策，获得政府奖励资金5万元，减免企业所得税2100万元。

【企业香港上市】 2020年12月29日，气体公司成功在香港联交所主板挂牌上市，股票代码1940.HK，是河北省内首家登陆香港联交所主板市场的国有企业，为全省国有企业混改提供了新的范例。当年10月27日，气体公司在唐山和香港两地举行视频直播连线新闻发布会，宣布以中国气体工业投资控股有限公司（简称“中气投”）为平台在香港联交所主板挂牌上市；股票于10月28日上午9时始在香港公开发售，11月10日在香港联交所主板开始进行交易。作为境外专业化气体业务平台，此次成功在香港联交所上市，为河钢集团乃至全省钢铁企业非钢产业发展提供一个新路径。上市后，其他财务投资人通过二级市场退出，河钢集团成为气体公司第一大股东，为河钢集团再增加一家境外上市公司，企业有了一个境外成熟资本市场的低成本融资渠道，增强集团资产的流动性，进一步提升专业化投资的灵活性；该公司将依托河钢唐钢资源，不依赖河钢唐钢资源，尽快在钢铁主业外发展出一个产业，以内保河钢唐钢利益、外拓商业利润为目标，坚持以获取外部市场利润为主的经营模式，努力打造位居国内工业气体行业前三的专业化公司，助推公司非钢产业发展。

【安全工作】 2020年，气体公司积极应对新项目建设工期紧、任务重、设备启停频繁对安全管理工作带来的影响，坚持把保障职工生命安全和公司财产安全放在首位，时刻紧绷安全弦，深入开展“双控”机制建设，加大管理力度，全力做好区位调整期间安全管理工作，为生产运行保驾护航。年内，推进全员安全履责检查，排查治理隐患300余项，严格履行企业安全合规手续，持续推进安全责任落实，为实现安全生产奠定坚实基础，连续13年获得河钢唐钢“安康杯竞赛先进单位”称号。

【党群工作】 2020年，气体公司党委坚持以习近平新时代中国特色社会主义思想为指导，认真贯彻落实党的十九届四中、五中全会精神及公司党委工作部署，努力做好党群各项工作，为高质量发展提供坚强保证。年内，加强宣传思想和意识形态工作，围绕公司区位调整、人员调动频繁、职工思想波动实际，畅通沟通渠道，了解职工需求，持续抓好形势任务教育，引导广大职工认清形势，明确任务，顾全大局，服从调配，保证公司决策部署在基层贯彻落实，实现关键时期平稳过渡；以党建责任制为支点，落实全面从严治党主体责任，将党建工作与企业中心工作深度融合，结合产线实际，持续打造“产线保供先锋”党建品牌，严抓基层党组织建设，制定完善《支部党建工作责任制》《支部议事规则和决策程序》等10余项管理制度，为支部品牌建设提供制度基础；聚焦市场和产品，引导党员积极参与“钢铁报国当先锋”“三亮三比”系列党员特色活动，发挥党组织和党员在疫情防控、生产经营中的战斗堡垒和先锋模范作用，助推企业高质量发展；加强民主管理和职工服务，坚持发挥以职工代表大会为主要形式的民主管理作用，确保职工参与企业管理权利得到保障；组织开展“分公司季度劳动竞赛”“决战四季度冲刺利润目标”等劳动竞赛，全方位、多角度激发职工劳动热情，并搭建创新平台，立足岗位自主创新，年内组织申报小微课题79项，其中三项课题获得公司工会“优秀岗位创新成果”三等奖；切实做好日常及节期走访慰问、“送温暖”工作，发挥员工之家作用，开展“慰问一线职工、帮扶困难职工、情暖退休职工”等活动，送去企业的关心与温暖，促进职工幸福指数不断提升。

钢源冶金炉料有限公司

【概况】 唐山钢源冶金炉料有限公司（简称钢源冶金炉料有限公司）是公司白灰生产、销售单位，同时是执行公司的各项政策和生产任务的非钢单位。由河钢唐钢与唐山开平富鑫通源灰料厂合作建立，本部位于唐山市开平区，占地面积133万平方米。主体设备有600吨麦尔兹窑7座及相关配套设施。

2020年末，钢源冶金炉料有限公司（含冶金炉料厂）设厂部级干部5人（含合资方1人）；下设办公室、安全室、设备室、供销室、项目开发部、生产技术室等部室6个，北区、南区、采剥、检修等作业区4个，钢源乐亭分公司、钢源井陉矿区分公司、钢源斯梅代雷沃子公司等子分公司3个。共有职工273人，其中男职工217人、女职工56人；中共党员98人；干部29人，其中科级干部9人、作业长16人；管理及专业技术职工47人，其中高级职称4人、中级职称13人；工人244人，其中高级技师9人、技师8人。职工中有研究生2人，大学本科27人，大学专科47人，中专15人，高中及以下181人。

【生产经营】 2020年，钢源冶金炉料有限公司面对新冠肺炎疫情防控和严峻的市场形势，紧紧围绕年度目标任务和重点工作，以保产保供、降本增效、提升综合创效能力为目标，持续提升基础管理水平，优化生产组织，科学构建智能化生产管理体系，实现本部与新区生产协调统一，生产经营和新项目建设取得突出业绩。全年，生产销售石灰50.34万吨，实现销售收入2.89亿元；资金占用290.21万元，比目标降低159.79万元。这一年，适应常态化环保限产形势，合理优化本部和乐亭分公司生产模式，抓好窑炉生产稳定顺行，圆满完成保供任务；不断开拓创新，围绕国际化和沿海发展两大战略实施，以效益为中心，抓项目建设，抓多元化发展，加强在建项目的施工管理，根据实际需求完善项目网络计划，加强设备采购、招投标、资材进场验收、施工质量和安全等各环节管理，在建项目取得阶段性成果。截至年末，代表国际化战略的塞尔维亚石灰窑建设项目进程过半，代表沿海战略的唐钢新区石灰窑建设项目1号、3号窑于当年10月陆续投产达产，为确保主体生产辅料供应提供有力保障。同时，新石钢石灰窑项目建设接近尾声，进入生产准备阶段。

【质量管理】 2020年，钢源冶金炉料有限公司加强工艺质量管理，持续优化全过程质量管理体系，严格落实质量管控措施，细化完善管控流程，抓源头、强过程、重细节、提等级，实现原料入厂、生产工艺过程控制、产品仓储运输到客户回访全流程闭合管理循环，确保产品质量提升。全年，产品合格率稳定在96%以上，比目标值提高1.9个百分点。

【安全管理】 2020年，钢源冶金炉料有限公司持续加强安全管理，严格贯彻“党政同责、一岗双责、齐抓共管、失职追责”及“三个必须”工作要求，以安全文化建设为主线，开展全员安全教育培训，强化检维修、项目建设专项督导、隐患排查、应急管理等措施落实，全年实现轻伤以上事故为零的安全生产目标。这一年，深化全员安全责任体系建设和责任落实，与开平区政府、河钢唐钢签订安全生产责任状，内部层层签订安全生产承诺书，坚持每月召开安委会会议，有效消除项目建设、区位调整、人员抽调等变化对安全生产带来的不利影响，持续开展反习惯性违章活动，全年自查整改安全隐患525项，安全投入77.8万元，有效遏制安全事故发生，当年获公司“安康杯先进单位”“消防管理先进单位”称号。

【环保管理】 2020年，钢源冶金炉料有限公司站在讲政治保生存的高度，加大环保管理力度，积极应对环保新要求，持续优化错峰生产响应措施，适应常态化环保限产生产组织模式，通过制定不同时段、不同路线的运输保供方案，确保客户生产需求；深度治理生产现场和厂容环境，自查整改环境影响问题133项，投入环保资金132万元，实施在线监测设备超低排放升级改造，加装脱硝设备、高压洗车及视频监控等系统，全年未发生环保事件。当年，被市政府评为企业绩效分级B级企业。

【设备管理】 2020年，钢源冶金炉料有限公司强化设备管理与创新，以“预知维修”为支撑，提升设备运转管理精细化程度，做好设备检修及降费攻关工作，挖掘设备潜能，确保设备高效运转。年内，针对窑炉进入炉役后期，以延长设备使用寿命为目标，不断提高自主维修能力，减少设备维修费用；根据生产实际，安全平稳关停本部南区1号麦窑生产线；完善落实风机、减速机等设备稀油润滑管理制度和更换标准，在保证设备稳定运行的同时，降低维护费用。发挥职工创新工作站（组）作用，坚持开展设备技术攻关，对煤粉插板阀进行改造，使用寿命延长约20%，实现罗茨风机及变频器自动控制系统自行维修，维修成本大幅降低，维修时间明显缩短，提高了设备运行效率，助力产线效益提升。

【成本管控】 2020年，钢源冶金炉料有限公司强化成本管理，进一步深化全流程成本管控，优化本部与新区生产组织模式，细化从原燃料入厂、多品种换烧、工艺过程控制、产品仓储、销售、运输全方位成本管理流程，实现管控全覆盖；加强对物料采购及设备修旧利废管理，针对原料、煤、电等关键指标，深入对标挖潜，开展专项攻关，实现燃煤消耗、电耗等同步降低，吨灰成本同比降低7.16元；以项目制管理为抓手强化费用管控，降本增效，制定细化落实措施，当年立项9个，其中降低石灰粉率立项攻关，创效83.23万元；开展资金管控立项攻关，通过增加铁信付款范围和延期贴现，节省财务费用140.42万元，促进企业综合创效能力提升。

【拓展服务】 2020年，钢源冶金炉料有限公司坚持多元发展思路，在做好石灰生产主业的同时，不断拓展窑炉技术服务业务，提升企业综合竞争力。年内，注重发挥人才及技术优势，打造创效平台，在支援完成山西阳泉800吨牛腿结构双膛窑炉项目建设后，派遣12名职工提供窑炉煤粉制备系统技术服务，满足客户技术需求。当年，对外技术服务创收405万元，推动企业多元化发展进程。

【党群工作】 2020年，钢源冶金炉料有限公司党委以“党建质量提升年”活动为抓手，全面加强党建工作，坚持重基础提升、重队伍建设、重品牌创建、重责任落实，制度体系进一步完善，党员队伍综合素质能力全面提高，党组织凝聚力战斗力进一步增强，为实现生产经营目标提供有力支撑。加强制度建设，修订完善公司章程，进一步明确党组织在企业法人治理结构中的法定地位，建立党委会“第一议题”“学习强国”平台使用、党建积分制管理等党建制度规定56项，构建科学完善的制度体系；加强组织建设，严格规范选举流程，完成两委换届选举，扎实推进基层党建标准化、规范化建设，大力推进党建特色活动，打造“安全创新、服务效能、双保双优”支部特色品牌；构建“党委包党支部、党支部包党小组、党小组包党员、党员包职工”的四级联保网络，加强疫情防控，护航生产经营。加强党风廉政建设，建立完善重要职权廉政风险管控体系，确定8项管理职权、21个廉政风险点，多措并举有效开展纪检监察工作；加强“三抓住三提醒”廉政警示教育，实现教育警示常态化，签订廉政责任书，开展明察暗访，筑牢廉政防线；全程跟踪招投标、物资采购等重点环节，有效堵塞管理漏洞。发挥民主管理作用，严格落实职工代表大会和经理联络员制度，调动职工参与管理的积极性；以技术比赛、劳动竞赛为抓手，不断提高职工技术素质；深入开展“送温暖”活动，切实做好帮困解忧工作，职工获得感、幸福感持续提升，企业凝聚力向心力进一步增强。

青龙炉料公司

【概况】 青龙炉料有限公司（以下简称青龙炉料公司）是公司普通球团、含镁球团、含钛球团和碱性球团的生产与销售单位，同时是执行公司的各项政策和生产任务的非钢单位。由河钢股份有限公司和唐山竞鼎实业集团有限公司两家企业投资建设，控股股东为河钢股份，位于秦皇岛市青龙满族自治县祖山镇山神庙村，注册资本1.5亿元，拥有目前国内先进的链箅机—回转窑生产线1条，具备年产200万吨氧化球团矿生产能力。

2020年末，青龙炉料公司设厂部级干部3人；下设科室4个、作业区3个。有正式职工229人，其中男职工226人、女职工3人；中共党员98人；干部15人，其中科级干部7人；管理及专业技术职工26人，其中中级以上职称8人；工人213人，其中高级技师1人、技师4人、高级工32人。职工中大学本科以上18人。

【生产经营】 2020年，青龙炉料公司面对复杂严峻的市场形势，在环保停限产常态化及新冠肺炎疫情防控等因素影响下，认真落实公司各项工作部署，优化生产组织，加强工艺过程控制，提升生产效率，强化设备基础管理，深入开展节能降耗，优化原料结构，充分挖掘成本潜力，生产经营取得较好业绩。全年，生产球团矿132.27万吨，销售球团矿133.01万吨，实现利润3720.92万元。

【市场开拓】 2020年，青龙炉料公司在公司内部球团需求减少、秦皇岛地区环保限产影响、合同组织面临前所未有的困难下，开展钢铁市场调研，积极开发外部市场，努力破解生产经营困局。这一年，严格执行公司采购计划，全力保障炼铁厂、不锈钢公司及唐钢新区投产初期球团矿需求，保质保量组织生产，年内供应炼铁厂球团54.82万吨、不锈钢公司41.59万吨、唐钢新区33.15万吨，保证公司疫情防控等关键时期的物料供应；积极开拓外部市场，深入周边区域与5家有需求钢铁企业进行业务拓展，外销球团2.5万吨。

【生产组织优化】 2020年，青龙炉料公司在需求减少和环保停限产双重压力下，坚持科学组织生产，优化工艺过程控制，实现生产稳定经济运行，平均日产达到7000吨以上。这一年，结合生产工艺控制实际，提高产线智能化水平，关键工艺指标由人为控制逐步转变为人为+智能控制，实施链箅机料层厚度自动控制、烟罩温度与煤枪喷煤量连锁控制等技术改造，实现操作精准化、科学化。开展工艺设备改造，不断提升产品质量及生产稳定性，针对3号造球盘工况劣化的现象进行刮刀改造，改善生球质量，提高台时产量，降低故障率和维修量，环冷透气性得到有效改善，4号环冷鼓风机全年未开启，节省了电量消耗；通过调整煤枪枪身位置和枪身角度，使困扰数年的窑体高温区结圈现象得到有效遏制，从根本上消除了由于结圈不均阻料的现象，使窑内热量分布更合理，从而改善焙烧过程；对喷煤区三个圆盘进行改造，稳定下料量，磨机台时产量提高，电耗降低，生产安全性提升。优化升降温操作，固化工艺操作流程，制定《主要设备启停机规范》，在保证安全生产的前提下，最大限度减少因升降温球团过多导致的高炉影响。

【成本管控】 2020年，青龙炉料公司在钢铁市场、环保、新冠肺炎疫情及公司退城搬迁等多重因素影响下，强化成本管控，挖掘降本潜力，坚持精细化管理，深入开展节能降耗、结构优化、工艺控制等工作，在保证生产经营稳定运行的同时，全年创效3629万元。年内，开发替代精粉资源，着力降低原料结构成本，最大限度利用柏泉精粉、南非PMC精粉、宽城精粉替代研山精粉，优化结构成本，全年创效1757万元，其中柏泉精粉成本价比研山精粉低134.97元/吨，全年配加11.11万吨，创效1500万元；南非PMC精粉成本、宽城精粉成本同比均有所降低。寻找合适可用物料，低价资源，在满足球团生产和质量要求的前提下，配加进口海砂、红土镍矿等低价物料，降低原燃料成本；使用俄罗斯煤替代寿阳煤，成本降低235元/吨。实施工艺连锁控制，以提高热能利用效率和生产工艺稳定性为抓手，降低煤耗，通过落实链箅机料层厚度自动控制、烟罩温度与煤枪喷煤量连锁控制等措施，吨球煤耗17.77千克，同比降低3.72千克/吨，创效1327万元。不断优化操作，进行技术改造，全面开展节电节能攻关，制定节电节能措施35项，固化7项制度，确保节电措施长效化运行，通过环境除尘风机风门合理控制、主引风机取消液力耦改为变频调速、优化热风操作等一系列举措，电耗得到有效控制。全年，吨球电耗32.43千瓦时(不含脱硝)，同比节电549万千瓦时。

【设备管理】 2020年，青龙炉料公司强化设备基础管理，实施以专业点检、岗位点检、专业维保为一体的“三位一体”点检定修制，实现设备经济稳定运行，全年设备可开动率达99.97%，保障生产稳定顺行。这一年，强化设备周期管理，坚持每周进行重点设备关键指标登记，对设备劣化趋势实施数据化管理，寻求设备最佳检修、维保、更换周期，健全备件修复统计台账，实现设备全生命周期管理；加强岗位点检管理，提高岗位点检质量，全年设备管理考核64项，设备日常管理水平不断提升；加强检修管理，严控外委，充分利用现有检修力量，提高检修质量，提升检修工时利用率，降低检修费用，全年维保费用同比降低271.90万元，备件、油脂消耗同比降低374.09万元；开展岗位自检自修，立项71项，实施69项，节省工时7555个；进一步完善设备管理制度，严肃责任制考核，为设备安全运行提供制度支撑。

【安全管理】 2020年，青龙炉料公司以安全生产集中整治工作为契机，持续加强“双控”机制建设，不断提升安全管理水平，保持了良好的安全生产局面。年内，按照“三管三必须”原则，落实领导干部安全生产包联责任，制定各级人员安全履职清单并按照清单要求对各级部门履职153人次，其中厂部级3人、科级9人、作业长与班组长28人、职工231人；深入开展安全事故隐患动态排查整治，加大各类检维修、煤粉防爆系统、特种设备、消防安全等方面检查力度，查出隐患109项，其中厂部级查出隐患17项，相关科室查出隐患203项，部室自查隐患19项，对查出的问题全部进行整改；加强对外委施工单位的安全管理，组织外委施工队伍开展“双控”机制建设专项培训，建立危险源辨识表及风险管控信息台账，制定风险管控措施及相应的管理制度，完善安全操作规程，助力安全生产；强化安全教育培训，组织主要负责人培训1人，安全管理人员培训6人，特种工取证、复审换证培训26人，班组长培训24人，全员安全培训317人，履职、重大危险源及“双控”机制建设培训26人，按计划组织实操培训，有效提升职工安全管理意识。

【党群工作】 2020年，青龙炉料公司党委围绕生产经营中心，以党建品牌为引领，全面加强党的建设，助力全年生产经营目标实现。加强基层组织建设，推动党建工作与企业发展深度融合，在产线党员中开展“戴党徽、亮身份、当先锋、作贡献”主题竞赛和“一名党员一面旗”先锋赛活动，以生产经营绩效检验党建工作实效；深化“365先锋号”党建品牌建设，构建全天候、全方位、全覆盖的党建工作体系，从强化“三基”建设、推行“六化”标准，实施党组织“五力”提升工程入手，强化党建品牌示范引领作用；健全完善党建考核体系，全面深化党员积分制管理，建立科学完善的党员考核评价体系，切实加强党员队伍日常教育管理，为生产经营和改革发展提供保障。突出从严治党，压实“两个责任”，逐级签订党风廉政建设责任状，建立健全廉政风险防控体系，形成“以制度规范流程、以流程优化管理、以管理完善制度”的风险防控机制；加强疫情防控，全面落实防控责任，厂区实施两个月的全封闭管理，构筑起厂部级、科级、班组级“三级”防线，确定18项防控措施，压实各项责任，确保职工生命安全及生产稳定。

唐龙（唐昂）公司

【概况】 唐龙（唐昂）新型建材有限公司简称唐龙（唐昂）公司，是河钢唐钢矿渣粉的生产、销售单位，同时是执行公司的各项政策和生产任务的非钢单位。由河钢唐钢与新加坡昂国企业有限公司共同出资组建，控股股东为河钢唐钢，投资比例60%，新加坡昂国企业投资比例为40%。2020年末，拥有矿渣微粉生产线3条，立式磨机3台，产能规模为180万吨/年，主要生产S95级矿渣微粉，广泛应用于水泥厂、搅拌站。

2020年末，唐龙（唐昂）公司设厂部级干部2人；下设综合科、财务科、专家室、营销科、人力资源科等科室5个，作业区2个、班组10个。共有职工133人，其中男职工93人、女职工40人；中共党员38人，共青团员1人；干部26人，其中科级干部8人；专业技术职工15人，其中高级职称3人、中级职称8人；工人107人，其中技术工人72人、高级技师1人、高级工9人。职工中有研究生3人，大学本科29人，大学专科30人，中专9人，高中及以下62人。

【生产经营】 2020年，唐龙（唐昂）公司面对新冠肺炎疫情、北区停产原燃料断供及持续低迷的矿渣粉市场形势，积极应对，开辟原燃料供应渠道，强化设备管理，攻关产线纯焦气、天然气安全生产难题，动态调整营销策略，取得较好经营业绩。全年，生产矿渣粉109.15万吨，销售量110.54万吨；经营收入2.23亿元，利润802.9万元。年内，强化设备管理，利用年初停产时间组织对唐龙两条产线进行检修，加强设备基础管理及事故管控力度，确保设备长周期良性运转；增加原料储备，唐龙公司在疫情停产期间共存储水渣29万吨，为保产及后续生产经营奠定基础；开辟外购水渣渠道，唐龙公司自8月29日开始外购水渣，确保北区停产后生产所需水渣资源的供应，唐昂公司自10月15日开始外购水渣代替部分中厚板公司水渣，有效解决矿粉活性问题，保证产品质量和声誉；开展产线使用纯焦气、天然气安全生产攻关，实现唐龙双产线焦气、高气在线切换不停机，确保唐龙产线使用纯焦气生产的安全性；租赁天然气设备及外购天然气，确保唐龙产线在效益最大化的前提下保持一定生产能力，满足重点客户矿粉的需求；制定以矿粉售价来调整生产及销售节奏策略，全年唐龙矿渣粉售价共计调整26次，有效缓解水渣资源不足带来的影响；唐昂公司通过销售前置，提前与出口客户沟通，全年出口矿粉16.67万吨，同比增加8.85万吨，实现出口逆势上量，售价高于内销价格16元/吨，多创效267.2万元。

【降本增效】 2020年，唐龙（唐昂）公司加强对库区全面清理和盘点，两个公司物料实现共享，降低库存占用费用。年内，唐龙共向唐昂调拨各类备件、物料25项，节约库存占用费用19.32万元；优化物料采购流程，综合考虑两个公司物料库存情况，严格外购物料计划审批制度，确保物料共享，备件采购费用同比降低163.66万元；统一调配两个公司人力资源，操检合一，深度推进产线自检自修，当年除空压机、主电机、主减速机等项目的专业大修外，其他项目一律自主检修，全年共计自主检修153项，节省4081个工时，降低费用22.45万元；强化核心设备管控措施，加强设备隐患排查治理，产线未发生较大生产设备事故，三条产线故障时间132.33小时，同比降低65.64%；开展能源介质降本攻关，关注生产中的每一个耗能环节，对标创新节能方法，降低入磨水渣含水率、控制热风炉燃烧温度、倒料避开尖峰电价时段、加强动力介质跑冒滴漏治理，累计降费26.3万元。

【项目改造】 2020年，唐龙（唐昂）公司根据河钢唐钢本部总体停产方案安排，北区停产后唐龙公司将无法继续使用炼铁厂22万站的电力供给，考虑运营成本，最终确定外部引入独立10千伏线路供电方案。经与唐山市供电公司反复商讨供电及线路建设方案，签订工程及用电协议，并按既定计划完成工程项目施工。此项工程由唐山市胜源电力工程有限公司负责施工，概算投资45万元。8月28日唐龙区域正式切换使用外购电维持生产。

【环保管理】 2020年，唐龙（唐昂）公司持续强化环保管理和现场环境治理，实施减排项目改造，为环保绩效评级提供有力支撑，唐昂公司被评定为“地方引领性企业”。年内，加大对两个区域现场管理力度，提高检查频次，考核现场管理及环保问题82项；唐龙区域重点对动力介质跑冒滴漏、无组织排放、死角死面、库房、料场苫盖进行拉网式排查和整治；唐昂区域重点对料仓、排放大烟囱、高压配电室、中控楼、办公楼等进行粉刷，修补损坏地面，升级改造脱硝系统，实施料仓放料点全密封改造，取消磨机外排料，新增装料点除尘、料场大棚、通廊下料点雾化等抑尘设施，全年环保投入558万元。

【安全管理】 2020年，唐龙（唐昂）公司始终保持安全高压态势，狠抓现场安全管理，获得公司年度“安康杯”和“职业卫生先进单位”称号。年内，持续开展隐患排查治理，对“三违行为”、检维修作业、外委人员、煤气作业、有限空间、电气作业、清仓作业等进行重点管控，共查处现场隐患及违章、违规行为171项；加大安全投入，全年落实安全整改资金71.86万元，确保安全生产。

【党群工作】 2020年，唐龙（唐昂）公司党总支贯彻落实集团、公司党委要求，推动全面从严治党向纵深发展，基层党建工作质量稳步提升，党群工作全面融入生产经营，助力生产经营取得较好业绩。年内，根据年度生产经营指标，明确党政班子成员廉政建设责任分工和重点工作任务，建立党风廉政建设责任制，确定党总支和行政单位两个责任主体和重点工作任务，实现党风廉政建设年度目标；开展支部标准化建设和“三亮三比”活动，突出党员绩效管理，强化职工队伍建设；开展劳动竞赛，鼓励创新创效、小革小改，激发职工的积极性与创造性；全力保障职工生活，开展节期“送温暖”、暑期“双服务”、职工生日、困难职工慰问等活动，使职工充分感受企业的关怀和温暖，企业凝聚力进一步增强。

新事业公司

【概况】 唐山惠唐新事业产业发展有限公司（简称新事业公司）是公司综合性实体集合发展非钢单位，由唐山惠唐新事业产业发展有限公司、唐山惠唐新事业股份有限公司、唐山钢铁集团金恒企业发展总公司三个法人单位组成。其主要业务涉及钢铁固体废弃物综合利用、金属产品包装及包装材料生产、冷热板材加工、钢材储运及贸易、火车装载、胶辊及冶金备品备件制造和修复、工业润滑油生产、炼钢辅料生产、新型建材生产、印刷及劳保用品生产、汽车修理、铁钢轧工序及后勤服务等内容，同时执行公司的各项政策和生产任务，负责该公司安全、环保、生产、技术、质量、销售、设备等管理工作，兼负公司集体合同制职工的各类管理工作。2020年末，拥有固定资产原值2.90亿元，其中唐山惠唐新事业产业发展有限公司和唐山惠唐新事业股份有限公司1.57亿元，唐山钢铁集团金恒企业发展总公司1.33亿元；净值1.2亿元，其中唐山惠唐新事业产业发展有限公司和唐山惠唐新事业股份有限公司0.90亿元，唐山钢铁集团金恒企业发展总公司0.3亿元；拥有主要设备21台（套），其中压球机2台、轮碾机3台、纵剪线1条、铁内外护角自动成型机4台、纸护角生产线1条、数控板料开平线5条，压滤机4台；废钢压块机1台、冷板边丝收集生产线2条。

2020年末，新事业公司设厂部级干部5人；下设安全科、生产保障科、设备机动科、财务经营科、人力资源科、综合办公室等科室6个，产品制造、加工贸易、建材检修、工序服务等业务单元4个，实体单位20个，班组39个。共有职工1803人，其中河钢唐钢身份职工180人，集体身份职工1229人，代管划拨集体工394人；男职工815人，女职工988人；中共党员248人；干部44人，其中科级干部23人；管理及专业技术职工39人，其中高级职称4人、中级职称3人；工人1759人，其中高级技师2人、技师4人。职工中有研究生4人，大学本科39人，大学专科126人，中专47人，高中及以下1587人。

【生产经营】 2020年，新事业公司面对新冠肺炎疫情影响，以“健康、阳光、活力”为发展理念，立足“实现生产经营目标、完成管理体制改革、应对产能区域调整、保持队伍和全局稳定”四大任务，创新思维，积极开展各项工作，取得良好经营业绩，业务转型顺利推进，混合所有制改革取得阶段性进展。全年，实现营业收入11.38亿元，其中唐山惠唐新事业产业发展有限公司和唐山惠唐新事业股份有限公司收入6.47亿元，包括外部收入3.32亿元，唐山钢铁集团金恒企业发展总公司营业收入4.91亿元；实现利润3836.46万元，其中唐山惠唐新事业产业发展有限公司和唐山惠唐新事业股份有限公司利润3057.07万元，唐山钢铁集团金恒企业发展总公司利润779.39万元。这一年，积极顺应公司区位调整发展趋势，提出“服务新区建设，推进转型发展”战略，进行业务平稳转移，在唐钢新区实施冶金固废处置、产品包装、天车运行、热轧检验板取样和废次材加工销售、工厂及产线保洁、佳华焦化受卸区除尘设备运维、劳保服装供应、工业标识制作安装等业务，全面实现新老区业务转移覆盖与优化延伸。精耕细作驻留业务，加工贸易单元以市场、产品和客户为核心，精准捕捉市场信息，准确调整销售节奏，在开发新客户中树企业品牌，维护老客户中拓业务宽度，对接重点客户实现产品直供，废次材深加工产品附加值增加，有力保证整体效益和现金流稳定；产品制造单元另辟蹊径谋发展，包装材料车间在满足公司包装材料供应基础上，充分挖掘设备产能，年内对外带料加工7000余吨，外销自产打包扣70万个、打包带44吨，自用打包带40吨，外销自产电缆桥架收入15万元；建材检修单元审时度势，进一步拓展业务，新型建材车间抓紧结算回笼资金同时，紧盯老区拆除改造工程动态，制修车间通过技术革新降低维检成本，提升维检质量，创效水平均得到提升。

【混合所有制改革】 2020年，新事业公司立足企业长远发展，积极推进混合所有制改革。年内，按照公司统一部署，从体系机构建设、职工身份转换、资产清理、资金筹措等方面进行统筹谋划与实施，总体思路是将唐山惠唐新事业产业发展有限公司与唐山惠唐新事业股份有限公司先期合并为一个法人实体，引入唐山钢铁集团金恒企业发展总公司作为战略投资者参股，完成混改。截至年末，《混合所有制改革实施方案》已完成职代会、党委会、董事会、经办会等内部决策流程，经公司党委会、董事会通过，报河钢集团审批。

【项目推进】 2020年，新事业公司加快项目推进，激发经营活力，增强发展后劲。这一年，作为重点投资推进项目的氧化铁红加工磁性材料项目调研、选址完毕，确定与北矿磁材的合作意向，并上报河钢集团立项审批；高强汽车板酸轧线切边卷取拔丝项目施工结束，具备试生产条件；根据唐钢新区生产需求，开展氧化铁皮压球项目技术交流、选址，完成初步方案；进行高炉、转炉除尘灰处置方案联络交流，推介分选+回转窑一揽子处理方案，与合作方共同对设计单位进行技术交流、方案讨论，提供技术资料数据，编制新区尘灰资源化项目可研报告；坚持眼睛向外寻求合资合作，联络社会技术力量发起成立固废资源化利用技术研究院，进行脱硫灰利用技术合作；积极参与大成不锈钢、三益环保科技公司危废处理等项目的前期交流、考察，推进项目建设步伐加快。

【基础管理】 2020年，新事业公司持续加强基础管理，提升管理效能，为企业发展提供支撑。这一年，以深入贯彻双控机制建设为主线，强化安全管理，逐级落实隐患排查治理机制，检查安全问题隐患651项，整改率达100%，力促安全管理上水平，连续五年获得公司“安康杯”，连续三年获公司“职业卫生管理先进单位”称号。坚持完善管控体系建设，强化产品服务质量，修订完善质量标准、操作规程、考核文件，组织开展工艺操作规程培训，重点针对包装材料、包装质量和物流服务，强化质量检验和抽查，全年未发生包装质量异议；配合相关部门完成汽车板认证审核工作，参与公司包装形式成本优化方案研究；参与集团及公司包装标准制定和修订完善工作。严把采购进口关，创新采购方式，推行多轮询比价、单品低价中价等采购新模式，坚持做到采购计划合理、采购流程规范、合同齐全有效、货到验收及时，年内实现同比采购物料降费创效854.73万元。以合同管控为重点，推进企业合规管理，组织开展制度制定、风险识别、合规审查、风险应对、考核评价、责任追究、合规培训等管理活动，实现生产经营全流程监管到位，执行有力。

【工序服务】 2020年，新事业公司努力抓好工业企业工序增值服务，不断深化拓展传统业务，精准捕捉冷、热板材加工市场信息，深入推进“简单贸易+轻加工”向“深加工+产品制造服务”转型升级，打造服务品牌，树立良好形象。这一年，围绕公司产品包装、天车运维、装载发货、除尘维检、液压维护、工厂保洁等多项工序服务业务，坚持“要想有地位必须有作为”理念，在主业生产经营中积极发挥作用，做好工序服务，物流服务车间通过管理创新打造标准化作业团队，实施定点、定量、定时“三定作业法”，全年板卷吊伤率控制在0.2%以下，垛位非标率控制在0.3%以下，实现用户意见反馈无异议；中厚板服务车间在主体厂产量持续提升的情况下，120台（套）除尘、脱硫脱硝设备全年运行无环保事故，三条轧线液压设备运行操作维检过钢量400万吨无事故，圆满完成保产任务；金属包装车间采取操作者自检、库区班组自查、区域抽检、车间定期巡检的“闭环”质量检验模式，冷板包装现场抽检合格率达99.93%，京唐港曹妃甸库区抽检合格率100%，全年冷轧产品包装39.9万包、348.4万吨，热轧产品包装15.74万包、378.6万吨，助力生产稳定顺行；工序保产同时，积极分担公司环保压力，在疫情期间外部车辆组织困难的情况下，勇于担当冶金固废清运、处置工作，保证公司废料清运作业点正常有序运行，筑牢公司“清洁生产的最后一道屏障”。

【党群工作】 2020年，新事业公司党委全面贯彻习近平新时代中国特色社会主义思想和党的十九大、十九届五中全会精神，落实集团和公司党委要求，深化党建创新，加强党政融合，全力抓好党群各项工作，有力推动企业高质量发展。这一年，积极创建“五型”领导班子，进一步修订完善党委议事规则、董事会议事规则、总经理办公会议事规则，落实“三重一大”决策制度，实现党政交叉任职，党委主体责任、党委书记第一责任、班子成员分管领域党建责任、党支部和党建部门工作责任扎实落地。全面加强疫情防控，创造安全生产经营环境，由党委四级联保和行政三级联保相结合，切实保证各项防控措施落地，实现疫情防控“零输入、零感染、零传播”目标。抓好形势任务宣传教育，坚持每月宣讲和关键时点专题宣传，引导干部职工认清形势、明确目标、扎实工作。深入开展党建质量提升年活动，推进标准化规范化党支部建设，实现星级党支部创建目标；以“提升两级绩效，创新党建活力”为主题推进党建品牌建设，深加工党支部“党建+创新，筑就创效堡垒”成为公司年度十佳品牌；加强党员队伍建设，进一步提升党员政治素质，通过“三亮三比”突出党员绩效目标管理，实现全年党员总体绩效再提升2%目标，组织开展服务新区建设、推进转型发展“党员随手拍”活动，有力展示全新历史条件下党组织的战斗堡垒和示范引领作用，为稳定队伍、提振士气、凝聚力量提供有效助力。认真落实党风廉政建设“两个责任”，坚持党委、纪委、党委书记和班子成员“四责协同”，健全强化党风廉政建设工作机制，实现党风廉政建设责任体系全覆盖；实施重大决策重点工作与监督检查同步一体推进，进一步完善廉政风险防控体系，对8类16个方面32个风险点进行精准廉政防控；加强党风廉政教育，提升领导班子和党员干部队伍自我约束能力，保持风清气正企业经营环境。开展全员岗位创新创效和主题劳动竞赛，坚持季评岗位之星和专业系统评先，形成浓厚的争先创优氛围。

北京唐钢宾馆

【概况】 北京唐钢宾馆是公司及上级单位在京会务组织、接待服务、外事服务工作的接待单位，位于北京市东城区仓夹道7号楼。

2020年末，北京唐钢宾馆设厂部级干部1人；下设部门3个；共有职工18人，其中男职工6人、女职工12人；中共党员4人；干部3人，其中科级干部2人。

【经营业绩】 2020年，北京唐钢宾馆克服新冠肺炎疫情影响，圆满完成疫情防控和公司下达的各项服务接待工作。全年，接待宾客1459人次，接待公司及集团会议11次，会议用餐10次，河钢国际营养餐配送9000余份，火车站、机场接送25次，安全行车5万千米；完成两会及五中全会期间省国资委及人社厅安保维稳接待工作。

【疫情防控】 2020年，北京唐钢宾馆积极做好疫情防控工作，确保宾馆正常运营及在住宾客和员工生命安全。年内，制定《“新型冠状病毒”疫情防控工作应急预案》，宣传病毒防控知识，要求全员高度重视、严格落实各项疫情防控措施，工作中坚持“戴口罩、勤洗手、测体温、勤消毒、少聚集、勤通风”的良好卫生习惯；两次组织全员核酸检测，结果均为阴性。

【提升改造】 2020年，北京唐钢宾馆利用疫情防控期间宾客入住率低这一时机，积极做好提升改造工作。年内，大力开展员工培训，完成全员岗位培训和考核，提升员工素质；对宾馆硬件升级改造，对5间客房卫生间、部分房间地面、餐厅包间墙面、厨房油烟净化、大厅热风幕、消防疏散通道等进行升级改造，排查并消除隐患。

【安全管理】 2020年，北京唐钢宾馆重点抓好消防安全管理工作。这一年，组织全员安全培训，学习烟雾报警自控系统操作、灭火器和消防栓的使用方法、火灾逃生方法等；通过对外协调、沟通，特邀北京市北新桥派出所警务人员为员工讲解安全防范知识，提升全员安全意识。

【卫生管理】 2020年，北京唐钢宾馆全面加强卫生管理，提升卫生标准。年内，制定《卫生检查标准》《员工宿舍卫生管理制度》《员工宿舍卫生奖惩规定》等管理办法，建立明确的奖惩制度，提高员工积极性，促进管理工作开展，共同营造干净，舒适的住宿环境；加强库房食品检查，严禁使用过期食品和原料；按照《北京市生活垃圾管理条例》要求，全力推进宾馆生活垃圾分类工作，指导员工切实做好各项措施落实。

【接待配餐】 2020年，北京唐钢宾馆顺利承接并完成河钢国际中午工作餐配送业务。年内，制定《配餐操作流程》，并将流程图上墙，组织配餐人员集体办理健康证，保证配餐送餐工作顺利进行；严格把关采购、烹调、分餐、运输、消毒等配餐流程，坚持落实每日体温检测、分餐、公共卫生区域消毒等疫情防控措施。

生活服务分公司（行政福利处）

【概况】 唐山钢铁集团有限责任公司生活服务分公司（简称生活服务分公司）、行政福利处属同一机构、两块牌子，是对内服务与对外经营的不同称谓，是河钢唐钢的生活后勤服务单位，承担职工餐饮、洗浴、更衣、洗衣、宿舍管理、公司机关办公楼保洁、厂容绿化管理、维修服务、小区物业管理、幼儿教育、饮品供应、职工通勤车服务、职工休养、宾馆接待服务、房产管理等业务的综合服务管理部门。

2020年9月，唐山钢铁集团城市服务有限责任公司更名为唐山唐钢建设发展有限公司，作为土地资产处置的专业平台公司；同月，设立唐山钢铁集团有限责任公司生活服务分公司，承接原唐山钢铁集团城市服务有限责任公司业务。

2020年末，生活服务分公司（行政福利处）设厂部级干部5人（含驻村干部一人）；下设科室23个（含公司派驻的人力资源、财务部门2个科室）。共有职工671人，其中男职工524人、女职工147人；中共党员287人；干部69人，其中科级干部28人（含公司派驻的人力资源、财务部门）；管理及专业技术职工36人，其中高级职称3人、中级职称16人；工人602人，其中高级技师12人、技师31人。职工中有研究生5人，大学本科82人，大学专科83人，中专43人，高中及以下458人。

【服务经营】 2020年，生活服务分公司（行政福利处）贯彻执行公司决策部署，坚持高效服务生产经营，围绕抗击疫情、区位调整、后勤保供三大核心任务，内抓提质增效、外抓经营拓市，持续提升服务精准化精细化水平，为公司高质量发展提供有力的后勤服务保障。全年，实现收入1.72亿元，同比减少667.88万元，利润-2578.33万元，同比增加327.12万元；实施优化创新举措，催生新发展动能，唐钢宾馆同比减亏49.98万元，精品酒店盈利144.71万元；幼教管理中心同比增收17.7万元；承接佳华餐饮、通勤等服务项目，实现收入505万元；汽车管理和运输费增收51.85万元，同比增长15.84%。

【新区服务】 2020年，生活服务分公司（行政福利处）充分发挥生活后勤系统管理优势和经验，努力为新区建设服务。这一年，从人员配备、服务质量、现场环境、安全管理等多方面统筹兼顾，制定最佳承接新区服务方案，克服业务延伸链条长，岗位人员不足等困难，顺利承接新区办公楼及服务区设备设施日常维保、10.7万平方米经典参观沿线清扫保洁、垃圾清运、5个食堂和4个浴室的管理等服务项目，以高质量生活后勤服务为新区生产经营提供保障。

【疫情防控】 2020年，生活服务分公司（行政福利处）面对突如其来的新冠肺炎疫情，勇于担当，严防死守，从组织动员、联防联控、宣传教育和物资储备等方面，夯实管理责任，全过程全链条推进疫情防控工作，筑牢暖心后勤防控保障线。当年，立足自身职能特点，制定实施20余项防控制度，与13个支部签订防控责任书，召开专题会、视频会30余次，先后张贴五版温馨提示300余张，强化督导检查，成立防控督导检查组，聚焦重点区域和环节，摸排完善630名住宿职工信息，检查通勤车3000多车次，封堵喷淋设备1000余个，排查防疫问题49项，整改率100%；紧跟疫情防控形势，建立食品信息追溯台账，动态调整职工就餐、洗浴更衣、通勤等服务模式，提供疫情套餐50余种，发放洗浴票4万余张，唐钢宾馆接待医学隔离观察752人，从衣食住行密织疫情防控网。

【降本控费】 2020年，生活服务分公司（行政福利处）加强费用管控，降低服务成本，全年整体发生成本费用1.98亿元，同比减少995万元。这一年，坚持对标提质横向学习纵向提升，聚焦人工成本降低，合理优化调配，强化设备维检费用管控，以最低成本构筑高效益优势，唐钢宾馆、精品酒店降低人工成本257.25万元；开展“设备设施小革小改”争先赛活动，自检自修空调、洗衣机、监控等设备设施700余套次、修旧利废300余件，降低设备设施维护、备件物料费用90余万元；物料消耗同比降低19.80%；油耗同比降低25.55%；汽车修理费同比降低19.57%；水电费同比减亏57.52万元，入户清缴小区陈欠费20余万元。

【基础管理】 2020年，生活服务分公司（行政福利处）面对新老区后勤服务双线并行保供局面，全面加强基础管理，完善制度落地，以严格管控促服务晋档升级。全年，查找问题448项，处理数字化城管案件151件，整改率100%。年内，强力提升监管能力，实施标准化管控、精益化管理，先后制定、修订《洒水降尘工作考核办法》《服务标准》等十余项管理制度，细化内部指标考核，形成管理制度健全、整改记录齐全、奖惩过程清晰的规范管理体系；坚持深入产线调研，运用微信群等网络平台及面对面座谈等多种形式，广泛收集生产单位与职工需求，协调解决餐饮、洗浴、住宿、通勤等职工关注的重点难点问题30余项，调整26个通勤车站点，成立24小时供暖保驾应急抢修队，更换220余组暖气片，370余米管道，提升公司整体后勤服务保障水平。

【安全管理】 2020年，生活服务分公司（行政福利处）积极应对疫情防控、退城搬迁、人员抽调等因素对安全工作带来的多重影响，扎实做好安全管理，不断优化安全教育、应急预案完善等工作，严控作业过程管理，狠抓全员安全责任落实落地，实现安全目标。年内，进行安全检查307次，排查安全隐患424项，考核问题25项，整改率100%，履职考背安全知识1748人次，全员安全培训考试22场522人，有效遏制事故发生；开展“安全生产月”现场实操培训视频竞赛和“消防安全月”技能竞赛活动，提高职工的安全意识、防范意识和应急处置能力。

【食堂管理】 2020年，生活服务分公司（行政福利处）加强疫情防控期间食品安全管理，持续提升服务软实力，确保职工“舌尖上的安全”。当年，针对分布在市区、乐亭、丰南、滦南等地的公司18个职工食堂，以及高强汽车板、佳华煤化工、美锦煤化工3个作业区的服务管理工作，重点在服务细节上下足功夫，年内更换调整菜谱18次，丰富职工节日餐桌120余个菜品，售卖513套家宴套餐，提供检修用餐5.1万余人次，接待用餐226次，新老区实现统一菜谱、统一售价、统一成本、统一盛器的“四统一”标准化管理，满足职工用餐需求，实现收入2068万元。

【饮用水及暑期冷食供应】 2020年，生活服务分公司（行政福利处）在疫情防控特殊时期，全力保证饮用水及暑期冷食供应。全年，累计供应（销售）桶装水27.9万桶，瓶装水3.49万件；6—9月，向生产一线职工供应冷食6.41万箱256.42万支，为公司暑期生产稳定运行提供有力的后勤保障。

【厂容环境管理】 2020年，生活服务分公司（行政福利处）坚持厂容环境管理不松懈，实施标准化管控、精益化管理，强力提升监管能力，保持整洁优美的厂区环境。这一年，抓好道路洒水抑尘及恶劣天气的清扫保洁工作，完成道路除雪铲冰5次、雨后推水清淤31次，秋冬季落叶清理清运600余车，清运生活垃圾约0.5万吨，接待参观任务40余批次；保障24小时后勤维修，接报修电话7000余次，维修亮化灯千余盏，路边石、便道、草坪边缘4000余米，更换、改造、安装电缆3000余米，排查路灯杆1480个，抢修百余次，确保厂区道路干净整洁。

【浴室与宿舍管理】 2020年，生活服务分公司（行政福利处）强化管理制度落实，持续优化浴室、宿舍管理，为职工提供暖心服务。当年，负责公司10个浴室和2个锅炉房的管理，主要为职工提供更衣、洗浴、洗衣、织补工作服、物流及原四轧区域供暖等服务，全年接待新老区职工洗浴更衣440万人次，洗涤工作服7万套，绣号600余套，缝补衣服1600余次；区位调整期间对老区浴室更衣箱进行调整，收缴更衣箱1290个，更换新锁1200把。规范整合大学生公寓，全面彻底清洗、检修公寓空调，并进行CMA检测，更换宿舍纱窗170扇，确保住宿环境整洁、清爽舒适，为493名职工提供最佳住宿服务和住宿环境。

【幼儿教育】 2020年，生活服务分公司（行政福利处）认真贯彻《幼儿园教育指导纲要》精神，做好新冠肺炎疫情防控，不断加强教育教学、园所设施环境建设，幼儿教育教学水平和办园质量进一步提升。年内，对龙华和张西幼儿园进行线路改造，税钢幼儿园铺设操场地面，3所幼儿园分别添置了户外体育器械；优化服务模式，发挥自身资源作用，在开办舞蹈、美术、合唱、手工等多项兴趣班教学的同时，引入优秀教育资源和教育理念，开设体智能、非洲鼓、轮滑、围棋和大兵小将等课程，全年组织学习、培训35次，总授课时间910课时。

【党群工作】 2020年，生活服务分公司（行政福利处）党委坚决贯彻落实集团、公司党委要求，围绕加强党建、抗击疫情、区位调整、后勤保供、降本控费五大核心任务，团结带领广大党员干部攻坚克难，实现党建工作与中心工作深度融合、高效联动，为公司后勤系统服务保障工作迈上新水平提供坚强保障。强化政治理论学习，将实施“第一议题”与“逢学必学”制度相结合，以中心组“五学”为“龙头”，党支部日常交流学为基础，有计划、分层次组织学习，真正使理论学习成为提高思想认识、谋划工作思路、破解发展难题的有效载体，年内领导干部讲党课5次，开展集中学习教育12次，举办专题研讨4次、党委会议21次，为高质量发展统一思想提供支撑；聚焦承接服务新区项目、提升服务质量、降本增效等重点工作，在广大党员中深入开展“三个在一线”活动，在各支部开展“设备设施小革小改”争先赛，助推公司后勤服务保障工作质量提升；开展以“变”中求发展为主题的大讨论，通过“集中+分散”方式，依托“3X+1”形势任务宣讲活动，党政主要领导下基层宣讲50余次，组织支部书记集中学习20余次，下基层讲党课10余次，确保区位调整和疫情期间职工思想和队伍稳定；以“六个”标准为抓手，大力开展“四有”党支部活动，根据月工作重点创新深化支部主题“党日+”活动，开展“光盘行动”“文明创城我先行”“争当后勤防疫兵”等主题党日特色活动，支部规范化标准化建设，组织力战斗力全面提升；当年，处党委被集团评为“防疫先进党组织”，被公司党委评为“先进基层党组织”。落实党风廉政建设主体责任和监督责任，逐级签订《党风廉政建设责任书》，营造良好党内政治生态，年内召开党风廉政建设工作会议、警示教育大会，观看电教片12次，业务培训74人次，纪委书记、支部书记上党课60余次，推送廉政短信息200余条，组织党纪知识答卷考试2次，受教育职工1500余人次；强化作风建设，驰而不息纠"四风"，加强日常执纪监督，开展明察暗访17次，走访职工群众11次，未发现违规违纪情况；聚焦重点环节，加强廉政风险管控，梳理风险点21个，制定修订防控措施27条，建立风险点登记台账，提高对物资采购、工程项目建设、招投标等权力运行环节监督检查的针对性和有效性，廉政风险防控体系得到持续强化。

房地产公司

【概况】 唐山唐钢房地产开发有限公司（以下简称房地产公司）是公司自主经营、独立核算、自负盈亏具有独立法人资格的经济实体单位。经营范围包括房地产开发经营、房屋信息咨询、房屋租赁等业务。

2020年末，房地产公司设总经理、党总支书记1人，党总支副书记1人，总经理助理2人；下设综合室、规划室、工程室、销售中心、水岸物业服务中心等科室5个。共有职工115人，其中男职工86人、女职工29人；中共党员55人；干部39人，其中科级干部16人；管理及专业技术职工44人，其中高级职称8人、中级职称19人。职工中有研究生1人，大学本科40人，大学专科22人。

【经营绩效】 2020年，房地产公司认真分析研判房地产市场形势，准确进行项目定位，提升项目管控水平，完成公司下达的挖潜增效任务。全年，发生管理费用639.23万元，较年度目标指标降费80.77万元，降幅11.22%；销售商品房118套，较目标指标增加28套，增幅31%；较计划指标增加58套，增幅96%；销售计划完成率131%。

【基础管理】 2020年，房地产公司全面夯实基础管理工作，聚焦房地产"市场"和"产品"，把项目开发运营管理作为重中之重，加强专业协调，充分发挥各部门联动作用，强化项目专业调研、规划设计、施工组织、市场营销、物业管理等全流程管控，不断提升项目一贯制管理水平。按照房地产开发流程，将各专业人员合理配置到最需要的重要岗位，发挥专业优势，做到人尽其才；疫情期间，根据公司创新发展需要，通过传帮带等多种方式锤炼年轻干部意志品质，有意识交任务、压担子，快速培养一支年轻富有开拓精神的管理团队；强化岗位综合素质培训，提倡"一专多能"，鼓励"专业带头人"上讲堂，不断提升专业管理团队的专业水平。

【钢城·春邑项目】 2020年，房地产公司有序推进钢城·春邑项目建设。钢城·春邑项目总建筑面积57.89万平方米，采用经理全面负责制的项目管理模式，分三期开发。年内，克服疫情及环保影响，加强施工组织、加快施工节奏，积极推进小区道路、景观、绿化等工程的施工进度；加强与唐山市供电公司的协调，顺利完成两路正式电外网线路的铺设和变电站切改施工；加强与唐山市热力公司的协调，实现社区顺利并入市集中供热管网，圆满解决了冬季供暖问题；在各单项工程按照计划顺利完工的基础上，及时组织专项验收工作，确保项目一期如期交付使用。

【钢城·春邑项目交付使用】 2020年，房地产公司认真筹备钢城·春邑项目交付使用相关工作，确保项目顺利交付。这一年，分析研判外部环境，完善交房预案、疫情防控预案和突发事件应急预案，与容和物业公司无缝对接疫情防控及社区管理工作，历时3

个月分批次实现错峰交房2208户；筹备车位交付，有序完成车位交接手续；积极协调税务局开通绿色通道办理客户契税缴纳工作，得到业主一致好评；在保障交付使用的同时，同步完成销售任务，抢抓唐山市房价快速上涨的有利时机，加大营销力度，积极邀约客户到访，去化剩余产品，增加项目回款，全年钢城·春邑项目一期尾盘销售住宅93套、地下室96个、车位206个，总销金额1.29亿元。

【物业管理】 2020年，房地产公司坚持“强化内部管理，细化现场服务，重视业主诉求，用心打造一流”的服务理念，进一步提升钢城水岸物业服务中心管理水平。这一年，坚持安全第一，加强对消防设备设施、楼道杂物、防火门的检查和维护；开展形式多样的安全、防火知识宣传和应急演练；加固百叶窗，完备防汛应急预案；对客服、维修、保洁、保卫等细化岗位绩效考核指标，突出激励作用；与容和景苑等小区进行对标，学习借鉴优秀的管理方法和服务亮点；做好保洁、绿化、维修、保卫等日常工作；搞好服务经营，提高物业经济效益，提高物业费收费率、推进车位出租销售，为社区63部电梯加装电梯广告，收益全部用于给业主购买保险；全年收取住宅物业费329万元，收费率达到90%，在全市物业管理系统中居于前列，收取地下车位管理费8万元，维修及时率达到100%。

【疫情防控】 2020年，房地产公司成立党政领导亲自挂帅的疫情防控工作领导小组，明确分工、落实责任，全面加强疫情防控工作的组织领导、物资筹备和督导检查。这一年，针对施工现场、销售现场、物业小区、集中办公区等区域的不同特点，制定相应防控措施；建立四级联保网络防控体系，强化宣传教育，加强舆情引导；畅通信息渠道，建立报告制度；实施痕迹化管理，强化制度落实；提升防控意识，克服麻痹思想，构建常态化防控机制，切实将疫情防控工作抓严、抓细、抓实；严格门禁制度，发放出入证1836张，为进出业主测量体温，坚持每天两次对公共区域全面消杀，共使用84消毒液800千克，其他消毒液450千克。

【工作创新】 2020年，房地产公司坚持推进改革创新工作，不断激发企业活力。年内，以安全大检查为抓手深入开展危险源管理和隐患排查治理的安全“双控”工作，压实“一岗双责，管业务就要管安全”职责，增强各级管理人员安全履职能力；在钢城·春邑一期项目建设过程中，始终将工程质量放在首位，构建施工单位自检、监理单位巡检、建设单位抽检，建设、监理、施工三方齐抓共管的质量监管机制，确保工程质量；采取物业市场化运作模式，引进容和物业公司与工程、销售、财务等部门超前做好业务对接工作，导入钢城水岸物业疫情防控经验做法，不断提升项目质量；以钢城水岸物业服务中心党支部“红色物业”党建品牌为依托，以精细化管理为抓手，全力打造干净整洁、环境优美、服务周到、管理有序的社区环境；全面推进物业标准化作业、规范化服务；加强与相关单位的合作，积极参与到公司老区项目开发中，助力公司释放老区土地资源效能、盘活土地资源、加快推进土地变性变现，实现公司老区土地资源利用最大化，为公司持续健康发展提供强有力支撑，为新成立的唐钢发展有限公司注入新的活力。

【党群工作】 2020年，房地产公司党总支积极贯彻落实党的十九大精神及集团、公司党委关于党建工作部署，努力做好党群各项工作。年内，健全组织体系，落实“四同步、四对接”，推动党的领导与企业治理有机融合；将基层党建工作列入重要议事日程，进一步细化、量化目标任务，以分类定级和“星级”提升推进党支部标准化规范化建设；依托“党建质量提升年”和实施

“五大提升工程”，按照“一边抓疫情防控，一边抓经营管理”的总要求，将党群工作和经营工作一同谋划部署，全面发挥党建引领作用；以“融入中心、服务大局、树立品牌”为宗旨，以党建特色活动为载体，创新党建工作方式；夯实党风廉政建设“两个责任”，多种形式开展廉政教育，提高党员干部廉洁自律意识，强化关键领域、重点环节的监督检查，实现廉政风险防控有效落地；通过开展专项职工竞赛、冬送温暖、夏送清凉等活动，做好后勤服务保障工作。

华奥公司

【概况】 河北华奥节能科技有限公司（简称华奥公司）是河钢唐钢全资子公司，是专门从事节能环保服务的科技型服务型产业公司，成立于2013年11月7日，注册资本1亿元。主要业务为节能、环保、资源综合利用技术的研发、推广及技术咨询服务，能源环保项目建设，能效及环境监测服务，以合同能源管理（EMC）、工程项目总承包（EPC）、投资—建设—经营（BOO）、环境第三方治理等为主要商业模式。

2020年末，华奥公司设厂部级干部2人；下设综合经营管理部、能源产业部、环保产业部、水资源产业部、监测产业部等部门5个。共有职工20人，其中男职工17人、女职工3人；中共党员12人，民建会员1人；共有干部10人，其中科级干部5人；管理及专业技术职工11人，其中高级职称3人、中级职称7人；技术工人9人，其中高级技师3人、技师1人。职工中有博士1人，研究生2人，大学本科7人，大学专科1人，中技6人，高中及以下3人。

【生产经营】 2020年，华奥公司紧紧围绕公司区位调整、降本控费、优化“两个结构”等中心工作，积极参与公司新区能源综合利用项目建设，大力推广节能环保技术应用，提高能源综合利用率、降低生产能耗，不断拓展节能技术服务领域，打造优质节能服务品牌，生产经营取得良好业绩。全年，营业收入8928.34万元，利润4720万元，超额实现全年生产经营目标。这一年，全面做好疫情防控工作，积极应对由此对生产经营带来的不利影响，合理统筹各项工作，实施完成建设项目1项，咨询服务项目5项，立足产线进行技术服务3项、技术应用1项，合同能源管理项目2项。

【区位调整】 2020年，华奥公司根据公司退城搬迁部署，提前统筹规划钢铁主业区位调整对现有业务产生的影响，两项涉及搬迁的合同能源管理项目按时完毕，确保生产经营顺利进行。年内，在钢铁主业区位调整之际，由华奥公司投资建设的炼铁北区3号高炉煤气除尘系统湿法改干法工程和能源科技分公司（动力部）循环水系统节能改造工程进入最后一年效益分享期。为此，积极协调相关部门，加快推进效益回收各项工作，两个项目按照合同约定顺利实现全部效益返还，并启动资产交接工作。炼铁北区1号高炉煤气除尘系统湿法改干法工程，按照年度计划完成投资返还工作。

【低温工业水余热采暖项目终止】 2020年6月，随着公司本部动力系统逐步关停，无法继续提供低温工业水，由华奥公司与市热力公司合作运营的低温水余热采暖项目终止。该项目以冷却循环水作为热源，采用热泵技术汲取未充分利用低温工业水余热，用于居民采暖。项目于上年建成运行。

【节能服务】 2020年，华奥公司紧密围绕钢铁主业区位调整，充分发挥人才、技术及管理优势，立足产线，不断提高节能服务水平，助力新区提升能源综合利用率、公司降本增效，提高市场竞争力。这一年，根据新区投产初期实际，进行深入调研，努力寻求节能降耗点，精炼站石墨电极浸渍技术推广应用项目进入前期试用准备阶段；针对焦炉煤气量供应不足情况，发挥高强汽车板公司气化站作用，用天然气代替焦炉煤气投入生产使用，保障高强汽车板公司生产稳定；实施二钢轧厂提产增效改造项目，对除尘系统除尘器进行并联改造，除尘效果明显提升，蒸汽回收量增加18.9千克/吨，煤气回收量增加10.5立方米/吨，折合吨钢能源成本降低3.65元，转炉保持高效冶炼；为不锈钢公司提供能效提升改造方案，降低高炉煤气放散率，提出对锅炉系统技术改造、调整锅炉运行的完整改造方案，改造后，实现25兆瓦机组满负荷，日发电量增加3.12万千瓦时，月创效40万元；同时在不锈钢公司推广石墨电极抗氧化浸渍技术应用，电极全年平均降耗率达41%，产线年节能效益达285万元。

【咨询服务】 2020年，华奥公司依托国家节能服务行动平台，不断拓展节能咨询服务范围，扩大行业影响力。这一年，为河北东海特钢、唐山正丰钢铁、唐山鑫业科技、唐山方圆玛钢4家企业进行节能诊断工作，并于12月向省工信厅提交节能诊断工作报告；结束市热力公司低温工业水项目，以及东风汽车能效提升节能诊断前期调研工作。

【中标工信部“2020年度节能诊断服务机构选聘项目”】 2020年7月15日，华奥公司中标“工业和信息化部2020年度节能诊断服务机构选聘项目”，成为集团唯一由工信部遴选的国家工业节能诊断服务第三方机构。该项目主要内容是推动全国范围内的节能诊断服务机构，按照《工业节能诊断服务行动计划》规定的诊断任务，为工业通信企业提供公益性节能诊断服务。华奥公司创建以服务为基础的节能环保体系及节能环保模式，推动从技术咨询、节能技术改造向系统节能整体解决方案转变，通过进行节能诊断，制定有效的整体解决方案，推广高效锅炉、加热炉改造、高效电动机应用、石墨电极浸渍技术应用及节能水泵的应用等，大大提高企业能源综合利用效率。相继完成天津荣程联合钢铁集团有限公司绿色转型、科学发展专项规划工程，青海西宁特殊钢股份有限公司绿色转型、生态文明发展专项治理规划工程，市热力公司低温工业水，河钢集团节能环保募投项目绿色债券筹划工作，与东北大学合作的国家公益性行业科研及“钢铁行业烟粉尘排放特性及监控技术研究”等项目，创造了千万元的经济效益。基于以上工作业绩与经验优势，华奥公司将按照工信部和省工信厅要求，针对工业通信企业开展节能诊断服务，帮助企业查找节能潜力，提升能源利用水平。

【科技成果】 2020年7月，华奥公司“精炼站石墨电极抗氧化浸渍技术的推广与应用”成果获河钢唐钢科学技术奖三等奖。该技术将多组元微纳米陶瓷粉体分散在水中，形成的浸渍型石墨电极抗氧化剂浸渍到石墨电极中的微细孔内，生成微纳米陶瓷薄膜，提高石墨电极的高温抗氧化性和强度，减少LF精炼炉用石墨电极的消耗，降低生产成本。该技术成功运用于不锈钢公司和中厚板公司，LF炉吨钢电极消耗分别由0.329千克降至0.215千克，0.352千克降至0.293千克。

【滦县气体管理】 2020年，华奥公司加强规范滦县气体有限公司各项管理工作，积极做好煤气平衡协调，确保产线安全稳定。当年，因煤气量不足及环保因素，LNG产线全年停产。年内，重点做好LNG复产前设备准备工作，加强设备点巡检，保障系统长周期稳定运行；针对影响成本的关键因素，分析生产过程因素，对煤气、电、循环水、氮气、二氧化碳等分别制定具体的降耗目标及措施；抓好产线复产前的大修和销售工作，提高直销比例。

创元方大公司

【概况】 唐山创元方大电气有限责任公司（以下简称创元方大公司）是河钢唐钢成套电气设备、电线电缆、LED照明灯具生产销售的非钢单位，位于唐山市开平区现代装备制造工业园区南路6号，占地面积10万平方米。2020年末，固定资产为3.87亿元。

2020年末，创元方大公司设厂部级干部2人；下设综合部、经营财务部等部室10个，产品事业部3个，专业车间2个，设唐钢浦项（唐山）新型光源有限公司子公司。共有职工385人，其中男职工240人、女职工145人；中共党员22人；干部7人，其中科级干部4人；管理及专业技术职工127人，其中高级职称4人、中级职称2人；操作人员258人。职工中有大学本科68人，大学专科114人，中专169人，高中及以下34人。

【生产经营】 2020年，创元方大公司在进行企业结构调整、市场结构调整、人员结构调整、产品结构优化同时，坚持“创新、多元、绿色、智能、国际化”发展战略，实现企业结构有创新、产品有品质、服务有质量、市场有资源、创效有动力，企业可持续发展目标稳步推进。全年实现营业收入2.09亿元，净利润120万元，上缴税金625万元；生产高压柜536台、低压柜703台、配电箱1152台、电线电缆249万米，实现全年生产经营目标。这一年，强化资金管控，加大应收账款回收力度，降低企业经营风险，保障企业安全可靠运行；优化物资采购模式，降低采购成本；优化生产组织流程管理，强调工作标准化、程序化、制度化，有效利用生产资源，降低生产成本；强化销售龙头作用，拓宽营销渠道，全面提升内外市场开拓能力；严格质量管理，严肃质量标准与工艺纪律，实行全过程检验机制，确保产品无缺陷、出厂合格率100%，通过ISO 9001质量管理体系、环境管理体系、职业健康安全管理体系等认证复审。

【市场开拓】 2020年，创元方大公司积极调整市场结构，重点提升对央企、国企、国际合作企业和优质民企等高端客户的服务力度，提高创效能力，形成内部协同发展、市场多元、客户稳定的生产经营局面。这一年，重点关注塞钢公司项目、石钢公司项目，继续参与唐钢新区项目建设，全年签订销售合同1.53亿元，照明BOOT项目随主体工艺进度施工完毕，具备验收条件，所有设备全部按合同交货。

【党群工作】 2020年，创元方大公司党总支以党的十九届五中全会精神为指导，深入推进“不忘初心、牢记使命”主题教育活动，认真履行主体责任，加强党建工作，引导广大干部职工牢固树立创新意识、市场理念、服务意识，提升应对市场的能力。以基层“党建质量提升年”活动为契机，健全落实党建工作责任制，努力推进党支部标准化、规范化建设。加强“五型”领导班子建设，紧紧围绕生产经营目标任务，讲理想、明责任、勇担当，进一步创新工作思路。加强党风廉政建设和反腐倡廉宣传教育，落实党总支中心组、廉政党课等学习制度，建立廉政微信群，通过观看专题片，剖析违纪违法案件，提高干部职工廉洁自律意识。

附　新型光源公司

【概况】 唐钢浦项（唐山）新型光源有限公司（以下简称新型光源公司）是由唐山创元方大电气有限责任公司和韩国浦项LED公司共同投资设立的合资公司，位于唐山市开平区现代装备制造工业园区南路6号。该公司倡导绿色智能光环境理念，全力打造LED新型绿色光源，产品具有节能、长寿、高效等特点，品种涉及九大类170多个规格，广泛应用于冶金、石油、化工、道路照明等领域，成为河钢唐钢非钢产业全面升级的重要支撑。2020年末，固定资产646.24万元。

2020年末，新型光源公司下设综合管理部、财务经营部、技术品质部、生产管理部、采购部、销售部等部门6个。共有职工57人；中共党员6人；高管4人、管理人员20人、专业技术人员4人、操作人员29人。

【生产经营】 2020年，新型光源公司以“打造新时代绿色钢铁照明”为主线，坚持以市场为导向，优化产品结构，丰富产品种类，推进企业在激烈的市场竞争中发展提升。全年，生产灯具1.48万盏，主营业务收入1120万元。这一年，在疫情防控严峻形势下，大力推进外部市场销售，打造“全员销售”氛围，挖掘员工潜力，签订外部代理商协议7份，拳头产品NBL系列工矿灯成功销往上海、江苏等地，产品知名度不断提升；在迁安路灯改造招标项目中胜出，第一次全面系统参与外部市场供货安装施工项目；持续为唐钢新区、邯钢三期照明改造等项目供货，在冶金领域照明改造集成服务、产品选型、节能方案设计、施工组织等整体综合服务上的优势不断显现；与韩方合作伙伴密切沟通，新增开发经济型路灯预案，产品成本逐步降低，并实现与中国市场的有力对接。

【市场开拓】 2020年，新型光源公司积极调整市场结构，加大市场开发力度，满足市场需求。年内，着力开展NBL工矿灯降成本信赖性实验，在电源、电路板及灯珠的选型及排列顺序上进行更新，实验结果通过后可实现降低成本30%，条灯相关电路板及电源综合降本30%以上的目标，为拓展市场提供支撑。这一年，及时跟进唐银公司搬迁涉及的照明项目，加大外部市场销售力度，摸清市场上主流产品的技术参数、规格及价格，深入最终端客户使用现场勘察，了解客户需求并积极提供技术服务；参加广州照明展会，抓住时机，建立合作；以唐山区域为中心点，走访各工业园区，以地域及专业技术优势抓住客户，同时利用代理商资源，不断扩展领域，产品覆盖华北地区，辐射华东地区。

华冶公司

【概况】 唐钢华冶（天津）钢材营销有限公司（以下简称华冶公司）是河钢唐钢集钢材加工、现代仓储、钢材交易、运输配送和信息系统于一体的特大型深加工及仓储物流基地。位于天津空港经济区领航路8号，东邻京津塘高速，南距G25长深高速15千米，西至天津滨海机场，北靠津汉公路5千米。注册资本3亿元，其中河钢唐钢出资70%，上海华冶出资30%。主要经营热轧、冷轧、镀锌、彩涂、电工钢、型材、线材等各类钢材的加工配送业务。2020年末，共有起重设备30台（套），生产线10条，其中冷轧产线6条，为三横三纵生产线，热轧产线3条，为两横一纵生产线，焊接H型钢制作生产线1条；有热轧仓储及加工、冷轧仓储及加工仓库2个，每个仓库面积均为6万平方米，冷轧仓储库容10万吨，热轧仓储库容10万吨。

2020年末，华冶公司设厂部级干部4人；下设财务部、采购部、管理部、销售部、安全部等科室5个，加工中心1个。共有在职职工98人，其中男职工72人、女职工26人。职工中有研究生2人，大学本科

17人，大学专科37人，高中及以下42人。

【生产经营】 2020年，华冶公司坚持以利润为中心的发展定位，不断创新举措，挖掘成本潜能，开发利用闲置资源，多渠道增创经济效益。全年，厂房内闲置场地租赁9块，总面积3.12万平方米，月增效50.21万元；各项费用大幅度降低，其中财务费用降低1409.23万元，管理费用降低248.55万元，辅料费用降低27.79万元；加工板材21.84万吨，销售钢材17.01万吨；销售毛利533.91万元，平均吨钢毛利31.39元，较上年增加4.61元；实现利润-3415.89万元，较上年减亏1478.61万元。

【营销结构调整】 2020年，华冶公司实施营销结构调整，构建以社会资源备货为支撑的销售模式。这一年，坚持长远发展战略构想，多途径开发资源，对天津周边、河北、山东等地区的46家企业进行等级评审，选择3级以上客户开展业务，确保资金周转安全；以寻求战略合作为目标，重点开发和维护大客户，稳固营销渠道；与天津市复兴昌国际贸易有限公司、天津润泽钢材加工有限公司、厦门建发物资有限公司等5家公司的业务量快速提升，月均采购量300吨以上大客户数量达到11家。全年，市场备货销售量7.63万吨，社会资源备货销售量4.69万吨，较上年增加2.6万吨，增长124%；实现创效162.58万元，较上年增加91.62万元，增长130%。

【市场定位】 2020年，华冶公司内抓管理，外树形象，以打造最好的服务质量为抓手，以成为区域市场龙头企业为方向，在提升内部基础管理水平的同时，进一步打开外部市场，树立起“守承诺、讲诚信、做规范”的良好市场口碑，扩大企业在本地区的市场影响力，吸引客户主动上门寻求合作。全年，新增客户97家，合作客户达到359家。

【管理体系建设】 2020年，华冶公司全面梳理管理流程，规范规章制度，持续深化管理体系建设。年内，结合单位经营发展实际，以各部门为中心，组织座谈讨论、PPT交流，广泛征求职工意见，对所有管理制度进行系统修改完善，充分调动职工积极性和主动性，提升工作执行力，确保各项管理手段落地。全年，修订管理制度、管理办法共118项，新增8项，废止62项。

【安全管理及疫情防控】 2020年，华冶公司以提升职工安全意识和安全素养为切入点，持续强化安全管理和疫情防控，创造良好工作环境。年内，坚持每日开展安全检查，每周安全培训，每月进行安全主题活动，共排查隐患问题261项，实现轻伤以上事故为零的安全生产目标。严格实施疫情防控，迅速成立疫情防控指挥小组，制定《疫情防控方案》，确保疫情得到有效控制，在天津地区防控形势异常紧张时期，于2月19日成为区域内第一批复工复产单位，疫情防控获得天津地区管委会充分肯定和高度赞扬，被公司党委授予“防疫先进党组织”称号。

【党群工作】 2020年，华冶公司党总支牢固树立第一责任人意识，培养自身过硬的政治素质，为企业经营发展把好方向掌好舵。年内，深入贯彻落实集团和公司党委的各项决策部署，抓好民主决策、科学决策和规范决策，全面提高依法经营，依法治企的工作水平和管理能力；充分发挥党组织“把方向、管大局、保落实”的领导作用，制定《前置研究讨论重大经营管理事项清单》，以制度的形式把党的领导融入企业治理各个环节，明确对重大问题、重大经营管理事项前置把关的基本要求、基本职责和议事原则，推动高质量发展，坚持深入基层常态化，确保党建工作与生产经营工作不脱钩、接地气，进行生产、安全、现场等方面实地检查29次；每月定期开展支部书记讲党课活动，及时把集团、公司的会议精神、工作部署传递到每一名党员，引导党员明白应该做什么，怎么做，不断增强党组织的凝聚力；每月组织编写《华冶通讯》，设置“党员阵地”专栏，利用党建知识、漫画、典型反腐案例解读等营造基层党建工作氛围，全年编写《华冶通讯》12期，累计发布47期；严格做好智慧云平台“三会一课”“主题党日”相关工作，不断在“三亮三比”“创先争优”等党员先锋模范活动中创出特色，推动所有支部向四星级以上支部迈进；坚持把纪律挺在前面，党风廉政建设与企业中心工作协同推进，着力打造不敢腐、不能腐、不想腐的长效机制；坚持正面引导和反面警示相结合，引导党员干部筑牢拒腐防变的思想防线。

教育中心

【概况】 教育中心（河北省冶金高级技工学校、河北冶金技师学院、唐山科技职业技术学院、唐钢大学）是公司内部集学历教育、职工培训、应用研究、技术开发和职业技能鉴定为一体的综合办学实体。同时具有唐山科技职业技术学院、河北省冶金高级技工学校、河北冶金技师学院、唐钢大学多个角色，其中唐山科技职业技术学院是集团内部唯一一个经河北省人民政府批准、教育部备案的大学专科层次的普通全日制高等职业技术学院。位于河北省唐山市路南区警钢路68号，紧邻唐山南湖环城水系。占地面积13.19万平方米，总建筑面积7.2万平方米，固定资产总值1.88亿元，教学仪器设备总值4249万元。

2020年末，教育中心设党委书记（副厅级）1人，院长（副厅级）1人，厂部级干部4人；下设党委工作部、学院办公室、教务处、科研处、学生工作部、团委、招生就业指导处、安全工作处、总务处、材料工程系、智能制造系、信息多媒体系、铁道经管系、轨道交通系、思政体卫部、技能鉴定部、校办工厂等部、处、室17个。共有教职工237人，其中男职工88人、女职工149人；中共党员186人；干部207人，其中科级干部17人；专职教师110人；工人30人，其中技师4人；专任教师中高级职称81人，中级职称29人；管理人员中高级职称49人，中级职称48人。专任教师中有研究生48人，大学本科62人；管理人员中有研究生7人，大学本科83人，大学专科及以下7人。

【体系建设】 2020年，教育中心全力聚焦学历招生和职工培训两项中心工作，持续推进教学诊断与改进工作，结合学院发展实际，进一步健全规范决策机制，修订完善《唐山科技职业技术学院章程》《党委会议议事决策规则》《党委会议执行“三重一大”决策制度实施办法》《党政领导干部讲授思政课实施方案》《党建工作考核办法》《院长办公会议议事规则》《复学复课疫情防控工作方案》《复学复课疫情防控应急处置预案》《推进专业供给侧结构性改革的实施意见》《校园无息救急贷款管理办法》等一系列体系制度，通过制度约束，形成系统全面、相互衔接、务实管用的长效管理机制，保证各项工作合理、合规、有序进行。

【疫情防控】 2020年，教育中心深入学习贯彻习近平总书记关于疫情防控的重要指示精神，全面落实省市及公司疫情防控工作要求，压实疫情防控政治责任，加强组织领导，明确责任分工，积极应对，精准施策，扎实推进学生疫情防控和思想政治教育工作，确保校园一方净土、师生生命安全和身体健康。坚持以人为本，协调配合，统筹推进疫情防控和教育教学无缝衔接，免费邮寄教材，助力线上教学，保障授课效果，并坚持用好战疫活教材、讲好战疫新故事，积极对学生开展道德教育和爱国主义教育，让学生学会感恩。做好常态化疫情防控工作，制定并实施各项防控措施，落实疫情信息上报制度，全力做好防疫物资配备、隔离观察室设置、校园封闭管理、环境消杀清洁、应急处置演练、师生防疫知识培训及心理疏导等各项校园疫情防控举措，不断细化疫情防控措施、优化疫情防控流程，有序组织学生分批次返校和新生入学报到，并做好学生返校后常态化疫情防控工作，未出现疑似、确诊病例，确保实现“零输入、零感染、零传播”防控目标。

【专业设置】 2020 年，教育中心围绕国家高等职业教育发展战略和区域发展实际需要，对接“双高计划”，加强专业和课程建设，确保专业设置进一步优化。年内，按照学院《专业和课程建设“后十三五”规划》，持续做好黑色冶金技术、机电一体化技术、无人机应用技术等 7 个骨干专业建设，同时按照先进制造业与现代服务业共同主导、传统产业与新兴产业双轮驱动的专业发展格局，主动契合经济社会发展需要，积极布局区域主导产业发展和民生服务相关专业，不断提升专业结构与产业结构的匹配度、人才培养结构与行业企业需求结构的契合度，确定下一年度招生专业 22 个，新增铁道机车专业，恢复铁道信号自动控制专业；继续深化课程改革，努力实现与企业生产实际无缝对接，学院建成省级精品在线开放课程 3 门，院级在线开放课程 5 门。当年，学院开设黑色冶金技术、轧钢工程技术、电厂热能动力装置、煤炭深加工与利用、环境监测与控制技术、理化测试与质检技术、机电一体化技术、数控技术、机电设备维修与管理、自动化生产设备应用、供用电技术、智能控制技术、液压与气动技术、港口机械与自动控制、无人机应用技术、铁道交通运营管理、铁道供电技术、铁道信号自动控制、铁道物流管理、动车组检修技术、城市轨道交通运营管理、计算机应用技术、计算机网络技术、数字媒体应用技术、物流信息技术、广告设计与制作、移动应用开发、会计、旅游管理、市场营销、会计信息管理等 31 个专业，涵盖 7 个专业大类，形成了以冶金制造业为特色，以装备制造业为重点，以交通运输业为依托，多专业协调发展、相互支撑、布局合理，具有可持续潜力和特色的创业型应用技术学院。

【招生情况】 2020 年，教育中心继续深入推广“互联网+”招生策略，面向市场、主动出击，进一步加大招生工作力度，再创历年新高。全年，共计招生 1600 人，其中高职学生 1478 人、技校学生 122 人，招生范围覆盖河北、辽宁、内蒙古、甘肃、青海、山东、陕西、宁夏、河南、湖北、贵州等全国 10 多个省市。截至年末，各层次教育在校生达 5091 人，其中高职在校生 4378 人，中等职业教育在校生 294 人，业余成教在校生 419 人。

【就业情况】 2020 年，教育中心以改革创新为助燃器，坚持“以就业为导向”办学理念，促进实习就业工作迈上新台阶。当年，毕业生总体就业率达到 95.31%。年内，进一步加强对学生职业生涯规划的引导教育，通过毕业生跟踪调查、多方联系企业、举办网上招聘会等方式提高就业质量，提升学生职业竞争力；围绕京津冀地区协同发展战略，针对人才市场需求主动出击，构建精确调研、精准定位、精细管理、精心维护的顶岗实习服务体系，搭建辐射北京、天津、山东、青岛、唐山及周边地区的学生实习就业区域，涉及钢铁冶金（首钢京唐、首钢京唐西山焦化、瑞丰钢铁、九江线材、纵横钢铁）、装备制造（青岛海尔、中车唐车、SMC）、新能源制造（天津力神电池）、铁路运输（天津铁路客运段、中铁三局运输公司、沧州中铁国丰收购项目、北车集团）、港口物流（曹妃甸港口集团）、电子商务（苏宁易购、北京东港瑞云、天津链家）、餐旅服务（富力洲际酒店）等领域的知名企业。与青岛海尔、SMC、力神电池、东港安全印刷、瑞丰钢铁、九江线材、纵横钢铁、富力洲际酒店、唐山天柱钢铁、宝武集团等10家合作单位进行订单式人才联合培养；不断拓展校企合作深度，作为现代学徒制建设省级试点学校，依托海尔集团班组长培养基地全国首家试点单位经验和模式，成功与宏兴钢铁、天柱钢铁达成校企融合共同培养意向，开启产教融合、校企共育合格工匠的新模式，迈出现代学徒制建设工作的新步伐，实现人才培养质量和水平的新提升。

【职工培训】 2020年，教育中心以企业职工素养提升为抓手，认真履行自身职能，创新抓好职工培训，搭建人才培养“直通车”，助推企业高质量发展。全年，面向公司内部开展各级各类职工培训4473人次，培训收入108.7万元；进行公司5个工种1868人次中、高级技能鉴定。年内，开展新型学徒制校企合作培训，完成公司26个工种336人的企业新型学徒制校企合作培训项目，成功申办“机械行业能力评价考试站”“1+X”证书试点院校，为学院深化一体化教学改革、实现转型发展提供契机；全面开发终身学习通道，开展多形式、多层次成人教育，为公司职工、社会在职人员及在校生开展继续教育，全力提升服务产业和社会的职教能力。

【思政育人】 2020年，教育中心以学生素质教育为抓手，创新开辟学生成长成才通道，实现学生德智体美劳能力全面提升。年内，厚植爱国主义情怀，以学习党的十九大和十九届四中、五中全会精神，习近平新时代中国特色社会主义思想为重点，以落实全国、河北省教育大会和高校思想政治工作会议精神为引领，以弘扬社会主义核心价值观为主线，围绕立德树人根本任务，进一步加强学生思想政治教育工作；开设第一期青年马克思主义者培训班，开展“青年大学习”网上主题团课，努力推动学生将习近平新时代中国特色社会主义思想和党的十九大精神从外化于行向内化于心转变；学习贯彻习近平总书记给北京大学援鄂医疗队全体“90后”党员重要回信精神，不断创新思想引领载体，开展新媒体平台大接龙、“赞颂辉煌成就、军民同心筑梦”为主题的国防宣传教育、“国防教育法颁布19周年”宣传教育、“爱我中华·强我国防”主题演讲大赛、“同心战疫、共绘未来”主题艺术作品征集展示、“节约粮食 文明就餐”“垃圾分类在我们身边”主题教育等系列活动，大力弘扬爱国主义精神，深化教育活动内涵，增强新时代大学生的使命担当意识和文化自信，引导学生不断增进对党、对祖国、对人民、对中华民族的热爱；以立德树人为根本，坚持“凝聚青年、服务大局、当好桥梁、从严治团”四维工作格局，围绕保持和增强团员青年的政治性、先进性、群众性，在引领青年、组织青年、服务青年、维护青年权益等方面做工作，推动共青团工作和团员青年精神风貌呈现新气象。

【大学生征兵】 2020年，教育中心积极响应国家号召，全面落实上级政策，在做好常态化疫情防控工作前提下，广泛宣传发动，扎实做好大学生征兵工作，83名大学生应征入伍，圆满完成上级下达的征兵工作任务。

【安全教育与管理】 2020年，教育中心坚持“安全第一、预防为主、综合治理”工作方针，不断强化安全教育和管理，维护校园和谐稳定。年内，全面落实“党政同责、一岗双责、失职追责”的安全管理责任制，实施安全隐患排查网格化管理，采用开展法制安全教育讲座、组织法制教育主题班会、设立法制安全宣传教育活动周、召开现场安全教育大会等教育活动，不断提高师生法律意识和常识，形成全方位、立体式的安全管理机制，保证校园和谐稳定，全年未发生影响正常教育教学秩序的恶性事件，平安和谐校园建设成效显著。

【学历清查】 2020年，教育中心开展学历清查、入学资格核查专项工作，坚决治理冒名顶替上大学的违规违纪违法行为，依法维护考生合法权益，确保守住教育公平和社会正义的底线。全年，专项核查2万名学生，其中历届毕业生1.57万人，在校生2828人，新生1432人，未发现违规招生录取和冒名顶替等问题。

【奖助学金发放】 2020年，教育中心依据《学院奖助学金评审办法及实施细则》，依规依纪开展学生国家奖助学金评审发放工作，实现奖学金评审发放公平、公正、公开。全年，共发放学生各级各类奖补专项资金376.14万元，涉及学生1968人。

【教学改革】 2020年，教育中心以教学诊断与改进工作为抓手，创新抓好教学改革，实现内涵建设水平全面提升。年内，扎实推进质量保证体系诊改工作，围绕将学院打造成为省内一流冶金特色高职院校和冶金行业最具竞争力的企业教育培训基地建设目标，进一步健全组织，做到诊改工作与日常工作、诊改数据与人才培养工作状态数据相结合，按照事前设计建标、事中实施管控、事后自诊考核三个阶段部署实施，从学院、专业、课程、教师、学生五个层面全面进行诊改，建立以“1235”为框架的诊改工作运行机制；强力推进“课程思政”试点项目建设，建成电气控制线路安装与检修计算机文化基础无人机组装等省级精品在线开放课程3门，PLC编程及应用等院级在线开放课程5门；持续完善“合格教师—双师教师—骨干教师—专业带头人—教学名师”阶梯式发展标准，全面加强教师培训，共组织279人次参加各级各类培训，教师的业务能力和专业素质进一步提升；加强“双师型”师资教学团队建设，全面强化师德师风建设和教师队伍的职业素养，4名教师取得教授职称，18名教师取得副教授职称；坚持以技能竞赛为抓手，创新专业品牌建设，推进人才培养模式改革创新，以赛促教、以赛促学成效显著；加强信息化建设，投入专项资金50余万元购置安装“智慧黑板”，继续以泛雅平台和尔雅通识课程为载体，完善精品开放课程、重点建设课程、专业核心课程的网络教学平台资源，努力提升现代信息化教学条件；继续推广《蓝墨云班课》和《学习通》软件辅助教学，建设形成相对完整的慕课体系，实现网上选课和线上线下混合教学。

【教科研项目】 2020年，教育中心充分发挥政策引领导向作用，调动广大教科研人员积极性，取得较好成效。全年，共发表论文60余篇，其中核心期刊发表论文32篇；申报专利21项，授权10项，其中发明专利2项，软件著作权1项，均实现“零”突破；出版教材23部；市厅级教科研项目立项30项，课题结题21项，各类教科研项目获奖11项。

【学院维修改造工程】 2020年，教育中心创新校园基础建设途径，全面提升办学条件。年内食堂装修改造，改善师生就餐环境，为建成师生满意、家长放心的标准化A级食堂打下基础。建设智慧校园，“一脸通”门禁管理系统完成设备安装、调试和信息录入并投入使用；升级学院整体网络带宽，投资建设智慧教室2间，智慧黑板14块。

【专项资金支持】 2020年，教育中心面对公司主业退城搬迁、资金紧张、投入持续减少的困境和压力，在努力降低办学成本同时，积极寻求上级主管部门帮助和支持，全力争取国家财政专项资金，共获专项资金804.4万元，同比增加47.4万元，其中省级生均拨款专项资金675万元、学生公寓维修维护专项资金104.4万元、创新发展三年行动计划专项资金25万元，极大缓解了办学经费不足，切实保障了各项工作有序开展。

【党群工作】 2020年，教育中心党委以强化育人环境建设为抓手，创新党建教育活动载体，全面做好党群各项工作。年内，召开中国共产党唐山科技职业技术学院第三次代表大会，选举产生第三届委员会和纪律检查委员会；持续巩固拓展“不忘初心、牢记使命”主题教育成果，牢牢把握学习贯彻习近平新时代中国特色社会主义思想这条主线，坚持把主题教育总要求，作为防控新冠肺炎疫情和推动学院高质量发展的创新实践常抓不懈，抓好整改落实，不断巩固和扩大主题教育成果；贯彻落实“三全育人”理念，积极对标“八个相统一”，充分发挥思想政治理论课主阵地、主渠道作用，加强学生的人生观、世界观、价值观教育，把思想政治教育融入学生学习生活、成长成才全过程，全面实现习近平新时代中国特色社会主义思想、党的十九届五中全会精神进校园、进课堂、进头脑；全力做好意识形态和宣传思想教育，牢牢把握意识形态主动权，始终坚守党管意识形态、党管宣传思想工作的政治原则，全面加强学院意识形态和宣传阵地的统一管理；将廉洁和警示教育融入党员干部日常工作和生活中，弘扬正能量、唱响主旋律，营造风清气正的良好环境；加强人才队伍建设，围绕公司主业退城搬迁人员转移安置工作方案，经请示集团和公司同意，经过报名、初审、宣讲、面试等环节，招聘职工59人，既缓解了公司人员安置压力，又解决了学院人员紧张、专任教师不足的实际问题；全力做好脱贫攻坚帮扶工作，驻村工作队出色完成扶贫工作各项任务，实现全村贫困户“两不愁、三保障”总体脱贫目标。同年12月，学院帮扶的承德市围场县西岔村顺利通过国家、省委组织开展的脱贫攻坚总体验收和第三方机构的评估验收，学院脱贫攻坚战役取得收官性全面胜利。

附表1　2020年教育中心获得的省级科研课题

成果题目	完成人	评奖机构	时间	等级
工匠精神引领下的职业院校“双师型”教师队伍建设研究	包磊	河北省职业技术教育研究所	2020年6月	省级
中国制造2025背景下无人机专业创新创业型人才培养模式研究	张欣	河北省人社厅	2020年5月	省级
职业院校对退役军人就业培训模式的探索研究	边帅	河北省人社厅	2020年5月	省级
“创新型”市场营销专业人才培养研究	宋亚静	河北省教育厅	2020年1月	省级
以新理念引领高职院校探索培养创新型人才模式	吴静	河北省教育厅	2020年1月	省级
专业教师和专业技术人员校企双向流动的研究和实践	万文	河北省职业技术教育研究所	2020年6月	省级
乡村振兴战略下高职毕业生农村创业途径探究	杨丽	河北省人社厅	2020年5月	省级
基于循环水吸收式热泵的300兆瓦热电联产机组调峰能力研究	白珊	河北省教育厅	2020年2月	省级

续附表 1

成果题目	完成人	评奖机构	时间	等级
新时代高职院校校企合作双师双能型教师转型的探究	池丹丹	河北省人社厅	2020 年 12 月	省级
大数据驱动的 SPOC 教学视域下职业院校师生互动行为分析研究	王小花	河北省职业技术教育研究所	2020 年 6 月	省级
大数据背景下河北高职院校专业建设质量诊断模型研究	王小花	河北省教育厅	2020 年 6 月	省级
基于层次分析法的钢铁产业生态化水平评价	苗梦露	河北省教育厅	2020 年 6 月	省级
专业服务视角下高职公共数学课教师专业素养研究	张丽娜	河北省教育厅	2020 年 9 月	省级
转炉沉泥用作造渣剂的实验研究	张丽颖	河北省教育厅	2020 年 4 月	省级

附表 2　2020 年教育中心获得的个人荣誉

类别及等级	获奖人员	授予部门	授予日期
辽科大杯全国模拟炼铁炼钢轧钢大赛获得企业组三等奖	李媛媛	中国金属学会	2020 年 10 月
指导学生参加辽科大杯全国模拟炼铁炼钢轧钢大赛获得高职组三等奖	李媛媛	中国金属学会	2020 年 10 月
辽科大杯全国模拟炼铁炼钢轧钢大赛获得企业组三等奖	赵紫玉	中国金属学会	2020 年 10 月
指导学生参加辽科大杯全国模拟炼铁炼钢轧钢大赛获得高职组三等奖	赵紫玉	中国金属学会	2020 年 10 月
辽科大杯全国模拟炼铁炼钢轧钢大赛获得企业组三等奖	万文	全国金属学会	2020 年 10 月
指导学生参加辽科大杯全国模拟炼铁炼钢轧钢大赛获得高职组三等奖	万文	全国金属学会	2020 年 10 月
辽科大杯全国模拟炼铁炼钢轧钢大赛获得企业组三等奖	杨丽	中国金属学会	2020 年 10 月
指导学生参加辽科大杯全国模拟炼铁炼钢轧钢大赛获得高职组三等奖	杨丽	中国金属学会	2020 年 10 月
辽科大杯全国模拟炼铁炼钢轧钢大赛获得企业组三等奖	霍璐	中国金属学会	2020 年 10 月
指导学生获辽科大杯全国模拟炼铁炼钢轧钢大赛获得高职组三等奖	霍璐	中国金属学会	2020 年 10 月

续附表 2

类别及等级	获奖人员	授予部门	授予日期
指导学生获辽科大杯全国模拟炼铁炼钢轧钢大赛获得高职组三等奖	葛影	中国金属学会	2020 年 10 月
辽科大杯全国模拟炼铁炼钢轧钢大赛获得企业组三等奖	葛影	中国金属学会	2020 年 10 月
指导学生参加全国无人机创新技能大赛获三等奖	关晓光	全国无人机产业创新联盟	2020 年 10 月
辽科大杯全国模拟炼铁炼钢轧钢大赛获得企业组三等奖	甄维静	中国金属学会	2020 年 10 月
指导学生获辽科大杯全国模拟炼铁炼钢轧钢大赛获得高职组三等奖	甄维静	中国金属学会	2020 年 10 月
辽科大杯全国模拟炼铁炼钢轧钢大赛获得企业组三等奖	薄荷	中国金属学会	2020 年 10 月
指导学生获辽科大杯全国模拟炼铁炼钢轧钢大赛获得高职组三等奖	薄荷	中国金属学会	2020 年 10 月
辽科大杯全国模拟炼铁炼钢轧钢大赛获得企业组三等奖	赵静	中国金属学会	2020 年 10 月
指导学生获辽科大杯全国模拟炼铁炼钢轧钢大赛获得高职组三等奖	赵静	中国金属学会	2020 年 10 月
辽科大杯全国模拟炼铁炼钢轧钢大赛获得企业组二等奖	孙雅平	中国金属学会	2020 年 10 月
指导学生获辽科大杯全国模拟炼铁炼钢轧钢大赛获得高职组三等奖	孙雅平	中国金属学会	2020 年 10 月
2020 年全国行业职业技能竞赛——第二届全国电子信息服务业全媒体运营师河北省职业技能竞赛选拔赛三等奖	郑思思	中国电子商会	2020 年 11 月
2020 年中国技能大赛——河北省电子信息职业技能大赛全媒体综合技术应用职工组三等奖	郑思思	河北省工业和信息化厅、河北省人力资源和社会保障厅、河北省教育厅	2020 年 12 月
2020 年中国技能大赛——河北省电子信息职业技能大赛全媒体综合技术应用学生组三等奖	郑思思	河北省工业和信息化厅、河北省人力资源和社会保障厅、河北省教育厅	2020 年 12 月
第二十四届全国教师教育教学信息化交流活动三等奖	张丽娜	河北省教育厅	2020 年 11 月

续附表 2

类别及等级	获奖人员	授予部门	授予日期
第九届钢铁行业职工培训和职业教育优秀多媒体课件大赛二等奖	张丽娜	中国钢协职业培训中心	2020 年 11 月
2020 年河北省职业院校技能大赛教学能力比赛三等奖	李媛媛	河北省教育厅	2020 年 9 月
第二十四届全国教师教育教学信息化交流活动河北赛区一等奖	池丹丹	河北省电教馆	2020 年 12 月
第二十四届全国教师教育教学信息化交流活动河北赛区三等奖	关晓光	河北省电教馆	2020 年 12 月

附　唐钢大学

【概况】 河钢唐钢大学（简称唐钢大学）是公司集企业战略文化研究、管理落地、文化建设、党建研究、职工培训等工作于一体的综合性企业大学。

2020 年末，唐钢大学下设综合管理处、培训管理处、创新管理培训中心、战略文化研究中心、技术技能培训中心。共有职工 22 人，其中男职工 9 人、女职工 13 人；中共党员 18 人；干部 19 人，其中科级干部 5 人、专业专家 1 人、资深专家 1 人；管理及专业技术职工 19 人，其中高级职称 6 人、中级职称 11 人；工人 3 人，其中技师 1 人。职工中有研究生 3 人，大学本科 14 人。

【素质提升培训】 2020 年，唐钢大学转变授课形式，采用智能化手段，优化剪辑制作等技术，大力开发线上培训课程，创新尝试直播授课，特色培训项目取得良好效果。全年组织线上培训 68 项，其中技术技能类培训 31 项，专业管理类培训 8 项，市场与产品类培训 6 项，培训达 2.05 万人次；线下培训 11 项，其中能力提升类培训 6 项，形势任务及党建类培训 2 项，参培学员 1465 人次。这一年，着重推广“专家讲堂”，授课内容涵盖行业形势解读、创新管理、人力资源管理、钢种知识、钢铁冶炼技术、汽车板实用技术、信息自动化、党建研究、警钟长鸣、能源环保及设备管理和物流管理等 12 项专业主题，覆盖公司当前主要专业、发展方向和重点内容；不断扩大“专家讲堂”影响力，对优秀专家讲师进行专访，制作宣传片，介绍当年专家讲堂开班公告、课程形式、考核方式、课程组织等，并为每位线上培训的专家进行微课录制与剪辑；对“专家讲堂”在 HR 学习平台的展示内容进行改版升级，每期发布授课主题、专家介绍、授课内容简介、线上签到码和评价码等内容，方便学员选课、学习交流并及时反馈。

附表　2020 年河钢唐钢各类培训一览

培训大类	培训项目名称	课时	人次
专业管理类	职业健康安全管理体系培训	8	90
	环境管理体系培训	16	50
	作业长资格培训	48	6409
	工会培训	16	100
	专家讲堂第十二期	7	96
	专家讲堂第十五期	7	429

续附表

培训大类	培训项目名称	课时	人次
技术技能类	2019年专家讲堂精选	10	6552
	企业主要负责人安全换证、复审培训	16	280
	2020年技术比武实操培训	8	50
	专家讲堂第三期	8	278
	专家讲堂第四期	5	352
	专家讲堂第六期	5	205
	专家讲堂第七期（外籍专家）	2	187
	专家讲堂第八期	4	198
	专家讲堂第九期	5	90
	专家讲堂第十期	4	517
	专家讲堂第十一期	4	115
	专家讲堂第十三期	6	135
	专家讲堂第十六期	6	398
	专家讲堂第十七期	8	136
	专家讲堂第十八期	5	251
市场与产品类	专家讲堂第一期	8	668
	专家讲堂第二期	8	592
党建类	2020年党员发展对象培训	24	690
	砺剑讲堂	4	120
	专家讲堂第五期	4	1656
企业文化类	专家讲堂第十四期	5	449
形势任务类	疫情防控培训	3	8152

【出版《河钢唐钢大学学报》】 2020年，唐钢大学坚持“关注员工成长，助力员工成长，成就企业未来”的原则，立足品牌建设，编辑出版《河钢唐钢大学学报》。年内，刊登集团改革发展的相关报道，强化干部职工的形势任务教育；以公司转型升级和区位调整关键时期的政令解读为主，突出自身工作特色和研究重点，开辟专栏重点刊登大学承担的年度项目，为企业发展提供参谋与依据；结合信息化建设的实践与应用，围绕信息化应用过程中应注意的问题进行交流；精选钢铁行业未来发展方向的资料进行分享。

【培训体系建设】 2020年，唐钢大学依托全方位协同机制，营造学习型企业氛围，充实完善培训体系建设。年内，新增培训课程182门，数量、质量均稳步提升，《培训体系及课程清单》在册课程达613门，涉及专业涵盖管理类、技术类、企业文化类、素质提升类等多个方面；为应对疫情，迅速开发企业疫情防控方面系列微课3部，累计学习点击量达8177人次；重点开发大量微课，补充线上培训模块，保证职工在不聚集的情况下能够自行通过网络开展学习；吸取企业的实际工作经验，开展直播授课、案例分享等多种方法授课，丰富培训手段，培训内容更加贴合企业需求。

【内部师资队伍管理】 2020年，唐钢大学着力打造能够独立承接培训项目的成熟师资队伍，挖掘“尖子选手”，培养“种子选手”，提升师资队伍的竞争力。年内，紧密围绕“两个能力”建设方针，有针对性开发课程，组织“内训师培养—三步成师”培训，提升内训师的职业素养和担当；内训师授课创新尝试直播授课的方式，克服疫情带来的培训困难，取得良好的培训效果；组织内训师参加由国家组织的各类网络课比赛，在由中华全国总工会、中央网信办主办，中国工人出版社承办的2020年度“网聚职工正能量 争做中国好网民”网络正能量微课征集活动中，唐钢大学开发的系列微课作品“计量校准实验室标准操作流程系列微课”从1500部参赛作品中脱颖而出，获得第一名；参加由中钢协举办的“第九届课件大赛”，河钢唐钢获得一等奖3名、二等奖2名、优秀奖12名。

唐钢发展

【概况】 唐山唐钢建设发展有限公司（以

下简称唐钢发展）是承担河钢唐钢老工业区土地变性、一级开发、转型发展业务的单位，具有独立法人资格，注册资本600万元，注册地点为唐山市路北区滨河路9号。

2020年6月3日，唐山钢铁集团城市服务有限责任公司更名为唐山唐钢建设发展有限公司，增加投资与管理、土地开发、施工总承包、专业承包等主营项目。2020年9月15日，河钢唐钢设立唐山唐钢建设发展有限公司。

2020年末，唐钢发展设党委书记、执行董事1人，总经理1人，下设土地管理、运营管理、资本管理、基础设施改建和综合管理5个临时工作组，共有职工13人。

【人事变动与机构沿革】 2020年6月8日，河钢唐钢党委常委会议决定将唐钢发展法定代表人变更为韩毅。7月10日，完成唐钢发展法人变更。12月24日，河钢唐钢党发〔2020〕67号文件决定赵丽树兼任唐山唐钢建设发展公司党委书记、执行董事，负责唐钢建设发展公司党委全面工作。河钢唐钢字〔2020〕138号文件决定孙国平兼任唐山唐钢建设发展公司总经理，负责唐山唐钢建设发展公司经理层面工作。

【退城搬迁土地资产处置】 2020年，河钢唐钢与市政府签署退城搬迁补偿协议。年内，制定详细的土地开发政策，统筹建筑物拆除、土壤修复、一级开发进度，为土地二级市场合作提供基础；配合规划出具商住地评估数据；开展土地协议出让手续办理的前期土地权籍调查工作，协调唐山市自然资源和规划局推进解决土地压占等遗留问题；整理集团相关单位所属房产、房产证等现有资料情况及房产手续存在的问题，划定办理房产不动产权证的范围；将公司南区工业土地置入唐钢发展，计划唐钢北区、炼焦制气厂工业土地具备置入条件后办理置入；对公司南区控制性详细规划进行公示，北区控制性详细规划通过市政府批复，炼焦制气厂地块丰润区银城铺镇域规划通过规委会审批，后屯地块正在进行动态维护调整规划；进行城市服务公司更名为唐钢发展的账套承接；分步实施公司与唐钢发展资产重组；编制完成《唐钢老工业区土地开发可行性研究报告》《河钢集团唐钢公司成立唐山唐钢建设发展有限公司可行性研究报告》《唐山唐钢建设发展有限公司“十四五”时期发展规划纲要》等；梳理土地置入流程，组织核对、确认需置入唐钢发展的地上房产。

河钢唐钢
HBIS TANGSTEEL

河钢集团直属单位

河钢塞尔维亚公司

【概况】 河钢塞尔维亚公司（简称河钢塞钢）曾是塞尔维亚唯一国有大型支柱性钢铁企业，其前身为塞尔维亚斯梅代雷沃钢厂，始建于1913年，拥有220万吨配套钢铁产能，2016年由河钢集团收购，河钢唐钢负责运营。

河钢塞钢分设厂区3个，其中炼铁、炼钢和轧钢厂位于斯梅代雷沃，镀锡机组位于沙巴茨，库切沃区域设有采石场和石灰生产线。2020年末，主要生产设施包括75平方米烧结机2台，90平方米烧结机2台及配套原料场；1088立方米、1617立方米高炉各1座；80吨转炉3座；板坯连铸机2台；2250毫米热板轧机1台，轧制厚度为1.5~15毫米，宽度为720~2050毫米；冷轧系统有酸洗生产线2条，五机架四辊轧机生产线1条，罩退生产线1条，连退（带脱脂功能）单机架平整生产线1条，双机架平整生产线1条，横切生产线2条，纵切生产线1条；镀锡机组包括电镀锡生产线1条，横切生产线2条，打包生产线2条。主要产品包括热轧卷（含热轧横切板）、酸洗卷、冷轧卷（含冷轧横切板）、电镀锡板，其产品80%出口周边欧盟国家。

2020年末，河钢塞钢共有职工4993人，其中中方职工9人，均为管理人员，设执行董事1人，总经理1人；外方职工4984人。

【生产经营】 2020年，河钢塞钢面对新冠肺炎疫情及欧盟对进口钢材实行配额制的双重压力，在集团的坚强领导下，充分对接市场，持续推进“两个结构”再优化，积极调整区域市场结构，深度开拓已有产品市场，深入挖掘内部潜力，基本实现全年预定目标。全年，产铁109.7万吨、粗钢123.7万吨；热轧产品76.2万吨、酸洗产品6.3万吨、冷轧产品16.6万吨、镀锡产品12.2万吨，成品材总量111.3万吨；销售总量112.8万吨，实现销售收入5.63亿欧元。年内，以提升产线效率为目标，根据市场经济形势，动态调整完善工艺，进一步优化生产组织模式，炼铁系统上半年在保证高炉最好指标条件下采取维持双炉生产措施，下半年实施单炉生产方式；炼钢系统全年保持双转炉运转模式，轧钢系统运用单加热炉生产方式，深加工产品保持较高产量。优化工艺流程，提高高炉煤气利用效率，同比提高4.5立方米/时，炼钢吨钢铁水消耗905千克，创历史最好水平，热轧天然气消耗12欧元/吨，同比降低3欧元/吨，铁成本同比降低82.5欧元/吨。

【市场优化】 2020年，河钢塞钢积极应对欧盟产品配额政策，结合市场变化，不断优化两个结构，追求产品创效最大化。年内，根据不同区域市场品种价格变化情况，优化欧盟内市场结构，充分利用配额资源，保留优质客户和优质市场资源、减少低价区域订单；积极开拓非欧盟市场，巩固和提升在塞尔维亚本地的市场地位，大力提高本地销售量，塞尔维亚国内销售比例由上年16%增至22.8%，为在疫情影响下提高经营水平发挥了作用。

【技术指标改善】 2020年，河钢塞钢充分利用持续改善平台，优化烧结原料结构，根据实际成立攻关组，组织开展技术攻关，取得较好成效。当年，平均烧结原料价格83.5欧元/吨，同比降低4欧元/吨；高炉综合燃料比545千克/吨，同比降低26千克/吨，其中焦炭消耗降低43千克/吨，喷吹煤增加17千克/吨；炼钢钢铁料消耗1089千克/吨，同比降低18千克/吨；热轧成材率96.86%，同比提高0.08%；烧结矿配比为60%~70%。年内，适当使用B类废钢，提高块矿比例，以降低铁成本；调整烧结配料结构，合理利用烧结生产中除尘灰、炼钢污泥、C 类废钢等废弃物，并在铁矿涨价的市场环境中，外购低价氧化铁皮作为烧结原料，促进烧结矿成本降低。

【采购管理】 2020 年，河钢塞钢加强两端市场管理，紧密结合高炉炉料结构，强化原料采购管理，主动服务生产，确保采购价格降低。全年，烧结原料平均采购价格 83.5 欧元/吨，与上年基本持平；球团平均采购价格 123.9 欧元/吨，同比降低 22 欧元/吨；焦炭平均采购价格 240.5 欧元/吨，同比降低 58.7 欧元/吨，为铁成本降低打下基础。年内，积极寻找低价料，在土耳其及保加利亚采购部分氧化铁皮及低价矿粉；根据市场变化，调整采购节奏，取得良好效果，在原料市场价格处在近年高位情况下，战略原材料保持了较低的采购价格。

【费用管理】 2020 年，河钢塞钢将降低费用作为挖潜增效的有效手段，持续有力抓好。全年，吨钢天然气消耗 25.8 欧元，同比降低 2.5 欧元；吨钢费用（含维修、备件、耐材、油品、各种辅助材料、外部服务）55.6 欧元，同比降低 7.6 欧元；吨钢行政费用 9.97 欧元，同比降低 0.78 欧元。这一年，进一步降低管理费用支出，压缩销售、环保、保险、仓储费用；在产品销售方面，以效益为导向，优化客户品种组合，减少低价及成本不合适订单。

【库存管理】 2020 年，河钢塞钢加强库存管理，降低资金占用，提高资金使用效率，保证企业正常经营现金流。年内，明确商业计划对销售和生产、发货的指挥协调作用，取消所有外部仓库，月末战略原材料库存 2849 万欧元，同比降低 3786 万欧元，成品及半成品库存 5.36 万吨，同比降低 6.17 万吨，备品备件库存 1185 万欧元，同比降低 298 万元；压减成品、半成品库存，摸索低产量生产模式下的库存最佳控制点，原料库存逐步降低到合理的库存天数，远途运输原料库存周转不超过 20 日，短途运输原料库存不超过 10 日。

【疫情防控】 2020 年，新冠肺炎疫情在欧洲暴发以来，河钢塞钢主动担当、积极应对、提前谋划，充分借鉴国内经验做好疫情防控各项工作。成立疫情防控领导小组，统筹协调疫情防控，确保厂内无死角、无疏漏，为疫情防控打下组织保证。针对疫情实际，迅速制定《新冠疫情防控应急预案》，涵盖部门疫情防控职责、生产经营、员工配合等方面，为疫情防控提供制度支撑；强化管理，明确日常办公疫情防控要求，采取灵活办公方式，实现管控与预防双结合；与集团总部协调联动，提前储备口罩、防护服、护目镜等防疫用品，切实保障塞钢 5000 余名职工防疫需要，为塞尔维亚捐助部分防疫物资，助力当地抗疫；开展新冠肺炎疫情知识培训，以部门为单位讲解新冠肺炎疫情防范知识，降低职工社区传染概率；及时与当地中国使领馆沟通联络，建立稳定顺畅的汇报机制，听取使领馆指导意见，对工厂防控流程持续优化。当年，中方 9 名职工健康状况良好，未出现感染情况，厂内没有出现群体性感染事件，生产经营未受到疫情影响。

【党建工作】 2020 年，河钢塞钢党支部在集团党委及公司党委的领导下，坚持以习近平新时代中国特色社会主义思想为指导，深入学习党的十九届四中、五中全会精神，巩固深化“不忘初心、牢记使命”主题教育成果，以党的政治建设为统领，深化理想信念教育，不断加强党支部建设，助力企业生产经营实现突破。规范支部各项工作制度，狠抓“三会一课”、组织生活会等基本制度落实，做到境外企业党建工作标准不降低；坚持党建工作与生产经营、疫情防控等重点工作相结合、积极融入大局，坚持将组织优势和联系群众的优势转化为企业发展优势，突出党员先锋模范作用，党支部的战斗堡垒作用进一步凸显，为塞钢生产经营安全稳定提供坚强的政治保证和组织保证；开展获评“时代楷模”一周年回头看活动，组织党员总结回顾塞钢生产经营变化、塞方员工感受、党员自身思想和行动变化，激发党员和中方团队成员发扬时代楷模精神和为塞钢尽快提高综合竞争力的信心和决心；开展理想信念教育活动，组织党员以硬笔书法形式默写入党誓词，并进行评比奖励。

采购总公司唐钢分公司

【概况】 河钢采购总公司唐钢分公司（简称采购分公司）是河钢采购总公司在河钢唐钢的派驻机构，服务于河钢唐钢供应系统。其职能是协助总公司培育和建立大宗原燃料供货主渠道，按照河钢唐钢产线需求开展废钢、铁合金、石料、冶金辅料等物料的采购业务，维护供应商战略合作伙伴关系，优化供货渠道，防范采购风险，提高供货和服务质量，实现保质保供。

2020年末，采购分公司设经理1人，党委书记1人，副经理2人（其中1人兼纪委书记），工会主席1人；下设煤炭科、焦炭科、合金科、原料科、辅料耐材科、废钢科等业务科室6个及经营管理科、结算科、综合办公室等管理科室3个。共有职工48人，其中科级干部11人；有主管师1人、专业师5人、一级协理14人、二级协理11人。

【生产经营】 2020年，采购分公司贯彻落实集团各项战略决策部署，紧跟河钢唐钢生产经营步伐，克服疫情影响，做好物料采购、运输等工作，保证物料稳定供应。全年，采购总量1238.32万吨，总金额169.68亿元，其中主要大宗原燃料837.46万吨，金额109.26亿元，河钢唐钢口径吨钢实际降低采购成本21.09元，比目标降低1.09元；集团口径吨钢实际降低采购成本51.13元，比目标降低1.13元。

【采购结构优化】 2020年，采购分公司以效益为导向，积极推动采购结构优化，全年创效1.16亿元。年内，发挥临港优势，提高进口焦煤和俄罗斯白煤采购占比，优化配煤结构，用山东兖矿气煤代替部分唐山矿1/3焦、古东瘦煤替代三给瘦煤，用优质地方烧结煤替代冀中能源烧结煤，用内蒙古烟煤替代陕西烟煤，全年煤炭采购降本创效9492.5万元；优化焦炭采购结构，推广低价高硫资源，在避免质量过剩的同时，严把进厂实物质量关，杜绝让步接收物料进厂；实施焦炭供应商生产全过程管控，有效提高热强度和灰、硫等关键指标，其指标达标率由年初的60%提高到90%以上，年创效2225万元；与炼钢产线结合，引进白云石块、普通麦窑灰、高磷铌铁、铝块等高性价比资源，推广新区钝化石灰替代高价钝化镁粉，取消铝线，创效860万元。

【物料保供】 2020年，采购分公司围绕河钢唐钢老区停产、新区及佳华焦化项目投产等生产需求变化，统筹安排、合理组织采购，为各区域生产顺行做好物料供应保证。年内，在老区物料供应过程中，根据生产节奏变化，及时动态调整各物料的发货节奏和发货结构，保证库存合理，在确保生产稳定的前提下，逐步降低物料库存，实现老区停产物料库存清零的既定目标；根据河钢唐钢区位调整总体部署，提前介入，6月成立物料保供领导小组，针对新区的全新工艺与设备，与相关专业部门结合，确认生产用料标准、运输方式及供应商准入原则，开发符合新区生产用料标准的资源渠道，按照新区工程进度与投产时间，制定用料计划和进料时间，确保新区按时投入生产；坚持对各物料库存量的滚动排查，每日确认后7天的用料情况，用备料制保证生产计划的有效性，并实施全程跟踪服务，保证供货数量，稳定物料品质。

【支撑体系建设】 2020年，采购分公司进一步做好支撑体系建设，从加强供应商管理和优质渠道营建着手，推进供应链向价值链转变。年内，强化供应商管理，根据质量稳定性、供货及时性、合同执行率等供货业绩及资质情况，制定全年供应商开发方案，保证合理的供应链结构，坚持实时跟踪与定期考评相结合，加强供应商体系管理，共有8家供应商合规提档；开拓新供应渠道，充分发挥集团、公司品牌优势，引进优质供应商18家，提高市场话语权和风险抵御能力；开发铝系合金、辅料等新资源渠道，增开钙线、保护渣等供货模式单一的物料补充资源，有效降低保供风险，同时提高谈判主动权，相关物料一次性降价50~650元/吨，降幅5.12%，综合创效410万元；在加强市场预判和对标比价的基础上，新增优质供应商，白云石粉降价幅度达24.7%，创历史最好水平，其他石料价格也均有下降，年创效170万元；合金通过充实渠道，锌铝镁合金锭、铝硅合金锭加工费大幅下降，年创效183万元；与专业公司紧密配合，拓宽大宗燃料供应渠道，煤炭相继开发潞安集团、邯郸国际路港、山西金泉能源等5家高性价比资源，焦炭增开曜鑫、红缨2家供应商，形成稳固优质的供应格局。

【降本增效】 2020年，采购分公司全力做好降本增效工作，持续深化成本对标，灵活组织招标，创新物贸思路，创效成果显著。年内，根据生产变化，盘点积压物料进行分类清理，涉及合金、辅料、石料等多个品种4657吨，降库创效1032万元；菱角山至滦州美锦厂内铁路开通，直接进厂运输力量提高21%，运输费用降低600万元，调整榆林、乌兰烟煤运输方式，创效317万元；及时收集整理市场、行业等信息，借助“采购信息交流会”等平台，与周边优秀民企及中厚板公司对标，将先进灵活的经营理念融入日常采购中，完善招标管理办法，制定对标、市场应急管理办法，依托供应商数据库建立内部成本对标分析模型，全年各种物料采购平均价格比中厚板公司低2.3%，创效510万元；改变月度招标定式，依据市场走势灵活组织招标，市场下行期采用“低库存、多频次、小批量”模式，上行期采用“大批量，锁量锁价”模式，全年创效978万元；进口焦煤招标，运用分采物料招标方法，结合其质量特性，分别测算灰、硫、水三项指标单位价格后进行定价，创效1920万元；不断增强市场敏感度，抢抓市场变化有利时机，组织焦炭、萤石、合金等物料招标7次，错峰采购创效359万元；坚持改革创新，谋划物贸创效新思路，采用滦州永旺供应商煤、石料进行串换、合金的点价等方式，累计创效524万元。

销售总公司唐钢分公司

【概况】 河钢销售总公司唐钢分公司（简称销售分公司）是集团销售总公司在河钢唐钢的派驻机构，承担着河钢唐钢销售业务操控和过程监管工作，参与河钢唐钢产品营销计划的编制，负责销售分析、基础管理、数据统计等工作，负责普材产品的销售保产。

2020年末，销售分公司设党委书记兼任经理1人，副经理3人，党委副书记1人；下设综合管理部、营销管理部、卷板业务部、汽车板业务部、长材业务部等部室5个。共有职工65人，其中男职工54人、女职工11人；中共党员42人。

【营销业务】 2020年，销售分公司以两个结构调整为中心，持续开发高端客户、销售高端产品，不断提升客户服务水平，维护销售渠道稳定，全力以赴做好合同保产，实现河钢唐钢战略产品销量、高端客户数量和综合售价全面提升。全年，销售内贸材坯512万吨，保产率、产销率和货款回收率均达100%以上，财务库存始终低于考核指标，保证低库存运行，减少财务资金占用；内贸一对一直供比52.55%，品种比73.58%，均完成总公司考核指标；实现税前业务创效4900万元。年内，创新销售路径，电商销售增效显著，全年通过河钢云商销售各类产品20.98万吨，超底价创效1530万元，通过欧冶电商销售高强汽车板产品5.25万吨，溢价创效120万元，同时通过河钢云商、欧冶电商进行产能预售取得成效。

【优化产品结构】 2020年，销售分公司坚定走高端产品路线不动摇，着眼于产品结构和客户结构再优化，促进高附加值品种上量，高端产品销量明显提升。年内，增加汽车板锌铝镁产品，5月后，订单月均0.5万吨以上，相比生产普通镀锌产品吨钢增效200元以上，成功进入海尔、格力、富士康等家电企业；普通高强汽车钢销量30.1万吨，同比提高39.4%；提高卷板销量，重点打造锌铝镁“单打冠军”产品，全年锌铝镁产品销量达12万吨，同比提高6万吨，增效2000万元，持续领跑国内锌铝镁市场；新区热轧8月投产后，通过线上竞拍方式销售计划外合格品7.1万吨，增效318万元；长材型材销售紧密围绕直供客户维护、特色战略产品上量，充分发挥核心产品“小微团队”作用，以山东电工角钢产品、上海宏信钢板桩产品和河南神火矿材产品为引领，形成高端产品渠道稳定、量价提升的新格局，通过调整高创效产品结构，完成对雅中至江西±800千伏特高压直流、陕北至武汉±800千伏特高压直流工程专用22~25号角钢攻关，钢板桩合同量27.5万吨；双高产品完成率达到100%。

【客户开发】 2020年，销售分公司加强市场对接力度和精准营销深度，坚持以市场为导向，结合产线实际和产品定位，不断开发新客户和高端客户，稳固维护老客户，提高客户端档次，促进产品提质增效。全年，开发新客户25家，重点客户4A13B，签订合同16.58万吨，完成计划的109%；与68家老客户签订合同97.93万吨，为年度计划的129%，其中高端合同77.78万吨，高端比79.41%。这一年，成功开发汽车板高端用户6家（2A+4B），其中包括北奔重汽、河北长安两主机厂，以及高端产品用户上海町佑，在提升客户档次的同时，产品需求档次得到显著提升；卷板成功开发高端用户6家（6B）。转变销售模式，将热镀锌铝镁产品在光伏行业的应用作为重中之重，成立专业团队，制定专项营销策略，同终端用钢企业进行交流，广东保威、金海新源、清源科技等高端客户不断出现，客户档次持续优化，截至年末，国内五大光伏电站业主中有3家将河钢唐钢纳入供应商，与全国十大光伏EPC总包方中6家建立合作，凭借供长城汽车大梁钢摸索出的成功经验、成熟技术和营销团队，集中力量瞄准皮卡行业前十名汽车客户进行开发，实现与中国第二皮卡销量企业江铃汽车首次合作；长材型材成功开发高端用户4家（2A+2B），其中包括全国最大钢板桩租赁公司上海宏信、全国十大煤炭基地河南神火、国内北方地区最大的钢板桩施工企业高碑店铁岩钢板桩公司及上海浦瓯钢铁集团；通过广州钢板桩协会，扩大华南钢板桩市场份额，钢贸创效拓展新用户群，钢板桩发展新户订货量5.9万吨。

【市场开发】 2020年，销售分公司克服疫情带来的不利因素，主动出击，推动产销研一体化，通过发挥“小微团队”作用和推进“大客户经理制”等措施，加强市场开发，提升客户服务水平，客户黏度不断提升。年内，卷板综合合同交付率95.17%，战略客户合同交付率达98.25%，客户满意度同比提高0.5%。这一年，分别走访华北、华东、雄安新区等地汽车、家电、重点工程客户，为高端产品、重点用户和工程项目的开发、研产销一体化运作创造条件，针对疫情期间汽车板市场需求偏弱情况，适时推行锁保政策，组织汽车板锁保合同6万余吨，成功化解新冠肺炎疫情给客户带来的需求及资金影响，稳定客户信心，保障生产顺行；加大客户走访力度和沟通频次，针对客户个性化需求定制生产产品，稳定客户增加销量；做好长材棒线重点工程客户保供工作，建立并完善工程保供体系，保证货物顺利及时到达工地，得到客户认可，年内合作重点工程客户达28家。

【创新创效途径】 2020年，销售分公司创新开辟业务创效和售价提升新途径，充分利用集团搭建的营销管理平台和体系，建立科学的定价机制，增加顶尖“单打冠军”产品销量，推动产品售价提升。这一年，汽车板缩减普材订货比例，品种比例进一步提高，增创效益3000余万元；利用铁铁智运平台，推行一票制运费招投标结算，年内招投标42万余吨，带动整体售价提升45元/吨；加强冷轧薄板厂卷板业务创效的同时，紧紧抓住新区热轧投产有利时机推广钢贸业务，创效1917万元；锁定国家重点工程，保供重点工程项目65项，供货12.5万吨，较上年提高5.5万吨，工程直供占比达到11.4%，螺纹钢行业价差提升30元/吨；长材型材实行区域价格，资源向高价位区域倾斜，设置个性化方案，参加招标，通过议价形式提升售价。矿材用钢下半年较上半年提升售价405元/吨。

【营销队伍建设】 2020年，销售分公司以建设学习型营销团队为目标，遵循“创新、发展、突破”原则，开展多层次、全方位素质培训，打造高素质营销队伍。这一年，组织全员业务培训，重点开展产线产品、客户开发、系统应用、营销技能培训，提升销售人员业务能力，通过“走出去、请进来”的方式，选派管理、业务骨干6人参加销售总公司组织的中山大学、上海同济大学、辽宁科技大学等高等院校靶向培训，提升管理团队管理能力，邀请唐钢大学礼仪顾问和法律事务部专业人士为营销人员培训营销礼仪和法律知识，提升营销人员综合素质；开展新员工业务培训，为销售团队注入新活力，以“导师带徒”活动为载体，为公开招聘的25名职工制定个性化培训方案，采取“专业理论+实际操作”的培训模式，激发新职工学习专业技能的积极性；推进轮岗轮训，培养复合型营销人才，打破产线支撑人员与市场开发人员之间工作内容界限与壁垒，以部室为单位开展轮岗轮训，促进营销人员掌握多岗位技能，全面打造复合型营销团队。

河钢国际唐山分公司

【概况】 河钢北京国际贸易有限公司唐山分公司（简称河钢国际唐山分公司）是河钢国际在河钢唐钢的派驻机构，负责河钢唐钢进口矿采购，出口钢材及进口设备、备件的统一经营管理。2020年末，河钢国际唐山分公司设经理1人，下设出口科、原料科、设备科、综合科等科室4个。共有职工38人。

【原料进口业务】 2020年，河钢国际唐山分公司以降低采购成本、争创效益为主线，紧密围绕市场和产品，不断加强基础管理，降低进口矿资金占用、优化库存结构，努力开拓新的增效点，全力完成保供创效任务。全年，进口矿采购价格比普指降低0.59美元/干吨，降低采购成本484万美元。年内，围绕优化进口矿库占指标和库存结构开展攻关，按照市场形势调整库存，做好富余进口矿集团共享、港口置换和期货外销，将进口矿库存控制在有序状态，提前制定消灭后续可能出现的积压库存和落地跌价资源预案，确保库存管理水平上台阶；以降低进口矿采购成本为目标，优化配矿结构，配合各生产单位，落实和寻找性价比高的替代资源，在保证入炉品位前提下，降低采购成本；优化进口矿到港结构，利用集团资源共享优势，从装船开始进行物流优化和港口置换，在满足子公司需求的同时开辟物流增效点。

【钢材出口业务】 2020年，河钢国际唐山分公司紧密结合内外部环境，做好市场分析研判，全力以赴组织出口订单，为公司产线正常生产提供合同保障。全年，签约出口合同70.5万吨，其中德高38.41万吨，占比62%；累计装船71.75万吨，其中亚洲46.95万吨，占比65%；南美18.83万吨，占比26%；欧洲3.31万吨，占比5%；非洲2.62万吨，占比4%。累计收汇3.5亿美元。年内，根据集团工作部署，出口订单全部实行“一单一议”定价原则，充分考虑产线成本，严格进行出口接单，保证单单有利润；与各事业部紧密联系，重新核算低锌层薄规格镀锌产品成本，结合国外客户对薄规格镀锌产品需求，提高薄规格产品销量；积极盘活切平板线产能，统筹组织切平板出口合同，进一步延伸产业链，保障产线利润；强化出口钢材港口管理，做好港口货物抽查，针对出口的汽车板、家电板等高端产品特点，协同质量、技术部门，消除产品在港口堆存及装船环节风险隐患，提升客户满意度；优化出口产品结构，提高品种钢销售量，全年出口品种钢31.34万吨，其中热轧品种钢0.73万吨、冷轧品种钢1.8万吨、镀锌28.76万吨、汽车板0.05万吨。

【设备进出口业务】 2020年，河钢国际唐山分公司围绕公司重点改造项目开展设备贸易工作，跟踪项目商务合同，确保项目按期投产与设备稳定运行。全年，共签订合同6项，付款18笔，金额981.7万美元；6批次货物顺利通关，进口报关金额901.3万美元，货代招标1次。年内，持续为高强汽车板项目做好服务，办理二期项目设备报关、验收付款、二期税务代理相关业务，配合财务部门做好高强汽车板项目及不锈钢公司升级改造项目的融资；督导高强汽车板项目技术诀窍及质量控制系统技术服务商务合同、德国舒勒天津剪切落料项目商务合同、出口塞钢烧结机生产线（旧）商务合同的执行，配合公司项目部签订塞钢技术服务商务合同；疫情期间，做好俄罗斯进口防疫物资事宜，共签订合同6个。

集团审计部驻唐钢审计处（公司监事会工作办公室）

【概况】 河钢集团审计部驻唐钢审计处（公司监事会工作办公室）是负责工程、财务等审计工作的职能处室，组织形式为一个机构、两块牌子合署办公。集团审计部驻唐钢审计处是河钢审计部在河钢唐钢的派驻机构，由集团审计部垂直管理；公司监事会工作办公室在监事会领导下，负责监事会日常工作。2020年6月，经集团审计部批准设立乐钢审计科。年末，河钢集团审计部驻唐钢审计处（公司监事会工作办公室）设处长1人，审计专员1人，下设工程审计科、财务审计科、乐钢审计科和监事会工作办公室等科室4个，共有职工21人。

【主要工作】 2020年，河钢集团审计部驻唐钢审计处（公司监事会工作办公室）充分发挥审计和监督职能，有效化解风险，维护公司正常的生产、经营、管理秩序。年内，按照国家审计法、审计准则等法律法规和企业内部审计管理规定，采取积极有效的审计方法，提高审计质量，发挥审计创效作用；独立客观地监督和评价集团及其全资子公司、控股子公司、实质控制的参股公司财务收支及经济活动的真实性、合法性和有效性；以新的视野、新的措施开展财务及工程审计，对公司区位调整相关工程、板材深加工等重点项目及时跟进，开展跟踪审计，化解矛盾，防范风险。监事会工作办公室健全监督机制，规范公司法人治理结构，强化对公司所出资企业的监督，对发现的问题提出专业意见和建议，切实发挥监事管理职能，规避投资风险；监督公司章程执行情况，建立和完善内部控制体系，推动公司良性健康发展。

【财务审计业务】 2020年，河钢集团审计部驻唐钢审计处（公司监事会工作办公室）按照集团和公司部署，有针对性开展财务审计业务。年内，组织集团子公司资金管控、“三外”、工资、党费专项审计，主审河钢承钢、河钢矿业、河钢宣钢和河钢宣工，根据实际检查情况提出相应的审计意见，形成审计报告；主审河钢唐钢审计发现问题整改落实情况专项调查；主审河钢能源财务状况审计；主审中厚板公司职业经理人任职期初资产负债审计，出具审计结论；进行惠唐物联公司经营情况审计并出具审计报告；开展公司2019年度非钢单元效益核实，查处各类问题点33个，审计提示15条，提出审计建议23项。

【工程审计业务】 2020年，河钢集团审计部驻唐钢审计处（公司监事会工作办公室）创新工程审计工作思路，实施工程审计全过程管理。年内，拓展工程审计范围，采取工程结算审计与管理审计并重的模式，使工程审计向深度、广度延伸，提升工程审计在内部审计中的影响力；严格执行造价审计复核制，建立及完善造价审计台账和招投标监督台账，跟踪审计进度、测算审计效果；根据实际情况取消预审环节和定期提交审计报告的规定，提升工作效率；深入工程现场踏勘检查，发现施工单位不按图施工、违规签证等问题，堵塞管理漏洞；参加台州向海板材深加工工程存在问题调查及EPC总包合同审查工作，揭示问题7项，提出审计建议3条；进行炼铁北区1号高炉易地改造工程高炉区域建筑安装工程造价审计，审减值343万元；开展不锈钢公司料场改造工程建筑安装工程造价审计，审减值150万元；组织曹妃甸物流通用码头一期疏浚工程造价审计，审减值26万元。全年参加各类招投标监督386人次，审计创效1138万元。

【新区项目跟踪审计】 2020年，河钢集团审计部驻唐钢审计处（公司监事会工作办公室）适时跟踪公司新区项目审计，规范招投标管理，实现由传统的事后审计向事前项目风险管控审计的转变。年内，深入开展公司新区建设项目招标文件审查监督工作，共参加64人次，提出整改建议40项，大幅降低招标失败的概率，避免违法违规带来的法律风险；组织月度检查，对发现的重要问题线索、违规操作等事项形成月度检查报告，及时向公司新区反馈意见，督促其迅速纠正和整改；参加公司新区招投标管理工作阶段性审计检查10次，审查项目279项，整改问题93项，提出审计建议70项，采纳70项；参加公司新区招投标现场审计监督163人次，并对招投标过程出现的不规范情况及时提出整改意见，促进招投标活动有序开展，确保新区项目安全、规范、廉洁、按期投产。

【内控管理体系建设】 2020年，河钢集团审计部驻唐钢审计处（公司监事会工作办公室）持续完善内控管理制度，搭建内控管理体系。年内，贯彻落实省国资委《关于加强省国资委监管企业内部控制体系建设与监督工作的实施意见》《关于做好2020年省国资委监管企业内部控制体系建设与监督工作有关事项的通知》等要求，围绕“强内控、防风险、促合规”目标，全面强化监督管理，形成内控管理、合规管理协调联动的管控体系，提升抗击风险能力；制定下发《违规经营投资责任追究工作制度》，按期完成《违规经营投资责任追究定期报告》和《关于违规经营投资责任追究工作体系建设目标任务完成情况的报告》；梳理完善《内部控制管理制度》《内部控制监督管理办法》《内部控制报告管理办法》《内部控制评价管理办法》等管理制度；构建国际合作部、非钢管理部、市场部、总工程师办公室等四个部门内控管理体系，绘制流程图；开展以制度体系为核心，涵盖重点领域管理情况的合规管理检查，对公司 48 家单位，通过听取介绍、询问交流、抽查资料等，对其整体合规性进行把脉，掌握合规管理现状，对于检查发现的共性和个别问题限期整改，促进公司规范化管理；搭建涵盖 22 个部门的《制度及流程体系框架》《制度及流程体系总体框架》《风险及流程控制点对应表》，形成 247 份内控管理手册，覆盖企业运营所涉及的公司治理、人力资源、财务管理、工程管理、法律事务管理等 29 项管理活动，识别、评估出 608 个风险点，确定 1128 个对应风险控制点。

HBIS GROUP 河钢唐钢 HBIS TANGSTEEL

党群工作

党的领导与党的建设

【党委组织机构设置】 2020年，河钢唐钢党委以习近平新时代中国特色社会主义思想为指导，认真学习贯彻党的十九届四中、五中全会精神，坚持党要管党、从严治党，扎实开展“党建质量提升年”活动，着力巩固“不忘初心、牢记使命”主题教育和省委巡视整改成果，围绕疫情防控条件下生产经营、区位调整和改革发展等中心工作，加强党的领导，夯实党的建设，为公司转型升级和高质量发展提供坚强保障。年内，公司首次获得全国精神文明建设领域最高荣誉“全国文明单位”称号，公司党委被省国资委党委、集团党委授予“先进基层党组织”称号。这一年，坚持党的组织与行政机构同步设置，根据组织结构、管理体制机制改革和党员职工人数变化情况，及时调整党组织设置，推动基层党组织按期换届，实现党组织全覆盖和机构健全。6月，按照河钢集团《关于河钢乐亭党委整体划转河钢唐钢党委管理的通知》要求，并与唐山市委组织部、唐山市国资委党委请示沟通，唐钢新区党委（河钢乐亭党委）党组织关系整体划转河钢唐钢党委管理。

2020年末，中共河钢集团唐钢有限责任公司委员会共有直属党委（工委）32个，二级党委8个，直属党总支4个，基层党支部435个。

直属党委：唐钢新区党委、炼铁厂党委、卷板事业部党委、汽车板事业部党委、型线事业部党委、中厚板材有限公司党委、唐银钢铁有限公司党委、生产制造部党委、设备机动部党委、信息自动化部党委、技术中心党委、市场部党委、离退休职工管理部党委、保卫部党委、生活服务分公司党委、教育中心党委、能源科技分公司党委、物流分公司党委、检修分公司党委、重机装备有限公司党委、唐山惠唐新事业产业发展有限公司党委、自动化信息公司党委、钢源冶金炉料有限公司党委、青龙炉料有限公司党委、唐钢气体有限公司党委、唐钢美锦煤化工有限公司党委、唐山弘慈医院党委、唐钢国际公司党委、时创耐材公司党委、河北钢建公司党委。

二级党委：不锈钢有限责任公司党委、高强汽车板有限公司党委、炼铁项目部党委、热轧项目部党委、特钢项目部党委、动力部党委、设备管理部党委、机关党委。

直属党工委：机关党工委、就业指导管理中心党工委。

直属党总支：唐龙（唐昂）新型建材有限公司党总支、房地产开发有限公司党总支、唐山创元方大电气有限公司党总支、唐钢华冶（天津）钢材营销有限责任公司党总支。

直属党支部：河钢塞尔维亚公司党支部。

附：2020年河钢唐钢直属党组织设置情况

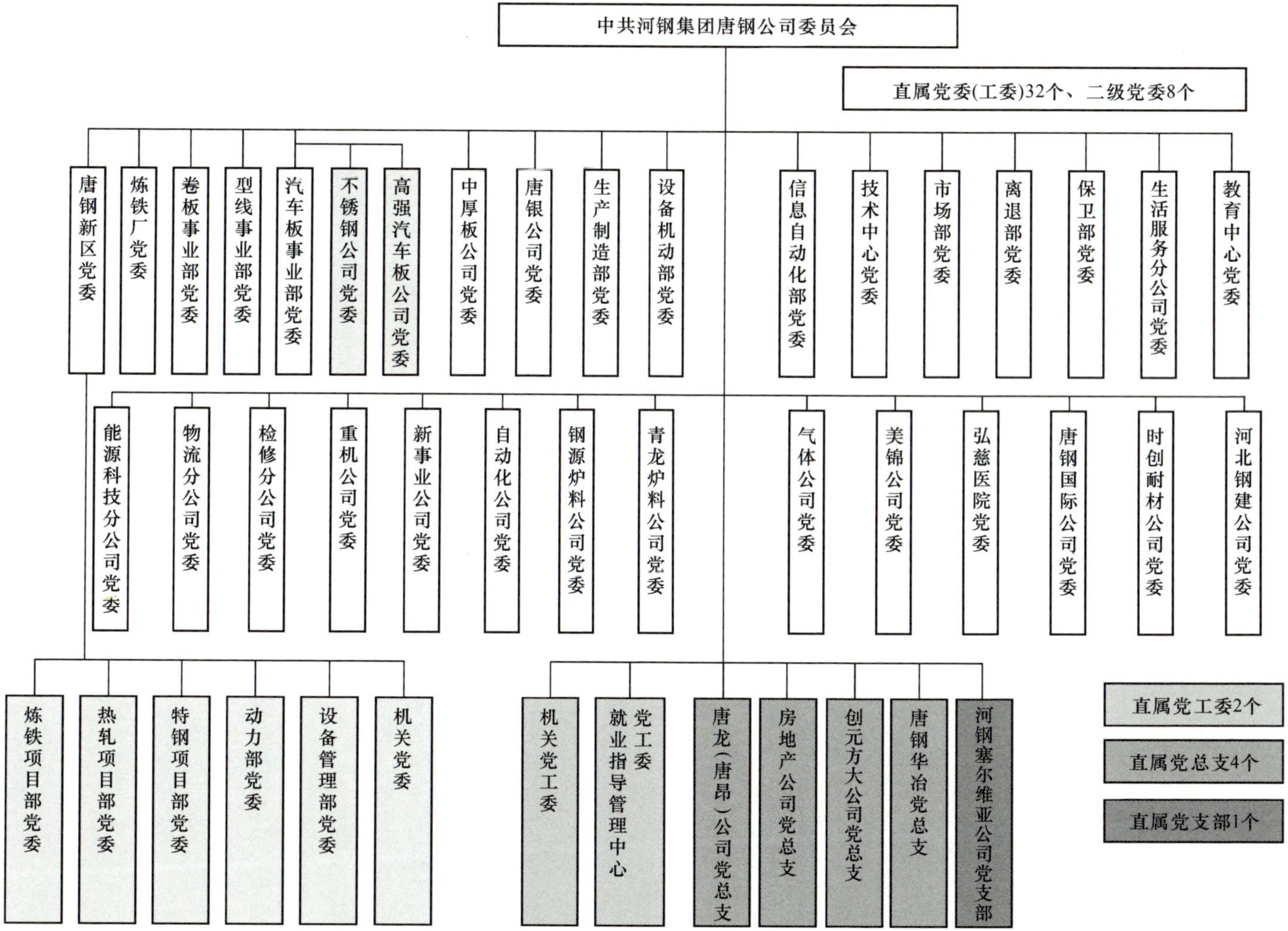

【夯实主体责任】 2020年，河钢唐钢党委全面夯实管党治党主体责任，努力将“把方向、管大局、保落实”的要求落到实处。定期召开党委常委会议，研究落实上级党组织决策部署具体措施，坚持将党委研究讨论作为董事会、经理层决策重大事项前置程序，厘清权责边界，加强对重大事项的诊脉把关；加强党委年度和月度工作规划，坚持召开党委全委会议和月度书记办公会议，研究谋划确定各时段中心工作，全年召开党委常委会议49次，研究重大事项166项；坚持召开党建工作经验交流和现场观摩会议，推动企业党的建设深入开展。

【抓好省委巡视整改“回头看”工作】 2020年，河钢唐钢党委全力抓好省委巡视整改“回头看”工作，慎终如始抓好问题整改，当年针对省委巡视制定落实整改措施121项。年内，制定《“回头看”方案》，坚持巡视整改落实领导和工作机构不变，制定的整改落实工作方案不变，牵头领导、牵头部门、责任单位和责任人不变，确保巡视整改工作一管到底、整改到位、不留死角；不折不扣落实整改措施，公司28个专项整改工作小组，聚焦问题、担当尽责，形成两级联动、合力推动的工作局面，定期召开整改落实推进会，将自查自纠、整改落实、总结提高、督导检查贯穿整改全过程，确保巡视整改工作如期落实到位；标本兼治防止问题反弹，把巡视整改“回头看”列为专项督导内容，结合党建实地核查，组织对相关单位巡视整改情况逐项检查核实，深入查摆问题，提出整改建议，确保对账销号、整改到位；把建章立制、规范管理、规范权力贯穿整改“回头看”全过程，在深挖问题根源基础上，新修订完善公司级以上制度9项。

【党群服务与管理】 2020年，河钢唐钢党委扎实推进党委主体责任落实，不断健全完善党组织发挥领导作用的体制机制，修订完善《公司党委常委会议事规则》，持续规范公司独立法人单位党组织研究讨论是董事会、经理层前置程序要求和“三重一大”集体决策制度；按照公司独立法人单位清单列表，指导公司独立法人单位修订完善“重大议事决策内容清单”，内容涵盖“党委会议事决策清单、董事会议事决策清单、经办会议事决策清单”，与“三规则、一办法、一清单”共同形成企业党组织发挥领导作用的科学化、规范化体系，确保党的领导融入公司全方位治理。着力推动公司党群系统网格化管理体系建设，学习借鉴“枫桥经验”，结合公司开展的党群系统网格化管理工作实践，建立会议协调和工作调度制度，制定推进党群系统网格化管理体系建设初步方案，健全完善公司党群系统四级网格化管理体系。扎实推进党群系统项目制管理建设，紧紧围绕公司党建质量提升、巡视反馈问题整改落实、公司文化传承、职工岗位创新、群团作用发挥有机融合等方面立项共计20项，通过项目制管控立项、实现、评估、论证的全过程和各环节，进一步提升公司党的建设质量，提升党群管理和服务效能。

【调研督导】 2020年，河钢唐钢党委加强党委重要事项的调研督导，全力抓好省委巡视反馈意见整改“回头看”工作，制定下发《关于开展省委巡视反馈意见整改“回头看”的通知》，对照四方面14项问题28种表现，督促指导28个专项小组及二级单位党组织建立22份整改台账，撰写完成工作报告及整改落实台账，制定并落实整改措施121项，建章立制9项；抓好“四风”和作风纪律专项整治工作，建立专项整治工作台账，制定并落实整改措施；针对公司区位调整涉及部分单位的重点工作落实情况，深入炼铁厂等基层单位现场，实地了解掌握各单位产线停产后的整体工作局面，结合实际提出四个方面10条有针对性建议；围绕贯彻落实党的路线方针政策及履行全面从严治党政治责任等内容进行专项检查，逐家建立问题清单台账，抓好24条整改建议的落实。

【疫情防控】 2020年，河钢唐钢党委面对新冠肺炎疫情，站在讲政治高度，认真贯彻党中央疫情防控重要指示和上级党委要求，突出疫情防控党的领导，充分发挥基层党组织和党员作用，全力抓好疫情防控各项工作，实现“零输入、零传播、零扩散”工作目标，取得战略性成果，为生产经营和改革发展营造良好环境。这一年，针对疫情防控加强组织领导，迅速成立由党政主要领导任组长，分管领导任常务副组长的疫情防控工作领导小组，根据形势变化及上级要求，及时下发《关于进一步强化防控措施坚决做好新型冠状病毒感染的肺炎疫情防控工作的通知》《关于进一步加强返岗复工后疫情防控工作的通知》《关于做好对新型冠状病毒疫情防控督导巡察的工作方案》《新冠肺炎疫情防控措施督导检查制度》等通知要求，定期召开疫情防控推进会、每日调度会，以防控保职工身体健康和生命安全、保企业生产经营顺行，注重发挥党组织战斗堡垒作用和党员先锋模范作用，引导各级党组织和广大党员主动担当、积极投身疫情防控第一线，广泛参与“我是党员我带头”活动，确保疫情防控取得扎实成效；抓好宣传教育，把握公司内外疫情防控形势，有的放矢做好职工动态把控和思想引导，利用内部媒体发布《职工疫情防控指导手册》《致广大职工及家属的一封信》《疫情下心理健康指导手册》等宣教资料，邀请疾控专家举办疫情防控知识讲座，指导职工科学防疫，增强职工防疫抗疫信心；强化压力传导，开展“三书一信一网一监督”“两表加一枪”“日报告”等包保防控创新举措，有效落实联防联控应对机制，快速建立党委包支部、支部包小组、小组包党员、党员包职工的四级网络防控体系，层层传导压力，逐级压实责任，为防控举措做实、做细、做到位提供有力保障；把握工作重点，狠抓敏感时段疫情防控工作，积极落实上级党委关于做好秋冬季疫情防控工作精神，提早安排部署，精细谋划落实疫情防控管理措施，分片召开7场调度会，督导29家二级单位开展疫情防控工作，加强对新区、美锦、佳华、不锈钢公司、中厚板公司等有施工项目的重点单位、重点区域和重点人群的防控工作督导，保障各项防控措施落实；强化疫情防控监督检查，夯实各级干部疫情防控责任，组建14个督导小组，深入开展“六督六看六严查”，科学精准做好疫情防控监督工作，推动防控责任落地落实，保证疫情防控有序推进，生产经营正常进行。

【领导班子建设】 2020年，河钢唐钢党委围绕新时代干部管理要求，结合公司战略发展需求，深化“笃于政治建设型、乐于团结协作型、勇于责任担当型、善于经营管理型、严于廉洁自律型”的五型领导班子建设，持续健全和完善厂部级班子考核机制，全力打造政治过硬的领导班子，不断提升领导班子整体功能。这一年，组织两级领导班子开展党的十九届四中全会精神网络培训和年度民主生活会，提高领导班子的政治敏锐性和政治鉴别力；强化领导班子政治建设，根据集团和公司战略，突出党的建设、混合所有制改革等工作要求，完成2019年度厂部级领导班子和厂部级管理人员年度考核工作，不断强化激励约束机制，激发两级领导班子干事创业的积极性，全面提升领导班子综合实力。

【领导干部队伍建设】 2020年，河钢唐钢党委牢牢把握党对干部队伍建设的总要求，扎实推进高素质专业化干部队伍建设。年内，严格按照习近平总书记针对国企领导人员提出的标准和关于建设高素质干部队伍的新要求，持续推进“四个铁一般”厂部级干部队伍建设，严格做好干部任免调整工作，坚持党管干部原则，严格标准，规范程序，全年任免调整厂部级领导干部 53 名，以及涉及 21 家子分公司的 42 名监事、董事及高管人员任免审批，优化干部队伍的年龄结构和素质结构；按照上级党委有关“双百行动”要求，探索推动并建立中厚板公司等子公司经理层成员任期制、契约化管理机制；强化领导干部的政治素质与业务能力教育，组织开展多层次、分形式、全覆盖的干部学习培训，提升领导干部的政治思想素质和业务能力。

【基层党组织建设】 2020 年，河钢唐钢党委大力加强基层党组织建设，努力提升党的建设质量。这一年，强化公司治理结构中党的领导，针对所属 41 个独立法人单位的章程修改、“双向进入、交叉任职”情况进行梳理，逐项提出整改方案进行完善，规范和完善各独立法人企业党组织的设置；加强协同配合，扎实做好“四同步、四对接”专项评估整改工作，完善《子公司章程管理办法》《公司股权投资管理办法》等制度，加强党的领导和落实党建融入公司治理等相关制度和工作流程，确保相关要求落到实处；以新区为重点，落实《国有企业基层组织工作条例》《党支部分类定级工作实施办法》《星级党支部管理办法》等要求，全面加速规范新区基层党组织各项工作；深化党建品牌创建，落实集团“基层党建质量提升年”活动部署要求，以“五大提升工程”为抓手，扎实推进公司党建“十大专项行动”，着力提升党组织的政治引领力、价值创造力、干部担当力、基层组织力和职工凝聚力；持续推动“1050”党建品牌工程建设，选树 10 个支部层面的党建品牌，围绕集团“钢铁先锋”党建品牌，创新开展“旗帜领航 创转型先锋”党建品牌创建活动，以思想领航、先锋领航、产品领航为引领，推动基层党委、支部打造多层次、分系统、有重点的党建品牌体系，持续提升党建工作质量。

【开展“十个专项行动”】 2020 年，河钢唐钢党委深入推进“基层党建质量提升年”活动，落实集团党委提出的党建“五大提升工程”，部署“十个专项行动”，全面提升党建工作质量，为公司生产经营和改革发展提供坚强组织保证。开展“坚守初心 践行时代楷模精神”行动和党委领导作用提升行动，提高党组织的政治引领力，时刻不忘初心、牢记使命，巩固主题教育成果，确保上级决策部署和集团要求在基层落实落地，使广大党员再悟初心、再明使命；坚持党对国有企业领导不动摇，明确党组织在法人治理结构中的法定地位，完善党委会研究前置程序运行机制，强化党委发挥领导作用的机制和程序保障；开展融入生产经营靶向攻关坚强堡垒行动和“三亮三比”党员先锋行动，提升党组织的价值创造力；坚持融入中心，服务大局，开展多种形式的劳动竞赛、指标提升竞赛、创新攻关赛，为完成单位生产经营改革发展任务保驾护航；引导广大党员亮身份、比党性，亮指标、比业绩，亮事迹、比奉献，通过开展党员积分制、党员绩效排行，充分发挥党员在战疫情、抓生产、建项目、闯市场中的先锋模范作用，在履职尽责中实现价值创造；开展深化“五型”领导班子建设和年轻干部成长成才行动，提升领导干部的担当力，以政治建设为核心，不断深化新形势下“笃于政治建设型、乐于团结协作型、勇于责任担当型、善于经营管理型、严于廉洁自律型”领导班子建设；以“挂职锻炼”为主要抓手，实施梯队人才培养工程，不断优化干部队伍年龄结构，努力打造一支忠诚、干净、担当的高素质、专业化、年轻化的干部队伍；开展以六个规范化为重点的“固本强基”行动和“1050”党建品牌创建行动，提升基层组织力，全力推进基层组织设置规范化、党建工作制度程序规范化、基础台账规范化、党内组织生活规范化、党员活动室建设规范化和党建督导检查考核规范化，夯实党建基础；组织开展内容丰富、形式多样的党建创新项目，探索特色鲜明、富有实效的党建品牌实践载体，推动基层党建水平不断提升；开展关爱帮扶行动和全员岗位创新行动，进一步提升职工凝聚力，深化党内激励关爱帮扶机制，依托送温暖、金秋助学、困难帮扶等体制机制，把组织的关怀和企业的温暖送到职工心坎上；坚持以岗位为中心、以需求为导向、以创新联盟为载体，围绕公司生产经营改革发展重点、难点和关键点，紧密结合生产实际，根据市场需求、经营需要、职工期盼深入开展岗位创新活动。

【干部日常管理和监督】 2020年，河钢唐钢党委持续加强干部日常管理、监督和服务工作，推动干部管理培养更加科学、合理、规范。这一年，着力完善干部管理日常工作台账，建立健全信息档案，坚持对厂部级领导干部及机关人员档案转递、材料归档、甄别、核实和日常管理，年度内接收档案47卷、转递96卷，查阅借阅691卷，管理档案共2748卷；按照省委组织部、省公安厅文件精神，以及集团党委要求，开展公司厂部级干部和重点岗位人员因私出国（境）证件核查工作，加强日常因私证件的保管、审批，其中厂部级干部因私证件232本，科级及重点岗位人员1076本。

【后备干部队伍建设】 2020年，河钢唐钢党委加大年轻干部培养力度，加强对年轻干部的选拔和任用，构建年轻干部梯次培养链。这一年，持续完善“三星计划”、作业长制、厂部级助理制度等多梯队干部人才选拔培养机制，推动干部队伍结构更加合理、充满活力；认真落实公司《中青年干部挂职锻炼培养方案》，创新搭建“五星”素质模型，科学遴选培养中青年干部，切实把想干事能干事干成事的优秀青年干部选拔上来。年内公司有20多名青年干部在厂部级班子后备岗位挂职锻炼，各方面素质和能力得到显著提升。

【党员队伍建设】 2020年，河钢唐钢党委注重加强党员队伍建设，激发党员创先争优活力。这一年，持续优化党员队伍结构，持续做好发展党员工作，严格入口把关，规范工作程序，年内新发展党员247人，党员总数为12727人；加强党员教育管理，通过开展“三会一课”、组织专题培训班、党员知识测试等，提升党员的政治素质，坚定其理想信念；注重发挥党员先锋模范作用，聚焦疫情防控、区位调整、市场营销、降本增效等重点工作，深入扎实开展“三亮三比”党员先锋行主题实践活动，结合新区建设和投产达产，选树创业明星，全年评选表彰明星党员300名，优秀共产党员154名，防疫先进个人113名，有力促进公司全年生产经营目标的实现；强化党内关爱帮扶机制，坚持在节日前夕走访慰问困难党员和老党员，及时传递企业党组织的关怀和温暖，全年发放慰问款项47万元。

【党建管理创新】 2020年，河钢唐钢党委着力推进党建管理创新，严格党建工作考核，压实党建责任，促进党建工作持续提升。年内，修订《公司基层党建考核评价办法》、细化《公司党建工作质量提升执行标准》，完善基层党建考核评价体系；加强党建实地核查，建立《党建重点工作考核清单》，严格考核，逐单位形成党建核查报告单，抓好问题反馈和整改，强化考核评议结果运用；压紧压实党建责任，推进党群系统绩效管理与考核常态化，推动党群工作相关责任落地；围绕新区投产达产和项目建设，运用公司成型经验，指导新区修订《党群系统绩效管理与考核实施办法》；落实集团党委要求，启动党群系统网格化管理体系建设；加强党务管理创新，以项目制建设管理为抓手，突出问题导向、需求导向、目标导向，不断增强党群管理和服务效能；以信息化手段推进党建工作，重点推动应用河钢智慧党建云平台，完善平台党组织和党员信息，加强特色亮点宣传，促进党建业务信息化、透明化、高效化。

【机要收发】 2020年，河钢唐钢坚持抓好日常党政机要文件收发、传阅、催办、归档和文件信息交换工作，确保公司文件高效收发流转。全年，收办文件约1300份次、传阅文件超1200份、下发公司党政文件200多份；收办挂号、简报、信息、机要件、传真件超3000份次，做到万无一失。

【党史厂志编纂】 2020年，河钢唐钢党委持续推进党史厂志编纂，高质量抓好史志编修工作。年内，《唐钢沧桑》第三卷、第四卷，全面接续1996—2015年公司20年生产经营和改革发展进程；深入推进《河钢唐钢年鉴（2018)》《河钢唐钢年鉴（2019)》《河钢唐钢年鉴（2020)》三部书籍编纂工作落实，其中前两部书稿共计120万字已交付出版社，完成“一审一校”，后部书稿完成54个分目25万字内容编撰；以“新唐钢新家园”为主题，筹备出版一部史鉴类书籍，拟定新书框架结构，制定编纂工作实施方案，推进新区建设项目调研，全面搜集相关资料；完成《中国钢铁工业年鉴》《河北企业年鉴》《新时代唐山发展实录》《唐山英雄谱》等涉及唐钢部分的文稿撰写及史志材料上报工作；注重企业档案资料的保护、利用，建设公司77年党史档案资料库，开展多轮档案检查与调研督导，累计搜集整理档案1112件、161卷，电子文件292件。

【《唐钢沧桑》三四卷出版】 2020年5月，河钢唐钢党委组织编纂的《唐钢沧桑》第三卷、第四卷，由冶金工业出版社出版。《唐钢沧桑》第三卷、第四卷是河钢唐钢党委组织实施的“实施志鉴一体化工程，赓续公司廿载文脉”文化工程，由公司党史厂志编纂委员会主持编纂，于2015年12月部署并启动续编工作，上限时间设定为1996年，下限时间设定为2015年。编纂历时四年10个月，共计20篇107章378节169.3万字，以印刷版、电子版两种形式出版，全面接续了公司20年发展历程。《唐钢沧桑》第三卷、第四卷的编纂严格遵循《地方志工作条例》《河北省地方志工作规定》，突出继承与创新，原汁原味写实唐钢不同历史时期的发展历程。编纂过程中，公司党史厂志编辑部始终秉持“对企业负责，对唐钢历史负责”的精神，建立健全管理控制程序文件《史志编纂管理办法》，进一步规范史志编纂工作内容和管理流程，构建起“一稿一评、三审三校”工作机制与长效沟通机制，通过每周问题评议、月度提质分享、阶段性总结评析等方式打磨书稿，力求精品。修志期间归档了大量弥足珍贵的厂史资料，让唐钢历史不断代；针对20年历史中的干部名录、财务经营、设备管理等难点，多渠道复核史实，翻阅23个档案室、26个资料室，查阅公司电子档案2.35万件、纸质档案146卷，借阅档案原件28卷，参考资料572件，累计采访离退休老领导和知情人700余人次。两卷书籍得到了中钢协与唐山市地方志专家的一致肯定和高度认可。

【驻村帮扶】 2020年，河钢唐钢党委坚决扛起政治责任，全力做好驻村脱贫攻坚工作，推进落实各项脱贫措施，巩固脱贫成果。这一年，派出3个驻村工作队，分别到保定市涞源县黑山村、承德市滦平县二道营子村、承德市围场县西岔村开展驻村帮扶工作，切实加强对驻村帮扶工作的领导，严格落实脱贫攻坚“回头看”和国考反馈问题整改工作，定期听取各驻村工作组汇报，积极组织开展结对帮扶、现场调研、志愿服务、普惠性慰问等活动，协调解决相关问题，推进产业扶贫项目落地，改善村容村貌和村民生活，驻村帮扶工作取得良好成效。年内，组织106名党员干部结对帮扶502个建档立卡贫困户，捐助帮扶资金70万元，发放慰问金和慰问品价值30万元，助力村中修建护堤坝，推动养殖产业发展。当年，公司驻村帮扶工作获得省国资委党委、集团党委及帮扶村当地政府的高度认可，被河北省委、河北省人民政府授予河北省脱贫攻坚先进集体。

【离退休职工管理】 2020年，河钢唐钢党委以推进社会化管理为主线，以疫情防控工作为重点，以加强党组织建设为抓手，推进离退休职工管理，坚持落实两项待遇，推动活动站室建设，开展丰富多彩的文娱活动，不断提高服务管理水平。截至年末，公司有离退休职工28628人，其中退休干部4329人，离休干部57人，离退休党员2211名。年内，严格落实新冠肺炎病毒疫情防控措施，1月25日第一时间主动关闭全部活动站，将疫情防控落到实处，实现疫情防控“三个零”目标；加强学习和思想建设，5月组织全体离退休干部参加由市委老干部局统一设置题目的“学习党的十九届四中全会精神知识”答卷活动，各支部高度重视，积极谋划，强效推进，将离退休党员的思想建设工作抓稳抓牢。

【退休人员社会化管理】 2020年，河钢唐钢积极与政府部门沟通，退休人员社会化管理工作进展顺利。当年9月，与路北区政府签订《人事档案交接协议》《社会化管理党员组织关系转接协议》《社区管理服务、社会保障管理交接协议》三个分项协议；10月，开展退休党员组织关系转出工作，办理退休人员组织关系转出739名。年内，加快推进公司退休人员社会化管理工作，注重宣传教育，开展政策解读，为社会化管理移交构筑思想堡垒，制定预案，加强风险防控，保证退休人员队伍稳定；移交过程中，与政府部门、接收单位密切配合，做好风险评估，切实预防和妥善处置集访或群体性事件，保证移交工作平稳有序。

宣传思想（企业文化、统一战线）

【政治理论学习】 2020年，河钢唐钢党委持续加强政治理论学习，指导企业发展建设。狠抓制度落实，每月以红头文件下发学习提纲，加强学习资料的严肃性、规范性，全年组织理论学习13次；创新形式，提升理论学习实效，采取“视频学习+现场研讨”等形式，读原著、学原文、悟原理，确保公司两级领导干部理论学习学深悟透；建立长效督导检查机制，依托党群绩效管理平台严格考核，确保学习效果；坚持正确舆论导向，报纸、电视等媒体自觉履行新时代新闻舆论工作的职责使命，把学习宣传习近平新时代中国特色社会主义思想作为首要政治任务，用心用情用功讲好新时代中国故事、河钢唐钢故事；紧密结合公司重点工作，广泛收集最新政策文件、行业权威声音、兄弟钢企最新动态，创新版式，编辑制作月度《冶金行业信息参考》，准确把握国家经济和行业发展要求，为公司决策提供参考。

【形势任务教育】 2020年，河钢唐钢党委紧密围绕落实集团和公司各阶段重点工作，创新方式方法，深入抓好企业生产经营和发展建设形势任务教育。年内，加强重点工作宣传，聚焦全年生产经营目标任务，充分利用报纸、电视、微信等媒体，以及厂部级领导干部下班组活动契机，从效益效率、对标挖潜、品种质量、安全环保、新区投产等方面，多形式、多角度抓好形势任务宣传教育，引导广大干部职工认清形势、明确目标、扎实工作，真正把企业党政决策部署贯彻到基层、落实到岗位；针对职工不同需求，创新采取“一通知+三附件”形式编制下发分众化宣讲提纲，有效助力企业决策部署在基层的贯彻落实；报纸、电视、微信等多媒体平台共同施策，真正讲好河钢唐钢故事，传递正能量、好声音，建设积极向上的舆论氛围，树立优质品牌形象，最大限度调动广大职工干事创业的积极性。

【疫情防控宣传】 2020年，河钢唐钢党委全力抓好疫情防控宣传教育，增强职工防疫抗疫信心。年内，坚决贯彻落实集团和公司疫情防控决策部署，有的放矢做好职工思想引导，围绕人员管理、住宿用餐、会议组织、公务接待等方面防疫常识编辑发布《职工疫情防控指导手册》；设计制作疫情防控宣传展板、标语、展牌百余块，实现食堂、车场、宿舍等区域全覆盖；统筹调动各类媒体，打通全链条传播渠道，报纸电视同步开设《坚决打赢疫情防控阻击战》《夺取疫情防控和生产经营双胜利》专栏，累计刊发稿件226篇，电视推出新闻36期。原创推出《凝聚起广大职工抗击疫情的强大力量》等七篇系列通讯，传递出全体河钢唐钢人共克时艰、战胜疫情的信心力量，同时在集团报重点版面和显要位置刊发抗击疫情新闻类稿件47篇，在子分公司中排名第一；制作微视频《迟到的全家福》和钢铁版《坚信爱会赢》，先后被《中国冶金报》、中国钢铁新闻网、冀云等国家省市平台播发，全方位展示公司坚决打赢疫情防控阻击战的典型做法和勇于担当的社会形象；利用新媒体策划“抗击疫情·我们在行动”连载专栏，累计发布各类信息296条。当年4月，反映公司疫情防控期间做法和成效的政研文章《加强人文关怀，凝聚全员力量，筑牢疫情防控的“钢铁长城”》，在行业权威政研刊物《冶金企业文化》杂志刊发。

【区位调整宣传工作】 2020年，河钢唐钢党委围绕区位调整，做深做细宣传工作，营造强大舆论氛围。年内，聚焦各单位在区位调整中产量突破、对标降本和产线模拟法人制等方面的新举措和新成效，相继策划《对标三问》《逆境求生》等专题，报纸、电视互动推出《深挖潜 出真招 见实效》《主动出击 瞄准降本目标齐发力》等多个专版、专栏，为各单位强化成本管控提供借鉴参考；做好新区等单位宣传工作对接，随着区位调整进行，迅速将报纸、微信媒体使用覆盖到公司新区、佳华煤化工有限公司等新建项目，并将其政治理论学习、形势任务教育、新闻宣传、舆情管控工作全面纳入管理；密切关注舆情走向，下发《舆情监控及应急处置管理办法》，加强网络宣传管理、网络评论引导，及时了解舆情动态、收集舆情资讯，把握正确导向，特别在区位调整的关键节点，对重大突发事件和负面、歪曲报道，及时在官网、官媒做到“快发声”“有回应”，引导主流舆论，掌握舆情主动权，全年共处理舆情105起，有力保证了区位调整期间的舆情稳定、队伍稳定；在新区投产过程中，提前介入，策划方案，圆满完成新区相关视频和图片的拍摄，其新闻专题片被集团称赞为“画面和配音质量代表了河钢的高水准”，在新华社以《渤海之滨崛起“绿色钢厂”》为题播发的新闻视频，播放量达46.2万次，积极与市委宣传部对接，在唐山电视台、《唐山劳动日报》、《唐山晚报》、环渤海新闻网等市级媒体，大篇幅开展主题报道，充分展现集团和公司的大局意识和责任担当；推出《让党旗高高飘扬》等多个专题片，分享公司重点工作推进的典型经验和亮点成绩，为各单位学习参考提供借鉴。

【外部宣传】 2020年，河钢唐钢持续加大对外宣传力度，树立优质品牌形象。全年，在主流媒体刊发文章300余篇，其中，中央媒体14篇、省级媒体60余篇，在集团月度上稿量始终保持第一名，年内，探索以“文字+图片+视频”的立体化形式在中央、省市媒体报道，企业影响力和品牌形象得到提升；发挥资源优势，配合营销工作，加大产品宣传推广力度，与行业权威网站建立对接供稿关系，为营销工作顺利开展提供舆论环境支撑；积极拓展新媒体渠道，上年底运行的河钢唐钢电视抖音号，截至年末共发布短视频106条，获得点赞量4.5万次以上，其中关注人数达1.1万，并得到《中国冶金报》和省总工会等官方抖音号关注，在全国冶金企业关注量排行榜中跻身前三位。

【政研工作】 2020年，河钢唐钢党委不断完善管理制度，政研工作实现新提升。年内，完善下发《思想政治工作课题研究管理办法》，从活动宗旨、立项选题、研究流程、工作要求、成果评价等五个方面对公司思想政治研究工作进行全面梳理和规范，构建覆盖全面、可操作性指导性强的管理机制。当年，26项课题研究成果获得上级表彰，报送中国冶金政研会的4篇论文全部获奖，政研成果数量和质量均位列集团第一。

【企业文化和精神文明建设】 2020年，河钢唐钢不断丰富活动形式，深入抓好企业文化和精神文明建设。这一年，注重加强社会主义核心价值观的培育，依托公司各媒体对涌现出的道德模范、先进个人广泛宣传，提升职工队伍思想素质和职业素养；全面落实集团企业文化建设工作部署，推广宣传集团品牌建设和核心理念，加大集团愿景、使命和理念等经营价值体系的学习宣传，确保集团理念入脑入心；坚持开展季评爱岗敬业“十佳”职工活动，引导职工提高素质、立足岗位、创新创效；依托集团企业文化建设框架，与公司新区等新单位进行专业管理体系搭接，从企业定位到职工素养等多方面做好文化传承、创新和发扬；不断提升公司精神文明创建水平，增强企业发展软实力，年内，公司本部、中厚板公司、不锈钢公司、高强汽车板公司相继获得“河北省国资委系统文明单位”称号。

【历史文化资料留存】 2020年，河钢唐钢按照公司区位调整部署，精心策划组织，做好历史文化资料留存工作。年内，以网格化视频实现生产场景情景再现，以产线为基础单元，通过全方位、多角度拍摄视频、图片，全面翔实网格化留存公司现有面貌和资料，完成本部产线的梳理。在高炉、转炉、轧机陆续关停中，先后拍摄7条产线的关停瞬间，为公司77年发展历程中的重要节点留存弥足珍贵的历史画面；筹备制作大型纪念册，以叙述故事为线索，以公司发展历史时间顺序为主脉络，在图片展现的基础上，针对公司重要发展时期、标志性事件节点，翔实记录公司伴随共和国发展脚步，为国家经济建设和社会发展作出的重要贡献；完善公司系列形象专题视频，其中《天空之城》钢城VR全景视频，《大美钢城·秋之韵》《大美钢城·春之声》视频短片，从美学欣赏角度，四季交替、动静结合，纪实描摹出钢城绿色发展成就斐然的动人画卷。

【统一战线工作】 2020年，河钢唐钢党委统一战线工作注重加强团结，突出思想引领，实施“1+3+3”工程，即“每年开展一次调研、确定一个主题、组织多场次小范围座谈”的长效联络机制，引导广大党外知识分子立足本职岗位，为企业生产经营建言献策，发挥作用。截至年末，民革唐钢支部、民盟唐钢支部、民建唐钢总支、民进唐钢支部、农工党唐钢支部、九三学社唐钢基层委员会，共有成员66人。其中，民革党员9人，民盟盟员11人，民建会员12人，民进会员5人，农工党党员12人，九三学社社员17人；共有少数民族15个，少数民族职工803人；有出归国人员11人，“三胞”眷属18人。

纪检监察

【强化政治监督】 2020年，河钢唐钢纪委以习近平新时代中国特色社会主义思想为指引，铸牢初心使命，强化政治监督责任感和使命感，勇于担当作为。年内，深入贯彻落实党的十九届历次全会精神，落实理论中心组学习、形势任务教育、“学习强国”“钢铁先锋”“主题党日”等制度，引导党员干部特别是领导干部树牢“四个意识”，坚定“四个自信”，做到“两个维护”；聚焦公司发展重要部署，加大对贯彻党章党规党纪、执行党中央大政方针政策、履行政治责任等情况的监督检查力度；严肃各级党组织、纪委换届纪律，严明区位调整过程中机构调整、资产处置、新区投产达产、舆情监控等政治纪律，建立完善民主生活会列席指导制度；推进新冠肺炎疫情防控监督，开展“六督六看六严查”，保障疫情防控责任落实、措施到位；坚持党委统一领导，坚决落实向集团纪委报告公司领导班子会议研究重大问题有关情况制度，制定各单位纪委向公司纪委报告的具体措施，把“两个维护”融入血脉、见诸行动；强化整治形式主义、官僚主义，精心组织“一推进三开展”专项整治，推动“四查四纠四确保”，查摆五个方面10项问题，制定12项整治措施，确保政令畅通，公司管理体制机制创新和各项决策部署落地。

【夯实专责监督】 2020年，河钢唐钢纪委坚持履行协助监督和监督职责有机结合，协助贯彻落实全面从严治党战略部署。年内，制定出台29项工作制度，健全9项工作机制，切实把党的领导、推进全面从严治党，加强党风廉政建设和组织协调反腐败的要求融入企业经营管理；协助公司党委成立党风廉政建设和反腐败工作领导小组，有序推进请示报告制度；构建由党委统一领导、纪委组织协调，党委办公室、巡察办、组织部、工会、审计、财务等协调监督的“大监督”体系，以党内监督带动职能监督、民主监督，贯通融合、协调协同；明确两级班子成员党风廉政建设责任分工，召开党风廉政建设工作会议，部署纪检监察工作要点，逐级签订党风廉政建设责任书604份；抓好党委书记、纪委书记述职考核，推动党委主体责任、书记“第一责任人”责任、纪委监督责任和班子成员“一岗双责”责任，贯通联动，一体落实。

【抓牢日常监督】 2020年，河钢唐钢纪委延伸监督触角、丰富监督手段，把日常监督实实在在做起来、做到位，使监督常在、形成常态。这一年，开展督导调研，实施“三会三看三谈”，推动监督下沉，掌握基层政治生态，督促整改落实、责任落实、工作落实；建立领导干部承诺、廉政档案和“画像”评价制度，组织签订廉洁从业承诺书并动态管理领导干部廉政档案1137份，开展党风廉政意见回复50余人次，强化对“关键少数”的监督；认真贯彻习近平总书记关于坚决制止餐饮浪费行为重要指示批示精神，聚焦“四风”新动向新表现，坚守元旦、春节、五一、端午等每一个节点，组织明察暗访268次，走访职工群众400余次；制定信访举报和问题线索管理办法，规范流程、提高效率；强化信访举报监督，发挥信、访、网、电“四位一体”监督作用，畅通基层干部职工发现问题、反映问题的渠道；深化运用“四种形态”，合理处置问题线索，建立“一调查双见面”工作机制，用好约谈提醒、谈话函询等，注重思想政治工作贯穿全过程，做好受处分人员回访教育，推进重点问题线索初核，突出严管厚爱，激励和约束并重，全年信访举报问题线索15件，初核14件；深入开展“四个平台”廉政教育，全新改版纪检监察网站，打造网上廉政文化阵地；推送“清风唐钢”微信群，开办报纸专栏6期，共计推送党纪条规、工作信息291篇；举办“清廉河钢”书法、绘画、摄影作品征集活动，有60件作品获得集团嘉奖。

【强化精准监督】 2020年，河钢唐钢纪委以开展“强化监督年”活动为途径，以项目管理为抓手，以促进生产经营为目的，做实做细监督第一职责。年内，开展廉政风险防控“六查六看”，实施动态管控，加强权力运行重点环节制约，推进管理人员履行监管职责、领导干部履行一岗双责；围绕中心任务、管家环节，完成效能立项监督59项，提出建议73项，避免和挽回经济损失938万元，实现“两提一促”目标；会同巡察办、党办，聚焦7方面25层面，分批次进行深入细致的专项督导检查；突出问题导向，利用“听、看、谈、访、查”五种检查方式，采用“6+1”清单模式，对公司33家单位和部门进行全面深入的督导检查，发现、报告生产经营活动和各项工作中的亮点成效81项，就检查出的21个方面不足和表现，全面完成督促整改；持续保持惩治腐败高压态势；制定案件审理工作办法，进一步规范细化工作职责权限和管理流程，加强谈话全程管控，严格办案安全管理，及时化解风险隐患；开展案件质量评查、处分决定执行情况“回头看”和函询结构抽查核实，高质量完成审查调查任务；落实“三个区分开来”要求和省委容错纠错办法，精准把握政策策略，全年立案1件，党内严重警告1人次，行政记大过1人次，行政记过1人次，诫勉谈话5人次；查结典型案件实行“五步工作法”，做到以案为鉴、以案明纪、以案促改，分级组织党员干部观看警示教育片《叩问初心》，深刻领会省领导干部政治性警示教育大会、集团党风廉政建设工作会议精神，汲取河北省查处的重大、典型案件，集团10个典型案例的深刻教育，对党的十九大以来公司发生的违规违纪案件进行梳理剖析，选取并通报7个典型案例，释放执纪越来越严的信号。

【深化巡视巡察监督】 2020年，河钢唐钢纪委贯彻落实省委巡视和省国资委、集团巡察要求，坚定不移深化巡视巡查整改。年内，制定《巡察工作实施办法》，推进成立公司党委巡察工作领导小组和办公室，明确政治巡察定位，规范细化工作职能、职责权限和工作流程；设置巡察办主任、副主任、巡察员岗位和编制，召开巡察工作会议，加强内部学习和管理，提高专业能力；贯彻落实集团巡察工作制度，建立16项巡察工作制度，建立包括13个专业类别的巡察人才库，形成涵盖巡察流程、支持配合、成果运用等多层面制度体系，推进巡察人才库建设，着力提升工作规范化水平；强化内部巡察和专项督导检查相结合，做好作风纪律、退城资产处置等巡察专题调研，推动巡察监督与专项监督统筹衔接；督导党委工作部门开展巡视整改“回头看”检查调研，对省委巡视反馈的14方面28项具体问题整改落实情况进行再督导；对省委巡视移交的问题线索、集团纪委监察建议全面依规依纪依法高质量完成核查整改，推进管理提升；针对省委巡视组反馈意见指出28项具体问题表现，推进公司制定并落实整改措施121项，制定或完善制度9项，切实做好“后半篇文章”。

【严格自我监督】 2020年，河钢唐钢纪委严格自我监督，统筹推进纪检监察干部学习习近平总书记关于全面从严治党、党风廉政建设和反腐败斗争重要论述，不断增强纪检监察干部的忠诚意识、大局意识、责任意识、担当意识。年内，坚持学深悟透、融会贯通，以考促学、以学促用，把学习成果转化为推动纪检监察工作高质量发展的实际行动；继续跟进学习上级纪委会议精神，理解把握新任务新要求，及时研究贯彻措施，完善工作清单台账，强化督导落实；深刻领会上级纪检监察体制机制改革精神实质，督导完成3家二级纪委换届工作，配套制定10项制度，健全党风廉政建设工作协调机制和纪委党委协调协助机制，建立线索移交机制，完善二级纪委书记提名考察、述责述廉等制度；利用书、课、网、报、信等有效载体，开发“四个平台”“两个课堂”“一个题库”等资源，开展“专家讲堂”、课题研究、专题培训、“砺剑论坛”等。全年，组织各类培训160人次，完成各类考试330人次，提升纪检监察干部业务能力和工作水平。

工会工作

【组织建设】 2020年，河钢唐钢工会紧密结合工会工作实际，建立健全各项体系制度，修订《工会工作量化考核标准》，夯实工会工作基础，专业化管理水平不断提升。年内，以开展“职工小家”创建活动为抓手，强化基层工会组织建设，进一步延伸工会组织触角，确保工会组织100%覆盖率；加强网上工会建设，开设“网上审批流程”系统，工作效率和服务能力实现提升；加强新市民俱乐部建设，完成公司体育中心、俱乐部和佳华公司职工活动中心3处新市民俱乐部验收挂牌，履行社会责任，展现公司的社会担当。年末，公司直属单位设立工会36个，基层分会355个，共有工会会员3万余人。

【召开第二十二届职工代表大会第三次会议】 2020年1月13日，河钢唐钢召开第二十二届职工代表大会第三次会议。公司党委书记、董事长王兰玉出席会议并讲话，总经理田欣作《行政工作报告》，284名职工代表参加会议，科技与管理人员代表、一线生产骨干代表和各民主党派代表近400人列席会议。会议全面总结了2019年工作，安排部署2020年工作。审议通过《行政工作报告》《2020年预算》等8项议案，其中对《2020年度工资总额预算安排方案》《2019年职工福利费支出情况及2020年职工福利费预算报告》两项涉及职工切身利益的议案采取无记名投票方式表决，获得一致通过，充分体现公司对职工主体地位和职工意愿的尊重。71条职工代表提案，立案37条，全部得到有效落实和反馈，获得职工群众的充分肯定。

【召开工会工作会议】 2020年4月3日，河钢唐钢召开工会工作会议，系统总结2019年以来公司工会工作，安排部署下步重点工作。公司党委书记、董事长王兰玉出席会议并讲话，公司党委副书记、工会主席王文德主持会议，各单位工会主席和工会干部参加会议。会议对2019年工会工作中涌现出的18个“先进职工之家”、27个“先进职工小家”、43名优秀工会工作者、153名优秀工会积极分子予以表彰。“先进职工之家”单位代表分别作表态发言，充分展现出公司职工奋发有为的精神面貌。

【职工素质提升】 2020年，河钢唐钢工会注重职工素质提升，高标准抓好职工培训、岗位练兵活动，组织参加行业、省、市和集团等各级各类技能竞赛，为职工成长成才、建功立业搭建平台，实现了职工队伍整体技能水平的不断提升。在第十五届世界模拟炼钢挑战赛北亚赛区比赛中，公司职工包揽赛事前九名；承办唐山市第十九届职工职业技能大赛内燃机车工比赛，公司职工包揽前三名；举办公司第34届技术比赛，7名职工获“技术状元”称号；以备战技能竞赛为契机，大力开展职工技能培训、网上练兵、师徒帮带等活动，广泛培育培养技能人才队伍，遴选技能骨干，充分发挥好典型骨干人物的引领带动作用，在全公司形成学本领、练技能、比贡献的浓厚氛围，共开展技能培训80余次，网上练兵参与人数2万多人次，有效促进了职工队伍素质提升。截至年末，共有公司级技术状元494人，河钢集团状元33人，唐山市技术状元16人，河北省技术状元8人，全国钢铁行业技术能手18人，全国技术能手4人，这些技术精湛的职工成为公司建设最具竞争力钢铁企业的重要人才支撑。

【岗位创新】 2020年，河钢唐钢工会坚持岗位创新，搭建以创新工作室（站、组）为单元的岗位创新联盟工作体系，围绕公司区位调整、转型升级和高质量发展实际，引导职工树立岗位创新、岗位成才意识，为公司创新驱动发展注入内生动力。当年，共有创新团队310个，其中国家级创新工作室2个，国家冶金行业级创新工作室6个，省级创新工作室16个，河钢集团级创新工作室15个，市级创新工作室33个，公司级创新工作室41个、作业区和科室级创新工作站123个、产线和班组级创新工作小组146个，实现创新联盟全覆盖。年内，以实施项目制管理为契机，以创新工作室（站、组）为载体，围绕生产经营重点、难点和关键点，主动开展岗位创新立项攻关活动，建立健全评价体系，严格把关项目质量，广泛凝聚职工智慧力量；注重营造全员创新浓厚氛围，职工创新意识不断增强，创新活动蓬勃开展，公司职工共申报创新成果3027项，188项成果获奖，其中“深化创新思维，强化创新理念，高质量推进全员岗位创新工作”成果获公司思想政治工作优秀研究成果二等奖，“LOMAS自动炼钢系统工艺优化研究”成果获2020年冶金科学技术奖一线工人科技成果三等奖，“保证薄规格产品质量的酸洗轧机设备优化”“中小型转炉干法除尘技术创新与优化”“烧结系统功能精度提升实践”成果分获全国钢铁行业职工技术创新成果一、二、三等奖，“基于转炉吹炼增氮技术下提碳降锰降硅的低成本棒材生产工艺”“优化工艺和设备功能实现三镀锌高端家电板生产”成果分获集团一线职工优秀创新成果一、二等奖。

附表　2020年河钢唐钢国家级、冶金行业级等创新团队一览表

序号	单　位	创新工作室名称	所获称号
1	冷轧薄板厂	张立新优化性能创新工作室	全国机械冶金建材行业示范性创新工作室
2	公司新区	徐伟智能炼钢创新工作室	
3	中厚板公司	连容广轧钢技术创新工作室	第六批河北省劳模和工匠人才创新工作室
4	能源科技分公司	梁宏书水处理技术创新工作室	
5	生产制造部	方丽平资源结构与成本控制创新工作室	河钢集团优秀职工创新工作室
6	自动化信息公司	王瑞宾信息化技术创新工作室	
7	不锈钢公司	师可新轧钢创新工作室	唐山市职工创新工作室
8	新事业公司	孙朝华创新工作室	
9	生产制造部	刘大亮汽车板工艺技术创新工作室	
10	冷轧薄板厂	于海涛轧钢技术创新工作室	
11	物流分公司	王长青车站运行组织系统创新工作室	
12	重机装备公司	肖连华轧辊品种研发创新工作室	
13	公司新区	高子磊运营管理创新工作室	
14	公司新区	刘庆禄创新工作室	
15	公司新区	柴勇烧结技术创新工作室	

续附表

序号	单　位	创新工作室名称	所获称号
16	公司新区	谷海波电气点检创新工作室	河钢唐钢优秀岗位创新团队
17	一钢轧厂	郑久强转炉炼钢创新工作室	
18	不锈钢公司	张士慧电气设备管理创新工作室	
19	信息自动化部	劳瑞斯轧制控制创新工作室	
20	技术中心	刘靖宝超高强钢研发创新工作站	
21	高强汽车板公司	姜学亮冷轧工装创新工作站	
22	炼铁厂	董国强高炉炼铁创新工作站	
23	中厚板公司	王丽霞轧钢生产工艺创新工作组	
24	自动化信息公司	韩一杰智能自动化创新工作组	

【劳动竞赛】 2020 年，河钢唐钢工会以降低成本、追求效益、智能制造、全员创新和人才培养为重点，以创效争先立功竞赛、产线对标竞赛、专项攻关竞赛为载体，突出抓好劳动竞赛，凝聚全体职工的智慧和力量，确保公司各项生产经营工作再上新台阶。年内，制定下发《2020 年劳动竞赛实施意见》，对公司全年劳动竞赛活动进行安排部署，以“当好主人翁，建功新时代”为主题，激励职工群众在“建设最具竞争力钢铁企业”的宏伟实践中建功立业；组织开展“产品销量、售价双提升”竞赛和“降本增效”活动，发动职工用卓有成效的工作对冲新冠肺炎疫情带来的不利影响，取得产品销售订单稳步回升、生产经营稳定顺行的良好效果；以“生产为用户、产就高效率”为竞赛重点，持续开展“高效产线”专题劳动竞赛，68 条产线达到高效产线目标，有效促进生产指标提升；开展职工技术革新 QC 成果专项竞赛，36 项 QC 成果被评为公司级以上优秀质量管理 QC 成果；在合理化建议竞赛活动中，公司职工共提出合理化建议 1519 项，采纳实施 758 项，有效推动了技术改进和效率提升；在“全国重点大型耗能钢铁生产设备节能降耗对标竞赛”中，公司 4 号 3200 立方米高炉、1 号 150 吨转炉获“全国优胜炉”称号，公司炼铁南区 360 平方米烧结机获“全国创先炉”称号，在该项竞赛中公司已先后 21 次获“全国冠军炉”“全国优胜炉”“全国创先炉”称号。

【弘扬劳模精神】 2020 年，河钢唐钢各级工会组织坚持用正确的世界观、人生观、价值观引导职工，以传承劳模精神、弘扬企业文化为抓手，引导职工唱响时代主旋律，凝聚企业正能量。年内，采取多种方式教育引导广大职工尊敬劳模、学习劳模、争做劳模，激励广大职工争做新时代的奋斗者，坚持开展劳模评选表彰工作，1 名职工获“全国劳动模范”称号，34 名职工被评为公司“劳动模范”；结合劳模选树，组织召开劳模座谈会，认真学习贯彻习近平总书记在全国劳动模范和先进工作者表彰大会上的重要讲话精神和河北省劳模座谈会精神；注重宣传劳模精神，遴选重点典型，利用报纸、网络、微信公众号等多种载体，开展形式多样的学习宣传活动，发挥劳模示范引领作用；关心劳模生活健康，组织劳模体检，帮助困难劳模，及时传递企业关怀。

【劳动保护】 2020 年，河钢唐钢工会加强劳动保护，制定实施《深入开展安康杯竞赛活动的安排意见》，充分关注职工劳动安全和职业健康，深入开展职工劳动保护监督检查、“安全微创新成果”评比和“安康杯”竞赛等活动，消除安全隐患与风险，促进企业安全生产。全年，开展安全检查1891次，发现安全隐患2042项，并全部落实整改。年内，践行“一切安全事故、隐患可防可控”理念，严格落实安全生产责任制，深化作业区和班组安全建设，强化事故警示教育和职工思想教育，促进安全管理向作业区、班组和岗位延伸，提升职工自我保护能力；积极推广使用“唐山市职工宣教劳动保护平台”微信公众号，普及劳动保护知识和技能，截至年底，平台注册人数达2.6万人，注册率96.3%，超额完成上级下达的注册任务指标；参加市总工会组织的5期答题竞赛活动，18人次进入唐山市前十名，153人次进入前100名。

【两项劳动保护工作法在全省宣传推广】 2020年，河钢唐钢工会“‘互联网+劳动保护’工作模式”工作法及炼铁厂“班组安全管理中的安全评价机制”工作法在河北省职工保安全、保健康先进工作法评审中分获二、三等奖，受到河北省总工会通报表彰。两项成果均被河北省总工会收录在《河北省职工保安全、保健康工作法优秀成果汇编》中，并在全省范围内进行宣传推广。年内，在实施区位调整和转型升级关键期，公司工会始终把维护职工生命安全、身心健康放在各项工作的首位，把实现好、维护好、发展好职工群众的根本利益作为一切工作的出发点和落脚点，结合“安康杯”竞赛、“安全生产月”等活动及企业自身特点，积极组织开展安全生产劳动保护相关工作，充分发挥各级工会组织对安全生产工作群防群治的促进作用，用扎实有效的劳动保护工作助力公司安全生产达到更高、更新的水平，确保常态化疫情防控条件下的安全生产稳定，保障职工生命安全和身心健康。

【职工服务保障】 2020年，河钢唐钢工会围绕职工群众工作生活需求和向往，采取多种举措，提供精准高效服务，广泛传递企业关怀和温暖。年内，坚持开展“两节”送温暖活动，元旦、春节期间，公司两级工会共走访慰问困难职工、劳动模范、离退休职工等各类人员1156人次，发放慰问款（物）价值300多万元；扎实开展暑期“双服务”活动，各级工会组织结合实际，深入调研暑期职工需求，以服务一线为重点，加大投入力度，购买和维修冰箱、空调、饮水机等防暑降温设备361件，购买瓜果10.49万千克、冷饮8.71万瓶，冰糖、山楂、绿豆等防暑食品6600千克，准备各类防暑药品66个品种，总投入202.43万元，有效满足一线职工防暑降温需要，助力公司暑期生产经营；开展后勤服务“窗口”竞赛活动，充分发挥生活委员会监督作用，开展服务监督检查，促进公司食堂、浴室、宿舍等后勤服务质量和服务水平提升；投入1140万元，开展免费职工健康体检和女职工专项体检，增加胃镜、肠镜等体检项目，筑牢疾病预防防线，共组织职工健康体检1.9万人，女职工专项体检3600多人；积极履行社会责任，组织1009名职工献血46.9万毫升，圆满完成献血任务。

【困难帮扶】 2020年，河钢唐钢坚持困难帮扶、大病帮扶、送温暖等体制机制，组织帮扶困难职工群众，广泛传递组织关怀和企业温暖。全年，分层次帮扶困难职工，为1362名困难职工办理困难补助41.98万元，为538名患大病职工或直系亲属给予大病补助104.65万元，为556人次患病职工发放第九期医疗互助款156.04万元，为72名困难职工子女送去助学金10.85万元，极大缓解了困难职工家庭负担；出资142万元为3.02万名职工办理唐山市第十一期重大疾病医疗互助；开展“送健康入基层”活动，对职工进行菜单式、有针对性的健康指导服务，切实提高职工健康水平。

【女工工作】 2020年，河钢唐钢坚持维护女职工特殊权益，组织女职工参加公司民主协商和民主管理，广泛开展专项竞赛，有效调动女职工的劳动积极性，发挥了“半边天”作用。年内，以“巾帼竞风采、绽放新时代”为主题，开展迎庆“三八”系列活动，全面落实女职工特殊权益和特殊保护，表彰工作突出的单位和集体，对18个女职工工作先进单位、20个巾帼建功示范岗、10名优秀女职工标兵、19名优秀女职工工作者、10组敬业奉献好家庭、35名优秀女职工予以表彰；组织开展“巾帼风采竞绽放”系列“家”文化征集活动，通过征集小视频及照片等形式，弘扬中华民族传统文化，展现女职工风采；认真落实《女职工劳动保护规定》，推进签订《公司女职工权益保护专项集体合同》，指导子分公司分别签订女职工权益保护专项集体合同，明确规定女职工劳动权益、特殊权益保护内容；落实市总工会部署的疫情防控期间有关孕期、哺乳期女职工特别保护政策，完善“爱心妈妈小屋”使用功能，组织投保安康保险，举办女职工法律讲座和健康咨询讲座，引导女职工健康生活，快乐工作。

【职工民主管理】 2020年，河钢唐钢加强职工民主管理，规范开好公司两级职代会，认真落实职工各项民主权利，维护职工合法权益，确保公司和谐稳定。年内，圆满完成集团二届四次职代会唐钢代表团和公司二十二届三次职代会代表选举和组织工作，有效保障了职工民主权利；制定下发《关于创建“3S型”职代会的实施办法》，以制度化、规范化、科学化为目标，加强基层职代会建设，形成党政主导、工会运作、职工参与的职代会长效工作机制，职工的知情权、参与权和监督权得到有效落实，激发职工群众的工作热情和积极性；深化厂务公开，对上年度原燃料采购情况、招待费使用情况、专业技术人员聘任情况等10个公司发展重点和职工关心热点项目进行公开，受到职工欢迎；畅通民主管理渠道，围绕降低费用、对标挖潜、提高效率、提升效益等重点工作，组织公司董事长、总经理联络员积极献言建策，32项建议得到采纳，职工民主权利得到有效落实；围绕职工代表权利义务、素质责任等重点，组织120名职工代表开展业务培训，进一步增强职工代表主人翁意识，提升职工代表履职能力。

【文体活动】 2020年，河钢唐钢工会以迎庆重要节日为契机，积极组织开展多种形式的文化体育活动，丰富职工文化生活，振奋精神，凝聚力量。元旦、春节期间，举办“迎新春”乒乓球比赛，组织写春联、送福字等活动，营造欢乐祥和的氛围；开展“以文抗疫、我们在行动”等抗疫文化活动，为战胜疫情贡献力量；开展迎庆新中国成立71周年系列活动，举办“祝福祖国 祝福钢城”文化作品展；组织参加唐山市总工会“三个努力建成”重要指示十周年职工诵读比赛，公司2名职工分别获一、二等奖，公司获优秀组织奖；组织参加中华全国总工会和中央网信办主办的“网聚职工正能量 争做中国好网民”网络正能量微课征集活动，公司1项微课作品获一等奖，公司成为河钢集团中唯一获奖单位；组织参加中华全国总工会举办的2020年“承载梦想 走向健康”全国职工健步走网络公开赛和省总工会举办的“大学习”全省职工网上诵读大赛等活动，丰富职工业余生活。

【宣教工作】 2020年，河钢唐钢工会积极开展宣传教育工作，邀请省市级媒体对公司先模事迹进行采访，组织撰写专题宣传稿件，并多次在《河北工人报》等主要媒体以头版头条刊登。年内，指导38个二级单位工会完成河北省基层工会服务平台的注册及信息发布工作；开展公司职工学历提升远程教育项目，鼓励职工提升专业技能；组织“抗疫心理疏导”培训班，及时对职工进行心理疏导；开展“职工队伍思想状况大调研”，有针对性地做好职工思想政治工作；

深入开展职工大讲堂等主题教育实践系列活动，搭建职工学习平台，举办为职工配发图书、建立职工阅读小组、开展阅读分享等活动；组织开展关于学习党的政策和最新会议精神的各类培训、诵读和知识竞赛，营造浓厚学习氛围，增强企业凝聚力。

共青团工作

【组织建设】 2020年，河钢唐钢团委以公司区位调整和产能转移战略机遇期为契机，加强团的组织建设，夯实团建根基，凝聚推动公司转型升级的青年力量。年内，紧跟公司党委步伐，进一步调整团组织设置，将新区团委纳入公司团委管理；优化三级团组织设置，依托“智慧团建”“冀e青春”等平台，集中开展组织整顿，清理空壳组织、调整不规范组织、整改后进组织，使共青团组织设置更加高效合理，组织架构清晰明朗；厘清团员青年底数，做好团员团组织关系转接，使团员青年时刻找得到组织、找得到归属。制定团支部标准化建设标准，确立高强汽车板公司、冷轧薄板厂2个团支部示范点，推进试点团支部标准化、规范化建设；指导基层团支部依托“智慧团建”系统，100%完成对标定级；推进公司党委《关于进一步做好推荐优秀团员作党的发展对象工作的意见》落地落实；加强共青团台账管理，印发《团支部手册》，进一步规范团费收缴使用，落实三会两制一课，规范开展团的组织生活，推动公司共青团系统基层团组织建设规范化。

【品牌创建】 2020年，河钢唐钢团委深化推进共青团品牌创建，激活基层团组织的生机活力。年内，持续开展“一团一品”创建工作，指导基层团组织结合单位实际，将品牌创建工作向团支部拓展延伸，构建以基层党组织为领导、多部门共同参与、基层团组织具体实施的品牌工作管理、执行网络，当年“一团一品”支部覆盖率达到100%。深入挖掘“号手岗队”品牌工作新价值，推进“青年文明号”“青年安全生产示范岗”创建工作管理办法的实施落地，建立“青年疫情防控突击队”29支，融入公司经营发展，成为战疫保产的先锋力量。

【加强队伍建设】 2020年，河钢唐钢团委坚持从严治团，把加强团干部、团员青年队伍建设，作为各级共青团组织必须着力抓好抓实的重点工作，努力建设一支履职担当、时刻保持先进性的团干部团员队伍。年内，严格督导团干部联系服务青年，落实《“1+100”团干部直接联系青年制度》，准确了解和把握青年的思想动态，力所能及解决青年思想困惑和实际困难，共联系青年2000余名，解答青年疑问180余次，实现回复率96%；不断加强团员先进性建设，抓好团员发展、组织关系转接、团员管理等工作，加大“推优”工作力度，完善团员表彰激励机制，切实发挥优秀共青团员的先锋模范作用。

【青年思想引领】 2020年，河钢唐钢团委聚焦“在企业转型升级关键期和疫情防控特殊期强化青年思想引领”的时代命题，创新工作方式方法，深化青年思想政治引领和形势任务教育，营造良好氛围。年内，坚持巩固线上线下学习阵地，借助团中央青年大学习平台，分层分众推进青年大学习活动；组织团员青年学习分享习近平新时代中国特色社会主义思想和党的十九届四中、五中全会精神等内容，开展“朋友圈里学讲话”活动120余场；积极选树宣传青年榜样，传递青春正能量，开展“奋斗的青春最美丽”等主题团日活动40余场；创新开辟“青年讲师团”宣讲新方式，组织共青团系统成立三级“青年讲师团”，进行线上线下宣讲，共开展宣讲活动200余次，覆盖青年5000余人；全面加强企业共青团微信公众号“青春河钢唐钢”的使用和推广，打造共青团新媒体宣传专属阵地，发布微信近100条，公众号粉丝数突破2000人；承办运营河钢集团团委微信公众号，最高点击量达5.2万次。

【青年战疫保产】 2020年，河钢唐钢团委认真贯彻落实集团、公司关于疫情防控工作的决策部署，加强青年疫情防控工作，带领广大团员青年积极投身企业疫情防控阻击战和生产经营攻坚战，凝聚青年战疫保产力量。年内，向公司全体团员青年发出“紧跟党走 共同战‘疫’”倡议，引领广大青年、“号手岗队”协同发力，扎实开展体温检测、病毒消杀、防疫宣传等防疫保产行动，全力当好公司防疫部署的执行者、抗疫行动的宣传员、战疫保产的排头兵；依托1+100团干部联系青年制度，跟踪建立春节期间396名离唐青年的疫情防控工作档案，及时掌握青年工作、出行和健康状态；成立29支青年疫情防控应急小分队，当先锋、打头阵，协助所在单位做好各项疫情防控工作；组织“‘青’力相助·携手战‘疫’”网络文化作品征集活动，弘扬抗疫正能量，累计征集书法、漫画、诗歌等作品200余件。

【青年成才建功】 2020年，河钢唐钢团委聚焦市场和产品，发挥“服务企业生产经营，服务青年成长成才”两大职能作用，带领广大青年在助力打赢生产经营攻坚战中，发挥生力军和突击队作用。年内，以助力公司降本增效为中心，开展降本增效“金点子”征集活动，组织青年开展修旧利废专项竞赛；瞄准服务公司产品质量提升，组织开展“质量月”系列活动，评选“质量明星”35名；培养和推荐公司青年王君珂为“全国青年岗位能手”，引领更多青年岗位建功。聚焦团干部、团员业务素质提升，组织参加上级团组织培训2次，对标开滦集团、唐山文旅集团等兄弟企业互鉴经验；围绕青年安全素质、技术技能提升，组织“青年安全网络知识竞赛”“青安杯”竞赛，开展“青年修旧利废专项竞赛”等各类青年技能竞赛30余场，促进青年素质进一步提升。

【青年创新登高】 2020年，河钢唐钢团委重点实施青年“五小”创新登高项目，采用开展青年创新导航、开设青年创新讲堂、举办青年创新成果展等，全力构建青年岗位创新文化，推动100项青年“五小”创新登高项目顺利结题。当年5月，下发《青年“五小”创新登高项目实施方案》，明确实施意义、项目内涵、项目目标、多维驱动、制度保障、实施措施等七个方面内容，确立15个重点管控项目和85个基层团组织自主推进项目。11—12月，针对结题的青年“五小”创新登高项目，邀请技术中心、生产制造部等专业专家担任评委，组织开展4批次评审答辩，公司级评审“五小”创新创效项目78个，基层单位自评审22个。以青年“五小”创新登高优秀项目为依托，组织青年参加上级团组织进行的各类“青创赛”，3名青年获“冀青春”青年岗位创新发展专项赛银奖，7名青年入选河钢集团“五小”创新创效大赛决赛并获集团表彰。

【青年安全保障】 2020年，河钢唐钢团委高度重视青年安全生产，强化“青安岗”主体责任意识，逐级抓好责任落实，青年安全意识和安全技能不断提升。年内，全面加强安全教育，利用主题团日、班前班后会、共青团微信群广泛传达公司“安全生产月”重要会议精神，动员1200余名一线青年签订《安全承诺书》，开展现场实操培训24场；开展安全隐患排查，组织各级“青安岗”建立青年岗位隐患排查档案，发动青年聚焦岗位查找隐患问题，进行全面排查整改，累计查摆安全隐患329项，全部整改到位。组织各级团组织深入开展“青安杯”

竞赛，以各单位“青安岗”为竞赛主体，发动各“青安岗”岗长、岗员积极发挥突击队作用，完善“青安岗”制度台账，积极开展青年安全培训、消防应急演练等青年安全竞赛活动。与安全部联合组织开展“消除事故隐患 筑牢安全防线”青年安全知识网络竞赛，1880名青年参赛，营造良好的安全知识学习氛围。

【青年服务奉献】 2020年，河钢唐钢团委以“志愿服务月”为契机，开展“战疫保生产 青春勇奉献”青年志愿者服务月系列活动，取得良好成效。年内，组织各单位“号手岗队”协同发力，当先锋、打头阵，擦亮共青团品牌，融入各单位防疫保产行动，为职工安全上岗筑就坚强防线，为企业快速恢复生产注入活力；在充分做好青年志愿者个人防护基础上，组织广大青年立足岗位，积极行动，开展爱心理发、爱心维修、爱心护绿、爱心送餐等志愿服务活动，进行病毒消杀、物资配送等防疫行动50余次，开展各类爱心服务30余次。落实公司“两手抓”精神，组织各基层团组织成立青年志愿者岗位建功服务小分队，广泛参与创新创效、产品研发和质量攻关、市场营销和客户开发工作。积极服务社会，开展“寸草心”爱老敬老行动9次，组织8名青年参加唐山市“文明出行，从我做起”文明交通志愿服务活动，为公司2个定点扶贫村捐献图书2000余册，展现了青年良好形象。

【开展“质量月”活动】 2020年9月，河钢唐钢团委以“质量月”为契机，在全体团员青年中开展了“提质增服，青年当先”主题系列活动，进一步增强广大青年团员的质量意识和服务意识，助推产品质量升级，全方位满足高端客户需求。采用“线上+线下”新模式，开展“提质增服，青年当先”主题团日活动，线上利用三级微信平台宣传“用户至上、精益求精”“零缺陷、零事故”理念，“严谨、受控、无缺陷出厂”汽车钢质量文化和“质量管理体系日常化落实”落地举措，营造重视质量的浓厚氛围；线下发动各级团组织拍摄青年在“提升产品质量，走访服务用户”工作照片，并围绕满足下游工序要求、重点用户走访、征集质量改进意见等内容记录心得体会，用青年视角记录身边质量管理工作的变化和取得的成果，弘扬集团和公司质量文化；以客户满意为宗旨，组织市场部、销售分公司、各事业部营销服务中心青年对重点客户进行现场走访，准确掌握客户对产品的使用要求，征集产品质量和服务工作的意见建议。组织生产单元青年把下游工序、供应和服务的生产单位作为用户，走访征集改进意见，确定重点问题后开展全方位攻关，通过“明确目标—制定措施—责任到人—定时反馈”循环模式，确保质量目标、指标持续优化和客户满意度不断提升；开展“我身边的质量明星”评选活动，选树在质量提升、标准化作业等方面的先进典型，以榜样力量激发广大青工投身质量提升工作，全力打造“青”字号质量服务品牌。

党建研究工作

【党建研究】 2020年，河钢唐钢党建研究会按照省委和集团党委关于党建工作部署要求，围绕公司转型升级，区位调整等重点工作，深入开展课题研究，凝练党建工作经验，全面提升党建工作水平。这一年，高标准开展党建课题立项工作，确立巩固拓展“不忘初心、牢记使命”主题教育成果，建立健全主题教育长效机制研究；落实“基层党建质量提升年”工作部署，推进基层党组织全面进步、全面过硬的研究；确立在抗击疫情、区位调整等重大任务面前，基层党组织充分发挥战斗堡垒作用的研究等13

个党建研究立项方向，共收到各单位立项申请112项。推进党建课题过程管理，通过面对面交流、电话沟通等形式了解各单位课题进展情况；督导各单位提交课题进展报告，就各单位开展党建课题研究过程中遇到的问题进行答疑解惑；针对工作有创新、能解决实际问题的课题进行重点跟踪，确保课题质量。加强与河北省国企党建研究会的沟通与交流，充分展示公司党建风采，经省国企党建研究会评审，公司党委上报的7项课题全部获奖，其中一等奖2项、二等奖2项、三等奖2项、优秀奖1项。

【编撰《钢铁先锋》】 2020年，河钢唐钢党建研究会以权威性、创新性、可读性为目标，不断丰富《钢铁先锋》刊物的栏目设置，促进企业文化传承。这一年，以鼓励职工士气为基调，在《钢铁先锋》版面设置上采用图片图解形式，增加刊物的灵活性；对封面进行改进，选用公司厂区的风景图片，让刊物凸显公司特色。年内编撰刊物2期，刊登稿件60余篇，细致解读公司党委重点工作，对公司区位调整过程中产生的职工思想波动进行正确的引导和宣传，充分展示公司党建工作风貌和党员干部风采。

武装工作

【民兵整组】 2020年，武装部按照唐山市政府和唐山军分区民兵调整方案和民兵组织整顿文件要求，制定印发《2020年民兵整组工作方案》，并对整组具体工作进行详细部署。年内，在全面坚持党管武装、建用一致原则基础上，落实人员潜力调查、人员调配、集结点验、阵地规范、信息系统录入、党组建设等各项工作要求，圆满完成公司民兵整组任务，受到河北省军区、唐山军分区督导检查组的一致好评。

【民兵应急力量建设】 2020年，武装部进一步夯实公司民兵应急力量建设，持续强化公司民兵应急队伍实战能力。年内，结合年度训练计划，分别于1月22日和9月30日组织公司民兵应急连进行实装实战拉动点验，7月6—17日，组织公司民兵应急连开展为期12天的封闭式民兵军事技能和应急知识培训基地化训练；疫情期间，按照唐山市委市政府和唐山军分区指示，于2月17日组织公司民兵圆满完成河北省军区支援武汉疫区8辆重型卡车、总价值120万元、2.23万箱抗疫物资的装载任务，4月12日组织公司民兵开展由市委市政府发起的爱国卫生月环境卫生综合整治活动；严格执行疫情防控措施贯穿全过程要求，在充分保障人员安全的情况下，有序开展疫情期间民兵执勤、训练和执行任务各项工作，有效提升了公司民兵队伍的军政素质和综合应急处置能力。

【民兵战备值班】 2020年，武装部按照上级军事部门战备值班要求，组织公司应急民兵以不脱离生产岗位的形式，全天候24小时做好值班备勤工作，并结合实际应急任务，检查和督导民兵应急人员在岗在位情况。疫情期间，在有序落实民兵应急队伍日常值班备勤工作的同时，做好对进出厂区人员进行疫情防控排查，办公区域及进出厂车辆消杀，以及防疫措施提醒预警各项工作，并圆满完成节假日、汛期等重点时段的战备执勤任务。

【民兵参建】 2020年，武装部紧紧围绕公司生产经营中心，大力开展民兵参建工作。年内，公司广大民兵积极主动参与技术改造、提高产线效率、优化工艺程序等挖潜增效活动，累计创效3000余万元；民兵安全哨持续加强岗位安全隐患自查和整改，共整改各类隐患1172项；民兵护厂巡逻队伍加大对厂区重点易发案部位和要害部位的巡查力度和频次，累计巡查4245人次，为公司在区位调整期间整体安全稳定保驾护航。

【国防教育】 2020年，武装部以“奋进新时代 聚力强军梦”和“赞颂新征程 履行新使命”为主题，开展一系列国防教育活动，弘扬爱国主义精神，普及国防教育，增强职工国防意识和国防精神，掌握必要的国防知识和技能。年内，先后开展以《国防教育法》颁布实施十九周年、第二十个全民国防教育日、纪念毛泽东提出“民兵工作三落实”58周年等为契机的国防教育宣传活动；组织公司职工学习《国防法》《兵役法》《国防教育法》等法律法规，加大国防法规宣传普及力度，以微信、短信、电子屏幕、宣传橱窗、宣传图片、国防教育讲座、座谈会、纪念会等多种形式开展国防教育宣传活动，共悬挂宣传横幅7条、制作宣传展板8面、组织国防形势和知识教育学习63场、网络宣传答题2场，在全体职工中营造关心、支持、参与和建设国防的浓厚氛围。

【人防工作】 2020年，武装部持续做好人防专业队管理，强化地下人防工程的日常管理和维护，确保良好的战备状态。年内，组织对人防专业队的整组工作，采取非脱产的形式开展为期10天的人防专业训练，大幅度提升公司人防专业队的战时防空、平时服务、应急支援能力，公司民兵人防专业队被唐山市人防办授予“2019年度优秀人防专业队”称号；及时组织相关单位开展人防工程普查和详查工作，持续做好贾家山地下人防工程和民兵应急器材的日常维护管理；加强公司防空警报器的维护管理力度，圆满完成为新冠肺炎疫情牺牲烈士和逝去同胞举行全国性哀悼活动鸣放防空警报、“九一八”唐山市2020年度实施试鸣防空警报等任务；“九一八”活动期间，将100个印有“纪念九一八事变89周年”字样的宣传手提袋及300本“防空防灾应急知识读本”分发给公司各单位职工。

信访维稳与保密管理

【信访维稳】 2020年，河钢唐钢党委坚持“有理推定”理念，创新“主办+督办”工作方式，推行“服务+管理”项目制模式，全力打造“N+信访”品牌建设，将信访维稳工作与企业转型发展精准内嵌、完美融合，为区位调整、新区达产达效提供有力支撑。全年，共接待职工来信来访173批次、298人次，其中初访100批次、197人次，重访73批次、101人次；处理市长公开电话372批次（涉及疫情85批次），市长公开电话办结率100%；网上交办信访事项294件，“三率”稳控指标均为100%，位于全市领先行列，信访总量和初访、重复访、集体访呈现出“四个下降”良好态势，圆满完成全国、省市两会、暑期安保和党的十九届五中全会等重大敏感期信访维稳任务，确保集团“四零两百”信访指数目标实现。这一年，以项目制为抓手，强化管理支撑，大力推进信访治理体系和治理能力向纵深发展，把信访制度优势转化为企业治理效能，实现信访工作PDCA良性循环；开拓思路方法，推进信访事项攻坚化解，以“定期调度协调机制”为推手，成功化解省市、集团领导包联信访事项；契合企业区域优化调整、新区达产达效和疫情常态化防控形势需要，落实“六稳”“六保”要求，加强信访形势研判，对深层次的热点难点问题开展滚动摸排，科学超前进行风险研判和预警，确保全方位、无死角、无盲区，建立公司信访办、专业职能部门、二级单位、作业区班组为一体的综合服务机制，强化信息共享、政策支撑、联动处理，深入推进信访矛盾源头预防、前端治理、多元化解，把不稳定因素化解在萌芽状态；制定《企业维稳工作预案》《职工信访接待工作方案》，建立公司主要领导和主管领导牵头的扁平化稳控指挥体系，密切关注职工思想动态，有的放矢做好公司稳定工作；配合新时期稳定工作需要，结合自身实际，创新制定《职工群众来访接待处置工作流程规范》，进一步畅通职工群众诉求表达、利益协调、权益保障通道，规范来访接待流程，实现信访事项规范处置和有效稳控，避免重大风险事件发生，营造公司平安和谐稳定的运营环境。

【保密管理】 2020 年，河钢唐钢党委结合唐山市国家保密局年度工作要点安排和公司保密工作实际，制定下发公司党委保密委《2019 年工作总结和 2020 年工作要点》，及时调整公司党政保密委员会组成人员并印发通知文件，为保密工作开展提供根本遵循。这一年，加强和改进党委保密委员会建设，开展公司保密自查自评，补充修订并印发公司《定密管理制度》《新闻宣传保密管理制度》《保密责任考核与奖惩制度》《泄密事件报告和查处管理制度》等保密管理制度，进一步规范计算机等信息化设备管理，公司保密工作体系得到进一步规范和加强；着力做好保密宣传教育，积极开展保密常识、保密意识“两识”教育专题培训，加强《国家保密法》宣传教育，在《河钢·唐钢》开辟专栏，广泛宣传《保密法》及实施条例，着力增强党员领导干部、涉密人员和重点岗位人员的保密意识和法制观念，筑牢企业保密安全防线。年内，公司获“河钢股份年度保密工作特殊贡献奖”。

计划生育管理

【基础管理】 2020 年，河钢唐钢加强人口与计划生育基础管理，充分发挥计划生育宣传教育辐射功能，全面落实独生子女父母奖金、退休一次性奖励、托费报销、“四术”就医等各种奖励政策，保障职工和家属权益，职工幸福感进一步提升。全年，落实独生子女父母奖金、托费报销等 64.89 万元，办理退休一次性奖励 403.5 万元。年内，优化计划生育服务管理体制，计划生育信息化建设和职工婚、孕、育调查统计工作得到加强，信息交换“点对点”模式和部门信息共享机制不断完善；修订《人口和计划生育经济责任制及考核细则》，实行“党政一把手负总责，一票否决，季评月考核”制度，推动人口计生工作扎实有效开展；发挥人口和计划生育网络健全优势，定期为有生育愿望职工提供精准孕情服务，按职工需求及时发放避孕药具，形成“多渠道、全方位、开放式”的计划生育药具发放模式，保证女职工生育生殖健康；严格执行公司《流动人口、流动职工人口计划生育管理规定》，实施“整体规划、协调推进、单位负责、分类管理、上门服务”，达到动态高效管理。

【创新服务】 2020 年，河钢唐钢计划生育工作实行具有公司特色的“三强化”指导服务，突出抓好孕情精准服务和对育龄职工的生殖健康服务，深化服务内涵，推动公司人口和计划生育工作转型发展。创新服务内容，不断提高服务质量，以服务对象的需求为出发点，突出计生工作的服务功能，服务内容和方法更加体现网络化、个性化、需求化。

【宣传服务】 2020 年，河钢唐钢计生工作围绕新的历史时期我国人口发展总体目标，结合公司形势任务教育，深入开展多种形式的宣传服务，引导职工按政策生育，推动实现适度生育水平、促进人的全面发展与家庭和谐幸福。年内，充分发挥各级计生干部作用，利用其直接服务于职工、深受职工信赖的优势，在日常服务中做好宣传服务；深入开展主题宣传服务，组织“计生关怀 倾情服务，助力公司首季开门红”“牢记为民初心 共建幸福钢城”“服务职工健康行动”“男性健康 幸福常伴”“保健康 助发展 决战四季度”等活动，利用菜单式服务、面对面辅导等形式，开展计划生育政策、生殖健康、营养健康等知识宣传，引导职工家庭讲科学、有计划生育，形成科学的生育观念、文明的婚育文化、先进的养育模式。

【主要活动】 2020 年，河钢唐钢各级计生组织围绕公司重点工作，组织开展计生主题宣传活动。1 月，开展以“计生关怀 倾情服务，助力公司首季开门红”为主题的计划生育宣传服务活动，为公司节期生产营造稳定、和谐的人口环境；3 月，开展送孕育知识、送政策、送服务、送关怀为主的“四送”工作，努力做好公司上半年“孕情”服务；5 月，举办计生协成立 41 周年纪念日和第 23 个会员活动日宣传活动；10 月，开展以“男性健康 幸福常伴”为主题的男性生殖健康日宣传服务活动；10—12 月，开展以“保健康 助发展 决战四季度”宣传服务活动。

【推进品牌服务工程】 2020 年，河钢唐钢计划生育工作以创建幸福家庭为目标，持续推进品牌服务工程，不断丰富服务内容，助力构建与国家人口战略相适应的生育服务保障体系。年内，组织“彩虹桥行动”，为单身职工择偶、已婚职工婚姻咨询、家庭问题调解等给予帮助，架起职工通往幸福婚姻桥梁，为 115 人次提供一对一介绍服务，婚恋咨询 63 人次；实施“营造和谐人口环境计划”，为新婚、孕期、生育职工及家属提供全过程精准服务，举办优生优孕讲座 4 场次，走访慰问新生育家庭 64 户，电话问候 300 多人次，向职工传授优孕优生知识，提高出生人口质量；推进“英才培育计划”，为职工提供家庭教育经验，特别制作“子女教育经验谈”微视频，利用两级微信平台组织学习，助力子女健康成长；推进“健康发展计划”，从树立健康意识、倡导健康生活方式、防治疾病入手，提高职工家庭健康素养与健康水平，发放各种宣传材料千余份；实施“暖心关爱工程”，准确把握计生困难家庭需要，重点开展帮扶计生困难户、双女户和单亲困难家庭等活动，为失独家庭提供心理疏导，走访慰问计生家庭 132 个，失独家庭 6 户，使职工及家属切实感受到公司的关爱。

特载
专文
企业概况
大事记
项目建设
科技创新
市场营销
生产经营与专业管理
战略管控平台
公共服务支撑平台
生产技术支撑平台
信息设备支撑平台
主业生产经营单元
平台外非钢单元
河钢集团直属单位
党群工作
附录

HBIS GROUP 河钢唐钢 HBIS TANGSTEEL

附 录

河钢集团唐钢新区正式投产

“我现在正式宣布，河钢集团唐钢新区投产！”9月7日9时16分，随着集团党委书记、董事长于勇下达投产命令，1号2922立方米高炉成功点火，河钢唐钢新区正式投产运营，标志着集团拥有了世界级现代化沿海钢铁基地，实现了由城市走向沿海、从内陆走向深蓝的历史性转变。

集团总经理、党委副书记王兰玉出席投产仪式并宣读集团贺信。集团副总经理王新东主持仪式。集团党委副书记李炳军、副总经理刘键，中冶京诚工程技术公司董事长岳文彦、上海宝冶冶金公司党委副书记夏涛、中国一重营销总公司销售总监徐风扬出席仪式。河钢唐钢总经理田欣及领导班子其他成员、河钢唐钢新区总经理张弛及领导班子其他成员、唐钢国际工程技术公司董事长刘远生出席仪式。

投产仪式结束后，于勇主持召开了河钢唐钢新区投产大会。他深有感慨地说，今天是令每一位河钢人难忘的日子，是一个重大的历史时刻。河钢的区位调整，是省委、省政府深入贯彻落实习近平总书记关于“坚决去、主动调、加快转”重要指示精神的具体实践，是中国钢铁工业加快转型升级的重要组成，是河钢坚决贯彻落实新发展理念、全力推动高质量发展的行动体现。随着河钢唐钢新区的建成投产，河钢唐钢从城区走向了沿海、从内陆走向了深蓝，河钢从此拥有了自己的沿海项目，其意义重大而深远。

于勇指出，过去的77年时间里，河钢唐钢创造了巨大的社会财富，为共和国的发展作出了重要贡献，在中国冶金发展史上留下了浓墨重彩的一笔。这里是共和国转炉的故乡，是伴随我国改革开放第一家实现全连铸的钢铁企业，21世纪以来又引领了中国钢铁工业绿色发展的创新之路。让我们无比欣慰的是，伴随着中国改革开放的进程，历经几代中国钢铁人的艰苦努力，中国钢铁工业不仅追上了世界发达国家的水平，而且走向了世界的前列。可以自豪地说，中国钢铁工业是所有行业中距离世界先进水平最近的一个行业。

于勇充分肯定和高度评价了河钢唐钢新区建设参与者的担当精神与工作成就，并提议全体与会人员以热烈掌声致敬所有为新区建设作出贡献的人们。于勇指出，在两年多的建设过程中，新区管理团队、广大建设者、河钢唐钢本部各级干部，协同作战，科学推进，按照集团定位高起点、高标准打造现代梦工厂，展现出强烈的大局意识和担当精神。他们用事实向集团交上了一份满意的答卷，没有辜负集团的信任。

于勇强调，河钢要坚守钢铁报国的伟大抱负，在中国钢铁工业转型升级道路上担使命、作表率，把河钢唐钢新区打造成践行习近平总书记新发展理念的典范，成为代表中国钢铁工业乃至世界钢铁工业先进水平的技术高地、创新高地、产品高地、智能制造高地和绿色发展高地。河钢唐钢新区建成投产，为河钢唐钢这个传统企业带来全新的动力和支点，也为河钢、为中国钢铁产业注入强大的创新动力。这个极具现代钢铁工业内涵的现代梦工厂，与河钢人面向未来的梦想紧紧相连。从这一刻开始，河钢唐钢新区不仅代表河钢而且代表着中国钢铁产业，不仅要承担起河钢唐钢从城区走向沿海、从内陆走向深蓝，继往开来实现河钢未来更好更快发展的使命，而且要积极承担起推动中国钢铁工业转型升级的责任，在美如画卷的广阔蓝图中，展开想象谱写河钢和中国钢铁工业更加壮美的发展新篇章。充分发挥新区优势，不仅为推进地区经济发展作出贡献，更要在社会贡献中积极发挥引领作用。要持续关注市场和产品，通过产品端带动全过程创新，倾力打造技术高地和创新高地，让河钢唐钢新区成为代表河钢和中国钢铁工业先进水平的新产品高地；要充分发挥数字化、智能化优势，在精度控制、工艺完善、稳定性提升等方面发挥引领作用，打造5G时代智能制造的高地；要执着于对环保的追求，时刻将绿色制造作为企业自律贯穿始终，打造绿色发展高地。

于勇强调，当前正值中国制造业特殊时期，作为中国钢铁工业的领军企业，河钢不忘初心、牢记使命，始终与国家战略同向同行，立足钢铁、做好钢铁，让河钢的钢铁更坚硬，让共和国的骨骼因为河钢的钢铁更刚强、更坚硬。经过几代河钢人的共同努力，今天的河钢已经成为一个世界级企业，企业综合竞争力已经跨越到世界前列。当前国际大环境下，中国制造业正在经受多重考验，河钢作为行业标志性企业，有责任做好自身工作，为国家发展、民族昌盛作出应有贡献。我们每个人都在不同岗位上书写自己的历史，希望全体河钢人主动担当责任使命，共同面向未来，在全新的历史进程中再创佳绩、再立新功，扎实推动河钢高质量发展，为实现河钢人钢铁报国的伟大抱负，为实现中华民族伟大复兴的中国梦而努力奋斗。

仪式上，王兰玉宣读了集团贺信。在河钢唐钢新区建成投产之际，集团向新区及各参建单位表示热烈祝贺和亲切慰问。河钢唐钢新区即将由建设施工阶段转向生产经营阶段，要坚持政治站位，强化责任担当，全面贯彻集团战略部署，建设好、经营好、发展好新区，持续构建差异化竞争新优势，全力打造代表钢铁行业最先进水平的标志性企业，为集团高质量发展提供强力支撑，为唐山、为河北经济社会发展作出更大贡献。

中央广播电视总台、《经济日报》、《中国日报》、《工人日报》、人民网、凤凰网、《河北日报》、河北广播电视台、《中国冶金报》等16家媒体记者参加活动。

在公司庆祝建党99周年总结表彰暨警示教育大会上的讲话

（2020年6月28日）

集团总经理，公司党委书记、董事长　王兰玉

同志们：

刚才，小帅书记通报了近期受到上级党委表彰的先进集体和先进个人，宣读了公司党委表彰决定；大会对党委系统先进集体、优秀个人进行了表彰。在此，我首先代表公司党委，向近期以来受到各级党委表彰的先进集体和优秀个人，表示热烈的祝贺！向公司全体党员致以节日的问候！

大后天就是中国共产党成立99周年纪念日。今天，我们召开庆祝大会，回顾党的历史，缅怀党的功绩，深切表达对党的热爱之情——1921年7月，中国共产党诞生在浙江嘉兴南湖的一艘红船上，从此便开启了近百年波澜壮阔的奋斗历程。近百年间，我们党带领全国各族人民，艰苦奋斗、砥砺前行，赢得了一个又一个伟大胜利，取得了举世瞩目的辉煌成就。党的十八大以来，以习近平同志为核心的党中央，驾驭中国号巨轮破浪前行，将中国特色社会主义不断推向前进，中华民族迎来了伟大复兴的光明前景。

自1949年3月公司党的组织成立以来，七十余年间，各级党组织和广大党员，在党中央和上级党委的坚强领导下，艰苦创业、接续奋斗，推动企业发生了改天换地的巨大变化，创造出一个又一个时代辉煌！这些成就必将成为激励唐钢人继续阔步前行的强大动力！

去年“七一”以来，在集团党委领导下，公司党委深入开展“不忘初心、牢记使命”主题教育，切实抓好省委巡视整改落实，下大力加强党建基础工作，全力防控突如其来的新冠肺炎疫情，公司党的各项工作取得新成绩：

一是深入开展“不忘初心、牢记使命”主题教育，锤炼了忠诚干净担当的政治品格。公司各级党组织聚焦主题教育目标任务，抓住主线主干，学做结合、查改贯通，高标准、高质量地开展工作，特别是创造性地开展了“珍惜荣誉、坚守初心，钢铁报国当先锋”主题实践活动，充分彰显了主题教育的唐钢特色。通过主题教育，全体党员“四个意识”进一步增强，“四个自信”更加坚定，“两个维护”更加自觉，政治意识、政治站位、政治能力进一步提升。

二是扎实做好省委巡视反馈意见整改落实工作，推动了全面从严治党向基层延伸。公司党委严格落实省委各项要求和集团党委有关部署，把反馈意见整改落实作为查漏补缺、完善提升的重要机遇，作为规范管理、加快发展的强大动力，对照巡视反馈意见，主动查摆问题，举一反三，并将巡视整改成果转变成制度和机制成果，较好地推动了全面从严治党向企业基层延伸。

三是扎实开展“基层党建质量提升年”活动，提升了党建工作水平。公司党委坚持从基本组织、基本队伍、基本制度、基本保障、基本活动抓起，制定实施《党建工作质量提升执行标准》等制度，发挥了把方向、管大局、保落实的领导作用。各级党组

织扎实推进“1050”党建品牌工程建设、星级支部建设等工作，不断创新党建活动载体，提升了公司党建工作的凝聚力、感召力、影响力。

四是全力防控新冠肺炎疫情，始终保持了良好局面。疫情发生以来，在集团党政坚强领导下，公司党委迅速成立疫情防控领导小组，制定全面细致的应急处置预案，健全工作机制、细化防控举措、层层落实责任，很好地发挥了疫情防控领导作用。公司各单位认真落实公司部署，积极开展“三书一信一网”等包保防控创新举措，构筑了群防群控的严密防线。各级领导深入基层、靠前指挥，协调指导疫情防控各项工作，体现了应有的担当。公司广大党员闻令而动、挺身而出，坚持“四个带头”，当好职工主心骨，保证了疫情防控有序推进，保障了生产经营正常进行。

总的讲，一年来公司党的各项工作取得新进步。我代表公司党委，对各级党组织和广大党员的辛勤付出和卓有成效的工作，表示衷心的感谢！

2020年，是一个极不平凡的年份。一方面，公司区位调整和转型升级进入闯关夺隘的关键期，企业发展即将进入新的历史阶段。另一方面，自1月开始，从国内到国际相继暴发了新冠肺炎疫情，直到现在仍未看到尽头；疫情的蔓延和发酵，对国内国际政治、经济已经并将继续带来深远影响。面对方方面面出现的新形势、新情况、新问题，我们必须坚决有力地抓好党的各项工作，为公司发展建设提供坚强有力的政治、思想和组织保证。

下面，我强调几点意见：

一、慎终如始地抓好疫情防控，为公司生产经营和改革发展提供坚强保障

前段，党中央作出抓好常态化疫情防控工作的决策部署，强调全面落实“外防输入、内防反弹”的防控策略，一手抓疫情防控，一手抓经济社会发展。省委、省国资委党委、集团公司党政也作出一系列相关部署。公司各级党组织、广大党员要坚决落实党中央和上级党委要求，提高认识，统一步调，坚持底线思维，强化风险意识，慎终如始，持续用力，毫不放松地抓好疫情防控，切实保障职工生命安全和身体健康，保障公司发展建设正常推进。

目标要再明确。要深入学习贯彻习近平总书记关于疫情防控的重要指示精神，切实把思想和行动统一到以习近平同志为核心的党中央关于疫情防控的工作部署上来，以更高的政治站位抓好工作落实。要一手抓疫情防控、严防死守各个环节，一手抓生产经营、牢牢盯住各项指标；真正做到“化压力为动力、化危机为机遇”，确保公司实现“三个零”防控目标、较好完成全年目标任务。

责任要再落实。要进一步严格落实防控主体责任，夯实党政主要领导第一责任人职责，做到担当尽责、守土有责。要进一步明确责任、传导压力，标准再升一级、工作再紧一扣，咬紧牙关、严防死守。公司纪检监察系统，要积极做好“六监督六查看六严查”，强化监督执纪问责，防止党员干部在疫情防控中出现厌战情绪、侥幸心理和松劲心态，确保疫情防控责任落到实处。

措施要再严细。面对国内外疫情防控出现的新情况新问题，要时刻紧绷疫情防控这根弦，不降标准、不走形式，坚持推进闭环式外防输入，完善防控排查机制，不断细化和加严管控措施。尤其针对薄弱环节、重点区域，要做好监督检查，确保措施落实全覆盖、无盲区、无死角，使公司疫情防控始终处于有序、可控、可靠状态。

二、全面提升党建工作质量，推动公司党建工作再上新水平

加强党的建设、提升党建工作质量，是

省委、省国资委党委和集团党委的明确要求，也是公司党委近几年的核心工作。特别是在公司区位调整的大背景下，这项工作只能进一步加强，丝毫不能削弱。为此，各级党组织务必引起高度重视，切实抓出成效。

一要坚持把党的政治建设放在首位。要以习近平新时代中国特色社会主义思想为指导，全面加强党的领导，保证党的思想路线、政治路线和大政方针在公司落地落实，引导广大党员干部树牢“四个意识”、坚定“四个自信”、做到“两个维护”，自觉贯彻落实中央决策部署，始终在政治上、思想上、行动上同以习近平同志为核心的党中央保持高度一致。

二要持续深化“党建质量提升年”活动。公司各级党组织要围绕集团党建“五大提升工程”，扎实开展好公司的“十个专项行动”，结合企业退城搬迁、转型升级工作实际，认真谋划、做好部署，细化工作方案，切实把基层党建工作抓细抓实。同时，要以推进“党建质量提升年”活动第二阶段工作（今年6月—明年6月）为契机，积极探索、大胆创新，研究制定新思路新举措，努力以党建质量提升助推公司发展质量提升，以高质量党建助推企业高质量发展。

三要着力打造党建品牌。一年来，在集团党委领导下，在公司各级党组织共同努力下，以“1050”工程为代表的公司党建特色品牌创建工作开展得有声有色，取得明显成效。下步，公司党委系统要在总结前段经验的基础上，进一步提高工作站位，把成功经验总结提炼出来，把先进典型选树起来，进一步彰显公司党建工作的质量和水平，在全集团、全行业叫响公司党建工作品牌。

三、着力加强企业宣传思想工作，为公司生产经营和改革发展提供思想保证和精神动力

今年是集团和公司实施区位调整和转型升级的关键期，集团为此成立了四个转型升级专项工作领导小组，强力推进相关工作。在此背景下，切实抓好宣传思想工作、为公司和集团转型升级营造良好舆论环境，具有十分重要的现实意义。为此：

一要强化理论武装。公司各级党组织和广大党员干部，要始终将政治理论学习放在重要位置，深刻领会习近平新时代中国特色社会主义思想的精神实质和丰富内涵，结合集团和公司改革发展现状，从党的一系列创新理论中汲取奋发进取、攻坚克难的强大力量。

二要搞好舆论宣传。今年4月，集团召开改革发展大会，对股份公司一体化运作和集团改革发展作出重要部署；7月，集团还将召开重点工作分析推进、干部讲评等重要会议；公司第十一次党代会也将在下半年召开。这些会议非常重要，对公司党委和行政做好下半年乃至今后一个时期的工作具有重要的指导意义。各级党组织，要在准确把握有关大会精神的基础上，及时向广大干部职工传达，引导全员深刻领会集团和公司的战略意图，确保公司在整体发展战略和重点工作上与集团保持高度一致，在集团各项工作中起到引领、支撑和示范作用；要动员全体干部职工知形势、明任务、担责任，积极投身企业生产经营和改革发展，为公司完成生产经营目标作出不懈努力。

三要强化形势任务教育和职工思想引导。下半年公司本部钢铁主业将逐步关停，乐亭钢铁项目将陆续投产。这标志着公司真正拥有了沿海基地，迎来了企业向海图强的华丽转身。公司各级党组织要引导和教育干部职工，充分认识公司发展的光明前景，积极支持、参与和融入公司转型升级的历史进程，切实保障公司老区按照时间节点要求关停到位、新区试车投产顺利，努力将公司搬迁项目打造成行业内退城搬迁的典范，走出一条城市钢厂转型发展的新路径，为集团城

市型钢厂下步实施区位调整提供可复制、可借鉴的成功经验。要引导党员干部积极参与到乐钢投产达产、盘活老区资源、推进企业混改、理顺集团化管控等工作中，保持战略定力、增强责任担当，发挥先锋模范作用，为公司区位调整和转型升级贡献应有力量。

四、持续深化党风廉政建设和反腐败工作，推动全面从严治党向纵深发展

在公司改革发展的关键时期，党风廉政建设尤其不能放松。今年以来，公司党委、纪委对有关工作多次作出部署，做了大量工作。下一步，要进一步压紧压实“两个责任”，深入开展省委巡视整改落实“回头看”，加强纪律建设和作风建设，全力营造风清气正、干事创业的浓厚氛围和良好政治生态。

刚才，立国同志通报了公司内部近期发生的几起典型案例。这些案例就发生在职工身边，违规性质典型、教训十分深刻。各单位要深刻反思，高度警醒，主动对照检查，以案为鉴、以案促改，吸取教训、引以为戒。

一是要提升政治站位，深化运用警示教育成果。近期，中央查处了包括我省李谦、李国忠在内的多名违纪违法官员，彰显了坚决惩治腐败的鲜明态度和从严治党的坚强决心。公司各级党组织和广大党员，要认清形势，统一思想，扎实推进有关工作：要坚决扛起管党治党的政治责任。要以反面典型为镜鉴，时刻绷紧从严治党这根弦，严格落实党委主责、书记首责、班子成员“一岗双责”和纪委监督责任。要注重发挥关键少数的“头雁效应”。各级党员干部，特别是领导干部，要在遵规守纪、干净做事上带好头、作表率，以实际行动带动普通党员这个“绝大多数”。要把严管与厚爱寓于日常管理。很多时候，放松对党员干部的教育管理，是导致他们走上违纪道路的重要原因。我们必须防范对干部教育提醒不足、责任追究不够、惩处力度不强的问题，把严管与厚爱很好地统一起来。

二是要一体化构建“不敢腐、不能腐、不想腐”机制，持续优化企业政治生态。要强化精准监督。当前，公司迈入改革发展关键期，公司纪检监察系统要切实提高监督的针对性和有效性，聚焦降本增效、区位调整、混合所有制改革，紧盯重大工程、重点领域、重要岗位，深入推进廉政风险防控体系建设、立项监察等工作，及时发现问题、精准纠正偏差。要加大追责和惩处力度。紧盯“四风”问题新动向，把问题严重、群众反应强烈、已在重要岗位且可能还要提拔的党员干部等“三类人群”作为重点，践行“四种形态”，动辄则咎、违纪必查。要巩固作风建设成果。按照省纠风办、集团及公司党委部署，深化纠正“四风”和作风纪律专项整治，严查不作为、慢作为、乱作为等官僚主义、形式主义问题，保持正风肃纪高压态势。

三是要恪守廉洁自律准则，筑牢拒腐防变思想防线。要提高党性修养。各级党员干部要坚持用正确的“三观”约束自己的言行，把政治纪律和政治规矩挺在前面，努力做政治上的明白人。要严守职业底线。全体党员干部要深刻汲取违规违纪案件教训，树立底线思维，秉公用权、依法用权、廉洁用权，不该要的坚决不要，不能去的坚决不去，不能做的坚决不做。要严格自律。各级党员领导干部要珍惜岗位，严于律己，努力做到守土有责、守土担责、守土尽责，推动公司党风廉政建设再上新水平。

五、充分发挥群团组织作用，凝聚群策群力、众志成城的强大力量

公司现阶段区位调整、转型升级的任务相当繁重。越是关键时刻，越需要各级群团组织联系群众、宣传群众、发动群众，团

结、依靠和带领全体职工为完成公司现阶段中心任务而奋斗。

为此，公司各级群团组织要充分认识自身肩负的责任和使命，积极发挥自身的职能作用和工作优势，在做好宣传、引导、发动的基础上，组织职工开展形式多样的生产劳动竞赛、职工岗位创新、青年岗位创效、民兵护厂巡逻等特色活动，为公司区位调整和转型升级加油助力、保驾护航，为公司持续提升竞争优势、胜利实现战略目标做出不可或缺的重要支撑。

同志们，今年是建党 99 周年，明年是建党 100 周年。回顾过去，我们豪情激荡；展望未来，我们信心满怀。让我们在集团党委的坚强领导下，不忘初心跟党走，牢记使命再出发，努力拼搏、扎实苦干，以生产经营、改革发展和党的建设的优异成绩，向集团交上一份满意的答卷，喜迎公司第十一次党代会胜利召开，向中国共产党成立 100 周年献礼！

月中月末例会

1月月末工作例会

强化措施　坚决打赢疫情防控阻击战

2月3日，公司视频召开月末工作例会，公司党委书记、董事长王兰玉强调，要把疫情防控作为当前头等大事来抓，进一步强化各项措施，坚决打赢疫情防控阻击战，切实保证广大职工身体健康和生命安全，确保公司生产经营稳定顺行。

王兰玉强调，要深刻认识到疫情防控工作的重要性、严峻性和紧迫性，把疫情防控作为当前的头等大事和重要的政治任务来抓，加强防控、密切沟通，坚决打赢疫情防控阻击战。各单位党委要担起第一责任人职责，认真按照集团的部署做好工作，与政府部门做好密切协调，以高度的政治责任感，扎扎实实做好疫情防控工作。要坚决杜绝两种状态：一是杜绝“麻痹大意”思想，时刻绷紧疫情防控这根弦，严防严控，不留遗漏；二要杜绝“过度恐慌”心理，各单位要根据省文件要求，全面做好心理疏导，释放过度紧张情绪，确保职工以良好的精神状态投入工作。各单位要认真落实国家、省市有关精神，以及集团、公司疫情防控通知精神，利用好各种通信手段，做好居家办公，在防控疫情的同时，保证公司各项生产经营工作衔接顺畅、有条不紊。各单位要安排好外地探亲返岗职工管理，及时报备情况，居家办公、减少外出，切实保证广大职工身体健康和生命安全，确保疫情防控万无一失。

王兰玉强调，要切实做好疫情时期营销工作，针对疫情对生产和市场带来的影响，制订应对预案和化解措施。要做好合同组织工作，保证订单充足，为保证公司连续性生产创造好的条件。要根据未来市场走势，提早制定应对预案，努力把疫情造成的损失降到最低。

王兰玉强调，要做好项目制管理工作，为公司实现全年任务目标奠定基础。项目制管理并不是一个新的任务，而是在原有挖潜增效做法的基础上，引进的一个现代管理手段，让措施更具体、落实更到位。各单位要运用好项目制管理这一工具，让项目制成为公司生产经营的有力抓手，通过建立行之有效的激励机制，确保目标层层分解、细化落实，确保公司全年任务目标实现。

公司副总经理张洪波通报了公司1月生产经营情况，并对2月工作进行安排。相关单位和部门要平衡好疫情防控和生产经营的关系，在保证职工健康安全的前提下，千方百计组织好生产订单、保障货物发运、做好客户服务，为公司生产经营稳定顺行提供保障。各单位要高度重视，扎实做好特殊时期公司的安全管理，切实保障公司安全生产。

公司党委副书记张小帅对2月党委工作进行了安排。一要坚决打赢新型冠状病毒肺炎疫情防控阻击战；二要认真学习贯彻落实公司党委2020年全委（扩大）会议精神；三要继续做好公司党的建设有关基础工作；四要深入抓好一季度生产经营形势任务教育；五要深入学习贯彻十九届中央纪委四次全会精神；六要切实抓好项目制管理有关工作。

2月月中工作例会

再提标准　再紧一扣　确保疫情防控万无一失　扭住全年目标不放松　扎实推进项目制管理

在2月17日召开的公司月中工作例会上，公司党委书记、董事长王兰玉强调，再提标准、再紧一扣，一手抓疫情防控，一手抓生产经营，扎实推进公司项目制管理、“两个结构”优化等工作，确保疫情防控万无一失、全年目标任务圆满完成。

就公司疫情防控工作，王兰玉强调，要再提标准、再紧一扣，实施最严密的防控措施，确保疫情防控万无一失，坚决做到公司厂内疫情“零输入、零感染、零扩散”。当前，随着各地企业陆续复产复工，疫情防控难度加大。各单位要认真借鉴经验、吸取教训，查找本单位疫情防控工作不足，不断完善防控体系，进一步把工作做细做实，确保万无一失。要进一步提高政治站位，保持高度敏感性，把疫情防控工作放在关乎企业生存发展、关乎企业声誉形象的高度，千方百计保证职工生命安全和身体健康、保证企业生产稳定顺行。

王兰玉强调，要切实抓好当前生产经营，把疫情影响带来的损失降到最低。当前，疫情给公司生产经营带来了严峻考验，销售部门要认真研究本周市场情况，这对公司判断下一步市场变化至关重要。要以销售为龙头，加大合同组织力度，密切与客户沟通，采用有效营销手段，保订单量充足，确保公司生产有序进行。要防止库存积压，原材料部门要进一步压缩库存，研判市场走势，规避跌价风险，尽最大努力降低疫情给公司生产经营带来的影响。

王兰玉强调，要扭住全年目标不放松，全面做好项目制管理、“两个结构”优化等工作，在做好防控疫情的同时，确保公司生产稳定顺行。今年1月，公司标准成本符合率、效益水平均实现了较大提升。尽管受到疫情影响，但公司全年任务目标不会变。公司上下要坚定信心、同舟共济，在做好疫情防控前提下，按照既定目标，扎实推进项目制管理、“两个结构”优化等工作有序展开，确保完成公司全年目标任务。

公司副总经理张洪波对2月以来工作进行总结，对下步工作提出要求。各单位要继续做好疫情防控期间安全管理，确保疫情期间安全管理责任更紧、更实；要加强岗位、人员管理，合理安排职工在岗时间，针对职工佩戴防护镜、口罩等防护用品给作业带来不便等问题，要告知叮嘱到位，确保职工自身安全；要加强交通安全管理，针对通勤班车临时停运，部分职工开私家车或拼车上下班等现象，相关单位要做好交通安全和疫情防控教育；要做好工程项目安全管理，相关单位要充分做好复产复工准备，对复工返岗人员进行系统性教育培训，对项目现场要进行全面的隐患排查整改，确保施工环境、设备、工器具等安全可靠。各区域要继续加强内部管控，做好基础管理工作，持之以恒抓好生态环保工作。

公司总会计师赵丽树通报了1月公司及各单位财务指标完成情况。

2月月末工作例会

深入贯彻落实集团经营例会精神　在应对困境中提升企业竞争力

3月2日，公司视频召开2月末工作例会。公司党委书记、董事长王兰玉强调，要深入贯彻落实集团经营例会精神，将思想和行动统一到集团整体安排部署上来，把疫情所带来的市场变化作为公司求变化求提升的新机遇，坚定信心，创新突破，稳扎稳打抓好各项工作，为集团实现疫情防控和经营发展双胜利作出应有的贡献。

王兰玉强调，要深入贯彻落实集团经营例会精神，将思想和行动统一到集团整体安排部署上来，一手抓疫情防控，一手抓生产经营，切实做到两手抓、两手都要硬，在应对困境中实现公司整体实力的新迸发。要把保合同组织作为公司当前生产经营的重中之重，确保生产秩序稳定；要坚持底线思维，按限定库存组织生产；要严控现金流使用，最大限度控制经营风险；要讲政治、顾大局，坚定信心，把疫情所带来的市场变化作为公司求变化求提升的机遇。公司上下要按照集团各项部署要求，稳扎稳打抓好各项工作，确保集团疫情防控和生产经营双胜利。

王兰玉高度评价了公司疫情防控工作，对各级疫情防控人员付出的辛勤努力表示敬意和感谢。他指出，疫情暴发以来，公司上下坚决贯彻执行党中央和省委省政府决策部署，认真落实省国资委防疫工作要求和集团工作部署，各级疫情防控人员做了大量工作、付出了艰辛努力，全体职工本着对企业高度负责的态度，克服重重困难，全力支持配合公司疫情防控工作，保证了公司“零输入、零感染、零传播”的良好局面。当前，疫情防控虽然取得初步成效，但形势依然严峻。要继续将疫情防控工作抓紧抓细抓实，确保公司疫情防控工作取得最终胜利。

就当前生产经营工作，王兰玉强调，要建立切实有效的销售激励制度，千方百计保证订单充足。各事业部、销售公司、市场部要迅速行动，以高炉生产状态为标准，制定销售激励制度，以销促产，消纳疫情对公司生产的不利影响，加快推动公司恢复常态化效率水平。要发挥传统营销模式的优势，动员传统客户与公司抱团取暖，形成利益共同体；海外销售一直是公司高度重视并支持的重要战略支撑点，要发挥好出口对公司合同组织的支撑作用，缓解疫情给公司生产销售带来的压力。

王兰玉强调，要坚定信心、创新突破，把疫情作为一次提升各级干部特定环境下驾驭企业能力的考验，在应对困境中实现企业实力的新迸发。历史上，公司曾经历过2003年非典、2008年金融危机等严峻时期的考验，在每一次危机面前，公司发展的脚步不仅没有被羁绊，还实现了一次又一次的突破性进步。这充分证明，河钢唐钢是一个有底蕴的企业，多年的品牌建设是得到市场和用户广泛认可的，我们完全有能力有信心，把疫情对公司的影响降到最低，成功渡过这道难关。在坚定信心应对挑战的同时，还要做好打硬仗、打艰苦战的思想准备，统筹协调做好各项生产组织工作。同时，要以更高的视野、更长远的谋划，抢抓经济社会全面启动的先机，做好产量结构、产品结构调整，在应对困境中实现企业实力的新迸发。

公司副总经理张洪波通报了公司2月生产经营情况，并对3月工作进行安排。要一手抓防疫、一手抓生产，克服疫情困难，做好原料保供、订单组织、货物发运、客户服务等工作，切实保障公司生产经营稳定顺行；要严格疫情期间安全管理，做好复工复产及大中修安全管理，强化春季防火各项安全措施，以更严、更细、更实的举措确保疫情期间公司安全生产；要继续加强内部管控，狠抓现场落实，确保脱硫脱硝等环保设备超低标准排放，为公司生产经营创造良好的外部空间。

公司党委副书记张小帅对3月党委工作进行了安排。一要统筹做好疫情防控与生产经营、改革发展、党的建设工作，确保实现两手抓、两不误；二要做好基层党建、省委巡视整改和党委换届工作；三要认真做好驻村帮扶和信访稳定工作。

3月月中工作例会

做好充分准备应对疫情影响 抢抓机遇关注新基建用钢需求

3月16日，公司召开月中工作例会。公司党委书记、董事长王兰玉强调，要做好充分准备，应对疫情带来的影响，持续做好费用控制、库存管控、市场营销等工作，确保公司生产平稳运行；对接新基建项目需求，研判政策、迅速行动，为公司在国家新一轮发展建设中赢得机会空间。

王兰玉指出，随着新冠肺炎疫情在全球的蔓延，经济形势不容乐观，钢铁企业面临的不确定性风险增加。在这种情况下，各单位要咬紧牙关，积极应对疫情给公司生产经营所带来的挑战。费用控制方面，要统筹谋划、合理调配，大力降低外委费用支出；库存管控方面，要强化资金管控，真正“用好每一分钱”，鼓励备品备件自主维修，降低库存资金占用；市场营销方面，要科学研判市场走势，加大合同组织力度，制定有效营销策略，加大销售人员激励力度，确保公司生产平稳运行，并逐步恢复原有效率水平。

王兰玉强调，要迅速行动，抓紧对接新基建项目建设需求，调整产品研发和市场推广方向，在国家新一轮建设发展中贡献力量。疫情之下，国家密集部署涉及5G基建、特高压、城际高速铁路和城市轨道交通、新能源汽车充电桩、大数据中心、人工智能、工业互联网七大领域新基建项目，将对我国经济发展产生深远影响，同时也必将拉动钢材需求增长，给钢铁行业带来新的发展机遇。近几年，公司加大产品研发力度，大力发展新兴产业，供货国家特高压输电工程，建设云计算中心，研发新能源汽车充电桩产品等，积累了大量的技术经验，公司完全有信心、有能力，将技术优势转化到新基建项目建设中，为公司在国家新一轮发展建设中赢得机会空间。技术研发部门要迅速行动，瞄准新基建项目需求，制定产品研发方案，为公司供货新基建项目做好技术支撑；营销部门要提前布局，抢抓机遇，加大新基建项目对接，深入研究项目用钢需求，抢占市场份额，提升公司在新基建项目的品牌知名度。

公司副总经理张洪波对3月以来工作进行总结，对下步工作提出要求。各单位、各部门要深刻吸取外部事故教训，举一反三，对照自查，坚决防止安全生产事故发生；针对春季火灾易发、高发的特点，各单位要不断强化防火安全措施，切实保障公司消防安全；要认真落实环保应急操作预案、细化环保设施日常管理、制定降尘工作方案，为公司生产创造良好条件。

公司总会计师赵丽树通报2月各单位财务指标完成情况并提出要求。要严格控制库存，压缩产成品库存，降低资金压力；要以项目制管理为抓手，严格预算执行，大力清理消耗性材料库存，提倡备品备件修旧利废，严格控制采购费用支出，全面落实“公转铁”政策，降低物流费用；铁前系统要把握好两矿结构，提高烧结生产水平，实现配矿结构进一步优化，各产线要提高产线效率，降低固定费用压力。

公司党委副书记张小帅就进一步做好公司十一次党代会筹备工作提出要求。要高度重视，切实增强对召开公司党代会重要意义的认识；精心组织，认真做好公司党代会材料准备工作；落实责任，统筹做好党代会召开前后的各项工作。

3月月末工作例会

深入研判疫情影响　做好长期应对准备

3月30日，公司召开月末工作例会。公司党委书记、董事长王兰玉强调，要继续防范境外疫情输入风险，慎终如始抓实抓细各项防控措施；要做好长期应对疫情准备，深入思考分析疫情给国内外经济带来的影响，及时调整经营策略，提升企业危机应对能力；要及时调整产品方向，适应市场变化，积极参与新基建项目建设，加速推动企业转型升级。

王兰玉指出，当前，疫情防控重点已经由国内防控转为严防境外疫情输入。面对境外疫情不断蔓延的态势，必须高度警惕麻痹思想、厌战情绪、侥幸心理和松劲心态，深入贯彻中央、省和集团决策部署，继续高度重视防范境外疫情输入风险，慎终如始抓实抓细各项防控工作，以更充足科学的准备和更严格的措施，坚决守牢境外疫情输入防线。

王兰玉强调，要强化担当意识，转变经营思维，站在公司发展全局的高度，深入思考疫情给国内外经济带来的影响，及时调整经营策略，提升企业危机应对能力。当前，国际原油价格下跌，给煤化工产业带来了巨大冲击，疫情给钢材出口带来了挑战，这势必会对中国钢铁行业带来影响。要密切关注经济运行状况，聚焦疫情对国内外经济运行带来的冲击和影响，增强工作主动性、前瞻性，深入分析研判疫情期间及疫情结束后可能出现的新情况新问题。各单位、各部门要做好长期应对疫情的心理准备，站在企业发展全局的高度，深入分析研判，及时调整策略，危中寻机，增强企业发展韧劲，提升企业危机应对能力。

王兰玉强调，要深挖成本潜力，全面防范经营风险，提升效益水平。要高度关注卷板系产品的市场走势，卷板生产单元要密切关注市场，制定相应预案，及时调整产品和销售策略，积极适应市场变化；要深挖成本潜力，全力降低铁系统和能源系统成本，提高产线效率，保持现金流畅通，努力提升效益水平。技术中心和市场部要深入研究新基建项目用钢需求，根据新基建需求，及时调整产品方向，进一步细分市场，抢抓机遇，积极参与新基建建设，加速企业转型升级。

王兰玉强调，要强化成本管控能力，大力降低库存和结构成本，提高资源利用率，提升企业盈利水平。要降低备品备件库存，着力消耗现有库存，降低库存资金占用；要着力降低备件外委检修费用，鼓励自主检修，增强自主检修能力；要合理匹配产能结构，以产线效率的充分发挥，实现工艺系统的优化，进一步降低各项成本费用支出，提高企业利润水平。

公司副总经理张洪波通报了公司3月生产经营情况，并对4月工作进行安排。要进一步健全完善现有操作制度，建立安全性评估机制，细化管控、提高认知，提高精细化管理水平；针对季节特点，要做好物料运输、电气设备等安全管理，确保公司生产安全稳定；要完善在线监测设施管理、严格细化日常操作、加强移动源运输管控，确保环保设施正常运行，环保数据准确，物流运输符合环保标准。

公司党委副书记张小帅对4月党委工作进行了安排。一要认真贯彻落实集团2020年党风廉政建设和反腐败工作会议精神，切实抓好公司党风廉政建设各项工作；二要统筹做好疫情防控与生产经营两项工作，确保实现两不误、两促进；三要认真抓好二季度生产经营形势任务教育，以优异成绩向公司第十一次党代会献礼；四要进一步加强党建基础工作，提升公司党建标准化、规范化水平。

4月月中工作例会

树立强烈的危机意识　对标先进降成本拓市场

4月13日，公司召开月中工作例会。公司党委书记、董事长王兰玉强调，要清醒地看到疫情给生产经营带来的巨大影响，树立强烈的危机意识，做好长期应对疫情影响的思想准备和工作准备，全面对标民营企业，扎牢成本、开拓市场，增强创效能力，确保公司在应对危机中持续发展。

王兰玉指出，新冠肺炎疫情发生以来，钢铁行业面临产品售价下滑、国内销售和出口受阻等严峻形势。从全球情况来看，这场疫情将对经济造成长期而巨大的影响。未来一段时间，钢铁行业所面临的环境将更加严峻，综合分析，中板系、长材系产品售价将会缓慢爬升，卷板系产品市场仍将持续低迷。为应对这一挑战，各单位要树立强烈的危机意识，做好长期应对疫情影响的准备，千方百计创造条件，确保生产经营稳定顺行。要从自身做起，充分挖掘成本潜能，实现吨钢降本增效200元目标，增强创效能力。

王兰玉强调，要全面对标民营企业，扎牢成本、开拓市场，度过疫情危机，实现更好发展。市场是无情的，面对严峻的形势，全面对标民营企业是公司保生存保发展的有效途径，公司各单位要打开思路，放下架子，真正从民营企业的做法中汲取经验教训。中厚板公司和唐银公司，要全面对标行业先进民营企业，学习其先进理念及成本控制、创效盈利的方法和措施，制定有效举措，加快追赶步伐。各事业部要把追赶中厚板公司、唐银公司作为第一台阶目标，把追赶先进民营企业作为第二台阶目标，全面提升企业可持续发展能力。

公司副总经理张洪波对4月以来工作进行总结，对下步工作提出要求。各相关单位要高度重视，认真谋划部署，统筹兼顾人员调配与安全生产工作，切实杜绝安全隐患，针对技能、年龄、岗位职责等因素，重点做好岗位安全培训，确保公司生产稳定顺行。公司各区域要抓好在线监测管控，加强基础管理，做好环保工作。

公司总会计师赵丽树通报3月各单位财务指标完成情况并提出要求。要严格落实集团对子公司提出的存货控制要求，积极消化成品库存，尽快实现资金回笼；要充分总结一季度生产经营工作和项目制阶段目标实现情况，找出问题，完善措施，真正发挥项目制支撑公司生产经营目标的作用；要立足自身实际，按照集团统一部署，打好现金流保卫战，将各项措施落到实处。

5月月中工作例会

强化责任担当　积极主动作为　在应对困境中提升企业硬实力

在5月18日召开的公司月中工作例会上，公司总经理田欣强调，强化责任担当，积极主动作为，全力抓好合同组织、生产组织优化、降低成本等重点工作，全面对标先进企业，找准方法、补齐短板、狠抓落实，练好内功、蓄足底气，在应对困境中提升企业硬实力。

田欣指出，当前，公司生产经营面临着巨大挑战。全体干部职工要攻坚克难、砥砺前行，抓实抓细各项工作，确保公司走出困境。要围绕重点工作，不松劲、不懈怠，提高责任意识、凝聚全员力量，为推动企业发展贡献力量。

就合同组织，田欣强调，国家宏观政策对行业发展的拉动效应已初步显现，各单位要抓住这一契机，进一步开拓市场，加大合同组织力度，千方百计保合同、保收款。要在保订单充足的前提下，进一步优化合同，为公司优化排产创造有利条件，确保产线高效率低成本运行；加强营销区域结构优化，做好售价提升工作。

结合生产组织优化，田欣强调，各生产单元要进一步增强责任感，合理匹配生产组织，全力降低生产成本。要积极参与到本单位的排产优化工作中，进一步挖掘本单位成本潜力、提高效益；要强化一贯制质量控制，本着工序服从的原则，严细日常管理，扎实推进标准化作业，增强过程控制能力，着力提升产品质量稳定性。

围绕技术作用发挥，田欣强调，技术中心和各生产单位要继续加强协作，共同解决好产线存在的问题。目前来看，公司通过引进高端人才、加强力量，技术中心组织架构越发合理，人才作用发挥也越来越突出，但仍然有巨大潜力和进步空间。下一步，希望公司广大技术人员进一步提高工作责任心和主动性，以解决产线难题为切入点，细化责任落实，强化考核激励，加强技术人员的融合、协作与交流，切实发挥好技术支撑作用。

针对成本管控工作，田欣强调，降成本是现阶段企业应对严峻市场形势的重要手段，因此必须下大力气全力以赴抓好。各职能部门要与生产单位充分结合，以更加积极主动的工作态度，识别潜在的成本管控切入点，细化落实降本措施，确保取得实效。铁前和钢后要继续加强同先进企业对标，最大限度降低采购成本、优化两矿结构及燃料结构；要大力降低检修成本，加大点检、设备、检修等专业协同，在保证质量前提下“不过修”，确保非生产性支出清零；要将对标视为今后的一项常态化工作，选好对标对象，加强对标前的工作准备，形成详细对标方案，通过对标找到改进工作的方法，促进主要经济技术指标提升。

田欣还就疫情防控、两会期间的生产组织等工作提出具体要求。

公司副总经理张洪波对5月以来工作进行总结，对下步工作提出要求。各单位要结合自身产线情况，动态调整库存指标目标值，全力保证目标值按计划完成。要重点关注本单位核心指标的完成情况，制定内部控制目标，提升产线综合平衡控制能力。相关单位要提高站位、夯实责任、细化措施，切实做好日常安全管理、检修作业安全管理、在建项目安全管理等各项安全工作，确保“两会”期间公司生产稳定顺行；公司各区域要提升环保管理标准化水平，强化烧结机脱硫脱硝系统管控，加强空气监测站点周边作业管理，按照要求做好环保基础管理工作。

公司总会计师赵丽树通报4月各单位财务指标完成情况并提出要求。各单位要全面贯彻落实集团改革发展大会精神，全方位开展对标工作，提升公司经营水平；做好售价提升工作，着力加强营销区域结构优化和合同交期管理；通过降低铁前成本、降低吨钢电耗及控制备品备件采购等措施，持续做好降本工作；坚持关注应收账款的催收工作，避免坏账风险；从进一步优化炉料结构入手，提升降库存工作水平。

5月月末工作例会

增强主人翁意识　主动担当作为　把各项重点工作抓实抓细抓到位

在6月1日召开的公司5月月末工作例会上，公司总经理田欣强调，要认真贯彻落实河钢股份5月经营例会精神，做好各项业务对接，推动“两个结构”再优化；要进一步增强主人翁意识，主动担当作为，全方位开展对标，全面做好库存、成本、营销等各项工作，牢固树立过紧日子思想，严格控制和压减一切非生产性支出，切实提升企业应对危机能力。

就贯彻落实河钢股份5月经营例会精神，田欣强调，要以高度的责任感，全力配合股份公司做好各项业务对接，坚决执行、加快落实。要结合公司实际，落实好以收定支、模拟法人制等各项工作要求，充分利用好各类资源平台，真抓实干做好生产经营工作；要降低生产经营成本，强化产业链服务能力建设，注重培育高端产品，在一手抓成本管控的同时，毫不松懈地抓好结构调整、产品创效，提升企业造血功能，推动公司“两个结构”再优化。

结合5月生产经营工作，田欣指出，面对疫情影响和复杂多变的市场形势，公司全体干部职工以强烈的责任意识，团结协作，主动作为，生产经营业绩可圈可点：各单位提升理念、强化管理，库存资金占用创下历史最好水平；营销系统完善管理制度、健全管理机制，全面提升了执行力和对市场的把控能力；各单位协同攻关、担当作为，各项能源指标进一步优化，能源成本大幅降低；铁前系统强化对标学习，以强有力的措施，创下铁水产量最高历史纪录，进一步摊薄了成本费用，为成本降低创造了良好条件；钢轧系统加强技术攻关，提升管理水平，实现质量控制水平提升和带出品率降低。

田欣强调，公司上下要认真总结5月生产经营工作，继续保持良好工作态势，查找不足、改善提升，咬紧牙关、攻坚克难，在应对困境中提升企业硬实力。要进一步增强主人翁意识，全面做好库存、成本、营销等各项工作，真正做到以企业为家，为企业分忧，助企业渡过难关，提升企业应对危机能力。

就做好6月工作，田欣强调，当前，公司正处在区位调整的关键时期，各单位要强化责任担当，克服疫情防控常态化、市场变化、人员变动等因素所带来的不利影响，统筹协调、通力配合，千方百计保产线顺行、产品质量稳定、生产安全，确保公司关键时期生产经营实现平稳过渡。

田欣强调，要持续强化全方位对标，深入细致查找不足，把对标作为立行立改问题的有利契机，释放企业发展潜力。各单位要提高标准、提高站位，强化全方位对标，要敢于颠覆传统、创新突破，破除机制体制障碍，把对标单位先进的理念、方法、机制“为我所用”，快速推广，补齐短板，最大限度激发企业发展潜力。

田欣强调，公司主业和非钢系统要持续优化能源和检修费用等，大力降低成本支出，牢固树立过紧日子思想，倡导勤俭节约、杜绝大手大脚，严格控制和压减一切非生产性支出，把有限资源用在刀刃上。实现企业低成本运行，考验的是管理者的经营水平和治企能力。无论企业发展到何时，勤俭节约、过紧日子的思想不能丢，要将这种思想落到实处，让过紧日子成为一种常态、一种作风、一种制度永远坚持下去，提升企业可持续发展能力。

田欣还对疫情常态化防控、区位调整过程中的物资和能源介质管理等工作提出要求。

公司副总经理张洪波通报了公司5月生产经营情况，并对6月工作进行安排。要优化合同组织，整合产线资源，为产线高效低成本运行创造良好条件；要强化质量一贯制管控，为汽车面板生产提供支撑；要确保汽车主机厂认证工作有序推进；要精打细算降成本，做好各作业区指标细分，扎扎实实将降本工作落到实处；要加强运输环节管理和监控，保证产品完好送达客户手中；要紧紧围绕“消除事故隐患，筑牢安全防线”活动主题，开展好“安全生产月”活动；要根据季节变化，扎实抓好安全管理基础工作。

公司党委副书记张小帅对6月党委工作进行安排。一要认真学习贯彻全国两会精神，确保全国两会精神在公司落地见效；二要认真开展迎庆建党99周年系列活动，以实际行动向建党99周年献礼；三要抓紧抓实抓细常态化疫情防控工作，为推进生产经营、改革发展提供坚强保障；四要进一步加强党建基础工作，切实把基层党建工作抓细抓实；五要认真抓好生产经营形势任务宣讲教育，为公司冲刺“双过半”营造良好氛围；六要抓好暑期“双服务”和信访稳定工作，保障公司暑期生产顺行、整体和谐稳定。

6月月中工作例会

做好衔接保持公司整体生产经营稳定 不遗余力支撑河钢乐亭项目顺利投产

在6月15日召开的公司月中工作例会上，公司总经理田欣强调，要全面贯彻落实集团于勇董事长到河钢乐亭项目现场办公时的讲话精神，提高站位、强化担当，做好衔接保持公司整体生产经营稳定，不遗余力支撑河钢乐亭项目投产，全力确保区位调整顺畅平稳。

田欣传达了6月13日集团党委书记、董事长于勇到河钢乐亭项目现场办公时的讲话精神。他强调，河钢乐亭项目投产，是公司发展历史中的一个重大事件，不仅标志着公司转型升级的完成，也实现了几代河钢唐钢人拥有沿海钢铁项目的梦想。公司上下要认真贯彻落实集团要求，提高站位、强化担当，举全公司之力支持河钢乐亭项目投产，确保项目顺利投产达产，使其产品高度、循环利用水平、绿色制造和智能制造水平、盈利能力，都能代表当今世界钢铁工业的先进水平。要站在产品和科技创新高度，高起点、高标准经营和管理这个企业，将一流的区位和装备优势体现在一流的产品和效益上。要做好区位调整的协同和承接工作，包括原有人员、后勤、供辅等方面的承接，做实做细各项筹备工作，确保区位调整顺畅平稳。

田欣对公司各单位近一个时期以来的工作给予充分肯定。他指出，5月，公司各单位各部门顶住压力、主动作为，细化管理、扎实工作，强化过程控制，落实“产就高效率”原则，克服疫情防控和区位调整带来的巨大压力和困难，成本管控、生产效率、库存管理、费用控制、市场营销等方面都实现了巨大进步，部分经营指标实现了历史性突破。公司全体干部职工要继续保持这一工作势头，咬紧牙关、坚持到底，毫不松懈地抓细抓实各项重点工作，在区位调整的关键时期，在企业生产经营重点领域和关键环节上，实现新的突破。

就下一步工作，田欣强调，当前，公司正处在区域调整的关键时期，保持生产稳定性是公司当前生产经营的头等大事。各单位要做好预案，克服人员流动、岗位调整给公司生产稳定顺行带来的影响，要未雨绸缪，对岗位工人进行提前评估、提前培训，确保人员流动有序、工作质量不减。同时，在这一过程中要强化安全管理，细化方案、严格落实，坚决杜绝各类安全事故发生，确保公司安全形势稳定。

田欣强调，要认真贯彻落实河钢股份关于成本效益对标工作要求，总结上半年工作，做好下半年工作安排，全方位做好对标工作，提升企业盈利能力。相关单位要树立强烈的紧迫感和危机意识，做好应对区位调整后更为严峻困难形势的准备，提前谋划、周密部署，增强战胜困难的勇气和信心，推动企业危中寻机、主动谋变，在逆境中寻找到一条转型发展的新路径，实现企业蜕变。要进一步规范对标工作，细化落实各项要求，将对标工作融入生产经营各个环节，实现对标工作常态化、制度化、规范化。要建立全方位对标先进企业机制，积极主动、正视不足、大胆突破，对外从管理理念、管理机制、盈利能力等方面进行全方位对标，对内瞄准中厚板公司关键指标深入对标，充分释放企业发展活力，为提升企业盈利能力提供支撑。

就近期北京疫情防控工作出现的新变化，田欣还对职工用餐、洗浴、来访人员等疫情防控工作具体细节提出要求。

公司副总经理张洪波对6月以来工作进行总结，对下步工作提出要求。各单位要以提升产量为核心，严把质量关，通过实施精细化管理，着力提升产品质量控制能力。要紧盯指标体系，以“公司—二级单位—作业区”三级管理架构为支撑，确保公司各项核心指标按时完成。要重视外部质量反馈。技术部门和生产部门要提高板形质量管控，加强出厂检测；运输部门要结合实际情况，加强运输管理；销售部门要提升主动服务意识和质量异议知识储备，第一时间做好处理。相关单位要重点做好人员抽调期间安全管理，持续开展好“安全生产月”活动。各区域要进一步强化管理，确保环保系统稳定达标运行，强化值班制度，做好环保应急演练，随时迎接各级检查。

公司总会计师赵丽树通报5月各单位财务指标完成情况，并对下一步工作提出要求。营销系统要加强对重点客户的账期管理，专人负责落实赊销借款；加强市场分析研判，抢抓市场机遇，进一步优化产品区域投放。能源环保部门要组织制定有效方案，继续加强能源介质改善。各单位要认真对待对标工作，将对标工作融入市场生产经营工作当中去，使之成为提升经济技术指标，全面改善引领能力的有力抓手；要围绕公司制定的下半年创效指标，严格落实措施，为公司进一步降本增效提供强力支撑。

6月月末工作例会

再提标准　全力推动生产经营再上水平
高效对接　确保河钢乐亭项目顺利投产

在7月1日召开的公司6月末工作例会上，公司总经理田欣强调，要坚定不移贯彻落实集团决策部署，按照河钢股份重点工作要求，以效益为中心，在保持当前生产经营良好态势基础上，再提标准，再上水平；高站位、高标准对接河钢乐亭项目，做好采购、销售、人力、财务、技术等各项工作的搭接和协调运行，全力以赴确保项目顺利投产。

田欣简要总结公司上半年生产经营工作，并给予充分肯定。他指出，今年以来，公司广大干部职工积极主动、不等不靠，面对疫情和市场给公司生产经营带来的不利影响，始终保持昂扬的工作作风，奋力拼搏、迎难而上，产线效率、成本管控、质量控制等实现较大进步，部分关键指标实现了历史性突破。

田欣强调，当前，公司正处在区位调整和转型升级的关键时期，要坚定落实集团部署和股份要求，继续保持良好的工作势头，稳生产、提效率、增效益，将生产经营提高到一个新水平。坚持以效益为中心，继续保持库存低位运行，把握好销售节奏，保交期、保收款、提售价，努力提升经营管理水平，全面增强企业创效能力。要强化管理，自查自纠，认真梳理关键点，制定有效防范措施并严细落实，坚决杜绝各类事故发生，保障公司生产稳定，为公司区位调整创造一个好的环境。要在满足河钢乐亭项目人员需求的前提下，做好现有人员匹配和业务平衡，千方百计确保公司本部生产稳定。

结合模拟法人制的落地，田欣强调，模拟法人制通过引入市场机制，形成指标层层分解、责任层层落实、绩效层层考核的新机制，是充分激发企业活力、提高企业运行效率和效益的有效手段。要按照河钢股份新的考核模式要求，加速推进模拟法人制落实落地，不断提升钢铁主业综合竞争力。要认真研究制定模拟法人制推进办法，从工序工艺角度，引入市场机制，推行市场化结算，确保模拟法人制迅速落地、取得实效。要认真做好下半年指标分解，聚焦重点经营指标，对标找差距，定措施抓落实，全面提升企业效益水平。

就河钢乐亭项目推进工作，田欣强调，河钢乐亭项目投产在即，时间紧、任务重，全面做好项目对接是当前重中之重的工作。要提高站位、加快速度，全力以赴做好河钢乐亭项目对接，确保项目顺利投产达产。要迅速理顺业务管理，确保工作高效运转；要从大局出发，全力以赴做好采购、销售、人力、财务、技术等各项工作的搭接和协调运行，为项目顺利投产提供强力支撑；要重点关注河钢乐亭项目动力系统的管理调试工作和投产前的安全评估工作，保证项目顺利投产。

田欣还对其他工作提出要求。要高度重视审计和法律事务工作，推进各项工作规范化运行；要严格落实疫情防控、暑期双服务等工作，为公司生产稳定顺行创造条件；要引导职工切实认识到公司区位调整的现实必要性，以及公司坚持保障职工利益的做法从未发生改变，确保公司职工队伍思想稳定，为公司顺利实现区位调整提供保障。

公司副总经理张洪波通报了公司6月及上半年生产经营情况，对7月工作进行安排。各单位要进一步健全安全生产管理制度，具体化各项安全措施，做好设备周期管理和寿命管理；加强技管人员业务培训和上岗资质确认，确保相关岗位职工具有先进设备操作管理能力；建立事故控制体系，对事故点、事故变数进行分类和分级管理，将安全生产工作落实到位；要持续做好质量控制工作，为用户提供产品和技术支持；要密切关注气象信息，强化暑期安全管理，进一步加严各项安全管控措施，保障公司安全生产。

公司党委副书记张小帅对7月党委工作进行安排。一是进一步抓好疫情防控，切实保障职工身体健康和公司生产经营秩序；二是认真落实集团党政、股份公司和公司党政近期重要会议精神，高标准、高质量完成生产经营任务；三是有的放矢做好形势任务教育和职工思想稳定工作，为公司顺利实现区位调整和转型升级奠定基础、提供保障；四是深入开展暑期“双服务”，做好关爱职工工作，努力为公司暑期生产保驾护航；五是进一步做好保密工作，真正把保密工作管起来、管到位。

7月月中工作例会

深入贯彻落实集团2020年重点工作推进会精神 精心准备　严密组织　全力以赴确保新基地投产达产

7月13日，公司召开月中工作例会。公司总经理田欣强调，要深入贯彻落实集团2020年重点工作推进会精神，统一思想、坚定信心，始终保持积极进取的锐气和战胜困难的勇气，坚持效益为先，毫不松懈地抓好生产经营工作，高标准、高质量推进新基地建设，确保新基地按期投产达产，为集团发展增添新动力。

田欣首先详细传达了于勇董事长在集团2020年重点工作推进会上的讲话精神。他指出，于勇董事长对集团上半年整体工作给予充分肯定。今年上半年，在全集团共同努力下，技术、营销、客户开发、成本控制等工作扎实推进，高端客户开发和高端产品比例稳步提升，各项生产经营指标基本实现了“双过半”目标，保证了集团的健康发展。对于下半年重点工作，于勇董事长从统筹抓好常态化疫情防控和生产经营工作，进一步突出河钢股份运营、管控、考核职能，确保“两个新基地”按期投产达产，强化资金管控、严格投资管理，加大企业改革力度、最大限度推进市场化进程等九个方面提出具体要求，为公司下步发展指明了方向，增强了全体干部职工完成全年目标任务的信心和决心。

田欣强调，集团2020年重点工作推进会是集团在转型升级和区位调整关键时期召开的一次重要会议，是公司做好今后一个时期工作的重要遵循。公司全体干部职工要深入学习领会集团2020年重点工作推进会精神，统一思想、坚定信心，认真贯彻落实集团各项决策部署，以高站位和大格局做好新基地投产准备工作，确保新基地按期投产达产；要充分利用好河钢股份搭建的各类资源平台，以良好状态和务实举措，坚持不懈抓好效益、成本、资金管控、安全、环保等工作，推动生产经营水平和经济效益全面提升。

就贯彻落实集团2020年重点工作推进会精神，田欣强调，今年以来，公司各单位主动超前、积极担当，公司整体生产经营和效益水平取得明显进步。下一步，公司上下要进一步铆足干劲、主动担当，始终保持积极进取的锐气和战胜困难的勇气，毫不松懈地抓好生产经营。区位调整涉及单位要更紧一扣，继续保持良好工作态势，扎实组织好生产经营，力促各项工作再上新台阶，同时做好区位调整前的各项准备工作。铁前系统做好烧结矿配比工作，大力降低炼铁成本；存续单位要把提升效益水平作为生产经营的重中之重，坚持效益为先，提升盈利能力，增强企业综合竞争力。

就新基地建设工作，田欣强调，要举全公司之力，做好新基地投产前的各项准备工作，确保项目顺利投产达产。各单位要提高站位，增强大局意识，从技术、人员、管理等方面为新基地提供全方位支持，确保新基地一次投产成功，真正实现企业华丽蜕变；非钢单位要做好新基地建设对接，为满足新基地建设需求提供专业支撑；各单位要时刻把安全生产放在首位，采取更加有力的措施、更加特殊的手段，保证新基地建设职工人身安全和重大生产设备安全；要重点抓好汛期防洪防汛工作，确保不出现任何问题。

公司副总经理张洪波对7月以来工作进行总结，对下步工作提出要求。要高度重视抓好区位调整期间各项安全管理工作。涉及区位调整单位，要严格按照公司停产方案，做好停产前各项准备工作；专业部门要牵好头，通盘考虑，协调各单位及上下游工序，做到方案到位、责任到位、培训到位、应急到位，保障停产过程万无一失；不涉及区位调整单位，要提高站位，加强自主管理，继续强化各项安全措施。要做好暑期雨季和汛期安全管理。密切关注气象信息，做好各生产环节、重点防水部位检查和维护，确保防范措施有效；抓好雷雨天气室外施工安全管理，特别要管控好在建工程项目施工安全；继续强化暑期安全管理，重点做好高温岗位及检修作业人员的防暑降温工作，保证职工始终保持良好工作状态。

公司总会计师赵丽树通报6月各单位财务指标完成情况，并对下一步工作提出要求。要坚持以效益为中心，继续保持库存低位运行，把握好销售节奏，保交期、保收款、提售价、稳生产、提效率、增效益，在满足新基地人员需求的前提下，将生产经营提高到一个新水平；要立足自身，眼睛向内，寻找先进标杆，努力完成下半年目标；要按照河钢股份新的考核模式要求，加速推进模拟法人制工作落实；各单位要高度重视集团推广的工业品超市上线工作，保证各项指标完成设定目标值。

会上，不锈钢公司分享了近期炼钢、轧钢、动力系统的生产经营情况，介绍了5—6月强化责任担当、超前主动工作，各项工作实现大幅度提升的思路和做法。

7月月末工作例会

全力以赴确保公司区位调整衔接顺畅　平稳过渡

在8月3日召开的公司7月末工作例会上，公司总经理田欣强调，当前，公司新区投产在即，各单位要切实做好本部关停和新区投产前的各项工作，全力以赴为新区提供人才、技术支持，严防各类事故发生，确保区位调整衔接顺畅、平稳过渡。

田欣对公司各单位7月工作进行点评。他指出，7月，在繁重的区位调整压力下，公司各单位坚持以效益为中心，积极秉承“我们左右不了市场，但可以左右自身工作”的理念，通过强化自身管理，深挖内部潜力，实现了成本、效率、效益水平快速提升。更为可贵的是，在这一过程中，各单位思想观念发生了很大转变，通过小革小改、技术创新，大幅降低成本费用支出，实现了非生产性支出为零的目标。“能用管理手段解决的问题，绝不动用工程手段来解决”的理念正在深入人心，进一步增强了企业灵活应对危机的能力。

就公司新区投产和本部关停工作，田欣强调，要把安全工作作为当前一项极为重要的工作来抓，确保公司生产安全稳定、区位调整顺利进行。8月进入暑期，天气闷热潮湿，极端天气频发，加之公司新区投产在即，本部炼铁工序已经逐步进入关停、拆除阶段，各类安全风险因素叠加，给公司安全生产带来了极大挑战。各单位要切实加强暑期安全管理工作，扎实、深入、细致地开展暑期“双服务”，确保职工以良好的状态投入工作；要制定应急预案，全力应对极端天气，保证职工人身安全和公司生产安全高效稳定；要做好主体工序停产、拆除准备工作，加强专业协同，千方百计保证施工安全，确保本部顺利完成关停、公司新区早日建成投产。要强化基础管理，杜绝各类生产事故发生。事故是最大的浪费。尤其是公司当前面临着严峻的市场形势和繁重的区位调整任务，要坚决杜绝各类事故发生，为公司完成区位调整创造一个好的环境。要做好信访稳定工作，对区位调整中出现的问题和矛盾，要高度重视、主动作为，规范流程、全面疏导，维护公司和谐稳定局面。要做好区位调整治安防范工作，教育引导职工爱企如家，共同维护公司财产安全。

田欣强调，存续单位要继续加强对标，学习先进经验，培育竞争优势，提高综合竞争力。要深入推进工序模拟法人制，建立公平公正透明的经营环境，按照市场化原则核算工序经营业绩，真正让市场成为检验企业经营业绩和个人工作能力的一把标尺；要把提升效益作为最关键工作之一，持续提升、持续发力，不断加大市场开拓、品种结构调整力度，提升售价水平。非钢系统要进一步增强紧迫感，充分发挥自身优势，积极主动对接公司新区建设需求，努力为公司新区建设、投产做好服务支撑。各单位要站位更高，全力以赴为公司新区提供人才、技术支持，力争实现公司新区尽快投产达产。

公司副总经理张洪波通报了公司7月生产经营情况，并对8月工作进行安排。各单位要高度重视并严格落实河钢股份对公司高创效产品比例的调整要求，按照分解指标制定爬坡计划，挖掘成本控制潜力，提高高创效产品比例，确保目标完成；生产部门要提高板形质量管控，加强出厂检测；原料生产厂要提高钢水纯净度，确保产品满足客户需求；各单位要抓实抓细各项安全管理工作，做好迎接河钢股份炼铁专项检查迎检准备工作；各区域要做好环保应急演练，进一步提升环保管理水平，为公司8月正常生产创造好的条件。

公司党委副书记张小帅对8月党委工作进行安排。一要深入贯彻落实集团重点工作推进会精神，推动公司下半年生产经营再上新水平；二要切实做好公司区位调整关键时期的相关工作，确保公司新区党的各项工作顺利有序开展；三要毫不松懈地抓好常态化疫情防控，认真抓好三个“不能放松”，确保疫情防控万无一失；四要切实抓好暑期“双服务”和安全生产工作，实现公司暑期生产安全稳定、高效运行。

8月月中工作例会

扎实推进区位调整　确保新区顺利投产达产

在8月17日召开的公司月中工作例会上，公司总经理田欣强调，公司上下要同心协力做好新老厂区产能转换，确保新区顺利投产达产，在区位调整过程中，要充分吸收借鉴公司本部技术管理经验，释放新区区位、技术、人才、结构等优势，推动公司实现华丽蜕变。

田欣强调，一个时期以来，在严峻的市

场形势和繁重的区位调整工作压力下，公司各单位咬紧牙关、持之以恒抓好生产经营，重点指标稳步提升，成本、销售、工艺技术等指标更是创下历史最高纪录，为公司本部即将完成历史使命画上了一个圆满的句号。8月，公司正式进入关停阶段，炼铁北区、一钢轧厂目前已经顺利完成关停。接下来，公司全体职工要将工作重点转移到新区投产上来，充分发挥岗位积累的工作经验，同心协力、听从指挥，做好新老厂区产能转换，确保新区顺利投产。

田欣强调，存续单位要继续保持良好的工作势头，始终以效益为中心，抓好生产经营各项工作，继续保持高盈利水平。中厚板公司要继续做好生产稳定工作，保持铁前高效生产；不锈钢公司要保证高炉稳产顺产，优化配矿结构，降低铁前成本；美锦煤化工要设立更高盈利目标，持续改善提升，不断提升创效能力。各单位要始终把提升效益作为生产经营的重中之重，提高经营管理水平，全面提升综合竞争力。

田欣强调，要把安全作为当前区位调整工作的第一要务，不折不扣抓好落实。南区高炉和钢轧系统要全面做好停产准备工作，扎实落实安全管理制度、保证安全设施完好，确保停产全过程安全有序、万无一失；要按照时间节点，完成拆除、做好验收，为新区投产创造条件；要做好投产前的人员配置，确保相关人员尽快熟悉岗位、迅速上岗，保证新区投产即达产；非钢单位要眼睛向内、狠练内功，全面对接新区发展建设需要，努力为新区提供优质服务；各单位要做好环保工作，确保达标排放，为公司生产经营创造良好环境。

公司副总经理张洪波传达了8月16日集团股份防汛工作紧急视频会精神，并对7月以来工作进行总结，对下步工作提出要求。要按照时间节点，抓好订单组织，确保合同充足、生产秩序稳定；要做好本部铁钢平衡，确保钢轧高效生产；要充分识别客户需求，强化过程质量管控，提高客户满意度；要做好本部停产前后安全管理和炼铁不锈钢区2号高炉中修及在建施工项目安全管理，确保施工安全。

财务经营部通报了7月公司各单位财务指标完成情况，并对下一步工作提出要求。

8月月末工作例会

狠抓安全环保稳定工作　确保公司区位调整平稳过渡

在8月31日召开的公司月末工作例会上，公司总经理田欣强调，当前，扎实稳妥推进区位调整是公司的头等大事，各单位要高站位高标准做好区位调整期间的安全、环保、稳定等工作，确保区位调整全过程环境整洁、秩序井然、管理到位。

田欣强调，9月，公司区位调整进入关键阶段。各单位要高度重视区位调整期间的安全、环保、稳定等工作，确保区位调整全过程环境整洁、秩序井然、管理到位，展示出公司良好的企业形象。各级领导干部要亲自上阵、靠前指挥，严格把关各安全环节，确保万无一失。要始终坚持高标准、严要求，扎实做好区位调整各阶段环保工作，把环保理念贯穿于区位调整全过程，进一步树立公司负责任的企业形象。要高度关注这一时期的防盗工作，并结合产线环境变化，建立完善各类应急预案，确保公司财产安全。要优化人力资源配置，全力为公司新区发展建设提供人力支撑。要全面做好职工思想稳定工作，摸排职工思想动态，统筹做好思想引领、宣传引导等工作，确保公司区位调整平稳过渡。

田欣强调，各单位要提高站位、密切沟通，以一竿子插到底的精神，捋顺工作流程，做好各专业协调沟通配合，全力以赴为新区发展建设提供支撑，确保产能顺利转换、销售顺畅衔接。各单位要继续保持良好的工作势头，持续稳定生产组织，狠抓管理落实，坚决杜绝各类生产事故发生，保持产线高效运行，全力提升创效水平，为公司完成区位调整创造良好条件。

田欣强调，要深入贯彻落实近期河钢股份公司经营例会和专业会议精神，做好平台搭建、整合销售资源，全面推动工作再上新台阶。要牢固树立效益思维，增强工作主动性、前瞻性，向高效生产、结构优化、库存控制等要素要效益，全面提升企业盈利能力。不锈钢公司要定位更高目标，全力提高铁水产量，实现废钢资源高效配置，以高效生产带动效益提升；高强汽车板公司要稳定生产组织，提升质量控制水平，不断提升高创效产品比例，提升盈利水平，真正实现从量变到质变的跨越；各非钢单位要狠练内功、提高标准，全面对接并融入新区发展建设，切实提升服务能力水平，提高企业自身发展质量。

公司副总经理张洪波总结了8月生产经营工作，对9月工作进行了安排。生产、技术部门要深入研究客户需求，提高标准、制定措施，确保产品满足客户使用要求；要做好设备维护，确保公司生产秩序稳定；要继续做好汽车主机厂认证工作，全面提升公司产品在汽车用钢市场的影响力；要高度关注新区设备调试工作，为新区建设提供全方位支撑；要做好安全管理工作，确保在建项目施工安全。

公司党委副书记张小帅对9月党委工作进行了安排。一要切实做好公司区位调整关键时期各项稳定工作，确保职工思想稳定、队伍稳定；二要认真落实集团党委领导到公司调研指导党建工作时的讲话精神，进一步提升公司整体党建工作的质量和水平；三要认真抓好中秋、国庆节前党员干部廉洁自律工作；四要高度重视并切实做好区位调整期间职工安全及防火防盗等工作；五要毫不放松地抓好常态化疫情防控，确保公司疫情防控工作全覆盖、无死角。

9月月中工作例会

集中精力抓好唐钢新区生产经营　推动快速达产达效
打开思路　勇于担当　实现存续单位效益水平再提升

在9月14日召开的公司月中工作例会上，公司总经理田欣强调，要认真贯彻落实集团总经理、公司董事长王兰玉在公司中层以上干部大会上的讲话精神，集中精力抢抓当前有利市场机遇，全力以赴抓好公司新区生产经营工作，推动快速达产达效，实现公司转换期生产经营新突破；要打开思路、勇于担当，坚持效益为先，努力提升存续单位效益水平，推动公司跃上发展新高度。

田欣强调，公司上下要坚定不移贯彻集团决策部署，全力把新区打造成为代表钢铁行业最先进水平的标志性企业。9 月 7 日公司新区正式投产，13 日新区高炉顺利出铁，公司新区进入新的发展阶段。新区要迅速从基建思维转换到经营思维上来，抢抓当前有利市场机遇，全力以赴抓好生产经营工作，稳定生产组织，提升质量管控能力，快速达产达效。各部室要充分发挥支撑、服务和专业管理职能，把工作做细做到位，为新区早日达产达效、实现盈利而努力。各级干部要勇于担责，团结带领广大职工，把新区建设好、经营好、发展好。

田欣强调，要进一步统一思想、提高认识，全面理顺管理流程，确保各项管理工作顺利开展。要把安全生产“双控”机制建设、危险源辨识能力、安全管理人员的素质能力及执行力作为重点内容，强化监督管理，努力营造安全稳定生产环境。要把环保放在企业生产经营的重要位置，执行最严格的环保标准，努力把新区打造成为国家 A 类环保企业，展示行业最高水平绿色发展成果，树立新区绿色品牌形象。要严细管理、充分预案，严控各类生产事故，把安全措施和责任细化落实到每一个人，形成齐抓共管合力，为新区投产达产提供坚实保障。要树立经营思维，强化存货管理，确保库存保持低位运行，严防跌价风险。

田欣强调，随着新区投产，公司整体生产经营格局发生了巨大变化，公司要本着效益最大化原则，确定产线定位，优化生产组织，做好产线匹配、工序衔接，推动公司各产线从量变走向质变，实现盈利能力的全面提升。存续单位要打开思路，勇于担当，坚持效益为先，努力增产提质创效，推动公司跃上发展新高度。不锈钢公司要抓住当前有利市场机遇，把提升产线效率作为重点，保质量、保结构，力争实现盈利能力再突破；高强汽车板公司要继续保持现有工作势头，强化对接高端客户，稳定提升产品质量，实现高端产品创造高效益；冷轧薄板厂要继续加大锌铝镁市场推广，提高创效产品比例，提升锌铝镁市场占有率。

公司副总经理张洪波对 9 月以来工作进行总结，对下一步工作提出要求。要加快订单组织节奏，高度重视上单节点，提前做好订单组织工作，为后续生产组织创造条件；要根据本单位指标完成情况，结合经营绩效，进一步细化、完善指标内容，提升创效能力；要高度重视质量一贯制管理，全流程提升质量过程管理和控制能力，保证产品质量和客户满意度提升；公司新区要做好达产曲线目标安排，确保投产后的安全工作万无一失；要全面做好消防安全管理工作，加强对重点防火部位管控，扎实开展各项专项整治活动；各子分公司和各非钢单位，要对照新固废法条款进行逐一自查整改，进一步提升环保管理水平。

公司总会计师赵丽树通报 8 月各单位财务指标完成情况，并对下一步工作提出要求。各单位要贯彻落实近期股份公司经营例会和专业会议精神，树立效益思维，向高效生产、结构优化、库存控制等要素要效益，全面提升企业盈利能力；要继续坚持低库存运营模式，在不同管理方面要根据炉料结构消耗、物流周转和环保影响，结合动态管理实施监控方法，充分利用信息化管理、智能化管理优势和港口资源优势，不断提升存货周转率，继续保持良好低库存占用；要高度重视集团推广的供应链平台上线工作，配合物流公司和设备用户积极参与试用工业品超市上线，确保合同上线率、超市累计下单的转账比和超市自营模式累计下单额占比等指标的完成。

9月月末工作例会

用足用好本部专业资源优势　推动新区快速达产达效
保持良好发展态势　实现存续单位经济效益稳步增长

在9月28日召开的公司月末工作例会上，公司总经理田欣强调，要进一步增强责任意识，不断增长能力水平，用足用好本部专业资源，推动新区快速达产达效；要保持存续单位良好发展态势，抢抓有利时机，破解发展难题，实现经济效益稳步增长。

田欣指出，唐钢新区已经进入达产达效的关键时期，这是承上启下的重要阶段，事关公司未来的发展。公司广大干部职工要统一思想、凝聚力量，坚定信心、大胆突破，强化担当、主动作为，通过细致有效的工作，全力以赴推进新区达产达效。

田欣强调，唐钢新区自9月7日投产以来，生产经营秩序正逐步向好。在新区达产达效的过程中，要针对投产初期出现的问题，快速查缺补漏，千方百计保证快速达产，同时要高度关注成本的控制、客户的对接和维护。新区各级管理者，是新区投产达产的关键，要进一步增强责任意识，不断增长能力水平，用足用好本部专业资源，推动新区快速达产达效。公司各专业部室要积极对接、形成合力，确保管理到位，实现资源共享、优势叠加。要高标准高要求推进新区安全环保工作，针对存在问题，深挖管理原因，夯实工作基础；要逐级落实好安全生产责任，不断提升安全管理水平，确保新区生产安全稳定，效率稳步提升。要培养能源意识，狠抓能源管理，实现全流程的能源管控。要树立“成本效益思维”，发挥新区临港优势，保持低库存运转，有效避免跌价风险。

田欣强调，要持续提升存续单位效益水平，实现生产经营再创新纪录。存续单位要把提升效益作为生产经营的第一要务，抢抓当前有利时机，解放思想、创新突破，努力破解发展难题，实现生产经营再创新纪录。不锈钢公司要扎实推进炼铁炼钢工序高效生产，以高效率带动企业效益提升；中厚板公司要保持良好势头，发挥机制体制优势，继续保持高创效水平；美锦煤化工公司要稳步推进在建项目建设进度，在保证焦炭稳定供应的同时，深挖内潜、开源节流，努力增创效益。

田欣强调，当前，公司区位调整工作正在稳步推进之中。10月中旬，唐银公司区位调整将全面展开，要充分借鉴公司本部产线关停经验，提前准备、细化流程，确保产线关停安全有序、职工队伍思想稳定。

田欣还对节期生产稳定、廉洁自律、信访稳定，以及秋冬季疫情防控工作提出要求。

公司副总经理高永春总结了9月生产经营工作，对10月工作进行了安排。新区全体干部职工要迅速从工程建设思维转变到生产经营思维、转变到经营效益思维，围绕公司效益最大化目标，狠抓各项工作落实。各单位要强化事故管理，针对新区目前生产中的难点问题，进行专项攻关；要做好项目资产台账、存货定位、各项费用台账、系统日清日结等各项财务管理工作；要理顺和优化公司营销管理流程，保障销售业务顺利开展；修订质量专业责任制，围绕新区供料抓好质量管理工作，形成定期的质量攻关会制度；进一步规范公司新产品管理，根据公司《新产品研发钢种分工细则》明确责任主体；做好基建项目、设备基础管理、设备功能精度和设备应急处置等设备管理工作；做好二次能源回收利用，做好高炉、转炉煤气资源回收，实现煤气零放散；要继续加大对新区环保管理力度，开展常态化环保检查，确保新区环保各项管理工作完善提升；要认真做好节期安全管理，切实落实各项安全防范措施，进一步提高应急保障能力，保障节期安全生产。

公司党委副书记张小帅对10月党委工作进行了安排。一要深入贯彻集团领导在新区投产大会上的讲话精神，引领全体干部职工为冲刺全年目标任务作贡献；二要谋划开展“旗帜领航 创转型先锋”党建品牌建设工作，继续当好集团党建品牌建设排头兵；三要认真抓好国庆中秋双节期间的党风廉政建设工作，引导广大党员干部切实做到遵章守纪、廉洁自律；四要切实加强秋冬季疫情防控工作，坚决保持公司疫情防控的稳定局面；五要高度重视并全力做好10月的信访稳定工作，努力维护公司和谐稳定政治局面。

10月月中工作例会

深入贯彻落实集团决策部署和股份公司各项要求
克服困难　勇于担当　扎实推动各项工作有序开展

在10月19日召开的公司月中工作例会上，公司总经理田欣强调，要深入贯彻落实集团决策部署和股份公司各项工作要求，进一步解放思想、理清思路，克服困难、勇于担当，扎实推动闲置装备处置利用、对标挖潜、公司新区生产经营等重点工作有序开展。

田欣强调，要认真贯彻落实集团总经理、党委副书记，公司党委书记、董事长王兰玉在闲置装备处置利用工作会议上的讲话精神，增强“一盘棋”意识和大局观念，进一步解放思想、理清思路，主动创新方式方法，积极拓宽应用渠道，科学合理处置闲置装备，确保做到价值最大化。要坚持能用尽用、分类登记造册、分项有序出库，做到对应处理、全部用完，实现闲置装备、材料物尽其用。要围绕新兴产业进行创造性探索，既为闲置装备利用闯出一条新路子，也通过实现更高质量的发展，为集团钢铁主业的发展发挥更大作用。

田欣强调，要按照股份公司经营例会提出的各项工作要求，进一步解放思想、强化对标，深入对标学习先进企业，创新机制、体制、考核激励三项制度，真正实现产线效率更高、品种结构更优，不断提高企业效益水平和综合竞争力。不锈钢公司要瞄准更高目标，提升产线效率，争创更高效益；高强汽车板公司要严格控制库存，降低经营风险；冷轧薄板厂要本着工序服从的原则，延伸管理触角，做好与新区的业务搭接，保证生产稳定顺行。

就新区生产经营工作，田欣强调，进入10月以来，新区各项工作稳步提升，实现了较好效果，为公司生产经营提供了很大支撑。接下来，新区要继续保持良好工作势头，在稳定生产的同时，降低带出品率，销售要做好配合，确保效益最大化；新区要以2号高炉投产为首要任务开展好各项工作，做好原燃料、物资运输等准备工作，提前做好可能出现的港口封港、环保限产等各类应急预案，保证新区2号高炉顺利投产达产；

营销系统要提前谋划，做好调研市场，加大宽幅产品推广力度，确保渠道畅通、产销两旺；公司本部和新区各单位各部室要做到有机结合，密切沟通配合，以生产经营稳定为中心，强化责任担当、敢于攻坚克难，全力以赴推动新区各项工作有序开展。

田欣强调，当前国内安全事故频发，给公司安全生产敲响了警钟。公司各级领导干部要高度重视安全工作，任何时候都不能松懈，尤其是新区正处在投产达产的重要时期，要在抓好基建、生产“双线作战”的同时，把安全生产放在首位，注重细节、强化落实，保证公司生产形势安全稳定。要强化环保管理，从严肃考核入手，严格5S现场管理，坚决杜绝因环保导致限产的发生，加快推进国家环保A类企业申报，为新区生产经营创造良好环境。

田欣强调，当前国内外疫情防控形势依然严峻复杂，要切实提高思想认识，坚决克服侥幸心理和松劲心态，进一步提高做好疫情防控工作的紧迫感，守住疫情防控成果。要继续严格落实疫情防控基础管理，及时发现解决问题，坚决消除各类风险隐患，确保秋冬季疫情防控工作万无一失。

田欣强调，要进一步加强干部队伍作风建设，牢固树立纪律意识、底线意识，履职尽责、务实担当。各级领导干部要以身作则、敢于担当，不粉饰太平，不虚报瞒报，善于发现问题、妥善解决问题，统筹抓好各项工作，保证生产经营稳定顺行。

田欣还就做好明年预算编制、治安、信访等工作提出要求。

公司副总经理张洪波对10月以来工作进行总结，对下步工作提出要求。相关部门和单位要统一联动，保证新区主体设备顺利投入使用；要坚持“零故障、零事故、零缺陷”工作理念，提高全系统生产水平，为2号高炉投产提供基础保障；各职能部室要加强专业管理和服务指导，提升新区整体管理水平；要加强冷轧供料质量管理，从清洁生产、设备维护、质量攻关等角度开展工作，加强质量管理和精细化操作；新区与销售部门要紧密配合，确保完成冷轧销售订单按时交付和动态组织销售订单，达到产销平衡；做好产品研发工作，强化对新区七大产销研一体化项目组的技术研发力量匹配；做好防寒防冻项目施工和部分单位投产前设备基础管理工作，确保公司设备稳定运行。

公司总会计师赵丽树通报9月各单位财务指标完成情况，并对下一步工作提出要求。各单位要做好2021年预算编制工作，用指标的提升确保成本效益目标的完成；新区要树立好经营意识，加强基础管理工作，为经营提供及时可靠的数据；各单位要坚持低库存运营模式，不断提升存货周转率，新区要贯彻公司先进的库存管理经验，保证存货自始处在良好的低库存水平；采购部门要协助各公司做好配矿结构的优化工作，做好主流矿和非主流矿、港口库存等管理工作；各单位要时刻关注市场变化制定采购废钢策略，避免出现不必要的损失；要做好停产单位资产处置工作，做好登记造册，拿出具体处置方案。

11月月中工作例会

坚持效益导向　强化安全管理　确保公司生产经营稳定顺行

在11月16日召开的公司月中工作例会上，公司总经理田欣强调，要切实将效益思维融入生产经营的方方面面，全力提升企业创效水平；要狠抓生产稳定，强化事故控制，以支撑新区高炉生产稳定为核心，做好铁钢轧工序配合，确保公司生产经营稳定顺行。

结合生产经营工作，田欣强调，要树立经营意识，强化效益思维，把提升效益水平摆在生产经营的首要位置，全力提升企业创效水平。当前，公司各级干部职工主动作为，攻坚克难，产线保持高效稳定运行，部分指标创下历史新高。在肯定成绩的同时，我们要清醒地认识到，公司的创效能力与先进企业相比还存在差距。因此，要树立强烈的危机意识和紧迫意识，对标先进、查找不足，针对生产经营中的薄弱环节和突出问题，加强改善提升。唐钢新区要优化结构成本，兼顾效率效益，全面提升新区经营水平，切实将效益思维融入生产经营的方方面面，真正让效益导向固化在思想上，落实在行动，体现在业绩上。

田欣强调，产线的安全稳定运行状态在一定程度上反映了领导干部的管理水平、管理能力。当前，新区正处在投产达产的重要阶段，各级领导干部要强化安全第一意识，严格落实责任，做好事故原因分析、通报，绝不姑息纵容，严肃追究事故责任，用典型案例和事故教训推动安全生产工作。要教育引导职工杜绝习惯性违章，全面做好人员培训，积极推进标准化作业，为新区生产顺行创造条件。

就新区 2 号高炉投产后相关工作，田欣强调，要以支撑新区高炉生产稳定为核心，做好铁钢轧工序配合，确保新区生产经营稳定顺行、公司产能总体平衡。要树立大局意识，重大生产组织事项要做好提前申报，保证全公司生产稳定；结合冬季季节变化，要做好港口物料防寒防冻工作，保证物料正常发运使用；要合理匹配物流运力，满足环保要求；要加快推进焦化在建项目进度，为新区 2 号高炉投产提供燃料支撑。

针对疫情防控工作，田欣强调，当前，新冠肺炎疫情正在全球蔓延，国内局部暴发疫情的风险仍然存在，加之秋冬季呼吸道疾病交织叠加，公司疫情防控任务更加艰巨。各单位各部门要认真贯彻落实各级疫情防控工作部署，切实把疫情防控作为一项重要任务，决不能有丝毫松懈和心存侥幸。特别是唐钢新区要认真落实各项疫情防控举措，抓好重点区位、重点岗位和外部参建人员的防控，狠抓疫情防控工作落实，全面做好秋冬季疫情防控各项工作，巩固扩大防控战果。

公司副总经理张洪波对 11 月中上旬工作进行总结，对下步工作提出要求。要继续狠抓事故管理，强化铁钢轧刚性连接下的事故管控，非钢单位要严加生产管控，保证新区生产稳定顺行；相关单位要根据 2 号高炉投产后的物料等新的平衡需求，提前做好资源平衡有关工作；新区要强化质量意识，开展重点产品质量攻关；要结合新区 2 号高炉投产后的实际情况，提前谋划接单结构，对冷轧调料提出要求，以保障钢轧系统实现高产能、各产线生产顺利运转及冷轧原料卷供应；要加快推进新区研发体系建设和产品调试进度，积极提供产线服务和推进新区品种开发；各区域要加强自身管控，抓紧排查整改有关问题，各单位要对环保体系管理进行查缺补漏，确保顺利通过外审；各单位要从严从实抓好冬季、采暖季的安全管理，做好防寒、防冻自查，严格管控冬季事故易发环节，强化冬季消防安全管理，坚持开展好消防安全月各项活动。

公司总会计师赵丽树通报 10 月各单位财务指标完成情况，并对下一步工作提出要求。各单位和部门要继续树立经营意识，强化铁成本、能源成本的管控工作，严控费用支出，提升新区经济运行水平，提升综合竞争力；新区要继续加强基础管理工作，特别是在各项报表、数据统计、计量及信息化系统等方面为新区经营提供及时可靠的数据，为集团高质量发展提供强力支撑；各单位和部门要规范外矿的结算流程，每月及时对当月完船外矿进行港损处理；各单位要按照本单位的产量、技术经济指标等预算指标指导目前工作，在保持好目前高效生产经营状态下瞄准明年预算指标发力，为圆满完成集团和股份公司下达的各项任务打好基础。

11月月末工作例会

提高左右自身工作能力　提升公司效率效益水平

在11月30日召开的公司月末工作例会上，公司总经理田欣强调，要进一步提高左右自身工作的能力，全力做好铁前系统各项工作，推动公司效率效益双提升；全面做好2021年预算编制工作，提升预算编制科学性，确保年度预算目标实现。

针对疫情防控工作，田欣强调，要坚持问题导向，注重动态管控，落实落细常态化疫情防控工作，持续巩固疫情防控成果。各单位要高度重视冬季疫情防控工作，坚持问题导向，把督导检查作为一个重要手段，完善防控机制，整改薄弱环节，对存在的疫情防控疏漏点和短板要进行再梳理、再完善。要注重动态管理，新区、中厚板、不锈钢等单位要做好通勤、用餐、住宿等环节疫情防控及基建人员管理，强化监管、精准防控，确保各项防控措施落实落细、落地见效。

就安全生产工作，田欣强调，要全面做好安全生产工作，为企业生产经营、提升效益创造良好条件。各级领导干部要加强组织领导，强化执行落实，完善机制体制，切实扛起安全生产职责，综合运用安全生产监督、考核奖惩等措施，防范化解安全生产风险。要高度重视安全管理，始终把安全生产摆到重要位置，坚持党政同责、一岗双责，坚决杜绝侥幸心理，消除思想短板，把安全责任落实到岗、落实到人，形成安全生产齐抓共管的良好氛围。专业管理部室要做好冬季消防安全管理，切实履职尽责，强化督导监管，提升公司消防安全管理水平。各非钢单位要狠练内功，杜绝各类安全事故发生，提升保驾水平，保证新区安全稳定生产。

结合生产经营工作，田欣强调，高炉长期稳定顺行是当前最经济的运行方式，是最大的效益。要把保高炉炉况稳定作为底线，统筹专业管理，做好资源平衡，确保铁前系统生产稳定顺行。要不断提升高炉操作水平，增强炉况分析处理能力，不断提高高炉适应外部条件变化的能力。要牢固树立铁前一盘棋思想，统筹专业管理，实现资源共享、高效协同，全面提升高炉系统运行水平。要加快推进焦化项目建设进度，确保项目如期投产，为新区高炉生产提供燃料支撑。新区要树立全局意识，加快品种研发，实现资源共享，提升公司整体经营效益。

田欣强调，要全面做好2021年预算编制工作，建立科学精准、约束有力的预算制度，确保年度预算目标实现。要深入调研，制定切合生产经营实际的预算指标，避免预算与实际经营脱节，确保财务资源合理配置，确保指标科学分解、责任有效落实。

公司副总经理张洪波总结了11月生产经营工作，对12月工作进行了安排。各单位要做好高效生产工作，新区重点关注生产过程铁钢材平衡，合理安排铁钢衔接，保证生产和品种调试的共同提升；专项攻关组对新区原料质量继续开展攻关，规范新区供料和一二冷衔接界面，同时将质量管理纳入考核，逐级落实并强化质量责任；新区要密切关注市场行情优化资源投放，争取最大效益，同时做好公司冷轧产线正常运转和销售订单交付，以及外售业务交付保障工作；持续开展隐患排查，全面梳理并形成优化方案，组织相关单位进行设备管理专题培训，提升设备整体管理水平；持续推进新区和存续单位节能降本工作，积极协调外购焦气供应，做好公司焦炉煤气产线用户的保供；新区要高度重视超低排放 A 级企业申报工作，各单位要按照标准全面细致地做好环保设备完善工作，相关职能部室要加大指导力度；继续抓好新区安全管理，做好冬季防火等工作，着力抓好在建工程及焦炉煤气管道拆除工程项目的安全管理。

公司党委副书记、工会主席王文德对12 月党委工作进行了安排。一是全力抓好疫情防控工作。各单位党政、两级防控办，要始终紧绷疫情防控这根弦，注重强化防控措施，把疫情防控网络再做一次重新梳理，切实加强对职工的教育和引导，特别是对有基建任务的单位，要坚持做好重点人员排查管控，有力有序统筹好疫情防控和生产经营、工程建设等各项工作，严防输入性疫情风险，确保公司疫情防控“零”目标的实现。二是全面加强党的建设。各单位党委、各级党组织要明确目标任务，抓好工作落实，持续创新，营造企业干事创业的良好氛围，完成好公司生产经营任务，做好集团党建工作核查自查和迎检准备，学习借鉴新时代“枫桥经验”，推进公司党建工作再上新的台阶。三是认真抓好形势任务教育。进一步加强公司精神文明建设，弘扬和传承劳模精神、劳动精神、工匠精神，要用公司的发展目标，用公司的生产经营任务，统一职工的思想，保证 2020 年公司生产经营任务及各项工作任务高质量完成。

12 月月中工作例会

振奋精神　只争朝夕　真抓实干
强力推进公司当前各项重点工作

在 12 月 16 日召开的公司月中工作例会上，公司总经理田欣强调，公司上下要振奋精神、只争朝夕、真抓实干，强化精细管理，确保生产经营稳定顺行，紧紧抓住当前市场机遇，全力提升企业创效水平。

田欣指出，面对疫情和区位调整影响，公司从提高生产效率入手，广开思路、强化管理，克服各种不利因素，生产经营实现了整体提升。特别是近一个时期以来，公司各区域上下同欲、齐心协力，取得了不俗的经营业绩。其中，冷轧薄板厂与高强汽车板公司成功克服诸多困难，实现了品种结构、产线效率、企业效益等工作的新突破；美锦煤化工公司通过加强管理，生产效率有效提升，在剔除市场有利因素后依然取得了良好经营绩效；不锈钢公司主动作为，克服炉况波动不利影响，保持产线效率相对平稳，为新区生产良性运转提供了有力支撑；唐钢新区铁前系统高效生产，有力支撑公司整体生产效率提升，2050产线功能提升，品种开发脚步加快，实现了品种研发、产线效率、成本管控等工作水平的持续提升。

田欣指出，尽管各项工作取得了很大进步，但反思各项工作，在市场研判、市场机遇把握、生产稳定性等方面仍存在不足不容忽视。一是各类事故的处置与预防能力仍需加强，尤其是公辅系统的应急管理能力亟待提升；二是铁前系统生产波动依然存在，要不冒进、力求稳，逐步提升高炉稳定运行水平；三是市场研判能力仍有提升空间；四是统筹考虑、动态管理新区库存，谨防后续可能出现的经营风险；五是聚集专业优势、解决焦化项目建设的关键性问题，推进项目尽快投产；六是安全环保问题不容忽视，要高站位、严要求，把安全环保工作抓牢抓好抓出实效。对此，我们要有清醒的认识，加快弥补各项不足，力促工作稳步提升。

田欣强调，当前钢铁市场正处在难得的机遇期，各单位各部门要抓住机遇、实现效益最大化。明年股份给公司下达了更高标准的预算任务，各单位要拿出接地气、可操作的具体措施落实责任，振奋精神、端正态度，只争朝夕、顶住压力，带领广大干部职工，以扎实有效的管理、持之以恒的责任心，推动明年各项预算指标完成。当前，美锦二期、佳华项目的投产对于公司整体资源平衡和效率提升起着至关重要的作用。焦化企业要站在公司发展全局的高度，切实发挥主观能动性，勇于克服周边环境、客观实际所带来的不利影响，想方设法加快推进项目建设投产，把难得的市场机遇把握住，把丢掉的效益夺回来，为公司实现效益提升作出应有的贡献。销售部门要切实发挥好作用，提高市场研判能力，把握好价格浮动节奏，匹配好锁单产品比例，让产品售价处在高位区间，通过成熟、科学、严谨的操作，实现效益最佳。

就做好下一阶段工作，田欣强调，要全面做好安全生产工作，各级领导干部要提高重视程度，强管理、严管理，把安全稳定摆在生产经营突出位置，提升全员安全责任意识，确保安全生产万无一失。要高度重视环保工作，确保新区新建环保设备高效平稳运行，在克服诸多困难中实现环保工作水平的提升，助力企业早日取得A类企业资质。铁前区域要在公司层面形成统一管理，从炉内操作、技术水平提升、人员选用等方面入手，加强各区域间的互相借鉴、统筹协调，保持各区域炉况的相对稳定，真正实现铁前系统集中管理的良好局面。要高度重视信访稳定工作，坚持以人为本、服务职工的工作方针不动摇，畅通职工表达渠道、主动摸底职工思想动态，帮助职工解决最实际的困难，努力实现公司长治久安的良好局面。

公司副总经理张洪波对12月中上旬工作进行总结，对下步工作提出要求。生产管理方面，要重点做好高效生产工作，保证公司效益最大化，要做好跨区域的生产平衡，保证各产线满负荷生产，密切关注市场变化情况，保证合理的库存运行水平。质量管理方面，要加强质量管理专业化管控力度，对各区域炼钢专业技术指标定义统一规范；要持续组织新区供冷轧原料质量攻关；要根据高端客户要求，开展高端汽车钢质量平台建设。能源管理方面，新区要进一步提高自发电比例，同时推进节能降本，进一步降低外购能源成本。环保管理方面，新区要按照A类企业标准完善日常管控。安全管理方面，要强化冬季极端恶劣天气应对措施，重点做好防火、防寒、防冻、交通安全等工作。

公司总会计师张爱民通报了11月各单位财务指标完成情况并提出要求。各营销单元在保证生产订单需求的基础上，下大力量改善客户结构，特别是在市场上行的形势下锁价接单要控制好接单节奏，及时调整接单策略。各单位要眼睛向内，以预算为纲开展各项生产经营活动，保持高效生产经营状态，为圆满完成集团和股份公司下达的各项任务打好基础。

12 月月末工作例会

强化经营管理 深化对标学习 应对市场变化 确保目标实现

在 12 月 28 日召开的月末工作例会上，公司总经理田欣强调，要加强市场分析研判，全力应对市场变化，提高企业经营效益；要加强管理，深化对标，以铁前系统提产增效带动整体效率提升，确保完成明年目标任务。

田欣指出，当前市场行情波动较大，不确定性因素增加，给企业生产经营带来巨大挑战。应对市场变化，实现效益最大化，是对企业经营管理水平的考验。要研判市场，规范防范，快速反应，全力应对，最大限度提高经营效益。要实时跟踪市场走势，加强研究，科学决策，牢牢抓住市场机遇，实现效益稳定增长。要合理控制库存，坚持快进快出原则，提高库存周转效率，规避企业经营风险。

田欣强调，要深挖内部潜力、加强生产组织，以铁前系统的提产增效带动公司整体效率提升，确保完成河钢股份下达的年度预算指标任务。全面提产增效，铁产量提升是关键。唐钢新区要着力提升高炉稳定运行水平，优化炉料结构，提高利用系数，向更高标准看齐，努力完成年度预算任务。不锈钢公司要继续深挖潜力，积极对标先进单位，实现设备增容上量；要紧紧抓住美锦佳华投产契机，进一步优化焦炭结构，提高高炉各项经济技术指标，全面降本增效，实现经营水平再提升。中厚板公司要严细炉内操作，在 2 号高炉大修期间，通过应用新料制度，千方百计保持 1 号、3 号高炉稳定顺行。

就当前生产经营工作，田欣强调，要把稳定高炉操作作为 2021 年重点工作，强化铁前炉内操作管理，建立炉况日分析制度，实时掌握炉况；要从细节抓起，做好高炉操作人员水平的全方位评价，为高炉系统稳定顺行提供人才支撑；要提高管理技术操作的严肃性、准确性，坚决杜绝随意操作影响生产顺行现象发生。要加快推进美锦佳华项目投产，做到投产即达产，全面释放公司效率潜能；要抢当前市场机遇，提升焦炭生产能力和质量水平，为企业争创效益。唐钢新区要以 3 号高炉投产为主线，以高炉高效生产为平衡点，提高钢轧工序效率，做好生产组织平衡，实现高效率、高效益目标。各单位进一步提高认识，增强组织协调，加大工作力度，全面提高环保工作水平。要坚持底线思维，强化责任，不讲客观，坚决杜绝环保对生产顺行的影响。对标学习是企业的永恒主题，是提升经营管理水平的重要途径。要端正态度、虚心学习，拓宽视野，博采众长，强弱项、补短板，切实提高经营绩效。要积极主动做好区域公司组建、独立市场单元打造、经济责任制调整等工作，确保河钢股份各项要求在公司落地见效。要强化事故考核，严肃责任追究，尤其要加大责任性事故考核力度。各单位管理层要坚持问题导向，强化责任意识，认真反思、严肃问责，制定有力措施，确保生产安全平稳高效运行。

田欣还就做好疫情防控、信访稳定、网格化管理等工作提出要求。

公司副总经理张洪波总结了12月生产经营工作，对明年1月工作进行了安排。各单位要对重点防寒防冻部位和环节进行检查，保证冬季生产安全顺行；新区要协调好品种调试和日常生产平衡的关系，保证品种调试和铁钢平衡均达标；要提升各产线后结算订单比例，避免因市场波动带来价格损失；要加大新区在品种钢上量中的专业支撑，同时在工艺技术方面做好品种钢关键控制点的深入挖掘；要持续推进新区和存续单位节能降本工作，重点落实节能措施的固化与执行，降低外购能源成本；要全面做好美锦二期、佳华焦化投产安全管理，细化投产方案和安全预案，全面排查整改现场安全隐患，确保安全顺利投产。

公司党委副书记张小帅对明年1月党委工作进行了安排。一是认真学习贯彻集团党委和行政重要会议精神，切实提升党建工作质量和水平。二是毫不松懈地抓好疫情防控工作，强化责任落实、坚持问题导向、狠抓关键环节，实现“零输入、零感染、零传播”目标。三是切实抓好公司转型升级期间的稳定工作，为公司生产经营和改革发展创造和谐稳定的环境。四是加快推进公司党群系统网格化管理体系建设，切实让网格化管理落到实处。五是认真做好元旦春节期间正风肃纪工作，营造风清气正的节日氛围。六是开展好“送温暖”活动，增强职工队伍的凝聚力和战斗力。

行　　政

河北省人民政府冀政人字〔2020〕24号　2020年5月8日，省政府任命王兰玉同志为河钢集团董事会董事、副董事长，提名任河钢集团总经理。

河钢唐钢字〔2020〕31号　2020年3月10日，根据工作需要，经公司研究决定：于子庆同志不再担任唐山惠唐新事业产业发展有限公司执行董事、总经理，唐山惠唐新事业股份有限公司董事长、总经理，唐龙（唐昂）新型建材有限公司董事长，金恒企业发展总公司总经理职务；杨晓韬同志不再担任中厚板材有限公司副总经理职务；周明同志任法律事务部副部长，不再担任人力资源部（党委组织部、离退休职工管理部、老干部管理部）副部长职务；冯涛同志不再担任型线事业部二钢轧厂副厂长职务；杜雁冰同志不再担任技术中心副主任职务。

河钢唐钢字〔2020〕32号　2020年3月10日，按照公司厂部级干部管理规定，厂部级干部任职试用期为半年。魏东明、赵凯星同志试用期满后，经组织考核，公司党委常委会研究决定：明确魏东明、赵凯星同志职级为公司副厂部级。

河钢唐钢字〔2020〕34号　2020年3月18日，根据工作需要，经公司研究决定：邝霜同志任技术中心常务副主任；张洪波同志不再兼任技术中心常务副主任职务；王云阁同志不再担任技术中心副主任职务。

河钢唐钢字〔2020〕46号　2020年5月6日，根据工作需要，经公司研究决定：尹宝良同志不再担任中厚板材有限公司副总经理职务，调入河钢乐钢工作。

河钢唐钢字〔2020〕54号　2020年5月13日，根据工作需要，经公司研究决定：高永春同志兼任型线事业部总经理；冯润明、訾文胜同志任中厚板材有限公司副总经理，不再担任型钢厂副厂长职务；王力宾同志任教育培训中心（河北冶金高级技工学校、唐山科技职业技术学院、河北冶金技师学院）副主任（副校长、副院长，试用期半年）；李茂广同志不再兼任公司市场部部长职务；武士勇同志不再担任型线事业部总经理职务；王大成同志不再担任企业文化部部长职务；田川同志不再担任运营改善部（董事会办公室）部长（主任）职务；于立新同志不再担任型钢厂副厂长职务，调河钢乐亭工作。

河钢唐钢字〔2020〕100号　2020年9月8日，根据工作需要，经公司研究决定：李振亮同志任新事业公司董事长；杨利东同志任人力资源部副部长；宋志岗同志任公司市场部副部长；郑世勇同志任唐龙（唐昂）新型建材有限公司副总经理，不再担任新事业公司副总经理职务；裴宏江同志任汽车板事业部副总经理（副厂部级）；李力同志任新事业公司总经理（试用期半年），不再担任新事业公司副总经理职务；李贺永同志不再担任人力资源部副部长职务；刘东生同志不再担任发展规划部副部长职务，离岗休养。

河钢唐钢字〔2020〕103号　2020年9月15日，根据干部职务调整及机构名称变更，经公司研究决定：推荐崔晓冬同志任唐钢青龙炉料有限公司董事长，李茂广同志不再担任唐钢青龙炉料有限公司董事、董事长职务；推荐曹学征同志任唐龙（唐昂）新型建材有限公司董事长；韩毅同志任唐山唐钢建设发展有限公司执行董事、总经理；郭洪莲同志任唐山钢铁集团有限责任公司生活服务分公司总经理，不再担任原唐山钢铁集团城市服务有限责任公司执行董事、总经理职务；左培新、王静泊、蒋泓津同志任唐山钢铁集团有限责任公司生活服务分公司副总经理，不再担任原唐山钢铁集团城市服务有限责任公司副总经理职务。

河钢唐钢字〔2020〕128号 2020年11月26日，为进一步落实上级关于“四同步、四对接”“双向进入、交叉任职”及“董事长、党委书记一肩挑”等工作要求，按照省国资委“党的领导融入公司治理专项核查”指出的问题及整改要求，经公司研究决定：推荐姚力同志兼任唐山钢源冶金炉料有限公司董事长、唐山唐龙（唐昂）新型建材有限公司董事长、唐山唐钢房地产开发有限公司执行董事；推荐高永春同志兼任唐钢华冶（天津）钢材营销有限公司董事长；推荐谭文振同志兼任唐山不锈钢有限责任公司董事长、唐山钢铁集团高强汽车板有限公司董事长；刘铁力同志兼任唐山钢铁集团重机装备有限公司执行董事、唐山惠唐工业技术服务有限公司执行董事；刘海春同志不再担任唐山不锈钢有限责任公司董事长职务；孙禹同志不再担任唐山钢铁集团重机装备有限公司执行董事职务；杜全洪同志不再担任唐山钢源冶金炉料有限公司董事长职务；余大祥同志不再担任唐钢华冶（天津）钢材营销有限公司董事长职务；曹学征同志不再担任唐山唐龙（唐昂）新型建材有限公司董事长职务；郭彦涛同志不再担任唐山唐钢房地产开发有限公司执行董事职务；周国平同志不再担任唐山钢铁集团高强汽车板有限公司董事长职务；周舰同志不再担任唐山惠唐工业技术服务有限公司执行董事职务；高贵敏同志不再担任唐山创元方大电气有限责任公司总经理职务（副厂部级）。

河钢唐钢字〔2020〕135号 2020年12月17日，根据公司文件规定，经公司研究决定：武学泽同志不再担任国际合作部部长职务，离岗休养；赵金柱同志不再担任设备机动部副部长职务，离岗休养；杨春亮同志不再担任物流分公司副总经理职务，离岗休养；张莹同志不再担任发展规划部副部长职务，离岗休养；杨金同志不再担任教育培训中心（河北冶金高级技工学校、唐山科技职业技术学院、河北冶金技师学院）副主任（副校长、副院长）职务，离岗休养；袁学军同志不再担任能源环保部副部长职务，离岗休养。

党　委

河钢唐钢党发〔2020〕12号 2020年3月10日，根据工作需要，经公司党委常委会研究决定：于子庆同志任公司工会常务副主席（正厂部级），不再担任唐山惠唐新事业产业发展有限公司党委书记职务；梁福旺同志任设备机动部党委书记、纪委书记、工会主席，不再担任保卫部（武装部）党委书记（政委）职务；杨晓韬同志任唐钢美锦煤化工有限公司党委副书记、纪委书记、工会主席；周明同志不再担任党委组织部、离退休职工管理部、老干部管理部（人力资源部）副部长职务；崔绍宇同志不再担任设备机动部党委书记、纪委书记、工会主席职务。

河钢唐钢党发〔2020〕25号 2020年5月6日，根据工作需要，经公司党委常委会研究决定：宋江涛同志任中厚板材有限公司党委书记；尹宝良同志不再担任中厚板材有限公司党委书记职务。

河钢唐钢党发〔2020〕31号 2020年5月13日，根据工作需要，经公司党委常委会研究决定：高永春同志兼任型线事业部党委书记；王立军同志任教育培训中心（河北冶金高级技工学校、唐山科技职业技术学院、河北冶金技师学院）党委副书记，不再担任炼铁厂党委副书记、纪委书记职务；武士勇同志不再担任型线事业部党委书记职务；王大成同志不再担任统战部部长，河钢唐钢党校第一副校长职务。

河钢唐钢党发〔2020〕47号 2020年9月8日，根据工作需要，经公司党委常委会研究决定：李振亮同志任新事业公司党委书记，不再担任公司党委办公室主任职务；李贺永同志任公司党委办公室主任职务，不再担任党委组织部、离退休职工管理部、老干部管理部副部长职务；陈礼斌同志任教育培训中心（河北冶金高级技工学校、唐山科技职业技术学院、河北冶金技师学院）党委副书记；郑世勇同志任唐龙（唐昂）新型建材有限公司党总支副书记；杨利东同志任党委组织部、离退休职工管理部、老干部管理部副部长。

河钢唐钢党发〔2020〕48号 2020年9月15日，根据机构名称变更，经公司党委常委会研究决定：郭洪莲同志任唐山钢铁集团有限责任公司生活服务分公司党委书记、工会主席，不再担任原唐山钢铁集团城市服务有限责任公司党委书记、工会主席职务；徐波同志任唐山钢铁集团有限责任公司生活服务分公司党委副书记、纪委书记，不再担任原唐山钢铁集团城市服务有限责任公司党委副书记、纪委书记职务。

河钢唐钢党发〔2020〕54号 2020年11月26日，为进一步落实上级关于“四同步、四对接”“双向进入、交叉任职”及“董事长、党委书记一肩挑”等工作要求，按照省国资委“党的领导融入公司治理专项核查”指出的问题及整改要求，经公司党委常委会研究决定：崔晓冬同志兼任青龙炉料有限公司党委书记；曹学征同志任唐山唐龙（唐昂）新型建材有限公司直属党总支书记；郑世勇同志任唐山唐龙（唐昂）新型建材有限公司工会主席；郭彦涛同志任唐山唐钢房地产开发有限公司直属党总支书记；曹文明同志不再担任唐山唐龙（唐昂）新型建材有限公司直属党总支书记、工会主席职务。

河钢唐钢党发〔2020〕66号 2020年12月17日，根据公司文件规定，经公司党委研究决定：李向民同志不再担任能源科技分公司党委书记、工会主席职务，离岗休养；赵骥同志不再协助党委副书记张小帅同志抓信访稳定工作（享受正厂部级待遇），离岗休养；王立军同志不再担任教育培训中心（河北冶金高级技工学校、唐山科技职业技术学院、河北冶金技师学院）党委副书记职务，离岗休养；张成平同志不再担任教育培训中心（河北冶金高级技工学校、唐山科技职业技术学院、河北冶金技师学院）党委副书记、纪委书记职务，离岗休养。

河钢唐钢2020年项目制评价管理办法

为深入贯彻落实河钢唐钢2020年战略部署，鼓励公司各单位勇于突破，锐意创新，持续开发2020年重点支撑项目，以重点项目建设加强公司成本管控能力，推动整体创效能力提升，实现公司快速、稳定发展，制定本办法。

一、基本原则

（一）目标导向：公司各单位（部室）要有效承接和分解公司2020年总体战略目标。

（二）价值创造：遵循和追求公司整体价值最大化。

（三）分类管理：以公司2020年预算和经营绩效管理方案为依据，各单位（部室）从不同维度分解、确立重点支撑项目，制定年度项目开发计划并稳步推进。

二、适用范围

本办法适用于纳入公司2020年度经营绩效管理方案评价的各单位、各部室。

三、职责分工

公司成立项目制管理小组，由运营改善部、财务经营部、非钢管理部、党委办公室等相关部门组成。

管理小组下设办公室，办公室设在运营改善部。

（一）项目制管理小组职责

负责公司项目制管理的组织领导、文件制定下发、项目立项评审、项目结项评价等。

（二）各单位（部室）职责

公司各单位（部室）根据实际工作进度和安排，按照本办法要求提报立项项目。单位（部室）正职全面负责本单位（部室）的立项工作，每名副职负责各自主管工作的项目立项、推进及完成。

对已完成的项目，要按时提报项目结项报告。

四、管理内容和要求

（一）项目立项

1. 2020年立项项目分为降低费用、挖潜增效、前沿技术、企业长远发展、管理支撑、党建管理等类型。

2. 降低费用项目的立项要求。在符合国家法律法规和公司体系制度、管理流程规定的前提下，通过持续开展与先进企业的对标工作，针对对标过程中找到的问题和差距，研究改进措施并应用到具体的项目立项中。立项要体现2019年实际费用完成情况、2020年目标和降低额，保证费用降低措施的适宜性和有效性。

3. “先进工艺”前沿技术项目的立项要求。“先进工艺”前沿技术具体指在钢铁冶金行业及其辅助行业，如炼铁、炼钢、热轧、冷轧、能源环保、设备及机械加工制造等方面具有前瞻性、先导性的重大技术；在行业内应用效果好，符合公司生产实际及发展需求，确实起到提升技术指标，保证产线质量稳定性的技术；符合国家环保政策，降低能源消耗，减少污染物排放等技术。立项要体现推动重大工艺、技术手段在降成本工作中的具体应用。

4. 非钢单位项目的立项要求。非钢系统各单位要围绕完成2020年度预算目标和支撑企业长远发展两项核心目标，研究拟定2020年本单位重点项目。其中：

（1）完成年度预算目标相关项目，要以各单位2020年预算计划档为基准，并确保完成预算目标档，拟定一项或多项重点项目，各项目增效额合计不低于预算目标档和计划档差值。

项目立项根据各单位实际业务包括但不限于：成本费用管控、市场及客户开发、产品销量提高、售价提升、技术服务输出等方面。

（2）企业长远发展相关项目，即围绕支撑企业未来可持续、高质量发展，拟定一项或多项重点项目。

项目立项根据各单位实际业务包括但不限于：新产品及技术研发或引进、固定资产类项目投资建设、合资合作和体制机制改革等方面。

5. 双职能部室项目的立项要求。要推动与生产单元协同合作的“项目制”工作模式。重点围绕产品质量提升、产线模型化智能化建立、生产高效运转、品种开发、售价提升等工作，积极参与到项目建设中，为生产单元提供优质服务，协助支持生产单元实现降成本的目标。

6. 机关部室与党群各部门项目的立项要求。要在日常管理活动和流程性工作的基础上，将本部门全年总工作人·日的30%安排投入本部门的年度重点项目。其中：

管理部室项目立项要基于部门职责，以改善组织运行效率及价值链协同为目标的业务流程优化，先进管理工具与方法应用及各类管理手段创新为重点研究并拟定部门年度重点项目，为公司各生产作业单元和所属企业提供服务支撑。

党群各部门项目立项要围绕提升公司党的建设质量，立足推进党委重要工作落实，提升党群管理和服务效能。确保项目目标的实现过程与党建质量提升、巡视反馈问题整改落实、公司文化传承、职工岗位创新、群团作用发挥有机融合，为深入推进党委领导作用和“两个责任”落实发挥积极作用，为公司改革创新提供强有力的政治保障、思想保障。

7. 各单位（部室）项目立项要求明确项目类型、项目名称、项目负责人、项目内容、时间节点、预期目标等。

（二）项目立项评审

项目制管理小组每季度末对提报的重点项目，组织立项评审。对项目的内容、进度安排、目标设定、是否支撑分解公司重点指标等方面进行综合评审，并最终确定项目是否可实施，是否确定立项。

（三）项目结项报告

结项报告要求准确、简练，反映真实完成情况。包括项目名称、项目完成情况、目标完成情况等。

（四）项目结项评价

公司项目制管理小组对已上报结项报告的重点项目进行综合评审。对项目的完成情况、目标达成程度、效益、作用等方面进行结果评价。年终，对各单位（部室）已上报完成、评审完成的项目进行结果汇总，完成对各单位（部室）重点项目完成情况的年度综合评价。

五、项目评价结果应用

（一）项目评价结果应用遵循“公平、公正、合理”的原则。

（二）各重点项目的评价结果，主要应用于各单位挖潜增效奖励和厂部级管理人员年度绩效薪的结算。

1. 各单位挖潜增效奖兼顾“多劳多得、责利统一”的原则，按照项目完成程度兑现。

2. 经营团队年度绩效评价得分 = $\sum 1$—

12 月度绩效评价得分÷12×60%+年度项目制评价得分×40%。

厂部级管理人员个人年度绩效评价得分=∑1—12 月度绩效评价得分÷12×60%+年度项目制评价得分×40%。

厂部级管理人员正职年终绩效薪=年终绩效薪标准×（经营团队年度考评得分×70%+个人年度绩效考评得分×30%）÷100。

厂部级管理人员副职（专家）年终绩效薪=年终绩效薪标准×（经营团队年度考评得分×30%+个人年度绩效考评得分×70%）÷100。

经营团队年度评价结算不突破年终绩效薪。

六、附则

（一）本办法自下发之日起执行，如遇情势变化，公司将颁发补充规定予以调整。

（二）本办法最终解释权归公司项目制管理小组，由运营改善部代为发布。

“旗帜领航 创转型先锋”党建品牌创建方案

创建思路：为认真贯彻新形势下国有企业党建工作任务和要求，积极落实省“基层党建质量提升年”的安排部署，公司党委紧扣集团“钢铁先锋”党建品牌，紧扣公司转型升级发展要求，紧扣公司党建工作特点，着力构建具有自身特色的党建品牌，进一步扩大党建工作的影响力、示范力和带动力，将党建品牌的引领作用融入公司生产经营管理过程之中，为转型升级和高质量发展提供有力支撑。创建方案如下：

一、品牌名称

“旗帜领航 创转型先锋”

二、品牌内涵

“旗帜领航 创转型先锋”坚持以思想领航为先导，强化理想信念提升和企业文化认同，铸魂强基，凝聚强大的思想合力；以先锋领航为基石，发挥领导干部带头作用、激发基层组织生机活力、彰显党员先锋形象；以产品领航为目标，立足于行业领先，着力打造“宝马钢”“锌铝镁”等更多的高端产品，推动公司在走向深蓝过程中实现晋档升级和高质量发展。

当前，正值河钢唐钢区位调整、转型升级的关键时期，通过“旗帜领航 创转型先锋”，凝聚动员各级党组织和广大党员干部职工，传承红色基因，面向未来，向海图强，着力打造创新高地、技术高地、产品高地，智能高地、绿色高地，以高质量党建推动企业转型升级和高质量发展。

三、品牌体系

“旗帜领航 创转型先锋”以提升党组织的政治引领力、价值创造力、干部担当力、基层组织力、职工凝聚力，打造钢铁转型升级先锋为目标，实施“思想领航”“先锋领航”“产品领航”，着力打造多层级、分系统、有重点的党建品牌体系，绘就河钢唐钢发展的美好蓝图。

（一）实施“思想领航”工程，凝聚转型发展的强大动力

开展“坚守初心 践行时代楷模精神”行动。引导广大党员干部职工以身边的“时代楷模”为榜样，努力践行爱岗敬业、担当奉献、拼搏进取的楷模精神，提升创新发展理念。巩固主题教育成果，推动习近平新时代中国特色社会主义思想往心里走、往深里走、往实里走。强化支部党员大会、党小组会、党委书记专题党课等党员教育，组织开展重学党章党规、重读入党志愿书、重温入党誓词，使广大党员再悟初心、再明使命，以坚定的理想信念推动集团和公司转型发展。

深入做好区位调整和转型升级过程中的职工思想工作。强化对职工的思想教育和引导，关注职工所思所想所盼，进行有针对性的引导和鼓励，共同描绘未来发展的美好愿景，确保职工队伍的稳定，引导职工进一步坚定企业发展自信，面向未来，向海图强，激发全体员工的斗志和士气，凝聚建设最具竞争力钢铁企业的强大合力。

（二）实施“先锋领航”工程，铸就转型发展的坚强堡垒

深化“三亮三比”活动，激发党员先锋活力。以“我是党员我带头，钢铁报国当先锋”为主题，在广大党员中持续开展“三亮三比”党员先锋行活动，引导广大党

员亮身份、比党性，亮指标、比业绩，亮事迹、比奉献，围绕生产经营“降本增效”和新区“投产创效”，深入开展党内竞赛和攻关，组织评选市场营销、产品研发、产线（岗位）创效、岗位服务明星和党员创业明星评选，进一步激发党员在稳定生产、降本增效、项目建设、投产达产等各项工作中的表率作用，促进党建工作与生产经营深度整合，在履职尽责中实现价值创造。

深化“五型”领导班子建设，强化领导干部的示范引领。适应企业发展需要，开展创建“笃于政治建设型、乐于团结协作型、勇于责任担当型、善于经营管理型、严于廉洁自律型”的五型领导班子活动，提升两级领导班子的战斗力、执行力和创新力。持续完善“三星计划”、作业长制、挂职锻炼、厂部级助理制度等多梯队干部人才选拔培养机制，优化干部年龄结构、知识结构，在公司区位调整、改革发展、转型升级等各项重点工作中发挥好引领和带动作用。

深化“固本强基”行动，提升基层组织力。推进党组织设置规范化、党建工作制度程序规范化、党建基础工作规范化、党内组织生活规范化、党员活动阵地建设规范化，党建督导检查考核规范化，扎实推进“星级支部”管理，夯实党建工作基础。建立党群绩效考核系统，实施全方位的党建网格化管理，健全三级考核评价体系，形成明责、履责、考责、问责的闭环体系，切实将责任和压力传递到基层，以党建工作的高标准、规范化提升基层组织的组织力。

（三）实施“产品领航”工程，夯实转型发展的牢固基石

开展靶向攻关行动，打造一流精品。围绕企业生产经营管理的重点、难点任务，组织广大党员和职工进行重点项目攻关，开展多种形式的劳动竞赛、指标提升竞赛、创新攻关赛、业务提升竞赛等，通过“插旗筑堡垒”“扛旗争先锋”“夺旗创佳绩”，为完成生产经营改革发展任务保驾护航。加大关键产品、核心技术的攻坚力度，将产品做到极致，用过硬的产品质量提升品牌形象，打造更多的“宝马钢”“锌铝镁”等质量优、品牌硬、叫得响的行业一流拳头产品，使家电板、汽车板覆盖更多的国内外知名高端品牌。

深化全员岗位创新，奠定产品提档升级的基础。紧密结合基层岗位实际、产线实际、生产实际，根据市场需求、经营需要、职工期盼深入开展岗位创新活动。通过创新交流、“匠人讲堂”、创新成果展等多种形式，推广普及创新方法，激发职工创新潜能。组织开展群众性、常态化的岗位练兵活动，改进技术工艺、优化操作方法、改造落后设备，促进公司节能降耗、产线提效、技术进步，进一步催生创新发展新动能，推动公司在走向深蓝、向海图强的过程中实现新突破、新发展、新跨越。

四、品牌创建推进措施

为切实推进“旗帜领航 创转型先锋”党建品牌，公司党委进一步细化措施，按照“四个化”“四个一”来推进与实施。

一是坚持系统化安排，建立一套党建品牌创建网络体系。做好党建品牌创建工作的顶层设计，成立以公司主管领导为组长、组织部门牵头、党群各部门协同推进的党建品牌创建工作领导小组。推动党建品牌网络体系化，围绕集团“钢铁先锋”和公司“旗帜领航创转型先锋”党建品牌，着力打造多层级、分系统、有重点的党建品牌体系。从横向层级上来说，着力培育和创建公司级、基层党委、支部、产线等不同层面、各有特点的党建品牌；从纵向系统来说，各基层单位结合自身实际和特点，选准钢铁先锋中的某一侧重点，围绕转型升级、实干创业、争当战斗堡垒、深化共享发展等角度，构建自身的创建思路、内涵和支撑体系，形

成自己的特色品牌，成为集团党建品牌的有力支撑。

二是坚持项目化推进，明确一份党建品牌创建的“时间表”和“路线图”。按照项目管理方法对品牌创建的进度、质量、流程进行管控。9月份，对基层各单位党建品牌创建方案的制定进行调研督导，学习了解集团其他子公司品牌创建做法；建立品牌分享机制，在通过党建云平台品牌在线交流分享的基础上，11—12月份，组织召开党建品牌创建推进会，进行党建品牌实地观摩，组织交流研讨，推动基层党建品牌质量提升；2021年初到“七一”建党100周年，拍摄一个党建品牌成果展示宣传片，打造一条党建品牌精品观摩路线。

三是坚持动态化管理，选树一批党建品牌标杆。明确党建品牌创建流程，按照品牌申报、品牌培育、品牌推荐、品牌评定、品牌命名、品牌推广等六个环节，建立党建品牌动态管理机制，明确党建品牌的评价指标和体系，坚持分类指导、定期调度、强化督导。2020年底和2021年“七一”前，分别选树一批特色鲜明、亮点突出、示范性强的党委和支部层面党建品牌，并适时组织命名表彰。

四是坚持多元化支撑，构建一套党建品牌创建的保障体系。强化党建品牌创建的信息化保障，充分利用智慧党建云平台，将信息化与党建工作高度融合，用好党建信息化系统，为党建工作高质量发展保驾护航。强化党建平台和阵地保障，充分利用党员活动室和《钢铁先锋》党刊，宣传和展示党建品牌创建的做法、经验和成果，营造浓厚的党建氛围。强化激励机制，为各级党组织创建党建品牌提供经费支撑，对特色鲜明、作用突出的党建品牌及时给予奖励，激发基层创建品牌的积极性。强化党建品牌文化营造，将党建品牌与企业文化相融合，提升党建工作的精品意识，确保党建品牌创建更持久更有效。

文件目录索引

行 政 文 件

河钢唐钢字〔2020〕1号	关于下发《2019年安全生产工作总结及2020年工作重点》的通知
河钢唐钢字〔2020〕2号	关于开展2019年度清产核资工作的通知
河钢唐钢字〔2020〕3号	关于表彰2019年度安全生产先进单位和先进个人的决定
河钢唐钢字〔2020〕4号	关于2019年度评先表彰工作的安排意见
河钢唐钢字〔2020〕5号	关于唐山市路南区人民政府路南政函〔2019〕256号文件的复函
河钢唐钢字〔2020〕6号	关于2020年春节放假及有关事宜的通知
河钢唐钢字〔2020〕7号	关于下达2020年预算的通知
河钢唐钢字〔2020〕8号	关于下发《2020年经营绩效管理方案》的通知
河钢唐钢字〔2020〕9号	关于下达《非钢单位2020年经营绩效管理方案》的通知
河钢唐钢字〔2020〕10号	关于下达《违规经营投资责任追究工作制度（试行）》的通知
河钢唐钢字〔2020〕11号	关于明确支援河钢塞钢项目建设人员境外补贴标准的通知
河钢唐钢字〔2020〕12号	关于提高大学生员工有关薪酬待遇的通知
河钢唐钢字〔2020〕13号	关于下达2020年系统优化创效计划的通知
河钢唐钢字〔2020〕14号	关于下发公司2020年项目制评价管理办法的通知
河钢唐钢字〔2020〕15号	关于延长2020年春节假期及有关事宜的通知
河钢唐钢字〔2020〕16号	关于下发《职能部室2月份重点工作安排》的通知
河钢唐钢字〔2020〕17号	关于下达2020年2月份经营预算的通知
河钢唐钢字〔2020〕18号	关于恳请协调解决唐钢搬迁国土空间规划调整存在的相关问题的函
河钢唐钢字〔2020〕19号	关于2020年劳动竞赛的实施意见
河钢唐钢字〔2020〕20号	2020年职工岗位创新工会实施意见
河钢唐钢字〔2020〕21号	关于转市委网信办《关于防范网络不法分子利用新冠肺炎相关主题进行钓鱼邮件入侵工作提示》的通知
河钢唐钢字〔2020〕22号	关于下发2020年一季度关键岗位贡献奖励办法的通知
河钢唐钢字〔2020〕23号	关于做好2019年度岗位工资薪酬调整相关工作的通知
河钢唐钢字〔2020〕24号	关于清算解散合润生公司的通知
河钢唐钢字〔2020〕25号	关于下发《职能部室3月份重点工作安排》的通知
河钢唐钢字〔2020〕26号	关于下达2020年3月份经营预算的通知
河钢唐钢字〔2020〕27号	关于下发《2020年技术中心绩效管理办法》的通知

河钢唐钢字〔2020〕28号　关于下发《2020年唐银公司经营绩效考核办法》的通知
河钢唐钢字〔2020〕29号　关于下发《2020年中厚板公司经营绩效考核办法》的通知
河钢唐钢字〔2020〕30号　关于下发《河钢唐钢2019年度部室管理评审报告》的通知
河钢唐钢字〔2020〕31号　关于于子庆等同志任免职的通知
河钢唐钢字〔2020〕32号　关于魏东明等同志试用期满任职的通知
河钢唐钢字〔2020〕33号　关于韩健同志担任唐钢质量监督站副站长职务的请示函
河钢唐钢字〔2020〕34号　关于邝霜等同志任免职的通知
河钢唐钢字〔2020〕35号　关于恳请高新区管委会批准唐钢北区土地证行政区域调整的函
河钢唐钢字〔2020〕36号　关于表彰2019年度“示范作业区”的决定
河钢唐钢字〔2020〕37号　关于表彰2019年度优秀管理（事故）案例的决定
河钢唐钢字〔2020〕38号　关于印发《河钢唐钢2020年度作业长制全面推进项目计划》的通知
河钢唐钢字〔2020〕39号　关于2020年清明节放假及有关事宜的通知
河钢唐钢字〔2020〕40号　关于下发《职能部室4月份重点工作安排》的通知
河钢唐钢字〔2020〕41号　关于下达2020年4月份经营预算的通知
河钢唐钢字〔2020〕42号　关于下发《2020年二季度关键岗位贡献奖奖励办法》的通知
河钢唐钢字〔2020〕43号　关于表彰2019年度先进集体和先进个人的决定
河钢唐钢字〔2020〕44号　关于恳请确定唐钢南区城市设计铁路走向的函
河钢唐钢字〔2020〕45号　关于对唐钢本部固定资产及在建工程进行评估的通知
河钢唐钢字〔2020〕46号　关于尹宝良同志免职的通知
河钢唐钢字〔2020〕47号　关于唐山市路南区人民政府路南政函〔2020〕20号文件的复函
河钢唐钢字〔2020〕48号　关于开展2020年“十佳百优”合理化建议评估活动的安排意见
河钢唐钢字〔2020〕49号　关于2020年劳动节放假及有关事宜的通知
河钢唐钢字〔2020〕50号　关于下发《职能部室2020年5月份重点工作安排》的通知
河钢唐钢字〔2020〕51号　关于下达2020年5月份经营预算的通知
河钢唐钢字〔2020〕52号　关于公司董事长、总经理、副总经理工作分工的通知
河钢唐钢字〔2020〕53号　关于推荐申报2020年度唐山市科技计划项目的函
河钢唐钢字〔2020〕54号　关于高永春等同志任免职的通知
河钢唐钢字〔2020〕55号　关于路南小区物业分离移交提供清算材料的函
河钢唐钢字〔2020〕56号　关于下发《公司2019年管理创新工作总结及2020年工作要点》的通知
河钢唐钢字〔2020〕57号　关于下达2020年度外排废墟、垃圾费用指标的通知
河钢唐钢字〔2020〕58号　关于调整安全生产和消防委员会成员的通知
河钢唐钢字〔2020〕59号　关于2020年公司科技项目立项的通知
河钢唐钢字〔2020〕60号　关于调整劳动竞赛委员会成员的通知
河钢唐钢字〔2020〕61号　关于下发《职能部室2020年6月份重点工作安排》的通知

河钢唐钢字〔2020〕62号	关于2020年深入开展“安康杯”竞赛活动的安排意见
河钢唐钢字〔2020〕63号	关于河钢唐钢搬迁腾退工业土地盘活利用有关事项申请政策支持的函
河钢唐钢字〔2020〕64号	关于下达2020年6月份经营预算的通知
河钢唐钢字〔2020〕65号	关于开展非钢系统强化成本管控专项活动的通知
河钢唐钢字〔2020〕66号	关于下发《2019年挖潜增效奖励决定》的通知
河钢唐钢字〔2020〕67号	关于下发《2020年挖潜增效奖励办法》的通知
河钢唐钢字〔2020〕68号	关于征求唐钢片区文物意见的函
河钢唐钢字〔2020〕69号	关于组织2020年接触职业病危害因素作业职工体检的安排意见
河钢唐钢字〔2020〕70号	关于2020年端午节放假及有关事宜的通知
河钢唐钢字〔2020〕71号	关于做好腾退土地污染治理及水源地保护的承诺函
河钢唐钢字〔2020〕72号	关于开展2020年度合规管理情况检查的通知
河钢唐钢字〔2020〕73号	关于请开平区人民政府协助办理唐钢腾退土地调规置换相关事宜的函
河钢唐钢字〔2020〕74号	关于开展唐山唐钢建设发展有限公司与唐山市文化旅游投资集体有限公司合作尽职调查的函
河钢唐钢字〔2020〕75号	关于开政函〔2020〕44号文件的答复意见
河钢唐钢字〔2020〕76号	关于恳请路北区政府协调办理唐钢零散地块调整国土空间规划函
河钢唐钢字〔2020〕77号	关于恳请丰润区人民政府协助办理炼焦制气厂土地调规置换相关事宜的函
河钢唐钢字〔2020〕78号	关于印发《成本效益对标工作制度》的通知
河钢唐钢字〔2020〕79号	关于恳请一港双城办公室协调办理唐钢花海域内土地相关事宜的函
河钢唐钢字〔2020〕80号	关于下发《职能部室7月份重点工作安排》的通知
河钢唐钢字〔2020〕81号	关于唐钢南区单元层面控制性详细规划公示存在问题的请示
河钢唐钢字〔2020〕82号	关于下达2020年7月份经营预算的通知
河钢唐钢字〔2020〕83号	关于组织2020年团体无偿献血的通知
河钢唐钢字〔2020〕84号	关于下发《2020年经营绩效管理方案》修订办法的通知
河钢唐钢字〔2020〕85号	关于印发《公司推行工序模拟法人制指导意见》的通知
河钢唐钢字〔2020〕86号	关于下发《河钢唐钢内部审计专业管理考评办法》的通知
河钢唐钢字〔2020〕87号	关于2019年度科技进步奖获奖项目的通报
河钢唐钢字〔2020〕88号	关于调整《2020年经营绩效管理方案》的通知
河钢唐钢字〔2020〕89号	关于调整《2020年经营绩效管理方案》市场部经营绩效考核办法的通知
河钢唐钢字〔2020〕90号	关于恳请开平区政府支持唐钢退城搬迁附属企业的函
河钢唐钢字〔2020〕91号	关于下发《职能部室2020年8月份重点工作安排》的通知
河钢唐钢字〔2020〕92号	关于河钢唐钢搬迁地上资产评估有关情况说明的函

河钢唐钢字〔2020〕93 号　关于表彰“降本增效”优秀集体和个人的决定
河钢唐钢字〔2020〕94 号　关于下达 8 月份经营预算的通知
河钢唐钢字〔2020〕95 号　关于恳请协调解决进口煤报关事宜的函
河钢唐钢字〔2020〕96 号　关于河钢唐钢新区相关业务合同章授权事项的批复
河钢唐钢字〔2020〕97 号　关于山西美锦《关于对外转让唐钢美锦（唐山）煤化工有限公司 55%股权的通知函》的复函
河钢唐钢字〔2020〕98 号　关于下发《职能部室 9 月份重点工作安排》的通知
河钢唐钢字〔2020〕99 号　关于下达 9 月份经营预算的通知
河钢唐钢字〔2020〕100 号　关于李振亮等同志任免职的通知
河钢唐钢字〔2020〕101 号　关于开展三十四届职工技术比赛的安排意见
河钢唐钢字〔2020〕102 号　关于设立唐山唐钢建设发展有限公司、唐钢再制造公司、生活服务分公司的通知
河钢唐钢字〔2020〕103 号　关于崔晓冬等同志任免职的通知
河钢唐钢字〔2020〕104 号　关于对公司合规检查发现问题进行整改的通知
河钢唐钢字〔2020〕105 号　关于 2020 年度河钢集团科学技术奖推荐工作的通知（补充）
河钢唐钢字〔2020〕106 号　关于 2020 年国庆节、中秋节放假及有关事宜的通知
河钢唐钢字〔2020〕107 号　关于印发《河钢唐钢工序“模拟法人制”工序间定价规则和索赔规则试运行方案》的通知
河钢唐钢字〔2020〕108 号　关于对唐山市人民政府办公室来函的复函
河钢唐钢字〔2020〕109 号　关于山西美锦来函的复函
河钢唐钢字〔2020〕110 号　关于下发《职能部室 10 月份重点工作安排》的通知
河钢唐钢字〔2020〕111 号　关于成立亚联（香港）国际投资有限公司诉河钢股份等公司追还产能及索要赔偿纠纷案工作领导小组的通知
河钢唐钢字〔2020〕112 号　关于亚联（香港）国际投资有限公司诉河钢股份等公司返还产能及索要赔偿纠纷案情况报告
河钢唐钢字〔2020〕113 号　关于下达 2020 年 10 月份经营预算的通知
河钢唐钢字〔2020〕114 号　关于编制 2021 年预算的通知
河钢唐钢字〔2020〕115 号　关于石人沟矿职工住房信访事项推进化解情况报告
河钢唐钢字〔2020〕116 号　关于成立公司本部退城土地资产处置工作领导小组的通知
河钢唐钢字〔2020〕117 号　关于发放 2020—2021 年度冬季取暖补贴的通知
河钢唐钢字〔2020〕118 号　关于签署郑庄子镇前泉河头村与张庄子土地征收协议的函
河钢唐钢字〔2020〕119 号　关于签署花海区域内土地置换协议的函
河钢唐钢字〔2020〕120 号　关于明确公司软件正版化工作领导小组和工作小组成立的通知
河钢唐钢字〔2020〕121 号　关于组织 2019 年度企业年金发放工作的通知
河钢唐钢字〔2020〕122 号　关于下发《职能部室 2020 年 11 月份重点工作安排》的通知
河钢唐钢字〔2020〕123 号　关于下达 2020 年 11 月份经营预算的通知
河钢唐钢字〔2020〕124 号　关于下发 2020 年《公司管理评审报告》的通知
河钢唐钢字〔2020〕125 号　关于成立河钢唐钢、清华大学、达创传导智能感知项目合作开发工作组的通知

河钢唐钢字〔2020〕126号　关于亚联（香港）国际投资有限公司诉河钢股份等公司返还产能及索要赔偿纠纷案阶段报告
河钢唐钢字〔2020〕127号　关于亚联公司诉唐钢美锦等公司返还产能及索要赔偿纠纷案联络函
河钢唐钢字〔2020〕128号　关于姚力等同志任免职的通知
河钢唐钢字〔2020〕129号　关于开展宪法日普法活动的通知
河钢唐钢字〔2020〕130号　关于下发《职能部室2020年12月份重点工作安排》的通知
河钢唐钢字〔2020〕131号　关于下达2020年12月份经营预算的通知
河钢唐钢字〔2020〕132号　关于《唐钢搬迁土地规划出具专业意见》复函的研究意见
河钢唐钢字〔2020〕133号　关于计划随唐钢本部搬迁土地开发同步拆除地上唐遵铁路的函
河钢唐钢字〔2020〕134号　关于对集团公司资本运营部审批意见的答复
河钢唐钢字〔2020〕135号　关于武学泽等同志免职的通知
河钢唐钢字〔2020〕136号　关于开展2020年清产核资工作的通知
河钢唐钢字〔2020〕137号　关于2021年元旦放假及有关事宜的通知
河钢唐钢字〔2020〕138号　关于公司董事长、总经理、副总经理工作分工的通知
河钢唐钢字〔2020〕139号　关于下发《职能部室2021年1月份重点工作安排》的通知

党委文件

河钢唐钢党发〔2020〕1号	关于做好2020年春节期间拥军优属拥政爱民工作的通知
河钢唐钢党发〔2020〕2号	关于表彰四季度“三亮三比”明星党员的决定
河钢唐钢党发〔2020〕3号	关于印发《二〇一九年工作总结及二〇二〇年工作要点》的通知
河钢唐钢党发〔2020〕4号	关于印发《河钢唐钢基层党建考核评价办法》的通知
河钢唐钢党发〔2020〕5号	关于印发《党费收缴、使用和管理办法》的通知
河钢唐钢党发〔2020〕6号	关于下发《二〇二〇年二月份党委工作要点》的通知
河钢唐钢党发〔2020〕7号	关于成立公司新型冠状病毒感染的肺炎疫情防控工作领导小组的通知
河钢唐钢党发〔2020〕8号	关于印发《关于做好对新型冠状病毒疫情防控督导巡察的工作方案》的通知
河钢唐钢党发〔2020〕9号	关于进一步明确公司应对新型冠状病毒肺炎疫情工作领导小组工作责任的通知
河钢唐钢党发〔2020〕10号	关于下发《二〇二〇年三月份党委工作要点》的通知
河钢唐钢党发〔2020〕11号	关于组织党员自愿捐款支持新冠肺炎疫情防控的通知
河钢唐钢党发〔2020〕12号	关于于子庆等同志任免职的通知
河钢唐钢党发〔2020〕13号	关于实施《第二期中青年干部挂职锻炼方案》的通知
河钢唐钢党发〔2020〕14号	关于开展省委巡视反馈意见整改“回头看”的通知
河钢唐钢党发〔2020〕15号	关于成立公司党代会筹备工作领导机构的通知
河钢唐钢党发〔2020〕16号	关于下发《二〇二〇年四月份党委工作要点》的通知
河钢唐钢党发〔2020〕17号	关于表彰2019年度党风廉政建设先进集体和先进个人的决定
河钢唐钢党发〔2020〕18号	关于印发《2020年河钢集团唐钢公司深化纠正“四风”和作风法律专项整治推进方案》的通知
河钢唐钢党发〔2020〕19号	关于做好2020年民兵组织整项工作的通知
河钢唐钢党发〔2020〕20号	关于印发《巡察工作实施办法》的通知
河钢唐钢党发〔2020〕21号	关于成立巡查工作领导小组的通知
河钢唐钢党发〔2020〕22号	关于成立巡查工作领导小组办公室的通知
河钢唐钢党发〔2020〕23号	关于印发《领导人员廉洁专业承诺制度》的通知
河钢唐钢党发〔2020〕24号	关于表彰一季度“三亮三比”明星党员的决定
河钢唐钢党发〔2020〕25号	关于宋江涛等同志任免职的通知
河钢唐钢党发〔2020〕26号	关于下发《二〇二〇年五月份党委工作要点》的通知
河钢唐钢党发〔2020〕27号	关于印发《河钢集团唐钢公司领导干部廉政档案管理暂时办法》的通知

河钢唐钢党发〔2020〕28号　关于印发《党建工作质量提升执行标准》的通知
河钢唐钢党发〔2020〕29号　关于印发《关于党建“四个化”问题专项整治工作方案》的通知
河钢唐钢党发〔2020〕30号　印发《关于紧盯当前党员干部作风纪律突出问题集中开展整治专项行动工作方案》的通知
河钢唐钢党发〔2020〕31号　关于高永春等同志任免职的通知
河钢唐钢党发〔2020〕32号　关于落实集团“五大提升工程”推进“十个专项行动”的安排意见
河钢唐钢党发〔2020〕33号　关于印发《河钢唐钢“星级”党支部建设管理办法（试行)》的通知
河钢唐钢党发〔2020〕34号　关于印发《公司领导班子成员党风廉政建设工作职责范围和重点工作分工》的通知
河钢唐钢党发〔2020〕35号　关于下发《二〇二〇年六月份党委工作要点》的通知
河钢唐钢党发〔2020〕36号　关于调整保密委员会组成人员的通知
河钢唐钢党发〔2020〕37号　关于做好2020年“七一”先进集体和优秀个人评选推荐工作的通知
河钢唐钢党发〔2020〕38号　关于同意召开中共唐山科技职业技术学院第三次代表大会的通知
河钢唐钢党发〔2020〕39号　关于下发《二〇二〇年七月份党委工作要点》的通知
河钢唐钢党发〔2020〕40号　关于表彰先进集体和先进个人的决定
河钢唐钢党发〔2020〕41号　关于中共唐山科技职业技术学院第三届委员会和纪律检查委员会组成人员候选人预备人选的通知
河钢唐钢党发〔2020〕42号　关于下发《二〇二〇年八月份党委工作要点》的通知
河钢唐钢党发〔2020〕43号　关于河钢乐亭团委整体划转河钢唐钢团委管理的函
河钢唐钢党发〔2020〕44号　关于印发《进一步规范经营投资和招投标管理工作保障企业规范经营的专项整改实施方案》的通知
河钢唐钢党发〔2020〕45号　关于印发《舆情监控及应急处置管理办法》的通知
河钢唐钢党发〔2020〕46号　关于下发《二〇二〇年九月份党委工作要点》的通知
河钢唐钢党发〔2020〕47号　关于李振亮等同志任免职的通知
河钢唐钢党发〔2020〕48号　关于郭洪莲等同志任免职的通知
河钢唐钢党发〔2020〕49号　关于下发《二〇二〇年十月份党委工作要点》的通知
河钢唐钢党发〔2020〕50号　关于印发《“旗帜领航 创转型先锋”党建品牌创建方案》的通知
河钢唐钢党发〔2020〕51号　关于表彰三季度“三亮三比”明星党员的决定
河钢唐钢党发〔2020〕52号　关于下发《二〇二〇年十一月份党委工作要点》的通知
河钢唐钢党发〔2020〕53号　关于印发《关于建立党风廉政建设和反腐败工作协调机制的实施办法（试行)》的通知
河钢唐钢党发〔2020〕54号　关于崔晓冬等同志任免职的通知
河钢唐钢党发〔2020〕55号　关于下发《二〇二〇年十二月份党委工作要点》的通知

河钢唐钢党发〔2020〕56 号	关于建立实施党委会"第一议题"制度的通知
河钢唐钢党发〔2020〕57 号	关于建立实施党委常委会"第一议题"制度的暂行办法
河钢唐钢党发〔2020〕58 号	关于对中共河钢唐钢行政福利处委员会召开党员代表大会增补党委委员请示的批复
河钢唐钢党发〔2020〕59 号	关于对中共唐山中厚板材有限公司委员会召开党员代表大会增补党委委员请示的批复
河钢唐钢党发〔2020〕60 号	关于对中共弘慈医院有限公司委员会召开党员大会进行换届选举请示的批复
河钢唐钢党发〔2020〕61 号	关于认真开好党员领导干部民主生活会的通知
河钢唐钢党发〔2020〕62 号	关于行政福利处党委候选人预备人选的批复
河钢唐钢党发〔2020〕63 号	关于中厚板公司增补党委委员候选人预备人选的批复
河钢唐钢党发〔2020〕64 号	关于中共弘慈医院第二届委员会和纪律检查委员会组成人员候选人预备人选的批复
河钢唐钢党发〔2020〕65 号	关于认真做好学习贯彻党的十九届五中全会精神集中宣讲工作的通知
河钢唐钢党发〔2020〕66 号	关于李向民等同志免职的通知
河钢唐钢党发〔2020〕67 号	关于公司党委领导工作分工的通知
河钢唐钢党发〔2020〕68 号	关于转型升级期间加强公司稳定工作的意见
河钢唐钢党发〔2020〕69 号	关于下发《二〇二一年一月份党委工作要点》的通知

河钢唐钢主要指标完成情况

指 标 名 称	计算单位	2020 年完成	2019 年完成	增减/%	备注
一、工业总产值					
工业总产值（现价）	万元	5790334	5769353	0.36	
工业销售产值（现价）	万元	5764585	5759951	0.08	
工业增加值	万元	701018	737478	-4.94	
二、主要产品产量					
人造富矿	吨	22409361	24096451	-7.00	
股份公司	吨	5208051	8243274	-36.82	
不锈钢公司	吨	3488362	3674827	-5.07	
中厚板公司	吨	8496534	7478323	13.62	
唐银公司	吨	2053143	2574402	-20.25	
青龙炉料公司	吨	1322771	2125625	-37.77	
唐山乐钢公司	吨	1840500			
生铁	吨	14027036	16083864	-12.79	
股份公司	吨	3703812	6846090	-45.90	
不锈钢公司	吨	2626468	2588570	1.46	
中厚板公司	吨	4963293	4374508	13.46	
唐银公司	吨	1592293	2274696	-30.00	
唐山乐钢公司	吨	1141170			
钢	吨	14208093	16855480	-15.71	
股份公司	吨	3574365	7065323	-49.41	
不锈钢公司	吨	2698590	2756459	-2.10	
中厚板公司	吨	5175878	4601256	12.49	
唐银公司	吨	1652141	2432442	-32.08	
唐山乐钢公司	吨	1107119			
钢材	吨	12801671	15151231	-15.51	
股份公司	吨	4518735	7617228	-40.68	
不锈钢来料转商品	吨	0	442	-100.00	
供高强汽车板公司	吨	467708	846690	-44.76	
不锈钢公司	吨	2661432	2735397	-2.70	
供股份公司	吨	358420	292778	22.42	
供高强汽车板	吨	994547	843154	17.96	
中厚板公司	吨	3930440	2798866	40.43	

续表

指 标 名 称	计算单位	2020 年完成	2019 年完成	增减/%	备注
唐银公司	吨	1650255	2320214	-28.87	
高强汽车板公司	吨	1642039	1675277	-1.98	
供股份公司	吨	15050	13571	10.90	
唐山乐钢公司	吨	1006834			
供股份公司	吨	565601			
供高强汽车板公司	吨	206738			
焦炭	吨	1517917	1481225	2.48	
美锦公司	吨	1517917	1481225	2.48	
三、能耗					
能源消耗总量（以标煤计）	吨	7626874	9529399	-19.96	
万元产值能耗（以标煤计）	吨	1.32	1.65	-20.25	
万元增加值能耗（以标煤计）	吨	10.88	12.92	-15.80	
吨钢综合能耗（以标煤计）	千克	0.54	0.57	-5.05	
吨钢可比能耗（以标煤计）	千克	350.28	475.98	-26.41	
四、财务					
营业收入	万元	6662878	7890326	-15.56	
主营业务收入	万元	5764674	7182835	-19.74	
主营业务税金及附加	万元	47451	49588	-4.31	
实现利税总额	万元	174659	318941	-45.24	
利润总额	万元	40817	141048	-71.06	
净利润	万元	41157	101232	-59.34	
管理费用	万元	313742	347744	-9.78	
财务费用	万元	310032	284760	8.87	
销售费用	万元	34608	79493	-56.46	
资产总计	万元	19405901	15513205	25.09	
固定资产原值	万元	8357107	11506108	-27.37	
固定资产净值	万元	6262373	8122704	-22.90	
流动资产	万元	4158516	3586846	15.94	
存货	万元	1028939	937061	9.80	
产成品	万元	257729	317660	-18.87	
负债合计	万元	14333430	10540022	35.99	
流动负债	万元	11891242	8986284	32.33	
非流动性负债	万元	2442188	1553739	57.18	
总资产报酬率	%	1.96	2.68	-26.87	
成本费用利润率	%	0.61	1.81	-66.30	
国有资本保值增值率	%	100	100	0.00	

续表

指 标 名 称	计算单位	2020 年完成	2019 年完成	增减/%	备注
资产负债率	%	73.86	67.94	8.71	
流动比率	%	35.00	39.91	-12.31	
速动比率	%	26.00	29.49	-11.83	
流动资产周转次数	次	1.72	2.21	-22.17	
存货周转次数	次	5.91	7.53	-21.51	
应收账款周转次数	次	14.68	20.47	-28.29	
五、劳动工资					
从业人员劳动生产率（按现价产值计算）	元/(人·年)	1924338	1915456	0.46	
从业人员劳动生产率（按增加值计算）	元/(人·年)	202612	244847	-17.25	
全部职工年末人数	人	29116	33927	-14.18	
全部职工平均人数	人	34599	34685	-0.25	
从业人员平均人数	人	30090	30120	-0.10	
全部职工工资总额	万元	248110	245680	0.99	
六、安全环保					
千人负伤率	‰	0.128	0.224	-42.64	
死亡人数	人	0	0		
工业废水排放处理率	%	100	100	0.00	
工业废气排放处理率	%	100	100	0.00	
污染物综合排放合格率	%	100	100	0.00	
七、外经外贸					
钢铁产品出口额	万美元	37550	79669	-52.87	
钢材	万美元	37550	79669	-52.87	
钢铁产品出口量	吨	720840	1535302	-53.05	
钢材	吨	720840	1535302	-53.05	

制表：徐荣

股份公司主要指标完成情况

指 标 名 称	计算单位	2020 年完成	2019 年完成	增减/%	备注
一、工业总产值					
工业总产值（现价）	万元	1587141	2735450	-41.98	
二、主要产品产量					
烧结矿	吨	5208051	8243274	-36.82	
生铁	吨	3703812	6846090	-45.90	
钢	吨	3574365	7065323	-49.41	
商品材坯	吨	4543905	7718873	-41.13	
钢材	吨	4518735	7617228	-40.68	

续表

指 标 名 称	计算单位	2020 年完成	2019 年完成	增减/%	备注
三、销售及库存					
钢材销售量	吨	4951290	7586623	-34.74	
钢材库存量	吨	33771	91938	-63.27	
钢材产销率	%	109.57	99.60	10.01	
四、主要产品质量及物耗					
生铁合格率	%	100	98.99	1.02	
连铸坯合格率	%	99.99	99.98	0.01	
钢材合格率	%	99.99	99.70	0.29	
炼铁综合焦比	千克/吨	486.71	505.93	-3.80	
转炉金属料消耗	千克/吨	1058.28	1094.47	-3.31	
钢材综合成材率	%	97.48	96.21	1.32	
五、财务					
主营业务收入	万元	3646029	4335288	-15.90	
实现利税总额	万元	156736	245238	-36.09	
利润总额	万元	98630	170678	-42.21	
净利润	万元	85797	136222	-37.02	
管理费用	万元	167049	178692	-6.52	
财务费用	万元	171945	155607	10.50	
销售费用	万元	4606	42738	-89.22	
资产总计	万元	11102099	7703781	44.11	
流动资产	万元	2319952	1575152	47.28	
应收账款	万元	281020	198906	41.28	
预付账款	万元	9149	27709	-66.98	
存货	万元	484460	366540	32.17	
非流动资产	万元	8782147	6128629	43.30	
固定资产	万元	7383976	5627011	31.22	
负债合计	万元	9120055	5909814	54.32	
流动负债	万元	8346995	5292613	57.71	
非流动性负债	万元	773060	617201	25.25	
总资产报酬率	%	2.62	3.97	-34.01	
成本费用利润率	%	2.76	4.10	-32.68	
资产负债率	%	82.15	73.04	12.47	
流动比率	%	28.00	29.76	-5.92	
速动比率	%	22.00	22.84	-3.66	
应收账款周转次数	次	14.37	20.96	-31.44	
存货周转次数	次	7.28	9.33	-21.97	

续表

指标名称	计算单位	2020年完成	2019年完成	增减/%	备注
六、劳动工资					
从业人员劳动生产率（按现价产值计算）	元/(人·年)	1801318	1561063	15.39	
年末全部职工人数	人	10097	21012	-51.95	
全部职工年平均人数	人	12582	21685	-41.98	
从业人员平均人数	人	8811	17523	-49.72	
全部职工工资总额	万元	70366	148741	-52.69	
七、安全					
千人负伤率	‰	0.08	0.21	-62.15	
死亡人数	人	0	0		
八、外经外贸					
钢铁产品出口额	万美元	35282	70860	-50.21	
钢材	万美元	35282	70860	-50.21	
钢铁产品出口量	吨	668653	1387615	-51.81	
钢材	吨	668653	1387615	-51.81	

制表：徐荣

股份公司主要技术经济指标完成情况

项目	计算单位	累计实际完成		比去年同期（±）
		2020年完成	2019年完成	
高炉综合指标				
生铁合格率	%	100.00	100.00	0.00
综合入炉焦比	千克/吨	486.71	499.61	-12.90
入炉焦比	千克/吨	343.67	359.30	-15.63
喷吹煤粉	千克/吨	153.12	149.49	3.63
炼铁电力消耗	千瓦时/吨	14.81	15.82	-1.01
高炉利用系数	吨/(立方米·日)	2.31	2.23	0.08
入炉矿石消耗	千克/吨	1660.60	1660.58	0.02
入炉矿石品位	%	57.71	58.14	-0.43
炼铁从业人员实物劳效	吨/人	18256.62	23881.68	-5625.06
炼铁工序单位能耗（以标煤计）	千克/吨	402.73	372.63	30.10
烧结综合指标				
烧结矿合格率	%	99.97	99.75	0.22
烧结矿品位	%	56.10	56.14	-0.04
烧结机利用系数	吨/(平方米·时)	1.18	1.17	0.01
烧结机日历作业率	%	70.41	76.94	-6.53
烧结矿含铁原料消耗	千克/吨	905.05	896.65	8.40

续表

项　目	计算单位	累计实际完成		比去年同期（±）
		2020 年完成	2019 年完成	
其中：铁精粉消耗	千克/吨	161.62	155.30	6.32
富矿粉消耗	千克/吨	573.32	601.49	-28.17
其他含铁原料	千克/吨	170.12	139.86	30.26
烧结电力消耗	千瓦时/吨	33.15	33.46	-0.31
烧结从业人员实物劳效	吨/人	22079.71	33239.01	-11159.30
烧结工序单位能耗（以标煤计）	千克/吨	50.58	49.94	0.64
炼铁南区高炉指标				
生铁合格率	%	100.00	100.00	0.00
综合入炉焦比	千克/吨	477.21	483.55	-6.34
入炉焦比	千克/吨	333.72	340.74	-7.02
喷吹煤粉	千克/吨	154.35	153.00	1.35
炼铁电力消耗	千瓦时/吨	10.91	11.88	-0.97
入炉矿石消耗	千克/吨	1652.31	1663.58	-11.27
入炉矿石品位	%	57.75	58.21	-0.46
高炉利用系数	吨/(立方米·日)	2.47	2.45	0.02
炼铁从业人员实物劳效	吨/人	21952.24	29590.65	-7638.41
炼铁工序单位能耗（以标煤计）	千克/吨	399.92	387.77	12.15
炼铁南区烧结指标				
烧结矿合格率	%	99.93	100.00	-0.07
烧结矿品位	%	56.05	56.19	-0.14
烧结机利用系数	吨/(平方米·时)	1.12	1.11	0.01
烧结机日历作业率	%	94.93	95.32	-0.39
烧结矿含铁原料消耗	千克/吨	886.14	887.38	-1.24
其中：铁精粉消耗	千克/吨	185.01	202.48	-17.47
富矿粉消耗	千克/吨	529.53	526.97	2.56
其他含铁原料	千克/吨	171.60	157.92	13.68
烧结电力消耗	千瓦时/吨	31.14	31.71	-0.57
烧结从业人员实物劳效	吨/人	43227.25	61198.55	-17971.30
烧结工序单位能耗（以标煤计）	千克/吨	50.41	48.84	1.57
炼铁北区炼铁指标				
生铁合格率	%	100.00	100.00	0.00
2 号炉	%	100.00	100.00	0.00
3 号炉	%	100.00	100.00	0.00
综合入炉焦比	千克/吨	497.06	511.10	-14.04
2 号炉	千克/吨	502.80	510.87	-8.07

续表

项　目	计算单位	累计实际完成		比去年同期（±）
		2020 年完成	2019 年完成	
3 号炉	千克/吨	496.21	511.27	-15.06
入炉焦比	千克/吨	354.52	372.59	-18.07
2 号炉	千克/吨	358.36	373.86	-15.50
3 号炉	千克/吨	353.95	371.69	-17.74
喷吹煤粉	千克/吨	151.78	146.98	4.80
2 号炉	千克/吨	158.17	147.73	10.44
3 号炉	千克/吨	150.83	146.45	4.38
炼铁电力消耗	千瓦时/吨	19.05	18.64	0.41
2 号炉	千瓦时/吨	11.69	18.07	-6.38
3 号炉	千瓦时/吨	20.14	19.05	1.09
入炉矿石消耗	千克/吨	1669.63	1658.43	11.20
2 号炉	千克/吨	1668.77	1657.69	11.08
3 号炉	千克/吨	1669.76	1658.95	10.81
入炉矿石品位	%	57.67	58.09	-0.42
2 号炉	%	57.72	58.14	-0.42
3 号炉	%	57.66	58.06	-0.40
高炉利用系数	吨/(立方米·日)	2.15	2.10	0.05
2 号炉	吨/(立方米·日)	2.33	2.28	0.05
3 号炉	吨/(立方米·日)	2.12	1.99	0.13
炼铁从业人员实物劳效	吨/人	15425.59	20811.43	-5385.84
炼铁工序单位能耗（以标煤计）	千克/吨	405.79	361.79	44.00
炼铁北区烧结指标				
烧结矿合格率	%	100.00	99.58	0.42
1 号机	%	100.00	99.76	0.24
2 号机	%	100.00	99.90	0.10
3 号机	%	100.00	99.35	0.65
烧结矿品位	%	56.14	56.11	0.03
1 号机	%	56.12	56.21	-0.09
2 号机	%	56.10	56.24	-0.14
3 号机	%	56.15	56.01	0.14
烧结机利用系数	吨/(平方米·时)	1.23	1.23	0.00
1 号机	吨/(平方米·时)	1.13	1.21	-0.08
2 号机	吨/(平方米·时)	1.16	1.21	-0.05
3 号机	吨/(平方米·时)	1.29	1.24	0.05
烧结机日历作业率	%	62.24	70.82	-8.58

续表

项　　目	计算单位	累计实际完成		比去年同期（±）
		2020 年完成	2019 年完成	
1 号机	%	44.09	60.70	-16.61
2 号机	%	54.18	62.53	-8.35
3 号机	%	88.44	89.23	-0.79
烧结机台时产量	吨/(台·时)	270.74	264.26	6.48
1 号机	吨/(台·时)	203.35	217.15	-13.80
2 号机	吨/(台·时)	208.70	218.12	-9.42
3 号机	吨/(台·时)	342.34	328.64	13.70
烧结矿含铁原料消耗	千克/吨	919.41	902.92	16.49
1 号机	千克/吨	924.14	903.53	20.61
2 号机	千克/吨	920.34	904.28	16.06
3 号机	千克/吨	917.66	902.01	15.65
其中：铁精粉消耗	千克/吨	143.86	123.39	20.47
1 号机	千克/吨	145.58	123.69	21.89
2 号机	千克/吨	141.72	123.20	18.52
3 号机	千克/吨	144.14	123.35	20.79
其中：富矿粉消耗	千克/吨	606.56	651.87	-45.31
1 号机	千克/吨	606.29	656.65	-50.36
2 号机	千克/吨	595.86	657.73	-61.87
3 号机	千克/吨	610.64	646.99	-36.35
其中：其他含铁原料	千克/吨	168.99	127.66	41.33
1 号机	千克/吨	172.27	123.19	49.08
2 号机	千克/吨	182.75	123.34	59.41
3 号机	千克/吨	162.88	131.67	31.21
烧结电力消耗	千瓦时/吨	34.67	34.64	0.03
1 号机	千瓦时/吨	47.43	37.89	9.54
2 号机	千瓦时/吨	47.55	35.32	12.23
3 号机	千瓦时/吨	26.09	32.86	-6.77
烧结从业人员实物劳效	吨/人	16099.17	25395.00	-9295.83
烧结工序单位能耗（以标煤计）	千克/吨	50.70	50.69	0.01
炼钢综合指标				
连铸坯合格率	%	99.99	99.99	0.00
转炉日历利用系数	吨/(吨·日)	30.15	33.37	-3.22
金属料消耗	千克/吨	1071.47	1090.25	-18.78
钢铁料消耗	千克/吨	1058.28	1077.49	-19.21
生铁消耗	千克/吨	1034.12	969.24	64.88

续表

项　　目	计算单位	累计实际完成		比去年同期（±）
		2020 年完成	2019 年完成	
其中：铁水	千克/吨	1026.96	963.73	63.23
合格铁块	千克/吨	7.16	5.51	1.65
废钢铁消耗	千克/吨	24.17	108.26	-84.09
合金料消耗	千克/吨	12.85	12.76	0.09
氧气消耗	立方米/吨	53.25	52.75	0.50
白灰消耗	千克/吨	40.28	47.16	-6.88
转炉炉衬寿命	炉	10143.00	10144.00	-1.00
炼钢电力消耗	千瓦时/吨	32.73	34.77	-2.04
连铸机机时产量	吨/(台·时)	195.46	201.43	-5.97
连铸机日历作业率	%	75.74	80.08	-4.34
炼钢从业人员实物劳效	吨/人	1996.71	3565.19	-1568.48
炼钢工序单位能耗（以标煤计）	千克/吨	-21.26	-19.34	-1.92
热轧部				
连铸坯合格率	%	100.00	100.00	0.00
转炉日历利用系数	吨/(吨·日)	24.73	29.39	-4.66
金属料消耗	千克/吨	1071.20	1091.03	-19.83
钢铁料消耗	千克/吨	1064.06	1082.83	-18.77
生铁消耗	千克/吨	1052.27	971.98	80.29
其中：铁水	千克/吨	1044.54	968.26	76.28
合格铁块	千克/吨	7.73	3.72	4.01
废钢铁消耗	千克/吨	11.78	110.86	-99.08
合金料消耗	千克/吨	6.59	8.19	-1.60
氧气消耗	立方米/吨	52.98	52.94	0.04
白灰消耗	千克/吨	41.04	49.65	-8.61
炼钢电力消耗	千瓦时/吨	45.92	44.98	0.94
连铸机机时产量	吨/(台·时)	223.70	232.56	-8.86
连铸机日历作业率	%	77.23	79.00	-1.77
炼钢从业人员实物劳效	吨/人	1927.65	3819.07	-1891.42
炼钢工序单位能耗（以标煤计）	千克/吨	-19.82	-17.70	-2.12
长材部				
连铸坯合格率	%	99.98	99.97	0.01
转炉日历利用系数	吨/(吨·日)	44.97	47.15	-2.18
金属料消耗	千克/吨	1071.88	1088.59	-16.71
钢铁料消耗	千克/吨	1049.59	1065.97	-16.38
生铁消耗	千克/吨	1006.78	963.32	43.46

续表

项　目	计算单位	累计实际完成		比去年同期（±）
		2020 年完成	2019 年完成	
其中：铁水	千克/吨	1000.47	953.96	46.51
合格铁块	千克/吨	6.31	9.36	-3.05
废钢铁消耗	千克/吨	42.81	102.65	-59.84
合金料消耗	千克/吨	22.28	22.62	-0.34
氧气消耗	立方米/吨	53.65	52.33	1.32
白灰消耗	千克/吨	39.14	41.78	-2.64
转炉炉衬寿命	炉	10143.00	10144.00	-1.00
炼钢电力消耗	千瓦时/吨	12.87	12.74	0.13
连铸机机时产量	吨/(台·时)	164.25	156.29	7.96
连铸机日历作业率	%	74.16	81.71	-7.55
炼钢从业人员实物劳效	吨/人	2110.58	3117.94	-1007.36
炼钢工序单位能耗（以标煤计）	千克/吨	-23.44	-22.90	-0.54
轧钢综合指标				
钢材综合合格率	%	99.99	99.98	0.01
轧钢综合成材率	%	97.21	96.98	0.23
轧钢综合电耗	千瓦时/吨	79.47	80.84	-1.37
轧钢综合煤气消耗	立方米/吨	169.23	201.77	-32.54
轧机日历作业率	%	69.27	71.09	-1.82
轧钢从业人员实物劳效	吨/人	2256.92	2546.29	-289.37
轧钢工序单位能耗（以标煤计）	千克/吨	45.90	50.81	-4.91
中型轧钢				
钢材合格率	%	99.98	99.97	0.01
钢材成材率	%	94.74	94.64	0.10
轧钢综合煤气消耗	立方米/吨	416.53	416.94	-0.41
轧钢综合电耗	千瓦时/吨	58.50	60.98	-2.48
轧机日历作业率	%	84.89	82.87	2.02
轧机机时产量	吨/(台·时)	63.61	63.98	-0.37
轧钢工序单位能耗（以标煤计）	千克/吨	53.45	53.74	-0.29
轧钢从业人员实物劳效	吨/人	776.52	1133.44	-356.92
一棒材				
钢材合格率	%	100.00	100.00	0.00
钢材成材率	%	100.84	100.60	0.24
钢材电耗	千瓦时/吨	57.99	57.92	0.07
钢材煤气消耗	立方米/吨	159.34	146.00	13.34
轧机日历作业率	%	69.52	72.60	-3.08

续表

项　　目	计算单位	累计实际完成		比去年同期（±）
		2020 年完成	2019 年完成	
轧机机时产量	吨/(台·时)	148.04	150.26	-2.22
轧钢从业人员实物劳效	吨/人	1777.66	2818.78	-1041.12
轧钢工序单位能耗（以标煤计）	千克/吨	38.70	39.65	-0.95
二棒材				
钢材合格率	%	100.00	100.00	0.00
钢材成材率	%	100.69	100.54	0.15
钢材电耗	千瓦时/吨	46.45	46.51	-0.06
钢材煤气消耗	立方米/吨	77.99	79.27	-1.28
轧机日历作业率	%	70.90	56.57	14.33
轧机机时产量	吨/(台·时)	157.73	156.47	1.26
轧钢从业人员实物劳效	吨/人	1860.02	2206.19	-346.17
轧钢工序单位能耗（以标煤计）	千克/吨	24.24	26.83	-2.59
热轧薄板				
钢材合格率	%	100.00	100.00	0.00
钢材成材率	%	98.23	98.38	-0.15
钢材电耗	千瓦时/吨	66.09	65.83	0.26
钢材煤气消耗	立方米/吨	161.18	158.34	2.84
轧机日历作业率	%	61.18	73.97	-12.79
轧机机时产量	吨/(台·时)	468.86	366.87	101.99
轧钢从业人员实物劳效	吨/人	5980.96	7926.17	-1945.21
轧钢工序单位能耗（以标煤计）	千克/吨	33.16	37.63	-4.47
冷轧薄板厂				
酸轧连机				
钢材合格率	%	100.00	100.00	0.00
钢材成材率	%	96.93	96.67	0.26
钢材电耗	千瓦时/吨	51.64	52.27	-0.63
轧机日历作业率	%	67.50	69.32	-1.82
轧机机时产量	吨/(台·时)	253.39	254.67	-1.28
轧钢从业人员实物劳效	吨/人	8487.70	8737.27	-249.57
轧钢工序单位能耗（以标煤计）	千克/吨	13.07	13.96	-0.89

制表：杨旭

不锈钢公司主要指标完成情况

指 标 名 称	计算单位	2020 年实际	2019 年实际	增减/%	备注
一、工业产值					
工业总产值（当年价格）	万元	952267	971142	-1.94	
销售产值（当年价格）	万元	944655	950994	-0.67	

续表

指 标 名 称	计算单位	2020 年实际	2019 年实际	增减/%	备注
工业增加值	万元	34929	82114	-57.46	
二、主要产品产量					
烧结矿	吨	3488362	3674827	-5.07	
生铁	吨	2626468	2588570	1.46	
粗钢	吨	2698590	2756459	-2.10	
商品材坯	吨	2709772	2740976	-1.14	
钢材	吨	2661432	2735397	-2.70	
热轧宽钢带	吨	2615571	2678795	-2.36	
平整切板	吨	45861	56602	-18.98	
商品连铸坯	吨	48340	5579	766.46	
企业自发电量	万千瓦时	47644	43021	10.75	
三、销售及库存					
钢材销售量	吨	2644551	2735699	-3.33	
钢材库存量	吨	37408	21838	71.30	
钢坯库存量	吨	25969	29867	-13.05	
钢材销售率（实物）	%	99.37	99.37	0.00	
钢材销售率（价值）	%	99	98	1.30	
四、能耗					
能源消耗总量（以标煤计）	吨	1564862	1546903	1.15	
万元产值能耗（以标煤计）	吨	1.64	1.55	6.02	
万元增加值能耗（以标煤计）	吨	44.80	18.84	137.80	
吨钢综合能耗（以标煤计）	千克	579.88	561.19	3.33	
吨钢可比能耗（以标煤计）	千克	504.52	488.26	3.33	
吨钢耗电	千瓦时	547.24	579.24	-5.53	
吨钢耗新水	立方米	2.56	2.68	-4.50	
五、财务					
营业收入	万元	1004102	1015670	-1.14	
营业税金及附加	万元	3233	41606	-92.23	
利税总额	万元	10339	28969	-64.31	
其中：利润总额	万元	2743	16437	-83.31	
应交税金	万元	12379	12379	0.00	
管理费用	万元	53615	72209	-25.75	
财务费用	万元	5196	3936	32.00	
销售费用	万元	1840	2045	-10.04	
净利润	万元	1991	12682	-84.30	
资产合计	万元	1665203	1560094	6.74	

续表

指 标 名 称	计算单位	2020 年实际	2019 年实际	增减/%	备注
流动资产合计	万元	218572	127534	71. 38	
应收账款	万元	65429	53101	23. 22	
预付账款	万元	23687	40218	-41. 10	
存货	万元	49214	36363	35. 34	
固定资产	万元	2074759	1969959	5. 32	
负债合计	万元	1294760	1192531	8. 57	
流动负债合计	万元	1104367	1022184	8. 04	
资产负债率	%	77. 75	76. 44	1. 72	
流动比率	%	19. 79	12. 48	58. 63	
速动比率	%	15. 34	8. 92	71. 93	
六、劳动工资					
全员劳动生产率（现价总产值）	元/(人・年)	2864537	2845421	0. 67	
全员劳动生产率（工业增加值）	元/(人・年)	105049	240591	-56	
年末全部从业人员	人	3324	3617	-8. 10	
全部从业人员平均人数	人	3325	3659	-9. 13	
全部从业人员工资总额	万元	21688	29283	-25. 94	
年末全部职工人数	人	3615	3375	7. 11	
全部职工平均人数	人	3402	3413	-0. 32	
全部职工工资总额	万元	23276	25134	-7. 39	
七、固定资产投资					
本年固定资产投资完成额	万元				
八、安全环保					
千人负伤率	‰				
千人工亡率	‰				
死亡人数	人				
工业废水排放处理率	%	100	100		
工业废气排放处理率	%	100	100		
污染物综合排放合格率	%	100	100		

制表：徐荣

不锈钢公司主要技术经济指标完成情况

指 标 名 称	计算单位	2020 年完成	2019 年完成	增减	备注
一、烧结					
烧结矿合格率	%	100. 00	100. 00	0. 00	
烧结矿品位	%	55. 62	54. 94	0. 68	
烧结机有效面积利用系数	吨/(平方米・台・时)	1. 49	1. 39	0. 10	
烧结机日历作业率	%	58. 22	72. 19	-13. 97	

续表

指 标 名 称	计算单位	2020 年完成	2019 年完成	增减	备注
烧结机台时合格产出量	吨/(台·时)	372.65	303.46	69.19	
烧结矿含铁原料消耗	千克/吨	923.94	914.35	9.59	
其中：铁精粉消耗	千克/吨	116.77	164.65	-47.88	
富矿粉消耗	千克/吨	66.88	586.06	-519.18	
其他含铁原料消耗	千克/吨	189.27	163.64	25.63	
烧结电力消耗	千瓦时/吨	38.57	31.52	7.05	
烧结从业人员实物劳动生产率	吨/(人·年)	21610.87	21776.75	-165.88	
烧结工序单位能耗（以标煤计）	千克/吨	50.80	51.87	-1.07	
二、高炉炼铁					
生铁合格率	%	100.00	100.00	0.00	
综合焦比	千克/吨	513.72	515.20	-1.49	
入炉焦比	千克/吨	467.13	407.98	59.15	
喷煤比	千克/吨	140.35	134.04	6.31	
电力消耗	千瓦时/吨	18.94	10.44	8.51	
入炉矿石消耗	千克/吨	1679.46	1673.21	6.25	
人造块矿消耗	千克/吨	1486.34	1447.43	38.91	
烧结矿消耗	千克/吨	1315.85	1209.78	106.08	
球团矿消耗	千克/吨	170.49	237.65	-67.16	
天然矿石消耗	千克/吨	193.12	225.78	-32.66	
入炉矿石品位	%	57.09	57.19	-0.10	
高炉有效容积利用系数	吨/(立方米·日)	3.736	3.670	0.07	
炼铁从业人员实物劳动生产率	吨/(人·年)	5650.348	5568.816	81.53	
炼铁工序单位能耗（以标煤计）	千克/吨	412.15	407.48	4.66	
三、炼钢指标					
连铸坯合格率	%	99.99	99.99	0.01	
转炉日历利用系数	吨/(公称吨·日)	26.05	25.17	0.88	
金属料消耗	千克/吨	1068.48	1083.83	-15.35	
钢铁料消耗	千克/吨	1059.85	1076.86	-17.01	
生铁消耗	千克/吨	1030.70	970.54	60.15	
高炉铁水	千克/吨	996.54	965.78	30.76	
合格铁块	千克/吨	34.16	4.76	29.39	
废钢铁消耗	千克/吨	29.16	106.32	-77.16	
合金料消耗	千克/吨	8.62	6.97	1.66	
氧气消耗	立方米/吨	51.97	49.47	2.50	

续表

指标名称	计算单位	2020年完成	2019年完成	增减	备注
冶金石灰消耗	千克/吨	40.61	53.65	-13.04	
转炉炉衬寿命	炉/次	6219	6332	-112.67	
电力消耗	千瓦时/吨	23.25	26.92	-3.68	
炼钢从业人员实物劳动生产率	吨/(人·年)	3333.65	3210.16	123.49	
炼钢工序单位能耗（以标煤计）	千克/吨	-18.61	-15.41	-3.20	
连铸机台时合格产出量	吨/(台·时)	153.39	137.79	15.60	
连铸机日历作业率	%	66.95	76.12	-9.18	
四、轧钢					
钢材合格率	%	99.57	99.53	0.04	
钢材成材率	%	98.14	98.10	0.03	
电力消耗	千瓦时/吨	83.17	86.69	-3.52	
轧机日历作业率	%	65.06	69.27	-4.21	
轧钢从业人员实物劳动生产率	吨/(人·年)	9623.50	8946.40	677.10	
轧钢工序单位能耗（以标煤计）	千克/吨	37.93	40.74	-2.80	

制表：徐荣

中厚板公司主要指标完成情况

指标名称	计算单位	2020年实际	2019年实际	增减/%	备注
一、工业产值					
工业总产值（当年价格）	万元	1695872	1299417	30.51	
销售产值（当年价格）	万元	1688031	1296009	30.25	
其中：出口交货值	万元	3505	31882	-89.01	
工业增加值	万元	191963	197028	-2.57	
二、主要产品产量					
烧结矿	吨	7814197	6997906	11.66	
球团矿	吨	682337	480417	42.03	
生铁	吨	4963293	4374508	13.46	
粗钢	吨	5175878	4601256	12.49	
商品材坯	吨	4546093	3847274	18.16	
钢材	吨	3548441	2798866	26.78	
商品连铸坯	吨	997652	1048408	-4.84	
企业自发电量	万千瓦时	69346	80363	-13.71	
三、销售及库存					
钢材销售量	吨	3548441	2828106	25.47	
钢材库存量	吨	65008	63841	1.83	
钢坯销售量	吨	997652	1048408	-4.84	

续表

指 标 名 称	计算单位	2020 年实际	2019 年实际	增减/%	备注
钢坯库存量	吨	58031	43327	33. 94	
钢材销售率（实物）	%	99. 82	101. 04	-1. 21	
钢材销售率（价值）	%	99. 54	99. 74	-0. 20	
四、能耗					
能源消耗总量（以标煤计）	吨	2888464	2552913	13. 14	
万元产值能耗（以标煤计）	吨	1. 70	1. 96	-13. 31	
万元增加值能耗（以标煤计）	吨	15. 05	12. 96	16. 13	
吨钢综合能耗（以标煤计）	千克	566. 91	554. 83	2. 18	
吨钢可比能耗（以标煤计）	千克	454. 80	493. 25	-7. 80	
吨钢耗电	千瓦时	379. 49	425. 34	-10. 78	
吨钢耗新水	立方米	2. 66	2. 58	3. 27	
五、财务					
主营业务收入	万元	1717635	1568033	9. 54	
主营业务税金及附加	万元	7942	7809	1. 70	
利税总额	万元	56061	88676	-36. 78	
其中：利润总额	万元	11064	54084	-79. 54	
税金	万元	44998	34592	30. 08	
管理费用	万元	32778	38365	-14. 56	
财务费用	万元	23108	22459	2. 89	
销售费用	万元	1049	6542	-83. 97	
净利润	万元	63040	44646	41. 20	
资产合计	万元	1924384	1839676	4. 60	
流动资产合计	万元	384298	296383	29. 66	
应收账款	万元	22479	83194	-72. 98	
预付账款	万元	3022	14807	-79. 59	
存货	万元	86599	85500	1. 28	
固定资产原值	万元	2024758	1955386	3. 55	
负债合计	万元	1445012	1424144	1. 47	
流动负债合计	万元	1281203	1268792	0. 98	
非流动负债合计	万元	163809	155352	5. 44	
总资产贡献率	%	7. 05	5. 05	39. 48	
成本费用利润率	%	7. 54	3. 90	93. 47	
资本保值增值率	%	115. 14	112. 00	2. 81	
资产负债率	%	75. 09	77. 41	-3. 00	
流动比率	%	30. 00	23. 36	28. 41	
速动比率	%	23. 24	16. 62	39. 80	

续表

指标名称	计算单位	2020年实际	2019年实际	增减/%	备注
息税后资产收益率	%	14.08	4.00	251.93	
流动资产周转次数	次	5.13	6.80	-24.51	
应收账款周转次数	次	30.70	18.85	62.87	
六、劳动工资					
从业人员劳动生产率（现价总产值）	元/(人·年)	5083208	5527083	-8.03	
从业人员劳动生产率（工业增加值）	元/(人·年)	643308	838062	-23.24	
年末全部从业人员	人	3879	3653	6.19	
全部从业人员平均人数	人	3805	3706	2.67	
全部从业人员工资总额	万元	30751	34114	-9.86	
年末全部职工人数	人	2554	2288	11.63	
全部职工平均人数	人	2482	2311	7.40	
全部职工工资总额	万元	26532	19471	36.26	
七、固定资产投资					
本年固定资产投资完成额	万元	50261	44971	11.76	
八、安全环保					
千人负伤率	‰	1.01	2.55	-60.62	
千人工亡率	‰	0.00	0.00		
死亡人数	人	0.00	0.00		
工业废水排放处理率	%	100.00	100.00	0.00	
工业废气排放处理率	%	100.00	100.00	0.00	
污染物综合排放合格率	%	100.00	100.00	0.00	
九、外经外贸					
出口创汇率	%	0.19	2.46	-92.48	
钢铁产品出口额	万美元	453	4623	-90.20	
其中：钢材	万美元	453	4623	-90.20	
钢铁产品出口量	吨	8570	87339	-90.19	
其中：钢材	吨	8570	87339	-90.19	

制表：杨旭

中厚板公司主要技术经济指标完成情况

指标名称	计算单位	2020年完成	2019年完成	增减	备注
一、烧结					
烧结矿合格率	%	94.21	97.83	-3.62	
烧结矿品位	%	56.22	55.11	1.11	
烧结机有效面积利用系数	吨/(平方米·台·时)	1.58	1.43	0.15	

续表

指 标 名 称	计算单位	2020年完成	2019年完成	增减	备注
烧结机日历作业率	%	90.15	90.14	0.01	
烧结机台时合格产出量	吨/(台·时)	347.62	314.97	32.65	
烧结矿含铁原料消耗	千克/吨	931.41	925.96	5.45	
其中：铁精粉消耗	千克/吨	41.93	65.27	-23.34	
富矿粉消耗	千克/吨	700.60	655.97	44.63	
其他含铁原料消耗	千克/吨	188.88	204.72	-15.84	
烧结电力消耗	千瓦时/吨	62.56	71.55	-8.99	
烧结从业人员实物劳动生产率	吨/(人·年)	84860.37	76689.38	8170.99	
烧结工序单位能耗（以标煤计）	千克/吨	50.15	51.54	-1.39	
二、高炉炼铁					
生铁合格率	%	98.66	96.39	2.27	
综合焦比	千克/吨	504.45	504.57	-0.12	
入炉焦比	千克/吨	383.17	371.70	11.47	
入炉焦丁比	千克/吨	25.90	24.06	1.84	
喷煤比	千克/吨	125.71	142.02	-16.31	
电力消耗	千瓦时/吨	27.49	34.95	-7.46	
入炉矿石消耗	千克/吨	1682.95	1697.57	-14.62	
人造块矿消耗	千克/吨	1505.41	1476.27	29.14	
烧结矿消耗	千克/吨	1331.77	1331.54	0.23	
球团矿消耗	千克/吨	173.64	144.73	28.91	
天然矿石消耗	千克/吨	177.54	221.30	-43.76	
入炉矿石品位	%	57.04	56.34	0.70	
高炉有效容积利用系数	吨/(立方米·日)	3.04	2.66	0.38	
炼铁从业人员实物劳动生产率	吨/(人·年)	26852.85	26432.07	420.78	
炼铁工序单位能耗（以标煤计）	千克/吨	415.36	412.99	2.37	
三、炼钢指标					
连铸坯合格率	%	99.97	99.94	0.03	
转炉日历利用系数	吨/(公称吨·日)	39.28	35.02	4.26	
金属料消耗	千克/吨	1076.08	1111.52	-35.44	
钢铁料消耗	千克/吨	1058.77	1093.60	-34.83	
生铁消耗	千克/吨	965.01	952.98	12.03	
高炉铁水	千克/吨	958.97	949.45	9.52	
合格铁块	千克/吨	6.04	3.54	2.50	
废钢铁消耗	千克/吨	93.76	140.62	-46.86	

续表

指标名称	计算单位	2020年完成	2019年完成	增减	备注
其他含铁原料消耗	千克/吨	0.00	0.00	0.00	
合金料消耗	千克/吨	17.31	17.92	-0.61	
氧气消耗	立方米/吨	49.86	55.49	-5.63	
冶金石灰消耗	千克/吨	31.35	31.36	-0.01	
电力消耗	千瓦时/吨	53.52	59.78	-6.26	
连铸机台时合格产出量	吨/(台·时)	178.05	164.42	13.63	
连铸机日历作业率	%	66.19	63.89	2.30	
炼钢从业人员实物劳动生产率	吨/(人·年)	43616.83	40658.99	2957.84	
炼钢工序单位能耗（以标煤计）	千克/吨	-14.43	-11.84	-2.59	
四、轧钢					
钢材合格率	%	99.56	98.75	0.81	
钢材成材率	%	93.94	92.90	1.04	
电力消耗	千瓦时/吨	48.37	48.19	0.18	
轧机日历作业率	%	82.45	77.80	4.65	
轧钢从业人员实物劳动生产率	吨/(人·年)	5189.84	4972.08	217.76	
轧钢工序单位能耗（以标煤计）	千克/吨	40.45	37.12	3.33	

制表：杨旭

唐银公司主要指标完成情况

指标名称	计算单位	2020年实际	2019年实际	增减/%	备注
一、工业产值					
工业总产值（当年价格）	万元	521261	793074	-34.27	
工业销售产值（当年价格）	万元	529560	810566	-34.67	
工业增加值	万元	73246	120334	-39.13	
二、主要产品产量					
烧结铁矿	吨	2053143	2574402	-20.25	
生铁	吨	1592293	2274696	-30.00	
粗钢	吨	1652141	2432442	-32.08	
钢材	吨	1650255	2320214	-28.87	
热轧窄钢带	吨	414258	325585	27.24	
钢筋	吨	603099	988768	-39.01	
线材	吨	632898	1005861	-37.08	
企业自发电量	万千瓦时	14824	29631	-49.97	
三、销售及库存					
钢材销售量	吨	1667889	2373802	-29.74	
钢材库存量	吨	0	17640	-100.00	

续表

指 标 名 称	计算单位	2020 年实际	2019 年实际	增减/%	备注
钢坯销售量	吨	14872	90423	-83. 55	
钢坯库存量	吨	10	16916	-99. 94	
产品销售率（实物）	%	101. 07	102. 31	-1. 24	
产品销售率（价值）	%	101. 59	102. 21	-0. 62	
四、能耗					
能源消耗总量（以标煤计）	吨	861318	1263002	-31. 80	
万元产值能耗（以标煤计）	吨	1. 65	1. 59	0. 06	
万元增加值能耗（以标煤计）	吨	11. 76	10. 50	1. 26	
吨钢综合能耗（以标煤计）	千克	521. 95	519. 23	2. 72	
吨钢可比能耗（以标煤计）	千克	481. 26	478. 6	2. 66	
吨钢耗新水	立方米	2. 68	2. 69	-0. 01	
五、财务					
主营业务收入	万元	550129	827577	-33. 53	
主营业务税金及附加	万元	2454	3379	-27. 37	
利税总额	万元	22998	55779	-58. 77	
其中：利润总额	万元	11861	31989	-62. 92	
应交税金	万元	11932	23545	-49. 32	
管理费用	万元	40146	22558	77. 97	
财务费用	万元	-10660	-10796	-1. 26	
销售费用	万元	4787	5678	-15. 69	
净利润	万元	11066	32253	-65. 69	
资产合计	万元	447870	523938	-14. 52	
负债合计	万元	75134	162734	-53. 83	
成本费用利润率	%	2. 01	4. 08	-50. 74	
资产负债率	%	16. 78	31. 06	-45. 98	
流动比率	%	434. 00	262. 72	65. 19	
速动比率	%	409. 32	230. 91	77. 26	
六、劳动工资					
全部从业人员劳动生产率（现价）	元/(人・年)	1624878	2345679	-30. 73	
全部从业人员劳动生产率（增加值）	元/(人・年)	228323	355912	-35. 85	
年末全部从业人员	人	3184	3350	-4. 96	
全部从业人员平均人数	人	3208	3381	-5. 12	
全部从业人员工资总额	万元	25236	25606	-1. 44	

制表：杨旭

唐银公司主要技术经济指标完成情况

指 标 名 称	计算单位	2020 年完成	2019 年完成	增减	备注
一、烧结					
烧结矿合格率	%	100. 00	100. 00	0. 00	
烧结矿品位	%	55. 86	55. 69	0. 17	

续表

指标名称	计算单位	2020年完成	2019年完成	增减	备注
烧结机有效面积利用数	吨/(平方米·台·时)	1.48	1.38	0.10	
烧结机日历作业率	%	45.93	56.86	-10.93	
烧结机台时合格产出量	吨/(台·时)	203.56	172.28	31.28	
烧结矿含铁原料消耗	千克/吨	923.76	936.59	-12.83	
其中：铁精粉消耗	千克/吨	111.46	136.77	-25.31	
富矿粉消耗	千克/吨	597.30	573.95	23.35	
其他含铁原料消耗	千克/吨	215.00	225.87	-10.87	
烧结电力消耗	千瓦时/吨	49.01	53.88	-4.87	
烧结从业人员实物劳动生产率	吨/(人·年)	10638.05	13338.87	-2700.82	
烧结工序单位能耗（以标煤计）	千克/吨	44.89	47.51	-2.62	
二、高炉炼铁					
生铁合格率	%	100.00	100.00	0.00	
综合焦比	千克/吨	486.47	517.05	-30.58	
入炉焦比	千克/吨	390.56	430.40	-39.84	
入炉焦丁比	千克/吨	5.40	3.45	1.95	
喷煤比	千克/吨	114.48	104.86	9.62	
电力消耗	千瓦时/吨	110.84	113.75	-2.91	
入炉矿石消耗	千克/吨	1646.44	1660.26	-13.82	
人造块矿消耗	千克/吨	1454.06	1418.67	35.39	
烧结矿消耗	千克/吨	1129.87	1089.97	39.90	
球团矿消耗	千克/吨	324.19	328.70	-4.51	
天然矿石消耗	千克/吨	192.38	241.59	-49.21	
入炉矿石品位	%	57.85	57.87	-0.02	
高炉有效容积利用系数	吨/(立方米·日)	3.520	3.380	0.140	
炼铁从业人员实物劳动生产率	吨/(人·年)	4965.06	6216.43	-1251.37	
炼铁工序单位能耗（以标煤计）	千克/吨	407.73	414.15	-6.42	
三、炼钢指标					
连铸坯合格率	%	99.98	99.99	-0.01	
转炉日历利用系数	吨/(公称吨·日)	20.55	27.77	-7.22	
金属料消耗	千克/吨	1086.75	1086.52	0.23	
钢铁料消耗	千克/吨	1056.92	1058.95	-2.03	
生铁消耗	千克/吨	964.86	939.28	25.58	
高炉铁水	千克/吨	961.91	930.30	31.61	

续表

指标名称	计算单位	2020年完成	2019年完成	增减	备注
合格铁块	千克/吨	2.96	8.97	-6.01	
废钢铁消耗	千克/吨	92.06	119.67	-27.61	
其他含铁原料消耗	千克/吨	11.44	6.84	4.60	
合金料消耗	千克/吨	18.39	20.74	-2.35	
氧气消耗	立方米/吨	53.43	52.74	0.69	
冶金石灰消耗	千克/吨	35.94	36.18	-0.24	
电力消耗	千瓦时/吨	44.65	40.91	3.74	
连铸机台时合格产出量	吨/(台·时)	212.06	209.57	2.49	
连铸机日历作业率	%	53.22	66.25	-13.03	
炼钢从业人员实物劳动生产率	吨/(人·年)	9952.66	14653.27	-4700.61	
炼钢工序单位能耗（以标煤计）	千克/吨	-15.88	-17.21	1.33	
四、轧钢					
钢材合格率	%	100.00	99.99	0.01	
钢材成材率	%	99.89	99.77	0.12	
电力消耗	千瓦时/吨	78.10	80.97	-2.87	
轧机日历作业率	%	43.80	55.86	-12.06	
轧钢从业人员实物劳动生产率	吨/(人·年)	3457.68	4419.46	-961.78	
轧钢工序单位能耗（以标煤计）	千克/吨	40.85	40.90	-0.05	
钢筋					
钢材合格率	%	100.00	99.99	0.01	
钢材成材率	%	102.04	101.36	0.68	
电力消耗	千瓦时/吨	51.43	51.63	-0.20	
轧机日历作业率	%	47.65	69.32	-21.67	
工序单位能耗（以标煤计）	千克/吨	39.28	39.36	-0.08	
窄带钢					
钢材合格率	%	100.00	99.99	0.01	
钢材成材率	%	98.78	98.82	-0.04	
电力消耗	千瓦时/吨	74.43	83.94	-9.51	
轧机日历作业率	%	34.32	22.85	11.47	
工序单位能耗（以标煤计）	千克/吨	40.84	42.32	-1.48	
线材					
钢材合格率	%	100.00	99.99	0.01	
钢材成材率	%	98.63	98.56	0.07	
电力消耗	千瓦时/吨	105.91	108.84	-2.93	
轧机日历作业率	%	46.62	65.64	-19.02	
工序单位能耗（以标煤计）	千克/吨	42.36	41.96	0.40	

制表：杨旭

获省级（含省级）以上荣誉称号的先进集体

公司获得的省级以上荣誉称号

1月

△ 河钢唐钢获“河北省安全生产先进单位”称号。

2月

△ 河钢唐钢被评为“河北省企业文联先进单位”称号。

4月

△ 中共河北省委组织部对2019年度省直派出单位和驻村工作队扶贫脱贫帮扶工作考核评价结果进行通报。河钢唐钢被评为“优秀派出单位”，三个驻村工作队均被评为“优秀驻村工作队”。

5月

△ 河钢唐钢在中华全国总工会、中央网信办主办，中国工人出版社承办的2020年度“网聚职工正能量 争做中国好网民”网络正能量微课征集活动中，获评“优秀组织单位”。

6月

△ 河钢唐钢党委获省国资委系统企业“先进基层党组织”称号。

7月

△ 河钢唐钢获省国资委关工委“冀企校贡献奖”。

△ 河钢唐钢在省国资委关工委组织的“辉煌七十年，筑梦新时代”主题征文活动中获“优秀组织奖”。

10月

△ 河钢唐钢获“2020年度信息工作先进单位”称号。

11月

△ 河钢唐钢获第六届“全国文明单位”称号，这是公司首次获得该项荣誉称号。

△ 河钢唐钢获第九届钢铁行业优秀多媒体课件大赛“优秀组织奖”。

△ 河钢唐钢获第九届冶金行业征文评选活动“优秀组织奖”。

12月

△ 河钢唐钢入选国家技术创新示范企业，是河北省唯一上榜钢铁企业。

△ 河钢唐钢被河北省委、河北省人民政府授予“河北省脱贫攻坚奖先进集体奖”。

公司二级单位获得的省级以上荣誉称号

4月

△　高强汽车板有限公司获“河北省安全文化建设示范企业”称号。

△　不锈钢公司精炼作业区丁班获“河北省安全文化建设示范班组”称号。

△　公司新区团委、汽车板事业部团委获“2019年度河北省国资委五四红旗团委”称号。

△　冷轧薄板厂精整作业区团支部获“2019年度河北省国资委五四红旗团支部标兵”称号。

6月

△　中厚板公司连容广轧钢技术创新工作室、能源科技分公司梁宏书水处理技术创新工作室被河北省总工会、河北省科学技术厅授予“第六批河北省劳模和工匠人才创新工作室”称号。

△　河钢塞尔维亚公司党支部获“省国资委先进基层党组织”称号。

△　物流分公司获“第五届全省安全生产志愿者服务优秀组织单位”称号。

8月

△　冷轧薄板厂张立新优化性能创新工作室获“全国机械冶金建材行业示范性创新工作室”称号。

△　公司新区徐伟智能炼钢创新工作室被评为“全国机械冶金建材行业示范性创新工作室”。

9月

△　唐山科技职业技术学院被河北省教育厅、河北省人力资源和社会保障厅授予“河北省教育系统优秀集体”称号。

12月

△　行政福利处团委被共青团河北省委评为“爱粮节粮先进集体”。

获省级（含省级）以上荣誉称号的先进个人

4月

△ 河钢唐钢团委于洋获“2019 年度河北省国资委优秀团务工作者”称号。

△ 冷轧薄板厂夏时宇获“2019 年度河北省国资委优秀共青团员”称号。

△ 二钢轧厂孙成翔、工程管理部焦泽龙获“2019 年度河北省国资委新长征突击手”称号。

△ 热轧事业部赵海东被评为河北省新时代“冀青之星”。

5月

△ 中厚板公司王君珂被共青团中央授予第 20 届“全国青年岗位能手”称号。

△ 公司职工吴健雄获“河北工匠”称号。

6月

△ 张弛、周国平、万海龙、徐杰被省国资委党委授予“优秀共产党员”称号。

△ 李贺永、周作力、张向群被省国资委党委授予“优秀党务工作者”称号。

△ 信息自动化部靳三峰、孙晓晨获“2018—2019 年度河北省青年岗位能手”称号。

8月

△ 美锦煤化工公司职工董少英被河北省“三三三人才工程”领导小组批准为河北省“三三三人才工程”第三层次人选。

△ 自动化信息公司韩一杰获“全国机械冶金建材行业工匠”称号。

9月

△ 在第十五届世界模拟炼钢挑战赛北亚赛区比赛中，公司职工石晓伟、王瑞宾、张燕平、赵建威、岳帅、边雷、部伟利、韩一杰、于航包揽比赛前九名。

△ 邝霜被评为“河北省冶金行业青年学术英才”。

10月

△ 河钢唐钢办公室刘杰、翟雪川、李航宇被评为冶金行业“2020 年度优秀钢铁信息员”。

△ 生产制造部李末卓，物流分公司史志明、王晶，炼铁厂秦玉杰，美锦煤化工公司孔德文，高强汽车板公司金鑫、姜学亮，型线事业部吕俊杰，中厚板公司王极，公司新区赵海东、柴勇、杜鹏，冷轧薄板厂王明超，

信息自动化部亓鲁刚，市场部刘健等15人被评为“2020年‘投身三创四建 勇当时代先锋’新时代‘冀青之星’优秀青年典型”。

11月

△　高强汽车板有限公司职工邢振环被中共中央、国务院授予“全国劳动模范”称号。

12月

△　华奥公司刘晶晶被共青团河北省委评为“爱粮节粮先进个人”。

《河钢唐钢年鉴（2021）》资料提供者（按供稿先后顺序）

1. 办公室（党委办公室）	高惠雅	30. 法律事务部	洪　伟
2. 青龙炉料有限公司	赵子恒	31. 保卫部（武装部）	张玉玲
3. 设备机动部	赵东利	32. 炼铁厂	张立新
4. 行政福利处	董军丽	33. 采购分公司	李春莲
5. 审计处	李　斌	34. 唐银公司	周志庆
6. 钢源炉料有限公司	高春辉	35. 美锦煤化工有限公司	张　磊
7. 非钢管理部	张伟光	36. 总工办	龚瑞娟
8. 安全部	王志雄	37. 房地产公司	黄　超
9. 唐钢大学	何海明	38. 创元方大公司	陈敬增
10. 检修分公司	靳志伟	39. 团委	郭青阳
11. 华奥公司	刘晶晶	40. 运营改善部（董事会办公室）	张书欣
12. 市场部	祁　烨	41. 工会	李良播
13. 能源科技分公司	侯丽娜	42. 北京唐钢宾馆	任继东
14. 型线事业部	于云蛟 王　淼 秦会庭	43. 监察部（纪委）	姬颖玉 刘　维
		44. 计生办	张　倩
15. 能源环保部	袁　涛	45. 销售分公司	鲁建军
16. 生产制造部	李小敬	46. 自动化公司	邱　悦
17. 汽车板事业部	胡慧荣	47. 发展规划部	王　琦
18. 新事业公司	裴翠环	48. 财务经营部	孙　学
19. 物流分公司	刘会军	49. 技术中心	孟令德
20. 华冶公司	杨　强	50. 高强汽车板公司	邹金峰
21. 信息自动化部	刘　静	51. 国贸分公司	胡　宇
22. 重机装备有限公司	于春林	52. 河钢塞尔维亚公司	王昭君
23. 不锈钢公司	刘精华	53. 佳华公司	王　卓
24. 卷板事业部	王会芝 王　研 贾宝瑞	54. 教育中心	杨志斌
		55. 企业文化部（宣传部、统战部、党校）	耿月明
25. 中厚板公司	王　涛	56. 唐钢发展公司	尹胜民
26. 国际合作部	庞真丽	57. 特钢事业部	阮雅婧
27. 气体公司	王静芳	58. 动力部	时　越
28. 唐龙（唐昂）公司	李宏莹	59. 炼铁事业部	王新丽
29. 人力资源部（组织部、老干部管理部、离退休职工管理部）	郑　达	60. 热轧事业部	杨玉倩